재난복구론

재난관리총서 5

재난복구론

2018년 12월 10일 초판 인쇄
2018년 12월 15일 초판 발행

지은이 | 브렌다 필립스
옮긴이 | 안재현 · 김태웅 · 홍현숙
펴낸이 | 이찬규
펴낸곳 | 북코리아
등록번호 | 제03-01240호
주소 | 13209 경기도 성남시 중원구 사기막골로 45번길 14
        우림2차 A동 1007호
전화 | 02-704-7840
팩스 | 02-704-7848
이메일 | sunhaksa@korea.com
홈페이지 | www.북코리아.kr
ISBN | 978-89-6324-633-8 (94350)
        978-89-6324-518-8 (세트)

값 32,000원

• 본서의 무단복제를 금하며, 잘못된 책은 바꾸어 드립니다.

재난복구론

브렌다 필립스 지음

안재현 · 김태웅 · 홍현숙 옮김

북코리아

서 문

《재난복구론Disaster Recovery》개정판 발행을 맞이하여, 학교에서 평생을 보낸 사람으로서, 나는 이 책을 교재로 채택할 사람들이 원하는 것이 무엇인지 예측하려고 노력했다. 개정판을 펴내면서 여러분이 재난 복구에 대해 가르치는 방식에 큰 변화가 생기지 않도록 거의 모든 장의 제목과 부제를 그대로 유지했다. 하지만 다음과 같은 사항은 달라졌는데, 이러한 변화는 강의실에서 여러분의 경험을 더 풍요롭게 하고 학생들을 학습 과정에 적극적으로 참여하게 해줄 것이다.

- 새로운 사례는 각 장의 첫 부분에 추가했다. 일부 사례, 도움이 될 만한 사례는 상자로 처리하거나 이 책과 함께 발간된 강의용 지침서에 추가했다.
- 다른 나라의 사례를 더 많이 포함시켰다. 이 책의 주요 시장은 미국이지만, 자료를 추가함으로써 각 장의 내용이 포괄적이고 다양해졌다.
- 초판에서처럼 사회적 취약 계층에 대한 내용이 책 전편에 담겨있다. 각 장에서 사회적 취약 계층에 대한 정보와 연구 그리고 모범 사례들을 찾아볼 수 있을 것이다.
- 완화와 재난 회복력은 여전히 중요한 주제이기 때문에 재난에 보다 강하게 복구하는 것이 중요하다는 것을 독자들에게 환기시키기 위해 주로 각 장의 마지막 부분에 기술하였다.

- 개념에 관한 자료도 추가했다. 새로운 개념과 그러한 개념을 설명하는 부분이 새롭게 추가되었다. 재난 관리 분야는 2015년에 제대로 된 틀을 갖추었는데, 다른 학문 분야와 마찬가지로 이 분야에서도 재난 복구 문제를 이해하기 쉽도록 설명하고 이론적이고 개념적인 내용이 포함되어야 한다.
- 기부와 같이 시간이 지나면서 축적된 좋은 모범 사례와 함께 과학적 연구에서 얻은 교훈을 추가함으로써 실질적인 내용이 초판에서보다 한결 더 심화되었다.
- 실무에 대한 제안뿐 아니라 정책과 지침에 관한 내용도 이 책에 포함시켰다.
- 나 자신이 30년도 넘는 긴 세월 동안 재난 연구 분야에서 종사하고, 여러 가지 연구 과제를 수행했으며, 자원봉사자로 일하며 얻은 깊은 통찰도 이 책에 담았다. 이 분야의 활발한 연구자로 그리고 다른 사람들로부터 배우는 자원봉사자로 일해온 것에 감사할 따름이다.

복구는 재난 연구 분야에서 연구가 가장 미흡한 주제이다. 이 책의 또 다른 개정판에 더 많은 연구가 실리도록, 그래서 우리 사회의 복구에 도움을 줄 수 있도록 우리 모두 노력해야 할 것이다.

이 책의 출간을 위해 끊임없이 도움을 준 스테파니 모커트Stephanie Morkert, 마크 리스튜닉Mark Listewnik, 제니퍼 애벗Jennifer Abbott 그리고 테일러 & 프랜시스 그룹Taylor & Francis Group / 씨알씨 출판사CRC Press의 프루던스 위원회Prudence Board, 스피 글로벌SPi Global의 비제이 보스Vijay Bose에게 감사드린다. 남편인 데이비드 닐David M. Neal 박사 그리고 부모님이신 프랭크 필립스Frank Phillips와 메리제인 필립스Mary Jane Phillips에게 특별한 감사를 전한다. 이 분들은 내가 글을 쓰는 데 시간을 할애할 수 있도록 지속적인 도움을 베풀어주셨다. 칠리코시Chillicothe에 있는 오하이오 대학교Ohio University의 동료들은 변함없는 지원자이며, 그들이 이 책에 보여준 관심에 감사한다. 개정판 발행을 위해 함께 땀 흘려준 재난 연구 및 교육 분야의 동료들에게 진심으로 고마움을 전한다. 혹시 언급하지 못하고 지나간 사람이 있더라도 의도치 않은 것이니, 제3판을 펴낼 때 함께할 수 있기를 바란다.

무엇보다 나의 멘토였던 빌 앤더슨Bill Anderson 박사님께 감사드린다. 국립과학재단에서 프로그램 담당자로 일했던 빌은 재난 연구 분야를 바꿔놓았다. 1년 전 그의 갑작스러운 죽음은 재난 분야의 학자들에게뿐 아니라, 국립과학재단, 세계은행World Bank 그리고 국립학술원National Academies에서의 눈부신 활약으로 그가 구한 여러 지역사회와 많은 생명들에게도 큰 슬픔이 아닐 수 없다. 우리는 그를 잊지 못할 것이다.

오하이오 대학교 – 칠리코시 캠퍼스
부학장 및 사회학 교수
브렌다 필립스

역자 서문

지난 5년간 행정안전부의 연구 과제를 수행하면서 재난복구에 대해 많은 공부를 할 수 있었다. 이 과정에서 재난복구는 주로 정부와 지방자치단체에서 이루어지는 공공 부분의 영역이라는 사실을 알 수 있었으며, 민간영역에서 이 부분에 접근하기 위해 필요한 관련 자료나 전문서적을 찾을 수가 없었다. 이는 재난복구 부분의 관련 외국서적을 찾아보는 계기가 되었으며, 이 과정에서 만난 《재난복구론(Disaster Recovery)》을 번역하게 되었다.

세계적으로 재난복구와 관련된 새로운 전환점을 제공한 사례는 2005년 미국에서 발생한 허리케인 카트리나 피해를 입은 루이지애나의 뉴올리언스이다. 초대형 태풍으로 인한 집중호우로 제방이 무너지고 도시 전역이 침수되었기에, 새로운 도시건설 수준의 복구가 십년 이상 지속되었다. 또한 2011년 일본에서는 동일본대지진으로 인한 대형 쓰나미로 수많은 인명 및 재산피해가 발생했으며, 지금까지도 복구가 진행되고 있다. 특히 부흥청을 설립하고, 다중방어체계를 고려한 시설물 복구를 수행하면서 기존과 다른 수준의 복구가 추진되고 있다.

이처럼 갈수록 대형화되는 재난피해는 그 사회가 가지고 있는 대응력을 넘어서는 경우가 잦아지고 있으며, 복구를 위한 사전 준비 필요성을 더욱 높이고 있다. 또한 복구 과정에서 취약계층에 대한 배려 필요성이 갈수록 커지고 있다. 따라서 다양한 사례에 대한 인식을 통해 이러한 문제에 대한 해결책을 함께 모색하는 것은 매우 중요하다.

저자 브렌다 필립스는 오하이오대학교 사회학과 교수로서 재난이 취약계층에 미치는 영향에 대한 연구를 중심으로 재난과 관련된 다양한 분야에서 우수한 업적들을 가지고 있다. 저자는 복구가 재난연구 분야에서 연구가 가장 미흡한 분야로 판단해서 이 책을 저술하게 되었다. 특히 복구와 관련된 다양한 사례들을 많이 포함해서 독자들의 복구 부분에 대한 이해를 돕는 데 많은 노력을 기울인 것으로 판단된다.

《재난복구론》의 세부 항목들인 '재난 복구에 대한 개념적, 이론적, 현실적 접근', '재난 복구 계획 수립', '잔해 관리', '환경 복구', '역사 및 문화 자원', '주택', '사업체 복구', '사회기반시설과 라이프라인', '사회적 정신적 회복', '공공 부문 복구', '기부', '지역사회의 자원', '자원봉사자와 자원봉사 단체' 등은 복구에 있어 핵심적인 내용들이다. 이책에서는 이러한 항목들이 다양한 사례를 통해 구체적으로 설명되고 기술되었다. 따라서 복구와 관련된 정보를 얻고자 하는 정책결정자를 비롯한 관련 전문가들에게 많은 도움이 될 것으로 기대한다.

갈수록 재난관리의 중요성은 더욱 커지고 있다. 특히 국민의 안전을 책임지는 것이 국가의 가장 중요한 의무임은 명확하다. 이를 위해 재난 발생을 사전에 예방하는 노력이 지속되어야 하며, 그럼에도 불구하고 발생하는 대형 재난으로 인한 피해복구에도 만반의 준비가 필요하다.《재난복구론》의 출판이 국가 재난복구 정책의 추진과 관련 전문가들의 연구에 많은 도움이 되길 바란다.

이 책은 총 10권으로 계획된 '재난관리총서'의 다섯 번째 출판물이다. 재난관리 분야에 있어 전문성의 제고라는 역할을《재난관리론》,《재해분석론》,《재난관리 및 대응 사례 연구》,《아동 재난안전 관리》등의 기존 출판물에 이어《재난복구론》도 해주길 기대한다.

이 책의 번역 출판을 허락해준 저자 브렌다 필립스에게 진심으로 감사드리며, 책의 번역 및 출판을 지원해주신 이찬규사장님을 비롯한 북코리아 직원 여러분들께도 감사의 인사를 드립니다. 이 책의 번역은 행정안전부의 연구과제인 '대규모 복합피해지역에 대한 효율적인 복구방안 연구'를 수행하면서 이루어진 하나의 성과로서, 이를 지원해주신 행정안전부 관계자분들께도 감사의 마음을 전합니다.

CONTENTS

제2장   재난 복구에 대한 개념적, 이론적, 현실적 접근

제3장   재난 복구 계획 수립

제4장   잔해 관리

제6장   역사 및 문화 자원

제7장　주택

제8장   사업체 복구

제9장   사회 기반 시설과 라이프라인

제11장   공공 부문 복구

제12장　기부

제13장　지역사회의 자원

제14장   자원봉사자와 자원봉사 단체

제1장
서 론

- 복원, 재건축, 재활 등 복구를 표현하는 용어들의 차이를 구분한다.
- 종합적 재난 관리에서 복구 단계를 이해한다.
- 위기와 재난이 어떻게 다른지 그리고 이러한 개념 차이가 복구 상황과 관련이 있는 이유는 무엇인지 설명한다.
- 복구를 하나의 과정으로 보는 게 가장 좋은 이유를 설명한다.
- 단기 및 장기 복구의 각 단계에서 이루어지는 전형적인 조치는 무엇인지 알아본다.
- 다양한 위험요인이 미치는 영향과 이러한 위험요인에 어떤 재난 복구 작업이 필요한지 알아본다.
- 재난 복구 과정에서 직면할 수 있는 여러 유형별 문제점에 대해 알아본다.
- 복구를 정의하는 데 있어 전문 용어가 중요한 이유를 알아본다.

종합적 재난 관리comprehensive emergency management

재난disaster

위기 선포emergency declaration

장기 복구long-term recovery

완화mitigation

자연 재난natural disaster

대비preparedness

대통령 재난 선포presidential disaster declaratio

재건축reconstruction

복구recovery

재활rehabilitation

회복력resilience

대응response

보상restitution

복원restoration

단기 복구short-term recovery

기술적 재난technological disaster

테러terrorism

1.1 서론

이 장에서는 재난 복구와 관련 용어 및 접근법에 대해 간단히 살펴보려 한다. 이 장에는 재난 관리자, 재난 복구 위원회, 연방 정부의 공무원, 선출직 관리 그리고 끔찍한 재난의 생존자들이 직면하는 여러 문제에 대한 통찰을 제공하는 실제 사례들이 실려있다. 이들 용어와 접근법은 이 책 전편에 걸쳐 재난과 복구에 대해 논의하는 도구가 되어줄 것이므로, 이에 세심한 주의를 기울여주길 바란다. 최근의 재난과 그 재난이 사람과 지역 그리고 복구 담당자들에게 미친 결과를 살펴보는 것으로 이 장을 시작하겠다.

1.1.1 슈퍼 태풍 샌디

2012년 10월 22일에서 29일, 모든 미국인의 눈이 샌디Sandy라는 이름으로 전개되는 사건에 쏠렸다. 미국 국립허리케인센터National Hurricane Center는 샌디를 '뒤늦게 발생한 전형적인 허리케인'으로 분류했다(Blake et al., 2013, p. 1). 샌디는 자메이카에 처음 상륙했을 때 가장 낮은 등급인 1등급 허리케인이었지만, 쿠바를 지나면서 3등급 허리케인으로 세력을 불렸다. 열대성 태풍으로 약해졌음에도, 태풍의 규모가 워낙 크다 보니 '뉴저지와 뉴욕의 해안까지 세력이 미친 대단히 파괴적인 태풍'이 되었다(Blake et al., 2013, p. 1). 이 태풍은 인구가 밀집해 있는 도시지역을 강타했고, 강제 대피령이 내려졌다. 뉴욕의 어느 지역에서는 홍수뿐 아니라 화재까지 발생했다. 화재 현장에 접근할 수 없는 소방대원들은 100채 이상의 주택이 불에 타는 것을 속수무책으로 지켜보는 수밖에 없었다. 샌디는 전체적으로 159명의 사망자와 500억 달러의 재산 피해를 냈다. 주택과 사업장이 파괴되었으며, 여러 곳이 무너져 내렸고, 심한 타격을 입은 해안지역은 관광 산업을 다시 일으키기 위해 힘겹게 일해야 했다. 궁극적으로 샌디는 미국 내 50개 주州 중 24개 주에 피해를 입혔고, 12개 주와 컬럼비아 특별구District of Columbia에는 대규모 재난이 선포되었다.

1년이 지난 뒤에도 복구 노력은 미진한 상태였다.

- 도시 및 해안지역에서 쓰러진 나무, 파괴된 주택, 전자 제품과 가구, 배설물 등을 차단된 도로와 손상된 다리를 통해 치우는 잔해 제거는 대단히 힘겨운 문제로 드러났다. 잔해 제거에는 48,000그루의 나무를 치우거나 가지치기하는 일도 포함되었다. 1년도 안 돼 미국 연방재난관리청Federal Emergency Management Agency(FEMA)은 잔해 제거에 10억 달러를 쏟아부었다. 잔해 관리의 문제점에 대해서는 제4장에서 더 자세히 알아보도록 하겠다.
- 환경도 피해를 입었다. 리버티섬Liberty Island의 70%가 침수되었는데, 이 섬은 유명한 자유의 여신상Statue of Liberty이 있는 곳이다. 홍수로 인도, 관람 시설, 방파제, 발전소와 급수시설 등이 피해를 입었다. 자유의 여신상 자체는 피해를 입지 않았지만, 리버티섬은 2013년 7월 4일까지 문을 열지 못했다(National Park Service 2013). 환경 문제에 대해서는 제5장에서 더 자세히 알아보도록 하겠다.
- 약 650,000채의 주택이 피해를 입거나 파괴되었다(HUD 2013). 미국 주택도시개발부Department of Housing and Urban Development(HUD)는 피해지역을 되살리기 위해 지역사회 개발을 위한 정액 보조금을 할당하였다. 연방주택관리청Federal Housing Administration과 연방주택금융관리청Federal Housing Finance Agency은 샌디로 인해 주택을 잃은 주택 소유주들을 돕기 위해 담보권 실행 유예를 선언했다. 자원봉사 단체는 여러 나라에서 온 자원봉사자들과 함께 구호와 장기적인 복구 작업을 착수하였다. 주택 복구에 대해서는 제7장에서 더 자세히 알아보도록 하겠다.
- 경제적인 피해도 심각했으며 광범위한 영향을 미쳤다. 샌디는 장기간에 걸쳐 사업체를 파괴하거나 붕괴시켰다. 사람들은 일자리를 잃었다. 뉴저지에는 137마일에 걸친 해변이 있는데, 이 지역의 여름 관광업계는 막대한 피해를 입었다. 도시지역인 뉴욕은 '미국 국내 총생산(GDP)의 9.5%를 차지하는 … 경제동력이 있는 곳'이다(HUD 2013). 대기업과 소규모 사업체 모두 피해를 입었다. 줄잡아 200,000개의 사업체가 직접적인 피해나 정전으로 문을 닫았으며, 이에 따라 2백만 일日에 해당하는 업무 손실을 입고, 70개에 달하는 국립공원이

피해를 입었다(HUD 2013). 미국 노동부는 이러한 사태를 돕기 위해 난민이 된 9,000명 이상의 근로자들에게 재난 실업 지원금으로 1,320만 달러를 지원했다. 재난 복구의 경제적인 문제에 대해서는 제8장에서 더 자세히 알아보도록 하겠다.

- 뉴욕의 지하 터널과 지하철이 침수되었는데, 이 지역에서는 거주자의 30.5%가 대중교통을 이용한다. 샌디 이전에 평균 42분이던 일일 통근 시간은 샌디 이후에 86분으로 늘어났다(HUD 2013). 이를 돕기 위해 미국 육군 공병단Army Corps of Engineers(ACE)은 주요 교통 기반 시설에서 "물을 퍼냈다." 이들이 퍼낸 물은 1조 5천만 갤런에 달했으며, 이는 '올림픽 표준수영장 227개를 채울 물의 양'에 해당한다(FEMA 2013, p. 2). 단전과 단수로 인해 연방 정부는 차가운 겨울 날씨가 피해지역으로 이동하는 동안 공공 및 민간 기관들과 협력하여 전기, 난방, 수도 시설을 복원해야 했다. 캘리포니아같이 멀리 떨어진 지역에서 공공 설비를 담당하는 기업들도 이 지역으로 몰려들었다. FEMA는 연료 충전소가 계속 가동할 수 있도록 발전기를 제공했다. 기반 시설의 복구에 대해서는 제9장에서 더 자세히 알아보도록 하겠다.

전체적으로 FEMA와 협력 기관들은 182,000명의 재난 생존자들에게 14억 달러의 재정 지원을 제공했으며, 주state, 지역local 그리고 부족tribal 정부가 잔해를 치우는 데 32억 달러, 기업체에 저리 대출을 제공하는 데 24억 달러, 생존자들에게 재난 실업 지원금을 제공하는 데 2,800만 달러 그리고 재난 사례 관리에 5천만 달러를 쏟아부었다(FEMA 2013).

1.2 재난 복구의 정의

앞서 언급한 경우를 보면, 재난은 매일 벌어지는 교통사고, 개인적인 상해, 또는 주택 화재와 같은 일상적인 위기보다 더 심각한 상황임을 분명히 알 수 있을 것이다(Quarantelli, 1987; Quarantelli and Perry, 2005). 일상적인 위기 상황에서는 긴급 구조대원들이 구급차, 경찰차, 소방차 그리고 그 밖의 다른 자원을 출동시킨 후에 곧 본부로 복귀한다.

이와 달리, 재난은 지역사회의 기능을 와해시킨다. 예를 들어 1812년 지진은 미시시피강의 물줄기를 돌려놓았다. 하지만 이 지역 인근에 아무도 살지 않았기 때문에 이 사건은 재난으로 간주되지 않았다 — 사람이 입은 피해가 없었기 때문에(Quarantelli, 1988a). 이 사건과 미국 내 수많은 주州의 사업체와 주택을 파괴한 슈퍼 태풍 샌디를 비교해보아라. 몇 년이 지난 뒤까지 재건 작업은 계속되었고, 사람들은 여전히 난민으로 남아있다.

재난이 발생하면, 해당 지역의 자원이 부족해지고, 따라서 피해지역은 다른 행정구역이나 주 정부 그리고 연방 정부의 지원을 필요로 한다. 재난은 지역사회의 사회적 기능을 약화시켜서 사람들은 난민이 되며, 학교와 기업체는 문을 닫고, 병원에서는 추가 인력과 적극적인 특별 재난 계획이 필요해지며, 필수적인 기반 시설인 전기와 물 그리고 교통 시설이 위기에 처한다(Quarantelli, 1998; 2005). 재난은 지역사회가 기능을 회복하는 데 복합적인 노력을 필요로 한다.

1.2.1 복구 단계

복구란 무엇인가? 복구는 재난 관리의 여러 단계 중 하나로, 지역사회의 지도자와 자원봉사자들이 재난에 직면하여 이를 해결하는 활동이다. 복구는 재난 관리 주기의 4단계 중 마지막 단계로 여겨지는 경우가 많지만(상자 1.1 참고), 네 단계 중 가장 긴 시간 동안 많은 비용이 소요되는 단계일 것이다. 앞으로 이 책을 읽어나가면서 알게 되겠지만, 놀랍게도 재난 복구를 위한 계획을 세워두었거나, 피해 복구에 필요한 자원을 마련해둔 단체나 사업체 또는 지역사회는 거의 없다.

재난 발생 이후에 듣게 되는 가장 흔한 바람 중 하나는 사람들이 '정상적인 삶으로 돌아가고 싶어 하는' 것이다. 언론에서는 '예전보다 더 강하게 다시 건설하고' 싶다는 사람들의 발언이 자주 보도된다. 복구한다는 것은 진실로 무엇을 의미하는가? 복구를 의미하는 데 여러 단어가 같은 의미로 사용되는 경우가 많지만, 실은 다음 단어들을 사람마다 다른 의미로 사용할 수 있다: 재건rebuilding, 재건축reconstruction, 복원restoration, 재활rehabilitation, 보상restitution 그리고 복구recovery(Quarantelli, 1998).

사람들이 서로 다른 이 용어들을 어떻게 사용하는가에 따라 그 개념을 두고 전개될 만한 대화를 상상해보아라. 재건축에 관심이 있는 사람은 피해 입은 건물을 교체하는 데만 관심이 있을 것이다. 복원은 문화적으로, 사회적으로 그리고 역사적으로 의미 있는 건물을 똑같은 상태로 되돌린다는 의미를 함축한다. 어떤 이들은 재활이 중요하다고 느낄 텐데, 이는 어떤 형태로든 개선이 이루어져야 함을 의미한다. 테러나 공장 폭발과 같은 사건에 있어서는 사람들이 보상금을 기대하며 '보상'이라는 단어를 사용할 것이다(Quarantelli, 1998).

미래의 재난 관리자, 선출직 관리 또는 자원봉사자들은 용어를 주의해서 선택하는 편이 현명할 것이다. 재난으로 피해를 입은 사람들은 대개 다시 집으로 돌아가고 싶어 한다. 하지만 어떻게 어디로 갈 것이며, 어떤 경제적 비용을 치러야 할 것인가? 여러분이 사용하는 단어와 접근 방식은 생존자들에게 중대한 의미를 갖는다. 여러분은 자신의 선택이 미치는 영향을 사려 깊게 헤아리며 행동해야 한다.

이 책이 쓰인 목적에 맞게 '복구'라는 용어는 일반적으로 '재난을 입은 지역사회를 제자리로 되돌리는 것'을 뜻하는 단어로 사용될 것이다(Mileti, 1999, p. 229). 복구는 이 책에서 묘사된 과정을 통해 이루어진다.

상자 1.1 종합적 재난 관리와 4단계

1970년대 후반, 전국주지사협의회National Governor's Association(1978)는 재난 관리자들의 활동을 체계화하기 위해 4단계 모델을 개발했다. 종합적 재난 관리 과정으로 알려진 이 '생애 주기'는 체계화된 4단계로 이루어져 있다. 보통 이 4단계란 완화mitigation, 대비preparedness, 대응response 그리고 복구recovery이다(FEMA IS-1의 자원 부분 참고). 뉴질랜드의 4R(준비readiness, 대응response, 복구recovery, 경감reduction)처럼, 다른 나라들도 비슷한 체제를 사용한다.

이러한 4단계를 규정함으로써 재난 관리를 하는 지역사회는 주요한 활동들을 기능적으로 관련된 분야에서 체계적으로 실행할 수 있게 된다. 각 단계는 보다 안전한 지역사회를 만들기 위한 일련의 전략을 제시한다. 이러한 단계들이 겹치는 부분이 분명 있긴 하지만(Neal 1997), 각 단계에 대한 정의는 다음과 같다.

완화(경감) 활동은 주요한 두 가지 경감 수단을 통해 재난의 피해를 감소시킨다. 구조물적 완화 활동에는 구조물적 환경built environment이 포함되며, 보통은 홍수를 감소시키는 댐과 제방, 폭풍 해일을 막는 방파제, 지진 활동을 지탱하는 건물 보강, 토네이도로부터 지켜주는 안전실safe room 등이 있다. 대비(준비) 활동에는 보통 계획 수립, 교육 활동, 주요 기관들 간의 조정, 훈련, 연습 그리고 대응 기간에 사용할 물품 준비 등이 있다. 완화와 대비 단계는 인명의 안전을 도모하고 사람과 재산에 미치는 피해를 줄이는 것을 목적으로 한다. 이러한 활동이 실패하지 않으려면, 다양한 정도의 대응과 복구 활동이 필요할 것이다. 대응은 보통 인명의 안전을 도모하는 활동 중심으로 이루어지며, 경찰과 소방관 및 구급차의 배치, 수색과 구조, 방어벽 세우기, 불안정하고 위험한 장소 안전하게 하기, 보호 조치 취하기, 도로, 다리, 항구, 공항, 철로와 같은 주요 사회 기반 시설과 공공 설비 수리하기 등이다(FEMA IS-1).

완화, 대비 그리고 대응 단계에서 이루어지는 활동은 언제나 복구 작업에 영향을 미친다. 지역사회가 완화 활동을 제대로 하지 못하면, 인명 손실을 동반한 구조물적 환경의 끔찍한 파괴에 직면할 수도 있다. 예를 들어 제방과 우수 배수 시설을 견고하게 유지하는 것은 주택이 물에 잠기지 않고 사업체가 문을 닫지 않으며 지역사회의 일상생활이 지속될 수 있다는 것을 의미하기도 한다.

대응 및 복구 계획을 포함하지 않은 대비 업무는 주도적인 행동으로 재난 시의 스트레스와 혼란을 바로 잡아야 할 때, 공무원들이 우왕좌왕할 수 있다는 것을 의미한다. 재난 이전에 계획을 세워놓으면, 대응 노력이 더욱 원만하게 진행될 수 있으며, 복구 과정도 사전에 고려할 수 있다. 송전선이 끊어졌다면 향후의 단전을 완화하기 위한 적절한 사전 고려에 따라 송전선을 지하로 옮길 수도 있다. 역사적인 유물이 있는 지역사회는 대응 기간 동안 중요한 건축물과 문화 자원을 별도로 관리함으로써, 예전의 외형과 상징적인 모습으로 돌아갈 수 있을 것이다.

간단히 말해, 완화, 대비 그리고 대응이라는 복구 이전 단계는 원만한 복구를 가능하게 함으로

1.2.2 복구 과정

오늘날, 재난 관리자와 학자들은 대부분 복구를 사람이나 단체 그리고 지역사회가 다양한 속도로 진행하는 과정이나 일련의 조치, 단계 그리고 연속적으로 이루어지는 일로 본다. 또한 복구 과정은 보통 크게 단기 복구와 장기 복구로 나뉜다.

대부분의 기관은 단기 복구를 '필수적인 생명 유지 시스템을 최소한의 작동 기준'에 맞게 되돌리는 행위라고 정의한다(FEMA IS-1). 대응에서 복구로의 전환이 언제나 명확한 것은 아니지만, 일부 활동은 정의가 가능하다(Neal, 1997). 단기 복구에는 대응 활동에서 복구 활동으로의 전환이 포함된다. 대응 활동은 생명을 살리는 데 중점을 두는 것으로, 수색 및 구조 활동, 음식과 대피소 및 의복을 제공하는 활동 등이 포함된다. 전환기의 주요 활동으로는 기부금과 자원봉사자를 관리하고, 피해액을 산출하며, 임시 거주지를 마련하고, 라이프라인lifeline을 복원하고, 잔해를 제거하는 일 등이 있다(Natural Hazards Research and Applications Information Center [NHRAIC] 2005, pp. 2-4).

장기 복구는 '재난 이후에 여러 해 동안 지속되는 활동을 말하며, 장기 복구의 목적은 생활을 정상으로 또는 더 나은 단계로 되돌리는 것'이다((FEMA IS-1). 장기 복구에는 잔해 관리, 환경, 역사물 보존, 주택, 사업체, 필수적인 기반 시설(도로, 다리, 항구), 라이프라인(동력, 전기, 하수), 심리적 복구, 공공 부문 등을 처리하는 것이 포함된다. 장기 복구 기간은 미래에 있을 재난의 피해를 줄이기 위해 구조물적 환경을 향상시킬 기회로 볼 수도 있다. 완화라고 하는 위험 감소 노력에는 더 좋게 다시 건설하는 것이 필수적이다. 이상적으로 볼 때 효율적인 완화는 복구의 필요를 줄이고, 돈과 인명 그리고 재산을 아낄 수 있게 해준다. 완화에서 복구까지를 연결하면 재난 회복력이 더 좋은 사회를 만들 수 있으며, 이는 해당 지역사회가 미래의 재난에 더 잘 견디고 더 잘 복구된다는 것을 의미한다(다음 장 참고, National Academies, 2013).

일련의 단계를 거치며 복구 과정의 일부가 제대로 이루어지지 않을 수도 있다. 예를 들어, 사람들은 대피소에서 살기, 구호를 신청하기, 임시 거주지로 옮기기, 자원을 지원받기, 일상생활로 다시 돌아가기와 같은 여러 단계를 거쳐야 한다(Bolin, 1982). 사람, 기관 그리고 지역사회가 이러한 단계를 거치는 과정은 저마다 다르다. 보험에 가입했으며 다른 재정적 자원이 있는 가정은 이러한 과정을 신속하게 넘기겠지만, 그런 수단이 없는 가정은 임시 거주지에서 더 오랜 시간을 보내야 할 수도 있다. 제8장에서 보게 되겠지만, 소규모 사업체는 자원이 풍부한 대기업보다 복구 기간을 더 오래 견뎌야 할 가능성이 높다.

여러분이 사는 곳에 재난이 닥친다면 어떤 일이 벌어질 것인가? 여러분이 복구 전문가나 자원봉사자라면 어떤 일에 직면하게 될 것인가? 어떤 재난이 발생해 어떤 피해를 입게 될 것인가? 여러분은 아마도 지진, 토네이도, 기름 유출, 테러 사건 등을 텔레비전에서 보았을 것이다. 하지만 이 책에 실린 이야기는 대부분 카메라가 떠난 순간부터 시작되므로 흔히 들을 수 없는 이야기들이다. 이 책에는 사람과 지역사회가 정상으로 돌아가려 할 때 벌어지는 일들과, 정상으로 돌아가기 위한 과학에 근거한 최선의 방법들이 실려있다. 자연적이고 기술적인 위험요인, 테러 그리고 인도주의적 재난의 진정한 피해를 이해하는 것으로 이 책의 여정을 시작해보겠다.

1.3 위험요인과 그로 인한 재난

위험요인hazards은 지진이나 위험 물질 또는 테러 공격과 같이 '사람과 가치 있는 것들에 대한 위협'으로 정의된다(Cutter, 2001, p. 2). 위험요인은 재난을 발생시킬 수도 있고 그렇지 않을 수도 있다. 시스템 이론system theory에 의하면 재난은 물리적 위험요인, 구조물적 환경 그리고 인간의 문화 사이에 어긋남이 발생할 때(Mileti, 1999), 그리고 그 위험요인이 해당 지역의 복구 능력을 압도할 때 일어난다. 대부분의 재난은 세 가지 유형의 위험요인으로부터 발생하는데, 이는 자연적 또는 기술적 사건 그리고 테러이다. 여기서는 이러한 유형의 위험요인과 재난 복구 과정에서 예상할 수 있는 결과에 대해 간단히 알아보겠다. 또한 복합적이고 인도주의적 재난, 특히 기아, 전염병 그리고 정치·경제적 혼란으로 인한 가뭄 등에 대해 살펴보는 것으로 이 부분을 끝맺으려 한다.

1.3.1 자연적 위험요인

자연 환경에서 비롯되는 다양한 위험요인에는 강한 바람, 홍수, 눈(상자 1.2 참고), 산사태, 지진, 번개 그리고 심지어는 우주 공간으로부터의 잠재적인 피해까지 포함된다. 재난은 구조물적 환경(주택, 사업체, 다리, 항구, 도로)과 그 안에 사는 사람들에게 부정적인 영향을 미친다(Mileti, 1999). 많은 경우, 사람, 사업체 그리고 기반 시설은 재난의 피해에 잘 저항하거나 쉽게 복원된다. 하지만 광범위한 연구로 알 수 있고 이 책 전편에서 다룰 예정이듯, 모든 재난이 그 재난을 겪는 사람들에게 똑같은 영향을 미치는 것은 아니다.

상자 1.2 2013~2014년 미국의 겨울

2014년 3월, 겨울 폭풍인 타이탄Titan이 9천만 미국인에게 피해를 입혔다. 타이탄으로 인해 워싱턴 D.C.의 연방 정부 사무실이 문을 닫았고, 이로 인해 정부 업무가 마비되었다. 수천 편의 항공기가 취소되어 항공 산업의 수입이 감소했으며, 승객들은 악몽 같은 일을 겪어야 했다.

심각한 눈보라와 얼음 폭풍은 예외지만, 겨울 폭풍은 대부분 연방 정부의 재난 선포 대상이 아니다. 그럼에도 2013년 말과 2014년 초에 미국에서 반복적으로 발생한 겨울 폭풍은 심각한 경제적 피해와 다른 혼란을 낳았다. 폭설, 진눈깨비, 차디찬 바람, 얼음 폭풍이 중서부와 동부의 해안 지역을 포위하고 이곳의 지역사회를 강타하는 동안, 학교와 사업체가 문을 닫고 사람들의 일상은

사진 1.1 2009년 3월 29일 미네소타 무어헤드Moorhead – 미네소타 주방위군 공군이 겨울 폭풍으로 레드 리버Red River를 따라 생긴 얼음을 처리하고 있다(사진 Michael Rieger/FEMA).

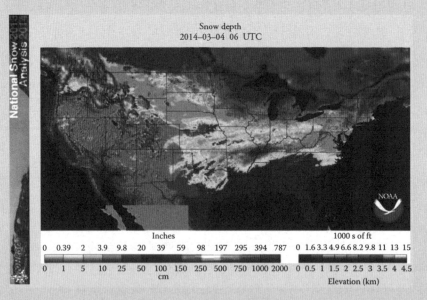

사진 1.2 2014년 늦겨울 미국을 뒤덮은 눈(사진 U.S National Weather Service)

엉망이 되었다. 2014년 2월, 미국의 절반 이상이 눈에 뒤덮였다(사진 1.1). 국립빙설센터National Ice Center는 미국에서 겨울 날씨를 기록하기 시작한 이래 세 번째로 많은 양의 눈이 내렸다고 발표했다. 이러한 겨울 날씨로 인해 긴급 구조대원, 전력 회사 그리고 도로 청소 인력의 업무와 비용이 늘어났다. 고속도로의 폐쇄는 생산된 제품의 수송이 지체되거나 중단됨을 의미한다. 이러한 제품을 기다리는 사업체들은 고객에게 피해를 주었다. 학교는 문을 닫았고, 그 결과 부모들이 일터로 나갈 수 없게 되었다. 교통사고로 자동차 소유주의 차 수리비용이 증가하고 부상과 사망이 발생했다. 가축들이 혼자 힘으로 생존해야 하는 등 동물들도 고통을 겪었다.

대부분 겨울 폭풍은 피해지역에 단기적 혼란을 일으킨다. 하지만 2014년 봄에는 눈이 녹아 광범위한 지역에 홍수 주의보와 홍수 경보가 발령되었으며, 일리노이, 인디애나, 오하이오에서는 대규모 빙집ice jams(하천의 좁은 하도나 바다의 좁은 해협에 얼음이 집적되어 빙벽을 이루는 형태 - 옮긴이)이 발생하기도 했다. 빙집을 발견한 재난 관리자들은 유빙이 하류로 떠내려오다 다리와 댐에 피해를 줄 것에 대비해야 했다(사진 1.2).

2013년 FEMA에서는 대통령이 재난지역으로 선포한 61개 마을을 지원했다(상자 1.3 참고). 이들 중 오직 한 곳의 폭발사건만이 자연 재난의 범주에 속하지 않는다. 대부분(56건)은 홍수나 토네이도 피해를 동반한 심각한 폭풍과 관련되어있다. 가장 비용이 많이 든 재난은 2012년의 슈퍼 폭풍 샌디로, 여러 주州에 걸쳐 여러 해 동안 복구 작업이 계속되었다. 샌디가 초래한 가장 심각한 피해는 홍수로 인한 것이었다.

상자 1.3 미국, 복구에 착수하다

스태포드 법Stafford Act은 미국 연방 정부가 제공하는 지원의 범위를 명시하고 재정 지원 허가의 법적 근거가 되는 법률이다. 미국 대통령은 이 법에 근거해 재난이 발생했음을 선포하고, 모든 주州와 컬럼비아 특별구, 푸에르토리코, 미국령 버진 제도Virgin Islands 그리고 미국령 사모아Samoa에 지원을 제공한다. FEMA는 마샬 군도Marshall Islands, 미크로네시아Micronesia, 괌Guam 그리고 북마리아나 제도Northern Mariana Islands에 지원을 제공한다. FEMA는 어떤 사태가 발생했고 무엇이 필요한지에 따라 재난 복구를 지원하는 여러 연방 정부 기관 중 하나일 뿐이다(사진 1.3 참고). 재난이 발생했을 때, 주택도시개발부는 주거에 곤란을 겪는 사람들을 지원한다.

지원을 받으려면, 피해지역의 주지사는 10개의 FEMA 지부 중 하나를 통해 지원을 신청해야 한다. 이러한 지원에는 예비 피해 평가Preliminary damage assessment(PDA)가 반드시 필요하다. PDA는 피해 규모가 해당 지역의 대응 능력을 넘어선다는 것을 입증해야 한다. 주지사와 재난 관리자들은 요청할 지원의 종류를 결정하고 경제적인 피해 규모도 산출해야 한다. 재난 선포가 먼저 이루어지는 경우가 있긴 하지만, FEMA 팀은 피해의 정도를 확인해야 한다. 해당 주는 스태포드 법과 관련 프로그램에 따라 비용 공동 부담의 원칙에 따라 능력이 있으며 따를 것임을 입증해야 한다. 예를 들어, 공공시설을 대체하거나 수리하는 데 드는 비용은 해당 주와 지역 정부가 총액의 25%를 부담해야 한다.

두 가지 유형의 선포가 가능한데, 인명 손실을 줄이고, 추가적인 재산 피해를 예방하며, 하류로 이동하는 강의 범람처럼 지리적 위치에 따른 피해를 완화하기 위해서는 위기 선포emergency declaration가 이루어진다. 두 번째 유형인 중대 재난 선포major declaration는 폭넓은 범주의 프로그램과 재정 지원을 허용한다.

대규모 재난이 발생하면 FEMA는 합동 현장 사무소Joint Field Office(JFO)를 설치하고 다양한 재난 지원 기능Emergency Support Function(ESF) 분야의 직원을 배치한다. FEMA는 JFO에서 해당 지역의 공무원, 자원봉사 단체 그리고 기타 기관들과 협조하며 지원 업무를 수행한다. ESF는 국가 대응 체계National Response Framework(NRF)라는 체계화된 계획하에 업무를 수행한다. 예를 들어 ESF #6은 재난 시에 활약하는 자원봉사 단체와 협업하는 데 중점을 둔다. 장기 복구에서 ESF #14는 최근 국가 재난 복구 체계National Disaster Recovery Framework(NDRF)로 대체되었다(NDRF는 제3장을 참고). NDRF는 여섯 가지 필수적인 복구 기능을 맡는데, 이는 지역사회의 계획 수립과 역량 강화,

사진 1.3 뉴욕 퀸즈Queens - 국토안보부 장관 자넷 나폴리타노와 직원들, 슈퍼 태풍 샌디, 뉴욕 합동 현장 사무소(사진 K.C. Wilsey/FEMA)

경제적 복구, 건강과 사회봉사, 주택, 기반 시설 그리고 자연과 문화적 자원 등이다(http://www.fema.gov/national-disaster-recovery-framework 참고, 2014년 3월 4일 접속). 각각의 기능 분야에는 주요 기관 및 지원 단체들과 협조하며 이들의 업무를 이끄는 연방 정부 기관이 포함된다.

1.3.1.1 홍수

홍수는 다양한 원인으로 발생한다. 댐 붕괴, 우수 배수 시스템을 초과하는 폭우, 갑작스럽게 녹은 눈 등이다. 돌발 홍수flash flooding와 강의 범람 등이 포함되는 홍수는 미국에서 가장 빈번히 발생하는 재난이다. 사람들은 침수지역을 벗어나야만 살 수 있다. 따라서 신속한 대피나 구조가 필요할 것이다. 홍수는 물이 들어오는 것을 막을 모래주머니, 유입된 흙탕물을 '청소할' 자원봉사자, 주택의 수리와 재건 그리고 기반 시설과 사업체 및 일자리를 복원할 지원을 필요로 한다.

미국 텍사스의 중부 지역은 '돌발 홍수 계곡Flash Flood Alley'이라 불리는데, 이는 갑작스러운 폭우가 자주 발생하기 때문이다. 2001년, 텍사스 오스틴Austin에서는 6시간도 안 되는 짧은 시간에 38cm 이상의 비가 쏟아져 하천이 범람하고 빗물용 배수관이 넘쳤다. 700채 이상의 건물이 침수되었다(City of Austin, 2007). 2013년 6월 캐나다 앨버타Alberta 남부에서 발생한 홍수는 캐나다 역사상 재산 피해가 가장 큰 홍수였다. 캘거리Calgary 인근 지역에서 10만 명 이상이 대피했다(Canadian Press, 2013).

홍수는 여러 가지 문제를 유발하는데, 특히 가전제품과 가구처럼 손상된 물품을 치우기가 쉽지 않다. 건물에는 추가적인 문제도 발생하는데, 시트록sheetrock(종이 사이에 석고를 넣는 석고 보드 - 옮긴이), 카펫, 문, 계단, 현관 등이 물에 불고 곰팡이가 번지기도 한다. 전기와 상하수도 시설이 파괴되거나 오염되기도 한다. 심각한 하천 범람으로 다리와 도로가 유실되기도 한다.

미국에서 가장 흔히 발생하는 자연적 위험요인은 홍수지만, 사람들은 대부분 강력한 폭풍을 더 염려한다. 국립허리케인센터는 열대에서 발생하는 사이클론의 유형을 세 가지로 규정한다(National Hurricane Center, 2007). 허리케인(최소75mph), 열대성 폭풍(39~73mph), 열대성 저기압(38mph나 그 이하)은 강한 바람, 폭우, 강한 파도, 폭풍 해일 그리고 토네이도까지 발생시킨다. 각 유형의 사이클론성 폭풍은 상당한 피해를 야기하기도 한다.

1.3.1.2 폭풍

저기압성 폭풍cyclonic storm은 보통 열대성 폭풍tropical storm이나 열대성 저기압depressions보다 더 큰 두려움의 대상이지만, 그 강도와 피해의 정도는 다양하다. 국립허리케인 센터에서는 표 1.1에서처럼 허리케인을 분류하는 데 사피어-심프슨 등급Saffir-Simpson scale을 사용한다. 미국 역사상 가장 강력한 폭풍 중 하나인 허리케인 앤드류Andrew는 강풍성 폭풍wind storm으로 1992년 플로리다 남부에 상륙했다. 앤드류는 플로리다와 루이지애나에서 23명의 인명 피해와 265억 달러에 달하는 피해를 냈다. 허리케인 카트리나Katrina는 2005년 상륙했을 때 5등급으로 앤드류를 능가했다. 카트리나의 폭풍 해일은 뉴올리언스New Orleans의 제방을 붕괴시키고 미시시피와 앨라배마의 내륙을 침수시켰다. 사망자는 약 1,800명에 이른다. 거의 10년이 지나도록 장기 복구가 진행 중이다(상자 1.4 참고). 태풍 하이엔/욜란다Haiyan/Yolanda는 2013년 필리핀을 강타했다. 1,000만 명에 이르는 사람들이 막대한 피해를 입었고, 약 6천 명이 사망했으며, 400만 명이 이재민이 되고, 100만 채 이상의 주택이 파괴되었다(USAID 2013). 종합적인 복구를 위해서는 대피소, 재난 식량 지원, 식수 및 위생용품 지원 등 사려 깊은 인도주의적 배려와 실행 계획이 요구된다(그림 1.1 참고).

표 1.1 사피어-심프슨 허리케인 등급

등급과 풍속	예상 피해 유형
1등급(75~95mph)	피해 정도는 다양하지만, 불안정하거나 조립식 주택이 위험할 수 있음
2등급(96~110mph)	조립식 주택이 피해를 입음; 다른 유형의 주택은 지붕과 기타 외부가 위험에 처함; 배가 위험에 처함; 홍수 발생 가능성 있음
3등급(111~130mph)	구조물이 피해를 입음; 조립식 주택은 파괴될 수 있음; 나무들이 쓰러짐; 내륙과 해안지역에 홍수가 발생함
4등급(131~155mph)	소규모 주택이 파괴됨; 더 강력한 홍수 발생; 해안이 휩쓸려나갈 수 있음
5등급(155mph 이상)	극심한 피해 가능성 있음; 대규모 홍수 가능성 있음

출처: National Hurricane Center (2007a), "Hurricane Basics"(http://www.nhc.noaa.gov/HAW2/english/basics.shtml, 2007년 8월 13일 접속); National Hurricane Center (2007b), "Saffir-Simpson Hurricane Scale"(http://www.nhc.noaa.gov/HAW2/english/basics/saffir_simpson.shtml, 2007년 8월 13일 접속).

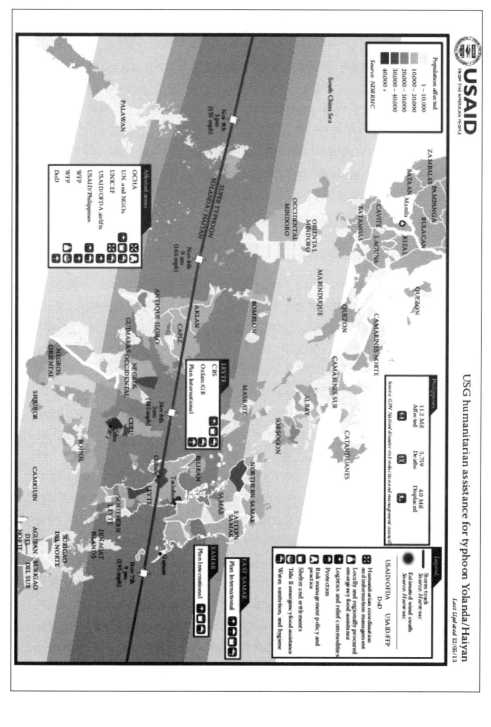

그림 1.1 태풍이 필리핀을 강타한 후에 USAID와 다른 단체들이 구호품을 나눠준 상황(그림 USAID).

상자 1.4 허리케인 카트리나에 관한 최신 정보

우리 중 많은 사람들이 허리케인 카트리나가 발생시킨 여러 광경을 평생 잊지 못할 것이다. 2005년 8월 29일 5등급 허리케인이 멕시코만으로 다가오는 것을 지켜보면서, 곧 피해를 입게 될 이들 지역에 사는 사람들의 삶이 영원히 달라지리라는 것을 분명히 알 수 있었다. 카트리나는 루이지애나와 미시시피의 일부 지역에 대규모 폭풍 해일을 몰고 왔으며, 이로 인해 이 지역을 보호하던 제방이 여러 곳에서 무너져 내리며 석유 화학 산업 단지의 침수, 어촌 파괴, 전력과 전화 그리고 상하수도 등 지역사회의 생존에 필수적인 라이프라인에 광범위한 피해를 입혔다. 1,800명 이상이 목숨을 잃었고, 지역과 주 및 연방 정부의 책임자들은 피해 평가액을 보고받고 충격에 휩싸였다. 뉴올리언스시 — 45만 명이 긴밀히 연결된 삶을 사는 지역사회 — 에서 이러한 수치는 복구 관리자들에게도 충격적인 경험이었을 것이다.

- **주택**: 루이지애나에서 약 515,249채 그리고 미시시피에서 약 200,384채의 주택이 피해를 입었으며, 여기에는 1인 주택, 아파트 건물, 공공 주택 단지 등이 포함된다(HUD, 2006). 또한 집으로 돌아갈 수 없는 수십만 명의 사람들에게 광범위한 대응을 해야 했다. 카트리나 발생 후 1년 뒤 약 114,000명의 이재민이 임시 이동식 주택으로 이주했으며, 수만 명이 미국 내 다른 주의 임대 아파트로 이주했다. 임대료가 46%나 상승하면서 집으로 돌아가는 것은 여전히 어려운 상황이다(Brookings Institution, 2008).

  2008년 여름, 뉴올리언스에는 '파손되거나 빈 집터' 65,000곳이 여전히 남아있으며 (Brookings Institution, 2008, p. 7), 시에서는 수천 곳의 빈 집을 없애기 위해 노력하고 있다. 로워 나인스 워드Lower Ninth Ward 같은 일부 지역에서는 재건축이나 개조가 이루어지는 주택 사이로 여전히 텅 비고 잡초가 무성한 집터가 여기저기서 눈에 띈다. 적당한 주거비용은 허리케인 이전과 이후에 똑같이 문제로 남아있다. '적당하지 않은 주거비용'을 지불하는 세입자는 2013년 허리케인 발생 1년 전에 비해 43%에서 54%로 증가했다. 소수 인종이 운영하는 사업체는 허리케인 때문에 증가세가 둔화되었으며 수익 측면에서 전국의 평균에 못 미치는 '침체' 상태로 남아있다(Greater New Orleans Community Data Center, 2013, p. 39).

- **기반 시설과 라이프라인**: 카트리나와 이로 인한 제방의 붕괴는 도로, 다리, 항구, 공공 설비 등 주요 자원들을 훼손시켰다. 카트리나 발생 1년 후 브루킹스 연구소Brookings Institute가 펴낸 〈카트리나 지표Katrina Index〉에 의하면, 버스와 전차가 다니는 도로의 절반 정도가 운행 가능하지만 운행되는 버스는 17%에 불과했는데, 버스는 많은 사람들이 차가 없는 도시 지역에서는 필수적인 교통수단이다. 카트리나 발생 2년 뒤에도 이러한 수치는 나아지지 않

아서 버스의 19%만이 운행을 했으며, 이 수치는 3년 뒤까지도 나아지지 않았다(Brookings Institute, 2007; 2008; Greater New Orleans Community Data Center, 2007). 카트리나 이전에 비하면 가스의 41%, 전기의 60%만이 복원되었다.

　　카트리나가 발생한 지 거의 2년 뒤 브루킹스 연구소가 펴낸《카트리나 지표》(2007년 6월)에 의하면, "기반 시설의 현황은 이 달에도 변화가 없다. 이 지역에서 주 정부의 허가를 받은 병원의 36%는 여전히 문을 닫은 상태이다. 5개 행정 구역에 걸쳐 14개 도서관이 여전히 문을 닫은 상태이다. 뉴올리언스에서는 지금까지 128개 공립학교 중 58개만이 문을 열었다." 붕괴된 제방은 재건되었지만, 카트리나 이전인 3등급 허리케인까지만 대비하는 수준이다. 더 강력한 제방은 경제적으로 실용성이 없는 것으로 밝혀졌기 때문이다. 하지만 허리케인이 이 지역을 매년 위협하는 것으로 볼 때, 이 지역에 어느 정도의 보호 조치는 취해져야 했다.

- **경제:** 루이지애나에서 실시된 대규모 대피와 심각한 피해로 인해 직장인들이 거의 돌아올 수 없었다. 카트리나가 발생하고 1년 후, 뉴올리언스는 주요 부문에서의 대규모 실업을 포함해 190,000명의 근로자를 잃었다. 건강관리와 교육 분야에서는 32,600개의 일자리가 사라졌으며, 빈민들에게 반드시 필요한 자선 병원도 문을 닫았다. 학교와 병원들은 다시 문을 열려고 고군분투하고 있으며, 병원, 치과, 검안실 등은 직원은 물론 환자들의 기록과 자산을 잃어버렸다. 카트리나가 발생하고 3년이 지난 후에도 건강, 레저, 관광, 지역 정부, 교역, 교통 그리고 공공 설비 분야에서 대규모 일자리 손실이 지속되고 있다(Brookings Institute, 2008 August).

　　뉴올리언스의 많은 사람들에게 직업을 얻기는 여전히 힘든 일인데, 그것은 부분적으로는 아이를 맡길 곳이 없기 때문이기도 하다. 뉴올리언스 행정구는 카트리나 이전 육아 시설의 43%를 재개했지만, 인접한 세인트버나드 행정구St. Bernard Parish는 카트리나 이후로 겨우 두 곳만 문을 열었을 뿐이다. 일자리 상실은 대부분 로워 나인스 워드를 비롯해 대홍수를 겪은 지역에서 주로 발생했다(Brookings Institute, 2008). 다른 여건도 복구를 어렵게 하고 있다. 2008년 전국적 불황으로 경제 상황이 악화되었다. 2010년에는 기름 유출로 어업이 피해를 입고, 바다 생물이 죽거나 다쳤으며, 해안이 훼손되고 해안지역의 관광업이 위축되었다. 카트리나로 인해 가뜩이나 어려운데 이러한 문제는 충격을 심화시켰고, 이로 인해 기대하는 것보다 복구가 더 늦어지게 되었다. 2008년의 불황에서 회복되기에는 2012년까지의 세월이 필요했다. 카트리나와 불황으로부터 회복되기 위해 뉴올리언스 지역은 인구 10만 명당 수십 건의 새로운 창업을 하는 등 경제를 다각화했다(Greater New Orleans Community Data Center, 2013). 하지만 이러한 진전을 지켜보고 있는 단체들은 이러한 현상이

'보다 경쟁력 있는 경제'를 향한 '첫걸음'일 뿐이라고 평가한다(Greater New Orleans Community Data Center, 2013, p. 2).

- **사람과 문화**: 전반적으로 카트리나 이전 일자리의 81%는 되살아났다. 비록 더 많은 백인 거주자들이 돌아오고 카트리나 이후에 라틴계 인구가 증가하면서 지역사회의 다양성은 어느 정도 줄어들었지만, 약 80%의 사람들이 돌아왔다. 예술과 음악으로 번성했던 뉴올리언스의 명성은 그대로 남아있다. 2011년까지 뉴올리언스에는 예술과 문화 분야의 비영리 단체가 전국 평균의 두 배였다(Greater New Orleans Community Data Center, 2013, p. 39). 미시시피의 여러 지역사회는 카트리나와 불황 그리고 기름 유출로 인한 곤경에서 벗어나기 위해 힘겨운 투쟁을 계속해야 했다. 리타Rita와 아이작Isaac 등 뒤를 이은 허리케인도 사태를 가중시켰다(Lowlander Center, 2014). 주택은 아직 복구되지 못했고 어업도 완전히 회복되지 못했다.
- **환경**: 카트리나는 미국에서 이제까지 직면한 가장 힘겨운 환경 재난 중 하나에 해당한다. 카트리나의 폭풍 해일, 강한 바람 그리고 그에 따른 제방의 붕괴는 루이지애나에서만 여러 행정 구역에 걸쳐 막대한 폐기물을 발생시켰다. 미국 환경보호청Environmental Protection Agency(EPA), 폐기물 처리업체 그리고 지역의 환경 관리자는 '독성 및 인화성 화학 물질, 페인트, 살충제, 프로판 가스통'을 포함하여 폐전자기기, 버려진 화학 물질 용기, 오염된 전자 제품 그리고 막대한 곰팡이의 발생 등 수백만 갤런의 기름과 해로운 물질의 유출을 검사하고 관리하느라 힘겹게 일해야 했다(GAO, 2007, p. 5).

　　EPA는 거주 적합성, 음료 적합성 그리고 독성의 정도를 측정하기 위해 물, 공기, 퇴적물, 토양, 폐수에 대한 검사를 실시했다. 뉴올리언스가 우묵하게 파인 사발 모양의 도시여서 잠재적으로 '독성이 혼합되기 쉬운' 곳으로 알려졌기 때문에, 환경 과학자들은 이 도시뿐 아니라 그곳의 환경이 그와 같은 엄청난 재난을 겪고도 정상으로 되돌아올 수 있을지에 대해 오랫동안 우려했다(Laska, 2004). 이 도시의 인구가 늘어나기 시작하면서, 미국 회계감사원Government Accountability Office(GAO)은 EPA가 주민들을 교육시키기 위해 엄청난 노력을 기울였음에도, 재활용과 관련해 불명확하고 지속적이지 못한 태도를 보여왔다는 내용의 보고서를 펴냈다.

　　이 같은 복잡한 문제를 해결하기 위해 모든 주민은 냉장고를 강력한 접착테이프로 봉한 다음 재활용하도록 보도 경계석에 내놓아야 했다. 모든 주택에서 수거된 모든 잔해는 적절하게 폐기 절차를 밟기 위해 분리되었다. 인구 50만 명 정도가 사는 어떤 도시는 전 지역의 80%가 침수되었고, 따라서 환경을 지키기 위해 모든 것을 감시하에 주의 깊게 처리해야 했다. 하지만 GAO는 잔해 관리 계획과 규약에 관한 연방 정부의 규정에 명확성이 결여되어있다고 문제를 제기했다. GAO는 EPA가 폐허가 되어가고 있는 지역에서 석면 오염의 가능성을 충분히 검사하지 않았다는 사실도 지적했다. 뿐만 아니라 GAO는 EPA가 국립 야생 동물 보호시설에서 위험 물질을 신속히 제거하지 않았다는 사실도 지적했다. 간단히 말해 재난으로 인해 발생한 엄청난 환경 문제는 연방 정부의 역량조차도 압도하는 것이었고, 법률과 자금이 사전에 마련되어있지 않아 상황이 더욱 어려워진 것이다.

- **교육**: 카트리나가 발생한 지 2년 뒤에도 뉴올리언스 지역에서 학교는 여전히 문제로 남아 있다. 카트리나 발생 2주년이 될 때까지 이전 학생의 40%가 돌아왔다. 허리케인과 홍수로 인한 피해, 더딘 인구 증가, 교사와 교직원 부족 등으로 카트리나 이전과 비교해 절반에 못 미치는 공립학교와 사립학교가 다시 문을 열었을 뿐이다. 학교의 시험 결과는 학생들이 다른 면에서도 카트리나의 영향을 받았음을 보여주는데, 주州 전체가 치른 시험에서 점수가 떨어져 "뉴올리언스에서 LEAP[Louisiana Educational Assessment Program(루이지애나 교육 평가 프로그램) – 옮긴이] 시험에 통과한 8학년 학생의 수는 카트리나 이전의 64%에서 43%로 낮아졌다"(Brookings Institute 2007 August). 카트리나 발생 3주년이 될 때까지는 대학생의 거의 74%가 돌아왔다. 유서 깊은 흑인 교육 기관인 딜러드 대학교Dillard University는 침수로 큰 피해를 입었으며, 2008년까지 44%의 학생만이 학교로 돌아왔다.

대응과 복구 작업에 대해 비난받고 있긴 하지만, 연방 정부는 카트리나 발생 이후 1년 동안 피해를 입은 5개 주에 1,090억 달러를 쏟아부었다. 이 금액의 반은 임시 거주지와 이와 관련된 지원을 통해 피해 가정들을 돕는 데 사용되었고, 나머지는 기반 시설을 복원하고 잔해를 관리하며 필수적인 제방 문제를 해결하는 데 사용되었다(Brookings Institute, 2006). 카트리나가 어떤 기준으로 보더라도 전형적인 재난은 아니었지만(Quarantelli, 2005), 피해지역의 모든 부문이 파괴되었을 때 어떤 사태가 벌어지는지에 대해 많은 교훈을 남겼다.

미국 내 어떤 지역은 토네이도의 위험이 매우 높은데, 이들 지역은 '토네이도 길목Tornado Alley'으로 알려진 텍사스, 오클라호마 그리고 캔자스이다(Wind Science and Engineering Center, 2006). 하지만 토네이도는 다른 지역에서 발생하기도 한다. 예를 들어 2007년 8월 뉴욕 브루클린Brooklyn을 파괴한 EF2 등급 토네이도는 1889년 이래 이곳에서 최초로 발생한 토네이도였다. 복구 관리자는 막대한 잔해, 쓰러진 전신주와 전선, 유실된 신호등과 표지판, 파괴된 주택과 사업체, 손상된 공공시설, 혼란스러운 사회 및 의료 서비스, 피해를 입은 가축들, 엉망이 된 농작물 그리고 주민들의 정신적 외상 가능성 등에 대처해야 한다.

토네이도같이 구체적인 유형의 자연적 위험요인조차도 피해 정도는 매우 다양하다. 가장 등급이 높은 EF5에 달하는 토네이도성 강풍(표 1.2 참고)이 2013년 5월에 오클라호마의 여러 도시를 파괴했다. 사람들에게 경고하는 데 필요한 직접적인 정보를 얻기 위해 폭풍을 추적하던 여러 사람이 그들이 탄 차량을 휩쓸어간 강풍으로 인해 목숨을 잃었다. 오클라호마의 무어Moore에서는 슬픔에 젖은 생존자들이 폭풍에 산산조각 난 주택과 헛간 그리고 사업장을 뒤지고 다니며 많은 가족과 애완동물을 구조하기도 했다. 한 초등학교에서는 많은 어린이들을 구조한 교사들의 영웅적인 활약에도 불구하고 많은 아이들이 사망한 데 대해 긴급 구조대원들이 충격을 받기도 했다. 주州 전역의 시골 마을도 파괴되었다. 보통 대부분의 자원봉사자들은 언론에 비추어지는 지역에서 중점적으로 일한다. 하지만 복구 노력이 펼쳐지면서 종교 단체들이 손길이 미치지 않은 지역에 도움의 손길을 뻗치고 지칠 대로 지친 지역의 지도자들을 도와 함께 일했다.

표 1.2 토네이도의 개량 후지타 등급

개량 후지타 등급	풍속 (mph)
EF0	65~85
EF1	86~109
EF2	110~137
EF3	138~167
EF4	168~199
EF5	200~235

출처: National Oceanic and Atmospheric Administration (2006)

1.3.1.3 지진

지진은 지표면 밑에서 압력이 축적될 때 발생한다. 단층선이라는 암반 균열을 따라 움직임이 일어나고 그에 따라 땅이 흔들리는 것이다(U.S. Geological Survey, 2007a). 지진학자들은 지진의 규모, 땅의 움직임 그리고 지속되는 정도에 따라 지진의 크기를 측정한다.

지진학자들은 (지진을 1에서 121까지의 계급으로 나누는) 수정 메르칼리 등급Modified Mercalli Scale을 선호하지만, 많은 언론에서는 지진의 정도를 표시하는 데 여전히 (1에서 10단계까지 있는) 예전의 리히터 등급Richter scale을 사용하고 있다. 보통 사람들이 감지할 수 있는 것은 리히터 규모 4.5 또는 메르칼리 등급 3이나 4 이상의 지진이다. 건물이 규모 6.0이나 7.0의 지진을 견딜 것인가 하는 문제는 그 건물이 내진 설계가 되어있는지 그리고 규정을 준수했는지에 따라 달라진다.

나라 간의 격차를 감안하더라도 재난은 모두가 똑같이 겪는 사건이 아님을 기억해야 한다. 2010년, 지진이 아이티(규모 7.0)와 칠레(규모 8.8)를 강타했다. 훨씬 더 강력한 지진이 남아메리카를 강타했음에도 아이티에서는 약 20만 명이 사망했으며, 칠레에서는 800명이 사망했다. 아이티의 사망자 수는 건축 법규의 부재와 직접적인 관련이 있다. 건물의 붕괴로 많은 사람이 즉사했으며, 다른 사람들은 구조대원이 제 시간에 도착하지 못해 사망했다.

아이티에는 왜 건축 법규가 마련되어있지 않은 것일까? 역사적으로 아이티에는 정치적 불안이 존재해왔으며, 이는 국민들에 대한 정부의 책임을 면제해주는 역할을 했다 (Deputy, 2010). 아이티는 예로부터 보잘것없는 수입과 다른 나라들에 진 많은 부채로 인해 경제적으로 소외되어왔다. 아이티 사람들은 자신들에게 회복력이 있다고 말하지만, 이들이 회복하려면 여러 세대에 걸쳐 지속적인 노력을 하며 상당한 대가를 치러야 할 것이다. 아이티의 복구는 여전히 진행 중이며, 수많은 나라와 비정부 조직이 필수적인 지원을 제공하고 있다.

또 다른 강력한 지진은 1556년 중국에서 발생했다. 리히터 규모 8.0을 넘는 것으로 추정되는 이 지진으로 830,000명이 사망했다. 최근에 강력한 지진은 엄청난 쓰나미를 일으키기도 한다. 2004년 인도양의 쓰나미는 해저에서 발생한 규모 9.0 정도의 지진으로 인해 발생했는데, 이로 인해 13개국이 피해를 입고 약 30만 명의 사망자를 낳았다. 2011년에는 연안지역에서 발생한 리히터 규모 8.9의 지진이 일본의 북동부 해안에 쓰나미를 발생시켰다. 그 결과 여러 마을의 수천 채에 이르는 주택이 파괴되고, 15,000~18,000명의 주민이 사망했으며, 수십만 명의 이재민이 발생하고 도로와 다리가 유실되었으며, 차량이 파손되었다. 후쿠시마 원전에서는 여러 차례의 폭발과 원자로 노심의 용융으로 용감한 직원들이 다른 이들의 생명을 구하기 위해 위험을 무릅쓰기도 했다.

지진의 규모에 따라 복구 작업에 붕괴된 건물의 수리나 재건, 이재민이 된 주민과 학생들, 심리적인 피해 그리고 환경오염 등을 다루는 것이 포함된다. 지하 시설도 피해를 입어 상하수도 및 다른 공공 설비에 입은 피해를 진단하고 수리하는 데 몇 년이 걸리기도 한다.

1.3.2 테러

테러는 사람, 지역사회, 국가 그리고 국제적 협력 관계에 경제적, 물리적, 심리적 피해를 주기 위해 저지르는 의도적인 행위이다. 테러에는 국내 테러와 국제 테러, 이렇게 두 가지가 있다. 국내 테러는 역사적으로 소외된 사람들에 대해 저지르는 증오 범죄와 같이, 한 국가의 국경 안에서 그 나라의 주민들이 저지르는 것이다. 2013년 4월 15일, 보스턴 마라톤의 결승선을 향해 달리던 선수들은 여러 차례의 폭발음을 듣거나 느꼈다. 마라톤 대회 참가자들을 응원하러 온 가족과 친구들이 포함된 수백 명의 사람들이 심각한 부상을 입었고, 3명이 사망하였다. 관중들이 응급 처치를 실시하고, 부상을 입었거나 죽어가는 사람들을 구급차로 옮겼다. 이 사건 이후로 여러 날 동안 사람들은 '보스턴 힘내라'라고 쓰인 티셔츠를 입었다. 다른 도시의 마라토너들은 보스턴과 이 도시 소속 야구팀인 레드삭스를 기리기 위해 붉은색 양말을 신기도 했다.

국제 테러는 그 나라에 거주하지 않는 사람이 다른 나라를 또는 그 나라와 이해관계가 있는 곳을 공격할 때 발생한다. 미국 시민과 외국에서 온 많은 방문객들은 2001년 9월 11일, 납치범들이 여객기를 몰고 세계무역센터World Trade Center와 펜타곤Pentagon으로 돌진했을 때 국제 테러를 직접 경험했다. 공중 납치된 유나이티드 에어라인United Airlines 여객기에 탄 승객들은 죽음을 무릅쓴 영웅적인 노력으로 백악관을 공격하려는 테러범들의 의도를 전복시켰고, 대신 비행기는 펜실베이니아에 추락했다. 미군을 목표로 하거나 정치적 이해관계 때문에 발생한 다른 국제적인 공격으로는 사우디아라비아에 있는 버락-코바르 타워U.S. Barracks-Khobar Towers에서 폭발한 자살 폭탄 트럭, 1989년 탄자니아와 케냐 미국 대사관 폭파 사건 그리고 2000년 예멘에서의 이지스 구축함 콜U.S.S. Cole에 대한 해상 공격 등이 있다(Rubin, 2006).

미국만 테러를 겪는 것은 아니다. 케냐 나이로비의 한 쇼핑몰에서는 테러범들이 4일 동안 인질을 잡고 쇼핑객들을 살해했다. 총격전을 벌이고 수류탄이 터지면서 아이들, 부모 그리고 안전 요원들이 목숨을 잃었다. 이러한 과정에서 케냐인들도 사망했지만, 다른 나라에서 온 사람들도 목숨을 잃었다. 결국 케냐군이 80개의 상점이 몰려있는 쇼핑몰 안에서 테러범들을 진압했다. 쇼핑몰의 여러 층이 붕괴하기도 했다. 쇼핑몰 밖에서는 자원봉사자들이 임시 대피소를 세우고, 부상자들을 치료하고 사망자를 매장하는 데 필요한 기금을 모았으며, 정신적 외상을 입은 사람들을 위한 지원 체계도 마련했다.

테러범들이 아무런 의심도 없는 무고한 시민들을 대상으로 아무런 예측도 할 수 없는 공격을 의도적으로 감행했을 때, 테러의 결과는 가장 끔찍하며 그 여파도 오래 지속된다. 예를 들어, 9.11 테러의 경우, 2001년 9월 26일까지 단 279구의 시신만이 발견되었고, DNA 분석에 몇 년이 걸리기도 했다. 시신의 신원을 확인하는 것은 생존자들의 '정신적 고통'을 덜어주고(Feinberg, 2005; Pan American Health Organization, 2005; Thompson, 1991) 국제적 인권을 보장하기 위해서뿐 아니라 법적이고 사회적인 이유 때문이기도 하다(PAHO, 2005). 시신의 신원 확인과 유해 발굴은 시간과 비용이 많이 들며, 전문가가 있어야 하고, 훈련 과정과 여러 자원도 필요하다(Simpson and Stehr, 2003).

세계무역센터에서는 여러 단계의 과정이 진행되었다. 즉, 감독관이 굴착기 작업을 지켜보다 사람의 유해가 보이면 작업을 중지시켰고, 폐기물을 쓰레기 매립지로 보내기 직전에 두 번째 잔해 검사를 실시했다. 매립지에서는 또 다른 팀이 잔해를 컨베이어 벨트에 통과시키며 사람의 유해를 찾았다. 법의학자들이 사람의 유해임을 확인하면, 이를 재난 장례 대응팀Disaster Mortuary Response Team(DMORT)으로 보냈다. 사람의 유해 조각 2만개의 약 절반 정도가 DNA 분석으로 신원이 확인되었다(Shaler, 2005; Simpson and Stehr, 2003). 최소한 만 개의 사람 유해는 미래의 DNA 분석을 위해 냉동처리 되었다. 이러한 결과, 미국 연방 정부 기관들은 향후 많은 사람이 사망하는 사건에 대비해 지침을 마련했다

(National Institute of Justice, 2005). 뿐만 아니라 영구적인 부상의 치료, 석면이나 잔해 더미 옆에서 일하는 데서 오는 다른 문제를 포함해 건강 검진이 필요한지에 대한 지속적인 평가, 전반적인 정신 건강 검진 등과 같은 생존자의 장기적인 복구에 필요한 사항에 대해서는 앞으로 더 자세히 알아보도록 하겠다.

9.11 테러의 여파로 미래의 공격으로부터 미국을 보호할 최선의 방법에 관한 집중적인 토론이 이루어졌다. 이에 따라 복구 기간 중에 새로운 법률이 제정되어 공항과 국경의 보안에 변화가 생겼으며, 여러 기관이 통합되고 FEMA까지 포함하는 국토안보부 Department of Homeland Security(DHS)가 창설되었다. 잠재적 위협에 대비해 정보 공유를 할 수 있도록 여러 나라의 국경을 넘어 통신하는 새로운 수단도 개발되었다. 올림픽처럼 세간의 이목을 끄는 행사는 엄중한 보안 절차를 거치게 되었다. 하지만 나이로비 쇼핑몰에서 벌어진 사건에서처럼, 일상생활을 해나가는 사람들이 가장 취약하며 '만만하고' 쉽게 접근 가능한 테러의 목표가 될 수 있다.

1.3.3 위험 물질

화학 물질 폭발, 운송 중의 유출, 독성 물질 폐기장 그리고 심지어는 토네이도, 홍수 등 다른 위험요인에 의해 유출되는 주택용 페인트, 가솔린, 그 밖에 흔히 사용되는 다른 물질로 발생하는 위험 물질과 관련해 우리는 많은 어려움에 직면하게 된다. 위험 물질은 조심해서 다뤄야 하기 때문에, 이는 잠재적으로 비용과 시간이 많이 드는 복구 문제에 해당된다. 가정, 연구소, 그리고 여러 기관과 산업 시설에서는 물리적 환경과 인간 사회에 미치는 피해를 줄이기 위해 위험 물질과 위험한 폐기물을 다룰 때 정해진 규정에 잘 따르고 주의를 기울여야 한다.

FEMA의 추정에 의하면, 미국 내 450만 개 시설이 각종 잠재적 위험 물질을 다룬다. 핵발전소, 정유 공장, 화학 물질 제조사에서부터 지역의 묘목원이나 세탁소에 이르기까지 다양한 산업 시설이 존재한다(FEMA, 2007). 이들 물질을 '생산, 저장, 운송, 사용 또는 폐기'하는 모든 단계에서 갑자기 문제가 발생할 수 있다(FEMA, 2007). 이들 물질을 어떤 장소에서 고속도로, 파이프라인, 철로, 비행기를 이용해 특정한 장소로 옮기는 과정을 상상해보아라. 트럭이 새거나 충돌하고, 기차가 선로를 이탈하고, 파이프라인이 고장 날 경우 어떤 재난이 발생할 수 있는지 쉽게 상상이 갈 것이다.

미국에서는 위험 물질로 인해 발생할 수 있는 사건을 감시하고 관리하기 위해 많은 전략이 수립되어있다. 재난 복구 측면에서 가장 괄목할 만한 성과는 1980년에 통과된, 종합환경 대응책임 보상법Comprehensive Environmental Response, Compensation and Liability Act(CERCLA)에 의해 만들어진 슈퍼펀드Superfund이다. 슈퍼펀드는 지역사회에 여전히 피해를 미치는, 해묵은 위험 물질 폐기장 문제를 해결하기 위해 만들어졌다. 미국 환경보호청(EPA)은 그러한 폐기장을 청소하거나 청소할 책임을 묻고, 필요한 경우 해당 지역정부에 배상을 요구할 권한을 부여받았다. EPA는 1980년 이래 수만 곳의 잠재적 위험 물질 폐기장에 대한 분석을 실시했다.

어느 지역이 위험 물질에 오염되었다면, 그러한 기술적 재난으로부터 복구하는 데는 오랜 시간이 걸릴 수 있다. 특정한 기술적 위험에 대한 많은 문제와 우려가 현재까지도 미지의 영역으로 남아있다. 예를 들어 어떤 물질의 유출이 환경, 동식물 그리고 인간에 여러 세대에 걸쳐 미치는 영향은 명확히 알 수 없다. 앞서 언급한 후쿠시마 원전의 원자로 노심 용융으로 인한 피해도 아직 알 수 없는 상황이다. 후쿠시마 원전과 마을을 구하기 위해 그곳에 남았던 사람들은 건강에 심각한 피해를 입었을 것이다. 미국 동부나 캐나다 연안지역과 같이 멀리 떨어진 곳에까지 이동성 어류나 떠다니는 잔해로 인한 방사능 피해가 미칠 수 있다는 우려가 제기된 상황이다.

수로를 따라 제방을 짓는 것과 같이 자연적 위험요인에 대비해 우리가 할 수 있는 일에 비해, 기술적 위험요인을 완화하기 위한 도구는 개발이 뒤처져 있는 상황이다. 기름 유출이나 핵 사고와 같은 여러 기술적 재난의 경우, 연방 정부 차원에서 제정된 규정과 법률에 따르거나 다른 나라를 믿을 수밖에 없다. 이러한 법률과 규정의 집행 정도는 시대와 나라에 따라 다양한 차이를 보인다. 뿐만 아니라, "어떤 정부 기관도 그 어떤 단계의 기술적 위험요인으로부터 장기 복구에 대한 계획을 갖고 있지 못하다"는 문장에서 알 수 있듯이, 국가 차원에서 기술적 위험요인에 충분히 대비되어있는 것 같지는 않다(Mileti, 1999, p. 213).

환경 보호는 중대한 문제이므로, 이 책의 모든 장에서 다루게 될 것이다. 제5장이 환경적 재난에 초점을 맞추고 있긴 하지만, 여러분은 모든 장에서 환경 친화적 복구의 여러 형태에 대한 서술을 찾을 수 있을 것이다. 가정과 사업체의 녹색 재건Green Rebuilding, 다양한 위험요인으로 인해 발생하는 잔해의 재활용 그리고 우리의 물, 공기, 녹색 공간을 보호하는 일은 복구 노력을 하는 과정에서 중요하게 고려해야 할 문제이다.

1.3.4 인도주의적 재난

가장 심한 타격을 받은 곳이나 활용 가능한 자원이 부족한 경우 또는 이 둘 다에 해당하는 경우 복구에 차질이 생길 수밖에 없고, 따라서 재난으로 인한 피해 정도가 늘 같은 것은 아니다. 재난은 국경을 따지지 않으며(Hannigan, 2012), 한 나라에서 다른 나라로 쉽게 넘어가기도 한다. 국제적인 재난 인도주의자인 프레드 커니Fred Cuny는 이렇게 말했다. "땅의 얼굴은 재난에 의해 달라지기도 한다. 가뭄은 기아를 낳고, 기아는 이주를 낳으며, 사람들이 더 이상 농사를 짓지 않고 떠나면, 경작지에 서서히 사막화가 진행되어 사람이 살 수 없는 곳이 되어버린다"(Cuny, 1985, p. 13).

사람들은 재난이 닥치면 고향을 등지고 다른 곳으로 떠난다. 홍수, 기아, 전염병, 가뭄, 내전, 종족 간 증오, 집단 학살 등은 인도주의적 위기를 한층 심화시킨다. 이러한 사건이 발생하면 자연적 위험요인뿐 아니라 정치적이고 국제적인 불화까지 생겨 상황이 복잡하게 꼬인다. 원인이 무엇이든 비슷한 결과가 발생하는데, 이는 난민 발생, 농업 시스템 와해, 도시지역 붕괴, 환경 자원 파괴, 문화적 파멸 등이다.

인도주의적 재난의 복구 과정에 참여하는 것도 마찬가지로 복잡한 문제이다. 피해를 입은 사람들에 접근하는 것에서부터 어려움을 겪을 수 있다. 2008년 사이클론 나르기스Nargis가 3.7m에 이르는 폭풍 해일과 4등급 강풍을 동반해 미얀마를 강타했다(사진 1.4 참고). 14만 명이 사망한 것으로 추정되지만, 군부 지도자들은 국제 원조를 거부했다. 수십만 명 이상의 사람들이 오랜 기간 동안 집을 잃고 굶주림과 경제적 피해 그리고 슬픔을 겪어야 했다(NOAA, 2008).

사진 1.4 2008년 5월 2일 사이클론 나르기스(사진 U.S. National Oceanic and Atmos-
pheric Administration).

그럼에도 불구하고 재난 복구는 많은 곳에서 사람들에게 기회의 창이 되어주기도
한다. 커니는 우려도 표명했지만 재난의 이점도 지적했다. "가뭄 이후에 더 나은 경작
방식이 자리를 잡는 경우가 많다. 폭우로 인한 산사태 이후에는 조림 사업을 재개하고
언덕의 등고선을 더 잘 활용해 농사를 짓는 경우가 많다"(p. 13). 새로운 지도자들이 의미
있는 변화를 일으키기도 한다. 외부에서 지원된 자원은 구호와 재건의 기회를 제공한
다. 하지만 이러한 노력은 특히 외부인들이 아무런 사전 조사 없이 와서 현지인들의 말
에 귀 기울이지 않을 때 역효과를 내기도 하는데, 이 문제에 대해서는 이 책의 뒷부분에
서 살펴보도록 하겠다.

1.4 재난 회복력

 이제 알게 되었겠지만, 정상으로 돌아가는 것이 최선의 길이 아닐 수도 있다. 결국 '정상적인 상태'가 재난을 일으킨 것이나 마찬가지이기 때문이다. 재난이 또 발생해 더 많은 사람들이 피해를 입을 수도 있다는 것을 고려하면 가정, 사업체 그리고 기반 시설이 미래의 피해에 견딜 수 있게 더 똑똑하게 재건하는 것이 현명할 것이다. 빨리 예전으로 돌아가기보다는 주요 원칙을 지켜가며 시간을 들여 복구 과정을 계획하는 것이 더 현명한 방법이다. 그러한 원칙 중 하나가 회복력resilience이다. 미국 국립학술원U.S. National Academies은 회복력을 "실질적이거나 잠재적으로 부정적인 사건을 겪은 뒤 이로부터 복구하거나 보다 성공적으로 적응하기 위해 대비하고 계획하는 능력"이라고 정의했다(National Academies, 2012, p. 14). 회복력 있는 지역사회는 완화 수단을 비롯해 미래의 피해를 줄이기 위해 힘을 모은다. 이 점을 이해하면, 여러분 자신과 여러분의 가족 그리고 지역사회의 피해를 줄이기 위한 재난 복구 과정을 지지하게 될 것이다.

 완화는 지역 주민들을 보호하기 위해 집에 토네이도에 대비한 안전실을 갖추거나 침수지역에 더 강력한 제방을 짓는 것을 의미한다. 완화 노력에는 정치적 의지와 경제적 자원이 수반되어야 한다. 하지만 완화는 특히 비용이 많이 드는 경우, 우선순위에서 밀리는 경우가 많다. 그러나 여러 연구 결과는 완화에 사용하는 1달러는 4달러만큼의 투자 가치로 돌아온다는 것을 보여주고 있다(National Academies, 2012; Rose et al., 2003).

 회복력은 또한 재난 이후의 의사 결정 과정에 전 지역사회가 참여하는 것을 전제로 한다. 공공 부문과 민간 부문의 기반 시설 모두 피해를 줄이기 위해 더 강한 회복력을 지녀야 한다. 그렇게 하려면 자연적 위험요인에 저항력을 갖춘 건축 법규를 지키고, 사람이나 구조물을 위험지역에 두지 말아야 한다. 지역 주민, 단체, 인근지역 주민, 사업체 모두가 재난에 대비해야 하며, 그러기 위해서는 땅을 현명하게 사용해야 한다(National Academies, 2012).

 처음에 예로 들었던 슈퍼 태풍 샌디를 다시 생각해보자. 허리케인 샌디 재건 전략Hurricane Sandy Rebuilding Strategy(HUD, 2013)에는 미래의 사건에 대비해 지역사회를 더 강하게 만들기 위한 회복력의 개념이 소개되어있다. 오바마 대통령의 지시로 만들어진 전담반에서 작성한 이 전략은 위험 평가에서부터 시작한다 — 그 지역의 위험요인이 무엇이며, 그로부터 어떤 피해를 예상할 수 있는가? 물론 폭풍 해일은 위협이 될 수 있다. 따라서 재건하며 구조물이 놓인 위치를 높이는 것이 타당하지만 비용이 많이 든다. '녹색' 또는 환경 친화적 복구 노력도 권장 사항에 포함된다. 예를 들어 노스캐롤라이나의 앨리게이터강 국립 야생 동물 보호구역Alligator River National Wildlife Refuge은 해안을 따라 굴 산호초를 배치했다. 이 산호초는 폭풍으로 인해 발생하는 강력한 파도의 에너지를 흡수해 해안의 침식을 막는 역할을 한다.

회복력이라는 개념은 미국 이외 지역에서도 사용되어왔다. 영국의 국무조정실Government Cabinet Office(Twigger-Ross et al., 2011)은 지역사회의 회복력에 대한 여러 연구와 논문을 지원했다. 광범위한 연구 결과, 각 지역사회는 자신들의 회복력을 기르기 위한 계획을 직접 수립해야 한다는 결론이 나왔다. 그러기 위해서는 이웃, 학교, 사업체, 종교 단체 등을 통한 지역사회의 사회적 연결망이 개입되어야 한다. 그 이유는 무엇일까? 지역사회의 거주민들은 자신들이 처한 상황에 대해 잘 알고 자신들이 사는 곳을 지키기 위해 헌신하기 때문이다. 지역의 거주민들은 자신들이 누리거나 추구하는 삶의 질을 유지할 수 있게 지역의 상황을 지켜나갈 책임도 지고 있다. 회복력은 또한 모든 사람이 집으로 돌아갈 수 있어야 한다는 것을 의미하기도 한다. 이에 따라 HUD는 적당한 거주지를 개발해야 한다. 다시 말해, '재난 회복력은 모두에게 관련된 일이며, 주민, 민간 부문 그리고 정부 책임이 나눠져야 한다'(National Academies, 2012, p. vii).

회복력과 완화의 개념은 이 책 전편에 걸쳐 나오게 될 것이다. 회복력을 높이려면 재난 관리자들이 일하는 기관뿐 아니라 주민의 헌신도 필요하다. 여러분 자신이 회복력의 의미에 대해 생각해보는 것이 중요하다. 미래의 피해를 줄일 수 있다면, 그것은 여러분의 헌신을 통해 가능할 것이기 때문이다.

1.5 요약

이 장에서 우리는 복구란 사람들과 여러 기관들이 다양한 정도로 옮겨지는 여러 단계의 과정이라는 사실을 배웠다. 어떤 종류의 위험요인이며 지리적 위치는 어디인가에 관계없이 지역사회는 복구를 하는 동안 잔해 제거, 주택과 사업체 재건, 도로와 교량 수리, 공공 설비의 복원 그리고 자원의 관리라는 유사한 어려움에 직면하게 된다. 복구 작업은 그곳 사람들을 문화적, 역사적, 환경적 자원과 연결하는 지역적 문제를 포함해, 해당 지역사회의 독특한 특성을 고려해 이루어져야 한다.

이 책을 통해 여러분은 재난 복구를 지원하거나 그 기간 동안 살아남는 방법을 배우게 될 것이다. 각 장은 그 장의 주제에 관해 생각하는 데 필요한 기초 지식을 제공하는 사례 연구로 시작될 것이다. 또한 미국뿐 아니라 전 세계의 사례를 접하게 될 것이다. 그러한 과정에서 완화와 녹색 복구green recovery에 대해서도 다루게 될 것이다. 뿐만 아니라 여러분은 재난이 모두에게 균등한 피해를 미치지 않는 이유와 이러한 불평등과 재난의 피해에 대처하는 방법에 대한 더 깊이 있는 이해를 얻을 수 있을 것이다.

제2장에서는 복구 노력을 전개하는 최선의 방법에 대해 생각해볼 것이다. 제3장에서는 국가 재난 복구 체계(NDRF)를 비롯한 계획 수립 노력에 대해 알아볼 것이다. 제4장에서는 국경을 넘나드는 오염 물질에 대한 우려를 비롯해 잔해 관리의 어려움에 대해 살펴볼 것이다. 제5장에서는 복구의 환경적 측면에 대해 알아볼 것이다. 제6장에서는 여러분 자신의 가정이 지니고 있는 유산에 대해 알아보도록 유도하는 한편, 역사적, 문화적 보존의 중요성에 대해 살펴볼 것이다.

제7장에서는 장기 구호 캠프와 생존자들이 오랜 시간 동안 겪는 문제를 비롯해, 재난 이후에 사람들이 대피소와 주택에서 사는 것과 관련된 문제에 대해 그리고 재난이 사업체에 피해를 줄 때 어떤 일이 발생하는가에 대해서도 알아볼 것이다. 제8장에서는 대기업이 최악의 날에 어떻게 대처하는가뿐 아니라 개발도상국에서 이루어지는 미시경제학적 복구 노력에 대해서도 살펴볼 것이다. 상업적 생산성에 피해를 주는 교통 체제의 붕괴를 비롯해 기반 시설과 공공 설비에 관한 내용은 제9장에서 찾아볼 수 있을

것이다. 재난으로 인한 피해가 정신 건강에 미치는 영향과 가족을 잃은 유가족을 돕는 방법에 대해서는 제10장에서 알아볼 것이다.

제11장에서는 정부에 고용된 공무원으로서 재난을 경험하는 사람들을 위해 공공 부문에 미치는 재난의 피해에 대해 살펴보려 한다. 뒷부분의 여러 장을 통해 복구 자원을 관리하는 방법에 대해서도 알게 될 것이다. 제12장에서는 요청하지 않은 기부라는 예기치 못한 문제에 대해 알아볼 것이다. 지역사회의 피해와 회복력은 제13장의 주요 주제이며, 복구의 연료 역할을 하는 인적 자원에 대한 통찰을 제공할 것이다. 자원봉사자의 역할에 대해서는 제14장에서 살펴볼 것이며, 자발적 자원봉사와 관련된 놀라운 문제도 다룰 것이다.

이 책은 복구 과정의 소중한 동반자로서 재난 복구에 대한 가르침을 전해줄 것이다. 여러분이 직업적인 경력을 얻고 싶어 하든 아니면 재난 상황에서 자원봉사를 할 계획이든, 이 책은 주요한 임무를 수행하는 데 필요한 통찰력과 올바른 개념 그리고 실질적인 방법을 가르쳐줄 것이다. 만일 여러분이 위험지역에 살고 있다면, 여러분과 여러분이 사는 집이 언젠가 어느 정도로든 직접적인 피해를 입을 수도 있다. 이 책은 어디서부터 어떻게 시작해야 하는지를 알려줄 것이다. 이 책에 담긴 내용은 여러분 자신과 여러분의 주변 사람들이 취약성을 줄이기 위한 실질적인 출발점이 되어줄 것이다. 이 책의 내용을 잊지 말고 현실에 적용해 차이를 만들어내길 바란다.

1.6 마무리 문제

1.6.1 요약 문제

1. 슈퍼 태풍 샌디나 사이클론 나르기스 같은 강력한 폭풍이 지나간 후에는 어떤 복구가 이루어져야 하는가?

2. 복구를 설명할 때 어떤 용어를 사용해야 하는가? 용어의 차이점은 왜 중요한가?

3. 복구와 회복력에 어떤 차이가 존재하는가? 회복력 있는 지역사회를 건설하기 위해 완화가 중요한 이유는 무엇인가?

4. 자연적, 기술적 그리고 위험 물질로 인한 재난에서 겪게 되는 복구의 어려움에는 어떤 것들이 있는가?

5. 인도주의적 재난은 자연적 위험요인과 어떻게 다른가? 다르기는 한가?

6. 미국에서 복구는 어떻게 시작되는가? 스태포드 법은 어떤 역할을 하는가?

7. 허리케인 카트리나 이후로 여러 해 동안 어떤 복구 문제가 다루어졌는가?

1.6.2 토론 문제

1. 여러분이 사는 지역사회에서는 어떤 유형의 위험요인을 겪게 될 가능성이 있는가?

2. 복구를 과정으로 생각하는 게 최선인 이유는 무엇인가?

3. 복구 상황에서 여러분 자신은 어떤 역할을 해야 하는가?

4. 대규모 재난이 닥친다면, 여러분이 사는 지역에서 무엇을 보존하고 무엇을 바꾸고 싶은가?

5. 여러분이 사는 지역의 회복력을 기르려면 어떻게 해야 할 것인가?

6. 슈퍼 태풍 샌디나 아이티 지진의 경우 복구가 어떻게 이루어지고 있는가? 연방 정부 및 지역사회의 웹사이트 그리고 이 장의 마지막에 열거한 추천 도서 목록 등을 활용해 인터넷으로 이 문제에 대해 조사해보아라. 그런 다음 아이티의 복구에 대해 찾아보아라(자료 부분에 나온 링크를 보면 된다). 어떤 차이점이 보이는가?

참고자료

- SuperStorm Sandy recovery pages:
  - New Jersey, http://www.state.nj.us/dca/divisions/sandyrecovery/.
  - New York, https://www.governor.ny.gov/2013/superstorm-sandy-recovery-rebuild.
  - FEMA, http://www.fema.gov/hurricane-sandy-recovery.
- Terrorism Timeline available at http://www.disaster-timeline.com/TTL2007A-Aprl5-secure.pdf. Last accessed July 21, 2008.
- For updated numbers on DNA analysis, visit http://911research.wtc7.net/wtc/evidence/bodies.html.
- To review FEMA programs and to obtain information on current disasters, visit http://www.fema.gov.
- For FEMA IS-1 Emergency Manager, visit http://training.fema.gov/IS/NIMS.aspx. Dozens of relevant courses are available including certification for a Professional Development Series. IS-2900 on the National Disaster Recovery Framework is highly recommended.
- For free copies of academic research on disasters, visit the Natural Hazards Center, University of Colorado at Boulder, at http://www.colorado.edu/hazards or the Disaster Research Center, University of Delaware, at http://www.udel.edu/DRC.
- You can read the National Academies report Disaster Resilience free online at http://www.nap.edu/openbook.php?record_id=l8411&page=l.
- Efforts to rebuild Haiti through the United Nations Development Programme can be found here, http://www.undp.org/content/undp/en/home/ourwork/crisispreventionandrecovery/projects_initiatives/crisis_in_haiti/.

제2장
재난 복구에 대한
개념적, 이론적, 현실적 접근

2.1 서론

이론은 특정한 현상을 이해하는 틀을 제공한다. 복구의 경우, 이론은 전반적인 통찰을 제공할 뿐 아니라, 발생할 수 있는 문제가 무엇인지 일깨워주기도 한다. 이론은 추상적으로 여겨지긴 하지만, 사람과 장소의 복구에 유용하면서도 가능한 접근 방법을 알려주기도 한다. 이론은 복구와 관련된 어려운 문제, 특히 한 지역사회가 '정상'으로 되돌아가는 과정에서 해결해야 할 여러 장애물을 이해하는 계기가 되기도 한다. 예를 들어, 우리는 이 장에서 사람들이 다양한 방식으로 복구를 경험하게 된다는 것을 알려주는 이론 — 수십 년의 연구로 뒷받침되어온 이론에 대해 살펴볼 것이다.

복구 관리에 수반되는 이론과 실무는 결코 제각각 독립적으로 적용될 수 없다(Jensen, 2012). 사실, 복구 사업으로 무언가를 하기 위해 앞으로 나아가야 할 때조차, 상황이 어떻게 진행될 것인지에 대한 예측을 해가며 일을 진행시켜 나갈 수밖에 없다. 우리는 이론에 힘입어 이러한 예측과 관련된 가치 있는 토론을 하고, 그렇지 않았으면 무상으로 얻거나 간과할 수도 있었을 일에 대해 엄밀하게 자문할 수 있다. 이론은 모든 기능을 원활하게 해주는 역할을 하며, 보다 탄탄한 복구 과정으로 이끌어주기도 한다.

이 장의 끝부분에서는 여러 가지 연구에 의해 형성된 복구에 대한 접근 방법을 살펴보려 한다. 복구가 '전체론적holistic'이어야 한다는 대중적인 접근 방식부터 시작할 것이다. 이 전체론적인 접근에는 지속 가능성도 포함되며, 이는 사람과 장소가 오랜 시간에 걸쳐 살아남아야 한다는 것을 뜻한다. 앞으로 살펴볼 이론과 관점의 가치를 이해하는 데 도움이 될 만한 최근의 사건으로 이 장을 시작할 것이다.

2.1.1 2010년 아이티 지진

2010년 1월 12일, 규모 7.0의 지진이 아이티를 강타했다. 이 지진은 아이티 수도인 포르토프랭스Port-au-prince의 상당 부분을 파괴하고 주변지역에도 막대한 피해를 입했다. 이 지진은 아주 취약한 나라에 발생해 약 316,000명의 사망자를 발생시켰다. 이와 별개로 300,000명이 부상을 입었으며, 이 중 일부는 영구적인 장애를 지니게 되었다. 300만 명이 피해를 입었고, 10만 명에 가까운 사람들이 집을 잃었다. 약 150만 명이 일자리를 얻을 기회가 거의 없는 1,354곳 이상의 구호지역에서 여러 해 동안 살아야 했다(USGS, 2010; OCHA, 2011).

　수십 개 국가와 수백 개에 달하는 비정부 조직이 아이티로 가서 구호품을 전달하고 자갈더미에 파묻힌 사람들을 구조했다. 복구 노력은 쉽지 않았다. 항구는 많은 피해를 입어 구호품을 들여오려면 수리를 해야 했다. 병원은 붕괴되었고, 어떤 지역의 간호 학교에서는 전원이 사망하기도 했다(Farmer, 2012). 야전 병원과 해안에 정박한 해군 함정에서 사람들을 치료했고, 여러 나라에서 온 헬리콥터가 생존자들을 의료진들에게 실어 날랐다. 의료품은 곧 바닥났고, 의사들은 때로는 마취제나 진통제 또는 항생제 없이 4천여 건의 절단을 시행했다. 약 5천여 개의 학교가 피해를 입었고, 이 중 4천여 개는 심각한 피해를 입거나 파괴되었다(OCHA, 2011). 수도에서만 80%의 학교가 손상을 입거나 파괴되었다.

　거리를 가로막고 있는 막대한 양의 잔해 그리고 파괴된 도로와 다리 때문에 사람들에게 구호품을 운송하는 작업은 방해를 받았다. 이러한 인도주의적 노력에는 영양실조에 걸린 어린이를 치료하는 프로그램과 '아기에게 적합한' 텐트를 100개 세우는 사업도 포함되었다. 비정부 조직은 구호 캠프에 태양열 조명 기구를 설치하고, 이 캠프에 거주하는 이재민을 폭력과 인신매매로부터 보호하기 위해 인간 권리에 대한 교육을 실시하기도 했다(United Nations, 2011). 지진이 발생한 지 1년이 지난 뒤에도 81만 명이 여전히 1,150곳의 구호지역에서 생활했으며, 백만 명이 114,456개의 텐트를 포함해 임시 대피소로 쓰이는 방수포 천막 밑에서 살았다.

　많은 아이티 사람들이 정식 일자리를 잃어버려, 수만 명에 달하는 사람들이 한동안 필수적인 수입조차 없었다. UN은 이들에게 식량을 제공하고, 잔해와 수로를 청소하는 일을 시키고 현금을 지급했다. 80만 명 이상의 어린이들에게 임시로 교육을 시키기 위해 임시 학습 공간을 마련하기도 했다. UN을 비롯한 여러 인도주의 단체에서는 전국적인 학교 배급망을 통해 그날그날 식량을 제공했다. 교사와 직원들은 정신적 외상을 입은 어린이를 돕는 방법을 교육받기도 했다. 방수포 텐트보다 개량된 보호소가 세워지기 시작했다. 상하수도와 위생 시설도 늘어나, 최소 5ℓ의 운반용 식수를 백만 명 이상의 사람들에게 매일 제공할 수 있게 되었다(United Nations, 2011).

지진 발생 2년 후인 2012년에는 50만을 조금 넘는 사람들(520,000명)이 여전히 텐트촌에 남았다. 애석하게도 오염된 물로부터 콜레라가 발생해 522,335명이 감염되었으며, 이 중 70,001명이 사망했다(CDC, 2012). 인도주의 단체인 옥스팜 인터내셔널Oxfam International은 식수, 위생용품 그리고 공중 보건에 대한 지원을 계속하고 있다고 발표했다(Oxfam, 2012). 아이티의 UN 안정화 파견단United Nations Stabilization Mission은 지진 3주년을 맞아 그때까지의 노력을 높이 평가했지만, 아직도 30만 명에 달하는 아이티 이재민을 돕기 위해 일하고 있다고 밝혔다. 생존자들은 깨끗한 식수의 부족, 지속되는 콜레라 그리고 식량 불안에 시달렸다. 지진 4주년에는 145,000명이 캠프에 머물렀고, 여전히 식수, 위생용품 그리고 식량 문제를 겪었다(MINUSTAH, 2014: 그림 2.1 참고). 이때까지도 수십 개의 나라에서 온 사람들이 남아 지진 피해뿐 아니라 아이티 역사에 깊이 뿌리박힌 만성적인 문제를 해결하기 위해 아이티 전역의 피해지역에서 헌신적인 노력을 계속했다.

아이티가 당시의 지진으로 그토록 큰 피해를 입었고, 계속해서 문제를 겪는 이유가 무엇일까? 이 장의 목표는 이러한 상황을 이해하고 설명하는 데 도움이 되는 개념적이고 이론적인 도구를 제공하는 것이다. 개념적이고 이론적인 도구는 재난에서 발생하는 문제의 근원뿐 아니라 여러분과 생존자들이 앞으로 겪게 될 여정에 대한 통찰을 제공한다. 이론은 여러분이 예측하지 못하는 재난 복구의 여러 측면을 일깨워주고, 보다 효율적인 복구를 계획할 아이디어를 제공한다.

그렇다면 아이티가 전반적으로 그러한 파괴적 재난에 그토록 취약한 이유를 알아보도록 하자. 직접적으로는 건물, 도로 및 다리가 붕괴했기 때문이다. 하지만 이러한 시설물들이 붕괴한 이유는 무엇인가? 같은 해 칠레에는 더 강력한 지진(규모 8.8)이 발생했지만, 사망자는 약 800명에 그쳤다. 이러한 숫자만 놓고 볼 때 아이티가 그토록 심한 피해를 입은 이유가 무엇일까? 취약성 이론에 의하면, 답은 각 나라의 정치적 경제력에 있다. UN에 의하면, 아이티의 1인당 국민 총소득은 666달러인 반면, 칠레는 13,583달러이다. 이러한 수입으로 무엇을 할 수 있는가? 더 강하고 안전한 건물을 지을 수 있다. 또

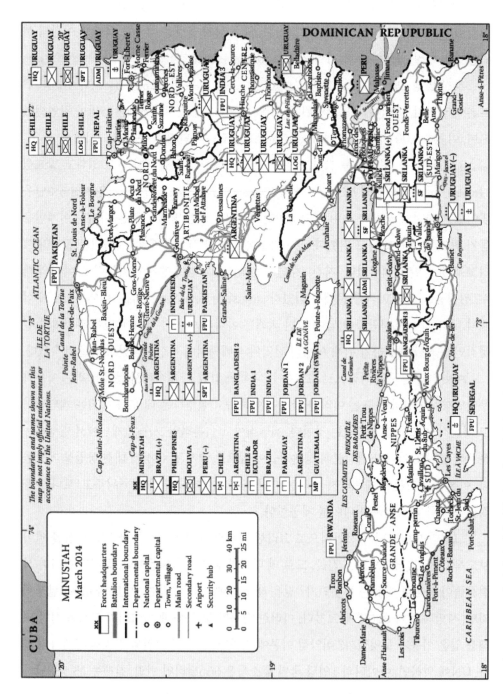

그림 2.1 2010년 아이티 지진 이후에 수많은 단체와 조직으로부터 여러 가지 도움의 손길이 밀려들었다.

한 재난의 피해를 딛고 다시 일어설 자원도 살 수 있으며, 재난이 발생했을 때 가족들이 먹고살 방편이 되기도 한다.

아이티의 경제 문제는 가족의 차원을 넘어 수백 년 동안 이 나라를 괴롭혀왔다. 아이티는 스페인과 프랑스의 식민지였으며, 노예 제도의 역사를 갖고 있다. 20세기에는 연이어 등장한 독재자들이 아이티 전역을 절대적인 공포 상태로 몰아넣었고, 이 나라의 안전을 위해 UN이 여러 차례 개입하기도 했다. 이러는 과정에서 많은 피해가 발생했다. 아이티의 국가 자원, 특히 연료로 사용되는 나무와 석탄은 약탈당해왔다.

사실, 아이티에는 삼림이 거의 없다. 부패한 군사 정권은 아이티의 기반 시설과 공공 설비를 제대로 관리하지 않았다. 전력망도 부실했다. 특히 재난을 관리하는 경찰서와 소방서에는 자원이 거의 없는 상태였다. 안전한 건물을 짓는 데 필요한 건축 법규는 실질적으로 존재하지 않았고, 강제성도 없었다. 높은 영아 사망률과 심각한 HIV/AIDS 감염률 등의 건강 문제가 국민들을 괴롭혔으며, 기대 수명은 50대에 그쳤다(USAID, 2010). 민둥산에 산사태를 일으키는 계절성 폭우와 홍수 등의 재난이 되풀이되면서 문제가 끊이지 않았다.

《위험에 처한At Risk》이란 책은 이러한 어려움과 재난과의 관계를 심층적으로 설명하고 있다(Wisner et al., 2004). '재난 통합 분석 모형Disaster Pressure and Release (PAR) Model'의 주요 개념은 깊이 뿌리박힌 원인이 재난에 대한 저항력을 약화시킨다는 것이다. 아이티의 경우, 이전의 식민 지배와 같은 근본 원인root cause으로 인해 경제적 착취와 자연 자원의 침탈이 발생했다. 주요 자산에 대한 내부의 통제가 없는 경제적 안정은 수 세대에 걸쳐 아이티의 기반을 약화시켜왔다. 노예 제도의 역사는 사회 경제적 계층을 가진 자와 못 가진 자로 나누는 계층화를 형성시켰다.

PAR 모형의 두 번째 주요 요소는 동적 압력dynamic pressures 또는 기본적인 환경을 불안정한 상태로 바꾸는 활동들 — 전쟁, 분쟁, 외채 등 — 이다. 못 가진 자들은 농경지에 대한 자발적인 접근권을 잃고, 가족을 부양할 일자리를 구하기 위해 도시로 이주해야 한다. 급속한 도시화는 난개발을 촉진시켰고, 이들 새로운 도시 거주자들이 사는 형편없는 주거 시설은 높은 위험에 직면해 있다. 따라서 사람들은 자신들이 선택한 곳에서 살지 못하고 선택권을 제한받은 상황에서 지진에 취약해진 것이다. 그 결과 '많은 사람들이 고통을 겪게 되었다'(Wisner et al., 2004, p. 60).

2.2 왜 이론인가?

이론은 재난이 발생한 이유와 어떤 사회의 특정 지역이 더 심한 피해를 입는 이유를 이해할 수 있는 통찰과 설명을 제공한다. 여기서는 이 분야에서 보다 자주 활용되는 몇 가지 이론을 살펴보고, 이를 적용한 다양한 복구 시나리오에 대해 알아보려 한다(상자 2.1 참고). 재난 복구에 관한 이론은 다양한 학문으로부터 비롯되었다. 사실 재난과 인도주의적 위기에 있어 '우리 시대의 복잡한 문제들을 이해하고 효과적으로 해결하기 위해서는 다각적인 학문 상호 간의 접근이 필요하다'(McEntire, 2007; McEntire, 2004). 이론은 복구에 관한 연구를 촉진하고, 이는 다시 지역사회의 복구에 도움이 되는 여러 가지 정보를 제공해준다. 이론이 연구와 현실을 이끄는 역할을 하는 동안, 추가 연구를 수행해 복구에 대한 우리의 생각을 더욱 발전시켜나가야 한다(Smith and Birkland, 2012).

상자 2.1 주요 이론적 개념의 개요

시스템 이론
- 세 가지 시스템: 구조물적, 자연적, 인간 환경
- 시스템은 상호작용하며 상호 의존하고 있다.
- 시스템 사이의 어긋남이 재난을 발생시킨다.
- 복구 기간 중에 이러한 어긋남을 바로잡고, 안전도를 증가시키며, 환경의 힘과 완전성을 존중하고, 구조물적 시스템 및 인간 시스템의 재난에 대한 회복력을 더 키워야 한다.

취약성 이론
- 생명의 안전 및 부상 그리고 재산 손실의 위험이 가장 큰 사람들에게 집중한다.

- 위험을 똑같이 겪지 않는다는 사실에 유의한다.
- 이러한 위험의 격차는 구호 및 복구 기간에도 다른 결과를 빚는다.
- 복구 노력 중에도 취약성은 재건되지도 다시 온전해지지도 않는다는 사실을 인식해야 한다.
- 복구는 수입, 개발 정도, 성별, 인종 그리고 장애의 문제에 유의하며 위험의 격차를 줄이는 기간이 되어야 한다.
- 위험에 처한 사람들도 이러한 사실을 인식하고 복구 노력에 힘을 보태야 한다.

사회정치적 생태학 이론
- 재난은 사회적 상호작용을 와해시킨다.
- 인간 시스템 내에서의 상호작용은 사람들이 복구하는 데 영향을 미친다.
- 복구하는 데는 자원이 필요하며, 이러한 자원은 한정되어있다.
- 복구 기간에는 한정된 복구 자원을 두고 갈등과 경쟁이 빚어지기도 한다.
- 힘 있는 집단은 힘이 약한 사람들이 필요한 구호품과 복구 자원에 접근하는 것을 막을 수 있다.
- 권력의 재분배와 같은 해결책을 동원해 차별, 빈곤, 부패가 복구의 결과에 영향을 미치지 않도록 해야 한다.
- 재난으로 피해를 입은 모든 사람들이 복구 과정에 반드시 참여해야 한다.

규범 발생 이론
- 재난은 정상적인 관료 조직을 무력화한다.
- 테러나 유행병 같은 새로운 재난이 미래에도 발생할 수 있으나, 관료 조직은 이에 대해 충분히 대비하지 못할 것이다.
- 새로운 요구나 이전에 충족되지 못한 요구가 재난 복구 기간 중에 나타날 수 있다.
- 새로운 조직, 집단, 단체가 나타나 고충을 해결할 것이다.
- 복구 기간 중에 발생하는 조직을 자산으로 인식하라. 이렇게 출현한 조직들은 지역민을 행동으로 이끌고, 새로운 활동을 벌이는 와중에 복구에 필요한 자산을 제공할 수도 있다.

출처: Summarized from references contained in Chapter 2. Thomas, D.S.K. et al., eds. *Social Vulnerability to Disasters*, CRC Press, Boca Raton, FL, 2013

2.2.1 시스템 이론

시스템 이론에서는 서너 가지 핵심 시스템이 상호작용해 재난을 발생시킨다고 본다. 재난 상황에서는 세 가지 시스템이 중요한 역할을 하는데, 이는 구조물적 시스템built system, 물리적 시스템physical system 그리고 인간 시스템human system이다(Mileti, 1999; 그림 2.2 참고). 이러한 세 시스템이 어긋나면 피해가 발생할 가능성이 커진다. 이런 것들이 어떻게 작용하는지 살펴보도록 하자.

첫째, 물리적 시스템에는 기후와 같은 환경이 포함된다. 1998년 1월, 캐나다와 미국의 일부 지역에서 강력하고 역사적인 얼음 폭풍ice storm이 발생했다(Scanlon, 1999). 캐나다 66개 도시의 일부 지역에 여러 주 동안 지속된 정전으로 위기 상황이 되었다. 나무가 쓰러지며 도로를 가로막고 공공 설비를 파손시켜, 통신과 대중교통을 와해시켰다. 주민들은 어떤 이유가 있어도 집을 떠날 수 없었다. 매우 추운 날씨를 고려해 긴급 구조 대원과 관리자들이 노인들을 따뜻한 곳으로 옮겼다. 그 결과 추운 날씨로 인한 사망자는 발생하지 않았다. 건물, 도로, 다리, 항구, 공공 설비와 그 밖의 다른 구조물들은 구조물적 환경이라고 하는 두 번째 시스템을 이룬다(Mileti, 1999). 아이티의 수도인 항구 도시가 입은 피해를 보면 우리가 구조물적 시스템에 얼마나 의존하는지를 잘 알 수 있다. 쓰러진 기중기와 파괴된 부두 그리고 다른 잔해들에 막혀 구호선과 병원선이 항구에 접근조차 할 수 없었다.

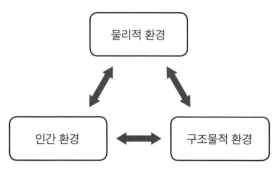

그림 2.2 시스템 이론. 세 가지(물리적, 인간, 구조물적) 시스템 사이의 어긋남이 재난을 발생시킬 수 있으며, 이는 시스템의 일부 또는 전체에 피해를 입힌다(Mileti, 1999).

시스템 이론의 관점에서 보면, 자연 시스템과 구조물적 시스템 그리고 제3의 시스템인 인간 시스템 사이의 연결이 와해될 때 재난이 발생한다. 1811년 발생한 지진은 미시시피강의 줄기를 바꿔놓았다. 구조물적 환경에 미친 결과는? 피해는 거의 없었다. 당시 그 지역에 사람이 거의 살지 않았기 때문이다. 결과적으로 구조물적 환경은 거의 피해를 입지 않았다(Qiarantelli, 1985). 오늘날 비슷한 사건이 미국의 뉴마드리드 단층선New Madrid fault line에 발생한다면(그럴 가능성이 있다), 세인트루이스St. Louis나 멤피스Memphis 같은 대도시에 심각한 피해를 몰고 올 것이다. 아이티에서는 지진 위험요인이 형편없이 건설된 구조물적 환경과 맞물려 인간 시스템에 심각한 피해를 입혔다는 것이 분명하다.

이제 사람이 살지 않으면 재난이 그다지 큰 문제를 일으키지 않는다는 것을 이해했을 것이다. 열대성 폭풍은 열대 우림이 필요로 하는 강수량을 채워준다. 지진으로 인한 융기는 오랜 세월을 두고 거대한 산맥을 탄생시키기도 한다. 하지만 그 지역에 사람이 살지 않는다면, 그와 같은 사건은 자연적으로 발생하는 지형학적 변화 외에 별다른 피해를 입히지 않는다.

요약하자면, 시스템 이론은 재난의 결과와 복구의 필요가 세 가지 핵심 시스템인 물리적 시스템, 구조물적 시스템 그리고 인간 시스템 사이의 어긋남 때문에 발생한다고 본다. 하지만 이 책에서 보게 되겠지만, 복구 기간은 이러한 어긋남을 바로잡고 시스템 사이의 안전도를 더 높이는 기회를 제공하기도 한다. 인간 시스템에 미치는 그러한 영향을 이해하는 것은 매우 중요하다. 예를 들면, 어떤 인구 집단은 다른 집단보다 더 큰 위험에 직면한다(Mileti, 1999; Thomas et al., 2013). 저소득 가정은 토네이도 바람에 견딜 수 있는 구조물적 환경을 갖출 여유가 없을 수도 있다. 또한 도시 사람들에게는 대중교통의 부재와 대피 절차에 대한 준비 미비가 생과 사를 가르는 큰 차이를 낳기도 한다. 미국에 허리케인 아이린Irene이 발생했을 때(2011), 노인과 의학적으로 취약한 사람들은 특히 수입, 교통수단, 소셜 네트워크 등의 주요 자원에 접근하기 어려웠고, 따라서 이들에게는 대피가 상당히 힘든 문제였다(Behr and Diaz, 2013). 이러한 자원은 이들이 가정으로 돌아가는 능력에도 영향을 미칠 것이다.

2.2.2 취약성 이론

두 가지 핵심 관점이 재난이 인간에게 그토록 큰 영향을 미치는 이유에 관한 담론을 지배해왔다. 첫째, 지배적 패러다임이라고 불리는 것으로 물리적 시스템이 어떻게 재난을 일으키는가에 초점을 맞춘다. 지배적인 패러다임에서는 재난으로 인한 문제의 해결 방법은 기술과 과학의 적용으로부터 온다. 우리는 홍수를 막기에 충분한 제방을 세우고 지진을 견딜 수 있는 건물을 지어야 한다. 재난은 공학과 과학을 통해 관리되어야 하는 사건인 것이다.

이와 반대로 취약성 이론은 인간 시스템, 특히 부상, 죽음, 경제적 피해, 재산 손실에 가장 취약한 사람들에게 초점을 맞춘다(Wisner, 2001; Wisenr et al., 2004). 취약성 이론은 아이티와 칠레에서 발생한 지진으로 인한 피해의 차이에서 잘 드러나듯, 재난은 모두가 똑같이 겪는 사건이 아니라는 사실을 강조한다. 다른 예로는 허리케인 카트리나 이후에 백인에 비해 훨씬 더 많은 아프리카계 미국인이 사망한 것을 들 수 있다. 또한 사망자의 70%가 노인이었다(Sharkey, 2007). 2004년 인도양 쓰나미 사건도 이러한 피해 차이를 잘 보여준다. 30만 명으로 추정되는 사망자 중 80% 가량이 여성과 어린이였다. 어느 학교에서는 장애를 지닌 학생 전원이 사망하기도 했다(상자 2.2 참고).

취약성 이론은 복구 기간을 이해하는 데도 활용된다. 예를 들어, 1994년 캘리포니아 노스리지Northridge 지진 직후에 지원 프로그램이 배타적이었다는 비난이 있었다. 이때 시행된 정책을 이해하려면, "연방 정부의 프로그램에 대한 개인적 지식, 문화적이고 언어적인 능력, 물리적 위치⋯⋯ 그리고 지역의 정치 문화 등을 복합적으로 알아야 했고, 이로 인해 라틴계 재난 피해자들이 자원에 접근하기가 더욱 어려웠다"(Bolin and Stanford, 1999).

취약성 이론가들은 복구 프로그램과 위원회가 여성들의 이익과 공헌을 고려하지 못한다고 지적한다. 여성들은 가족을 복구 자산과 연결시키기 위해 구호 프로그램을 찾고 활용하려는 성향이 강하다. 또한 여성들은 노인, 어린이 및 장애인을 비롯한 다양한 가족 구성원을 보살피는 역할도 기꺼이 수행한다. 간단히 말해 여성들은 가족과 복구 노력을 연결시킨다(Enarson and Morrow, 1998a; 1998b; 2000). 그럼에도 불구하고 가부장적인 사회에서 여성과 어린이는 개인적인 안전과 식량 문제에서 상당한 위험을 겪을 가능성이 있다. 2005년 파키스탄에 지진이 발생한 이후에 여성의 건강관리와 안전 그리고 영양 섭취를 위해 성性의 특성에 맞춘 프로그램을 개발해야 했다(Sayeed, 2009). 재난 이후에는 인신매매가 벌어지기도 하므로, 어린이와 여성이 피해를 입지 않도록 하는 조치도 취해져야 한다(Fisher, 2009).

상자 2.2 2004년 인도양 쓰나미

2004년 12월 26일 규모 9.1에서 9.3의 지진으로 최소한 13개국에 피해를 준 쓰나미가 발생했다. 30만 명에 가까운 사람들이 사망했다. 이들 사망자 중 약 80%는 여성과 어린이였으며, 장애를 지닌 사람들도 이와 똑같이 높은 사망률을 기록했다(Australian Council for International Development, 2005; Oxfam, 2005).

이 쓰나미에서 성性은 사회적, 경제적, 문화적 이유로 중대한 문제가 되었다. 인도의 해안 마을에서 여성들은 해변에 모여 어부들이 물고기를 잡아가지고 돌아오기를 기다린다. 여성들은 그 물고기를 손질해 시장에 내다 팔며 가정에 도움이 되는 경제 활동을 수행한다. 쓰나미가 해변에 밀려들었을 때, 여성들은 미친 듯이 아이들을 찾았고, 따라서 12m나 되는 강력한 쓰나미 물결을 피하지 못했다.

쓰나미의 검은 물결이 내륙으로 1km나 들어와 인도의 나가파티남Naggapattinam을 휩쓸었을 때, 여성들은 헤엄을 치려고 몸부림쳤다. 하지만 이들의 팔다리에 옷이 감겨들었고 게다가 이들은 아이들을 안고 있었다. 파도와 함께 밀려든 빽빽한 모래와 파편들도 살아남으려는 이들의 노력을 방해했다. 스리랑카의 바티콜라Batticola 지역에서는 여성과 아이들이 모여 바닷물에 몸을 담그고 있었다. 사망률은 높았다. 인도네시아의 아체 베사르Aceh Besar에서는 남성 생존자와 여성 생존자의 비율이 거의 4:1에 이르며, 스리랑카와 인도에서도 같은 비율을 보였다(Oxfam, 2005). 간단히 말해 높은 사망률은 여성들이 수행하는 역할 때문이며, 수영이나 나무에 오르는 힘과 능력의 부족 그리고 전통적인 의복 때문이기도 하다.

장애를 지닌 사람들도 지나치게 높은 사망률을 보였다. 이렇게 높은 수치는 부분적으로 장애인들이 보호 조치를 취하기 어려운 이유 때문이기도 한다. 높은 사망률의 다른 원인은 장애를 지닌 사람들에게 필요한 특별한 지원을 제공하지 못한 재난 관리 단체에도 있다(Australian Council for International Development, 2005). 인도의 어느 보호 시설에서는 장애를 지닌 어린이의 90%가 쓰나미로 목숨을 잃었다.

인도의 벨랑카니Vailankanni에서는 해변으로 밀려든 쓰나미가 대규모 상업 지구를 휩쓸었고, 수백 개의 상점이 파괴되었다. 또한 해안을 따라 어촌 마을의 수천 채에 이르는 가옥을 휩쓸어버렸다. 해변에서 1km도 안 되는 거리에 있었던 나가파티남의 지역 병원에 경고음으로 들려온 것이라고는 "물, 물"이라는 비명소리뿐이었다. 이 병원의 의료진과 환자의 가족들은 놀라운 힘을 발휘해 300명에 가까운 환자들을 안전하게 위층으로 옮겼다. 쓰나미 물결이 병원 단지로 밀려든 것을 보면서, 이 병원의 직원은 병원에 있는 모든 사람이 목숨을 건졌다는 것을 서서히 깨달았다고 한다. 그 후 의료진은 마을 사람들을 살리기 위해 온 힘을 다해서 일했다.

'재난이 어느 곳을 강타하든, 지역사회의 어느 집단이 적은 피해를 입고 어느 집단이 심각한 피해를 입을 것인가는 기존 구조물과 사회적 상황에 의해 결정된다'라는 옥스팜 보고서의 내용처럼, 이 말은 다른 나라에서만이 아니라 미국에서도 사실이다. 이와 같은 문제는 복구 기간까지 지속된다. 쓰나미 이후에 발생한 이러한 문제와 허리케인 카트리나 이후에 미국 멕시코만에서 나타난 문제를 비교해보자.

- 쓰나미 이후에 난민 센터에서 가정 폭력이 발생했다는 보고가 있었으며, 보호 대피소가 모두 파괴된 루이지애나에서도 같은 사건이 발생했다.
- 장애인들은 쓰나미 구호 캠프 내의 경사로, 화장실 그리고 그 밖의 다른 시설에 접근할 수 없었다. 카트리나 생존자들은 임시 거주지로 제공된 이동식 주택에 대한 접근권을 확보하기 위해 소송을 제기했다(Brou vs. FEMA).
- 두 재난 모두 사람들의 생계 수단을 파괴했으며, 특히 어업을 하거나 경제적으로 최저 생활을 하던 사람들이 피해를 입었다. 선의의 기부자들은 인도와 다른 나라에 쓸모없는 배를 보내기도 했다. 미국의 멕시코만을 따라 있던 어촌 마을에서는 배, 집 그리고 경제적 생존에 필요한 사회문화적 연결망을 모두 잃어버렸다. 이들은 어업 기술과 자산을 이전하는 문제 그리고 가족과 친척을 잃어버릴 가능성 때문에 다른 곳으로 이주하라는 압력에 저항하기도 했다.
- 인도의 상당히 넓은 지역과 멕시코만에는 몇 달 동안 전기가 간헐적으로 들어오거나 아예 들어오지 않았다.
- 쓰나미와 폭풍 해일이 다리와 고속도로를 파괴하면서 두 지역 모두 교통로가 붕괴되었으며, 배뿐 아니라 다른 형태의 교통수단도 자취를 감췄다. 특히 뉴올리언스에서는 대중교통의 복구가 늦어졌다.
- 두 지역 모두에서 경제 개발이 거의 즉각적으로 시작되었다. 비정부 조직에서는 어업을 복구하는 동안, 인도 여성들에게 수공예 일거리를 제공했다. 영세 사업체는 구호 단체의 도움

으로 다시 문을 열었다. 멕시코만을 따라 피해지역의 상점들이 서서히 문을 다시 열었지만, 교육과 같은 일부 분야는 이 같은 속도를 따라오지 못했다.

- 나가파티남의 의료진은 구호 단체의 도움으로 1년도 안 되어 내륙 더 안쪽에 병원을 다시 지었다. 멕시코만 지역에서는 재난 이전의, 특히 적당한 가격의 의료 서비스를 받을 수 있 게 되기까지 더 오랜 시간이 걸렸다.

재난 복구 과정은 인구 집단에 따라 다른 경과를 보인다. 복구 기간 동안 사람들이 특정한 어떤 단계나 순서에 따라 움직일 것이라고 예측하는 것은 불가능하다. 또한 복구에 시간표를 적용하는 것도 가능하지 않다. 그럼에도 이론적 틀을 적용하면, 문제가 발생하는 이유를 이해하고, 문제의 영 역과 복구 과정에서 더 큰 어려움에 직면할 인구 집단을 식별하는 것은 가능하다.

역설적으로, 취약성 이론은 더 높은 위험에 처한 사람들도 자원을 제공해야 한다고 지적한다. 불행히도 재난 관리자와 복구 지도자들은 이들의 역량을 경시하거나 전혀 활 용하지 못하는 성향을 보인다(Wisner, 2001). 예를 들어 지역사회와 시민 단체는 주요 정 보의 출처를 공개하고 이를 특정한 인구 집단에 제시해야 한다. 일례로, 청각 장애인들 의 문화와 이들의 길고 다양한 전통을 알지 못하고 그 지역의 수화도 모르는 상태에서 청각 장애인들을 복구 노력에 참여시키려 한다고 상상해보아라. 재난 이후에 여성에게 경제적 기회를 주려는 노력은 사업의 성공뿐 아니라 사람들 간의 상호작용을 활성화시 키는 역할까지 한다. 지진을 겪은 인도에서 여성들은 조직하는 능력을 발전시켰고, 재 난 이후 재건에 관한 결정에까지 참여하게 되었다. 이들의 상호작용으로 교육을 받는 여자 어린이도 늘어나게 되었다(Lund and Vaux, 2009; Yonder et al., 2009).

취약성 이론은 복구 관리에 관련된 사람들을 재난 이전 상황의 사회적 관점에 초 점을 맞추게 한다. 복구 관리자가 문제를 해결하고, 더 나은 결과를 위해 지역민들의 지 식을 모으려면 지역사회에 깊이 개입해야 한다. 또한 사회적, 정치적, 경제적 또는 교육 적으로 소외되어온 사람들에게도 관심을 기울여야 한다(Fordham et al., 2013).

2.2.3 사회정치적 생태학 이론

사회정치적 생태학 이론은 인간 사회를 이루는 사회 시스템 내의 상호작용에 초점을 맞춘다(Peacock and Ragsdale, 1997). 이 이론의 관점에서 보면, 재난은 일과 가족 관계와 같은 사회 시스템의 상호작용을 와해시킨다. 사회 시스템 안에서 생활하는 사람들은 일상을 다시 일으켜 세우기 위해 노력한다. 하지만 적은 자원을 두고 벌어지는 경쟁이 그런 사람들의 능력을 약화시킨다. 개발도상국에서 이러한 자원은 내다 팔 물건을 만드는 데 필요한 천연자원일 수도 있다. 시장에 물건을 내다 팔지 못하면, 가족들은 굶거나 집을 잃게 될 것이다.

이 이론에 의하면 그러한 경쟁은 재난 이전에 사회 시스템 내에 존재했던 불평등 때문에 벌어진다. 예를 들어, 저소득 가정은 집을 수리하거나 다시 지을 충분한 자원이 없어 어려움을 겪을 것이다. 재난 이후 축소된 주택 시장에서 각 가정은 남아있는 한정된 거주지를 놓고 경쟁을 벌여야 할 것이다. 적당한 가격에 집을 구할 수 없는 지역에서 승자와 패자는 불을 보듯 뻔하다. 저소득 가정은 두세 가구가 모여 살거나, 다른 곳으로 이주하거나, 덜 안전하고 더 열등한 거주지로 옮겨야 할 것인데, 이는 아이티에서 지진 이후 지붕으로 사용된 방수포 밑이 될 수도 있다. 대기업이나 체인 업체에 비해 영세업자는 다시 일어서거나 복구할 경제적 여력이 부족하다. 재난 발생 전에 그 지역에서 활약했던 사회봉사 단체조차 기부금이 줄거나 재난 관련 단체로 기부금이 옮겨 가는 것을 깨닫는다. 이렇게 되면 이들 단체와 상호작용을 주고받았던 인구 집단(재난 이전의 무주택자, 가정 폭력 생존자, 장애인, 노인)은 일상적인 지원조차 받기 어렵게 된다. 항의 시위가 일어나기도 하며, 불균형한 권력 분배로 인한 경쟁과 갈등으로 "아주 중요한 복구 기간 동안 현장에서 제한된 자원조차 공급이 늦어지고 중단되며 부족해지고 버려지는 결과를 낳기도 한다."(Peacock and Ragsdale, 1997)

불평등한 복구 과정이 전개되면서, 생존자들은 사회 시스템의 다른 부문에서 지원을 받아야 하는 처지에 몰린다. 가족들이 나서서 먼 친척을 도와야 할 수도 있다. 구호 단체는 이들의 고충이 무엇인지 밝혀내고 지원해야 한다. 다른 한편으로는 현실도 감안해야 한다. 복구 관리자는 한정된 자원을 두고 경쟁을 벌이는 동안 각 가정의 복구를 방해하는, 깊숙이 숨어있는 장애물을 밝혀내야 하는데, 차별, 빈곤, 소외, 권력 관계 그리고 심지어는 부패가 이러한 장애물에 해당한다.

2.2.4 페미니스트 이론

페미니스트 이론은 남성과 여성에게 다른 영향을 미치는 문제를 점검함으로써 폭넓고 다양한 관점과 입장을 제공해준다(Enarson and Phillips, 2008). 각각의 페미니스트 관점은 성 계층화의 원인과 결과를 다르게 설명한다(상자 2.3 참고).

자유주의 페미니즘Liberal feminism은 사회 제도 안에 존재하는 성 차별에 주안점을 두기 때문에 가장 친숙하게 여겨진다. 자유주의 페미니즘은 보통 사회 시스템 안에서 작용한다. 예를 들어, 보상을 요구하는 법정 소송은 자유주의 페미니스트들이 불평등을 해결하는 방식 중 하나이다. 자유주의 페미니스트는 재난 이후 복구 과정에서 여성과 어린이가 많은 장애물에 부딪친다고 주장한다.

그렇다면 해결책은? 자유주의 페미니스트는 여성이 재난 정책 및 프로그램과 관련된 기존의 의사 결정 과정에 참여해야 한다고 말한다. 여성에게도 테이블에 앉을 권리와 자신들을 대변할 권한을 부여해야 한다는 것이다. 이들은 복구 단체에서 벌어진 성과 관련된 편견 사례를 기록해왔으며, 이러한 편견이 여성의 관점을 아우르는 데 방해가 되었다고 주장한다(Enarson and Morrow, 2000). 일례로 경제 복구 프로그램은 보통 비서직, 재택 컴퓨터 근무, 육아, 바느질 그리고 재난과 관련 없는 그 밖의 일 등 보수를 받지만 가정에서 이루어지는 노동을 대상으로 다루지 않는다(Enarson, 2001). 자유주의 페미니스트는 복구 과정에서 여성의 존재와 목소리에 힘을 실어주는 것이 여성 문제에 대한 관심을 높이는 방법이라 생각하고 이를 주요 전략으로 제안한다.

다인종 및 국제 페미니스트Multiracial and global feminist는 '여성'의 범주에 모든 사람이 포함되며, 문화적으로 다양한 여성들의 복구 경험에 주목해야 한다고 주장한다. 여기서 중요한 것은 바로 이러한 차이인데, 그것은 우리가 인종, 계층 그리고 성 사이의 상호작용을 알아야 할 때 특히 더 그러하다. 예를 들어 복구 분야에서 일하는 사람들은 라틴계 여성은 장기 노동자라기보다는 이주자로, 그리고 아프리카계 미국인은 소득 계층과 관계없이 태어날 때부터 똑같은 복구 상황에 처해 있다고 추측하는 경우가 많다(Enarson, 2001).

바유bayou(미국 남부지역의 늪처럼 된 강의 지류 - 옮긴이)의 어촌 지역에 사는 케이준Cajun 여성들은 도시지역에서 재건을 위해 노력하는 여성들과는 다른 복구 문제를 호소하는데, 이는 세대 간의 언어 문제, 복구 단체가 어업 성수기를 고려해야 할 필요성, 공공설비에 대한 지속적 접근 없이 복구 프로그램을 펼쳐나가는 데 따르는 어려움, 땅을 사들이라는 지역 개발업자들의 압력, 습지대에서 떨어져 있는 복구 사무실에 쉽게 올 수 없는 여성들을 돕기 위해 각 단체에서 습지대로 사회복지사나 각종 대표자들을 보내야 하는 어려움 등이 포함된다. 간단히 말해 다인종 페미니스트는 복구 관리자가 모든 여성이 똑같다고 생각해서는 안 된다고 주장한다. 그렇게 하면 재난의 현실을 왜곡하고, 인종과 계층 및 성의 교차 지점에서 발생하는 요구사항을 간과하게 되며, 그 결과 가정의 복구에 불평등을 초래하게 된다.

페미니스트 정치 생태학Feminist political ecology은 재난 복구, 성 문제 그리고 환경 정의 문제를 포괄적으로 다룬다. 이러한 관점은 여성들이 생존하기 위해 환경에 관한 지식에 얼마나 의존하고 있는지 그리고 파괴적인 환경 현실에서 토지를 지키는 게 얼마나 중요한지를 일깨워준다. 예를 들어 세계의 많은 곳에서 여성들은 환경 자원의 관리인 역할을 하며, 범람원, 상수도 그리고 (재난이 닥칠 때 산사태를 일으키는) 삼림 파괴의 위협에 놓인 산등성이를 지키는 역할도 하고 있다. 1962년 살충제 오염에 대한 환경 보호 활동을 촉구한 레이첼 카슨Rachel Carson을 시작으로, 과거 수십 년에 걸쳐 이루어진 다양한 연구 결과, 여성과 어린이의 몸이 환경오염 물질의 위험에 특히 취약하다는 것이 밝혀졌다(Carson, 1962).

따라서 폭풍 해일을 막지 못해 피해를 입은 루이지애나의 해안지역처럼, 환경 파괴 때문에 재난을 겪는 지역은 환경 피해의 악화를 경고한 역사를 지닌 바유 여성들과 함께 일하는 게 바람직할 것이다. 위험성 높은 생계 수단과 관련된 자연 자원과 가까이 살거나 함께 살아가야 하는 사람들은 일찍감치 환경 보호자 역할을 하게 되며, 복구에 대해서도 환경을 보호하는 가장 지속 가능한 접근을 할 가능성이 높다.

페미니스트 개발 이론Feminist development theory은 개발이 여성과 남성 모두에게 똑같이 나쁘다는 보편적인 추측을 기반으로 한다. 예를 들어 개발도상국에서 벌어지는 복구 사업은 여성보다 남성에게 이로울 가능성이 높다. 경제적 자원(일자리, 물질적인 상품, 교육 프로그램) 또한 남성에게 제공될 가능성이 더 높다. 특히 성 차별이 이루어지는 사회에서는 개발 프로그램이 성 계층화를 강화시키고, 여성의 복구 능력을 약화시키며, 미래 세대를 취약하게 한다. 반대로 페미니스트는 여성에게 생활비를 벌 기회를 마련해주려고 노력해왔다. 1999년 터키 지진 이후에 한 지역의 비정부 조직은 그 지역 여성들과 만나, 텐트를 여러 개 세워 여성 센터를 마련했다. 선적용 컨테이너는 아동 돌봄 센터로 개조되었다. 이 비정부 조직은 그런 다음 터키 관광부와 계약을 맺고 장난감 생산에 들어갔다. 다섯 달 만에 여성 300명이 인형 만 개를 만들어 11,000달러를 나눠 가졌다(Yonder et al., 2009). 재난 이후 개발 기회에서 여성이 소외되는 경우가 많다. 이들의 참여에 힘을 실어주면, 보다 효율적이고 혁신적인 해결책을 찾을 수 있을 것이다.

요약하자면, 페미니스트 이론은 재난의 현실에 밝은 전망을 제공한다. 다양한 배경을 가진 여성들을 참여시키려면, 복구 단체 및 재난 관리자들의 헌신적인 노력이 필요하며, 이는 특히 국제 구호 조직에서 주목해야 할 교훈이다.

상자 2.3 복구에 관한 페미니스트 관점

자유주의 페미니즘과 재난 복구
- 재난 기간 전반에 걸쳐 여성과 어린이가 실질적으로 필요로 하는 것 그리고 기관이 이들이 필요로 하는 것을 충족시킬 방법을 명확히 한다. 보육, 가정 폭력, 고용, 주택에 대한 접근성 등.
- 재난에 취약한 인구 집단 및 지역과 관련된 여성들에게 특별한 관심을 기울여 재난 복구 단체에서 여성 직원을 모집하고 고용한다.
- 다양한 교육 배경, 수입, 나이 그리고 장애 정도를 지닌 여성들과 함께 일하도록 재난 복구 직원과 자원봉사자들을 교육시키고 훈련시킨다.
- 사업 복구 및 경제 개발 프로그램에서 여성이 소유한 사업체와 여성이 지배하는 비영리 조직에 중점을 둔다.

다인종 페미니스트 이론과 재난 복구

- 유색 인종 여성을 복구 계획 수립과 실행 과정에 참여시키고 이들의 공헌에 대가를 지불하도록 하라.
- 자금 모금 계획을 세우거나, 직원 및 자원봉사자의 노력에 대가를 지불하는 프로그램이 포함된 복구 활동에 유색 인종 여성을 참여시키는 여성 단체들 간에 사회적 연결망을 구축하라.
- 재난 복구 계획을 수립할 때, 잘 드러나지 않는 집단으로부터 여성의 활발한 참여를 이끌어내라.
- 다양한 문화 집단의 여성 지도자들을 복구 직원 및 자원봉사 단체의 지도자로 앉혀라.

페미니스트 정치 생태학과 재난 복구

- 주거, 환경, 기반 시설 그리고 사업체의 복구 등 필요한 전 범위의 완화 활동을 계획하는 데 여성 환경 지도자들을 포함시켜라.
- 환경 정의와 지속성 있는 개발을 위해 일하는 단체에서 활약하는 여성과 재난 관련 단체 사이에 연결망을 구축하라.
- 위험 물질이 여성과 어린이에 미치는 영향에 대한 중장기 연구를 위해 기술적 재난과 위험 물질을 비롯, 지역의 건강 및 안전 문제 분야에서 일하는 여성들을 끌어들여라.

페미니스트 개발 이론

- 복구 사업은 성별에 따라 다른 영향을 미치며, 여성보다 남성에게 더 많은 기회를 제공한다.
- 전통적인 개발 프로그램, 복구 시기에 영향을 미치는 이들 프로그램은 성 계층화를 심화시킬 수 있다.
- 여성 중심의 복구 계획, 특히 여성의 경제적 능력을 활용하는 계획을 세워야 한다.
- 성 차별이 매우 강한 사회에서는 여성만을 대상으로 하는 복구 센터를 세우거나 일자리를 만들어야 한다.

출처: Enarson E. and Phillips B., "Invitation to a new feminist disaster sociology: Integrating feminist theory and methods." *Women and Disasters: From Theory to Practice*, B. D. Phillips and B. H. Morrow (eds.), Xlibris, International Research Committee in Disasters, Philadelphis, PA, 2008. http://www.gdnonline.org/knowledgebase.php.

2.2.5 규범 발생 이론

복구 노력은 즉석에서 이루어지는 발생 과정인 경우가 많다. 가장 큰 이유는 복구 계획을 수립하는 행정 부서가 거의 없기 때문이다(제3장 참고). 그 결과 몇 년에서 몇십 년이 걸리기도 하는 복구 활동이 별다른 체계 없이 즉석에서 이루어진다. 이러한 현상을 가리키는 학문적 용어는 발생emergence으로, 이는 새로이 나타나는 행동이나 활동으로 정의된다. 사회학 이론에서 발전된 이 이론은 규범 발생 이론이라고 불린다. 사회학자들은 규범을 행동학적 지침으로 정의한다. 따라서 규범 발생은 새롭게 나타나는 행동 지침을 말한다. 그러한 규범 발생은 우리에게 어떻게 행동해야 하며, 어떻게 상호작용해야 하는지 알려주고, 재난이라는 상황에서 발생하는 행동 반응으로 우리를 이끌어준다.

예를 들어, 허리케인 카트리나가 발생한 후에 학자들은 대피소에 있는 사람들이 식량을 비축하기 시작하는 것을 발견했다. 사람들은 급식소에서 줄을 서서 식량을 받아다 간이침대 밑에 숨겨두었다. 이런 이상한 행동은 일부 대피소 관리자들에게 부적절한 행동으로 보였다. 하지만 지붕이나 육교 위에서 여러 날 동안 구조를 기다렸던 생존자의 입장에서 식량을 비축하는 것은 납득할 만한 심리적 반응이자 새로운 규범 행동인 것이다(Pike et al., 2006).

규범 발생 이론은 인적 자원 발생 모형Emergent Human Resources Model(EHRM)이라는 관련 모형으로 발전되었다. EHRM은 재난이 기존 관료 조직을 무력화시킨다고 설명한다. 그 결과, 기존 절차로는 모든 요구사항을 예측할 수 없게 되는 것이다. 이유가 무엇일까? 기존 절차는 그 절차를 만든 사람들의 생각을 반영한 것이므로, (예를 들면) 세입자, 학생, 장애인, 한 부모 가정, 영세 사업자, 다양한 문화 집단, 위험에 처한 동식물종, 유서 깊은 지역 등을 고려하지 못했기 때문이다. 뿐만 아니라 테러 같은 새로운 형태의 재난은 예측하지 못했던 요구사항을 발생시키기도 한다. 9.11 테러 이후에 복구 지도자들은 심리 지원 프로그램과 장기 의료 재활 서비스를 개발해야 했다. 2010년 아이티 지진과 2004년 인도양 쓰나미 이후에는 대규모로 발생한 사망자를 관리하는 방법을 만들어내야 했다. 충족시키지 못했거나, 예측하지 못했거나 또는 새롭게 발생한 요구사항에 대응하려면, 새로운 집단과 조직이 출현해야 한다(Dynes and Quarantelli, 1968; Neal and Phillips, 1995). 사람들이 새롭게 만들어내는 바로 그 조직이 '발생'한 것이다. 예를 들어, 쓰나미 이후에 인도의 고위 관료 조직은 만 명도 넘는 피해자들을 공동묘지에 매장하기 위해 즉석에서 팀을 만들었다(Phillips et al., 2008).

이러한 재난 구조 상황에서조차 규범 발생 이론은 우리가 모든 요구사항을 예측할 수는 없다고 주장한다. 결과적으로 보다 즉흥적인 조직이나 단체가 나타나기도 한다. 1992년 허리케인 앤드류 이후에 생존자들은 자발적으로 복구 단체인 '위 윌 리빌드We Will Rebuild'를 만들었고, 이 단체는 여성들의 이익을 배제시켰다. 그러자 이에 대응해 '우먼 윌 리빌드Women Will Rebuild'라는 단체가 자발적으로 출현해 여성과 어린이의 이익을 위해 영향력을 행사하기 시작했다. 이들은 법적 지원, 신체 및 정신 건강 서비스, 임시 거주지, 이주 및 이민 여성의 경험, 청년의 놀이 문화, 가정 폭력 그리고 육아 등에서 고충을 찾아냈다. '우먼 윌 리빌드'는 10대 임신 서비스, 육아 그리고 가정 폭력 및 청년 오락 프로그램을 위한 자금 등을 비롯해 몇 가지 권한을 인정받았다(Enarson and Morrow, 1998). 규범 발생 이론은 복구와 관련된 요구사항은 새로운 활동가와 새로운 조직에 의해 다루어져야 하며, 고충을 찾아내야 한다고 주장한다. 이러한 발생은 피해지역과 새롭게

사진 2.1 가축 의료 대응팀이 뉴욕의 로커웨이Rockaway에서 슈퍼 태풍 샌디 발생 이후에 생존동물들을 돌보고 있다(사진 Eliud Echevarria/FEMA).

밝혀진 사실을 재난 관리에 통합하는 데 실질적으로 유리한 작용을 한다. 예를 들어, 1990년대의 이러한 노력으로 동물 대응팀animal response teams이 만들어졌고, 이는 미국의 많은 지역에서 규범이 되었다(사진 2.1 참고).

이러한 요구사항을 밝혀내는 것은 이미 발생한 피해를 평가하고 어떻게 되돌릴 것인지 계획하는 과정에서 시작된다.

2.3 지속 가능한 복구를 향하여

일단 재난 피해를 평가했다면, 복구 과정에 어떻게 접근해야 할지 결정할 시간이다. 복구는 언제나 어떻게 할 것인지를 숙고하는 것으로 시작해야 한다. 제1장에서 살펴본 것처럼, 복구를 설명하는 관점은 재건, 보상, 복원 등 여러 가지가 있다. 어떤 관점이 그 지역의 담론을 지배하는가와는 별개로 우리는 어떻게 다시 건설할 것인가, 누구를 위해 다시 건설할 것인가, 어떤 방법으로 다시 건설할 것인가를 염두에 둬야 한다. 이상적으로, 복구는 지속 가능해야 하며, 이는 오랫동안 유지되어야 한다는 것을 뜻한다. 지속 가능한 접근에는 여섯 가지 원칙이 있는데, 이는 참여 과정을 통한 합의, 삶의 질 확보, 경제적 활력, 형평성, 환경의 질 그리고 재난 회복력을 기르기 위한 완화 등이다 (Natural Hazards Center, 2005). 한 가지씩 살펴보도록 하자.

2.3.1 참여 과정

여러분은 여러분이 사는 지역을 어떻게 다시 건설할 것인지에 대해 이야기하고 싶은가? 개인적인 복구 문제를 해결하기도 벅차겠지만, 지역사회가 어때야 하는지에 대한 여러분의 의견은 반드시 필요하다. 복구 관리자들은 의사 결정 과정에 그 지역 주민을 반드시 포함시켜야 한다. 사람들은 어쩌면 여러 세대에 걸쳐 그 지역에서 살고 일해야 하며 또 그러고 싶어 한다. 지역 주민과 복구 과정을 이끄는 복구 관리자는 다음과 같은 문제를 함께 결정해야 한다.

- 어떤 지역을 다시 건설할 것인지 또는 녹지 공간으로 보존하기 위한 연방 정부의 토지 매입을 받아들일 것인지의 문제
- 경제 발전을 촉진하기 위해 그 지역의 대중교통, 사회 기반 시설 및 공공 설비를 재구성할 것인지의 문제
- 학교, 병원, 공공 설비, 주거 환경, 보육 시설 그리고 그 밖의 다른 필수적인 시설을 위해 한정된 자원을 사용할 것인지의 문제
- 태양열 같은 환경 친화적 방식이나 에너지 효율을 위한 다른 방식을 받아들일 것인지의 문제
- 잔해 관리와 환경의 질 문제
- 적당한 가격 및 접근성을 갖춘 주거지의 문제
- 복구를 촉진하는 취득세와 소득세를 추가로 걷을 것인지의 문제
- 트레일러 주차장에 안전실을 설치하고 박람회장에 대규모 대피소를 설치하는 등의 완화 방법을 선택할 것인지의 문제
- 폭풍 해일을 막기 위한 해변의 복원이나 임시 거주지의 안전성을 높이기 위해 대규모 제방을 건설하는 등 비용이 많은 드는 사업을 벌일 것인지의 문제

사람들을 참여시키는 것은 더 폭넓은 문제 제기를 받아들이고, 사람들이 결정 사항에 더 호의적일 가능성을 높이며, 그 지역의 독특하고 다양한 특성을 반영한다는 것을 뜻한다. 어떤 장소는 우리에게 많은 것을 의미하며, 우리 모두는 언젠가 집으로 돌아가고 싶어 하기 때문에, 집에 대한 결정에 그 지역 사람들을 참여시키는 것은 보다 효율적인 복구를 위한 필수적인 단계이다.

2.3.2 삶의 질

여러분이 사는 지역에 대해 가장 고마워하는 점은 무엇인가? 이웃과의 교류인가? 아름다운 경치인가? 여러분이 좋아하는 팀이 경기하는 커다란 축구 경기장인가? 주차장에서 벌이는 테일 게이트 파티tailgate party(스포츠 경기 전후에 주차장 등에서 즉석으로 벌이는 파티 - 옮긴이)인가? 가까운 사람들과 마주치는 동네 한 모퉁이의 카페인가? 도시 생활의 다양성인가? 외딴 시골 생활의 고즈넉한 아름다움인가? 범죄나 높은 세금 또는 극한 날씨가 없기 때문인가? 유서 깊은 도심이나 지역의 유명 음식 때문인가? 여러분이 사는 지역의 다양한 사람들이나 문화적 풍요로움 때문인가? 삶의 질은 지역에 따라 다른 것을 의미한다. 지속 가능한 미래를 위한 복구를 하려면, 사람들이 그곳에서 사는 이유와 어떤 것들을 계속 누리고 싶어 하는지를 알아야 한다. 뿐만 아니라 복구 계획을 세우려면 높은 범죄율이나 미래의 재난 위험처럼 사람들이 개선하고 싶어 하는 것이 무엇인지도 알아야 한다(Natural Hazards Center, 2005).

참여 과정에서 사람들이 삶의 질을 높이기 위해 무엇을 하고 싶어 하는지를 밝혀내야 한다. 유서 깊은 건물을 보존하고 환경적으로 민감한 지역을 보존하는 것보다 다시 건설하라는 압력이 훨씬 더 강력하게 느껴질 수도 있지만, 우리는 시간을 두고 그런 사항들을 고려해야 한다. 삶의 질에 대한 이와 같은 고려는 사람들로 하여금 공동 목표를 향해 힘을 합치게 만든다. 우리가 누구이며 어디서 사는가와 관련된 정체성은 부분적으로는 우리가 사는 곳과 우리가 그곳에 대해 어떻게 느끼는가에 의해 결정된다. 우리가 사는 곳 그리고 우리가 그 안에서 무엇을 보고 느끼고 경험하는가는 우리 한 사람 한 사람에게 매우 중요한 문제이다.

2.3.3 경제적 활력

사람은 생계에 필요한 돈을 벌어야 한다. 그리고 지역사회는 자동차와 휘발유에서부터 음식, 세탁소, 피트니스 센터, 커피점, 교육 기회, 작업 환경, 공산품과 같이 우리가 필요로 하는 제품을 공급하고, 가사, 육아, 건강 관리 및 사무실 관리와 같은 필수적인 서비스를 제공하는 기업체에 의존한다. 재난 발생 전에 잘 돌아가던 경제는 재난을 겪고도 살아남아 다시 반등할 가능성이 높다. 하지만 경제적 이익을 염두에 둔 복구 과정은 사람들이 잃어버린 수입을 되찾게 해주고 복구 과정에의 참여를 촉진시킨다. 경제가 반등하면 공공 부문의 복구에 도움을 주는 세금과 판매 수입을 창출하기도 한다(Natural Hazards Center, 2005).

소호 사업 및 소규모 사업체에서부터 대기업까지 경제 활동을 하는 모든 사업체가 고려되어야 한다. 제8장에서 다루게 되겠지만, 각각의 사업체는 단기적인 와해에서부터 장기적 이주까지 다양한 재난 이후 경험을 겪게 된다. 또한 경제 활동을 하는 각 사업체는 피해를 회복하기 위해 다양한 자원을 필요로 한다. 현명한 지역사회는 이러한 다양성을 인식해, 지역의 역량을 기르며 가장 큰 위험에 처한 사람들을 돕고 미래에도 경제적 다양성을 지속시킬 수 있는 복구 과정을 계획한다.

2.3.4 사회적 형평성과 세대 간 형평성

지속 가능한 복구의 궁극적인 목표는 모두가 평등한 복구 기회를 누리게 하는 것이다. 하지만 모든 사람이 다시 일어서기 위해 똑같은 기회를 갖는 것은 아니다. 사회적, 경제적, 정치적 상황이 복구를 방해하기도 한다. 개발 수준, 정치적 불안 그리고 부패도 관련된 모든 사람들의 복구를 좌절시키고 왜곡시킨다. 차별은 예로부터 일부 인구 집단이 경제적으로 소외되어왔다는 것을 의미한다. 미국의 분리(차별) 정책은 일정 인구가 안전한 집, 경제적 기회, 정치적 대표성을 누리지 못한다는 것을 뜻한다. 이러한 상황에서 분리 정책은 생명을 잃을 수도 있는(Sharkey, 2007) 홍수 범람원 같이 재난 발생 가능성이 높은 지역에 집을 짓는 결과를 낳기도 한다(Cutter, 2005). 이러한 차별과 힘겨운 삶은 집으로 돌아가는 것을 더욱 어렵게 만든다.

사회적 상황도 효율적인 복구에 필요한 참여 과정으로부터 사람들을 소외시킨다. 접근성이 좋지 않은 복구 장소도 장애를 지닌 사람들과 다른 언어를 사용하는 사람들의

사진 2.2 FEMA의 국가 홍수 보험 프로그램이 푸에르토리코의 베가 알타_{Vega Alta}에서 원조 활동을 벌이고 있다(사진 Yuisa Rios/FEMA).

참여를 막는다. 남성의 지배를 강조하는 문화도 여성의 관심사를 반영하기 어렵게 만든다. 한 가지 언어로만 이루어지는 복구 사업은 보다 다양한 의견의 청취를 불가능하게 한다. 낮에만 이루어지는 복구 작업도 순환 근무를 하거나 밤에 일하는 사람들이 대화에 참여하지 못하게 한다. 소셜 미디어조차 일부 사람들의 참여를 막아 저소득 가정, 노인 그리고 개발도상국에 사는 많은 사람들을 배제시키는 정보 격차를 만든다.

이러한 상황은 복구 결과에 이해관계가 걸려 있는 당사자들을 배제시킨다는 것을 의미한다. 지속 가능한 지역사회를 계획하려면, 모든 이해 당사자를 참여시켜 공평한 결론을 도출해내야 한다. 봉사 활동도 모든 사람을 포함할 수 있도록 이루어져야 한다(사진 2.2 참고).

2.3.5 환경의 질

재난 이후 복구는 자연 자원을 보호하고 우리가 환경에 영향을 미치는 방식을 바꿀 기회를 제공한다. 예를 들어, 잔해 관리는 잔해를 종류별로 분류해 용도에 맞게 활용할 수 있게 해준다. 가정과 사업장의 에너지 효율을 높이고 환경 친화적으로 다시 건설하겠다는 선택을 할 수도 있다. 공공용지를 위해 땅을 따로 떼어두거나, 상습 침수지역을 공원으로 바꿀 수도 있다. 자연 서식지를 복원하거나 그 지역의 기후에 보다 저항력이 강한 토착 식물을 다시 들여오는 등의 새로운 시도로 위험에 처한 해당 지역의 생물종을 보존할 수도 있다. 녹색 공간과 투과성 지표면을 늘리고, 범람을 줄이기 위해 나무를 심는 등 차별화된 새로운 개발에 착수할 수도 있다. 사용을 제한해서 민감한 생태계를 보존할 수도 있다. 모래 언덕을 복원하고, 토착 동식물을 해치는 외래종을 제거하며, 폭풍 해일의 영향을 감소시키는 습지를 보충하는 등의 복원 행위는 환경이 제공하는 자연적인 보호의 힘을 길러준다.

2.3.6 재난 회복력

재난 회복력이란 개인, 가정, 이웃, 마을, 도시 그리고 심지어는 한 나라가 미래에 있을 사건을 딛고 일어설 수 있도록 다시 건설하는 것을 의미한다(National Academies, 2012). 이러한 회복력은 대부분 완화 노력으로부터 나온다.

재난 완화에는 구조물적 완화structural mitigation와 비구조물적 완화nonstructural mitigation, 이렇게 크게 두 가지 형태가 있다. 구조물적 완화는 제방, 댐, 안전실, 허리케인 대비 지붕 고정 장치, 고상식 건물elevated building, 내부 보강(지진을 대비하기 위해서 콘크리트 보강용 강철봉 추가), 외부 보강 등의 구조물적 환경을 말한다. 재난 뒤에 다시 만들어지는 새로운 재건축 법규와 조례로 이러한 특성을 보강하거나 의무화할 수도 있다. 하지만 이러한 조치는 이해 당사자의 협조를 필요로 하며 저항에 직면하는 경우가 많다. 역사적 유물 보존주의자, 정치인, 지역사회 모임 등이 반대하기도 하며, 이 같은 완화 조치를 취하는 데 필요한 자금이 부족할 수도 있다. 한편 찬성도 이들과 똑같은 집단으로부터 나온다. 보통은 미래의 재난을 완화하려는 그 지역의 의지가 차이를 만든다. 이러한 조치는 '절호의 기회'에 해당하는 재난 직후에 취하는 것이 바람직하다. 불행히도 가능한 한 빨리 집으로 돌아가야겠다는 압력이 커지거나, 자금 고갈로 이러한 기회의 창이 너무 빨리 닫힐 수도 있다.

비구조물적 완화에는 보험, (특히 고위험지역에 사는 사람들에 대한) 경고 시스템 구축, 교육 프로그램 그리고 계획 수립 등이 포함된다. 비구조적 완화 조치는 비용이 덜 드는 반면, 이러한 조치를 실행하기 위해서는 상당한 노력이 필요하다. 그 밖에 다른 장애물도 존재한다. 예를 들어 지진 발생 이후에 보험사에서 주택 소유주에게 보험금을 지급하기 위해서는 어느 정도의 시간이 필요하다. 또한 보험에 가입하려면 돈이 필요한데, 이는 저소득 가정에는 힘겨운 일일 수도 있다.

그럼에도 완화 조치는 지역사회가 재난의 피해를 줄일 수 있는 가장 중요한 조치 중 하나이다. 많은 지역에서 완화 계획을 수립하면, 위험지역이 어디인지 밝혀내고 재난이 발생하기 전에 적절한 완화 조치를 취할 수 있다. 따라서 자금이 마련되는 대로 우선적인 완화 조치부터 취해나가야 한다.

2.3.7 지속 가능한 접근을 위한 현실적인 고려 사항

이 장에서 복구의 주요 고려 사항을 살펴봤지만, 현실성을 잃어버려서는 안 된다. 지속 가능한 접근 방법을 실천하는 것은 힘겨운 과제일 수 있다. 지속 가능한 사업의 성공을 방해하는 두 가지 중요한 이유는 구조물적 장벽과 비구조물적 장벽에 있다. 구조물적 장벽의 예로 미국이 석탄, 가스, 석유 그리고 핵 자원처럼 보조금을 지급하는 비재생성 에너지를 선호한다는 사실을 들 수 있다. 뿐만 아니라 미국인들은 자동차 문화권에서 살고 있으며, 수백만 명이 매일 일터로 출퇴근한다. 미국인들은 전국적으로 대안 연료를 사용하는 자동차에 대한 준비가 되어있는가? 아니면 텍사스 같은 거대한 주에 대중교통 수단을 운영할 준비가 되어있는가?

문화적으로 우리는 시각 디자인 면에서 변화에 대한 준비가 되어있지 않은 것 같다. 예를 들어 플로리다의 어느 지역은 지역민이 선호하지 않는다는 이유로 에너지 효율을 살린 지오데식 학교 건물 디자인(지오데식이란 삼각형이 서로 연결되어있는 기하학적 구조를 설계하는 공법으로 지진에 강하다는 사실이 알려지면서 건축물의 내진설계에 주로 사용된다 - 옮긴이)을 거부했다. 가장 중요한 점은 해당 지역사회의 밖에서 제기된 아이디어로는 변화를 이룰 가능성이 적다는 것이다. 한마디로 '지속 가능성이라는 비전만으로는 지역사회에 쉽게 뿌리내릴 수 없다.'(Passerini, 1998) 아칸소의 한 지역은 에너지 효율을 살린 디자인으로 지속 가능한 재건을 하려는 열망이 있었음에도 불구하고 자금 문제로 모두가 원했던 사업을 완성하지 못했다(Childers and Phillips, 2002).

전반적으로, 우리는 재난 복구를 위한 어떤 한 가지 접근법, 특히 지속 가능성을 추구하는 어떤 방법이 정말로 효과가 있는지 아직 알지 못한다(Passerini, 2000). 지속성의 초기 단계에서 뿌리를 내릴 수도 있지만, 상당한 장벽을 극복해야 한다는 점은 분명하다. 불충분한 자금 문제와 결부된 구조적이고 문화적인 장벽은 지속 가능한 복구의 만만치 않은 장애물 역할을 할 것이다.

2.4 요약

이론적인 관점을 요약하기 위해 이들 간의 유사점과 차이점을 살펴보도록 하자. 시스템 이론은 더 큰 시스템의 하위 구성 요소로 기능하는 대규모 단위에 주목한다. 이들 시스템 사이의 어긋남은 특히 인간 환경에 대해 재난적인 결과를 낳는다. 취약성 이론은 재난 피해의 불균형성을 설명하고, 권력, 경제적 영향력, 정치적 지위 또는 사회적 특권을 가지지 못한 사람들이 취약할 수 있음을 지적한다. 사회정치적 생태학 이론은 문제가 승자와 패자 사이의 명백한 불평등한 권력 관계에서 비롯된다고 규정한다. 페미니스트 이론은 성, 계층, 인종 그리고 수입이 여성과 어린이의 생명 안전과 생계를 위태롭게 하는 방식에 주목한다. 규범 발생 이론은 재난 복구 활동이 충분한 사전 계획 없이 이루어진다는 사실을 알려준다. 전체적으로 볼 때 이 같은 이론적 관점은 누가 위험에 처해있으며, 왜 그러한 위험이 발생하는가를 이해하고 예측할 수 있게 해준다. 전체적으로 이러한 이론은 재난이 인간에게 미치는 결과와 복구에 관련된 어려움을 환기시켜 준다.

이러한 이론은 또한 재난 이후에 이루어지는 여러 가지 활동을 이끄는 역할도 한다. 다양한 시스템에서 균형 있는 결과를 얻기 위해서는 주의를 기울여야 한다. 전체적인 관점에서 생각하고 서로 다른 시스템의 구성 요소들을 통합함으로써, 우리는 더 강하고 재난에 대한 회복력을 더 갖춘 사회를 건설할 수 있다. 또한 복구의 실패로 더 큰 위험에 처할 사람들에게도 주의를 기울이고, 가장 취약하며 권력을 가장 적게 지닌 사람들이 참여해 완전한 복구의 이익을 함께 나누도록 해야 한다. 고충이 발생하면, 이러한 문제를 해결할 준비를 해야 한다는 사실도 알고 있어야 한다.

가장 중요한 것은 이러한 이론들이 우리가 사는 지역과 그 안의 수많은 가정이 재난에 대비해야 한다는 사실을 일깨워준다는 점이다. 우리가 미래의 재난에 대한 피해 완화에 유념하며 건설하거나 혹은 재건한다면, 우리의 가정과 지역사회를 위해 재난 회복력이 더 큰 지구를 만들어나갈 수 있을 것이다. 이들 이론을 다시 살펴보려면, 상자 2.1과 2.2를 참고하기 바란다.

2.5 마무리 문제

2.5.1 요약 문제

1. 시스템 이론에서 개별 시스템을 묘사할 수 있는가? 이들 개별 시스템의 재난 복구 접근법은 무엇인가?

2. 취약성 이론은 재난 복구가 기회 균등한 과업이 아니라는 것을 어떻게 설명하고 있는가?

3. 지역 자원의 활용이라는 관점에서 사회정치적 생태학 이론의 핵심은 무엇인가?

4. 페미니스트 이론의 여러 관점 사이의 차이점과, 이들 관점이 주장하는 문제 및 재난 복구 문제의 해결 방법을 설명하라.

5. 발생emergence이 무엇인지 정의하고, 개인과 집단 또는 전체적인 차원에서 재난 복구 기간 동안 발생이 어떻게 나타나는지 설명하라.

6. 지속 가능성과 지속 가능한 복구를 촉진하는 주요 요소를 정의하라.

2.5.2 토론 문제

1. 재난 복구 과정에서 이론을 활용해야 하는 이유는 무엇인가?

2. 이 장에서 설명한 페미니스트 이론 중 한 가지 관점을 선택하라. '도움'을 주기 위해 개발도상국으로 향하는 직원과 자원봉사자들을 일깨우기 위해 이러한 이론을 어떻게 활용할 것인가?

3. 여러분이 사는 지역의 사회 복지 단체, 종교 단체의 대표 그리고 시민 단체와 대화하라. 이들의 관점에서 볼 때 누가 재난에 가장 취약한가? 집 없는 사람들? 홍수 범람원 인근의 이동식 주택에서 사는 사람들? 급속한 도시화가 진행되는 개발도상국의 임시 주택에서 사는 사람들? 역으로 재난 이후 복구 노력을 위해 이들 집단에 어떤 힘과 통찰을 불어넣어야 하겠는가?

4. 시스템 이론의 관점에서 재난 복구 계획 수립팀을 어떻게 조직할 것인가? 핵심업무를 위해서 어떤 시스템을 활용할 것인가?

5. 사회정치적 생태학 이론을 활용해 여러분이 사는 지역을 살펴보자. 복구 작업에 참여하는 것을 막는 장애물로 어떤 것이 있을 수 있는가? 직업, 거주지 그리고 그 밖의 다른 주요 자원이라는 측면에서 어떤 경쟁이 벌어질 수 있는가?

6. 규범 발생 이론의 주요 개념은 무엇인가? 재난 복구 관리의 현실을 위한 이 이론의 유용성에 대해 설명해보아라. 여러분은 어떻게 발생_{emergence}을 예측하고 이에 대응할 것인가?

7. 토론 그룹을 만들어, 여러분이 사는 지역의 '삶의 질'을 결정하는 것이 무엇인지에 대해 각자의 의견을 나누어보아라. 만일 여러분이 재난 복구 작업에 착수해야 한다면, 여러분 각자의 생각이 앞으로 할 일에 어떤 영향을 미칠 것인가?

참고자료

- To obtain current information on the Haiti recovery, visit the United Nations Development Programme at http://www.undp.org/content/undp/en/home/ourwork/crisispreventionandrecovery/projects_initiatives/crisis_in_haiti/. Last accessed March 24, 2014.

- Theoretical position papers that reflect vulnerability, sociopolitical, and feminist perspectives can be found at these websites:

- Gender and Disaster Network, http://www.gdnonline.org.

- RADIX, http://www.radixonline.org/, accessed July 28, 2008.

- Papers on emergency management theory, research, and the emerging discipline of emergency management can be found at https://training.fema.gov/EMIWeb/edu/emTheoryResearch.asp. Last accessed July 30, 2014.

- To view a recent court case over disabilities and disasters, visit these websites: http://www.npr.org/2013/ll/09/243998312/ruling-on-nyc-disaster-plans-for-disabled-may-have-far-reach and http://www.dralegal.org/bcid-v-bloomberg. Last accessed March 24, 2014.

- To read more from *Holistic Disaster Recovery*, visit http://www.colorado.edu/hazards. Be sure to select the link to the 2001 version of the book for a free copy.

제3장
재난 복구 계획 수립

- 예비 피해 평가(PDA)를 실시하는 다양한 방법의 효율성을 비교한다.
- 재난 이전 계획 수립이 재난 이후 계획 수립보다 더 바람직한 이유에 대해 논의한다.
- 재난 복구 계획 수립 과정의 일반적인 단계를 설명한다.
- 재난 전 · 후 복구 계획의 주요 요소에 대해 설명한다.
- 계획 수립이 하나의 과정이라는 사실에 대해 설명한다.
- 복구 계획 수립 과정에 참여해 계획 수립의 다양성이 반영된 기본 규약을 만들어 이해 당사자의 명단을 작성한다.
- 지속 가능성과 회복력처럼 재난 계획 수립의 기본을 이루는 원칙에 대해 알아본다.

협업collaboration

종합적 계획 수립comprehensive planning

재난 회복력disaster resilience

전체론적 복구holistic recovery

참여 과정participatory process

계획 수립planning

재난 이후 계획 수립post-disaster planning

재난 이전 계획 수립pre-disaster planning

국내 난민Internally Displaced Persons(IDPs)

토지 이용 계획 수립land use planning

완화 계획 수립mitigation planning

조례ordinance

예비 피해 평가preliminary damage assessment

이해 당사자stakeholders

비전화 과정visioning process

3.1 서론

복구 계획 수립에 착수할 가장 좋은 시기는 아니지만, 대부분 재난 이후에 복구 계획 수립이 이루어진다. 공무원들이 우선순위를 두고 경쟁하고, 관료적이고 번거로운 절차를 거쳐야 하는 등 재난이 벌어진 후의 복구는 힘겹게 느껴지게 마련이다. 한편, 좌절한 주택 소유자들은 정상적인 삶으로 돌아가고 싶어 하고, 사업체는 극심한 혼란을 겪는다. 지역사회에는 처리해야 할 놀라운 양의 잔해가 산더미처럼 쌓여 있다. 자원봉사자들은 도와주겠다며 법석을 떤다. 하지만 계획이 없이는 어디서부터 시작해야 하고 어떤 방향으로 나아가야 할지 뚜렷한 비전을 가질 수 없다.

복구에 착수하는 첫 단계는 피해가 발생한 곳이 어디인지 파악하는 것부터 시작해야 하지만, 이는 예상보다 더 힘겨운 과정이다. 복구를 하려면 계획 수립이 필요한데, 이때는 사람들이 그저 빨리 정상으로 돌아가고 싶어 하는 시기이다. 하지만 재난 이전 계획 수립을 하는 지역이 거의 없으므로 재난 이후 복구 계획을 수립하는 것은 반드시 필요하다. 이 장에서는 복구 계획을 세우는 데 밟아나가야 할 많은 단계에 대해 알아볼 것이다. 뿐만 아니라 복구 계획의 일반적인 구성 요소에 대해서도 알아볼 것이다. 이는 이 책의 나머지 부분을 공부하는 데 기초가 될 것이다.

3.2 피해 평가

바람이 잦아들고 홍수로 불어난 물이 빠지고 나면, 사람들은 주변을 둘러보며 상황을 살피기 시작한다. 무엇이 남아있는가? 누가 다쳤는가? 어디서부터 시작해야 하는가? 재난 관리자, 자원봉사 단체 그리고 정부의 공무원들도 예비 피해 평가(PDA)라는 과정에 착수할 것이다. 피해 평가는 본질적으로 집과 학교, 사업체, 도로, 다리, 공항, 수로,

철로, 공공 설비 등에 입은 피해 목록을 작성하는 것이다. 유적이나 문화재 손실에 대한 내용도 반드시 들어가야 한다. 환경 피해도 평가되어야 한다. 어떤 피해를 입었는지 파악해야 복구 관리자들이 가장 중요한 첫 단계는 무엇인지 우선순위를 매길 수 있으며, 나머지 부분에 대한 실행 계획도 세울 수 있게 된다(표 3.1 참고).

　　미국에서 PDA는 다른 중요한 역할도 한다. 미국에서 재난 관리자들은 피해를 평가해 주지사에게 보고하며, 주지사는 이를 근거로 FEMA를 통해 대통령에게 재난 선포를 요청한다. 그러한 요청이 없으면 연방 정부의 지원(기술적 지원 및 자금)은 이루어지지 않는다. FEMA는 지원을 하기 전에 눈으로 피해를 확인한다(사진 3.1 참고). 정부뿐 아니라 자원봉사 단체 및 비정부 조직도 자원봉사자를 얼마나 보내야 할지, 어떤 기술이 필요할지, 얼마나 오랫동안 피해지역에서 일해야 할지를 결정하기 위해 피해 평가를 실시한다. 보험 회사도 보험 계약자에게 얼마를 지불해야 할지, 회사에 미치는 재정적인 영향은 얼마나 될지 가늠하기 위해 피해 평가를 실시한다.

표 3.1 PDA 시행의 어려움

피해 평가 방법	장점	단점
차창 밖 조사	야구장 면적의 수로 피해 규모를 파악하는 신속하고 효율적인 조기 평가	내부 피해는 파악 불가, 구조물적 피해를 파악하기 어려우며, 지하에 입은 피해는 파악할 수 없음
피해 평가팀	일정한 훈련을 받은 인력에 의존, 지역 시찰보다 더 정확함	접근하기 어려운 지역은 평가하기 힘들며, 교육 과정이 필요하고, 불일치가 발생할 수 있음
전문 조사단 (구조 공학자, 유물 보존 건축가, 전기 기술자 등)	피해 요소에 대한 전문 지식을 갖춘 전문가 집단이 행함	피해지역으로 전문가를 파견하는 데 시간이 걸림. 일부 평가에 추가 중장비가 필요할 수 있으며 시간이 많이 걸림
위성 영상	피해를 입지 않았을 때와 피해를 입었을 때의 영상을 비교함. 직접 갈 필요가 없으며 먼 지역의 평가에 유리함	실시간으로 이루어지지 않아 시간차로 인한 오류가 있을 수 있으며, 정확한 영상을 얻기 어렵고, 잔해의 이동은 시간이 지나야 파악됨

사진 3.1 2011년 열대성 태풍 아이린이 발생한 후에 FEMA 직원들이 푸에르토리코의 파하르도Fajardo에서 피해 평가 작업을 벌이고 있다(사진 Michael Medina – Latorre/FEMA).

PDA는 여러 가지 방식으로 이루어진다. 직접적이고 전통적인 방법은 *차창 밖 조사*windshield survey이다. 이 방법은 평가팀이 차를 타고 지역을 돌면서 주택과 사업체의 피해 유형 및 숫자를 파악하는 것이다. (1) 파괴됨 (2) 큰 피해를 입음 (3) 적은 피해를 입음과 같은 방식으로 건물 피해를 진단한 피해 목록을 작성한다. 가장 큰 단점은 차를 타고 육안으로 하는 검사여서 일부 유형의 피해를 놓칠 수 있다는 것이다. 겉으로 멀쩡해 보이는 주택이나 건물이 지진으로 인해 심각한 구조적 피해를 입었을 수 있다. 홍수는 주택에 물이 불었던 흔적을 남기지만, 단열재나 전기 설비처럼 벽 내부의 피해는 볼 수 없다.

따라서 차창 밖 조사로 어느 지역의 피해를 평가 절하한 보고서를 제출할 수 있다. 피해 평가팀 같은 숙련된 전문가가 집집마다 방문해 조사를 하면 정확성이 높아진다. 피해 평가팀에는 다양한 종류의 피해를 어떻게 보고 판정할지에 대해 어느 정도 교육을 받은 사람들(재난 관리자, 긴급 구조대원 등)이 포함되어야 한다(Fleming, 2014). 이들이 접근하기 힘든 지역으로 가는 것이 어려울 수도 있다. 또한 (재난 이후에 교육이 이루어진 결과 등으로) 교육의 일관성이 없으면 팀 내부에서 그리고 팀 간에 불일치가 발생할 수 있다. 전문 조사단(공학자, 건설 전문가, 전기 기술자 등)이 건물의 내부 및 외부 그리고 구조적 문제를 점검할 수도 있다. 지하에 매설된 경우가 많은 공공 설비의 기반 시설에 입은 피해는 평가하기 매우 어려울 것이다. 게다가 전문 조사단조차 피해지역에 접근하기 어려울 수 있다. 그러한 지역은 거리가 멀거나, 지하에 매설된 공공 설비가 피해를 입은 경우처럼 피해지역의 위치 때문에 접근이 어려울 수 있다. 피해를 파악하는 데 재난 이후 몇 달, 심지어는 몇 년이 걸리는 경우도 드물지 않다.

위성 영상은 특히 아주 먼 지역의 피해를 평가하는 데 유용하다. 위성을 이용하는 평가는 피해지역의 재난 이전과 이후의 영상을 제공한다. 그러한 신속한 평가는 신속한 대응을 준비하고 복구에 필요한 자원 제공을 계획하는 기관에 소중한 정보를 제공한다(Eguchi et al., 2003; Hansen et al., 2007). 전문가들은 이러한 기술을 활용해 피해지역을 확인하고, 물리적 환경 및 구조물적 환경에 대한 전반적인 피해 정도를 감지한다. 하지만 위성 영상에도 건물 내부나 지하를 볼 수 없는 똑같은 문제가 존재한다. 결과적으로 위성 영상은 '지상 검증 자료'나 항공 사진으로 보완해야 한다(Corbane et al., 2011).

2014년 3월 발생한 말레이시아 항공 370기의 비극은 이러한 문제에 따르는 어려움을 잘 보여준다. 여러 팀이 사라진 여객기의 위치를 파악하기 위해 한 달 동안 쉴 새 없이 일했다. 엄청난 노력을 기울인 결과 이 여객기가 마지막으로 사라진 장소가 호주의 퍼스Perth에서 서쪽으로 약 1,600~2,400km 지점인 것을 추적해냈다. 여러 나라에서 제공한 위성 영상으로 인도양 수면에서 잔해가 보이는 것으로 추정되는 지역을 알아낸 것이다. 너무 먼 곳이어서 가기 어려울 뿐 아니라 악천후까지 겹쳐, 배나 비행기가 잔해를 수거하러 그곳에 도착하기도 전에 위성으로 확인한 잔해가 수백 킬로미터를 이동할 가능성이 있었다. 처음에 여객기의 파편으로 여겼던 일부 잔해는 어업 장비인 것으로 밝혀지기도 했다. 이 여객기 '블랙박스'의 기록 장치에 있는 배터리 수명이 다해가면서 수색은 더욱 급박해졌다. 그동안 슬픔에 젖은 가족들은 수색팀이 이 여객기와 블랙박스를 찾아내 사랑하는 사람들에게 대체 무슨 일이 일어난 것인지 알고 싶어 했다. 2014년 8월 현재까지 비행기는 아직 발견되지 않았다.

분명, 다른 문제도 존재한다. 피해 평가가 필요한 비구조물적 영역은 계산하기 어려우며 따라서 전문가가 개입해야 한다. 예를 들어, 경제적인 피해는 다양한 방식으로 계산할 수 있다. 건물에 입은 피해는 눈으로 확인할 수 있다. 하지만 손실액을 산출하려면 추가 정보가 필요하다. 예를 들어 사업체가 제품을 생산하거나 서비스를 제공하지 못하는 '영업 정지 기간'이 얼마나 될까? 임시로 사업체를 옮겨야 하는 데 따른 이주비용은 어떻게 해야 하나? 또한 집을 잃어 바로 일터로 복귀할 수 없는 직원들이 입는 피해는 어떻게 할 것인가? 이 문제는 제8장에서 다시 살펴보도록 하겠다.

일부 산업은 평가하기가 더욱 어렵다. 예를 들어 허리케인 카트리나와 리타가 루이지애나, 앨라배마 그리고 미시시피의 상업적 낚시와 여가로서의 낚시에 피해를 입혔다. 피해액을 보고하려면, 상업적인 수입 기록, 면허 날짜, 선박의 판매에 관한 자료, 폭풍해일의 유형, 현지 조사 등이 필요했다(Caffey et al., 2007). 해안지역을 따라 (카트리나와 리타로 인해) 허리케인의 피해를 이중으로 입은 루이지애나는 어업에 상당한 손실을 입었다. 전문가들은 이 세 주州에서 9,800만 달러에 달하는 어업 손실이 발생했으며, 루이지애나에서만 전체 손실액의 60%를 차지하는 것으로 추정했다(Caffey et al., 2007).

한마디로 복구는 피해 평가에서부터 시작해야 하며, 그렇게 해야 지역사회, 공무원, 관련 단체들이 어디서부터 시작해야 하며 어느 정도의 노력을 기울여야 할지를 가늠할 수 있다(아이티에 관한 상자 3.1 참고). 피해 평가 과정은 대통령의 재난 선포 가능성을 가늠하기 위한 증거를 제공한다. 그러한 도움이 있든 없든, 지역사회는 이제라도 재난 이전 복구 계획에 착수해야 하며, 그렇지 않다면 재난 이후 계획 수립에 노력을 기울여야 한다.

상자 3.1 아이티의 피해 평가와 복구 계획

2010년 지진으로 아이티는 충격적인 피해를 입었다. 수백 명의 전문가가 참여한 피해 평가에만 꼬박 한 달이 걸렸다. 전문가들은 정부, 환경, 사회적 피해, 기반 시설, 생산, 개발 그리고 경제 등 주제별 영역으로 나눠 피해 평가를 실시했다. 총 피해액은 미국 달러로 79억 달러에 이르렀으며, 이는 아이티 국내 총생산의 120%에 달하는 금액이었다. 민간 영역이 70% 정도로 가장 큰 피해를 입었다. 재난 피해의 약 55%가 가정, 학교, 병원 그리고 주요 기반 시설에서 발생했다. 물리적인 피해의 대부분은 주택이었다. 경제적 손실도 상당해서 사람들은 일자리를 잃고, 공장은 제품 생산 능력을 잃어버렸으며, 교통 시설도 붕괴되었다. 계획 수립자들은 미국 달러로 총 115억 달러가 필요할 것으로 추산했다. 이들은 먼저 교통로를 수리하고, 경제를 재건하며, 임시적이고 영구적인 주택 마련을 돕고, 학교를 다시 열거나 재건하며, 건강한 생활환경과 보건 서비스를 제공하고, 사법 및 안전을 담당하는 중앙 행정 역량을 다시 일으켜 세우는 데 중점을 뒀다.

더 자세한 내용은 2010년 아이티 정부가 발간한《아이티의 국가적 복구와 개발을 위한 실행 계획(Action Plan for National Recovery and Development of Haiti)》(http://www.lessonsfromhaiti.org/report-centre/)을 참고하기 바란다.

3.3 계획 수립에 착수하기

지역사회 복구의 장기 계획 수립은 '지역사회에 기반을 둔 재난 이후 비전을 세우고, 그러한 비전을 성취하는 데 가장 적합한 자금 모금 전략과 사업 계획을 세우며, 그러한 사업 계획을 실행할 방법을 마련하는 과정'이다(Federal Emergency Management Agency, 2005). 간단히 말해서 지역사회는 복구를 위해 무엇을 해야 하는가? 다시 건설된 지역은 어떤 모습이어야 하는가? 그렇게 하기 위한 비용은 어떻게 마련할 것인가? 그리고 보다 중요한 것은 누가 참여할 것인가?

지역사회의 참여를 권장하는 복구 노력은 보다 성공적인 경향이 있다(Beierle and Cayford, 2002). 주민들을 참여시키기 위해 지역사회는 도출된 결과에 가장 큰 영향을 받을 사람들, 즉 이해 당사자들과의 의사소통을 위해 열심히 노력해야 한다. 또한 이해 당사자들을 적극적으로 참여시키고 사람들이 의견을 교환할 수 있는 방법을 제공해야 한다 (Beierle and Cayford, 2002).

복구 계획을 어떻게 시작할 것인가? 대부분의 계획 수립이 그러하듯, 중요한 것은 어떻게 계획을 세울 것인지에 대해 숙고하는 것이다. 어떤 접근 방식을 사용할 것인가? 누가 계획을 수립할 것인가? 주민들의 의견을 계획에 어떻게 반영할 것인가? 의견을 제공한 사람들에게 어떤 책임이 있나? 다음은 이러한 문제를 다루고 있다.

3.3.1 계획 수립의 주요 원칙

복구 계획은 어디서부터 시작해야 하는가? 첫째, 피해지역에 사는 사람들이 복구 과정을 추진하는 주체가 되어야 하며, 특히 다시 건설될 지역사회의 모습이 어때야 하는지에 대한 비전을 가져야 한다(FEMA, 2005). 지역 주민들은 재건될 지역에서 살고 그곳에서 일하기로 선택한 사람들이며, 따라서 이들의 의견이 반영되어야 한다. 지역 주민은 그러한 재건 작업뿐 아니라 자신들의 참여로부터 이익을 얻어야 한다.

모든 재건에는 재난 회복력이 있는 사회를 건설하기 위한 완화 노력이 포함되어야 한다(사진 3.2 참고). 하지만 어떤 지역도 외부의 도움 없이 복구를 완성할 수 없다는 것 또한 사실이다. 정부 및 비정부 조직으로부터의 후원은 반드시 필요하며 또한 지속되어야 한다. 하지만 이들 정부 및 비정부 조직은 지역 주민의 말에 귀 기울이고 이들의 의견을 구해야 한다.

이러한 원칙을 지키려면 효율적인 리더십이 필요한데, 이는 예측 가능한 곳과 예측할 수 없는 곳 모두에서 올 수 있다(Krajeski and Peterson, 2008; Quarantelli, 1997). 모든 사람이 계획 수립에 참여해야 하며, 복구 지도자는 지역사회의 모든 구성원이 교류하도록 집중적인, 때로는 온 힘을 다해 노력을 쏟아부어야 한다. 그 누구도 소홀히 대해서는 안 되며, 장애인, 어린이, 노인, 순환 근무를 하는 사람들, 재난 이후는 물론 재난 이전에도 집이 없던 사람들, 그 지역의 언어를 말하지 못하는 사람들뿐 아니라, 종교 단체, 시민 단체, 사회봉사 단체 등을 비롯한 지역 단체도 포함시켜야 한다. 소매업, 제조업, 법인 그리고 설비 회사 등 기업 부문에 속한 사람들도 계획 수립에 참여해야 한다. 한마디로, 복구 계획 수립은 복구 과정에 적극적으로 참여하도록 모든 이해 당사자에게 과업을 맡기는 과정이 되어야 한다.

사진 3.2 복구는 활동 도서와 자료를 통해 어린이에게 완화에 대해 가르칠 기회를 제공한다 (사진 George Armstrong/FEMA).

3.3.2 리더십

효율적인 복구 계획 수립은 계획을 수립하고, 참여하며, 지역 기반의 복구 계획을 수립하는 다양한 리더십 활동에 모든 사람을 참여시켜야 한다. 여기에는 여러 유형의 리더십 능력이 필요하다.

첫째, 지도자는 지역사회의 폭넓은 신임과 지지를 얻어야 한다. 세대 차이, 문화적 다양성, 성性, 언어 그리고 장애인 집단을 아우르며 모든 사람들이 교류하고 연결되도록 하는 능력이 가장 중요하다. 훌륭한 지도자는 집단 모임뿐 아니라 일대일 대화를 포함한 다양한 방식의 의사소통에 능해야 한다. 이메일, 소셜 미디어 그리고 전자식 의사소통을 활용하는 것도 매우 중요하다. 유능한 지도자는 과정을 통해 그리고 효율적인 계획을 향해 이해 당사자들을 움직이게 해야 할 뿐 아니라, 이들을 서로 연결시키고 소통하게 한다.

둘째, 능력 있는 지도자는 협업과 합의 구축에 기반을 둔 복구 계획을 수립한다. 협업 과정에 헌신적으로 참여하려면, 그와 같은 노력에 시간과 인내심 그리고 전문 지식이 필요함을 잘 알고 있어야 한다. 지도자는 계획 수립 집단을 스스로 구성할 수도 있고, 자금이 넉넉할 경우 경험 있는 조정자facilitator를 선택해 고용할 수도 있다(상자 3.2 참고). 이 장 전체에 걸쳐 보게 되겠지만, 정보와 아이디어 그리고 해결방법을 도출해내려면 많은 사람이 필요할 수도 있다.

셋째, 지도자는 회의를 조정하기 위해 열심히 일해야 한다. 그렇게 하려면 일정을 잘 분배해야 하며 사람들의 시간상의 제약에 대해서도 잘 알고 있어야 한다. 예를 들어, 매주 월요일 저녁 7시에 회의를 갖는다면, 부모들은 아이들을 재우기 위해 일찍 자리를 떠야 하며, 순환 근무를 하는 사람들은 참석하지 못한다는 것을 의미한다. 강당이나 유선 방송, 인터넷 대화방 또는 다른 전자식 회의나 인터넷 비디오 스트림을 통한 주민과의 만남을 주선해야 할 수도 있다. 계획 수립자는 사람들이 사는 곳으로 다가가야 한다. 국내 난민internally displaced persons(IDPs)과 함께하는 경우, 텐트촌, 강둑, 일터 또는 국내 난민 접수 센터에서 계획을 수립해야 할 수도 있다. 훌륭한 지도자는 사람들에게 다가서고, 그들이 사는 곳으로 가고, 삶의 현장에서 사람들과 만나야 한다는 사실을 잘 알고 있다.

상자 3.2 복구 자문위원 고용하기

여러분이 사는 지역의 복구는 중대한 문제이다. 누가 이러한 힘든 일을 이끌어주기를 원하는가? 보통 한 지역의 복구를 위해 일하는 사람은 그 지역의 지도자 및 외부 자문위원 또는 정부의 공무원들이다. 지역 주민을 활용하는 것도 아주 중요하다. 여러분과 여러분이 사는 지역의 주민들이 그 지역에 대해 가장 잘 알기 때문이다. 어떤 것을 보존하고 싶은지는 여러분이 잘 알며, 다시 건설된 지역사회가 어떤 모습이어야 하는지를 결정하는 것은 이해 당사자인 여러분의 권리이기도 하다. 하지만 그러한 과정을 밟아나가는 일은 쉽지 않으며, 따라서 많은 지역이 도움을 필요로 한다.

그러나 외부 자문위원을 고용하는 일에는 신중을 기해야 한다. 따라서 자문위원을 고용할 경우, 다음과 같은 사람을 선택해야 한다.

- 재난 관리, 위험 계획 수립, 지역사회 발전 그리고 재난 연구 분야의 학위 소지자
- 다른 지역에서 재난 복구와 관련해 폭넓은 경험을 쌓은 사람. 다양한 재난에 대한 경험이 없는 사람을 고려해서는 안 된다.
- 지역사회에 기반을 둔 계획을 수립하고 그 과정에 이해 당사자들을 참여시킨 경력이 있는 사람
- 이전 복구 사업의 주민으로부터 강력하게 추천을 받는 사람. 지역사회는 자문위원이 제출하는 추천서 이외의 평판도 검토해야 한다.
- 처음부터 끝까지 복구 사업을 완수한 실적이 입증된 사람. 자문위원은 계획만 세워놓고 떠나서는 안 된다.
- 보수가 적당해야 한다. 여러 자문위원으로부터 가격을 받아보는 게 좋다. 가장 싼 보수를 제시했다고 해서 좋은 자문위원은 아니며 그 반대도 마찬가지이다.
- 복구 과정에 초점을 맞추고 복구가 진행되는 여러 단계에 대해 잘 아는 사람
- 복구 계획 수립의 모든 차원을 아우르는 전체적인 시각을 가진 사람
- 다양한 이해 당사자와 의사소통하는 능력이 있으며, 이전부터 소외되었던 집단에도 접근한 경험이 있는 사람
- 자문위원을 지지하고 뒷받침해줄 노련하고 강력한 팀을 가진 사람
- 복구 계획 수립이 노인, 장애인, 학부모, 소수 인종 및 소수 민족 등 모든 인구 집단에 미치는 영향에 관심을 기울이는 사람
- 완화 노력을 비롯해, 회복력 있는 복구 계획을 수립할 능력을 가진 사람
- 복구 노력에 영향을 미치는 연방 정부의 프로그램, 규정 그리고 자금 사정에 대해 잘 알고 있는 사람
- 복구 계획 수립 과정을 촉진하기 위해 자문을 받을, 든든한 전문가 집단과의 연결망을 가진 사람
- 지역의 상황을 이해하기 위해 자발적으로 노력하는 사람
- 지역 주민을 포함시키기 위해 헌신하는 사람
- 참여 과정에 대해 잘 아는 사람

출처: Courtesy of Brenda Phillips

3.3.3 조정과 의사소통

지도자는 계획 수립 과정을 조정해야 한다(Quarantelli, 1997). 조정은 진행 상황에 대한 정보를 제공하는 것 이상을 의미한다. 조정은 모든 이해 당사자가 정보를 제공받으며 과정에 참여하는 것을 의미한다. 그렇게 하려면 계획 수립 과정에 참여할 대표자를 찾아내 참여시키며, 그러한 관계를 유지하는 데 상당한 노력을 기울여야 한다. 국내 난민(IDPs)과의 의사소통은 여러 가지 매체를 동원하는 몇 배나 더 어렵고 불필요한 노력을 필요로 한다. 조정은 계획 수립에 관련된 모든 사람들이 다른 사람들이 무엇을 생각하고 어떻게 하고 있는지 아는 것을 뜻한다. 궁극적으로 계획과 관련된 모든 사람들이 하나가 되어야 한다. 일례로, 유물 보존을 위한 계획 수립에 관련된 사람들은 공공 설비의 복원 및 새로운 건축 법규에 맞는 계획을 세워야 한다. 최종적인 결과로 접근 방식과 의견 차이를 없앤, 일관성 있고 통합된 계획이 나와야 한다. 그렇게 되어야 복구 계획 실행이 보다 원활하게 이루어진다.

그럼에도 불구하고 의사소통이 복구 계획 수립팀 구성원 수준에서 이루어지는 것으로 그쳐서는 안 된다. 더 많은 사람들이 재난 전후에 그 지역사회에서 어떤 내용이 논의되고 있는지 알아야 하고 그럴 자격이 있다. 언론 매체, 웹사이트, 가정 방문, 소셜 미디어, 공식적인 회의 그리고 신중히 계획된 모임 등을 통해 그러한 노력을 해야 한다. 사람들이 집으로 돌아가 일상을 다시 시작하고 싶어 하기 때문에 이들은 정확한 정보를 얻기 원한다. 정보 센터 또는 복구 계획 수립 안내소 및 사무실을 세우거나 웹사이트를 활용하면 정확한 정보를 알리는 데 도움이 될 것이다(Federal Emergency Management Agency, 2005; Natural Hazards Center, 2001; Schwab et al., 1998). 우선은 언론의 관심을 받는 것이 중요하지만, 이러한 관심은 시간이 지나면 시들해지는 경향이 있다. 효과적인 의사소통은 복구 지도자가 피해를 입은 사람들에게 정보를 알리고 이들의 의견을 들을 방법을 마련하는 것이다. 2009년 호주에서 검은 토요일 산불Black Saturday Bushfire이 발생한 이후에 복구 지도자들은 웹사이트, 이메일, 전화, 핫라인, 회의실, 텔레비전, 라디오 그리고 그 밖의 다른 방법을 활용했다(Bennett, 2010). 2010년 아이티 지진 이후에 미국은 위키를 비롯한 소셜 미디어, 공동 작업 공간 그리고 클라우드 솔루션을 이용해 정보를 공개했다(Yates and

Paquette, 2011).

　요약하자면, 복구 계획 수립 과정은 그 지역에 맞도록 종합적이고 모든 사람들에게 개방적으로 이루어져야 한다. 계획 수립 과정의 투명성은 사람들 사이에 신뢰를 형성하고, 참여하는 모든 사람들이 그 지역의 모든 이해 당사자들에게 신뢰를 얻고 이를 지속시킬 수 있게 해준다(Norman, 2004). 계획 수립 과정은 현재 영향을 받고 있고, 앞으로도 오랫동안 영향을 받을 사람들과 함께하는 것이 매우 중요한데, 그것은 '복구의 목표와 우선순위 그리고 절차에서 지역 주민의 지지를 받지 못하면 그 복구는 성공할 수 없기 때문이다.'(Norman, 2004) 유능한 지도자는 이러한 기본적인 원칙을 잘 알고 있다.

3.3.4 하나의 과정으로서의 계획 수립

　복구 계획 수립은 전 지역사회가 참여해야 하는 과정이다(FEMA, 2005; Quarantelli, 1997; Schwab et al., 1998). 이 과정은 지역사회가 실질적인 재건이나 중대한 행동에 들어가기 전에 여러 단계나 과정을 거치며 움직여야 한다는 것을 의미한다(상자 3.3 참고). 이러한 과정은 '큰 그림'을 그리는 것으로 시작한다. 어떤 종류의 복구 계획이 필요한가? 토네이도로 도심의 상업 지구만 피해를 입었다면, 경제적 복구와 그 지역의 기반 시설에 초점을 맞추는 것으로도 충분할 수 있다. 또는 허리케인이 광범위한 지역을 파괴해 일터, 가정, 공원, 병원, 학교 등에 대한 종합적인 복구 작업이 필요한 상황일 수도 있다. 복구 전문가들은 시간을 들여 무엇을 할 것인가에 대한 합의를 구축해야 지역사회의 더 큰 이해와 지지를 받을 수 있다는 데 동의한다. 지역사회는 수행해야 할 과업의 유형을 결정하고 우선순위를 정하는 데도 참여해야 한다.

　힘겨운 계획 수립 단계를 거치며 복구 노력을 지속하려면 헌신적인 팀워크가 필요하다. 복구가 여러 해 동안 계속될 수 있는 데다, 복구에 참여하는 일부 사람들이 각자 집 안 복구에도 시달리다 보면 계획 수립의 피로감이 쌓일 수 있다. 복구를 이끄는 지역의 공무원들도 각자의 가정을 복구하는 일을 처리하면서 지역사회를 재건설하는 일을 하다 보면 엄청난 부담감을 느낄 수 있다. 복구 지도자와 참여자들이 극도의 피로를 느낄 수 있으므로, 복구팀에 충분한 지원을 하고 새로운 구성원을 충원해 복구 과정을 지속해나갈 수 있어야 한다. 지역사회가 통합되어있으면, 복구 노력을 계속해나갈 구성원 교체에 필요한 예비 인력 집단을 확보한 셈이다.

상자 3.3 과정으로서의 복구

과정은 여러 단계나 국면이 펼쳐진다는 것을 의미한다. 전문가들은 복구는 과정이 되어야 하며, 일련의 단계를 통해 책임감 있는 계획 수립이 이루어져야 한다고 제안한다.

이러한 단계에는 다음과 같은 사항이 포함되어야 한다(FEMA, 2005).

1. 복구 계획의 필요성을 평가한다.
2. 지도자를 선택하고 어디서부터 시작할지 결정한다.
3. 외부 지원을 받을 곳을 정한다.
4. 지역사회 전체에 공공 정보를 알리려고 노력한다.
5. 복구의 비전과 계획에 관한 공감대를 형성한다.
6. 문제를 해결하고 기회를 인식한다.
7. 더 강한 재난 회복력을 지닌 사회에 대한 비전을 세운다.
8. 복구 계획을 구체화하고 우선순위를 정한다.
9. 모든 구성 요소를 포괄적인 전체로 끌어안는 계획을 세운다.
10. 개별 과업의 지도자를 뽑는다.
11. 그러한 과업을 위한 재정과 자원을 확보한다.
12. 계획의 운용을 현실화하고 실행에 옮긴다.
13. 과업을 정기적으로 점검하고 일정한 시간 간격을 두고 계획을 수정한다.

3.3.5 이해 당사자와 참가자

이해 당사자들이 참여하면, '건설적인 개입, 충분한 논의를 통한 과업의 타당성 그리고 복구를 촉진하는 데 도움을 줄 집단 내의 강력한 지도자 등'이 반영된 계획을 세울 수 있다(Chrislip, 2002). 주요 이해 당사자와 참여자란 누구를 말하는가? 계획을 수립하는 사람은 공무원, 시청 직원, 계획 수립 전문가, 재난 관리자, 사업체 소유자, 지역 건축업자, 지역의 협회 지도자, 의료 부문 종사자, 학교 대표, 보건 분야의 지도자, 자원봉사 단체의 대표, 환경 단체, 지역 주민 등 다양한 사람들을 끌어들여야 한다(FEMA, 2005). 지자체의 법률 대리인, 공공 설비 담당자, 법규 및 토지 관리 담당 직원, 학교 직원, 민원 담당 직원, 긴급 구조대원 그리고 회계 직원을 포함시킬 수도 있다(Schwab et al., 1998). 지역사회의 전체적인 특성 또한 중요해서, 유물 보존에 관심이 있는 사람, 관광, 여가 또는 전문 스포츠, 교육 그리고 지역의 여러 인구 집단을 대표하는 사람들도 포함시켜야 한다.

3.3.5.1 지역사회의 참여와 포괄성

계획 수립에는 그 지역사회의 인구학적 구성, 특히 가장 큰 피해를 입은 사람들의 목소리가 반영되어야 한다. 우리는 일부 집단을 포함시키는 것을 잊는 경우가 너무도 많다. 지역사회의 특성에 따라 성性의 역동성을 고려해 여성을 포함시킬 방법을 찾아야 할 수도 있다. 이재민이 된 사람들도 토론에 참여해 언제 어디서 어떻게 어떤 일이 자신들에게 일어났는지에 대해 이야기할 수 있어야 한다(Peek and Weber, 2012). 이와 마찬가지로 재난의 유형이 누가 참여해야 하는지에 대한 사람들의 감정에 영향을 줄 수도 있다. 예를 들어, 9.11 테러가 발생한 후에 많은 미국인 이슬람교도들이 배척당한다고 느꼈으며, 복구 노력에 대한 공개 토론에 참여하거나 공공 행사에 참여하는 것을 두려워했다. 하지만 이들 또한 상실을 겪었으며, 자신들이 사는 지역에서 사람들이 가하는 공격으로부터 심리적인 회복을 해야 할 권리를 갖고 있었다(Peek, 2010). 또 다른 관점에서 재난의 위치와 규모도 어떤 사람들을 참여시키는 것을 매우 어렵게 만들기도 한다. 특히 이재민이 된 사람들을 참여시키려면 독창적이고 헌신적인 노력이 필요하다(상자 3.4 참고).

사람들을 참여시키는 데 기본적으로 고려해야 할 사항이 있다. 한 부모 가정에서는 자녀를 돌봐줄 사람이 필요하며, 그렇지 않으면 웹 기반 참여와 같은 다른 방법이 필요하다. 사람들이 만나는 장소와 계획 수립 회의는 물리적으로 접근 가능해야 하며, 정보를 제공해주는 수화나 다른 대안적인 방법도 필요하다. 웹사이트와 소셜 미디어는 시각적인 문제가 있는 사람들도 접근할 수 있어야 한다. 노인들은 저녁 회의에는 참석하길 꺼려할 수 있으므로, 이들의 의견을 반영하려면 대안적인 장소와 시간을 제공해야 한다. 뿐만 아니라 새로 이민 온 사람들을 그 지역의 복구 과정에 참여시키려면 특별히 섬세한 접근 방법이 필요하다. 이민자들을 배제시키고 분리해온 사회라면, 이들 소수 집단을 설득해 자신들이 환영받는다고 느끼게 하기 위해 매우 헌신적인 노력이 필요하다. 저소득 가정이나 정규 교육을 많이 받지 못한 사람들도 모임에 참석하는 게 두렵지 않도록 충분히 격려하고 힘을 북돋워 주어야 한다. 비용 문제나 디지털 문맹으로 인해 디지털 단절을 겪는 사람들도 대안적인 방법으로 참여할 수 있게 해주어야 한다.

상자 3.4 소리 없는 주장

2010년 아이티 지진으로 수십만 명의 이재민이 발생해 텐트촌으로, 시골 지역으로 그리고 계획을 수립하는 공식 장소에서 멀리 떨어진 곳으로 흩어졌다. 이들을 복구 계획을 위한 토론에 참여시키기는 힘들었다. 그러한 노력의 일환으로 여러 단체에서 전국에 걸쳐 관심 집단focus group을 만들었다(Montas-Dominique, 2011). 이들 관심 집단에 교육 사업, 소작농 연합, 보건 서비스 제공자, 비정부 조직 그리고 UN 등이 함께했다. 156개 관심 집단에 총 1,750명의 아이티인이 참여했다. 참여한 사람들은 '수도의 지나친 인구 과잉, 사회적 불평등 그리고 농업 분야의 쇠퇴와 같은 이미 존재하고 있던 구조적인 문제'를 포함해 대참사를 일으킨 문제를 집중적으로 토론했다(p. 256). 이렇게 깊게 뿌리박힌 문제를 해결하기 위한 비결은 교육과 훈련을 통해 사람들에게 투자하려는 열의였다. 이들은 식량 안전성 문제를 해결하기 위해 농업 생산성을 높여야 한다고 강력하게 주장했다. 이들은 정부 당국이 아무런 책임도 지지 않을 것을 염려하며, 국제 구호품이 공정하게 분배되어야 한다고 요구했다. 외부인들이 주택과 식량을 제공하는 것도 좋은 일이지만, 아이티인들은 보다 자급자족적인 나라가 될 수 있고 아이티의 고질적인 문제를 해결할 방법을 찾아줄 것을 분명히 요구했다. 요컨대 이들은 자신들을 그토록 괴롭혀왔던 핵심 문제를 해결하고 싶어 했다.

더 자세한 내용을 원한다면, "침묵하는 사람들을 위한 목소리Voice for the Voiceless"를 참고하기 바람(http://www.jebca.org/regular-haitians.pdf, 2014년 4월 1일 접속).

다양한 이해 당사자를 계획 수립 과정에 끌어들이는 이유가 무엇인가? 더 폭넓고 다양한 사람들과 함께 일하면, 보다 현실적이고 지역 사람들의 현실에 잘 맞는 해결책을 도출해낼 수 있고, 그 결과 계획에 대해 더 큰 지지를 받을 수 있게 된다. 노인과 장애인은 접근 가능한 교통 시스템과 주택에 대한 아이디어를 제공해줄 수 있다. 한 부모 가정은 임대 아파트나 이동식 주택 단지에서 안전한 공간이 필요하다고 요구할 수도 있다.

폭넓은 참여자를 끌어들이면, '지역의 보다 폭넓은 관심을 바탕으로 한 시민 행동'으로 이끌 수 있다(Chrislip, 2002). 이러한 협업은 '달성 가능한 결과에 대한 책임과 권위를 나누고 신뢰성을 높임으로써, 둘 이상의 당사자 간에 공동 목표를 달성할, 상호 도움이 되는 관계'를 만들 수 있게 해준다(Chrislip, 2002).

3.3.5.2 외부 협력자

지역 및 연방 정부의 다양한 기관이 (여러분이 사는 지역에 따라) 여러 가지 지원, 자원, 통찰 그리고 경험을 제공할 수도 있다(FEMA, 2005). FEMA가 지적했듯이, '이 일을 혼자 하는 것은 불가능하다.' 정부와 비정부 기관은 전문 인력, 복구 장비, 구호 전문가, 계획 수립자, 자원봉사자, 보육 시설의 교사, 유물 보존가, 환경 전문가, 자문위원, 통역가, 다양하고 활용 가능한 지식 그리고 자금 등 막대한 자원을 제공할 수 있다. 많은 지역에서 사람들이 겪는 재난은 일생에 한 번 있을까 말까 한 사건일 것이다. 하지만 외부 협력자에게 그러한 사건은 그저 최근에 발생한 재난에 지나지 않는다. 이들의 경험은 평생 가장 힘겨운 현실에 직면한 사람들에게 도움이 될 수 있지만, 그러한 도움은 복구에 관한 결정을 최종적으로 내려야 하는 지역 주민들에게 사려 깊게 제공되어야 한다. 복구 관리자는 모두가 떠난 것처럼 보이는 순간에도 자신들은 결코 혼자가 아님을 기억해야 한다. 외부와의 강력한 유대 관계가 맺어지고 제대로 유지될 때 제공된 자원이 비로소 가치를 발하는 법이다.

3.4 복구 계획 수립

복구 계획 수립에는 보통 두 가지가 있는데, 이는 재난 이전 복구 계획 수립과 재난 이후 복구 계획 수립이다. 지역사회의 일관성 있고 포괄적이며 통합된 비전을 세우기 위해서는 계획 수립이 재난이 아닌 평상시의 계획 수립과도 연관되어야 한다. 재난 전후의 복구 계획은 지속 기간에 따라 단기 또는 장기 복구로 나뉜다. 재난이 어디서 발생했는가에 따라 전후 맥락과 관련된 요소들이 복구 계획에 포함되어야 한다. 여기서 전후 맥락이란 시간, 장소 그리고 상황을 말한다. 재난 피해를 입은 모든 지역은 주택과 직장의 재건을 필요로 하며, 이때 필요한 재료는 환경에 따라 다를 수 있다. 예를 들면, 주택의 위치도 문화에 따라 달라서, 집을 나란히 지을 수도 있고 둥글게 배치하여 서로 마주 보게 지을 수도 있다. 복구 계획 수립을 통해 사람들의 선호도 계획에 반영해야 한다. 이러한 요구를 미리 예측하면, 실제로 재난이 발생했을 때 더 많은 복구를 이룰 수 있다. 이상적으로 말하자면, 재난 이전 복구 계획 수립이 가장 좋은데, 그렇게 하면 재난의 피해를 예상해 재난 이후에 시간을 절약할 수 있기 때문이다. 하지만 최선은 아닐지라도 대부분의 계획 수립은 재난 발생 이후에 이루어진다.

3.4.1 사례 연구: 캘리포니아 로스앤젤레스

로스앤젤레스는 1987년 처음으로 복구 계획 수립에 착수했다. 학계 전문가와 시의 공무원이 포함된 여러 기관으로 이루어진 팀이 재난 전후의 계획을 세우기 위한 작업 팀을 만들었다(City of Los Angeles, 1994). 앞날에 대비하려는 이 도시의 노력에는 상당한 완화 전략이 포함되었고, 단기 및 장기로 해결해야 할 일을 구체적으로 명시했다. 단기 계획에는 '피해 평가, 잔해 제거, 주민과 사업체의 임시 이주, 공공 서비스의 즉각적인 복원, 심각한 구조물적 위험을 지닌 주택, 상점 그리고 산업 시설을 수리하는 데 대한 즉각적인 규제'가 포함되었다(City of Los Angeles, 1994). 장기 계획에는 피해 입은 건물 문제를 해결하고, 도시의 기능을 재정립하며, 손상된 공공 설비와 기반 시설을 수리하고, 완화와 토지 사용 계획 수립을 재고하는 것 등이 포함되었다.

이 계획은 재논의되어야 할 살아있는 문서였기에, 로스앤젤레스시는 1989년 로마 프리타Loma Prieta 지진이 발생한 이후에 계획을 다시 재검토하고 수정했다. 수정된 계획에는 중복된 행정 구역 문제, 교통 완화 그리고 정보 공개 계획을 포함하는 새로운 기능 분야가 추가되었다. 이 계획에는 별도의 세부 항목에 재난 전후에 각 부서가 해야 할 일들이 상세히 설명되어있다. 예를 들어, 문화부는 재난 이후 유물 수리와 보존에 필요한 설계 기준을 재고하는 임무를 맡았다. 환경부는 심각한 재난 발생 시 보호할 '주요 생태 지역'을 지도에 표시하고, 공중 보건과 환경 자문을 위한 계획을 새로 만드는 작업에 들어갔다. 주택 담당 부서는 세입자를 보호하기 위한 규정을 만드는 임무를 맡았다. 주택 담당 부서의 직원은 미국 주택도시개발부(HDU), FEMA 그리고 중소기업청Small Business Administration(SBA)과의 재난 이전에 협력 관계를 구축함으로써 주택 관련 전담반을 만드는 책임을 부여받았다(City of Los Angeles, 1994).

이러한 계획은 정기적으로 재논의되고 갱신되는 살아있는 문서가 되어야 한다. 2012년 로스앤젤레스시 당국은 로스앤젤레스와 인근의 다섯 개 카운티를 아우르는 지역 복구 지침 계획 수립 작업을 조정하는 역할을 했다. 이 작업에 주택 담당 부서, 환경 보호 담당 공무원, 수력 발전 관련 부서, 재난 관리자, 학교 직원 등과 같은 정부 및 비정부 기관 수십 개가 참여했다. 대규모 도시 복구라는 엄청난 과업을 해내기 위해 이들은 지역의 계획 수립과 역량 구축, 경제, 보건 및 사회적인 영역, 주택, 기반 시설 그리고 자연적 · 문화적 자원과 같은 복구 지원 기능 영역(RSFs)에 중점을 두었다. 이 책에서 제시한 원칙을 지키기 위해 계획 수립자들은 각 기능 분야에 완화 방법을 도입했다(관련 서류는 http://www.smgov.net/departments/oem/sems/planning/los-angeles-regional-recovery-guidance-for-emergency-planners.pdf를 참고 바람. 2014년 4월 1일 접속).

3.4.2 평상시 계획 수립과의 연계

지역사회의 다른 유형의 계획 수립과 연계하려는 노력은 자금과 인력의 효율성을 촉진시킨다(FEMA, 2005; Natural Hazards Center, 2001; Schwab et al., 1998).

재난 이전 계획 수립은 재난 이후 단계와 관련된 합의로 보다 신속하게 나아가게 해준다. 예를 들면, 재난 이전에 지역사회는 에너지 효율이 높은 설계에 대해 연구할 시간을 확보할 수 있다. 선출된 공무원들은 잔해 관리와 재건 허가를 신속히 처리하기 위해 빨리 통과시킬 수 있는 재난 조례를 만들 수도 있다(Schwab et al., 1998 참고). 간단히 말해, 재난 이전 계획 수립은 보다 완전하고 신속하며 보다 의미 있는 복구 계획을 가능하게 해준다. 재난 이전 계획 수립은 재난이 발생해 복구를 해야 하는 시점에서 스트레스를 줄여준다.

많은 지역에서 행하는 계획 수립에는 보통 두 가지 종류가 있는데, 이는 완화 계획 수립mitigation planning과 종합 계획 수립comprehensive planning이다. 완화 계획 수립은 미국과 같은 곳에서 필요한 경우가 많다. 영국과 뉴질랜드에서도 회복력을 기르기 위해 동일한 노력을 기울이고 있다. 완화 계획 수립은 지역사회가 위험요인을 밝혀내고, 구조물적 및 비구조물적 완화 방법을 개발하며, 여러 방법에 우선순위를 정할 시간을 가질 수 있게 해준다. 완화 계획 수립은 복구 계획 수립의 기반으로서만이 아니라, 빗물 처리 문제, 레크리에이션 부지, 교통 및 기반 시설의 향상 그리고 자산 개선 등을 해결하려는 노력의 일환으로 행해지기도 한다(Burby et al., 2000; FEMA n.d.; Schwab et al., 2007).

재난 이전 계획 수립의 다른 유형은 종합 계획 수립이다. 이러한 유형은 대부분 지역의 계획 수립 부서에서 이루어지며, 종종 성장을 관리하기 위해 만들어진다. 선택은 종합 계획의 범주에서 이루어져야 하며, 선택권은 그 지역의 위험요인을 고려해야 한다. 예를 들면, 종합 계획은 홍수 범람원에 건물을 짓는 것과 흘러넘친 물이 그 지역의 건물로 유입되는 것을 막아야 할 것이다. 종합 계획 수립에서 잠재적인 재난에 대한 저항력을 기르는 새로운 건축 사업을 위한 규정을 만들 것을 충고할 수도 있다. 종합 계획 수립은 주요 원칙들을 먼저 정하고, 주민들을 참여시키며, 지역사회 발전을 위한 비전을 제시하고, 잠재적인 위험으로부터 사람과 장소를 보호한다. 그렇게 되면 재난이 발생할 경우, 보다 신속하게 복구에 착수할 수 있을 것이다. 종합 계획 수립은 대개 계획 수립 부서에서 이루어지지만, 복구 계획 수립은 재난 관리 기관이나 그 지역의 관련 기관 및 단체들과 폭넓은 연계를 통해 이루어진다. 중요한 것은 유역을 안전하게 지키거나, 새로운 건물에 안전실을 설치하는 등의 의지를 여러 계획들 간의 조화를 고려하여 지속적으로 지켜나가는 것이다.

3.4.3 단기 복구 계획 수립

재난 발생 후 처음 며칠간, "재난 관리자는 대응과 복구 문제를 동시에 고려해야 한다... 이들은 초기 대응 활동을 조정하는 동시에 기존의 그리고 현재 발생하는 복구 문제를 해결하기 위한 방법을 구상하기 시작해야 한다"(Neal, 2004, p 51). 대응에서 복구로 나아가려면 보통 여러 가지 과업을 수행해야 하는데, 이것이 앞으로 다룰 주제이다.

3.4.3.1 재난 대책

단기 복구는 대응에서 복구로 전환되는 시기에 이루어진다. 단기 복구에는 비상 도로 정비, 임시 대피소, 식량 제공, 이재민 지원 등이 포함된다. 단기 복구에는 공공 설비의 복원, 사업체의 임시 이주 그리고 야생 동물 보호나 생태적으로 취약한 지역의 보호 등도 포함될 수 있다. 다시 말하지만, 전체적 맥락(시간, 장소 그리고 상황)은 대응뿐 아니라 복구에도 영향을 미칠 수 있다. 뿐만 아니라 참여하는 사람, 정부 그리고 단체에 따라서도 상당한 차이를 보일 수 있다.

예를 들어, 2010년 4월 20일 멕시코만 원유 유출 사고 당시 루이지애나 플라커민즈 행정구Plaquemines Parish의 주민들은 연방 정부와 민간 업체의 도움을 기다렸다. 도움을 기다리면서 지역 정부와 환경 단체 그리고 지역 주민들은 원유가 육지까지 번지지 않도록 임시 자원을 마련해 멕시코만으로 달려갔다. 이들은 야생 조류와 포유류를 구조하고 치료했다. 5월 2일 이곳 해안지역에서 어업이 임시로 중단되었다. 멕시코만의 딥워터 호라이즌Deepwater Horizon 석유 시추 시설에서의 사고로 인한 원유 유출은 7월 말까지 줄어들지 않았다. 파괴된 시추 시설은 9월 말경에 결국 폐쇄되었다.

또 다른 예로, 아이티에서 지진이 발생한 후에 UN과 협력 기관들은 엄청난 지원을 제공했다. 거리의 잔해를 치우기 위해 중장비를 들여와야 했고, 그래야 구조 활동을 펼칠 수 있었다. 지진 발생 후 일주일이 지나서 구조된 사람들도 있었고, 사람들을 구하기 위해 건물을 임시로 떠받쳐야 했다. 수십만 명의 이재민을 수용하기 위해 대규모 텐트촌을 세워야 했다. 어떤 단체에서는 여성과 어린이의 안전을 위해 텐트촌 내에서 순찰을 돌기도 했다. 미국, 캐나다, 이스라엘, 영국 그리고 기타 여러 나라의 대응팀들이 비행기로 속속 도착해 이동식 병원이나 선박에 세운 병원에서 사람들을 치료했다. 외국 정부들은 졸지에 고아가 된 아이티 어린이들을 위해 재난 입양 절차를 추진하기도 했다. 보건 전문가들은 수천 명의 목숨을 앗아간 콜레라와 몇 년씩 싸우기도 했다. 4년이 지난 뒤에도 이들 재난 대책팀의 일부는 아이티를 떠나지 않았다.

3.4.3.2 조례의 사전 계획

재난 조례는 대응에서 복구로의 전환에 착수하기 위한 하나의 방안이다(Schwab et al., 1998). 재난 조례에는 다음과 같은 내용이 포함될 수 있다.

- 도로의 잔해 제거와 같이 정당한 사유가 있을 때 사유지에 접근하기 위한 합법적 절차
- 복구 전담팀의 창설 및 권한을 확보하기 위한 법적인 허가(Schwab et al., 1998)
- 야생 동물과 환경적으로 취약한 지역을 보존하기 위한 절차
- 역사적이고 문화적인 자원을 보호하고 지키기 위한 대책 마련
- 재건 과정에 착수하기 위한 지역의 허가를 위한 절차
- 주거 지역, 상업 지역 및 산업 지역과 같은 새로운 구역 설정 계획을 포함하는 새로운 구역 설정용 지도
- 지하에 공공 설비를 매설하기 위한 지역권이나 인도를 허가하는 등 토지 용도의 변화
- 황무지/도시의 연결 구역과 같은 특별한 용도를 위한 조건을 설정하거나, 해안

지역을 보호하는 특별한 '중첩 지구overlay district' 설정(Schwab et al., 1998).

- 지역의 가능한 가이드라인 내에서 일정한 비율의 새로운 건설을 요구하는 재건 규정

재난이 발생하기 전에 조례를 사전에 계획하면 신속한 복구에 도움이 된다. 잔해 제거 업무를 누구와 계약할 것인지를 알면 절차를 더 신속하게 처리할 수 있다. 다른 장에서도 다루겠지만, 잔해 관리는 환경 피해를 발생시킬 수 있는 예민한 문제이다. 바로 앞부분에서 논의한 원유 유출 사고에서 해안을 씻어내는 데 사용한 타르 볼tar ball은 어딘가로 버려야 한다. 하지만 어디에 버릴 것인가? 미래의 피해를 예방하려면 이 타르 볼을 어떻게 처리해야 하는가? 이와 마찬가지로 어떤 지역사회가 원하는 중복 구역의 유형을 알면 재건 과정을 앞당길 수 있다. 예를 들어, 어떤 역사적인 특성을 보존할 것인지 또는 어느 곳에 새롭게 배치할 것인지 등의 문제에는 종합 계획이 필요하다. 재난 이전 계획 수립은 지역사회가 대응에서 복구로 나아가는 데 도움을 준다. 막연하게 느껴질지라도 미리미리 준비해놓으면 큰 차이를 만들 수 있다.

3.4.4 장기 복구 계획 수립

언제나 재난 이전 복구 계획 수립이 최선이지만, 대부분의 지역사회는 재난 이후 계획 수립을 하게 된다. 이유가 무엇일까? 그러한 노력에 쏟을 자원이 한정되어있고, 일어나지 않을 수도 있는 사건에 대비해 계획을 세우는 일에 시간과 돈을 쓰고 싶어 하지 않기 때문이다. 어쨌든 재난 전후의 계획에 필요한 요소는 비슷하다. 여기서는 뒷장에서 더 깊이 있게 다룰 계획 수립의 주요 구성 요소에 대해 간략히 살펴보려 한다. 이제 누가 이러한 구성 요소를 계획 수립에 포함시킬 것인지 생각해보자. 미국의 독자들은 상자 3.5의 국가 재난 복구 체계(NDRF)를 참고하면 좋을 것이다.

상자 3.5 미국의 국가 재난 복구 체계

미국의 국가 대응 체계(NRF)에는 수많은 재난 지원 기능(ESFs)이 포함된다. ESF는 수색과 구조 및 대규모 질병 관리와 같은 기능을 중심으로 조직된다. ESF #14는 복구에 중점을 둔다. ESF #14 의 목적은 적합한 기관과 파트너로 하여금 피해지역을 평가하게 하는 것이다. 함께 일하는 파트너들은 피해지역의 복구에 대한 조언을 제공하기도 한다. ESF #14의 기능은 피해지역과 적합한 기관을 연결시켜주고, 구호 과정의 능률적인 이행을 돕는 것이다. FEMA, 농무부, 상무부, 국토안보부, 주택도시개발부 그리고 재무부 등 여러 주요 기관이 ESF #14를 지원하고 있다. 이들 부서의 하위 기관과 조직도 참여한다. 예를 들어 농무부 내의 농업진흥청은 자연적인 재난에 대한 지원을 제공한다. 중소기업청도 여섯 곳의 지원 파트너들과 함께 역할을 분담하고 있다.

미국은 대응 체계뿐 아니라, 국가 재난 복구 체계(NDRF)도 구축하고 있다. NDRF는 재난 이전에 계획을 세우고, 협력 방법을 구축하며, 역할과 책임을 규정하는 것을 목적으로 한다. NDRF 내에는 여섯 개의 복구 지원 기능Recovery Support Functions(RSFs)이 상호 협조 체제를 구축하고 있다. 이들 기능은 다음과 같다.

- *지역사회의 계획 수립 및 역량 구축*: 이 영역의 기능은 해당 지역사회를 계획 수립에 참여시키는 것이다. 이 RSF를 통해 피해지역은 복구에 필요한 지원을 받을 수 있다. 완화에 대한 강조는 필수적인 것으로 간주된다.
- *경제*: RSF는 복구와 함께 보다 강한 회복력을 갖기 위해 민간 부문을 돕는 것에 중점을 둔다. 자급자족과 새로운 시장 상황에 적응하는 것도 강조한다.
- *보건 및 사회 복지*: 재난 발생 후에는 보건과 사회 복지 사업이 복원되어야 한다. RSF 하에서는 한 지역사회가 대응에서 복구로 전환할 때 공중 보건, 정신 건강 그리고 의료 서비스를 지원한다.
- *주택*: 주택 문제는 재난 이전 상황에서 발생해 재난 이후 시기까지 넘어가는 경우가 많다. RSF는 수리, 복원, 재건 그리고 재건축을 비롯한 주택 문제의 해결책을 찾도록 돕는다.
- *기반 시설*: 기능적인 영역에서 연방 정부는 기반 시설의 소유주와 운영자를 지원한다. 이러한 지원에는 해당 지역사회가 기능의 복원뿐 아니라, 보다 지속 가능하고 회복력 강한 기반 시설 자원을 보유하도록 돕는 것도 포함된다.
- *자연 및 문화 자원*: 환경 및 지역의 문화 자원이 재난으로부터 회복되려면 지원이 필요하다. 유물 보존, 환경, 국립공원, 예술, 인문 그리고 그 밖의 다른 분야에 집중하는 기관을 포함한 수많은 파트너들이 재난 복구의 이 분야에서 일하는 지역의 지도자들을 돕는다.

3.4.4.1 주택

주거 지역을 다시 건설하는 것에 대한 새로운 비전은 해당 지역사회가 비전을 세우고 합의 구축 과정을 통해 원칙을 마련하는 것에서부터 시작된다. 재난이 없는 시기의 종합 계획 수립에서 아이디어를 모아야 재난 이후에 활용할 수 있다. 자갈 더미에서 새로운 동네가 탄생하는 것을 상상해보아라! 인도, 지하에 매설된 공공 설비, 산책로, 애완견 전용 공원과 같은 새로운 시설을 포함시킬 수도 있다. 한마디로 주택 재건 과정은 기회일 수 있다.

지역사회는 다음과 같은 사항을 고려할 수 있다(Natural Hazards Center 2001).

- *완화*: 지역사회는 위험요인을 이겨낼, 재난에 대한 저항력을 갖춘 주택을 건설해야 한다. 주택에는 거주민에게 안전을 제공하는 특성이 포함되어야 한다. 토네이도 빈발 지역에서는 안전실, 강한 바람이 부는 지역에서는 허리케인 대비용 지붕의 조임쇠, 그리고 화재에 강한 외부 건축 자재(지붕의 널이나 외장재)를 몇 가지 예로 들 수 있다. 지역의 위험요인이 계속적으로 위협을 가하는 지역에서는 계획을 수립하는 사람은 지역 주민들이 모일 수 있는 토네이도 대피소나 그 지역을 빠져나갈 수 있는 대피로를 계획해야 한다.
- *환경의 질*: 주택은 에너지 효율을 높이고 생태학적인 피해를 줄이는 방향으로 설계되어야 한다. '녹색' 재건에는 태양열 패널, 토종 식물 심기, 빗물 범람을 줄이는 포장, 건축 자재의 재활용이나 재사용이 포함될 수 있다. 지역의 공터를 늘리기 위해 밀도가 높은 단지를 지을 수도 있다. 그렇게 하면 빗물 범람 지역을 변경하고, 여가 활동 기회를 늘리며, 야생 동물의 서식지를 보호할 수 있다.

- *생활의 질*: 이 분야는 여러분이 사는 지역의 의미에 관한 문제이다. 여러분은 도심의 활력, 교외의 한적함, 또는 넓고 탁 트인 시골 지역을 좋아할 수도 있다. 자연에 둘러싸여 사는 것을 더 편안하게 느낄 수도 있고, 대중교통을 이용하며 걸어서 다닐 수 있는 지역을 선호할 수도 있다. 삶의 질 문제를 고려한다는 것은 사람들이 살고 싶어 하는 집을 짓는 것을 의미한다. 주민들은 자신들이 사는 지역에 애착을 느낄 때, 재난 이후에도 돌아오고 싶어 하고, 집을 구입하고 싶어 하며, 그 지역의 미래에 투자하고 싶어 한다.
- *사회적 형평성과 세대 간 형평성*: 이전에 그 지역에서 살던 사람들은 자신들의 집으로 돌아갈 권리가 있다. 계획을 수립하는 사람은 장애인, 노인, 저소득 주민, 문화적 선호도 및 경제적 현실이 다른 사람 등과 이야기를 나누고 이들이 필요로 하는 것을 고려해야 한다. 바유 지역에 사는 사람들은 생활비를 벌기 위해 물로 돌아가야 한다. 장애를 지닌 사람들은 주택에 대한 접근권을 높이는 추가적인 재정 지원이 필요할 수도 있다. 노인들은 자원봉사자들의 도움이나 노인 친화적인 특성을 필요로 할 것이다. 어떤 지역에서는 여러 세대가 한 가정에서 살기도 하며, 그러려면 방이 많이 필요할 것이다. 계획을 수립하는 사람은 지역사회에 다양성이 있다는 것을 인식하고 모든 사람들이 집으로 돌아갈 수 있게 해주어야 한다.
- *참여 과정*: 계획을 수립하는 사람은 다양한 참여자들을 끌어들임으로써 사람들의 관심사를 이해하고 해결책을 찾아야 한다. 복구는 언제나 그 지역에 사는 주민의 시각에서 추진되어야 한다. 그렇게 하려면, 다양한 방식으로 사람들을 끌어들이려는 헌신적인 노력이 필요하다. 계획 수립에 참여하는 사람은 그 계획을 지지하게 마련이다(사진 3.3 참고).
- *경제적 활력*: 사람들은 일터 가까이 살아야 한다. 지역민의 복구를 일터까지의 교통망 확충으로 연결하면, 공기 오염, 휘발유 비용, 교통 혼잡을 줄일 수 있다. 재건설은 해당 구역의 용도 설정을 다시 하는 기회가 될 수 있으며, 그에 따라 은행, 세탁소, 카페, 주유소 등의 상업 시설을 주거 지역과 더 가까이 위치시킬 수 있다. 가정 소득의 주요 원천이기도 한 재택 근로 또한 계획 수립 시 함께 논

사진 3.3 슈퍼 태풍 샌디로 피해를 입은, 뉴저지 럼슨Rumson시의 주민들이 지역사회의 비전이 적힌 게시판 앞에서 여러 가지 아이디어와 관심사에 대해 이야기를 나누고 있다(사진 Rosanna Arias/FEMA).

의되어야 한다.

- *역사적 유물:* 역사적 가치를 지닌 주택은 보존되어야 하며, 지역사회는 그 주택의 역사적 특성을 보존하는 동시에 미래의 위험요인을 완화하려면 어떻게 다시 건설해야 할지를 구체화해야 한다. 그와 같은 특성을 보존해야 사람들이 역사 및 그 지역의 유물과 일체감을 가질 수 있다.

- *전체적 관점에서 생각하기:* 주택과 복구의 다른 여러 가지 차원을 연결하면, 삶의 질을 높이고, 긍정적인 환경적 이점을 제공하며, 지역 경제를 지원하고 피해를 입은 지역사회를 다시 살릴 수 있다. 경제 영역을 되살려도 그것을 뒷받침하는 다양한 고객이 존재하지 않으면, 아무런 효과도 기대할 수 없다. 마찬가지로, 아무런 경제적 기회를 제공하지 않고 주택을 다시 건설하면 인구 유출이 벌어질 수 있다. 따라서 재건설은 사려 깊게 그리고 전체적인 관점에서 이루어져야 한다.

어느 지역에서든 주택의 자산 규모가 가장 큰 비율을 차지하기 때문에 주택 전담 반을 만드는 것도 좋다. 전담반은 건축업자, 개발업자, 자원봉사 단체와 같이 재건에 관련된 다양한 협력자뿐 아니라 모든 다양성을 포괄하는 전체 인구를 대표할 수 있어야 한다. 모든 사람이 주택 전담반에 의견을 내야 한다. 그렇지 않으면 특히 사회적·경제적 다양성이라는 목표를 달성하기 힘들어진다.

3.4.4.2 사업체

사업 분야는 상품과 서비스, 일자리와 판매세 수입을 창출하는 기능을 한다(Webb et al., 2000). 복구 계획을 수립할 때는 소규모 사업자, 기업, 산업 분야뿐 아니라, 재택 사업, 사이버 비즈니스 등 전 영역이 포함되어야 한다. 사업체는 두 가지 중대한 문제에 봉착하는데, 이는 이주와 휴업이다. 일부 사업체는 임시로 다른 곳으로 이주하기도 하고, 온라인으로 활동 무대를 옮기기도 한다. 캘리포니아의 산타 크루즈Santa Cruz에서는 지역 사업체들이 '피닉스 파빌리온'이라는 돔 모양의 상가로 옮겼는데, 이 이름은 잿더미에서 부활하는 전설의 새인 피닉스의 이름을 딴 것이다. 이 파빌리온은 지진이 발생한 시기와 크리스마스 사이인 1989년 10월 17일에 문을 열었고, 이 지역에 상업과 다시 일어설 세금 수익을 안겨주었다. 이 지역의 또 다른 상가는 '산타 크루즈 북텐트'에서 몇 블록 떨어진 곳에 다시 문을 열었다. 허리케인이 지나간 뒤에, 기업이 이동식 주택 단지로 임시 이주해 약국 같은 서비스를 계속 제공하고 소매업을 지속하는 것은 그리 드문 일이 아니다. 또 다른 가능성은 사업체가 다른 사업체와 제휴관계를 맺는 것이다. 예를 들어, 신문사는 인접한 언론사의 인쇄 설비를 이용할 수 있고 아니면 자신들의 서비스를 사이버 공간으로 옮길 수도 있다. 소액 융자도 재택 기반의 컨설팅, 수리업, 보험, 미용업, 육아, 다림질과 바느질 서비스 같은 것을 되살려 필요한 수입을 제공해줄 수 있다. 외부의 비정부 조직도 복구 사업을 도울 수 있다. 2004년 쓰나미 이후에 외부 자금이 인도 나가파티남의 파괴된 상업 지구를 다시 건설할 수 있게 해주었다. 쓰나미 물결이 좁은 상가 골목을 휩쓸어 작은 가게들을 파괴한 것이다. 자금을 집중적으로 제공함으로써 음식, 음료, 공예품 등을 취급하는 상권이 되살아났다.

지역사회는 사업체 복구 전담반business recovery task force을 만들어 사업체 복구를 도울 수 있다. 흑인이나 히스패닉을 위한 상공회의소Black or Hispanic Chamber of Commerce나 자영업 및 전문직 여성 연합Business and Professional Women's Association과 같이 재난 이전에 존재했던 단체도 이러한 노력을 촉진시킬 수 있다. 나중에 사업 복구에 관한 장에서 다루게 되겠지만, 일부 사업체는 다른 사업체보다 더 좋은 실적을 올린다.

사업체 복구 전담반은 경제적인 이익을 옹호한다. 복구 지도자들은 주차 공간의 부족, 거리 봉쇄로 인한 피해, 또는 도보 인구의 감소와 같은, 상업 지역 내의 문제점에 대해 잘 알고 있어야 한다(Chang and Falit-Baiamonte, 2002). 상업 지역을 되살리면, 재난 이후에 수입을 늘리고, 세금 수익을 되살리며, 사람들을 집으로 돌아오게 함으로써 지역사회에 도움이 된다.

사업체 복구 계획 수립에는 (재난 이전 계획에서) 사람들의 안전을 지키고, 재난 이후 완화 방법을 통해 안전을 향상시키는 전략이 포함되어야 한다. 그리고 고객과 종업원의 입장을 모두 고려해야 한다. 9.11로 인한 대규모 인명 손실은 재난 대피 계획을 세우고 이 계획을 실행하는 것이 얼마나 중요한지를 잘 보여주었다. 토네이도에 대비한 안전실과 홍수를 피하기 위한 지대 높이기, 시각 및 청각 장애인을 위한 경고 시스템 등은 종업원과 고객의 생과 사를 가르는 차이를 낳을 수 있다. 종업원도 집을 잃었을 수 있으므로, 사업체는 임시적인 또는 영구적인 직원 충원 계획도 세워야 할 것이다.

사업체도 '녹색 사고think green'를 할 수 있다. 예를 들어, 대규모 사업체는 대체 조명, 저수량 변기, 건식 조경 등으로 물 소비를 줄일 수 있다. 냉난방 및 보일러 장치를 고효율 기계로 업그레이드할 수도 있다(Smart Energy Design Assistance Center, 2006). 사업체는 녹색 공간을 도입해 빗물 범람을 줄일 수 있다. 화학 물질을 덜 사용한 천연 자재로 만든 바닥재와 같은 녹색 자재green materials를 사용하면 환경뿐 아니라 종업원과 고객에게도 좋을 것이다.

3.4.4.3 환경 자원

환경 복구 계획 수립은 위협받고 있거나 위험에 처한 식물군과 동물군의 목록을 만들고 이들의 위치를 파악하는 기존의 재난 전 평가에서부터 시작할 수 있다. 재난 이전에 협력 관계를 구축하면, 야생 동물과 서식지를 보호하고 더 큰 피해를 막기 위한 신속한 조치를 취할 수 있다. 따라서 계획을 수립하는 사람은 물, 토지, 대기, 야생 동물 그리고 식물에 대한 지식이 있는 전문가를 영입해야 할 것이다. 지역에 따라, 숲 생태계, 위험 물질, 산악 서식지 또는 해안지역의 문제에 전문 지식을 가진 전문가를 고려해야 한다. 학자, 과학자, 공원 관리인 그리고 환경 보호론자들에게서도 조언을 구해야 한다. 환경에 피해를 줄 수 있는 잠재적인 위험요인 때문에 지역과 연방 정부의 대표를 통해 다른 소관 부서나 지역의 담당 부서와 접촉이 필요할 수도 있다.

환경을 보호하기 위한 전략은 기존의 법, 규정 그리고 조례에 크게 의존한다. 따라서 환경법에 전문 지식을 가진 사람들의 조언을 반드시 구해야 한다. 계획을 수립하는 사람은 지역의 소관 부서에 자연 자원을 보호하도록 하는 새로운 조례를 제시해야 할 수도 있다. 조례를 통해 환경적으로 민감한 지역을 따로 설정하고, 위험에 처한 종의 서식지를 보호하며, 위험한 화물이 지나는 길을 제한하는 등의 조치를 취할 수 있다. 환경을 위한 복구는 긍정적인 변화를 향해 나아갈 진정한 기회이다. 마지막으로, 환경을 고려하는 복구 계획 수립에는 환경 자원을 보호하기 위한 완화 방법도 포함되어야 한다. 그러한 노력에는 교육 프로그램을 운영하는 것에서부터 취약한 지역을 따로 설정해두는 것뿐 아니라, 여러 기관과 협력 관계를 맺는 것에 이르기까지 다양한 활동이 포함될 수 있다(Natural Hazards Center, 2001). 그와 같은 노력에는 시간과 비용이 많이 들 것이다. 그러나 여기서 중요한 것은 미래 세대를 고려하는 복구 계획 수립 원칙을 지키는 것이다. 즉, '우리가 환경 자원을 어떻게 보존하고, 환경의 피해를 어떻게 줄이며, 이를 여러 세기 동안 어떻게 유지할 것인가?'라는 이 문제는 이 책의 뒷장에서 다루게 될 것이다.

3.4.4.4 역사 · 문화적 자원

어떤 장소는 우리에게 많은 것을 의미하며, 따라서 지역사회의 역사적 · 문화적 특성을 보호하는 것은 복구 계획에 반드시 포함되어야 한다. 많은 나라와 지역에는 그곳의 역사 협회가 있으며, 여러 지역에서 그 지역과 관련된 유물을 사람들에게 전시하기도 한다. 문화 단체와 모임에서는 민족의 유산을 기리고 문화적 다양성을 촉진하기 위해 연례행사를 개최하기도 한다. 지역 정부의 역사 보존 부서에서는 법적 · 건축적 그리고 역사적 문제에 대한 전문 지식을 제공한다. 재난 이전과 직후에 이들 관련 부서나 단체에서 일하는 사람들과 의견을 주고받으며, 그 지역의 독특한 유산을 지키기 위한 계획 수립 노력을 함께 해야 한다.

사람들은 가족을 위해 정상적인 일상으로 돌아가는 데 더 집중하는 경향이 있으므로, 역사적·문화적 유산은 소홀히 여길 수 있다. 하지만 지역의 독특한 특성을 살릴 수 있는 기회를 잡아 복구 노력의 일부로 만들어야 한다. 예를 들어, 텍사스의 랭커스터Lancaster에서는 교도소의 죄수들이 폐허에서 수습한 벽돌로 피해를 입은 유서 깊은 도심 지역을 복원하기도 했다. 버지니아의 하퍼즈 페리Harper's Ferry가 범람된 물로 위험에 처했을 때는 국립공원의 직원들이 박물관의 전시물을 신속히 옮기기 위한 계획을 세우기도 했다. 9.11 테러 공격으로 가격을 따질 수 없는 귀한 그림과 다른 예술품이 사라졌지만, 일부는 발견되어 세심한 수거 과정을 거쳐 보존되었다. 재난 전후의 복구 계획 수립이 없다면 한 나라의 국가적·지역적·문화적 유산이 위험에 처할 수 있다.

완화 대책은 주의 깊게 연계되어야 한다(Schwab et al., 2007). 예를 들어 더 강력하고 재난에 대한 저항력이 더 강한 지붕과 외장용 자재를 사용하는 것은 좋은 일이지만, 구조물의 역사적 특성을 해칠 수도 있다. 구조물을 다른 곳으로 옮기는 것은 구조물의 역사적 배경을 박탈하는 일이 될 수도 있다. 지대를 올리는 것은 안전에는 더 바람직한 조치일지 모르지만, 구조물의 온전함을 해칠 수 있다. 쉽지 않은 과제이긴 하지만, 우리에게 개인적으로 그리고 집단적으로 의미 있는 특정 지역을 보존하는 것은 가능하다. 2004년 규모 6.6의 지진이 이란의 밤Bam을 뒤흔들었다. 유네스코는 밤을 이렇게 묘사했다.

... 이란 고원 지대의 남쪽 가장자리에 있는 사막 환경에 위치해 있다. 밤의 기원은 아케메네스 왕조 시대로 거슬러 올라간다(기원전 6세기에서 4세기). 이 왕조의 전성기는 7세기에서 11세기이며, 주요 교역로의 교차로에 위치에 실크와 면 장신구를 생산한 것으로 알려져 있다. 이 오아시스 지역에서 사람들이 살았던 증거는 지하의 관개 수로, 카나트qanát(이란에서 지하수를 얻기 위한 지하수로 ─ 옮긴이) 등이 있으며, 밤에는 이러한 이란의 초기 유물들이 보존되어있다. 아르게 밤Arg-e Bam은 진흙층을 사용한 버너큘러vernacular 기술(현지의 재료와 전통을 바탕으로 하는 기술 ─ 옮긴이)로 지어진, 요새화된 중세 도시의 가장 대표적인 예이다(Chineh).

밤에서는 인명 손실뿐 아니라, 유물의 손실도 추가적인 피해로 여겨진다. 실크로드의 역사와 당시의 건물들을 보존하려는 시도는 부분적으로는 이란과 일본의 합동 노력 덕분에 어느 정도 성공을 거두고 있다.

3.4.4.5 기반 시설

기반 시설에는 다리, 항구, 수로, 공항, 도로, 고속도로, 댐, 제방, 공원, 철로, 학교, 병원 등이 포함된다. 애석하게도 기반 시설을 수리하는 데는 비용이 많이 든다. 재난으로 피해를 입으면 기존의 문제가 더욱 심각해진다. 예를 들어 미국 전역에서 국가가 운영하는 기반 시설은 미국 토목학회American Society of Civil Engineers(ASCE)로부터 매우 낮은 '등급'을 받았다(ASCE, 2013). 2013년 ASCE는 16개 주요 기반 시설의 구성 요소에 D+ 점수를 줬는데, 이는 2009년의 D에 비해 약간 오른 점수이다.

많은 나라에서 공공 기반 시설의 개선은 정부의 역량 및 재원과의 긴 전투를 치러야 한다. 하지만 재난 이후 복구 계획 수립이 도움이 될 수 있다. 계획 수립으로 교통량을 다른 길로 보내고 상업 활동을 후원할 방법을 찾을 수 있다. 계획 수립은 보다 강력한 완화 대책을 도입하라는 것을 강조하고, 그에 따라 기반 시설을 다시 건설해 미래의 재난이나 공격에 대한 저항력을 기를 수 있다. 완화는 강한 바람이 부는 지역에서는 공공 설비를 지하로 옮기고, 홍수가 잦은 지역에서는 제방을 더 높고 튼튼하게 하고, 빗물 배수 시스템을 보강하는 기회를 제공한다. 공항, 철로 그리고 지하철에 테러 공격을 감지하거나 막을 수 있는 기능을 도입할 수도 있다(Federal Emergency Management Agency, 2005; Natural Hazards Center, 2001; Schwab et al., 1998).

3.4.4.6 사회 · 심리적 복구

한 가정이 재난의 피해를 입으면, 무거운 복구의 짐을 져야 한다. 한 지역사회 전체가 피해를 입으면, 이웃이나 친구 또는 가족으로부터 꼭 필요한 도움을 받을 수 없다. 평소에 삶의 역경을 극복하도록 도와주던 사람들도 같은 피해를 입은 상황인 것이다. 재난 이후에는 여러 가지 문제가 발생한다. 첫째, 어떤 사람들, 특히 저소득층은 재난 이후에 다른 사람들보다 훨씬 더 심한 어려움을 겪는 경향이 있다. 예를 들면, 저소득층 가정의 주택은 재난의 피해를 잘 견뎌내지 못한다. 결과적으로 그런 집에 사는 사람들은 끔찍한 재난에 더 많이 노출되는 것이다.

예를 들어, 아이티와 칠레에서 발생한 지진에 대해 생각해보자. 인명 손실이 컸던 것은 물론, 수십만에 달하는 사람들이 끔찍한 광경과 소리에 노출되는 피해를 입었다. 죽음, 부상, 재산 손실을 겪은 사람들은 전문적인 도움이 필요한 심리적 외상에 더 취약한 상태가 된다. 대부분의 경우 외상 후 스트레스 장애posttraumatic stress disorder(PTSD)에 걸리는 경우는 상대적으로 낮지만, 지역사회가 통째로 사라져버렸거나, 사회적 연결망으로부터 장기간 격리되었거나, 정신적 외상에 가까운 경험을 했을 경우에는 그러한 비율이 증가한다.

심리적 충격에 대한 계획 수립은 모든 복구 계획에 포함되어야 한다. 첫째, 적절한 자격을 가진 사람이나 전문적인 상담가가 참여해야 한다. 둘째, 이들 서비스 제공자의 명단을 작성하고 정신적 외상을 상담하기 위한 계획을 세워야 한다. 재난이 발생한 후에 상담을 제공할 인력을 훈련시키는 것은 세 번째 단계로, 위험에 처한 사람들과 함께 있었던 사람들을 포함시켜야 할 수도 있다. 학교 교사, 보육 시설 직원, 가정 치료 제공자, 장애인 단체의 대표, 노인 센터 직원, 긴급 구조대원 등은 문제의 가능성을 암시하는 경고 신호를 인식하고 있어야 한다. 마지막으로, 적합한 서비스를 제공할 계획을 세우는 일도 해야 한다. 예를 들어, 9.11 이후에 미국 적십자는 다양한 언어로 여러 가지 상담 프로그램을 제공했다. 종교 단체도 도움이 되며, 일부 종교 단체는 재난에 따른 영혼 치유를 전문으로 한다.

많은 지역에서 재난 1주년을 기념하는 행사를 계획하는데, 이는 생존자들을 위로하기 위함이다. 기념행사는 직접적인 피해를 입은 사람들끼리 하는 사적인 모임에서부터 희생된 사람들을 추모하고 그동안 이루어진 진전을 기념하는 공적인 행사까지 다양하다. 계획을 수립하는 사람은 복구 계획의 일부로 그러한 행사를 개최해야 한다.

3.4.4.7 공공 부문의 복구

재난이 발생하면, 대부분 어느 정도이든 정부의 도움이 반드시 필요하다. 하지만 공공 부문도 재난의 피해를 입는다. 따라서 우선적으로 각 지역 차원에서 무엇을 해야 하고, 재난 상황에서는 업무가 어떻게 달라지며, 주요 서비스를 제공하려면 사무실을 어디로 옮겨야 하는지에 대해 공무원들을 교육시켜야 한다. 앨라배마의 터스컬루사 Tuscaloosa시는 2011년 토네이도로 비상 운영 센터emergency operations center(EOC)를 잃었다. 공공건물이 무너지고 공무원들이 한동안 붕괴된 건물에 갇히기도 했다. 그렇게 되면 EOC는 여러 지역으로 순차적으로 근거지를 옮겨야 한다. 9.11 이후에는 긴급 사태에 대비한 대책으로 뉴욕시 EOC의 신속한 재배치가 이루어졌다. 세계무역센터 건물이 무너졌을 때 경찰과 소방대원 수백 명이 목숨을 잃기도 했다. 아이티 공무원들도 지진으로 고통을 겪었다. 당시의 지진으로 경찰과 소방대원이 목숨을 잃었으며, 공무원과 UN 직원들도 사망했다. 의사 결정을 내리고 인명을 구조할 주요 인력을 잃는 것은 재난 이후 복구에도 영향을 미친다.

살아남은 공무원과 공공 업무 종사자들은 집에서도 어려움을 겪게 된다. 이들의 집도 피해를 입었을 가능성이 있고, 그렇게 되면 일터로 복귀하기 어려워진다. 따라서 공공 부문에서 일하는 이들은 무거운 복구의 부담을 떠안아야 한다. 자신들이 속한 지역 사회도 도와야 하고, 가정도 돌봐야 하는 것이다.

공공 부문의 재난 이전 복구 계획 수립은 반드시 필요하다. 관련된 모든 부서가 복구 기능에 대해, 그러한 상황에서는 어떻게 업무를 수행해야 하며, 다른 소관 부서와 어떤 상호 협조 조약을 맺었는지에 대해 잘 알고 있어야 한다. 예를 들어, 도로가 봉쇄되었어도 피해 평가를 수행해야 한다. 항공 정찰과 위성사진을 활용할 수는 있지만, 그러려면 전문적인 지식과 능력이 필요하다. 외부의 도움도 필요할 것이다. 또한 유물 보존 건축가가 해당 지역으로 와야 할 수도 있다. 아니면 환경적으로 취약한 부분을 보완할 전문가를 보유한 단체의 자문을 받아야 할 수도 있다.

피해가 심한 지역에서는 자원봉사 단체도 중요한 자원이다. 공무원은 요청했거나 요청하지 않은 수많은 자원봉사자들을 관리하고 이들과 함께 일할 준비가 되어있어야 한다. 자원봉사자 센터나 그에 상응하는 부서는 자원봉사자들을 어디서 묵게 할 것인지, 이들에게 어떤 교육을 실시할 것인지, 소관 부서의 법적 책임 문제는 어떠한지 그리고 이들이 어떤 업무를 수행할 것인지를 결정해야 한다.

주택 및 사업체와 마찬가지로 공공 부문도 업무 정지와 이주를 고려해야 한다. 임시 시설로 이주하는 데 얼마나 걸릴 것인가? 임시 시설에서 얼마나 오래 일해야 할 것인가? 예를 들어 뉴올리언스에서는 허리케인 발생 이후에 경찰과 소방대원이 임시 이동 주택에서 3년 동안 일해야 했다.

물론, 미래의 피해에 대비해 공공 부문을 강화하기 위한 완화 대책은 반드시 필요하다. 피해 가능성이 있는 지역에서는 사전 계획을 수립해 홍수에 취약한 저지대에서는 기록물과 주요 인력을 이동시킬 대책을 마련해야 한다. 보다 강한, 심지어는 방탄 창문과 같은, 시설에 대한 '강화 조치'가 이루어져야 할 수도 있다. 테러의 대상이 될 위험이 있는 지역에서는 건물에 바리케이드와 방폭 창문을 설치해야 할 수도 있다.

3.5 요약

재난 복구 계획 수립은 재난 발생 전후에 이루어진다. 공통적인 출발점은 피해를 평가하는 PDA이다. 전반적인 피해 상황을 신속히 파악하기 위해 차를 타고 지나가며 보는 조사와 같은 여러 가지 방법이 동원된다. 위성 영상은 정확하진 않지만, 피해를 가늠하는 데 사용되기도 한다. 하지만 전문가의 직접적인 조사가 파괴된 건물의 내부와 외부 그리고 지하의 피해 상황을 평가하는 가장 효과적인 방법이다.

재난 이전 계획 수립은 최선의 조치이긴 하지만, 재난 이후 계획 수립보다 훨씬 드물게 이루어진다. 재난 이전 계획 수립은 완화 및 종합 계획 수립 등 다른 형태의 계획 수립과 함께 이루어진다. 그와 같은 통합된 노력은 효율성을 증가시키며 재난 이후 즉시 복구에 착수할 수 있게 해준다.

훨씬 더 보편적으로 이루어지는 것은 재난 이후 복구 계획 수립이다. 재난 이후 복구 계획 수립의 출발점은 복구 절차에 들어가기 전에 주요 원칙을 세우는 것이다. 계획 수립은 포괄적이어야 하고 참여를 권장해야 하며, 효율적인 의사소통을 촉진하고, 지역사회의 내부 및 외부의 주요 협력 기관들과 연결되는 것이어야 한다. 완화 방법은 미래의 피해를 줄이기 위해 복구 계획의 모든 단계에서 이루어져야 한다.

계획 수립은 여러 단계와 국면을 거치며 전진하는 과정으로 간주되어야 한다. 이러한 단계에는 단기 및 장기 복구 계획 수립이 포함된다. 단기 계획으로 지역사회 및 복구 지도자들은 잔해 제거 및 공공 설비 복구와 같은 주요 문제를 해결해야 한다. 이러한 일에는 인명과 재산을 지키기 위한 재난 방지 대책도 포함될 것이다. 뿐만 아니라 지역사회는 재난 이후 재건을 관장하는 데 필요한 조례도 만들어야 한다. 장기 계획 수립 시에는 지역사회의 기능 역량을 복원하기 위해 필요한 복구 문제를 해결해야 한다. 계획 수립팀은 주택과 사업체 및 기반 시설을 다시 건설하기 위한 여러 가지 방법을 강구해야 한다. 계획 수립의 일부로, 재난의 피해 및 환경의 재건설, 역사적 문화적 자원, 피해지역의 사회 심리적 안녕 등도 논의되어야 한다. 특히 공공 부문 복구 노력의 주요 주체인 효율적인 리더십도 제공해야 한다.

3.6 마무리 문제

3.6.1 요약 문제

1. PDA의 목적은 무엇인가?

2. PDA를 위한, 차창 밖 조사, 위성 영상 그리고 전문가 조사의 장점과 단점은 무엇인가?

3. 재난 복구 계획 수립에 착수하기 위해서는 여러 가지 원칙이 필요하다. 각각의 원칙을 나열하고 설명하라.

4. 재난 이전 및 재난 이후 계획 수립은 서로 다른 시간의 틀 안에서 이루어진다. 각 시간의 틀에서 이루어지는 계획 수립의 장점과 단점은 무엇인가?

5. 단기 및 장기 복구 시기에 어떤 종류의 계획 수립이 이루어져야 하는가?

6. 재난 복구 계획의 공통 요소를 밝히고, 계획 수립 원칙들이 이러한 요소에 대한 우리의 생각에 어떤 영향을 미치는지 서술하라.

3.6.2 토론 문제

1. 교실 안의 다른 사람들에게 여러분이 사는 지역에 대해 설명해보아라. 여러분이 사는 지역의 인구학적 구성을 기반으로 볼 때, 어떤 인구 집단이 참여에서 배제될 가능성이 있는가? 이들을 계획 수립 모임으로 불러내려면 어떻게 해야 할 것인가?

2. 최근에 재난을 입은 지역의 사진이나 다른 영상을 찾아보아라. 여러분이 구한 사진을 기반으로 볼 때, 어떤 피해를 보고할 것인가? 경미한 피해인가, 심각한 피해인가? 어떤 부분이 보이고 어떤 부분이 보이지 않는가? 위성 영상 같은, 다른 자료를 활용할 수 있는가?(힌트: 검색 엔진을 활용하면, 최근의 허리케인, 위성, 지진, 산사태 그리고 그 밖의 다른 재난 사진을 비교적 쉽게 찾을 수 있다.)

3. 계획 수립의 필수적인 원칙을 고려해볼 때, 여러분이 사는 지역에서 재난이 발생했다면 어떤 종류의 노력(의사소통이나 외부 협력 같은)이 이루어져야 할 것인가? 아주 멀리 떨어진 다른 나라에서 발생한 재난에 대해서는 어떠한가?

4. 여러분이 사는 지역에서 재난 이후 어떤 재건이 이루어져야 주택과 사업체의 복구를 촉진할 수 있겠는가? 에너지 효율 측면에서는 어떤 재건이 이루어져야 하겠는가?

5. 여러분이 사는 지역에는 환경적으로 민감한 서식지가 있는가? 위험에 처한 야생 동물은 어떠한가? 이런 문제를 복구 계획에 어떻게 포함시킬 것인가?

6. 어려분이 사는 지역을 '고향'으로 만드는 요인은 무엇인가? 여러분이 자란 곳의 역사는 어떠한가? 그곳을 특별하게 만드는 것은 무엇이며, 그러한 특성을 잃지 않기 위해 어려분의 고향에서 지켜나가고 싶은 점은 무엇인가?

참고자료

- A Business Continuity Planning Suite can be downloaded from FEMA at http://www.ready.gov/business-continuity-planning-suite. Last accessed July 31, 2004.

- Bam, Iran, historic character: http://dsr.nii.ac.jp/bam/index.html. en. World Heritage Site, http://whc.unesco.org/en/list/1208. Digital Silk Roads Project, http://dsr.nii.ac.jp/. Last accessed April 3, 2014.

- British Columbia Disaster Recovery Process, http://embc.gov.bc.ca/em/community/Community_Recovery_Planning/Community_Disaster_Recovery_Guide_%28Sep_2006%29_with%20amend-ments.pdf. Last accessed March 31, 2014.

- Examples of Damage Assessment Forms and Procedures, State of Ohio, United States, http://ema.ohio.gov/Recovery_Assessment Forms.aspx. Last accessed March 24, 2014.

- FEMA National Disaster Recovery Framework, http://www.fema.gov/national-disaster-recovery-framework. Last accessed March 31, 2014.

- FEMA National Disaster Recovery Framework independent study, http://training.fema.gov/EMIWeb/IS/courseOverview.aspx?code= IS-2900. Last accessed March 31, 2014.

- National Voluntary Organizations Active in Disaster (NVOAD), guidelines for long-term recovery planning and committees can be found at http://www.nvoad.org.

- Plaquemines Parish, Lousiana, BPOil Spill, http://www.plaquemine-sparish.com/oil-spill.php. Last accessed April 1, 2014.

- Recovery plan example, Fairfax County, Virginia, http://www.fair-faxcounty.gov/oem/pdrp/. Last accessed April 1, 2014.

제4장
잔해 관리

학습 목표

- 잔해 관리가 사람과 동물에 미치는 영향을 알아본다.
- 비상 잔해 제거와 복구 기간에 이루어지는 잔해 제거의 차이점을 구분한다.
- 잔해 관리에서 비롯되는 여러 가지 문제에 대해 알아본다.
- 재난으로부터 발생하는 직접적이고 간접적인 잔해의 예를 알아본다.
- 다양한 위험요인으로 발생할 수 있는 잔해의 종류에 대해 알아본다.
- 특정 재난으로 발생하는 잔해의 양을 추정한다.
- 잔해 관리 계획의 전형적인 단계에 대해 알아본다.
- 잔해가 인간과 동물의 건강에 미칠 가능성에 대해 알아본다.
- 잔해 관리에서 잔해 감소가 가장 필수적인 첫 단계인 이유를 알아본다.
- 잔해 제거를 위한 공공 교육 캠페인을 실시하는 방법에 대해 알아본다.

주요 용어

에어 커튼 소각로air curtain incinerator

치퍼chipper

건축 및 철거 잔해construction and demolition debris(C&D)

잔해debris

잔해 추정debris estimation

잔해 관리debris management

잔해 관리팀debris management team

분쇄기grinder

소각incineration

매립지landfill

공공 교육 캠페인public education campaigns

재활용recycling

감소reduction

재사용reuse

임시 잔해 부지temporary debris site

근로자의 안전worker safety

4.1 서론

재난이 발생한 후 가장 먼저 눈에 띄는 것이 잔해인 경우가 많다. 잔해는 도로를 막고, 재난 구조대원들을 방해하며, 피해를 입은 지역 사람들에게 크나큰 압박감을 느끼게 한다. 재난 잔해 제거 작업은 즉시 이루어져야 하며, 대개 작업팀 — 또는 심지어 재난을 입은 지역의 시민 집단 — 이 잔해를 도로 한쪽으로 옮긴다. 우리는 부상자를 구조하고, 공공 설비를 복원하며, 자산을 안전한 곳으로 옮기고, 생존자들을 대피시켜야 한다. 잔해 제거는 재난 복구의 가장 필수적인 첫 단계이다.

하지만 잔해 문제를 제대로 처리하려면 몇 달에서 몇 년이 걸릴 수도 있다. 위험 물질이나 핵사고 같은 재난의 유형에 따라, 이로 인한 잔해는 이보다 더 오랫동안 문제가 되기도 한다. 여러분이 사는 지역에 따라 그리고 여러분의 나라가 소유한 자원에 따라, 잔해를 처리하는 것이 가능할 수도 있고 가능하지 않을 수도 있다. 잔해와 더불어 사는 것은 육체적 심리적 건강에 해로울 수 있다.

잔해 관리팀과 작업팀은 재난 복구 과정의 중요한 협력 관계이다. 이들의 노력은 피해지역의 쓰레기 매립지에 영구적인 영향을 미치며, 환경오염에 영향을 주고, 가정과 상업 건물 재건의 원동력이 되며, 피해를 입은 지역의 심미적인 면을 회복하게 하고, 심지어 테러 공격 시 범죄 활동에 대한 조사를 촉진하기도 한다. 하지만 잔해 관리는 쉽지 않은 일이다. 다양한 유형의 재난에서 비롯되는 문제에 대해 알아보도록 하자.

- 2014년 3월 말레이시아 항공 370기가 실종되었다. 수색을 시작한 지 30일 만에 중국과 호주의 수색대원들은 비행 자료 기록기와 관련이 있는 뚜렷한 '핑거pinger'(소리를 내는 장치 - 옮긴이) 신호의 위치를 파악했다. 그러나 이 항공기의 잔해가 있는 지역을 찾아내기는 쉽지 않았다. 이 핑거 신호음을 3각 측량한 수색대원들은 인도양 수면에서 4.8km 아래 지점으로 추측했다. 너무 깊은 곳이라 원격 조정되는 선박만이 가까이 다가가 항공기가 마지막으로 있었던 지점을 찾아내야 하는 상황이었다. 만일 그곳에서 항공기의 흔적을 찾는다 해도, 항공기

의 비행 기록 장치나 잔해를 수거하기는 힘든 상황이었다. 하지만 무엇보다 중요한 것은 여러 나라에서 희생자의 가족들이 사랑하는 사람에게 대체 무슨 일이 일어났는지 소식을 기다리고 있다는 사실이었다. 가족의 시신이 없으면 장례식이나 그와 비슷한 다른 상례를 치르기도 힘들 상황이었다. 무슨 일이 일어났는지 모르면, 보험금을 타거나 다른 보상을 받는 데 영향이 있을 수도 있었다. 어쨌거나 사랑하는 사람이 어디 있는지 모른다는 것은 심리적으로 끔찍한 일이었다. 이 책이 발행될 때까지도 이 항공기는 발견되지 않았다.

- 2011년 지진으로 인한 쓰나미가 일본의 북동부 해안을 강타하여 여러 마을을 파괴하고, 자동차를 휩쓸어버리고, 많은 건물을 내륙으로 밀어올리고, 화학 물질, 휘발유, 석유 그리고 다른 위험 물질을 퍼뜨렸다. 수 킬로미터에 걸쳐 산더미 같은 잔해가 쌓인 데다, 후쿠시마 제1원자력 발전소의 안전에도 문제가 발생했다. 이 발전소에 입은 피해는 심각한 기계 고장과 결부되어 충격적일 만큼 많은 양의 방사능을 유출시켰다. 인근지역은 물론, 바람을 타고 이동한 파편들로 인해 북태평양의 어장과 북아메리카의 소들이 풀을 뜯는 목초지까지 오염될 가능성이 있는 상황이었다. 이후 1년도 넘는 기간 동안 캐나다와 미국의 서부 해안에서 이 재난으로 인한 잔해가 발견되었다. 이 잔해를 관리하기 위해 미국 해양대기청National Oceanic and Atmospheric Administration(NOAA)은 주 정부의 지원으로 쓰나미 잔해 신고Tsunami Debris Sighting 웹사이트를 열었다(사진 4.1 참고). 여러 나라에서 이 재난과 관련된 물질들을 건져 올렸다. 예를 들어 캐나다는 쓰나미 잔해 청소 기금Tsunami Debris Cleanup Fund을 만들었고, 캐나다 보건부Health Canada에서는 방사능 평가Radiological Assessment 절차를 수립했다(http://env.gov.bc.ca/epd/tsunami-debris/ 참고. 2014년 4월 7일 접속; NOAA 2013). 일본 당국이 그 지역 주민들을 돌아오게 하는 데는 3년이 걸렸으며, 그것도 후쿠시마 원전에서 19km 떨어진 곳까지만 가능했다.

- 아이티에서 재난으로 인한 잔해는 거의 대처 불가능한 상황이었다. 2010년 지진으로 30군데에서 적어도 1,000만 m³에 달하는 잔해가 발생했다(United Nations, 2011; U.S. State Department, 2013). 이 같은 잔해를 처리하기 위해 아이티 임시

사진 4.1 오리건 주립 공원에 게시된 사진

복구 위원회Interim Haiti Recovery Commission는 2011년까지 4백만 m³의 잔해를 중점적으로 처리했다. UN의 잔해 관리단Debris Management Group은 지역 정부 및 비정부 조직 그리고 그 밖의 다른 단체와 협력 관계를 맺었다. 아이티 정부는 국가 잔해 관리 전략National Debris Management Strategy을 수립하여 폐기장을 확보하고, 잔해 감시 및 검사를 실시했다. 이토록 많은 잔해를 어떻게 할 것인가? 우선, 42.5%의 잔해는 비구조물에 재활용하기로 했다. 다른 42.5%는 폐기장으로 보내야 했다. 15% 정도는 자갈을 새로운 건물의 벽에 넣는 등의 방법으로 해당 지역에서 재사용될 예정이었다. 이러한 과업을 위해 35,000개에 가까운 임시 일자리가 창출되었다(United Nations, 2011). 2013년까지 약 7.4m³의 잔해가 제거되었다(U.S. State Department, 2013). 여러 곳에서 자금도 모아졌다. 예를 들어, 미국 정부는 미국 국제개발청U.S. Agency for International Development(AID)을 통해 1억 달러도 넘는 금액을 제공했다. 잔해 제거와 연계된 사업으로 13,000개의 임시 일자리가 생겼으며, 이 중 40%가 여성에게 제공되었다(U.S. State Department 2013).

4.2 잔해로 인한 어려움

이제 여러분은 두 가지 사실을 깨달았을 것이다. 첫째, 잔해 제거는 잔해 관리와 다르다. 잔해를 단순히 치우는 것은, 잔해를 분류하고 환경을 고려하는 방식으로 적절히 처리하는 것보다 훨씬 쉽다. 둘째, 재난은 다양한 종류의 엄청난 잔해를 발생시킨다. 건물이나 자동차뿐 아니라, 그 안에 들어있던 것까지 모두 잔해가 된다. 셋째, 서로 다른 재난은 서로 다른 종류의 잔해를 발생시킨다. 넷째, 잔해를 모두 어디로 처리해야 할지 결정하는 것은 쉽지 않다. 다섯째, 잔해 관리에는 많은 인력과 자원이 필요하다. 여섯째, 잔해는 주민들뿐 아니라 잔해를 관리하는 사람에도 위험할 수 있다.

4.2.1 잔해의 종류

잔해로 인한 어려움에 대해 다시 살펴보기 전에, 재난으로 인해 직간접적으로 발생되는 잔해의 종류에 대해 알아보겠다(Solis et al., 1995). 재난은 건물, 울타리, 나무, 조경, 놀이터, 상점 등을 파괴함으로써 직접적으로 잔해를 발생시킨다. 잔해 관리자는 동물과 가축 등 때로는 빨리 악화되는 문제를 제거하기 위한 노력도 병행해야 한다(Siddik et al., 2009). 직접적으로 발생되는 다른 잔해에는 관목, 나무, 나뭇잎, 때로는 흙이 포함되기도 해서, 퇴적물, 진흙, 바위, 모래 등이 있다. 예를 들어 뉴올리언스의 제방 붕괴로 막대한 모래가 제방 아래로부터 솟구쳐 올라와 주택으로 밀려들어갔다. 파괴된 건물을 철거하려면 수 톤에 달하는 모래를 처리해야 했다(ASCE, 2005). 건축 및 주택의 잔해(벽돌, 카펫, 가구, 플라스틱, 유리, 금속, 타일, 배관, 바닥재, 램프), 백색 가전제품(전기제품, 조리 기구, 온수 보일러), 차량

표 4.1 위험요인에 따른 잔해

위험요인	발생 가능한 잔해의 유형
쓰나미	내륙 농업 지대의 염류화 작용으로 인한 환경 파괴와 잔해가 발생함. 잔해는 압축되어 내륙으로 밀려들어옴. 인간의 유해는 주의해서 발굴한 후 적절한 과정을 거쳐 수거해야 함. 진흙, 모래, 기타 잔해가 건물 내부와 도로로 밀려들어옴.
홍수	높고 빠른 물살이 막대한 피해를 일으킬 수 있음. 관리해야 할 잔해로는 진흙, 침전물, 건축 및 철거(C&D) 잔해, 가전제품, 타이어, 위험한 폐기물 등이 있음.
토네이도	풍속과 강도, 폭풍권의 면적 등에 따라 잔해 면적이 달라질 수 있으며, 건물, 지붕 자재, 차량, 전신주, 신호등, 주택, 농경지 피해, 지붕, 이동식 주택, 금속, 죽은 동물의 사체, 식물 등의 잔해가 발생함.
허리케인	폭풍 해일과 이로 인한 홍수로 해안지역의 피해가 큼. 내륙으로 부는 바람도 막대한 피해를 발생시킴. 발생 가능한 잔해로는 침전물, 나무, 식물, 개인 재산, 건축 자재, 가정물품, 가축의 사체 그리고 파괴된 도로와 다리 등이 있음.
지진	지진 활동은 주거지 및 기반 시설을 붕괴시키며, 화재와 폭발로 인한 추가 피해도 발생할 수 있음. 발생 가능한 잔해로는 도로 및 다리의 자재, 건물, 주택 및 개인 물품, 손상된 전선, 부러진 수도관, 산사태로 인한 침전물 등이 있음.
산불	자연적으로 발생하는 불은 이로운 결과를 내기도 함. 도시지역에 발생한 산불은 막대한 양의 까맣게 탄 나무, 재, 죽은 나무 등을 발생시키며, 황폐한 초목과 지피 식물의 결핍으로 인해 발생한 산사태로 진흙과 침전물도 생길 수 있음.
위험 물질	위험 물질은 그 양과 독성에 있어서 상당히 다양한 잔해를 발생시킴. 잔해 제거는 주민과 근로자의 안정을 고려해야 하며, 오염의 유형과 그러한 물질이 환경에 미치는 영향을 파악하고, 적절한 방법으로 분리하거나, 제거하거나, 중화하거나, 매장하거나, 소각하거나 또는 다른 방법으로 최종적인 제거를 해야 함.
핵사고	토양과 대기 그리고 물에 대한 방사능 오염 가능성이 있음. 수십 년 동안 사람들에게 안전을 제공하기에 충분하도록 감시 및 특별한 잔해 제거가 이루어져야 함.
테러	테러는 공격의 유형에 따라 건물, 차량 그리고 위험 물질 등 상당한 양의 잔해를 발생시킬 수 있음. 잔해 관리는 제거 과정에 들어가기에 앞서 그리고 제거하는 동안 적절한 방법으로 수사 기관과 협력하에 이루어져야 함.

출처: FEMA IS-632 Debris Management(http://www.fema.gov); Environmental Protection Agency(EPA), Planning for Disaster Debris, U.S. Environmental Protection Agency, Washington, DC, 1995.

(자동차, 트럭, 배), 개인적인 물품, 전자 폐기물(컴퓨터, 텔레비전, 전화, 프린터) 그리고 위험한 폐기물(화학 물질 및 배터리를 비롯한 산업적·상업적·주거용 물질) 등이 재난으로 인해 직접적으로 발

생하는 잔해에 속한다(Lauter 2006; Solis et al., 1995).

간접적으로 발생하는 잔해로는 냉장고를 열 수 없어 안의 음식이 썩는 것 등을 예로 들 수 있다(Lauter, 2006). 이러한 유형의 잔해는 집 안으로 들어가는 게 쉽지 않은 홍수 때 많이 발생한다. 선의로 이루어진 기부도 처리해야 할 물품 더미를 늘리기 일쑤다. 사람들이 선의로 한 일이긴 하지만, 이들로 인해 요청하지 않은 거대한 옷더미가 쌓이곤 한다. 습도가 높고 더운 지역에서 비까지 내리면, 흰 곰팡이가 순식간에 퍼져 옷더미가 냄새를 풍기며 썩어간다. 많은 재난 현장에서 기부가 '두 번째 재난'으로 불리는 이유이다. 기부된 물품도 신속히 처리하지 않으면 잔해가 된다. 결국 간접적인 잔해는 재난 그 자체의 여파로 인해 발생한다. 사람들이 음식과 물 그리고 대피소를 찾아 새로운 지역으로 몰려다니며 빈 병, 그릇 그리고 먹다 남은 음식물을 남기고 떠난다. 이 '남은 음식물'을 처리하는 것도 잔해 관리팀의 몫이다(Siddik et al., 2009; Solis et al., 1995).

이 장의 첫 부분에서 든 예로 서로 다른 재난의 유형이 서로 다른 종류의 잔해 관리 문제를 일으킨다는 사실을 알았을 것이다. 이 문제를 설명하기 위해 다음에는 여러 가지 유형의 재난과 그 재난으로 인해 발생되는 잔해의 종류에 대해 알아보겠다(표 4.1 참고).

4.2.2 홍수

홍수는 서서히 또는 순식간에 진행되는 사건이다. 이 두 가지 유형의 홍수는 각각 서로 다른 문제를 일으킨다. 순식간에 진행되는 홍수는 물살을 따라 잔해(나뭇가지, 간판, 건물, 차량)를 들어올려 다리나 다른 장애물까지 밀어붙인다. 그 결과 다리가 부서지는 경우가 많다. 홍수로 인해 불어난 물은 나무 건물에 침투해, 건물 내부의 시트록(종이 사이에 석고를 넣는 석고 보드 - 옮긴이), 가구 그리고 카펫으로 스며든다. 이러한 물질은 영구히 소멸되지 않는 경향이 있으므로 제거해야 한다. 진흙과 남아있는 침전물도 제거해야 하는데 이 과정은 종종 '배설물 치우기'로 묘사되기도 한다. 홍수는 언덕 지대와 도로를 불안정하게 만든다. 막대한 양의 진흙과 침전물이 빠져나와 산사태가 발생할 수도 있다. 2014년 3월 미국 워싱턴의 오소Oso에서 대규모 산사태가 발생했다. 일부 지역에서 20m 두께에 달하는 진흙이 밀려 내려와 33~45명이 사망한 것으로 보인다. 이 산사태는 주택을 파괴하고, 도로의 차를 매몰시켰으며, 치우기에도 매우 어려웠다. 주택 안에는 사망한 사람들의 시신과 유품들이 있었다. 무엇을 수거하든 유물을 발굴하듯 조심스럽게 해야 하는 상황이었다. 이러한 과정에서 사람의 유해도 수색해야 했음은 물론이다. 마지막 시신은 2014년 7월 말에 발굴되었다.

4.2.3 토네이도

토네이도는 거의 피해를 일으키지 않는 EF0 단계에서부터 아주 드물게 발생하지만 대참사를 일으키는 EF5 단계까지 다양한 강도로 발생한다. EF1과 같이 상대적으로 낮은 등급의 토네이도조차 이동식 주택이나 캠핑장에 상당한 피해를 일으킬 수 있다. 2011년 5월 22일, EF5에 버금가는 대규모 토네이도가 미주리의 조플린Joplin에 발생해, 모든 주택가와 사업체, 학교, 병원 그리고 양로원을 파괴하고, 158명의 생명을 앗아갔다(사진 4.2 참고). 토네이도는 주택을 조각내고, 차량을 내던지고, 가축을 죽이는 등 피해

사진 4.2 2011년 6월 4일 미주리의 조플린에 발생한 EF5 등급의 토네이도로 인해 발생한 잔해(사진 Steve Zumwalt/FEMA)

지역을 아수라장으로 만든다. 신호등과 간판은 날아가고, 전신주가 쓰러져 도로를 막으며, 날아다니는 물체들이 건물에 꽂히고 창문을 박살낸다. 차고에서 쉽게 볼 수 있는 세척액, 솔벤트, 페인트 등이 멀리까지 날아가 드넓은 지역에 흩뿌려진다. 도로가 막혀서 수색 및 구조를 위해서는 도로를 치워야 한다. 전신주와 전선은 숙련된 전담반원이 바로 세워야 한다. 그래야 사람들이 먹고, 병원이 돌아가며, 상점이 다시 문을 열 수 있다. 토네이도 피해지역에 도와주러 오는 사람들은 잔해 속에 위험이 숨어있다는 사실을 교육받아야 한다.

4.2.4 허리케인

1992년 허리케인 이니키Iniki가 카우아이섬(하와이의 오아후 북서부의 화산섬 - 옮긴이)의 하와이안 카운티에 피해를 입혔을 때, 공무원들은 허리케인과 관련된 세 가지 유형의 잔해를 처리해야 했다. 첫째, 드넓은 지역에 흩뿌려진 여러 가지 물품과 초목을 처리해야 했다. 둘째, 주민들과 상인들이 청소하고 철거하기 시작할 때 발생하는 잔해를 처리해야 했다. 셋째, 초목 청소는 재건으로 인한 잔해와 동시에 지속적으로 처리해야 했다 (Friesen et al., 1994). 앞으로 다루게 되겠지만, 계획을 수립하는 사람들이 미리 계획을 세워 실행하면, 이러한 초목을 잘 활용해 경제적인 이득을 얻을 수도 있지만, 허리케인은 막대한 초목 손실을 일으키는 것으로 악명이 높다. 허리케인은 또한 세찬 바람이 불면 토네이도와 유사한 피해를 일으키기도 한다. 뿐만 아니라 폭풍 해일은 홍수와 같은 피해를 일으키기도 한다. 슈퍼 태풍 샌디는 미국 동부 해안에 상륙했을 때 기술적으로는 허리케인이 아니었지만, 드넓은 지역에 홍수로 인한 피해를 입혀, 주택과 사업체가 사라졌다. 유명한 애틀랜틱시티 보드워크Atlantic City Boardwalk를 포함한 관광지도 심각한 타격을 입었다(사진 4.3 참고). 홍수로 인한 물이 지하철의 지하 공간으로 밀려들었다. 폭풍으로 인해 병원 지하실에도 물이 차 사람들이 대피해야 했다. 화재가 발생한 한 지역에 소방대원이 가지 못해 100채가 넘는 집이 전소되기도 했다. 작업팀이 좁은 도시의 도로를 따라 수 톤에 이르는 잔해를 치우는 잔해 제거 작업에 몇 년이 걸릴 수도 있다. 필리

사진 4.3 뉴저지의 씨걸트Sea Girt에서의 재사용 노력. 파괴된 보드워크를 이용하여 새로운 임시 접근로를 만들고 있다(사진 Rosanna Arias/FEMA).

핀에서 발생한 허리케인 하이엔은 더 심한 피해를 입힌 것으로 밝혀졌다. 하지만 팔롬폰Palompon의 지도자들은 전기톱을 가진 사람들에게 이를 등록하라고 지시했다. 허리케인이 물러간 후에 전기톱 소유주들은 특정 지역으로 파견되어 쓰러진 나무를 치웠다(Lozada, 2014). 여러 해에 걸친 쓰레기 분리 작업으로 주민들은 잔해 분리에도 잘 적응했다. 이 마을의 쓰레기 매립지는 '생태 공원'이 되었고, 녹색 쓰레기는 비료로 전환되었으며, 생분해성이 아닌 물질은 벙커유로 만들어졌다(Lozada, 2014).

4.2.5 지진

지진이 일어나면 땅이 흔들리는 것으로만 생각하는 경향이 있지만, 산사태, 폭발, 화재 그리고 수도관 파열로 인한 홍수 등의 추가 위험요인이 발생할 수 있다(EPA, 1995). 지진 활동은 지상의 구조물적 환경과 지하의 기반 시설에도 영향을 미쳐 잔해의 총량을 결정하는 데 시간이 걸릴 수 있다. 예를 들어 캘리포니아의 왓슨빌Watsonville에서는 1989

년 로마 프리타 지진 발생 후 한 고등학교에서 1년 동안이나 수업을 진행했지만, 결국 그 건물을 철거해야 한다는 결정이 내려지기도 했다. 그 당시까지 거의 모든 잔해가 제거되었지만 신축과 철거에 따른 막대한 양의 새로운 잔해를 처리해야 했다. 한편, 산타크루즈 인근에서는 도심 지역의 지하 공공 설비 전선을 파내 새것으로 대체해야 했다. 파키스탄의 무자파라바드Muzaffarabad에서는 2005년 10월 강력한 지진이 발생했다. 정부와 비정부 조직이 미국 국제개발청(USAID)이 제공한 150만 달러의 보조금으로 잔해를 제거하기 위한 공동 노력을 펼쳤다. 주택을 철거하고 콘크리트 보강용 강철봉은 고철로 팔아 자금을 마련했다. 벨기에 정부가 제공한 기부금으로 폐허에서 일어나 재건에 필요한 자재를 살 수 있었다(Earthquake Reconstruction & Rehabilitation Authority, n.d.).

4.2.6 산불

인간에게 피해를 주는 불은 주택과 개인 재산을 불태워 잿더미로 만든다. 불은 막대한 양의 재와 침전물을 발생시키며 산사태를 일으키기도 한다. 1991년 오클랜드 힐스Oakland Hills에서 '파이어 스톰firestorm'(폭풍처럼 번지는 불 - 옮긴이)이 발생했을 때, 시속 105km의 강풍에 높은 온도 그리고 건조한 기후 등 산불이 나기에 적합한 조건이었다. '불을 피웠던 곳'에 남아있던 작은 불씨 하나가 결빙 피해를 입은 몬테레이Monterey의 소나무와 기름이 많이 함유되어 폭발력 높은 유칼립투스 나무에 옮겨 붙었다. 이 산불은 미국 역사상 최악의 파이어 스톰으로, 25명의 인명을 앗아가고 부상자도 150명에 달했다. 1,520에이커에 달하는 면적에서 2,843채의 주택이 불에 탔고, 그 결과 엄청난 양의 잔해가 발생했다(Parker, 1991). 화재 이후의 위험요인이 추가적인 문제를 일으키기도 한다. 불이 유역을 휩쓸 때 폭우가 쏟아지면 위험한 하도 흐름을 만들어낼 수 있다(Spittler, 2005). 1980년 캘리포니아 샌버너디노San Bernadino에서 불이 난 후에 그와 같은 경우가 발생해, 하도의 침전물이 41채의 주택을 파괴하고 피해를 입혔다(Boyle, 1982).

4.2.7 위험 물질

가정에는 화학 물질, 페인트, 살충제 그리고 제각각 별도의 적절한 절차를 거쳐 폐기해야 할 위험 물질들이 있다(EPA, 1995). 산업체는 훨씬 더 많은 위험 물질이 보유하고 있다. 화학 산업체가 허리케인 같은 재난의 피해를 입으면, 실질적이거나 잠재적인 유출을 막기 위해 최선을 다해야 한다. 그렇지 않으면 이 산업체가 재난을 일으키는 원인이 되기도 한다. 재난에 따라 이러한 물질이 몇 킬로미터에 걸쳐 흩뿌려지거나, 붕괴된 구조물 밑에서 발견되거나, 산사태에 파묻히기도 한다. 따라서 이러한 유해 물질을 찾아내, 분류하고, 적절히 폐기하는 구체적인 노력이 필요하다. 잔해에도 위험 물질이 숨어있을 수 있다. 예를 들어 허리케인 카트리나는 1,200만 m³에 이르는 건축 및 철거 물질을 발생시켰다. 나무 자재 안에는 1,740톤에 이르는 비소가 함유되어있었다(Dubey et al., 2007).

슈퍼 태풍 샌디도 화학 물질로 인해 이와 유사한 문제를 일으켰으며, 이 중 일부는 가정에서 그리고 일부는 산업체에서 흘러나왔다. 설상가상으로 샌디로 인해 고와너스 수로Gowanus Canal가 범람했는데, 이곳은 환경보호청(EPA)의 슈퍼펀드에서 청정지로 분류한 곳이었다(더 자세한 내용은 http://www.nyc.gov/html/dep/html/harborwater/gowanus_canal.shtml를 참고 바람. 2014년 12월 24일 접속).

다른 유형의 위험 물질도 유출될 수 있다. 노스캐롤라이나는 허리케인 데니스Dennis로 대규모 홍수가 발생했을 때 이와 같은 문제에 직면했다. 노스캐롤라이나의 동부 지역에는 9백만 마리에 이르는 돼지가 사육되고 있다. 이 돼지의 배설물이 담긴 거대한 웅덩이가 범람했다. 추정이 정확하진 않지만, 최소 28,000마리에서 수십만 마리에 이르는 돼지가 폐사했다. 동물 배설물로 인한 오염은 사람을 심각한 질병에 걸리게 하는 대장균을 퍼뜨린다(North Carolina Department of Health and Human Services, n.d.). 미국 농무부(USDA)의 자연자원보전청Natural Resource Conservation Service이 매장하거나, 퇴비화 또는 소각하는 등 동물의 배설물을 처리하는 방법을 지원했다. 긴급 보전 프로그램Emergency Conservation Program이 폐수로 인한 강물의 오염 상태를 평가했다(Natural Resource Conservation Service, 1999).

4.2.8 테러

뉴욕, 워싱턴 D.C. 그리고 펜실베이니아에 발생한 9.11은 테러 공격으로 인한 잔해 관리에 대한 경각심을 높였다. 세계무역센터 건물에 대한 공격으로 여러 자재가 혼합된 건축 잔해가 150만 톤 이상 발생했다(Swan, 2002). 이 공격으로 세계무역센터의 남쪽 타워와 북쪽 타워가 다른 건물들 위로 붕괴하면서, 이 두 건물을 비롯한 7개의 건물이 파괴되었다. 3천 대 이상의 차량도 파괴되었다. 몇 센티미터 두께의 먼지가 맨해튼을 뒤덮었고, 여러 블록에 걸쳐 주택과 건물에 스며들었다(Swan, 2002). 이 장의 앞부분에서 밝혔듯이, 잔해 관리는 사람에게 미치는 피해를 고려해 대단히 섬세하게 이루어져야 한다. 이때 테러 현장에서 일한 잔해 제거팀은 증거를 수집하는 수사 기관과 협조해야 했다.

4.3 잔해 추정

이제 재난에 따라 어떤 종류의 잔해가 발생하는지는 알게 되었다. 하지만 잔해가 얼마나 발생하는지는 어떻게 알 수 있을까? 눈앞에 쌓여있는 잔해 더미 안에는 무엇이 들어있을까? 잔해를 제거하고 관리하는 계약을 맺을 때는 어떻게 해야 최선의 결과를 얻을 수 있겠는가? 잔해는 어디에 버릴 것인가? 잔해 추정 과정을 보면 이러한 의문에 대한 일차적인 답을 얻는 데 도움이 된다. 적어도 개략적인 추정치를 알 수 있으면, 잔해 관리 계획 수립에 착수할 수 있다. 잔해 제거 업무가 벅차게 여겨질지라도, 관리해야 할 잔해의 종류와 양을 알면, 첫발을 내디딜 수 있다(표 4.2 참고).

표 4.2 잔해 더미 계산법

1층 건물	$L' \times W' \times H'/27 = ($ $)yd^3 \times 0.33 = ($ $)yd^3$ (0.33은 주택 안의 열린 공간을 추정한 것임)
이동식 주택	한 채 너비 = $290yd^3$ (물체의 체적과 총 손실량으로 계산함) 두 채 너비 = $450yd^3$ (물체의 체적과 총 손실량으로 계산함)
개인 자산	지하실 없는 주택이 범람한 경우 = $25{-}30yd^3$ 지하실을 갖춘 주택이 범람한 경우 = $45{-}50yd^3$
나무	지름 20cm 너비의 나무 15그루 = 평균 $40yd^3$ 8'–10'의 뿌리 = 1평상 너비의 트레일러가 운반할 분량
식생 피복 (주택의 추가 단위면적에 대한 자료는 FEMA IS–632 Job Aid 9580.1 참고)	초목 없는 $1600ft^2$의 주택 = $98yd^3$ 소량의 초목, $98yd^3 \times 1.1$ 중간 분량의 초목, $98yd^3 \times 1.3$ 대량의 초목, $98yd^3 \times 1.5$

출처: Federal Emergency Management Administration, FEMA Independent Study #632; FEMA, FEMA 325, 2007(http://www.fema.gov/governemnt/grant/pa/demage.shtm, 2008년 7월 28일 접속); FEMA Debris Estimating Field Guide, FEMA 329, FEMA, Washington, DC, 2010).

4.3.1 재난이 발생하기 전

어떤 지역에 위험요인이 다가올 때 잔해 양을 미리 예측하는 것은 가능하다. 예를 들어 잔해를 사전에 추정하는 데는 지리정보시스템Geographic Information Systems(GIS)이 사용된다. 미국 육군 공병단(ACE)은 허리케인 빈발 지역인 미시시피의 해리슨Harrison 카운티에 사전 잔해 추정을 실시했다. Q=H(C)(V)(B)(S)라는 공식을 활용하면, 4등급 폭풍이 700만 yd^3(535만 m^3)에 이르는 잔해를 발생시킬 것이라는 사실을 추정할 수 있다. 어떻게 그렇게 추정할 수 있는 것일까? 다음 내용을 살펴보자.

Q는 세제곱야드 단위인 잔해의 양이다.

H는 주택의 수이다.

C는 세제곱야드에 영향을 미치는 폭풍의 등급이다.

V는 그 지역의 초목이다.

B는 사업체를 곱하는 수이다.

S는 폭풍으로 인한 강수량을 곱하는 수이다.

H = 인구/3, 한 가구당 사람의 수 또는 = 165,500/3 = 55,167

C = 50(4등급 폭풍의 경우 곱하는 수이다)

V = 1.5(초목이 많을 경우 곱하는 수이다)

B = 1.3(개발된 상업 밀집 지구에 곱하는 수이다)

S = 1.3(비를 동반한 폭풍의 경우에 곱하는 수이다)

따라서 Q = 55,167 × 50 × 1.5 × 1.3 × 1.3 = 6,992,417 yd^{3}의 잔해가 생기게 된다(U.S. Army Corps of Engineers; FEMA, 2007).

그러나 잔해의 규모는 출발점일 뿐이다. 대형 허리케인과 같은 특정한 유형의 위험 요인에서 어떤 사실을 발견할 수 있는지 알아보도록 하자. 보통 두 가지 유형의 잔해가 발생하는데, 이는 깨끗한 나무 물질(나무와 잎)과 건축 및 철거로 인한 잔해(보통 C&D라고도 함)이다.

대략 잔해 더미의 30%에는 뿌리 덮개로 쓰거나 재활용하거나 재사용할 수 있는 깨끗한 나무 잔해가 포함되어있다(U.S. Army Corps of Engineers, n.d.). 나머지 70%는 C&D 잔해이다(FEMA IS-632 참고).

- 42%는 분류가 필요한 가연성 물질
- 5%는 흙
- 15%는 금속
- 38%는 쓰레기 매립지로 가야 할 물질

총 700만 yd^3(535만 m^3)에 이르는 잔해 중 210만 yd^3(160만 m^3)는 깨끗한 나무 잔해이며, 490만 yd^3(375만 m^3)는 혼합된 C&D 잔해이다. 이러한 물질을 처리하려면,

- 2,058,000yd^{3}의 C&D 잔해는 소각한다.

- 245,000yd³의 잔해는 잘 처리하면 재사용할 수 있는 흙이다.
- 735,000yd³의 금속은 잠재적으로 수거되어 고철 수집상에 팔 수 있다.
- 1,862,000yd³는 쓰레기 매립지로 보낸다.

재난이 발생하면 수십만 채의 주택도 파괴된다. 잠재적인 잔해의 양을 추정하려면 이 공식을 사용하라. L(건물의 길이)×W(건물의 너비)×S(건물의 높이를 층수로)×0.20×VCM(지표면을 덮은 초목을 곱한 수) = yd³의 잔해. 토네이도가 여러분이 사는 지역을 파괴한다면 어떤 일이 벌어지겠는가? 여러분이 사는 건물의 잔해 양을 추정할 수 있겠는가? 건물 안에서 발생하는 잔해에 대해서는 어떠한가? 그 결과로 무엇을 할 것인가?

4.3.2 재난이 발생한 이후

재난이 발생한 후에 잔해 더미는 대개 길이 곱하기 너비 곱하기 높이 나누기 27을 하면 yd³ 단위의 추정치를 얻을 수 있다(FEMA, 2010; Swan, 2000). 이 대략적인 추정치는 앞에서 설명한 주택 잔해 추정 공식에서처럼 잔해의 구체적인 유형에 따라 달라질 수 있다. 여러분이 사는 지역과 그 지역에 피해를 입힌 위험요인이 무엇인가에 따라서도 달라질까? 그렇다. VCM은 소량(1.1을 곱한다), 중간 규모의 양(1.3을 곱한다), 대량(1.5를 곱한다)에 따라 달리 계산된다. 따라서 소량의 초목이 있는 1,000ft²(93m²)의 주택에서는 220yd³(168m³)의 잔해가 발생되고, 대량의 초목이 있는 경우 300yd³(230m³)의 잔해가 발생된다(FEMA, 2010). 주택 안의 내용물에 대해서는 어떠한가? 콘크리트로 지어진 (지하실이 없는) 주택의 개인 재산은 25~30yd³(19-23m³)의 잔해를 발생시킬 수 있다(FEMA, 2010).

다른 방법도 활용 가능하다. 항공 추정은 사진에 기초한 방법으로, 기껏해야 아주 대략적인 추정만 얻을 수 있다. 잔해 안에는 빈 공간도 있어, 커 보이는 잔해 더미도 실제로는 더 작은 규모일 수 있다. 반대로, 어떤 유형의 잔해는 마르면 부피가 늘어나기도 한다. 그럼에도 불구하고 접근하기 힘든 지역일 경우 항공사진을 이용한 계산이 유용하게 사용되기도 한다.

다른 방법으로 컴퓨터 모델링도 활용된다. 미국에서 FEMA는 홍수, 지진 그리고 허리케인으로 인한 잔해의 양을 추정하기 위해 HAZUS-MH라는 소프트웨어를 개발했다(FEMA, 2010). 이 소프트웨어에 자료를 넣으면, HAZUS-MH는 이전의 잔해 자료와 GIS 정보(지형, 그 지역의 개발 정도) 그리고 재난으로 인한 피해(범람한 물의 높이) 자료를 활용해 잔해 추정치를 계산해낸다. 더 자세한 정보를 원하면, '참고자료'의 링크를 참고하기 바란다.

허리케인 카트리나가 발생한 후에 공무원들은 항공사진을 이용해 미시시피에서 잔해를 찾아내고 추정해냈다(Hansen et al., 2007). 이들의 노력으로 폭풍에 의해 발생되어 내륙으로 떠밀려 올라간 초목의 잔해를 계산할 수 있었다. 15km² 지역(패스 크리스천Pass Christian에서 걸프포트Gulfport까지)에서 결과적으로 1,279,998yd³(98만 m³)에 이르는 잔해가 발생한 것으로 추정되었다. 한 카운티에서 발생한 구조물과 초목으로 인한 잔해를 11,767,636yd³(900만 m³) 규모로 추정한 것이다. 초기 계획 수립이라는 목적에 맞게 활용된, 항공사진에 기반을 둔 이 추정법은 앞으로 발생할 재난에서도 유용한 것으로 밝혀질 것이다.

4.4 잔해로 인한 문제

잔해를 무작정 트럭에 싣고 쓰레기 매립지로 향할 수는 없다. 또한 호흡기에 미치는 문제에서부터 부상의 위험까지 사람들이 겪을 잠재적인 위험을 고려하지 않고 잔해를 무작정 수거해달라고 할 수도 없다. 뿐만 아니라, 잔해에는 사람들의 삶의 일부가 남아있다. 결혼사진, 아이들이 갖고 놀던 장난감, 소중한 기념품과 같은 사람들의 추억이 함께 묻혀 있다. 군대 관련 서류, 재정 자료, 세금 기록, 수표책, 현금 지급 카드, 금고 열쇠 또는 휴대폰 같은 중요한 서류나 물건이 있을 수도 있다. 애완동물이나 가축이 아직 잔해 더미에 산 채로 파묻혀 구조를 기다리거나, 부상을 입고 치료를 받아야 하는 상황일 수도 있다. 보다 중요한 문제로 파괴된 구조물 안에 사랑하는 사람의 유해가 있을 수도 있다. 여러분에게는 앞에 있는 붕괴되거나 파괴된 건물이 그저 폐허가 된 자갈 더미로 보이겠지만, 생존자들에게 그곳은 가정이었다.

4.4.1 사람 물건들

이 부분을 읽으며 여러분이 있는 가정이나 사무실을 한번 둘러보고 어떤 물건들이 있는지 확인해보길 바란다. 특히 감정이 담기거나 상징적인 물건은 다른 것으로 쉽게 대치할 수 없다. 재난이 발생하면 이러한 개인적인 물건들이 파괴되고, 파묻히고, 없어지고 심지어는 먼 곳으로 이동하는 경우도 있다. 일반적으로 그러한 물품들을 대치하는 데 드는 비용을 줄잡아 상상해보자. FEMA(2001)는 60cm 높이의 홍수에 피해를 입은 2,000ft² 규모의 집에서 발생하는 손실을 이런 식으로 계산한다.

- 지하가 없는 2000 ft²의 집 × \$77 ft² × 50% 구조물 손실 = \$77,000(1ft² 달러의 가치는 도시지역에서는 상당히 다를 수 있다는 것을 명심하라)
- 내용물의 35%에 해당하는 손실을 입은 경우의 추정치 = \$53,900
- 총 손실은 \$77,000 + \$53,000 = \$130,900

슈퍼 태풍 샌디는 뉴욕과 뉴저지의 도시지역에서 대부분 홍수로 거의 15,000채에 이르는 주택을 파괴했다. 부분적인 피해를 입은 주택은 이보다 훨씬 많다. FEMA는 이에 대응해 117,657명의 신청자에게 대한 개인 구제Individual Assistance를 승인했다. 제거해야 할 잔해에는 '쓰러진 나무에서부터 차량, 보트, 석고판, 가구, 식기 세척기, 건조기 그리고 단열재에 이르기까지 모든 것'이 포함되었다(FEMA, 2013). 피해를 입은 지역에서는 외부의 지원을 받아 525만 yd³(400만 m³)에 이르는 잔해를 제거했다. 제거 작업은 2012년 10월 27일에 시작되어 95일 만에 95% 완료되었다. 잔해의 양은 얼마나 될까? '잔해의 양은 102층짜리 엠파이어스테이트 빌딩을 3.5번 채우고도 조금 남을 정도였다

(FEMA, 2013).

1989년 로마 프리타 지진이 발생했을 때, 샌프란시스코의 마리나 지구_{Marina District}에서 건물들이 무너졌다. 잔해 제거 작업이 시작되었을 때, 불도저가 잔해 더미를 향해 나아가다 천천히 뒤로 물러났다. 주민들이 조심스럽게 앞으로 나가 가능한 물건들을 수거했다. 제거 전담반원들은 수거한 물품을 소유주가 찾아갈 수 있게 바리케이드 안에 놓아두었다. 쓰레기 매립지에서도 자원봉사자, 쓰레기 청소 회사에서 파견된 직원 그리고 공공 근로자들이 물품을 수거해 소유주에게 돌려주기 위해 노력했다(Brickner, 1994).

재난의 유형에 따라 사람이 입는 피해도 달라지게 마련이다. 예를 들어 테러가 발생하면, 증거를 보존하고 사람의 유해를 수거하는 데 세심한 주의를 기울여야 한다. 세계무역센터에 9.11 테러가 발생한 후에는 조사관들이 굴착기 작업을 지켜보고 있다가 사람의 유해가 보이면 작업을 중지시켰다. 잔해에 대한 두 번째 검사는 쓰레기 매립지로 가기 직전에 이루어졌다. 쓰레기 매립지에서는 한 번 더 추가 검사가 이루어져, 잔해가 컨베이어 벨트를 따라 움직일 때 조사관들이 잔해를 검사했다. 법의학자가 사람의 유해임을 확인하면 유해는 재난 장례 대응팀(DMORT)으로 보내졌다. DNA 검사로 20,000여 개의 사람 유해 조각 중 약 절반 정도의 신원을 밝혀냈다(Simpson and Stehr, 2003).

잔해 관리자는 분명 상황을 변화시킬 수 있다. 도움을 받으면 사람들은 때로는 사진, 할머니가 쓰시던 그릇, 반지, 중요한 서류, 골동품 또는 웨딩드레스 같은 의미 있는 물건들을 수거할 수 있다. 잔해 관리와 관련된 인간적인 손실을 이해하면, 잔해 제거를 위한 계획을 세우고 잔해를 처리하는 힘겨운 과정이 더욱 의미 있을 수 있다. 파괴된 잔해를 제거하면, 피해자들은 심리적인 회복을 향해 나아갈 수 있다. 잃어버렸던 물건을 되찾고 황폐했던 풍경이 달라지면, 사람들은 슬픔을 딛고 회복을 향해 나아가며 희망과 위안을 얻을 수 있다.

4.4.2 쓰레기 매립

분명, 대규모 재난은 막대한 양의 잔해를 발생시킨다(사진 4.4 참고). 하지만 그러한 잔

사진 4.4 2013년 7월 16일 알래스카의 앨러카누크_{Alakanuk} - 이 지역의 쓰레기 수거 시스템이 마비되어 홍수의 잔해가 알래스카의 앨러카누크 쓰레기장을 가득 채우고 있다(사진 Adam DuBrowa/FEMA).

해를 어디 버릴 것인가? 우리 중 많은 사람들이 쓰레기를 치워가도록 밖에 내놓을 뿐, 쓰레기가 어디로 가는지에 대해서는 별다른 생각을 하지 않는다. 또는 재활용 쓰레기를 내놓으면서도 이 쓰레기들이 어디로 가서 어떻게 관리되고 활용되는지에 대해서는 거의 생각하지 않는다. 앞에서 언급한 허리케인 이니키가 1992년 하와이를 강타했다. 하와이 역사상 최악의 허리케인이었던 이니키는 300만 yd³(230만 m³)에 이르는 잔해를 발생시켰다. 피해를 입은 섬은 심각한 문제에 직면했다. 예를 들어 카우아이섬의 유일한 쓰레기 매립지는 그 폭풍 전에 4년도 안 돼 용량이 다 찰 상황이었다. 하지만 이니키는 '정상적인 경우' 7년의 양에 달하는 쓰레기를 발생시켰다(Friesen et al., 1994, p. 37). 따라서 그 쓰레기 매립지를 사용할 수는 없었다. 허리케인의 잔해가 이 쓰레기 매립지를 흘러 넘치게 해서, 더 이상은 쓰레기를 버릴 수 없게 될 터였다. 그런 상황에서 최선의 선택은 잔해를 분리하고, 줄이고, 재사용하고, 재활용하고, 팔고, 규모를 줄이는 것이었다. 그렇게 하려면 어떤 단계를 거쳐야 하는지 상상할 수 있겠는가? 첫째, 잔해를 안전하게 분류하는 방법에 대해 사람들을 교육시켜야 한다. 그다음에는 그렇게 분류한 잔해로 무엇을 할 것인지 결정해야 한다. 어떤 재활용 센터를 이용할 것이며 그러한 재활용 센터는 어디 있는가? 풀과 나무은 어떻게 다시 사용할 것인가? 내부 장식품을 복원해 되팔 수 있겠는가? 이 문제에 대해서는 이 장의 뒷부분에서 알아볼 것이다.

4.4.3 지리적 위치

허리케인 이니키의 경우에서 알 수 있듯이, 지리적인 위치도 문제가 된다(Solid, 1995). 카우아이는 섬이므로 잔해를 섬 밖으로 운반하기도 어렵고 비용도 많이 든다 (Friesen et al., 1994). 예를 들어 해안지역과 열대 지역이 허리케인의 피해를 입으면, 모래와 풀과 나무 등으로 심각한 문제를 겪게 된다. 도시지역에 얼음 폭풍이 닥치면 떨어진 나뭇가지, 쓰러진 전깃줄, 접근할 수 없는 도로 등의 문제를 처리해야 할 것이다. 시골 지역에서는 강한 바람으로 귀중한 표토층이 사라지고, 지역의 농산물 생산이 어려워질 것이다. 텍사스와 루이지애나의 원유 및 정유 공장 같은 거대 산업 시설이 있는 지역에서는 잔해 안에 파묻힌 위험 물질을 관리해야 할 것이다. 지리적인 위치가 잔해 관리에 어떤 영향을 미칠지에 대해 생각해보면서, 여러분이 사는 지역을 둘러보아라. 그러면 경제적 특성, 주거지의 역사적 특성 그리고 지역의 환경 자원 등이 재난 이후 잔해로 인해 어떤 어려움을 겪게 될 것인지 설명해줄 것이다.

4.4.4 작업인력과 안전

언론 보도는 대개 재난으로 인해 사망한 사람과 부상당한 사람의 수에 초점을 맞추고, 재난 이후의 위험에 대해서는 소홀하기 마련이다. 못, 유리, 날카로운 금속, 쪼개진 나무 조각, 화학 물질, 석면, 가정에서 배출한 쓰레기, 생물성 폐기물, 떠다니는 무거운 물체 등으로 인해 부상을 입을 가능성이 있다(Solis et al., 1995). 하지만 건강과 부상에 대한 우려를 낳는 것은 잔해만이 아니다. 바닥으로 떨어진 전선, 중장비, 전기톱 그리고 위험 물질도 작업인력, 주민 그리고 자원봉사자에게 안전 문제를 일으킬 수 있다. 잔해 제거반은 한동안 현장에서 지내야 하므로 피로감이 쌓일 수 있다. 집에서 멀리 떨어져 불편한 숙소에서 임시로 지내는 생활도 스트레스를 일으킬 수 있다. 잔해 작업을 수행하는 동안 감독관은 사람들의 안전을 위해 작업 순번을 주의 깊게 배치하고, 초과 근무를 관리하며, 휴식 시간을 엄수하도록 해야 한다(Solis et al., 1995). 사람들이 개인적인 물품이나 회사 물건을 찾느라 폐허가 된 주택이나 회사를 뒤지고 다닐 수도 있으므로, 이에 대한 교육도 실시해야 한다.

작업인력은 개인 보호 장비personal protective equipment(PPE)를 제대로 사용하는 법을 교육받아야 한다. 뿐만 아니라 어려운 상황에서도 PPE를 착용하도록 해야 한다. 작업자와 자원봉사자들은 자주 휴식을 취해야 하며, 덥고 습도가 높으며 매우 추운 기후에서 장시간 일할 경우에는 특히 그러하다. 감독관은 안전 규정이 준수되고 있는지 감시해야 하며, 안전 규정이 지켜지지 않을 경우 이를 바로잡아야 한다. 잔해 수거에서부터 임시 또는 영구적 폐기 장소로 가는 것뿐 아니라, 잔해의 분류, 중장비의 사용 그리고 석면이나 생물학적 위험 물질이 포함된 잔해를 다루는 일에 이르기까지 잔해 작업의 모든 분야에 걸쳐 신중을 기해야 한다(FEMA, 2007). 추가적인 내용은 상자 4.1과 4.2를 참고하기 바란다.

이러한 안전 수칙은 대응팀 및 복구팀 전원에 확대 적용되어야 한다. 탐지견은 생존자나 사망자를 수색하는 데 중요한 역할을 하기 때문에 탐지견의 활약은 반드시 필요하다. 하지만 잔해는 사람과 마찬가지로 탐지견들에게도 똑같이 위험할 수 있다. 예를 들어 미국 도시수색구조단U.S. Urban Search and Rescue에 소속된 탐지견들은 부상을 입거나 질병에 걸리기도 한다. 탐지견들에게서 나타나는 가장 흔한 증상은 탈수와 부상이다. 피부와 귀 또는 이에 문제가 생기거나 식욕을 잃고 체중이 줄 뿐 아니라, 눈이 충혈되고 감염되기도 한다(Goron, 2012).

상자 4.1 9.11이 건강에 미친 피해

9.11이 미친 피해에 대한 장기적인 연구가 진행되고 있다. 이 연구는 초기에 세계무역센터에서 나온 잔해 물질의 흡입으로 인한 단기 및 장기적인 건강 문제가 있음을 밝혀냈다(Center for Disease Control and Prevention 2002; Landrigan et al., 2004; Lin et al., 2005; Szema et al., 2004). 이 테러 공격은 부유성 고형물, 연기, 석면, 금속, 유기 화합물 그리고 먼지 등으로 인해 수많은 호흡기 자극을 유발했다. 잔해 관리의 각 단계가 진행될 때마다 새로운 문제가 등장했다. 이 테러 공격 후 첫 12시간 동안은 부유성 물질이 건강에 가장 위협적이었다. 그다음 2주 동안은 화재, 연기, 부유성 먼지, 미립자 그리고 디젤 배기가스가 공중에 떠다니는 위험 물질에 합류했다. 사고 현장의 화재는 12월까지 계속되었고 이로 인해 디젤 배기가스, 각종 연기 그리고 미립자들이 발생했다(Landriganet al., 2004).

이러한 먼지는 사람들의 집으로 스며들어 많은 우려를 낳았으며, 이러한 먼지가 몇 센티미터 두께로 쌓이는 경우까지 있었다. 공격 후 1년이 지났을 때, 연구진은 세계무역센터 인근에 사는 주민들과 피해지역 밖에서 사는 주민들을 비교했다. 피해지역에 사는 주민들에게서 다음과 같은 증상이 지속적으로 발생했다(Lin et al., 2005).

- 눈과 코의 통증과 화끈거림
- 콧구멍과 부비강(두개골 속에서 코 안쪽으로 이어지는 구멍 – 옮긴이)의 막힘
- 목이 쉬고 목구멍의 통증
- 두통의 지속적인 재발

목구멍과 기관지의 통증은 특히 소방관들에게서 지속적으로 나타났으며(Fagan et al., 2003; Landrigan et al., 2004), 이 증상은 '세계무역센터 기침'으로 알려지기에 이르렀다(Landrigan et al., 2004). 트럭 운전사와 잔해를 취급하는 다른 근로자들도 이러한 기침뿐 아니라, 가래가 늘어나고 '쌕쌕거리며 숨을 쉬는 증상'이 새롭게 생겼다고 보고했다.

인근 건물의 청소부는 주로 히스패닉계 일용 노동자들이었으며, 이들은 영어를 하지 못했고, 건강 보험에도 가입하지 않았으며, 위험 물질을 다루는 교육도 받지 못했다. 또한 이들은 개인 보호 장비도 지급받지 못했다. 환자들은 기도의 통증, 두통, 피로, 현기증 그리고 수면 장애를 호소했다. 이러한 증상은 오염된 건물의 청소가 끝난 뒤에도 계속되었다(Malievskaya et al., 2002). 임산부에게서도 우려할 만한 점이 발견되었다. 태아의 발달에는 여러 가지 요인이 영향을 미치기 때문에 임신기의 위험에 대해 평가하는 것은 어려운 일이다. 연구 결과, 저체중아의 출산이 늘어나고 임신 기간이 단축되었다는 사실이 밝혀졌다(Landrigan et al., 2004).

회계감사원(GAO, 2007)은 '그라운드 제로'에서 일한 사람들의 건강 문제가 오랜 기간 지속되고 있다고 보고했다. 2007년 9월 11일 추도식 행사에서 사망자들의 이름이 낭독될 때, 2,974번째 이름이 추가되었는데, 이 사람은 현장에서 네 블록 떨어진 곳에서 일했던 사람으로, 세계무역센터에서 나온 먼지와 관련된 폐 질환으로 사망했다. 세계무역센터의 재난 현장에서 일한 5만 명에 대한 추적 연구가 계속 이루어지고 있으며, 여기 긴급 구조대원, 건축 노동자 그리고 시 소속 근로자 등을 비롯한 27,449명의 참여자들이 표본을 제공하고 있다. 건물의 먼지에 노출되었던 사람들은 천식, 축농증 그리고 역류성 식도염 등을 경험했다. 뿐만 아니라, 근로자 중 우울증과 외상 후 스트레스 장애(PTSD)를 앓는 사람이 늘어나고 있다는 보고도 있다. 연구자들은 '수색 및 복구를 담당한 근로자들이 정신적 육체적인 건강 문제로 지속적인 어려움을 겪고 있다'는 결론을 내렸다(Wisniviesky et al., 2011, p. 888).

이에 대해, 미국 의회는 제임스 자드로 9.11 건강보상법James L. Zadroga 9.11 Health and Compensation Act을 통과시켰고, 오바마 대통령이 이에 서명했다(자세한 내용은 http://www.gpo.gov/fdsys/pkg/BILLS-111hr847enr/pdf/BILLS-111hr847enr.pdf를 참고 바람. 2014년 7월 28일 접속). 이 법은 잔해 관련 피해로 사망한 긴급 구조대원의 이름을 따서 만들어졌다. 이 법에 따라 세계무역센터 관련 질병의 관찰과 검사 그리고 치료를 제공하는 다양한 프로그램이 제공되고 있다. 뉴욕시는 이 테러 사건으로 피해를 입은 사람들을 위한 웹사이트를 개설하고 건강 등록을 하고 있다. 자세한 정보는 http://www.nyc.gov/html/doh/wtc/html/home/home.shtml을 참고하라(2014년 7월 30일 접속).

상자 4.2 현장 근로자의 안전과 건강 문제

질병관리본부Center for Disease Control(CDC)는 잔해 제거 작업과 관련해 재난 현장의 안전을 제고하기 위한 수많은 방법을 추천하고 있다(허리케인이나 산불 같은 구체적인 재난에 대한 정보를 원한다면 웹 링크를 참고하라).

- 현장의 안전을 책임지는 책임자와 부책임자를 지정하라.
- 수행 작업과 관련된 위험에 대해 설명하라.
- 작업자에게 그 작업을 수행하기 위한 적절한 교육을 실시하라.
- 자원봉사자를 관리할 책임자를 지정하라.
- 현장 작업 중에 사람들이 착용해야 할 보호복과 장비에 대해 설명하라.

- 해당 현장에 맞는 의학적인 주의 사항에 대해 설명하라.
- 작업 시 필요한 공기 검사, 직원 관찰 그리고 환경 표본 추출 작업에 대해 설명하라.
- 작업 환경을 덜 위험하게 만들고 기존 위험요인을 완화하기 위해(예를 들어 억제 방법 등) 취할 조치에 대해 설명하라.
- 현장 통제 방법을 정하고 (예를 들어 그 지역의 안전을 확보하는 등) 현장 지도를 만들어라.
- 사람과 장비의 오염 제거와 관련된 규정을 수립하라.

이 장의 뒷부분에서 살펴볼 공공 교육 캠페인은 잔해에 대한 공공 처리 방법과 함께 실시하는 것이 현명할 것이다. 곰팡이, 전기톱의 안전한 사용, 우울증, 전기와 관련된 안전, 유기 동물 등에 관한 공지 사항과 각 재난에 맞는 건강 및 안전에 관한 정보는 http://www.bt.cdc.gov/disasters/alldisaster.asp에서 찾아볼 수 있다(2014년 7월 30일 접속).

출처: Center for Disease Control(http:/www.cdc.gov/niosh/topics/emres/burningDebris.html. 2014년 4월 15일 접속)

4.5 잔해 관리 계획 수립

잔해 관리 계획 수립은 이 과정에 참여할 지역의 협력 기관을 구하는 일에서부터 시작한다(상자 4.3 참고). 계획 수립팀에는 공공/거리 근로, 우수 배제, 쓰레기 및 오수 처리, 공공 설비 회사, 차량 관리(휘발유 및 자동차 관리), 쓰레기 매립지 운영자, 공학자, 환경 전문가, 재활용 조정 및 운영자, 공공 교육 전문가, 선출직 공무원, 회계사 그리고 법 전문가 등의 많은 부문이 포함되어야 한다(상자 4.4 참고). 뿐만 아니라 계획 수립에는 위험에 처한 지역사회의 구조물에 대한 지식, 재난과 관련된 이전 경험 그리고 임시 잔해 보관소 선정과 관련된 지식 등이 필요하다.

일단 팀이 구성되면, 다음 단계로 팀장을 뽑고, 지역의 문제와 역량을 평가하며, 계획서를 작성하고, 팀원을 훈련시켜야 한다. 잔해 관리자와 부관리자는 계획 수립팀을 이끌고 실질적인 작업을 조정해야 한다. 누가 어떤 일을 하고, 누가 누구에게 보고하는지를 규정한 조직 구성도도 작성해야 한다. 주요 직원의 연락처를 잘 작성해 보관하고 갱신해야 한다. 일단 계획이 마련되면, 재난이 발생할 때 원활한 업무 수행이 이루어질 수 있도록, 모두가 잔해 관리 절차에 대한 교육을 받아야 한다(FEMA IS-632 참고). 하지만 대규모 재난이 발생하면, 그 지역의 팀원만으로는 불충분하다. 상호 지원 협약을 통해 그 지역의 작업을 도울 추가 인원을 충원해야 한다. 게다가 재난은 여러 행정 구역에 거쳐 발생하므로, 인접한 지방 자치 정부의 협력 기관들과도 계획 수립을 함께 해두어야 한다.

상자 4.3 잔해 관리 계획 수립을 위한 체크 리스트

- 잔해 관리팀
  - 조직에 관한 목록
    - 구성원, 조직 및 (지역의) 역할
    - 지역을 포괄하는 조직의 (상호 지원) 확대
    - 연방 정부의 협력 기관을 포괄하는 조직의 확대(FEMA, USACE, EPA)
  - 연락처에 관한 정보(정기적인 갱신)
  - 정기적인 교육 실시
- 위험요인 규정과 잔해의 유형
- 피해 평가 과정
- 잔해 추정 절차
- 역량 평가
  - 기존 노력과의 연계
    - 재활용 프로그램
    - 고형 폐기물 관리 계획 수립
  - 쓰레기 매립지: 임시 매립지
    - 환경에 미치는 영향

- ○ 감소 전략
  - – 줄이고, 재사용하고, 재활용하고, 소각하기
- ○ 운송 자산
- 환경적인 문제
  - ○ 위험 물질
  - ○ 가정의 위험한 폐기물
  - ○ 공기, 물 그리고 흙
  - ○ 침식
- 역사적인 문제
- 1 단계: 초기 대응
  - ○ 도로 청소
  - ○ 공공 교육
- 2 단계: 복구
  - ○ FEMA 및 국가대응계획(ESF #3)과 함께 일하기
  - ○ 임시 현장
  - ○ 영구적인 폐기
  - ○ 계약 감시하기
- 작업 마무리하기
  - ○ 현장 폐쇄
  - ○ 환경 평가와 복원
  - ○ 재정적인 보상
- 기타
  - ○ 지도 작성
  - ○ 홍보 계획(언론 및 주민 대상)
  - ○ 상호 지원 협약
  - ○ 건강 및 안전 절차
  - ○ 회계 절차
  - ○ 조례 사전에 문서화하기
  - ○ 계약서의 초안
    - – 시간과 자재

        ○ 법적인 문제
          – 출입권
          – 면책
          – 지휘권
          – 비난
  • 사후 평가
        ○ 계획의 보고와 수정을 위한 시간

출처: FEMA, FEMA 325, 2007(http://www.fema.gov/government/grant/pa/demagde.shtm, 2008년 7월 28일 접속); Solis et al., 2008; FEMA, Independent Study 632: Debris operations, n.d.(http://training.fema.gov/IS/crslist.asp, 2008년 7월 28일 접속); Environmental Protection Agency (EPA), Planning for Disaster Debris, U.S. Environmental Protection Agency, Washington, DC, 1995.

상자 4.4 법적인 문제

스탠포드 법 504항에는 재난이 발생하면 연방 정부가 지원을 제공할 수 있다고 명시되어있다. 하지만 법적인 문제를 고려하지 않을 수 없다. 예를 들어, 만일 여러분이 주택 소유주나 세입자인데 현장에 없었다면, 누군가 아무런 통보도 없이 허락도 받지 않고 여러분의 집에 들어와 물품을 제거하기를 원하겠는가? 만일 불도저가 소중한 추억이 담긴 기념품을 파가서 다시 볼 수 없게 된다면? 공중 보건, 공공의 안전 또는 경제적인 복구를 위협받는 것과 같은 일부 상황에서 공무원들은 여러분의 사유 재산지에서 잔해를 제거할 수 있다. 주택 소유주가 보험에 가입하지 않아 제거 비용을 지불할 수 없을 때, 행정 당국에서 사유 재산지에 들어와 잔해를 제거할 수 있다. 하지만 무엇보다 지역 당국은 '출입권right of entry'이나 '면책hold harmless' 동의서이라 불리는 것을 확보해야 한다. 잔해 제거를 위해 계획을 수립하는 행정 당국은 법률 고문과 함께 일하는 편이 현명하다. 제1장에서 보았듯이, 허리케인 카트리나가 뉴올리언스를 강타한 후에 황폐해진 사유지가 몇 년 동안 그대로 방치되어있었다. 뉴올리언스시 당국은 잡초가 무성하게 자라, 설치류가 들끓고, 범죄 지역이 될 우려가 커가는 이곳을 깨끗이 청소하기 위해 법에 따라 움직여야 했다. 유감스러운 것은 다시 그 집터로 돌아오지 않은 주택 소유주 대다수가 저소득층이라 그곳에 더 큰 건물을 다시 지을 수도 없었다는 사실이다.

미국에서 FEMA는 법률 담당 직원은 다음 사항을 책임져야 한다고 권고한다.

- 모든 계약서를 검토한다.
- 임시로 잔해를 관리할 부지를 위해 토지 획득 절차를 확립하고 이를 검토한다.
- 모든 보험 증서를 검토한다.
- 작업 이전, 중간 그리고 이후에 환경적 · 역사적 보전 사항을 준수했는지 확인한다.
- 잔해 처리 부지의 복원과 폐쇄 요건을 준수하는지 확인한다.
- 건물에 대한 안전 부적합 판정을 내리는 과정을 확립하고 이를 검토한다.
- 사유 재산의 철거와 잔해 제거를 위한 법적인 과정을 확립하고 이를 검토한다.
- 출입권과 면책 합의문을 검토한다.

출처: https://www.fema.gov/public-assistance-local-state-tribal-and-non-profit/debris-manage ment-guide#4, 2014년 7월 14일 접속.

4.5.1 잔해 관리 계획 수립의 주기

잔해 관리 계획 수립과 작업 주기는 4단계로 나뉘는데, 이는 정상, 준비, 대응 및 복구이다(Swan, 2000). 정상적인 업무는 계획 수립을 실행하기 위한 적절한 시기이다. 더 많은 입장을 반영해야 더 폭넓은 의견을 모으고, 협력 기관을 찾으며, 더 현실적인 작업 평가를 할 수 있고, 재난 이전에 의사소통을 원활히 할 수 있으므로, 지역의 계획을 수립하는 사람은 다양한 협력 기관을 찾고 참여를 권장하여 이들을 계획 수립 과정에 참여시켜야 한다(Swan, 2000). 정상적인 업무 기간 중에는 잔해를 처리할 임시 및 영구 부지를 결정하고, 계약 내용을 모니터링하기 위해 적절한 유형의 계약을 맺고 절차를 수립해야 한다(Swan, 2000). 뿐만 아니라 이 시기에는 계획 수립을 지역의 잔해의 감소와 재활용 및 재사용 노력을 이끌어낼 기회로도 활용할 수 있다.

준비를 갖추는 기간 중에 재난이 임박하거나 위험한 계절이 돌아올 수 있다. 이 기간은 준비를 하는 시기이다. 계약에 언급되어있는 사람들은 물론, 직원들도 계획상의 책임에 대한 교육을 받아야 하며, 연방 회계 규정을 지키는지 확인하고, 공공 교육 캠페인에 착수해야 한다. 교재를 개발하거나 점검해 재난이 발생한 직후에 공공 교육 캠페인을 시작할 수 있게 해야 한다.

대응 단계의 초기(짤막하게 언급했던)에는 공공 근로와 수색 및 구조 작업을 위해 도로를 청소하는 환경 미화원이 개입하게 된다. 이 시기에 공무원들은 다양한 종류의 쓰레기를 관리할 회사와 계약을 맺어야 한다. 자금뿐 아니라 다양한 종류의 잔해를 관리할 전문가 등 외부의 자원이 필요할 때는 지역 및 연방 정부와도 협력 관계를 맺어야 한다(Swan, 2000). 이 시기는 잔해를 신속하고 적절하며 신중하게 제거할 토대를 마련하는 시기이다.

재난의 규모와 범위에 따라 잔해 제거에는 몇 주, 몇 달 또는 몇 년이 걸릴 수도 있다. 그리고 여러분은 잔해 관리의 계획 수립 부분을 반드시 잘 해내야 한다. 앞에서 설명했듯이, 오하이오 샌더스키Sandusky의 어느 계획 수립 담당자는 대규모 폭풍을 겪은 뒤에 "우리는 모든 일을 다 잘못 처리했다"고 말했다. 계획도 세우지 않고 잔해를 빨리 제거하려다 보니, 더 많은 잔해를 만들어낸 셈이 된 것이다(Steuteville, 1992). 시간이 걸리긴 하지만 계획 수립에는 그만한 가치가 있다(미국 연방 정부의 절차는 상자 4.5 참고).

상자 4.5 미국의 ESF #3

미국 대통령이 재난 선포를 하면 FEMA는 공공 구제 프로그램Public Assistance Program(PAP)을 통해 지원을 제공한다(FEMA, 2010). 어떤 상황에서는 국가 대응 체계(NRF)가 발효되기도 한다. 이러한 일이 발생하면, 재난 지원 기능 #3(ESF #3) '공공 근로Public Work'에 따라 피해를 입은 지역 정부에 지원을 제공한다. 미국 육군 공병단과 국방부는 주도권을 가진 조직으로서 NRF에 의해 FEMA와 관련 기관들의 지원을 받는다.

이들이 수행해야 하는 임무는 도로의 잔해를 제거하고, 이를 임시 및 영구적인 폐기장으로 옮기고, 계약서 이행 감시를 지원하며, 파괴된 구조물을 철거하는 것 등이다. 주州 정부는 잔해를 처리할 수 없는 상황일 때 이러한 임무를 실시해달라고 요청한다(FEMA, 2007). FEMA와 다른 조직은 상당히 많은 지원과 전문가를 제공할 수 있다. 하지만 시 정부는 상황 문제를 확실히 하기 위해 계약서를 작성하고, 부지를 선정하고, 회계 절차를 밟는 데, 연방 정부의 규정과 절차에 따르는 데 최대한 신중을 기해야 한다. FEMA는 잔해 제거 비용의 75%까지 제공할 수 있으며, 이는 지역의 납세자 — 여러분과 같은 — 들에게 커다란 도움이 된다. 잔해 제거에는 '나무와 풀의 잔해, 일부 건물의 잔해, 파괴된 건물 내부의 물품, 모래, 진흙, 토사, 자갈, 차량 그리고 공공용지에는 또한 매우 드문 경우지만 사유지에 버려진 기타 재난 관련 물질'이 포함된다(FEMA 2014, http://www.fema.gov/public-assistance-eligible-work 참고, 2014년 7월 14일 접속). FEMA의 잔해 관리 지침debris management guide(FEMA 325)은 https://www.fema.gov/public-assistance-local-state-tribal-and-non-profit/debris-management-guide에서 찾을 수 있다.

4.5.2 초기 대응

재난 직후의 잔해 관리 작업은 인명을 구하고 해당 지역의 복구를 촉진할 수 있으며, 또 그래야 한다. 잔해 대응 초기에는 긴급 도로 잔해 청소가 실시된다(FEMA, 2007). 여러분이 사는 지역에 대규모 재난이 일어났다고 가정해보자. 어떤 길을 가장 먼저 치워야 할까? 분명 주요 간선 도로부터 시작해야 할 것이다. 그래야 긴급 구조대원들이 수색과 구조를 한 후 피해자를 병원으로 옮길 수 있다. 정부 청사로 가는 길이 그다음 우선순위를 갖는데, 그래야 관리들과 공무원들이 대응과 복구를 지휘할 수 있기 때문이다. 지원형 생활 시설과 같은 인구 밀집 지역, 학교, 양로원도 우선순위를 갖는다. 주거 지역의 도로도 치우고, 약국, 의료품 공급 회사, 식료품점 같은 주요 상점으로 가는 길도 치워야 한다.

보통 재난 시의 도로 청소는 잔해를 분류하지 않고 길옆으로 밀어두는 작업이다. 해당 지역의 시 정부는 외부의 장비와 인력을 들여와 잔해를 신속하게 제거하기 위해 '시간과 물자'에 관한 계약을 맺는다. 미국에서 이러한 계약은 70시간의 노동으로 제한되며, 지역의 건설 회사처럼 시 소속이 아닌 회사와 계약을 맺을 수도 있다(FEMA, 2007).

도로변이 상대적으로 깨끗해지면, 잔해 작업은 복구라는 다음 단계로 이동한다. 잔해를 길옆으로 밀어두는 것은 오해를 사기 쉬워서 집 안에서 나오는 잔해도 그곳에 그렇게 버려야 한다고 생각하게 만들 수 있다. 이러한 현상을 피하려면 신속하게 공공 교육 캠페인을 실시해서 나중에 잔해를 분리할 사람을 고용하는 비용을 줄여야 한다.

4.5.3 잔해 복구 및 작업

쓰레기 관리 직원들은 아주 중요한 역할을 한다. 이들은 쓰레기의 적절한 처리를 통해 환경 보전에 기여한다. 이들은 못 쓰게 된 잔해를 수거해 우리의 개인적 그리고 집단적 건강을 지키는 방식으로 이를 처분한다.

장기 복구 작업을 벌이는 동안 지역의 공무원들은 두 가지 일을 동시에 처리해야 한다. 첫째, 가정에서 나오는 잔해를 분류해 처리하는 법을 사람들에게 교육시켜야 한다. 사람들이 재건에 착수하려 할 때 즉시 이러한 노력을 시작해야 한다. 둘째, 잔해를 적절히 분류해 처분할 업체들과 함께 일해야 한다. 공무원들은 계약한 업체들이 잔해 분리를 제대로 해서 물품을 소각장, 고철 수집소, 플라스틱 재활용 시설 그리고 기타 적절한 잔해 저감 시설로 보내는지 면밀히 감시해야 한다(FEMA, 2007). 공무원들은 또한 작업 일지, 잔해의 양, 진행 상황, 안전 등의 사항을 기록해야 한다. 미국 연방 정부는 피해 지역의 자치 정부에 배상을 하기 전에 이러한 면밀한 감시 과정을 요구한다.

미국에서는 두 가지 유형의 계약이 자주 이루어지는데, 이는 단가 계약unit price contract과 정액 계약lump-sum contract이다(FEMA, 2010). 단가 계약은 잔해의 종류와 양이 불분명할 때 이루어진다. 따라서 단가 계약은 잔해의 전체적인 규모가 밝혀지는 데 따라 계약 내용을 변경할 수 있다. 하지만 잔해의 총량을 확정하기 위한 엄밀한 회계를 밟아야 한다. 정액 계약도 이루어진다. 이 계약은 수행해야 할 작업의 양과 지불해야 할 비용이 정해진 계약을 말한다. 정액 계약은 면적 방식area method이나 통과 방식pass method으로 이루어진다. 면적 방식은 계약업체가 잔해를 수거할 때 지리적인 면적에 의거한다. 통과 방식은 정해진 비용으로 3주일 동안 일주일에 한 번씩 계약업체가 해당 지역을 지나가는 방법을 말한다. 다른 계약을 할 때처럼, 잔해를 운송하고 처분하는 과정을 면밀히 감시해야 하며, 분리는 제대로 하는지, 환경을 오염시키지는 않는지, 속임수를 쓰지는 않는지 등을 검사해야 한다. 정액 계약은 주택 소유주가 복귀해 자신들의 잔해를 처리하는 데 시간이 걸리는 상황에서 유용하다.

4.5.4 공공 교육 캠페인

시민들을 참여시키려면 이상적으로는 재난이 발생하기 전부터 시작되는 사전 계획된 교육 프로그램이 필요하다(Friesen et al., 1994). 그 지역의 웹사이트와 다른 소셜 미디어 도구를 활용하면, 시민들에게 잔해를 적절히 분리하고 재활용하며 재사용하고 처분하는 법을 교육할 수 있다. 언론은 공공 정보가 담긴 메시지를 방송하고, 기자들을 잔해 처리 장소로 보내며, 주민의 참여를 독려할 수 있다.

공공 교육을 위한 다른 방법으로는 집집마다 방문해 정보를 배포하는 것도 있을 수 있다. 지역의 모임, 학교, 도서관, 재난 지원 센터, 예배당, 상점 그리고 식당에 공공 교육용 자료를 비치할 수도 있다. 그렇다면 시민들은 무엇을 알아야 할까? 교육자는 수거 일정, 분리 및 처분 방법, 위험한 쓰레기를 어디에 어떻게 버리는지, 잔해를 치우는 인력을 어떻게 구분하는지, 불법적인 쓰레기 투기를 어떻게 보고하는지 등을 사람들에게 알려야 한다. 노인이나 장애인에게는 어디서 어떻게 공공 구제를 받을 수 있는지도 알려야 할 것이다(FEMA, 2007). 노스리지 지진 이후에 정부는 영어, 스페인어, 한국어를 하는 다언어 전화 안내 시스템을 운영했다(EPA, 1995).

시민들은 시 정부가 자신들의 사유지에 출입하는 것에 대해 그리고 자신들의 권리에 대해, 또한 시 당국이 오염과 철거를 어떻게 수행할 것인지에 대해 걱정하며, 그러한 걱정을 누구에게 호소해야 할지 궁금해한다. 사람들은 '방호복을 입은 저 사람들은 누구이며, 저 사람들이 내 차고에서 뭘 하는 거지? 차고에 해로운 거라도 있는 건가?'라며 궁금해한다. 공공 교육 캠페인은 시민들의 책임과 여러 가지 선택권을 그 지역 시민들에게 알리는 일이다. 이 캠페인은 잔해 복구 작업에 착수하기 위한 수단 역할을 한다. 시민들의 지지 없이 잔해 작업을 완수하는 것은 불가능하다.

4.6 잔해를 줄이는 법

재난이 발생한 뒤에 쌓이는 잔해의 양에 대해 다시 생각해보자. 아마 '이걸 어디에 버려야 하지?'라는 생각이 먼저 들 것이다. 초기 대응 이후의 출발점은 영구적으로 쓰레기 매립지로 갈 잔해의 총량을 줄이는 것이다. 잔해 관리팀은 이를 위해 여러 가지 방법을 동원한다.

4.6.1 재활용

표 4.3과 같이 놀라운 양의 잔해를 재활용할 수 있다. 다행히 재활용은 전 세계적으로 많은 지역에서 이루어지고 있다. 계획을 수립하는 사람은 쓰레기 매립지로 가는 양을 줄이기 위해 지역의 재활용 업체를 활용해야 한다. 그렇게 하면, 잔해 제거 비용을 줄이고 일말의 수익까지 얻을 수 있다. 캘리포니아의 노스리지에서 지진이 발생한 후에 재활용 시설의 평균 비용은 1톤당 21.55달러였지만, 다른 쓰레기 처분 시설의 비용은 1톤당 24.92달러였다. 뿐만 아니라 교통과 인력을 포함한 간접비용까지 아낄 수 있다(EPA, 1995).

가장 보편적인 재활용은 깨끗한 나무나 풀의 잔해를 식물의 뿌리 덮개로 사용하는 것이다. 뿌리 덮개를 해주면 주변의 미관을 살리고 환경에도 이롭다. 루이지애나 주립대학교Louisiana State University(LSU)는 그 지역 제지 공장에서 빌린 분쇄기로 허리케인 앤드류로 인해 쓰러진 나무를 재활용했다. 이들은 나무나 풀의 잔해를 대학 구내의 나무 뿌리 덮개로 사용했다(Steuteville, 1992).

재활용을 실시하고 있는 나라는 재난이 발생할 경우 유리하다. 하지만 일부 개발도상국은 '경제적 · 기술적 자원과 전문 지식'이 부족해 어려움을 겪으며, 개발도상국 중에 재난 폐기물 관리 계획을 세울 여유가 있는 나라는 거의 없다(Brown et al., 2011, p. 1088). 2004년 스리랑카에 쓰나미가 발생한 후에 10만 채 이상의 주택에서 450,000톤의 잔

표 4.3 재난 이후의 재활용 방법

잔해 물질	방법	처음 적용된 시기
진흙, 모래, 흙	채와 진동기를 이용한 선별검사를 통해 유독한 성분이 있는지 평가한 후 농지에 표토층으로 사용하거나 거주지 또는 쓰레기 매립지를 덮는 용도	1993년 미주리 홍수
자갈	갈아서 아스팔트 도로를 재포장할 때 사용	허리케인 이니키
이동식 주택, 현관이나 베란다, 차량 등에서 나온 금속	(전자석 등을 이용해) 분류한 뒤 고철 수집 업체에 판매	미주리 홍수 파키스탄 지진
백색 가전(가전제품)	고철 수집상에 판매	미주리 홍수
건축 자재	비닐 판자, 창문, 캐비닛, 단열재, 가전제품, 가구, 전선, 못 등은 중고 가게에 팔거나 기부	미주리 홍수
나무, 나뭇가지	식물의 뿌리 덮개, 퇴비, 장작, 숯, 보일러 연료로 사용할 수 있도록 주택, 공원, 사업체, 제지 공장, 학교, 보일러를 사용하는 회사 등에 나눠줌. 바이오 연료로 전환함	허리케인 앤드류 허리케인 휴고 허리테인 이니키 허리케인 미치 로마 프리타 지진 슈퍼 태풍 샌디
역사적 유물	건물을 재건할 때 사용하기 위해 따로 보관함	텍사스 랭커스터 토네이도 로마 프리타 지진
콘크리트와 도로 재료	환경법의 허용 범위 내에서 도로의 기반층이나 해안 간척에 재사용함. 잘게 부숴 주택의 기초를 다지는 물질로 사용함	고베 지진 아이티 지진

출처: Environmental Protection Agency (EPA), "Planning for Disaster Debris", U.S. Environmental Protection Agency, Washington, DC, 1995; "FEMA, FEMA 325, 2007", available at http://www.fema.gov/government/grant/pa/demagde,shtm; Brickner, R., "How to manage disaster debris", C&D Debris Recycling, 1994, pp. 8-13.

해가 배출되었다. 해당 지역의 자금이 부족하고 정치적 의지가 약해서 사전 계획 수립은 이루어져 있지 않은 상태였다. 전문가들은 '스리랑카에서 구체적인 재난 폐기물 관리 산업을 기대하는 것은 거의 불가능하다'고 지적했다(Karunasena et al., 2009, p. 183). 재활용 시설이 없기 때문에 스리랑카와 다른 피해 국가에서 즉각 문제가 발생했다. 쓰레기 매립지가 없어 문제는 더욱 심각해졌다. 스리랑카와 쓰나미의 피해를 입은 다른 국가에서는 잔해를 해안, 석호 그리고 환경적으로 취약한 다른 지역을 비롯한 부적절한 장소에 버렸으며, 야외에서의 소각도 이루어졌다(Brown et al., 2011). 이에 대해 UN은 몰디브, 인도네시아 그리고 스리랑카에서 쓰레기 관리 시설을 세우도록 지원했다.

4.6.2 재사용

이제 많은 나라에 문, 창문, 찬장, 캐비닛, 경첩, 문손잡이 그리고 기타 건축 자재를 취급하는 중고 가게가 생겼다. 사전에 계획을 세우는 지역이라면, 지역 쓰레기 매립지에 미치는 피해를 줄이고, 좋은 의도로 물건을 재사용하며, 주민들의 재건 과정을 돕기 위해 철거 담당 자원봉사자들이 무엇을 할 수 있을지 생각해보아라. 아니면 재난이 발생한 후에 많은 자원봉사 단체가 재건을 도우러 올 것이다. 이들 단체 중 일부는 여러 해 동안 일할 것이므로, 이들은 버려진 탁자, 의자 그리고 기타 가구로 자신들의 임시 사무실을 꾸밀 수도 있을 것이다.

1993년 미주리의 링컨Lincoln 카운티에서 중서부 대홍수Midwest Floods가 발생한 후에 이 카운티의 직원들이 주택에서 외장용 자재, 창문, 자갈, 단열재, 캐비닛, 서까래, 마루 그리고 그 밖의 많은 물품들을 수거했다. 당시에 철거 계약업체는 이러한 물품들을 팔거나 기부할 수 있었다. 고철 수집 업체는 가전제품을 수거하는 것을 허락받았다(EPA, 1995). 이와 유사하게 슈퍼 태풍 샌디도 나무를 재활용할 수 있는 기회를 제공해주었다. 뉴저지에서는 파괴된 보드워크boardwalk(해변이나 물가에 판자를 깔아 만든 길 – 옮긴이)가 해변으로 가는 새 길을 까는 데 재사용되었다(사진 4.3 참고).

4.6.3 소각

잔해는 소각으로도 줄일 수 있다. 하지만 열린 공간에서의 소각은 환경법에도 허용되지 않고 추천할 만한 방법도 아니다. 그렇게 되면 그 지역 공기에 좋지 않은 영향을 미치게 되고, 천식이나 만성 폐쇄성 폐질환과 같은 호흡기 문제가 있는 어린이와 어른에게 특히 좋지 않다. 뿐만 아니라 마구잡이로 이루어지는 소각은 산불을 일으킬 수도 있다. 만일 소각을 한다면, 나무나 풀의 잔해에 한정되어야 한다(FEMA, 2007; 2010).

열린 공간에서 통제된 소각을 하는 것이 더 바람직한 방법이다. 그러한 소각은 깨끗한 나무 잔해에 한정되어야 한다. 이때 부산물로 생기는 재는 농사에 비료로 사용될 수 있다(FEMA, 2007). 통제된 소각에는 에어 커튼 핏 소각air curtain pit incineration과 이동용 에어 커튼 소각portable air curtain incineration이라는 두 가지 방법이 있다.

에어 커튼 소각을 하려면 구덩이를 파고 블로어blower(고무로 된 튜브의 압력으로 바람을 뿜어내는 기구 - 옮긴이)를 설치해야 한다. 블로어는 불에 공기를 제공하고 연기와 작은 파편을 가두는 역할을 한다. 적절한 통제를 하고 정해진 방법에 잘 따르면, 소각으로 시간당 25톤의 잔해를 태울 수 있다. 이동용 에어 커튼 소각(사진 4.5 참고)은 현장에 구덩이를 파기보다 미리 만들어져 있던 구덩이를 사용한다. 소각은 쓰레기 매립지의 용량을 늘리고 비용 대비 효과적인 쓰레기 감소 전략이다. 연기의 농도, 폭발 예방 그리고 유해 물질의

사진 4.5 크라울리Crowley에서 허리케인으로 인한 잔해의 양을 줄이기 위해 에어 커튼 소각이 이루어지고 있다(사진 Bob McMilan/FEMA).

방출이나 오염에 대비해 환경 통제도 이루어져야 한다(FEMA, 2007). 구덩이의 위치를 선정하는 데도 신중을 기해야 한다. 여러분은 100에이커에 걸쳐 수 톤의 잔해가 쌓여있는 임시 쓰레기장의 잔해에 소각으로 인해 화재가 발생하면 어떤 일이 벌어질지 상상할 수 있을 것이다.

4.6.4 갈고 조각내기

갈고 조각을 내면 나무나 풀의 잔해를 4대 1의 비율로 줄일 수 있으며, 이는 4yd^{3}의 잔해를 1yd^{3}로 줄일 수 있다는 것을 의미한다. 이러한 감소는 소각만큼 효율적이지는 않지만, 갈고 조각내서 깨끗한 잔해를 재사용하면 경제적으로 그리고 환경적으로 이로울 것이다. 지역사회는 이것들을 나무 조각이나 뿌리 덮개로 팔거나, 공립학교, 보건시설 그리고 농업 지역으로 보낼 수 있다. 자연적인 위험요인으로 인해 표토층이 제거된 지역에서는 이와 같은 재사용으로 표토층을 되살리고 식물과 작물의 수분을 유지할 수 있다(FEMA, 2007).

분쇄기는 많은 양의 잔해를 처리할 수 있지만, 그 결과로 나온 뿌리 덮개용 잔해를 보관해두려면 넓은 공간이 필요하다. 하지만 과거에 뿌리 덮개는 주민, 조경업체 그리고 피해 입은 자산의 미적인 측면을 복원하려는 사람들로부터 많은 인기를 누렸다. 따라서 뿌리 덮개가 빨리 쌓여간다 해도 이를 여러 곳으로 보낼 계획을 세우는 게 좋을 것이다. 치퍼는 쓰러진 나뭇가지와 나무 등을 잘게 써는 데 사용된다. 그렇게 하면 뿌리 덮개를 해당 지역에서 사용할 수 있을 뿐 아니라 운송비용도 줄일 수 있다(FEMA 325, p. 48).

허리케인 이니키가 발생한 후에 정부는 잔해를 줄이고, 재사용하고, 재활용하기 위한 방법을 찾기 위해 FEMA와 협조하며 전문가의 자문을 구했다. 카우아이 카운티에서 잔해 관리팀은 녹색 쓰레기는 뿌리 덮개용으로 분리하고, 나무는 설탕 공장에서 보일러에 사용하도록 팔았으며, 금속 조각은 금속 시장에 팔고, 건축 자재를 위한 재사용 센터를 세우고, 아스팔트 자갈은 갈아서 도로의 기반으로 활용했다(Friesen et al., 1994).

4.7 잔해 관리 부지

운송된 잔해는 분류해야 감소 및 분리 작업에 들어갈 수 있다. 뿐만 아니라 테러와 같은 특수한 사건의 경우 법의학적 증거와 사람의 유해 때문에 추가 전담반이 필요할 수도 있다. 많은 경우 잃어버린 물건을 수거해 주택 소유주에게 돌려주기 위한 노력도 이루어진다. 임시 폐기용 부지와 영구적인 폐기 장소도 잘 관리해야 한다.

4.7.1 임시 부지

임시 부지는 재건 장소로부터 멀리 떨어진 곳에서 잔해를 관리할 시간을 준다(Friesen et al., 1994; 사진 4.6 참고). 임시 잔해 보관소는 환경 피해 가능성을 평가받아야 한다. 예를 들어 임시 부지는 작업 중에 물, 토양, 대기를 오염시켜서는 안 된다. 임시 부지에는 재,

사진 4.6 미국 육군 공병단이 임시 잔해 관리를 하기 위해 뉴욕의 브리지 포인트 Breezy Point 지역을 폐쇄했다(사진 Tim Burkitt/FEMA).

위험한 폐기물 그리고 연료 기름이 토양이나 유역으로 스며들지 않도록 라이너liner를 깔아야 할 수도 있다. 또한 위험한 물질이 흐르는 것을 방지하거나 줄이기 위한 조치도 필요할 것이다. 결국 잔해에는 화학 물질 저장함, 석유, 휘발유, 기타 해로운 물질이 포함되어있을 수 있다. 임시 잔해 저장 및 감소용 부지를 마련하는 데 필요한 기준은 상자 4.6을 보아라(FEMA, 2007; 2010).

상자 4.6 임시 잔해 저장 및 감소용 부지(TDSR)의 기준

- 부지의 소유 문제
  - 공공 부지인가 아니면 사유지인가? 얼마나 오랫동안 사용 가능한가? 비용이 드는가?
- 부지의 크기
  - 100만 yd³(76만 m³) 의 잔해당 100에이커가 필요하다. 부지가 잔해를 분류하고, 들여오고 내가며, 감시하고 저장하고 감소 조치를 취할 수 있을 만큼 충분히 넓은가?
- 부지의 위치
  - 장비가 부지로 쉽게 들어오고 나가며 부지에 머물 수 있는가? 부지가 교통 여건이 좋은 도로와 가까운가? 지하수나 습지를 오염시킬 가능성이 있는가? 사용 전의 환경 조건은 어떠했는가? 위험에 처한 종이나 취약한 생태계가 있는가? 해당 부지가 역사적 · 고고학적 가치가 있는 곳으로 평가받은 적이 있는가? 부지사용이 지역 주민과 사업체에 피해를 줄 것인가?

출처: Federal Emergency Management Agency, FEMA IS-325.

임시 부지는 편리한 장소에 있어야 하지만, 그렇다고 해서 교통 혼잡을 가중시켜서는 안 된다. 재난이 발생하면 길이 막히거나 폐쇄될 수도 있다는 것을 기억하라. 임시 부지는 호흡기에 문제가 있는 주민이 유독한 연기로 피해를 입는 일이 없도록 주거지에서 멀리 떨어진 곳이어야 한다. 또한 차량이 부지로 쉽게 드나들 수 있어야 검사, 감시 및 폐기 업무를 지체 없이 처리할 수 있다. 잔해는 저감 노력을 지속하기 위해 그리고 남은 잔해를 쓰레기 매립지로 보내기 위해 '계속적인 흐름'을 유지하고 있어야 한다(FEMA, 2007). 일단 작업이 끝나면, 오염으로 인한 피해가 있었는지를 확인하고, 이를 바로잡기 위한 조치를 취하기 위해 또 다른 환경 평가를 해야 한다. 주 정부와 연방 정부의 환경 보호 부서는 이러한 과정에서 협력 기관의 역할을 해야 한다. 이상적으로 이 부지는 재난 이전의 상태로 돌아가야 한다.

슈퍼 태풍 샌디는 잔해 관리팀에 수많은 어려운 과제를 안겨주었다. 샌디는 대규모 도시지역에 피해를 입혀 임시 및 영구 부지로 가는 길이 제한되어있었다. 또한 해변, 주거지, 고층 건물, 병원, 사업체 등 다양한 지역이 피해를 입었다. 임시 부지는 잔해 분류 작업을 하기 위한 곳이었고, 따라서 적절한 분류 및 감시를 할 수 있었다. 고도로 개발된 도시지역에서는 임시 부지로 활용할 수 있는 곳이 많지 않아, 공공 부지가 사용되었다.

4.7.2 영구 부지: 매립지

미국 전역의 기존 쓰레기 매립지는 해당 지역의 고형 폐기물, 생물 반응 폐기물bio-reactor waste, 건축 및 철거 폐기물 그리고 산업 폐기물을 버리는 곳을 말한다(EPA, 2007). 쓰레기 매립지는 전국에 걸쳐 있지만, 일부 매립지는 수명이 거의 다 된 것으로 알려져 있다(EPA, 2006). 30~50개 주州에서 쓰레기 매립지의 수용 능력을 늘리고 있긴 하지만, 단 한 번의 재난으로 그 수명이 다할 수도 있다(Simmon, 2006). 따라서 영구 매립지는 신중하게 이용해야 평시의 고형 쓰레기 처리에 문제를 겪지 않는다.

기존 쓰레기 매립지를 이용하는 것은 상당히 신중해야 한다. 첫째, 특정 물품을 어디에 폐기할 것인지 사전에 결정해 두어야 한다. 둘째, 꼼꼼한 감독으로 재난 잔해로 인해 토양과 지하수가 오염되지 않게 해야 한다. 셋째, 이 장의 앞부분에서 서술한 것처럼, 잔해를 줄이고 재사용하고 소각하고 재활용하기 위해 각고의 노력을 기울여야 한다.

테러 사건의 경우, 수사 기관 및 범죄 기소에 관련된 다른 기관을 돕기 위해 신중을 기해야 한다. 뉴욕에서 세계무역센터 건물이 파괴되었을 때, 이 사건에는 뉴욕시 재난 관리본부Office of Emergency Management와 FBI가 관여했다. 현장의 잔해 제거 작업은 무기, 탄약 그리고 이 사건의 증거를 발굴하고 검사하기 위해 신중하게 이루어졌다. 잔해 제거

팀이 그라운드 제로에서 스태튼섬Staten Island에 있는 프레시 킬스 매립지Fresh Kills Landfill로 잔해를 옮길 때, FBI 요원들이 손으로 잔해를 검사했다. 매립지에서는 프런트 로더front loader 작업자들이 잔해를 드넓은 지역에 펼쳐놓아 검사할 수 있도록 했다. 그러면 FBI 요원과 경찰이 갈퀴나 손으로 잔해를 수색했다. 이 작업이 끝나면, 버킷 로우더bucket loader 작업자들이 이 잔해를 다른 지역으로 옮겼고, 그곳에서 작업팀이 셰이커 스크린shaker screen을 이용해 사람의 유해와 개인적인 물품을 비롯한 물품을 더 수색했다(Swan, 2002). 전체적으로 150만 톤에 달하는 잔해가 4~6번에 걸쳐 분류되고 검사되었다. 잔해 관리에는 FBI, 긴급 구조대원(소방대원 및 경찰), 계약 업체 그리고 시 공무원의 협업이 요구된다. 사람의 유해를 찾고, 분류하고, 수거하는 데는 각별한 주의가 필요하다.

4.8 요약

잔해는 장애물이면서 기회이다. 잔해 관리자는 두 가지 주요 단계로 잔해를 제거해야 하는데, 수색과 구조를 진행할 수 있도록 하는 긴급 도로 청소와, 복구 기간 중의 장기적인 제거가 있다. 잔해는 수많은 어려운 문제를 만들어낸다. 이러한 어려움 중 일부는 위험요인의 유형과 이로 인해 만들어지는 잔해에서 비롯된다. 홍수, 토네이도, 지진, 테러는 모두 비슷하면서도 동시에 다양한 종류의 잔해를 만들어낸다. 잔해 관리에 관여하는 사람들은 도로 전담반에서부터 법의학 수사관에 이르기까지 다양하다. 잔해 관리를 위한 계획 수립을 통해 잔해 제거팀이 일하는 방식과 절차가 결정된다. 재난 이전 계획 수립이 최선이지만, 대부분의 잔해 제거 계획 수립은 재난이 발생한 후에 이루어진다. 잔해 계획 수립에는 잔해의 양과 종류를 추정하는 과정이 포함되어야 한다. 미국에서는 잔해를 계산하기 위한 여러 가지 공식이 개발되었으며, 따라서 계획을 수립하는 사람들은 자신들이 처리해야 할 잔해의 양을 예상할 수 있다.

잔해를 빨리 제거하고 일상을 복원하고 싶은 마음이 간절하다 해도, 잔해를 다룰 때는 신중을 기해야 한다. 첫째, 잔해에는 사람의 유해가 포함되어있을 수 있다. 산사태나 폭발 같은 사건의 경우, 사람의 유해를 수거하는 일은 복잡하고 시간이 오래 걸린다. 뿐만 아니라, 사람들의 사유 재산이나 애완동물이 잔해 더미 밑에 있을 수도 있다. 둘째, 일부 재난은 범죄 및 테러와 관련이 있으므로, 잔해에 범인을 찾기 위한 단서가 들어있을 수도 있다. 셋째, 사건이 일어난 장소에 따라 잔해 제거가 더 어려워지기도 한다. 예를 들어, 섬이나 도심인 경우 임시적으로 그리고 영구적으로 잔해를 처리할 만한 장소가 부족할 것이다. 넷째, 어마어마한 잔해를 처리하기에 매립지의 용량이 부족할 수 있다.

잔해 관리 계획 수립은 단계별로 이루어진다. 평상시에 미리 계획을 수립하고 교육을 실시해야 한다. 그렇게 해야 재난이 발생한 후 잔해 작업을 더 능률적으로 그리고 더 신속하게 처리할 수 있다. 초기 대응 계획 수립은 잔해 관리팀이 피해지역에 어떻게 접근할 것인가에 초점을 맞춰야 한다. 이는 생명을 살리기 위한 조치이다. 장기 계획 수립은 재난으로 인해 발생한 잔해 더미로 무엇을 할 것인가에 초점을 맞춰야 한다. 잔해는 적절하게 다뤄져야 한다. 첫 단계는 잔해의 양을 줄이는 일이다. 이것은 잔해를 통제된 소각, 재활용 또는 재사용함으로써 가능하다. 잔해를 줄이는 전반적인 목적은 영구적으로 매립지로 갈 잔해의 양을 줄이는 것이다. 이를 위해서는 잔해를 적절히 분류하는 법에 대해 사람들을 교육시켜야 한다.

4.9 마무리 문제

4.9.1 요약 문제

1. 자연적 재난, 기술적 재난 그리고 테러로 인해 발생한 잔해의 종류를 구분할 수 있겠는가?
2. 잔해의 양을 어떻게 추정할 것인가? 재난의 유형이 잔해의 양을 추정하는 데

영향을 미치는가?

3. 재난 전후에 잔해의 양을 추정해 계산하는 것에 대한 찬성과 반대 의견에는 어떤 것이 있는가?

4. 재난이 사람에게 미치는 피해라는 측면에서, 대규모 재난이 발생했을 때 어떤 피해가 있을 수 있겠는가?

5. 잔해 관리 계획 수립의 주요 단계에는 어떤 것이 있는가?

6. 잔해를 매립지로 옮기기 전에 잔해를 줄일 수 있는 방법에 대해 설명해 보아라.

7. 잔해의 재활용과 재사용의 차이는 무엇인가?

4.9.2 토론 문제

1. 여러분이 사는 지역에는 어떤 위험요인이 존재하는가? 소규모 또는 중·대규모의 심각한 재난에서 어떤 종류의 잔해가 발생할 것이라고 예상하는가?

2. 여러분이 사는 곳과 가까운 지역에서 벌어진 재난에 대해 조사해보아라. 잔해에 관한 어떤 사진이나 자료를 보거나 읽었는가?

3. 여러분이 사는 집이 재난으로 파괴되었다면, 잔해 제거 전담반원들이 잔해를 어떻게 처리해주기를 바라는가? 홍수로 물에 잠기거나 무너진 집 안에 남아있는 물품 중 어떤 것을 수거하고 싶은가?

4. 여러분이 사는 지역에서 잔해의 재활용과 재사용의 중요성에 대한 공공 교육 캠페인을 계획해보아라. 현실적이어야 하며 지역의 자원을 활용해 만들어야 한다.

5. 여러분이 사는 지역 정부의 쓰레기 관리 담당자에게 연락해보아라. 쓰레기 매립지에 얼마나 공간이 있는가?

6. 여러분이 사는 집, 상가 그리고 인근의 다른 편의 시설(공원이나 체육관 등)을 비롯해 여러분이 사는 동네에서 나올 잔해의 양을 계산해보아라.

7. 여러분이 사는 지역의 산업으로 볼 때, 재난이 발생하면 어떤 종류의 위험한

폐기물이 유출될 것인가? 이것이 재난 잔해 제거에 어떤 영향을 미칠 것인가?

8. 여러분이 사는 지역의 자원과 개발도상국의 자원을 비교해보아라. 잔해 제거를 위한 국제적인 자원봉사에 어떤 역할과 가치가 있을 것인가?

참고자료

- EPA information on landfills canbe found at http://www.epa.gov/waste/nonhaz/municipal/landfill/msw_regs.htm. Last accessed April 15, 2015.

- FEMA HAZUS-MH modeling, http://www.fema.gov/hazus. Last accessed April 15, 2014.

- FEMA offers a free course at their website on debris management. To obtain a copy of the CD-ROM materials, visit http://training.fema.gov/IS/searchIS.aspx?search=debris. Last accessed April 15, 2014.

- Haiti Technical Debris Guide, http://www.ht.undp.org/content/dam/haiti/docs/reduction%20de%20la%20pauvrete/UNDP_HT_Debris-Guide%20Interactive%20EN%20Final-20130904.pdf. Last accessed April 1, 2014.

- The Smithsonian Museum of National History has immortalized retrieved items in an exhibit, such as a calculator, an identification badge, a door from an NYC fire truck, a piece of an airplane, and various documents (the exhibit can also be viewed online at http://americanhistory.si.edu/septemberll/).

- United Nations Disaster Programme Disaster Management Guidelines, http://www.eecentre.Org/Modules/DWMG/docs/4/MSB_UNDP_Debris–Mgt_Guidelines_Ver3.pdf. Last accessed April 1 , 2014.

- U.S. Army Corps of Engineers information, http://www.usace.army.mil/Missions/EmergencyOperations/NationalResponseFramework.aspx. Last accessed April 15 , 2014. Disaster impact modeling,

- http://www.usace.army.mil/Missions/EmergencyOperations/DisasterImpact-Models.aspx. Last accessed April 15, 2014.
- U.S. Guidance for Japan Tsunami Marine Debris, http://marined-ebris.noaa.gov/sites/default/files/debris_handling_guidelines.pdf. Last accessed April 7, 2014.
- Video of U.S. Army Corps of Engineers debris removal work for SuperStorm Sandy, http://www.fema.gov/media-library/assets/videos/81944. Last accessed April 8, 2014.

제5장
환경 복구

- 재난 이후의 지속 가능성을 키우는 데 환경이 필수 요소임을 이해한다.
- 자연적·기술적 재난 및 테러 사건으로부터 발생할 수 있는 환경 피해에 대해 알아본다.
- 환경 파괴로 인해 건강에 피해를 입을 가능성이 더 큰 인구 집단에 대해 알아본다.
- 환경 복구를 촉진할 전략에 대해 알아본다.
- 환경 친화적인 복구 또는 '녹색' 복구 전략의 가치에 대해 알아본다.
- 정부 및 비정부 조직이 환경 보호를 돕는 다양한 방법에 대해 알아본다.

연속적 사건cascading event

생태 발자국ecological footprint

종합환경대응책임보상법Comprehensive Environmental Response, Compensation and Liability Act(CERCLA)

환경 보존environmental conservation

환경 보호environmental protection

환경 영향 평가 보고서environmental impact statement

환경 자원environmental resources

환경 정의environmental justice

환경 복원environmental restoration

국가 우선순위 목록national priority list

녹색 사회 기반 시설green infrastructure

녹색 재건green rebuilding

의향서notice of intent

국가환경정책법National Environmental Policy Act(NEPA)

처리 방안remedy

관찰scoping

슈퍼펀드superfund

지속 가능성sustainability

건식 조경xeriscaping

5.1 서론

재난이 닥치면, 우리는 사람이 입은 피해 — 주택 및 생계 수단의 손실, 개인 재산의 파괴 그리고 정상으로 돌아가기까지의 먼 여정 등 — 를 살펴보는 경향이 있다. 그러나 재난은 우리 모두가 누리는 자원 즉, 우리의 환경에도 피해를 입힌다. 우리 모두는 공기, 물, 토지, 야생 동물 및 식물 등 주어진 생태계 안에서 살아간다. 토네이도나 사이클론이 어느 지역을 할퀴고 지나가면 어떤 일이 벌어질지 상상해보아라. 표백제, 살충제 또는 페인트 같은 집 안의 화학 물질이 멀리까지 날아가 드넓은 지역에 흩뿌려진다. 재난으로 파손된 차량에서 연료와 기름이 새 나오기도 한다. 사업체도 이러한 잠재적 오염 물질을 갖고 있으며, 아주 많은 양을 보유하고 있는 경우도 많다. 예를 들어, 조건만 갖추어지면 해안의 정유 공장이나 주유소에서 유해 물질이 새어나올 수 있다(사진 5.1 참고). 한 발 더 나아가, 여러 가지 재난이 발생할 경우 어떤 피해를 입을지 생각해보자. 재난은 하수 시설이나 핵 발전소 같은 주요 시설에도 피해를 입힐 수 있으며, 이로 인해 관

사진 5.1 허리케인 카트리나로 인해 루이지애나 섈멧Chalmette의 주택가에 원유 유출 사고가 발생했다(사진 Bob McMillan/FEMA).

리해야 할 환경적 위협이 가중되는 경우가 많다. 사람들로 북적거리는 어업 지역에서 원유가 유출되거나 유정(油井)이 새는 것과 같은 심각한 산업 재해가 발생할 수도 있다. 그로 인한 오염으로 그 지역에서 한동안 사람이 살지 못하거나, 야생 동물이 위협받거나, 사람들의 생계나 문화가 파괴되거나, 장기적인 건강상의 해를 입을 수도 있다.

물론, 우리는 재난이 발생하기 전에도 사려 깊은 이용과 관리로 환경 자원을 지켜 나가야 한다. 재난이 발생한 후에는 가정에서부터 사업체에 이르기까지 그리고 공원에서 정수 처리장에 이르기까지, 계획 수립의 모든 단계에 환경 복구를 통합시켜나가야 한다. 우리가 환경을 지키지 못하면 환경 자체의 온전함은 물론, 사람과 서식지 그리고 야생 동물을 보호하는 능력도 저하된다. 전체적인 재난 복구 노력의 일환으로, 우리는 미래 세대를 위해 환경 자원을 보전하고 보호하기 위한 조치를 취해나가야 한다.

이와 똑같이 중요한 것은 환경적인 특성이 사람들을 재난으로부터 보호한다는 사실이다. 파도를 약화시켜 야생 동물의 서식지 역할을 하던 모래 언덕이 개발 과정에서 파괴되는 경우가 많다. 수목으로 덮인 대지는 폭우로 인한 범람을 줄이고 수중 생물 및 인간을 위해 수질을 보호하는 역할을 한다. 연안지역의 수로를 잘 지키고 유지하면 도

사진 5.2 루이지애나 부스빌Boothville. 허리케인은 가정뿐 아니라 어업까지 파괴한 다(사진 Robert Kaufmann/FEMA).

시지역으로 밀어닥치는 폭풍 해일을 막을 수 있으며(사진 5.2 참고), 어장을 보호하고, 자생 생물의 군집을 안정되게 유지할 수 있다.

우리가 사는 지구와 그 안의 자원이 반드시 재생되는 것은 아니다. 지난 몇십 년 동안 연안지역의 습지가 사라져 허리케인 카트리나가 발생했을 때 작은 마을과 대규모 도시지역이 막대한 침수 피해를 입은 미국 루이지애나 해안지역이 이러한 사실을 잘 보여주고 있다. 몇 년 뒤 딥워터 호라이즌 원유 유출 사고는 어업 활동을 불가능하게 하는 등 그 지역에 큰 피해를 입혔다. 특히 아메리카 원주민 거주지는 이 두 번의 재난으로 생활과 생계에 큰 타격을 입었다. 수중 생물도 구조해야 했다(사진 5.3 참고).

이 장의 목적은 재난 전후 계획 수립 과정에 환경 문제를 통합시켜야 하는 이유를 납득시키는 것이다. 환경에 큰 피해를 입힌 두 사건에 대해 생각해보는 것으로 이 장을 시작하려 한다. 각각 일본과 미국에서 발생한 이 두 사건은 자연적 재난으로 시작되어 기술적 재난으로 이어졌다. 이러한 재난 문제의 심각성을 깨달으면, 환경 복구를 위한 다양한 접근으로 나아갈 수 있을 것이다. 환경 자원을 지키려는 행위는 반드시 집단적인 노력으로 실천되어야 하므로, 전략을 개발하고 협력 관계를 구축하는 것이 중요하다. 공공의 선인 환경을 지키고 보호하고 복원하는 책임은 우리 모두에게 달려있다.

사진 5.3 루이지애나 제퍼슨 행정구Jefferson Parish. 연방 기관들의 협력 작업으로 기름을 뒤집어쓴 펠리컨이 구조되고 있다(FEMA 보도 사진).

5.1.1 2011년 일본의 지진, 쓰나미, 핵 사고

　한 재난이 또 다른 재난을 불러올 때 대참사가 벌어진다. 사건이 진행되면서, 한 가지 위기가 다른 상황을 더욱 악화시킨다. 바다에서 발생한 지진이 무시무시한 쓰나미를 일으킨 일본에서 이러한 사건이 벌어졌다. 쓰나미는 해안으로 밀려와 공장과 주택 그리고 학교를 휩쓸었다. 쓰나미 물결이 파손된 차량의 연료와 기름을 흩뿌리고, 집 안에 보관되어있던 화학 물질을 거리, 공원, 주택가, 그리고 해안으로 휩쓸고 다녔다. 눈에 익숙했던 주요 지형지물이 사라지고 막대한 양의 오염된 잔해가 만들어지면서, 내륙과 해안 지역이 잔해로 가득했다. 지진과 쓰나미는 후쿠시마 원전에도 피해를 입혔고, 이로 인해 이후 몇 달 동안 위기가 계속되었다.

　지진과 쓰나미로 인해 최소 15,000명이 사망했지만, 핵 발전소 사고로 인한 사망자와 부상자의 수는 아직 명확히 밝혀지지 않았으며 장기간의 조사 평가가 필요한 상황이다. 이 원전의 직원들은 30만 명 가까운 사람들이 안전을 위해 대피하는 동안 현장에 남아 자원봉사를 했다. 이 원전 가까이 살던 사람들은 아직도 집으로 돌아오지 못하고 있다. 한편, 다른 나라에서는 바다 생물, 떠다니는 잔해 그리고 대기에 스며든 방사능에 대해 경고 수위를 높였다. 여러 단체와 기관들이 북미 서해안을 따라 오염된 풀을 먹고 생산된 우유에 피해가 미치지는 않았는지 감시를 지속하고 있다.

　2013년 세계보건기구World Health Organization(WHO)는 이 사건이 건강에 미치는 위험을 평가하는 최초의 독자적인 보고서를 출간했다. 예비 평가 결과, 가장 큰 우려는 암 발생 위험의 증가이며, 특히 이 사건을 가까이에서 겪은 사람들이 그러했다. 위험을 계산하는 것은 복잡하고 정확하지 않은 과정이지만, 이러한 고도의 위험에 노출된 이들은 평생 백혈병, 유방암, 갑상선 암에 걸릴 위험이 증가하는 것으로 나타났다. 높은 위험에 노출된 사람들에는 이 핵 발전소에서 재난에 대처한 근로자도 포함된다. WHO(2014)가 음식 및 환경에 대한 감시가 지속적으로 이루어져야 한다고 덧붙였지만, 일본 이외의 지역에서 사는 사람들은 위험에 노출되지 않은 것으로 보인다.

5.1.2 뉴저지 베이쇼어Bayshore의 슈퍼 태풍 샌디

많은 기관과 사람들이 우리의 안전을 지키기 위해 무대 뒤에서 일한다. 슈퍼 태풍 샌디가 지나간 뒤에 미국 뉴저지의 베이쇼어 하수처리국은 몬머스Monmouth 카운티에 피해가 발생했다는 것을 알게 되었다(FEMA 2013). 태풍이 주요 전기 시설에 피해를 입혀 전력 공급이 7일간 중단된 것이다. 전력 공급 중단으로 펌프 시스템에 문제가 생겼고, 그 결과 하수의 흐름이 멈췄다. 하수 처리 시설 내의 소각장도 홍수 피해를 입은 상황이었다. 작업자들은 밀려든 진흙을 처리하기 위해 진흙을 대형 쓰레기 처리 시설로 퍼내고 이를 다른 소각장으로 보내 처리하는 '임시 시스템'을 만들어냈다(FEMA, 2013). 하수가 거리를 오염시키지 않게 하려면 신속히 대처해야 하는 상황이었다.

이 하수 처리 시설에 의존하는 10만 명 가까운 사람들이 여러 달 동안 불편을 겪었다. 이 하수 처리장의 위치가 바닷가임을 감안해볼 때, 이곳은 앞으로 태풍이 발생할 경우, 또 피해를 입을 가능성이 있었다. 앞으로 발생할 재난에 대처하기 위해 하수처리국과 FEMA가 완화 방법을 찾아내기 위한 연구에 돌입했다(관련 영상은 '참고자료'를 참고). 그 결과 하수 처리 시설의 주요 부분을 불투과성 막으로 감싸는 조치가 이루어졌다.

5.2 환경 복구를 위한 접근

환경 친화적인 복구 계획을 세우려면 어떻게 해야 할까? 지역사회에서 할 일을 구상할 때 고려할 점은 무엇인가? 이제 재난 이후 환경 복구 노력의 여러 가지 접근 방법에 대해 알아보려 한다. 이러한 접근법에는 재난 연구 분야 및 현장에서 노력하는 저명 학자들의 생각이 반영되어있다.

5.2.1 지속 가능성

지속 가능성이란 오랜 기간에 걸쳐 시스템의 생존을 원활히 하기 위한 조치를 취하는 것을 의미한다. 지속 가능한 조치는 미래 세대의 환경 자원을 지키기 위해 심사숙고해 필요한 결정을 내리는 것을 의미한다. 하지만 진정으로 지속 가능하기 위해서는 추가적인 문제에 대해서도 숙고해야 한다(Mileti et al., 1995; Mileti, 1999). 지속 가능성의 궁극적인 목표는 '회복력 있고, 건강하며, 환경적으로 건전한 미래'를 가꿔나가는 것이다 (White, 2010, p. 2307).

예를 들면, 지속 가능성의 한 가지 차원은 인간에 미치는 피해를 고려하는 것이다 (Mileti, 1999; 상자 5.1 참고). 홍수가 자주 발생하는 지역에 대해 생각해보자. 어떤 방법으로 물의 흐름을 관리해야 이미 존재하는 취약성을 더 악화시키지 않을 수 있을까? 홍수 범람원을 보호하거나 연방 정부에서 이러한 지역의 건물 매입을 승인하는 조례를 통과시킨다면, 어떤 긍정적인 결과와 부정적인 결과가 발생할 것인가? 그러한 지역에 사는 저소득층 가정을 이주시킬 것인가? 그래야 그들은 물론, 그들의 자녀와 손자들의 생명을 구할 수 있을 것인가? 이 문제를 다른 관점에서도 생각해보자. 우리가 인간을 보호하기 위해 또는 경제 발전을 촉진하기 위해 물의 흐름을 바꾼다면, 이것은 어떤 결과를 낳을 것인가? 그렇게 하면 수산업 및 관련 산업에 긍정적인 영향을 줄 것인가, 부정적인 영향을 줄 것인가? 이것은 사람의 경제적인 생계뿐 아니라 동물의 삶에도 영향을 미친다. 역사적인 유적에도 영향을 줄 것인가? 경제 발전을 지속할 수 있을 것인가? 우리가 내리는 각각의 결정으로 인해 누가 이익을 얻고 누가 손해를 볼 것인가?

또 다른 고려 사항은 그러한 선택으로 인해 십 년 후 또는 몇십 년 후에 어떤 결과가 생길 것인가이다. 경제적인 이유로 뉴올리언스와 루이지애나의 남부에 운하와 수로를 만든 결정은 경제적 이익을 오히려 제한하는 결과를 낳았다. 결과적으로 시간이 지나면서 이 운하의 많은 부분이 쓸모없어졌다. 한 예로, 멕시코만으로 유출되는 미시시피강은 해안의 습지로 토사를 침투시켰다. 이 습지는 시간이 지나면서 심하게 훼손되었고, 습지가 상당 부분 유실되면서 허리케인 카트리나 당시 폭풍 해일을 일으켰다. 우리가 내리는 결정은 그에 상응하는 결과를 낳는다(Freudenburg et al., 2011).

이상적으로 말하자면, 환경의 온전함을 해치기보다는 이를 지키는 결정을 내려야 한다. 하지만 그렇게 하기가 늘 쉬운 것은 아니다. 예를 들면, 각각의 지역사회는 한정된 자원으로 최선을 다하기 위해 노력하면서 어려운 문제를 해결하고 결정을 내려야 한다. 여러 단체, 지역사회, 환경 보호론자, 정치인 등 여러 세력이 한정된 자원을 두고 경쟁을 벌인다(Peacock and Ragsdale, 1997). 가장 바람직한 환경 친화적 계획을 실시하는 것이 경제적으로 늘 가능한 것도 아니다. 결과적으로 각 지역사회는 힘겨운 선택을 내려야 하는 상황에 처한다.

이러한 선택은 장소와 사람이 겪을 미래의 위험에 영향을 미칠 가능성이 높다. 예를 들어, 지역사회는 허용할 수 있는 위험과 허용할 수 없는 위험의 선을 어디에 그을 것인지를 결정해야 한다(Mileti, 1999). 해안지역을 원래대로 복원하는 것이 경제적으로 더 타당한가? 아니면 동물의 보금자리나 다른 서식지에 영향을 주는 건축물에 대해 해안 인근에 건축 허가를 내주지 않는 것이 더 실용적인가? 관광 산업으로 월급을 지불하고 세금 수익을 얻고 여가의 기회를 제공하는 지역의 경우, 이러한 결정은 쉽지 않을 것이다. 재난 이후 복구란 모두가 살아가기에 더 지속 가능한 환경을 만들기 위해 한정된 자원을 두고 어려운 선택을 내려야 한다는 것을 의미한다.

상자 5.1 지속 가능성을 향상시키기 위한 연구와 현실의 통합

1990년대에 자연재해응용정보센터Natural Hazards Applications and Information Center(NHRAIC)는 콜로라도 대학교 볼더 캠퍼스University of Colorado-Boulder에서 연구자와 재난 관리자 등 재난 분야에서 일하는 전문가 100명을 소집했다. 이들은 지금까지 이루어진 연구를 철저히 평가해, NHRA-IC의 센터장인 데니스 밀레티Dennis Mileti 박사 이름으로 《의도적 재난Disasters by Design》이라는 개론서를 펴냈다. 이 책에서 밀레티 박사는 지속 가능성이란 '심각한 재난을 맞고도 외부의 큰 지원 없이 해당 지역이 피해, 생산성 저하 그리고 삶의 질 저하를 감내하고 극복하는 것을 의미한다'고 밝혔다(Mileti, 1999, p. 4). 지속 가능한 지역 환경을 창출하기 위해서는 몇 가지 주요 원칙을 지키기 위해 노력해야 한다.

'환경의 질을 유지하고 개선하는 것'이 이 원칙의 제일 윗자리에 놓이는데, 이는 우리가 생태계에 과도한 짐을 지우지 않기 위해 노력해야 한다는 것을 뜻한다. 우리는 생태계에 짐을 지우기보다 생태계가 그 안에 있는 자원을 훼손하지 않고 제공하는 것과 긴밀한 조화를 이루며 살아야 한다 (Mileti, 1999, p. 5). 더 나아가 우리는 그 지역의 삶의 질을 위해 헌신해야 한다. 각 지역에 따라 삶의 질을 다르게 정의하고 있긴 하지만, 우리 중 많은 사람들은 집 뒤뜰뿐 아니라 국립공원과 생물 보호 구역에 이르는 모든 것을 누리기 위해 환경 보호를 선택한다. 세 번째 원칙은 지역의 회복력을 기르기 위해 노력하는 것으로, 이는 특히 자연에 거스르기보다 자연과 조화를 이루는 완화 조치를 계획한다는 것을 뜻한다. 그렇게 하기 위한 한 가지 방법은 습지나 홍수 범람원처럼 환경적으로 취약한 지역에 대한 침입을 막는 토지 이용 계획을 수립하는 것이다. '활기 넘치는 지역 경제 또한 아주 중요하다는 사실도 잊어서는 안 된다'(Mileti, 1999, p. 6).

이 책의 뒷부분에서는 지속 가능한 지역 경제를 향해 가는 한 가지 방법으로 '녹색' 역량을 갖춘 사업체로 거듭날 것을 제안하려 한다. 녹색 재건은 재활용 물질을 사용하고, 태양열을 도입하며, 환경에 미치는 피해를 줄이기 위한 기타 방법을 사용하기 위해 노력하는 것을 말한다. 우리의 지역 사회가 지속 가능한 곳이 되기 위해서는 노인, 인종적 혹은 민족적 소수자, 그리고 빈민 같은 취약 계층이 직면한 문제에도 관심을 기울여야 한다. 이미 취약한 계층이 유독성이 강한 지역에서 지나치게 큰 피해를 입는 경우가 너무도 많다(Gavenus et al., 2013; 상자 5.6 참고). 환경 복구에는 환경적 정의의 원칙이 포함되어야 하며(Bullard, 1990), 그래야 복구 방법이 형평성을 침해하지 않고 오히려 촉진하게 된다.

5.2.2 전체론적 환경 복구

《전체론적 재난 복구Holistic Disaster Recovery》라는 책에 의하면(NHRAIC, 2001), 전체론적 복구라는 개념에 따라 계획 수립자와 복구 지도자들이 복구의 모든 차원에 환경의 질을 통합시키도록 권장하고 있다. 직접적인 예를 하나 들자면, 주택을 재건하는 사람들은 에너지 효율을 높이고, 재활용 자재를 사용하며, 환경에 미치는 피해와 비재생성 자원 사용을 줄이기 위해 '녹색 재건'을 원할 수도 있다(상자 5.2 참고).

상자 5.2 에너지 자립 주택

대부분의 에너지원(석유, 가스)이 재생되지 않으므로, 우리는 에너지를 당연하게 받아들여서는 안 된다. 또한 에너지를 사용하는 데 비용이 들기도 한다. 사회보장비로 생계를 이어가는 노인이나 한 부모 가정 같은 저소득층은 음식과 의약품 그리고 생존에 필요한 다른 물품을 사는 데 써야 할 돈을 에너지 비용으로 써야 할 수도 있다. 재난이 발생한 후에는 에너지가 덜 드는, 궁극적으로는 귀중한 지구의 자원을 아낄 수 있는 주택을 지을 기회가 생긴다. 애팔래치아 주립 대학교Appalachian State University(ASU) 에너지 센터는 에너지 자립 주택이 '기업들이 윤리적으로 그리고 경제적으로 수용해야 할 현명한 선택인 녹색 건축 경향의 일부'라고 말한다(Tait, 2007).

에너지 자립 주택은 '고도의 에너지 효율성과 재생 가능한 에너지의 현장 생산을 결합하는' 형태가 될 것이며, 결과적으로 '재고 없는zero balance' 에너지를 생산하는 것이다(Tait, 2007, p. 1). 그렇게 하려면 에너지 효율이 높은 주택을 설계하고 에너지를 제공하는 시스템을 주택에 포함시켜야 한다. 에너지 의존도가 낮거나 자립 가능한 주택을 건설하면, 우리의 생태 발자국을 결정하는 지구의 자원에 대한 전반적인 의존을 줄일 수 있다(인터넷 자료를 활용해 여러분의 생태 발자국을 계산해보아라).

그러한 주택 재건축은 어떻게 할 수 있을까? 한 가지 방법은 '간접 태양 지향passive solar orientation'으로, ASU에 의하면, 태양 광선을 잡기 위해 창문의 70%를 '정남향에서 20도' 이내가 되도록 설치하는 것이다(Tait, 2007, p. 3). 그런 다음 건물의 토대를 콘크리트 슬래브로 하고 온수 보관 탱크를 만드는 것처럼 '열용량'을 늘리는 다양한 방법으로 태양열을 재분재하는 것이다. 또 다른 방법은 주택에 태양열 온수기를 설치하고 에너지 효율이 높은 가전제품과 창문, 그리고 기타 물품을 구입하는 것이다(NAHB Research Center, 2006). 지금 당장 단열재 사용을 늘리고, 창문의 틈을 메우며, 에너지 효율이 높은 전구를 사는 등의 방법을 여러분의 주택에 적용하는 것도 가능하다.

출처: Tait, A. 2007. Zero Energy Homes. "Appalachian State University Energy Center" (http://www.healthybuilthomes.org/docs/Zero_energy_homes_report%20ASU.pdf). NAHB Research Center, Inc. 2006. "The Potential Impact of Zero Energy Homes" (http://www.toolbase.org/PDF/CaseStudies/ZEHPotentialImpact.pdf).

그럼에도 전체론적 복구는 주택 그 이상의 것을 보도록 요구한다. 예를 들어, 사람들이 어떻게 돌아다니는가? 복구 계획 수립자는 대체 연료를 사용하고 사람들이 새로운 대중교통 시스템을 계획하고 싶어 할 수도 있다. 그렇게 되면 공기 오염을 줄이고, 차량을 소유하지 못한 저소득층, 노인 그리고 다른 사람들에게 교통수단을 제공할 수 있다. 다른 전략도 시도해볼 수 있다. 인터넷 접속망을 완벽하게 갖추어, 직원들이 사이버 커뮤팅cyber-commuting을 하는 도시를 세워보는 것은 어떨까? 출퇴근에 걸리는 시간을 줄이면 교통 혼잡과 대기 오염을 줄일 수 있을 것이다. 지역사회는 홍수 범람원을 보호하고, 파괴된 건물이 있는 지역을 공원이나 레저 활동을 위한 산책로로 바꾸는 등의 기회로 이용하고 싶어 할 수도 있다. 이와 마찬가지로 훼손된 공원과 피난처도 복원되어야 한다(사진 5.4 참고). 그 결과로 이루어진 생태 관광으로 레저 기회를 만들고 지역 환경 자원을 보호하며 새로운 일자리를 창출할 수 있다.

이것을 다른 요구사항과 연결함으로써 환경 복구를 향상시킬 가능성에 대해 생각해볼 수 있다(Holistic Disaster Recovery, 2005).

- 생업에 피해를 입은 사람들을 해안지역 복원, 잔해 처리, 환경 교육 그리고 재건 사업에 투입하라.
- 범람한 물길을 돌리고, 빗물이 빠지는 것을 막는 토사를 걸러내 궁극적으로 그

사진 5.4 텍사스의 셰니어 플레인Chenier Plain. 허리케인 아이크가 지나간 뒤에 자원종사자들이 아나우악 국립야생동물보호지역Anahuac National Wildlife Refuge을 다시 짓고 있다(사진 Mike Moore, FEMA).

지역의 수질을 향상시켜주는 새로운 배수 시스템을 피해를 입은 도로에 도입하라.

- 시공업체가 토사 침식과 유출량을 줄이고 서식지를 보전하도록 하는 조례를 통과시켜라. 재건축을 하는 동안 토양 유실을 줄이기 위해 해당 부지 주변에 울타리를 두르게 하라. 공사를 하는 동안 기존 나무가 제거되거나 피해를 입지 않게 보호해 캐노피를 살리고 빗물 범람을 줄이도록 하라.

- 백 년 이상 된 나무나 특별한 역사적 의미를 지닌 유서 깊은 나무를 찾아내라. 이러한 환경 자원을 위해 나무 보호 프로그램을 만들어라. 공기의 질을 높이고 빗물을 흡수하도록 나무를 더 많이 심어라.

- 세금 우대, 보조금 그리고 건설 정보 박람회 같은 모든 시민이 참여하는 프로그램을 통해 주택과 사업체의 녹색 건설에 혜택을 주어라.

- 역사적이거나 문화적이거나 고고학적인 유적지와 관광지를 발굴하고 보존하고 복원함으로써 지역 경제를 다시 활성화시켜라.

- 공터를 마련하고, 연방 정부의 매입 사업이나 연방 정부가 자금을 대는 산책로 만들기 사업에 참여함으로써 레저의 기회를 제공하라.

- 나무를 심고, 서식지를 복원하며 사유지 및 공공 부지에 관광 명소를 만드는 자원봉사 활동에 주민들을 참여시키거나, 지역 학교의 교육 프로그램에 참여시켜라.

- 저에너지 또는 에너지 효율이 높은 가전제품, 냉난방 시스템 그리고 물 이용 등을 포함하는 재건축 방법을 통해 기업의 생태 발자국을 줄여라.

- 새로 짓거나 재건하는 시설이 위험에 처한 종의 서식지를 비롯해 환경 자원에 부당한 피해를 주지 않게 하는 등 기반 시설에 완화 방법을 도입하라.

5.2.3 녹색 재건

앞의 접근 방식과 유사한 세 번째 접근법은 '녹색 재건' 또는 환경 친화적인 방법이다. 녹색 재건은 지역사회 전체에 걸쳐 실행되어야 한다. 하지만 녹색 재건은 한 지역사회에 전적으로 새로운 복구 방법이 될 수 있다. 2007년 5월 4일, 엄청난 EF5 등급의 토네이도가 캔자스의 그린스버그Greensburg를 강타했다(National Weather Service, 2007). 이 토네이도는 2.7km 너비에 시속 330km의 풍속으로 그린스버그의 95%를 흔적도 없이 날려버렸다(Kiowa County Signal, 2007).

1,400명 정도가 사는 마을에서(U.S. Census, 2006) 그와 같은 피해는 견디기 어려운 수준이었다. 그러나 그린스버그는 미래를 바라보기로 했다. 시장은 그린스버그가 '녹색을 향한' 복구를 하겠다고 선언했다. 마을의 복구 계획에서 그린스버그는 '자연 환경의 중요성을 인식하고, 정부의 유지 및 개선 노력으로 성장과 경제 발전의 균형을 이루는 지역이 되겠다'고 선언했다(Greensburg, 2007). 복구 계획에서 밝혔듯이, 그린스버그는 다음과 같은 노력을 기울이고 있다.

- 어떤 일을 벌일 때 그것을 끝까지 조망할 틀을 만들어라. 이 지역의 주민들은 정보를 얻기 위한 웹사이트로 그린스버그 그린타운Greensburg Green Town을 만들었다(http://www.greensburggreentown.org 참고). 그린스버그는 한 텔레비전 프로그램의 집중적인 조명을 받았다.

- 건축업체들이 미국 친환경건축위원회U.S. Green Building Council의 지침을 따르게 하라. 이 위원회는 건물을 지을 때 여러 차원의 환경 친화적 기준에 따르게 하고 이를 인증해주는 단체이다. 이러한 기준 중 일부는 이 장과 이 책의 뒷부분에서 살펴볼 것이다.

- 4,000ft^3(115m^3)가 넘는 건물에는 플래티넘 인증 기준을 장려하고 적용하게 하라. 이는 녹색 재건에서 획득할 수 있는 최고 수준의 인증이다(White, 2010).

- 녹색 재건 공법을 따르고 물 사용을 줄이는 자재를 사용하도록 장려하라. 재활용품을 사용하고, 에너지 효율을 높이며, 유독 기체를 내뿜는 화학 물질, 페인트 그리고 접착제의 사용을 줄여라.

- 새로운 사업에는 그 지역의 에너지를 사용하도록 해라.

- 공원, 간판, 주차장 그리고 수영장의 물을 데우는 데 필요한 전기에 태양열을

활용하는 등 다른 해결책을 모색하라.

• 가뭄에 잘 견디는 토착 식물과 한번 심어놓으면 물을 덜 줘도 되는 식물을 활용하는 조경을 실시하라.

• 레저 활동에 참여하게 하고 휘발유를 소비하며 대기 오염 물질을 방출하는 차량 사용을 줄이기 위해 걷는 길과 산책로를 늘려라.

또 다른 개선책으로는 '녹색 사회 기반 시설'이 있다(EPA, 2007a). 녹색 사회 기반 시설은 환경에 이로울 뿐 아니라, 미적으로 아름답고 환경 친화적이며 지속 가능한 완화 특성을 지니고 있다.

이를 이루기 위한 방법으로는 홍수 유출을 줄이는 저영향 개발low impact development(LID)이 있다(EPA, 2007a). 이 LID는 특정한 부지에 소규모 설계의 특성을 적용하는 것이다. 궁극적인 목표는 새로운 건물의 개발이 수자원에 미치는 영향을 줄이는 것이다. LID는 또한 자연 환경에 더 잘 맞아 환경에도 이롭다. 전체적인 시스템의 관점에서 볼 때(제2장을 보아라), 인간과 건물 그리고 자연계의 통합은 재난으로부터의 회복력도 더 좋게 해준다. 녹색 기반 시설을 갖추기 위한 노력은 현재 미국과 캐나다의 여러 지역에서 이루어지고 있다.

5.3 환경 복구를 위한 전략과 도구

복구 시기는 환경 자원을 보전하고 복원하고 보호할 기회이기도 하다. 이제 그렇게 하기 위한 전략과 도구에 대해 알아보겠다.

5.3.1 환경 구제

재난이 발생하면, 환경 보호론자들은 토지와 물, 대기와 야생 동물을 지키기 위해 오랜 시간 동안 열심히 일한다. 알래스카에서 발생한 엑손 발데즈Exxon Valdez 원유 유출 사고가 그 전형적인 예이다.

이 사고는 1989년 엑손 발데즈라는 배가 프린스 윌리엄 사운드Prince William Sound에서 지정된 운항 노선을 벗어나 좌초되면서 발생했다. 미국 운수안전위원회National Transportation Safety Board는 엑손 선박 회사와 승무원들이 필요한 조치와 감독을 제대로 시행하지 않았으며, 미국 해안 경비대가 '효율적인 선박 교통 시스템'을 제공하지 않았다고 보고했다(Exxon Valdez Oil Spill Trustee Council 2007).

그 결과는? 어림잡아 1,100만 갤런의 원유 ─ 약 257,000배럴에 해당하는 ─ 가 알래스카 해안의 풍부한 어장인 프린스 윌리엄 사운드라는 생태 청정 지역에 집중적으로 유출되었다. 기름을 뒤집어쓴 해안과 죽어가는 동물들, 지칠 대로 지친 작업자들 그리고 원유 유출로 인한 장기간의 폐해로 생계와 건강 그리고 공동체에 막대한 피해를 입은 사람들을 생각해보아라.

2,080km에 이르는 해안지역을 따라 벌어진 이 위기 상황을 돕기 위해 10,000명이 넘는 사람들, 1,000척의 배 그리고 100대의 항공기가 파견되었다. 재난의 유형에 따라 피해의 유형도 달라지게 마련이다. 320km에 걸친 해안은 중간에서 심한 정도의 원유 유출 피해를 입었고, 다른 1,760km에 달하는 해안은 가벼운 피해를 입었다. 전반적으로 14,400km에 달하는 해안지역이 어떻든 피해를 입은 상황이었다. 과학자들은 이 사고로 인한 전체 피해 정도를 가늠하는 것은 불가능하다는 데 동의한다(National Ocean Service, 2005; Picou, 1992). 대략 250,000마리의 바닷새, 2,800마리의 해달, 300마리의 바다표범, 17마리의 회색 고래, 14마리의 바다사자, 22마리의 범고래가 죽고, 몇십억 개의 연어와 청어 알이 사라졌으며, 먹이 사슬에서 중요한 역할을 하는, 숫자도 가늠할 수 없는 많은 유기체가 사라지고, 환경의 다른 부분도 피해를 입었다.

너무도 많은 조건이 결과에 영향을 미칠 수 있기 때문에, 환경에 피해를 입힌 이러한 사건의 결과를 가늠하는 것은 매우 어려운 일이다(상자 5.3 참고). 예를 들어 프린스 윌

리엄 사운드에서의 원유 유출이 상업적 어업과 레저 활동으로서의 낚시에 미친 피해를 가늠하기는 어려운데, 그것은 관련된 사람들이 일이나 휴가를 그만두고 원유 유출로 인한 피해를 줄이는 일에 매달렸기 때문이며 이 일에 관여한 사람들의 숫자가 매년 다르기 때문이다(Carson et al., 1992). 경제학자들은 죽은 야생 동물의 가치를 추정해보려고 노력해왔다. 한 학자는 갈매기 1마리에 167달러에 달하는 가치가 나가며, 위험에 처한 종인 송골매는 6,000달러의 가치가 나간다고 추산했다. 이들의 추정은 이들 동물의 유용성과 1마리를 기르는 데 드는 비용을 바탕으로 계산한 것이지만, 이들 동물들이 갖고 있는 심미적, 정신적, 환경적인 가치는 반영되지 않은 것이다.

예를 들어, 알래스카 전역에 대략 45,000마리가 있는 것으로 보이는 미국의 국가적 상징인 흰머리독수리의 대체 비용을 따져보자(Brown, 1992). 흰머리독수리는 이 원유 유출 사고로 247마리가 죽은 것으로 추정된다(Brown et al., 1997). 예로부터 위험에 처한 이 종을 되살리기 위한 노력에는 많은 어려움이 뒤따르고 있다. 예를 들어 독수리를 잡아 다른 곳에서 살게 하는 것은 불가능한데, 그것은 독수리가 새끼를 낳으려면 원래 살던 서식지로 돌아가기 때문이다. 뿐만 아니라 독수리 새끼를 야생에 놔주는 것도 불가능한데, 그것은 '남아도는' 새끼를 받아들이지 않기 때문이다. 미국 어류 및 야생 동물국 U.S. Fish and Wildlife Services은 독수리 1마리를 대치하는 데 드는 비용이 상당하다는 결론을 내렸다.

- 인공 둥지를 이용해 새끼 독수리를 날 수 있을 정도까지 키우는 데 독수리 1마리당 4,500달러가 든다.
- 이들 새끼 독수리들은 80%의 폐사율을 보인다.
- 독수리 1마리를 다 클 때까지 키우려면 새끼 독수리 5마리가 필요하다.
- 5마리의 새끼 독수리를 어른 새가 될 때까지 키우는 데 평균 22,500달러가 든다.

247마리의 죽은 흰머리독수리를 '대체'하는 비용은 550만 달러가 넘을 것이다. 비교할 만한 유출 이전의 자료가 없기 때문에 이 독수리들이 얼마나 잘 위기를 넘기고 살아났는지 가늠하기는 힘들다. 하지만 한 연구에 의하면, 독수리의 수는 1995년에 유출 이전 수준을 넘어섰다고 한다. 이는 알래스카 전역에서 나타난 현상으로, 이 종의 독수리가 유출의 피해를 입지 않았다는 증거라기보다는 위험에 처한 이 종의 상황이 전반적으로 좋아진 증거라고 봐야 할 것이다(Bowman et al., 2007). 엑손은 죽지 않은 흰머리독수리를 살리는 데 1마리당 100,000달러를 썼다고 주장하고 있다.

상자 5.3 유해 물질로부터의 장기적인 복구

1970년대 초, 미주리의 타임스 비치Times Beach에서는 먼지를 줄이기 위해 비포장도로에 기름을 분사하는 업체를 고용한 일이 있었다. 불행히도 이 기름에는 다이옥신이 함유되어 있었다. 1982년 말 인근의 메라멕강Meramec River이 타임스 비치로 범람했을 때, 미국 환경보호청(EPA)이 견본을 채취했다. EPA는 발견된 다이옥신 농도를 '10억분의 1 미만에서 10억 분의 127'로 발표했지만, 이는 질병관리본부(CDC)가 지역 주민들을 이주시키기에 충분한 수치였다.

결국 EPA(2007b)는 3,300만 달러에 이르는 '슈퍼펀드'를 조성해 이 지역의 유해 물질을 청소하고 2,800명에 달하는 전 주민을 이주시키고 이들의 주택을 매입했다. FEMA도 이 이주 정책을 지원해 1986년까지 모든 주민이 새로운 주택으로 이주했다. 청소 작업은 1997년까지 계속되었고, 1999년에는 그 자리에 주립 공원이 문을 열었다. 청소 작업으로 다음과 같은 조치가 이루어졌다(EPA 2007b).

- 범람 시 물의 속도를 조절하고 오염된 토양의 침식을 최소화하기 위한 돌출 제방
- 미주리강 제방을 높임
- 오염된 토양에 대한 집중적인 열처리와 굴착 작업
- 오염되거나 오염되지 않은 구조물의 제거 및 폐기
- 다이옥신에 오염된 쓰레기의 현장 소각
- 현장 시설 내의 재 제거

뿐만 아니라 현장 소각 시설에서 미주리 동부의 추가적인 27개 다이옥신 오염 현장에서 나온 265,000톤의 오염 폐기물을 처리했다. 지역 및 연방 정부가 힘을 합쳐 이러한 청소 작업을 하고, 사람들을 이주시키며, 미주리 내에서 발생한 다이옥신 오염의 전체 규모를 밝혀내고, 이 지역의 활력을 되찾는 데 15년이 걸렸다. 복구하는 데 15년이라는 긴 세월이 걸린 것이다.

원유 유출이 사람에게 미친 피해도 문제가 된다. 피해지역은 지리적 위치와 그곳의 사회문화적 특성에 따라 다양한 피해 양상을 보였다. 인구 2천 명 정도가 사는 작은 마을인 코르도바Cordova는 어업으로 자립적인 생활을 해왔다. 이 마을 어부의 44%는 청어 낚시 허가증을, 그리고 55%는 연어 낚시 허가증을 갖고 있었다(Picou, 1992). 이 지역은 자연 자원에서 나온 생산물을 공유했으며, 주민의 90%가 먹을 것을 얻기 위해 주민 상호 간에 그리고 환경에 대단히 의존적인 생활을 했다. 이 어업 지역을 오염시킨 원유 유출은 번식기 2달 전에 발생했으며, 이에 따라 1989년의 청어 어업 활동은 중단되었다. 한 연구에서 응답자 10명 중 7명은 일을 중단해야 했으며, 이는 어느 지역사회이든 경제 활동을 마비시킬 만한 숫자이다. 여러분이 사는 지역 주민의 70%가 일자리를 잃었다고 가정해보아라. 연구자들은 이 사고 이후 코르도바에서 18개월이 넘는 기간 동안 사회적 분열과 심리적 스트레스가 발생한 것을 관찰했다(Picou, 1992).

12년이 지난 뒤에도 원유 유출로 인한 피해가 계속되었다는 증거가 밝혀졌다(Short et al., 2001). 2001년에 수행된 조사에 의하면, 프린스 윌리엄 사운드 해안선 중 20에이커 정도에 여전히 오염된 토양이 포함되어있었다고 한다. 표본을 채취한 91개 지역 중

사진 5.5 플로리다의 펜사콜라Pensacola. 환경 운동가가 허리케인 데니스로 부상을 입은 야생 동물을 구조했다(사진 Leif Skoogfors, FEMA).

58%가 어느 정도 오염되어있었는데, 냄새와 외관으로 해변에 '기름기 섞인' 물질이 묻혀 있는 것이 발견되었다. 하지만 원유 유출로 인한 이점 한 가지는 유해 물질과 재난으로 위험에 처한 야생 동물을 살리기 위해 전 세계적인 노력이 이루어졌다는 것이다. 이 사건 이후로 여러 단체에 속한 수천 명의 자원봉사자들이 준비 태세를 갖추고 있다(사진 5.5 참고).

5.3.2 환경 보호

합법적인 방법으로 취해진 행위로 정의되는 환경 보호는 다양한 종과 그들의 서식지가 살아남고 더 나아가 번창하도록 우리가 행동에 나서도록 촉구한다. 재난은 인간의 존재 여부와 관계없이 발생하는 자연적인 사건이다. 하지만 재난 복구와 관련된 인간의 선택은 위기에 처한 여러 종의 존재와 생존을 위협할 수도 있다. 그럼에도 자연과 조화를 이루어가며 일하면, 인간과 동물이 공존하는 생태계에서 우리가 겪는 위험을 줄이는 효과적인 해결책을 도출해낼 수 있다.

이러한 예는 애리조나에서 찾아볼 수 있다. 커니Kearny라는 마을은 홍수로 폐수 처리장과 힐라강Gila River을 따라 있는 마을 공원이 침수되었을 때, 딜레마에 봉착했다(FEMA, 2005). 폐수 처리장의 이전을 위한 복구 부지에 위기에 처한 종의 서식지가 포함되어있었기 때문이다. 남서부 버드나무 딱새The Southwest Willow Flycatcher는 힐라강의 강변 서식지를 번식 장소로 이용하고 있었는데, 이곳에 폐수 처리장의 증발 저수지가 있었다. 이 새를 위해 애리조나주에서 두 번째로 큰 번식지를 보전하는 것은 반드시 필요한 일이었다. FEMA는 재해 완화 보조금Hazards Mitigation Grants과 공공 구제 프로그램(PAP)을 통해 해결책을 제공했다. 커니는 FEMA와 어류 및 야생 동물국과 손을 잡고 딱새의 서식지를 지키기 위해 새로운 폐수 처리장에서 습지로 물이 흐르도록 하는 새로운 폐수 처리장을 건설했다.

재난이 발생한 후에 도시는 재건축을 허락하지 않는 조례를 통과시킬 수 있다. 미국에서 반복적으로 위험에 처하는 일부 지역에서는 주택 소유주의 이주를 돕는 연방 정부의 주택 매입 자금을 받을 수 있다. 이러한 지역에는 저소득층, 소수 민족 그리고 노인들이 살 가능성이 높으므로, 이들은 이주로 인해 중요한 사회적 연결망과 문화적 연대감을 잃게 될 위험이 있다. 앞에서 설명했듯이, 때로는 어려운 선택을 내려야 한다. 사람들의 생계와 생활에 영향을 미치는 선택을 하기 전에 지역사회와 이웃 사람들을 토론에 참여시켜 이들의 의견을 들어야 한다. 현재 FEMA는 미국 내 홍수 범람원에 건축 허가를 내준 데 대해 연방 정부 차원의 책임을 지고 있다.

환경 친화적인 다른 해결책은 새로운 개발에 들어갈 때 열린 공간을 늘리는 것인데, 이는 주택의 수를 제한하거나, 다가구 주택, 소규모 주택 또는 다층 주택으로 인구밀도를 높임으로써 가능하다. 건물을 보다 촘촘히 연결된 공간에 배열하고 개발 구역의 일부를 열린 녹색 공간으로 남겨두면, 이러한 변화를 만들 수 있다. 자생 식물을 심고 지표면을 덮는 나무의 수를 늘리는 등 이 장의 다른 곳에서 언급한 사항을 실천하면, 새로운 개발이 홍수 유출량을 흡수하는 데도 실질적인 도움이 되어 녹색 개발 전략을 완성할 수 있을 것이다(NHRAIC, 2001).

홍수 유출은 많은 나라에서 심각한 문제임이 분명하다. 폭우가 쏟아지면 토양이 침식되고, 토사와 잔해가 이동하면서 우수 배수 장치를 막히게 하며, 화학 물질과 독성 물질을 이동시킨다(NOAS, 2001). 돌발 홍수는 우리가 마시는 물에 영향을 주는 식수 오염을 일으키기도 한다. 한동안 도로를 이용할 수 없게 될 수도 있다. 2014년 8월, 뉴욕의 롱아일랜드Long Island에 35cm에 달하는 폭우가 쏟아졌다. 기존 배수 시스템은 24시간에 12~20cm의 빗물을 처리할 수 있었고, 따라서 홍수가 발생했다(CBS, 2014).

자연적인 홍수 완화 전략 중 하나는 걷고 하이킹을 하고 자전거를 타고 새를 바라보는 등의 활동을 하는 그린웨이greenway를 보호하는 것이다. 도시지역이라 할지라도 그런 산책로에서는 동물들이 보호받으며 종에 적합한 서식지를 따라 안전하게 오갈 수 있다. 그와 같은 환경적 특성이 주택과 토지의 가치를 끌어올려 새로운 세원을 창출한다는 사실을 지역의 지도자들이 깨달으면, 그린웨이의 잠재력을 확신하게 될 것이다(Platt, 2000). 텍사스의 휴스턴Houston은 반복적으로 범람하는 심스 바유Sims Bayou의 30km에 이르는 지역을 그린웨이로 만들었을 때 이러한 일을 해냈다. 미국 육군 공병단의 지원으로 바유를 넓히고 자생 식물이 자랄 수 있는 자재를 사용해 홍수 문제를 해결한 것이다.

나무와 관목을 더 심어 강변 서식지도 복원했다(Platt, 2000). 콜로라도의 콜로라도 스프링스Colorado Springs 인근의 파운테인 크리크Fountain Creek 유역에서도 같은 작업이 이루어졌다. 이곳의 1,483km²에 이르는 유역은 홍수와 침식으로 문제를 겪어왔고, 이에 따라, 수중 및 습지의 동물 서식지, 농지 그리고 주택과 도로의 기반이 피해를 입어왔다. 2013년 말, 자연적인 범람원과 습지의 동물 서식지를 만들기 위한 개선 사업이 시작되었다. 이러한 노력은 홍수 유출량 저감 그리고 서식지 복원에 도움이 될 것이다(Fountain Creek, 2013; '참고자료' 참고).

지역사회에서 '도시화와 개발로 악화된 빗물의 질을 좋게 하기 위한 목적으로 계획된 작은 인공 생태계'인 빗물 처리용 습지를 만들 수도 있다(White and Meyers, 1997). 이러한 습지는 저류지 역할을 하는데, 이는 환경 친화적이며 심미적인 기능도 한다. 습지는 강가(강물 바로 옆에)에 개발되어야 하며, 그러면 여러 물줄기가 습지(평평한 지역)를 나누게 된다(Evans et al., 1996 참고). 일반적으로 습지에 자생하는 식물은 물의 흐름을 둔화시키며, 해로운 오염 물질을 옮기는 침전물을 제거하고, 야생 동물들을 불러들인다(Evans et al., 1996; Wallace, 1998). 이와 같은 습지는 신중하게 만들어져야 하지만, 그만한 보상을 얻을 수 있을 것이다. 관련 연구에 의하면, 습지 건설과 호우의 강도에 따라 오염 물질이 90%까지 줄어드는 것으로 나타났다(White and Meyers, 1997). 아이오와의 시더 래피즈Cedar Rapids 주민들은 시더강Cedar River을 따라 있는 습지가 질산염을 제거함으로써 식수의 질을 높인다고 보고하고 있다(Wallace, 1998). 오하이오 중부에서 이루어진 연구에서도 같은 사실이 밝혀졌다. 즉, 습지로 인한 식수의 질 향상은 '지속 가능하다'는 것이다(Marton et al., 2013, p. 121). 여러분은 어떤 물을 마시고 싶은가?

5.3.3 환경 보존

무언가를 보존한다는 것은 서식지, 종 또는 자원이 인간의 침해나 사용 또는 학대로 인해 줄어들거나 훼손되거나 피해를 입지 않도록 조치를 취하는 것을 의미한다. 예로부터 재난이 발생한 후에는 홍수, 지진, 산사태, 산불 그리고 그 밖의 다른 재난으로 피해를 입은 곳을 따로 보존할 수 있는 기회가 주어진다.

지역권easement(남의 토지를 특정 목적으로 이용할 수 있는 권리 - 옮긴이)은 환경 보존을 위한 하나의 도구를 제공한다(NHRAIC, 2005). 지역권은 토지 소유주나 주립 공원 당국 같은 다른 당사자가 그 땅에 대한 개발을 제한하는 데 동의함으로써 발생한다. 그러한 동의에 대한 보상으로 토지 소유주는 세금 우대를 받거나 대가를 지불받을 수 있다. 환경 보존에 헌신하는 환경 기금 단체인 자연보존협회Nature Conservancy는 토지와 물을 보호하고, 서식지를 지키며, 각 지역의 개성을 살리고, 공유지와 사유지 사이의 '완충지'를 만들고, 생태 관광지를 만드는 등 지역권으로 인한 이점이 매우 많다고 말한다(Nature Conservancy, 2007).

아마도 더 이상적인 방법은 환경 자원을 보존할 목적으로 해당 토지를 사들이는 토지 매입일 것이다. 미국에서는 국립공원관리청National Park Service이 그와 같은 지역을 보호하고 보존하는 일을 한다. 예를 들어 델라웨어 협곡 국립 휴양지Delaware Water Gap National Recreation Area는 열성적인 팬을 거느린 매력적인 야외 놀이공원이 되었다. 델라웨어 협곡에는 아메리카 원주민들이 살던 곳과 국가 사적지가 포함되어있으며, 이 밖에도 이곳에서 하이킹, 자전거 타기, 노 젓기, 수영, 피크닉과 캠핑을 즐길 수 있다(http://www.nps.gov/dewa/index.htm 참고).

이러한 시도는 여러분도 할 수 있다. 텍사스 덴튼Denton의 주택 소유주들은 홍수 범람원을 사들여 이 지역에서 가장 빠르게 발전하는 부지 한복판에 자연 보호 구역을 만들려는 시 당국의 레저 담당 공무원 및 도시 공원 당국에 협조했다. 2002년, 빠르게 사라지는 크로스 팀버스 숲 생태계의 이름을 딴 크로스 팀버스 공원Cross Timbers Park이 문을 열었다. 이 공원에는 자연을 탐험하는 산책로, 어린이들에게 환경 교육 활동을 시키는 정자亭子, 그리고 보다 중요하게는 텍사스 뿔 도마뱀 같은 토착종과 오래된 나무에 안전한 장소가 마련되어있다. 텍사스가 중앙 텍사스 북부에만 존재하는 540종의 새, 1,200종의 동물, 그리고 적어도 2,220종에 달하는 식물의 본거지임을 감안하면, 크로스 팀버스 공원의 건립은 선견지명이 있는 조치가 아닐 수 없다(Pierson, 2007). 크로스 팀버스 공원 사업은 주택 소유주, 공원 직원, 기부자, 학교, 마스터 내추럴리스트Master Naturalist의 지역 단체 그리고 레이디 버드 존슨 야생화 센터Lady Bird Johnson Wildflower Center가 힘을 합쳐 이루어낸 성과이다. 이 공원은 이 지역 홍수 범람원에 개발을 막으려는 종합 계획 수립 노력과 들어맞았다. 이 공원이 세워진 이후로 시 당국은 강변 침식을 최소화하기 위해 노력하고 있다.

홍수 유출을 흡수하는 나무를 심는 것도 도움이 된다. 홍수 유출이 줄어들면 나뭇잎과 다른 잔해가 우수 배수 시설을 막아 국지적인 홍수가 일어나는 것을 예방할 수 있다. 나무는 지역의 대기 질에도 좋은 영향을 주며, 매년 250만 달러로 추산되는 에너지 비용을 아낄 수 있게 해준다(Civil Engineering News, 2000). 트리 캐노피tree canopy — 또는 트리 커버tree cover — 가 평균보다 많으면 여러분이 사는 집의 에너지 비용을 비롯해 지역의 에너지 비용을 아낄 수 있다. 재난 전후에 트리 캐노피를 보존하는 여러 가지 방법이 있다. 예를 들어, 지역사회에서 오래된 나무와 숲을 보호하는 조례를 통과시키고, 개발업체들이 나무를 보호하도록 복구 사업이 이루어지는 동안 불도저와 기타 대형 차량이 함부로 드나들지 못하게 숲 주변과 환경 보호 지역에 울타리를 두르는 규정을 만들 수 있다. 버몬트의 벌링턴Burlington은 도시 숲을 조성했고, 이로 인해 1990년대 초반 국립식목일재단National Arbor Day Foundation으로부터 '미국 푸른 도시Tree City USA' 상을 받았다(U.S. Forest Service, 2011).

5.3.4 환경 복원

무언가를 복원한다는 것은 가능한 한 원래 상태에 가깝게 되돌리는 것을 의미한다. 그렇게 하려면 해당 지역을 안정시키거나 정비하기 위해 청소 전담반을 조직하거나 그보다 더 막대한 노력을 기울여야 할 수도 있다. 우리가 현재까지 환경에 입힌 막대한 피해를 감안해 볼 때, 환경 복원은 달성하기 매우 어려운 과제일 수도 있다(Inyang, 2000).

허리케인 카트리나가 발생하기 몇 달 전, 사회학자이자 뉴올리언스 대학교University of New Orleans의 재해 평가 연구 기술 센터Center for Hazards Assessment Research and Technology의 센터장인 셜리 래스카Shirley Laska는 이 참사를 예고했다. 몇 가지 정황으로 미루어 대형 허리케인이 과거에 자원이 풍부한 해안지역이던 뉴올리언스 산하의 행정 구역에 폭풍 해

일을 몰고 올 것을 예측한 것이다. 바뀐 물길과 침전물 그리고 오염 물질로 인해 해안 습지대가 황폐화되었고, 이전에 폭풍 해일을 완화하던 자연의 역량이 줄어들면서 뉴올리언스라는 거대 도시의 제방이 위태로워진 터였다. 때로는 건너기 힘든 미시시피강을 배들이 건너지 않아도 되도록 이 도시와 멕시코만을 연결한, 논란 많은 운하가 1965년에 건설되었다(Laska, 2007). MR-GO 운하로 알려진 이 미시시피강의 멕시코만 출구는 인근 해안지역으로 염도가 높은 물을 계속 배출해, 폭풍 해일의 자연적인 제방 역할을 하던 늪지 식물을 죽이고 말았다.

래스카(2004)는 노인, 장애인 또는 집에 있는 가족을 돌봐야 하는 상황에 처한 사람 등 50만 명에 이르는 사람들이 교통수단이 없어 대피하지 못할 것이라고 예고했다. 대대적인 구조 활동이 이루어져야 했다. 허리케인 카트리나로 인해 뉴올리언스로 그리고 MR-GO로 막대한 폭풍 해일이 밀어닥쳤다. 이 폭풍 해일로 (피해를 입은 다른 지역은 물론) 인더스트리얼 운하Industrial Canal도 넘치고 말았다. 뉴올리언스의 80%가 물에 잠기고 약 1,500명이 목숨을 잃었다. 뉴올리언스에서 적어도 450,000명이 이주했으며, 이들 중 많은 사람들이 영구 이주했는데, 이는 1930년대 모래 폭풍dust bowl 이래 최악의 대이주에 해당한다(NOAA, 2005). 래스카(2004)의 지적처럼 '우리는 자연을 통제하고 싶은 욕구를 극복'해야 한다.

토지를 소유한 사람들이 취해야 할 다음 조치는 주택가가 들어서기 전에 있던 대로 지역의 식물, 포유류 그리고 조류를 위한 생태계를 재건설하는 것이다. 재난이 발생한 후에는 그런 기회를 잡을 수 있다. 이러한 기회에 생태계의 잃어버린 '층'을 되살리기 위한 노력을 해야 한다. 동물, 파충류, 곤충 그리고 새들은 이동하고 숨고 둥지를 트는 데 지상에서부터 트리 캐노피까지 서로 다른 층을 필요로 한다(상자 5.4 참고). 한 지역의 예전 모습을 되살리려는 노력에는 자생하는 풀과 꽃, 관목, 덩굴 식물, 그리고 크고 작은 나무를 복원하는 것도 포함된다. 물론 그 지역의 환경 조건을 고려해야 한다. 예를 들어 미국 남서부의 덥고 건조한 기후는 식물의 선택이 중요하다는 것을 말해준다. 그 지역의 자생 식물이나 '토착' 식물을 고르는 것은 이 식물들이 극심한 기후 조건에서 살아남을 가능성이 더 크고, 그 지역 동물들이 좋아하는 먹을거리를 제공해준다는 것을 뜻한다. 이렇게 물이 적게 들고 열기에 잘 견디는 식물을 사용한 조경을 건식 조경xeriscaping이라고 한다. 그렇게 하면 물 소비와 유출량을 줄일 수 있다.

'주변지역에서 출발해 세계를 생각하라'는 말을 간단히 적용하면, 우리가 사는 집 뒤뜰에 야생 동물 서식지를 만들면 그 지역에서 사는 여러 종이 먹을 것, 마실 물, 그리고 둥지를 틀 곳을 얻을 수 있다는 것을 의미한다. 전국야생동물연합National Wildlife Federation에서는 우리가 사는 곳 — 그곳이 아파트이든 거대한 목장이든 — 에서 그 지역 야생 동물이 필요로 하는 것을 제공할 수 있는 지침과 인증 프로그램을 제공한다. 우리의 집 뒤뜰에서 출발해 이러한 노력을 다른 곳으로 이어나가면, 보다 넓은 지역의 심각한 환경 훼손을 막는 데 궁극적으로 도움이 되는 환경 가치를 길러나갈 수 있을 것이다.

환경 친화적인 재난 복구의 중요성에 대해 어린이들을 교육하고 참여시키는데 학교도 참여할 수 있다. 동물의 이동에 대해 이해하는 것도 지역 복구 전략의 일부가 될 수 있다. 학교의 나비 정원 같은 간단한 것도 환경에 대한 이해를 증진시켜준다. 나비와 새는 1년 중 특정한 시기에 특별한 방식으로 이동한다. 이들이 이동하기 좋은 길을 만들어주는 것은 환경에만 이로운 게 아니라 재난으로 황폐해진 경관에 심미적 즐거움을 되돌려주는 역할도 한다. 어떤 지역은 생태 관광을 촉진하기 위해 이러한 형태의 복원에 돈을 투자하기도 한다. 예를 들어 멕시코만의 습지를 생태 관광지로 개발하는 것은 습지의 중요성을 시각적으로 알리기 위한 것이기도 하다. 관광으로 벌어들인 세금 수익은 환경 보존 활동을 지속하는 데 사용할 수 있을 것이다.

이 책의 뒷장에서는 환경 친화적인 재건 전략에 대해 다룰 것이다. 녹색 지향의 재건과 복구로 현재는 물론 미래 세대를 위한 차이를 만들어낼 수 있을 것이다.

상자 5.4 트리 캐노피의 이점

앞에서 언급한 아이티 삼림 파괴의 사례에서 알 수 있듯이, 나무는 중요하다. 숲 복원을 통해 지역사회를 다시 녹색으로 재건함으로써, 지역 정부, 주택 소유주 그리고 자원봉사자들은 복구 현장에 다양한 이점을 제공할 수 있다(Burban and Andresen, 1994). 그 이점은 다음과 같다.

• 산사태를 줄여 사람과 동물의 생명을 구할 수 있다.

- 흘러넘치는 홍수 유출을 더 많이 흡수할 수 있다.
- 오랜 기간을 두고 숲 생태계를 위한 영양분의 토대를 풍부하게 할 수 있다.
- 야생 동물이 쉴 곳과 새끼를 기를 안전한 장소를 제공할 수 있다.
- 주택, 지역의 공원 또는 복원하거나 새로 만든 수목원 등 휴식을 취할 장소를 제공함으로써 심리적 가치를 얻을 수 있다.
- 나무를 많이 심은 집은 시장 가치가 올라가고 에너지 비용은 줄어, 경제적 가치가 높아진다.
- 빗물을 흡수하고 홍수에 의한 토사의 범람이 줄어드는 완화 효과를 얻을 수 있다.
- 어린이들에게 환경 자원에 대해 가르칠 장소로 교육적 기회를 제공한다(Burban and Andresen, 1994).

5.4 환경 분야의 협력기관

무수히 많은 생태계를 지닌 자연 환경은 우리 모두를 이롭게 하는 다양한 자원을 제공한다. 우리는 다행히 환경에 대한 관심이 그 어느 때보다 높은 시대에 살고 있다. 하지만 재난 복구 기간에 지역사회가 직면한 수많은 다른 요구들 때문에 환경 친화적인 복구를 완전하게 실현할 수는 없을 것이다. 환경 분야에 쓸 수 있는 재정적 자원과 인적 자원이 한정되어있으므로 협력 관계를 맺는 것이 필요하다. 여럿이 힘을 합치면, 혼자 할 수 있는 것보다 더 많은 것을 이룰 수 있는 경우가 많다. 이제 재난 발생 후 진행되는 여러 가지 협력 관계에 대해 알아보겠다.

5.4.1 정부 기관

정부 기관과 공무원은 막대한 잠재력을 지닌 협력기관이다. 이들은 법적인 내용을 안내하는 것에서부터 자금 및 기술적 전문 지식에 이르기까지 다양한 도움을 제공한다. 하지만 정부 기관과 공무원의 견해와 관점은 무엇을 어떻게 도울 것인가에 따라 상당히 다양한 양상을 보인다. 기후 변화와 그 잠재적 폐해에 관해 현재 전 세계적으로 이루어지는 논란은 그 한 가지 예에 불과하다.

미국 연방 정부는 환경 복구에 참여할 매우 다양한 기관을 거느리고 있다. FEMA와 함께 미국 환경보호청(EPA)도 중요한 협력기관이다. 하지만 미국 내무부Department of the Interior 산하의 어류 및 야생 동물국과 국립공원관리청 등 다른 기관들도 참여하고 있다. 연방 정부 기관들과 함께 일하려면, 법과 규정 그리고 이들이 일하는 절차에 대해 잘 알고 있어야 한다(상자 5.5 참고). 그러면 어떤 경우 연방 정부의 대응이 늦은 것처럼 보이는 이유를 이해하는 데 도움이 될 것이다. 환경 문제의 경우, 느린 절차는 일면 모든 의문 사항을 고려하고 모든 이해 당사자의 입장을 조율하기 위해서이기도 하다.

연방 정부는 환경적으로 새로운 사업을 벌이는 데 필요한 자금을 대는 든든한 자금줄이기도 하다. 슈퍼 태풍 샌디가 발생한 뒤에 미국 내무부는 자금이 많이 필요한 수십 가지 사업을 허가했다. 이는 다음에 나오는 사업 목록을 확인해보면 알 수 있을 것이다. 샌디로 인한 이들 복구 사업은 2013년 미국 내무부가 자금을 대고 어류 및 야생 동물국이 주도해 이루어졌다. 이들 사업을 위한 총 자금 규모는 102,065,525달러에 달한다. 이러한 사업의 성공에는 협력 관계가 중요하며, 이는 자연과 사회 경제적 측면 모두에 이로운 역할을 한다. 이들 사업은 기후 변화 등 극한 기후로 인한 미래의 재난에 대비해 회복력을 기르기 위해 이루어졌으며, 기간은 3년 정도 걸렸다(U.S. Fish and Wildlife Service, 2013).

- 해안 습지 복원 사업은 8개 주州 14개 지역에서 중점적으로 이루어질 것이다. 이 사업은 습지 서식지의 복원뿐 아니라 어류 및 다른 야생 동물을 통해 사회 경제적 이점을 제공할 것이다. 로드아일랜드의 해안 사업은 300에이커에 이르는 염도가 높은 습지 서식지에 대한 폭풍 해일의 피해를 감소시켜줄 것이다. 이 지역의 도로와 해변의 범람을 줄여줄 뿐 아니라, 홍수 유출과 이로 인한 오염도 줄어들 것이다.

- 뉴저지의 해안 복원 노력은 해변뿐 아니라 습지와 관련된 서식지도 보호해줄 것이다. 이는 관광객뿐 아니라 새들이 이주하고 둥지를 트는 데도 좋다. 새를 지켜보는 것은 의외로 미국에서 가장 인기 있는 활동 중 하나이며, 따라서 철새의 이동 경로를 따라 막대한 돈을 벌어들이고 있다. 델라웨어만Delaware Bay을 따라 붉은 가슴 도요새를 돕기 위한 활동이 벌어지고 있는데, 이 종은 곧 위기에 처한 종 목록에 이름을 올려야 할 상황이다.

- 수중 사업에는 댐 철거와 지하 배수로 교체도 포함될 것이다. 7개 주州에서 총 220km에 이르는 강과 526에이커에 달하는 호수에서 사업이 이루어질 것이다. 그렇게 해서 미래의 재난에 대한 회복력을 높이고, 수중 생물에 더 건강한 생태계를 제공하는 것이 주된 목적이다. 코네티컷 뉴헤븐New Heaven의 웨스트강 West River에서 이루어지는 판드 릴리 댐Pond Lily dam 철거 사업은 청어, 장어 및 전어를 비롯해 연방 정부가 보호하는 종의 이동을 원활하게 해줄 것이다. 이로 인해 기대하는 사회 경제적 이익은 130만 달러에 달한다.

상자 5.5 미국의 법적 권한과 환경 복구

환경 문제가 발생했을 때, 연방 정부의 조치와 의사 결정의 법적인 측면을 안내하는 것은 재난 복구 과정의 일부이다. 예를 들어 국가환경정책법National Environmental Policy Act(NEPA)에는 연방 정부 기관이 환경 문제의 어떤 구체적인 과정에 참여할 것인지가 규정되어있다. NEPA에는 환경의 질에 관한 대통령자문위원회President's Council on Environmental Quality(CEQ)가 규정을 마련해야 한다고 명시되어있다. 그러면 CEQ는 연방 정부 기관인 FEMA가 적절한 규정을 만들도록 요청한다.

FEMA는 두 가지 조치를 취할 수 있다(Rossman, 1994). 첫 번째 조치는 제안 사업으로 발생할 수 있는 결과에 대한 환경 평가를 실시하고 대안을 검토하는 것이다. 만일 피해 가능성이 있다고 여겨지면, 환경 영향 평가 보고서Environmental Impact Statement(EIS)를 작성하기 위해 의향서Notice of Intent를 공지해야 한다. FEMA는 환경 영향 평가 보고서를 작성하기 위해 제안 사업이 현재의 토지 이용 계획 수립에 변화를 가져오는지, 많은 사람에게 영향을 미치는지, 논란의 여지가 있는지, 대기질과 수질에 영향을 미치는지, 누적 피해를 과도하게 발생시키는지, 또는 FEMA가 환경 영향 평가를 위해 이전에 취한 조치와 유사한지 등을 점검한다. 그리고 제6장에서 살펴보게 되겠지만,

FEMA는 그러한 사업이 국가 사적지National Register of Historic Places의 유물에 피해를 줄 가능성이 있는지에 대해서도 환경 영향 평가를 해야 한다. FEMA는 그러한 사업이 '야생 동물의 개체수와 이들의 서식지, 주요 자연 자원, 홍수 범람원, 습지, 강의 어귀, 해안, 모래 언덕, 불안정한 토지, 가파른 경사, 대수층이 포함된 지역, 또는 취약하거나 희귀한 생태계, 위험에 처한 종' 등에 영향을 주는지에 대해서도 환경 영향 평가를 해야 한다.

또 다른 중요한 법은 슈퍼펀드 개정 및 재허가법Superfund Amendments and Reauthorization Act에 의해 1980년에 통과되고 1986년 개정된 종합환경대응책임보상법(CERCLA)이다(Rossman, 1994). 연방 정부 기관이나 지방 정부는 앞에서 언급한 타임스 비치 같은 곳에서 발생한 문제에 관심을 기울인다. 이 슈퍼펀드는 유해한 폐기물을 처리하기 위해 세금을 걷는 것을 허용한다. 이 슈퍼펀드 사업의 관리는 EPA의 일부인 고형 폐기물 긴급 처리국Office of Solid Waste and Emergency Response(OSWER)에서 실시한다.

CERCLA는(NEPA가 그렇듯이) EPA와 다른 기관이 환경적 위험을 내포하고 있을 가능성이 있는 장소를 알아내는 과정을 중시하며, 주민들을 참여시키는 과정을 통해 그러한 장소를 '치유'하는 단계로 나아간다(Rossman, 1994). 주민들을 참여시키는 과정은 환경 조치와 관련된 의향서와 함께 시작된다. '검사' 과정을 통해 EPA와 다른 기관들은 의사 결정 과정에 폭넓은 이해 당사자를 끌어들이기 위한 비공개 모임을 주선한다. EPA는 환경 영향 평가 보고서를 작성하며, 주민들의 의견을 듣는 기간 동안 주민들의 반응을 구해 최종적인 환경 영향 평가 보고서를 작성한다. 현재 문제가 있거나 문제가 있을 가능성이 있는 장소에 대한 결정이 내려지면, EPA는 협상을 거쳐 정화 작업을 실시한다. 2014년 8월, EPA는 국가 우선순위 목록National Priority List에 1,318곳을 올렸으며, 51곳을 추가로 목록에 올릴 것을 제안했다. 여러분이 사는 지역에 위험한 장소가 있는가? 사실을 알고 싶다면, EPA 사이트인 http://www.epa.gov/superfund/sites/를 방문해 '내가 사는 곳'을 검색해보아라.

5.4.2 환경 보호론자

오랜 역사를 지닌 친환경 단체에서부터 최근의 연예인들에 이르기까지 많은 사람들이 녹색 재건을 시작하고 지지하며, 따라서 환경 친화적인 복구에 도움을 받을 수 있는 곳이 많다는 것은 바람직한 사실이다. 환경 보호 단체는 환경 복구에 도움이 되는 경험, 사회적 연결망, 아이디어, 자원 그리고 조직적 힘을 제공한다(상자 5.6 참고). 이러한 단체는 전국 및 지역 단위의 지부를 두고 있으며, 이들 지부에는 전문 지식과 자원봉사를 제공하고, 재난 피해지역에 희망을 주는 데 열성적인 회원들이 많이 있다(상자 5.7 참고).

2010년 아이티 지진은 환경 보호론자의 협력이 너무도 중요한 이유를 잘 보여주고 있다. 그토록 심한 피해와 참사가 발생한 이유를 제대로 알려면, 시간을 거슬러 올라가 아이티와 환경의 관계를 이해해야 한다. 여러 가지 이유로 아이티는 수백 년 동안 극심한 빈곤에 시달려왔다. 그런 상황에서 경제 개발을 해야 하는 나라는 수익을 창출하기 위해 나라 안의 자연 자원에 의존하게 된다. 아이티도 예외가 아니었다. 숲과 경작지를 비롯한 자연 자원이 줄어드는 상황에서 채굴 경제 정책을 펴나가다 보니, 사람들은 도시지역으로 몰릴 수밖에 없었다. 목탄을 만들 나무가 필요하다 보니 삼림 훼손이 특히 심각해, 오늘날 아이티에는 숲 지대가 전국의 2%에 불과하다. 그렇지만 나무는 난방과 조리에 사용되는 주된 연료이기도 하다. 삼림 훼손으로 가파른 경사면은 산사태에 취약해지는 결과를 낳았다. 비가 오면 사람과 동물 모두 심각한 위험에 처하게 된다. 오늘날 경작할 수 있는 땅은 전 국토의 11%에 불과하다. 유엔환경프로그램United Nations Environment Programme(UNEP)(2010)은 지진이 발생하기 전에 아이티는 '이미 카리브해 지역에서 가장 가난하고 환경적으로 가장 취약한 국가였다'고 명시했으며, 심각하게 파괴된 농촌 환경은 그곳 사람들을 먹여 살리기도 힘든 상태였다.

수도인 포르토프랭스 같은 곳에는 먹을 것과 살 곳 그리고 일거리를 찾아 이주하는 인구가 급속도로 늘어났다. 많은 사람들이 건축 규정조차 없이 지어진 건물이나 지진 발생 위험이 큰 지역에서 살았다. 2010년 1월, 최대 220,000명이라는 엄청난 희생자를 낸 최악의 시나리오가 실제로 발생했다. 재건에 필요한 목재의 수요가 늘어나면서 숲의 건강과 관련된 환경 자원에 대한 위협이 계속되었다. 현장 평가 결과, 의료 폐기물, 잔해, 유해 물질, 그리고 임시 피난처의 홍수 위험 등을 비롯한 다른 환경 문제도 드러났다. 환경 보호론자들은 재난 이후에 숲 다시 가꾸기, 경사지 복원, 토지 개량을 추진하고 있으며, 태양열을 비롯한 대체 에너지 사용도 증가하고 있다(실례를 보려면, http://www. solarunderthesun.org/projects/에 방문하거나 사진 5.7과 5.8 참고). UN은 삼림 훼손 문제를 해결하고 잔해 제거 관리를 돕기 위해 환경 보호 단체와 함께 일하고 있다(UNEP, 2010). 아이티를 돕기 위한 노력은 당분간 계속될 것이다.

상자 5.6 미국 저지대 거주민 센터

2012년에 설립된 저지대 거주민 센터The Lowlander Center는 루이지애나의 저지대와 바유 지역에 설립되었다. 비영리 단체인 이 센터는 저지대 주민들을 돕고 이들을 위해 교육, 연구, 그리고 보호 활동을 펼친다(사진 5.6 참고).

저지대 거주민 센터는 지역사회의 참여를 원칙과 방법으로 삼아 활동한다. 문제 해결은 지역 차원에서 시작되며, 이는 도시의 어느 동네나 바유를 따라 있는 마을이 될 수도 있다. 저지대 거주민 센터의 업무는 사람과 장소를 위해 역량과 회복력을 갖춘 미래를 꿈꾸며, 수시로 달라지는 해안선 및 토지 손실과 더불어 살기 위한 해결책을 찾는 것이다. 저지대 거주민 센터의 목표는 다음과 같은 사업을 펼치는 것이다.

- 저지대의 주민과 지역의 회복력을 높이는 일에 시민들의 참여를 이끌어낸다.
- 저지대의 주민과 지역의 회복력을 기르기 위한 참여 활동 연구와 실행을 위한 포럼을 개최한다.
- 저지대와 관련한 문제에 있어 도시와 시골 지역의 공통점을 찾아 연결한다.

사진 5.6 환경 복구를 위해 함께 일하는 사람들(사진 루이지애나의 저지대 거주민 센터)

- 이 분야에서 일하는 사람들을 교육시키고, 이론적이고 기술적인 정보를 제공한다.
- 시장 경제와 정치 영역에서 저지대의 회복력을 높이기 위해 전문적이고 통일된 목소리를 낸다.
- 저지대의 회복력과 완화를 위한 의사 결정에 사회적 · 윤리적 요소가 작용한다는 것을 제대로 인식시킨다.
- 더욱 효과적인 저지대 회복력 향상 프로그램을 개발해, 지역사회 전체를 이롭게 한다.
- 저지대의 회복력을 사회적 규범으로 만들기 위해 노력한다.

저지대 거주민 센터의 활동과 연구 및 업무에는 '복잡한 이론' 무장을 통해 해안지역의 문제에 대처하는 다양한 영역의 문제가 포함된다. 이 센터에서는 모든 문제가 서로 긴밀하게 연결되어있으며 대단히 중요한 것으로 간주되는데, 이는 긍정적인 변화를 향한 윤리적이고 환경 순응적이며 문제 해결적인 방식을 요한다.

2014년 봄과 여름에 저지대 주민들은 국제단체 두 곳과 함께 일했는데, 그곳은 원주민 기후 변화 단체Indigenous Climate Change와 라이징 보이스Rising Voice였다. 이들 각 단체는 원주민의 지혜와 목소리를 통해 기후 위기를 해결하겠다는 목표를 갖고 있다. 저지대 거주민 센터는 루이지애나의 해안지역에서 온 부족 대표들과 함께 미국 대통령 직속 기후 변화 위원회President's Committee on Climate Change에 보낼 보고서를 작성했다. 이 보고서에 실린 여러 제안 중에는 기후와 관련한 해안지역의 변화로 위협받고 있는 사람들이 직면한 이주 문제를 해결하기 위해 연방 정부 차원의 전담 기관을 만들 것을 촉구하는 것도 포함되어있다.

해안가 주민들이 직면한 우울한 현실은 일부 지역사회가 점점 더 심해지는 폭풍과 해수면 상승으로 인해 이주나 소멸의 위기에 처해 있다는 사실이다. 그러한 곳 중 하나가 원주민 부족이 사는 장 샤를 섬Isle de Jean Charles이다. 문화의 지속성을 유지하고 부족의 정체성을 지키기 위해 이 부족은 '집단 이주'를 계획하고 있다. 저지대 거주민 센터는 이 부족의 핵심 지도자들과 함께 일하기 위해 부족민으로 이루어진 팀을 조직했다. 이들은 이주에 직면한 다른 지역의 모범이 될 수 있도록 피해 없는zero impact 지역사회 건설을 계획하고 있다. 이 지역에서는 학생과 주민들을 위한 학습/교수 센터를 유치할 계획이다. 이들의 계획에는 역사적으로 지속 가능한 생계 수단을 지키면서 다음 세대를 위해 전통적인 지식과 기술을 전승 하기 위한 방법을 강구하는 것도 포함되어있다. 현재 이러한 노력에 필요한 연방 정부 및 주 정부의 재원이 마련되어있지는 않지만, 이러한 비전을 이룰 방법을 찾아나가는 것이 이 팀의 과제인 셈이다.

저지대 거주민 센터는 자연 재해 센터Natural Hazards Center, 자연 재해 완화 협회National Hazards Mitigation Association, 네이버 투 네이버Neighbor to Neighbor 그리고 번창하는 지구를 위한 모임Thriving

Earth Exchange을 비롯해 더 폭넓은 관련 단체의 활동에도 참여하고 있다. 저지대 거주민 센터의 이사회와 직원들은 엑손 발데즈 원유 유출 사고 이후에 프린스 윌리엄 사운드에 만들어진 단체와 같은, 지역 시민 자문 위원회Regional Citizens Advisory Committee를 만드는데도 적극적으로 개입하고 있다. 이들은 이밖에도 이 지역을 방문하는 관계자 및 연구자 그리고 자원봉사자를 위해 습지대에 관한 교육도 실시하고 있다.

이들이 벌이는 활동 및 업무에 대한 더 자세한 내용은 웹사이트를 참고하라. Lowlander-center.org.

상자 5.7 취약 계층과 환경 복구

홍수와 어린이

오염 물질에 노출되면 어린이는 어른보다 더 큰 위험에 처하게 된다(CDC, 2014). 어린이가 더 위험한 이유는 이들의 몸이 아직 발육 중이며, 따라서 어른에 비해 더 많은 공기와 음식 그리고 물을 소비하기 때문이며, 유아나 막 걸음마를 시작한 아기는 오염 물질과 더 가깝기 때문이기도 하다. 미국 질병관리본부(CDC)는 곰팡이, 일산화탄소, 그리고 집 안의 각종 오염 물질 등 어린이의 건강을 위협하는 수많은 물질을 밝혀냈다.

하지만 우리는 어린이를 보호할 수 있다. 가정에서의 홍수가 24~48시간 이상 지속되면 곰팡이가 생길 가능성이 높다. 알레르기, 천식 또는 호흡기 질환을 앓는 어린이가 가장 위험하지만, 곰팡이에 노출되면 모든 어린이가 고통을 겪을 수 있다. 따라서 어린이가 곰팡이에 노출되지 않게 해야 한다. 곰팡이를 조사해 처리하는 전문가를 부르는 것이 최선의 방법이다. 하지만 주민이 직접 곰팡이를 청소해야 하는 상황이라면, CDC(2014)는 그러한 청소 작업에 어른만 참여해야 한다고 조언하고 있다. 곰팡이를 절대 만져서는 안 된다. N-95 마스크, 장갑, 보호용 안경, 긴 바지와 윗옷을 착용하고 적합한 신발을 신어야 한다. 딱딱한 표면은 청소가 가능하겠지만, (가구나 카펫 등) 부드럽거나 물을 빨아들이는 표면은 적절한 방법을 사용해야 한다. 홍수가 발생하면, 대부분의 지역에서는 오염 물질을 어디서 어떻게 제거해야 하는지에 대해 주민들을 교육하고 있다.

2014년 CDC의 '자연 재난 중 그리고 재난 이후에 어린이의 건강 지키기'에서 인용(http://www.cdc.gov, 2014년 8월 15일 접속). 더 자세한 사항은 http://www2.epa.gov/children/protecting-childrens-health-during-and-after-natural-disasters를 참고하라.

홍수와 아메리칸 원주민

　극심한 가뭄 이후에 폭우가 내려 네바다의 카슨 싱크Carson Sink라는 지역이 물에 잠겼다(Baldrica, 1998). 정부는 주택을 구하기 위해 물이 자연 수로 위로 범람하도록 내버려 두었다. 하지만 그 뒤를 이어 발생한 홍수로 습지의 식물들이 모두 죽었고 민감한 동물들의 보금자리도 파괴되었다. 범람한 물은 1986년이 되어서야 빠졌지만, 물이 빠질 때 미국 어류 및 야생 동물국의 연방 직원들은 주 정부 문화재보호국State Historic Preservation Office에 인간의 뼈와 아메리카 원주민의 생활용품이 발견되었다고 통보했다. 네바다 주 정부는 여러 지역 기관의 협조를 얻고 자원봉사자를 활용해 그러한 공예품을 발굴하고 수거했다. 1987년 연방 정부 기관들은 발굴을 주도하며 현장에서 일할 고고학자와 자문 회사를 고용했다. 이 유적지 주위로 새로운 둑이 세워졌고, 야생 동물이 돌아오도록 동물의 보금자리도 다시 만들어졌다.

　이 유적지에서 인간의 유해가 발견되었으므로, 미국 어류 및 야생 동물국 직원들과 네바다 주립 박물관 직원은 이들의 유해를 지하 묘에 묻어주기 위해 파이우트Paiute족과 쇼숀Shoshone족의 부족 지도자들과 함께 일했다(Baldrica, 1998; Dansie, 1999). 홍수가 발생한 후에 미국 의회는 아메리카 원주민의 유해와 유해 발견 지점에 함께 있던 모든 물품을 보호하기 위해 공법 101–601항을 통과시켰다. 아메리카 원주민의 유해를 존중하는 이러한 조치는 강한 감정적 반향을 불러일으켰다. 아메리카 원주민 부족에게 있어 이 문제는 자신들의 권리를 빼앗긴 역사로 깊이 각인되어있기 때문이다. 환경 복구 노력은 이 문제에 대한 합법적 차원뿐 아니라 한 부족의 조상과 문화에 대한 윤리적 · 인간적 차원까지도 고려해야 하는 일이다.

사진 5.7 아이티에서 정수 처리장의 연료로 태양열을 사용하는 '솔라 언더 더 썬 Solar under the Sun' 사업이 진행 중이다(사진 Solar under the Sun).

사진 5.8 아이티의 솔라 언더 더 썬(사진 Solar under the Sun).

5.5 요약

많은 재난이 자연 환경에서 비롯되지만, 시스템 이론은 진정한 피해를 일으키는 것은 인간, 구조물 그리고 자연 시스템 사이의 부조화 때문이라고 주장한다. 이러한 부조화를 바로잡는 것은 인간 시스템에 달려있다. 지속 가능한 사고방식이란 미래를 내다보며 오늘 행동하는 것을 의미한다. 지구 자원의 관리인으로서 재난이 발생한 후에 책임감 있고 윤리적으로 행동하는 것은 지구에 사는 우리의 의무이다. 우리는 가정, 직장, 그리고 기반 시설 등 복구의 여러 가지 구성 요소를 연결함으로써 환경에 대해 '전체론적인 관점'에서 생각해야 한다. 계획을 수립하는 사람, 환경 보호론자 그리고 복구 지도자는 '녹색' 재건을 하고, 환경에 해를 주기보다는 환경을 개선하는 방식으로 행동해야한다. 그렇게 될 때 재난 이후 복구는 환경을 위해 행동을 취할 수 있는 기회가 되어준다.

이러한 행동에는 환경 구제environmental rescue도 포함된다. 부상을 입었거나 위험에 처한 야생 동물, 수중 생물, 조류 그리고 이들의 서식지를 구할 준비를 갖춤으로써, 환경보호론자와 환경 기관은 재난의 피해를 줄일 수 있다. 환경 보호란 그 지역의 서식지와 수로 그리고 야생 동물의 삶을 더 파괴하지 않는 방식으로 재난 이후 재건을 실시한다는 것을 의미한다. 환경 보존과 재난 이후 열린 녹색 공간을 늘리는 것 같은 실천 등을 통해 환경에 이로운 역할을 하는 땅을 늘려나갈 수 있다. 특히 그린웨이와 홍수 범람원 보존은 환경에 이로울 뿐 아니라 인간에 대한 홍수의 위험을 줄이는 역할도 한다. 마지막 방법으로 환경 복원은 피해를 입은 지역을 복원하는 작업을 말한다. 모래 언덕을 복원하면 해변에 이로운 역할을 한다. 해안의 수로는 폭풍 해일을 줄이기 위해 복원되어야 한다.

환경을 지키고 보존하고 복원하는 행위에는 협력자가 필요하다. 정부 기관은 정책, 규정, 전문지식 그리고 이러한 일을 행할 자금을 제공할 수 있다. 하지만 저소득 지역이나 국가는 그럴 여력이 없을 수도 있다. 환경 보호론자도 에너지와 자원봉사자 그리고 전문 지식과 자금을 제공함으로써 재난 이후 환경 복구 과정에 참여해야 한다. 각 개인도 미래의 재난을 줄이고 야생 동물을 불러들이는, 지역에 적합한 저영향 설계low-impact design를 실천함으로써 환경 개선에 일조할 수 있다.

5.6 마무리 문제

5.6.1 요약 문제

1. 일본 지진이 연속적인 재난을 낳은 이유를 설명해보아라. 사람과 장소에 미친 환경적인 위험에는 어떤 것이 있었나?
2. 지속 가능한 접근의 궁극적인 목적은 무엇인가?

3. 전체론적인 환경 복구 노력이란 정확히 무엇을 의미하는가? 환경 복구는 복구 계획의 다른 요소와 어떻게 통합될 수 있는가?

4. 녹색 기반 시설과 저영향 설계를 정의하고 설명해보아라. 여러분이 사는 지역 가까이에서 이러한 작업의 실례를 찾을 수 있는가?

5. 환경 구제, 보호, 보존, 그리고 복원의 차이가 무엇인가? 여러분이 사는 곳 가까이에서 이러한 예를 찾을 수 있는가?

6. 정부 기관은 재난 이후 환경 복구에서 중요한 역할을 할 수 있다. 재난이 발생했을 때 여러분이 사는 지역에서는 어떤 기관에 의지할 수 있는가?

7. 환경 보호론자들은 어떤 목표를 위해 헌신하는가?

5.6.2 토론 문제

1. 후쿠시마 원전 사고의 방사능 피해에 관해 최근 알게 된 사실은 무엇인가?

2. 재난이 발생한 후에 여러분 또는 여러분의 가족이나 이웃이 살 집을 다시 짓는다면, 어떤 종류의 저영향 설계를 할 것인가?

3. 여러분이 사는 지역에서 개발이 진행되고 있는 곳을 찾아라. 개발업체가 이 장에서 언급한 저영향 설계 방법을 도입하고 있는가? 왜 도입했는가 또는 왜 도입하지 않았는가?

4. 환경 친화적인 재난 이후 복구 계획에 대해 시장이나 의회 의원을 인터뷰해보아라. 그들의 관점에 대해 어떤 사실을 알 수 있는가?

5. 여러분이 재난 이후 환경 복구 계획 수립을 이끌어나가야 한다고 상상해보아라. 여러분은 누구를 참여시킬 것이며, 그 이유는 무엇인가?

6. 여러분이 사는 곳의 환경의 질을 향상시키기 위해 여러분이 지금 할 수 있는 세 가지 일은 무엇인가? 여러분의 노력이 더 큰 지역사회 그리고 심지어는 전 지구에 어떤 잠재적인 영향을 미칠 것인가?

참고자료

- An example of environmentally friendly hurricane Sandy mitigation work can be found at the North Atlantic Landscape Conservation Cooperative, http://northatlanticlcc.org/projects/aquatic-connectiv-ity/restoring-aquatic-connec-tivity-and-increasing-flood-resilience-hurricane-sandy-mitigation. For a full list of projects, visithttp://www.doi.gov/news/pressreleases/upload/20131023-Approved-Projects-List.pdf. Last accessed August 28, 2014.

- For more about the north centralTexas cross timbers forest ecosystem, see http://www.nhnct.org/urban/biod.html and http://www.uark.edu/misc/xtimber/index.html. Last accessed August 28, 2014.

- Fountain Creek Watershed project, visit http://www.fountain-crk.org/flood-control.html. Last accessed August 28, 2014.

- To learn about backyard wildlife habitat programs, go to The National Wildlife Federation's website at http://www.nwf.org/back- yard/. Last accessed August 28, 2014.

- The post-Sandy Bayshore Regional Sewerage Authority efforts can be seen in a video at this website, http://www.fema.gov/media-library/assets/videos/86382. An mp4 can be seen at http://www.bayshorersa.com under "Projects." Last accessed August 28, 2014.

- To learn about Green Infrastructure ideas and partnerships, visit http://water.epa.gov/infrastructure/greeninfrastructure/index.cfm. Last accessed August 28, 2014.

- To see what you can do to help keep our environment clean, visit http://www2.epa.gov/cleanups. Superfund information can be found here, http://www2.epa.gov/enforcement/superfund-enforcement. Last accessed August 28, 2014.

제6장
역사 및 문화 자원

- 역사 유물과 문화 자원의 차이를 구분한다.
- 어떤 장소가 지니는 의미와 그러한 장소가 만들어내는 유대감을 이해한다.
- 역사 유물과 문화 자원을 위협하는 위험요인의 종류에 대해 알아본다.
- 유물 보존의 경제적 가치에 대해 알아본다.
- 역사 유물과 문화 자원에 대한 재난 이전 계획 수립의 필수 단계를 요약하고 설명한다.
- 역사 유물과 문화 자원에 대한 위협에 대응하려면 어떤 긴급조치를 취해야 하는지 알아본다.
- 역사 유물과 자원을 보존하기 위한 재난 이후 복구 계획 수립에 대해 알아본다.
- 역사 유물과 문화 자원과 관련된 우려와 완화 전략에 대해 알아본다.
- 각 지역의 위험요인에 의해 위협받는 여러분 자신 및 가족의 보물을 지키기 위해 필요한 조치를 취한다.

문화 자원cultural resource

사적지historic district

유적지 관광heritage tourism

역사 기념물historic landmark

역사 유물historic property

문화재보호법National Historic Preservation Act

주州 문화재보호국State Historic Preservation Office

국가 문화유산 긴급 대책반Heritage Emergency National Task Force

국가 사적지national register of historic places

장소 및 장소 유대감place and place ties

집단 유대감communal ties

지향적 유대감orientational ties

역할 유대감role ties

가치 유대감value ties

부족 문화재보호국Tribal Historic Preservation Office

6.1 서론

재난은 우리가 소중히 여기는 역사 유물과 문화 자산을 훼손하고 파괴하고 위협한다. 홍수는 특색 있는 건축물을 훼손하고, 지진은 박물관의 여러 층을 주저앉게 만들며, 테러범은 건물을 무너뜨려 여러 유물과 예술 작품 그리고 문서를 파괴한다. 역사와 문화를 오랫동안 기리고, 그것으로부터 배우며, 재난 이후 복구 노력의 일환으로 보존해 나가는 것은 우리가 해야 할 일이다. 유형의 유산이든 무형의 유산이든, 역사는 미래 세대를 위해 보존되어야 한다.

역사는 우리가 살고 일하고 찾아가고 즐기는 장소를 통해 우리에게 말한다. 의회가 열리던 역사적인 건물은 우리가 누구이며, 누가 우리를 대표했는지를 알려준다. 장소는 우리 이전에 이곳에 살던 사람들이 소중한 전통과 유산을 만들어 우리에게 전해주었다는 것을 일깨워준다.

역사는 유형의 자산이나 건축물만 말하는 게 아니라 문화, 음악, 예술 작품, 조각 등을 낳은 시대와도 연관되어있다. 시간을 내서 둘러보면, 역사가 모든 곳에 있다는 사실을 깨달을 것이다. 역사는 가정과 직장 건물의 건축적 특성에, 세계 문화유산과 같은 영원한 보물에, 또는 수백 년 된 시장이나 광장 또는 인도에 자리 잡은 카페나, 선조들이 묻힌 묘지를 듣고 보고 냄새 맡고 걸으며 느끼는 감정에 깃들어있다. 역사는 다양한 장소와 순간에 우리에게 말을 걸어오며, 저마다 느끼는 의미도 다르다. 우리는 11세기 무어인 건축 양식으로 지은 스페인의 알함브라Alhambra 궁전에서 시간을 보낼 수도 있으며, 러시아 쿠르스크Kursk의 탱크 전쟁터에서 제2차 세계 대전을 엄숙하게 떠올릴 수도 있다. 또한 마틴 루터 킹 주니어Martin Luther King Jr.가 시민의 권리에 대해 감동적인 글을 썼던 버밍엄의 교도소를 찾아볼 수도 있다. 아니면 드높은 벽으로 둘러싸인 오하이오 주립 대학교의 호스슈Horseshoe 경기장에 가거나, 펜웨이 공원Fenway Park으로 가족 나들이를 갈 수도 있다.

과거는 우리에게 정체성을 부여한다. 과거는 파리의 루브르 박물관Louvre Museum처럼 우리가 관광객으로 찾아가는 곳뿐 아니라, 우리가 고향이라고 부르는 곳에도 깃들어

있다. 우리는 같은 대학교에 다닌 사람들과 연대감을 느끼며, 조상들이 살던 오두막, 통나무집, 건물 등을 통해 그 안에 구현된 삶의 방식을 통해 조상들과 연대감을 느끼고, 영감을 주는 예술 작품과 조각품을 통해 인간의 조건에 대해 생각해보게 된다. 역사적인 맥락에서는 일상복에서 전투복에 이르는 단추 소장품, 사람들을 발언하게 해주는 회의용 탁자 또는 모계 사회를 암시하는 성모 마리아 상과 같은 평범한 물건도 특별한 의미를 갖는다. 과거는 우리 이전에 살던 이들이 창조해 우리에게 유산으로 남겨준 것들을 통해 살아있다. 그것을 보존하고 지키며 그러한 유산을 더욱 살찌우는 것이 우리가 해야 할 일이다.

6.1.1 1931년 뉴질랜드 호크스 베이 지진

뉴질랜드 북섬의 태평양 동부 해안에 위치한 호크스 베이Hawke's Bay는 햇살이 눈부신 아름다운 곳이다. 이곳에는 해변, 푸른 언덕, 과수원 그리고 포도주 양조장이 있다. 사람들은 일광욕을 하고 피크닉을 즐기며 배를 타러 이곳에 온다. 이 지역은 지난 수백 년 동안 원주민인 마오리족을 포함해 유럽인과 뉴질랜드 사람들을 끌어들였다. 1851년 이곳의 해변을 사랑하는 주민들이 이곳에 네이피어Napier 마을을 세웠다.

하지만 뉴질랜드는 또한 지진의 위험이 상당히 큰 곳이기도 하다. 네이피어 마을이 세워질 당시의 건축 기술로는 지진에 대비한 보강이 이루어지지 않았으며, 이는 많은 유적지에서 발견되는 문제이기도 하다. 주민들은 1888년 성 요한 성공회 대성당St. John's Anglican Cathedral을 세웠다. 1902년에는 이 성당의 본채가 지진을 견디고 살아남을 수 있을지에 대한 우려가 있었음에도 한 건축가가 '성모 예배소lady chapel'를 설계해 건설했다 (McGregor 1998). 시립 극장Municipal Theatre은 1912년에 지어졌지만 역시 지진 보강은 이루어지지 않았다. 하지만 이후부터 지어지는 건물에는 지진 보강이 이루어지기 시작했다. 이 건축물은 아르 누보Art Nouveau와 스페인 성당 양식의 특징을 지니고 있다. 이 마을은 여름철의 관광객뿐 아니라 상시 거주하는 수천 명의 주민들로 인해 점점 발전해나갔다.

그러나 1931년 2월 3일 오전 10시 47분, 규모 7.8의 강진이 네이피어 마을을 강타했다. 건물이 부서지고, 벽이 쓰러지고, 지붕이 무너져 내렸으며, 도로가 갈라지고 해변의 절벽에서는 산사태가 발생했다. 지진으로 인한 참사와 사망자는 대부분 상업 지역에서 발생했다. 수돗물 공급 시스템이 심각한 손상을 입어 지진 직후에 발생한 화재를 끌 수도 없었다. 물이 없어서 이 마을의 대부분 지역을 화마가 삼켜버렸다. 성 요한 대성당은 외벽만 살아남았다. 5층짜리 메이슨 호텔Mason Hotel은 붕괴해 불에 탔다. 시계탑과 그 안의 종이 무너져 다른 건물들에 2차 피해를 입혔다. 이로부터 2주 동안 525차례의 여진이 발생했다. 7천 명에 가까운 사람들이 대피소를 찾아 이웃 마을로 피신했다(McGregor, 1998).

이 도시 대부분을 다시 건설해야 한다고 생각해보아라. 어디서부터 시작할 것인가? 다시 건설한 도시는 어떤 모습이어야 할까? 어떤 역사적 특징을 되살릴 수 있을 것인가? 이러한 재건이 역사와 건축물이 살아있는 새로운 도시를 만들 기회가 되어줄 것인가? 이 도시를 더 안전하게 만들 수 있을 것인가?

1932년 4월 8일, 호크스 베이 지진법Hawke's Bay Earthquake Act에 의해 재건을 위한 한정된 자금이 마련되었다. 1933년 '새로운 네이피어 축제New Napier Festival'가 사람들을 다시 끌어들였다. 네이피어 삼만 클럽Napier Thirty Thousand Club도 재건 자금을 모았다. 1934년 전국의 디자인 공모를 통해 고전적인 아르 데코Art Deco 양식의 새로운 시계탑과 종이 만들어졌다. 이는 당시에 인기 있던 양식으로, 재건되는 네이피어 중심가의 많은 부분, 특히 외관이 아르 데코 양식으로 지어졌다. 특징적인 외관을 채택하려는 움직임이 결실을 맺은 것이다. 오늘날 네이피어는 '아르 데코의 도시'로 알려져 있으며, 이는 이러한 역사적인 건축물이 세계에서 가장 많이 모여 있는 곳 중 하나인 마이애미에 필적할 만한 규모이다. 사실, 이 도시 사람들은 네이피어에서 1930년대가 되살아났다고 말한다. 지진으로 인한 또 다른 이점은 뉴질랜드에 지진에 대비한 건축 법규가 새로이 도입되었다는 사실이다.

6.2 역사 유물과 문화 자원의 정의

서로 다른 두 용어가 이 장의 대부분을 차지하고 있는데, 그것은 역사 유물historic properties과 문화 자원cultural resources이다. 여기서는 두 용어의 개념을 정의하고, 이것을 이 장 전체에 걸쳐 설명하고 논의할 것이다. 뿐만 아니라, 세계문화유산World Heritage Sites 지정 기준에 대해서도 알아보려 한다.

6.2.1 역사 유물

역사 및 문화 자원은 비슷하게 정의되는 경우가 많다. FEMA(2005a)는 역사 유물을 '선사 또는 역사적인 지역, 장소, 건물, 구조물 또는 물건으로, 국가 사적지(National Register)에 포함되었거나 포함될 만한 가치를 지녔으며, 내무부 장관이 관리하는 것'으로 정의한다. 국가 사적지의 기준에는 역사 유물이 포함되어야 한다고 명시되어있다('참고자료'의 웹사이트 링크 참고).

- 지역, 장소, 건물, 구조물 그리고 물건에 건축, 고고학, 조경, 공학, 그리고 문화가 깃들어있어 미국 역사상 의미를 지닌 것
- 미국 역사에 기여한 점이 있거나 중요한 인물의 삶이 반영된 것
- 건축이나 예술 작품의 유형이나 일정한 시기와 연관된 특성
- 선사 및 역사에 관한 정보를 드러내주는 장소나 물건
- 최소 50년 전에 문서로 기록된 것

노스캐롤라이나의 문화재보호국과 문화자원부는 다음과 같은 정의에 따른다. '유물은 국가 사적지에 올랐거나 오를 만한 가치가 있는 역사적인 것을 말한다.' 당신이 사는 지역에서 이러한 목록에 올랐거나 오를 만한 곳이 얼마나 많은지 알면 놀랄 것이다.

노스캐롤라이나에만 45,000개의 유물이 단독 건물의 형태이든 아니면 375곳에 달하는 사적지의 일부로든 국가 사적지 목록에 올라 있다. 여기에 더해 4,700개의 유물이 목록에 오를 가능성이 있다. 대규모 허리케인이 이러한 역사적 보물에 끼칠 수 있는 피해와 지역에 있는 건축물의 독특한 특성을 유지하기 위해 들어갈 노력을 상상해보아라.

6.2.2 문화 자원

문화 자원에는 유형무형의 자산이 모두 포함된다. 유형의 자산에는 건물, 기념물, 예술 작품과 같이 구조물적 환경이 포함된다. 유형의 장소는 과거에 우리가 누구였고 현재 누구인지에 관한 역사 및 유산과 우리를 상징적으로 연결해준다(Spennemann and Graham, 2007).

우리가 물리적으로 경험할 수 없는 언어, 민속, 기술과 같은 것들은 무형의 자원이다(Spennemann and Graham, 2007). 재난으로 인해 무형의 자원이 훼손된다고 생각하기는 어렵겠지만, 반복적으로 홍수가 발생하는 해변의 바유 마을을 생각해보아라. 마을을 재건하고 예전처럼 되돌리는 것이 점점 더 어려워지면, 케이즌인(프랑스인 후손으로 프랑스 고어의 한 형태인 케이즌어를 사용하는 미국 루이지애나 사람 – 옮긴이), 아메리카 원주민, 그리고 베트남계 미국인이 이루는 어촌 마을의 생활양식이 훼손될 수 있다. 멕시코만에 있는 이러한 마을 중 많은 곳에서는 노인들만 케이즌 불어를 말하고, 손자 세대는 영어만을 사용한다. 또한 젊은 세대가 다른 기회와 더 안전한 곳을 찾아 이곳을 떠나면서 이들이 누리던 독특한 문화를 지닌 삶의 양식을 보존할 기회도 사라져가고 있다. 유형 및 무형의 문화 자원은 한번 심각하게 훼손되면 복구하기 힘들며, 일단 파괴되면 되돌릴 수 없다.

6.2.3 세계문화유산

전 세계가 힘을 모아 역사적 가치를 지닌 장소를 소중히 하고 가치를 부여하며 보존하고 있다. '세계문화유산'으로 알려진 장소는 '탁월한 보편적 가치'를 지녀야 하며 선별된 10개의 기준 중 적어도 1개를 충족시켜야 한다. 세계문화유산협약World Heritage Convention과 유네스코에 의하면, 이러한 기준에는 일반적으로 다음과 같은 내용이 포함된다(보다 구체적인 내용은 http://whc.unesco.org/en/criteria/ 참고. 2014년 12월 24일 접속).

- 인간의 창의적 재능이 깃든 작품
- 어떤 구체적인 문화 영역 내에서 또는 건축물, 기술, 기념물, 마을, 또는 조경 등의 독특한 요소 사이에 이루어진 인간 가치의 의미 있는 교류
- 아직 존재하거나 또는 사라진 문화 전통이나 문명의 증거
- 역사상의 특정한 어떤 순간을 상징하는 건물, 건축물 또는 기술적 특성이나 풍경이 담긴 탁월한 형상
- 환경과의 상호작용으로 인해 변화된 문화적 풍경을 지닌 (육지나 바다를 이용한) 인간의 거주지
- 생각이나 믿음, 예술 작품 또는 문학을 통해 어떤 사건이나 전통과 연결된 어떤 것
- 탁월한 자연의 아름다움을 지닌 장소
- 오랜 시간에 걸쳐 형성된, 특히 지질학적 지형이 살아있는 지구 역사의 본보기
- 동식물, 물, 해변, 그리고 바다 생태계에서 나타난 진화의 예
- 보편적인 가치를 지녀 보존이 필요하지만 위협받는 자연 서식지

세계문화유산 전체 목록은 유네스코 웹사이트(http://whc.unesco.org/en/list)에서 볼 수 있으며, 대륙과 국가별로 구성되어있다. 이 목록에는 캐나다의 퀘벡 역사 지구Historic District of Old Quebec가 포함되어있다. 이곳에서는 성곽, 성문, 그리고 요새를 비롯한 독특한 방어 시설을 보존하려는 노력이 이루어지고 있다. 종교적인 장소와 행정 시설 같은 것도 일부 보존되어있다. 한마디로 퀘벡 역사 지구는 세계에서 '가장 훌륭한 요새 도시'에 속한다. 중국의 만리장성도 방어 시설인데, 이는 '세계에서 가장 큰 군사 시설'이다. 만리장성은 너무 크고 웅장해서 우주 공간에서도 보인다고 한다. 케냐의 라무 고대 도시Lamu

Old Town도 목록에 올라있는데, 이곳은 잘 보존된, 스와힐리Swahili족이 살던 마을이기 때문이다. 라무 고대 도시에서는 산호석과 맹그로브로 지어진 집들과 '안뜰, 베란다, 그리고 정교하게 조각된 나무 문' 등이 풍요로운 외관을 자아낸다. 미국에서는 하와이 화산 국립공원Hawaii Volcanoes National Park이 활화산, 희귀한 새 및 식물들과 함께 독특한 지리적 형상을 보여주고 있다. 미국에는 서너 개의 국립공원과 자유의 여신상 같은 주요 기념물을 비롯해 세계문화유산으로 지정되었거나 계류 중인, 환경적 · 문화적 의미를 지닌 곳이 많다.

재난이 발생했을 때는 이러한 목록에 포함된 곳들뿐 아니라 포함될 가능성이 있는 곳까지 고려하는 것이 중요하다(Baldrica, 1998; North Carolina(State Historic Preservation Office), 2007). 기존의 역사 및 문화 자원은 물론, 의외의 재난으로 새롭게 드러나는 자원도 보호하고 보존하려는 노력을 게을리 해서는 안 된다. 그럼 이제 재난이 역사 유물과 문화 자원에 어떤 영향을 미치는지 알아보도록 하자.

6.3 역사적 '장소'의 의미

장소란 '사람들에게 실질적 영향을 미치는 환경적인 배경'을 말한다. 장소가 중요한 이유는 우리에게 정체성과 유대감을 주기 때문이다(Hummon, 1986, p. 35). 넓은 의미로 볼 때, 장소는 그곳에 사는 사람들이 가지는 정체성의 기본이 되며 유산을 공유하게 한다. 사람들은 장소를 만들고, 장소는 미래 세대에 물려주고 영향을 미치는 방식으로 우리를 재현한다.

6.3.1 장소의 의미

　장소는 사회적 · 물리적으로 우리가 위치해 있는 곳이다. 지향적 유대감orientational ties 같은 장소 유대감은 우리가 그곳에 익숙해지도록 도와준다(Hummon, 1986; 1990). 장소 역할 유대감place role ties은 학교나 예배당 등 우리가 있는 곳에 따라 어떻게 행동해야 하는지 아는 것을 의미한다. 집단 유대감communal ties은 가족 농장, 도시의 친숙한 동네, 좋아하는 가족 휴가지처럼 가족과 우리를 연결해준다. 가치 유대감value tied은 파리나 뉴올리언스의 음악, 예술, 그리고 건축물처럼 우리가 살고 싶거나 살고 싶지 않다고 생각하는, 장소의 특성을 말한다. 이러한 장소 유대감place ties은 역사적인 장소를 의미 있는 곳으로 만들어준다. 장소 유대감은 우리가 왜 그곳에서 살고 싶어 하며, 재난 이후 다시 돌아가고 싶어 하는지 그 이유를 말해준다.

　지진과 같은 재난은 물리적 · 사회적 이주를 강요하고, 장소가 지닌 의미를 되새기게 하며, 지역사회의 정체성을 재검토하게 만든다. 재난으로 물리적 구조물만 위협에 처하는 것이 아니다. 이러한 구조물과 장소가 우리에게 어떤 의미를 지니고 있기 때문에, 재난은 우리의 정체성, 우리의 문화 및 가족과의 유대감, 그리고 우리가 자식과 손자들에게 물려주고 싶어 하는 삶의 기본 구조를 위협한다(Phillips, 1996).

　장소를 잃는 것은 우리에게서 무언가가 떨어져 나가는 것과 같다(Phillips, 1996; 상자 6.1 참고). 미국에서 허리케인 카트리나가 발생한 후에 수많은 연구가 이러한 상실감을 확인시켜주고 있다(Weber and Peek, 2012). 사람들은 익숙한 장소를 잃은 상실감뿐 아니라 뉴올리언스 같은 도시가 주는 문화적 풍요로움 — 여러 인종이 섞인 독특한 문화, 음악적 전통, 유명 예술 작품, 그리고 물론 이 해안 도시의 음식도 — 까지 잃어버렸다. 익숙한 고향에서 멀리 떨어진 텍사스, 콜로라도, 사우스캐롤라이나 등으로 이주한 주민들은 여러 가지 상실감과 투쟁을 벌였다. 이들의 생활 방식, 말하는 방식, 상호작용하는 방식, 그리고 도시의 외부인들과 맺었던 유대감은 이해받지 못했고, 이는 인종 차별이라는 끔찍한 경험으로 이어졌다 — 성인뿐 아니라 어린이들까지도(Peek, 2012). 임시 거주지에서 다시 만날 수 있었던 사람들조차 이주에 따르는 고통을 제대로 극복하지 못했는데, '장소와 연대감의 상실은 이들 여성들에게 대피와 이주에 따르는 정신적 외상을 몇 배로 더 고통스럽게 만들었다. 이 집단적인 정신적 외상은… 외부의 사회적 연결망, 가족과 친구의 도움과 지원, 재난 피해를 돕는 단체나 관대하지만 낯선 사람들이 결코 치유해 줄 수 없는 것이었다.'(Fussell, 2012, p. 164)

상자 6.1 캘리포니아 산타 크루즈의 세인트 조지 호텔

1894년, 대규모 화재가 캘리포니아의 산타 크루즈 도심을 휩쓸면서 생긴 지 얼마 안 된 해변 마을을 완전히 파괴하고 그곳 차이나타운에 큰 피해를 입혔다. 하지만 산타 크루즈 주민들은 씩씩하게 그리고 솜씨 좋게 도심을 재건했다. 재건된 건물 중 가장 인상적인 것은 불을 뿜어내는 용을 죽인, 신화 속의 인물 세인트 조지의 이름을 딴 세인트 조지 호텔St. George Hotel이었다. 앤슨 호탤링Anson Hotaling이 지은 이 호텔은 우아하고 호화로운 시설을 자랑했다. 대리석 계단, 호화스러운 욕조, 이탈리아식으로 모자이크 된 바닥, 주문 제작한 카펫, 유화 작품들, 격자 세공으로 장식한 안뜰 등. 호탤링은 아르 누보 스타일과 '얇은 천을 걸친 님프들이… 숲 속을 뛰어다니는 그림을 금박 주물 틀로 장식한' 특별 주문한 벽화로 식당을 웅장하게 꾸몄다(Gibson, 1990).

1912년 호탤링의 아들이 세인트 조지 호텔을 리모델링하며, 튜더 풍 로비와 타일 지붕을 얹은 탑, 철제 발코니 그리고 멋진 회벽 등 이탈리아의 상업적 특성을 가미했다. 1930년대 세인트 조지 호텔의 직원들은 대규모 행사를 유치하고, 최초의 엘리베이터 탑승 행사에 많은 사람들을 초대했다. 하지만 해변 관광이 유행하면서 이 호텔의 이용자가 줄었고, 따라서 세인트 조지 호텔은 저소득 주민들 차지가 되었다. 1960년대에는 도시가 부흥하면서 관광이 늘었다. 1960년대에 세인트 조지 호텔은 '카탈리스트Catalyst' 룸에 환각적인 문화psychedelic culture 행사를 유치했고, 그러는 동안 도심에서는 야외 쇼핑몰이 번창했다. 이 웅장하고 인상적인 건물은 백 년 동안 사회적·역사적·경제적 가치를 누려왔다. 도심 한 블록에 호텔의 양면이 면해있을 만큼 거대한 세인트 조지 호텔은 이곳 도심의 인상적인 특징으로 자리매김했다(California Preservation Foundation, 1990).

1989년 10월 17일 오후 5시 4분, 세인트 조지 호텔의 투숙객들은 낮게 우르릉거리는 소리를 들었다. 규모 7.1의 강력한 지진이 발생한 것이었다. 이 로마 프리타 지진은 산타 크루즈에 있는 유서 깊은 건물 175채를 파괴했는데, 이는 전국에 있는 유서 깊은 건물의 16%에 이르는 규모이다(ARG, 1990). 국가 사적지National Historic Register 구역 내에 있는 퍼시픽 가든 몰Pacific Garden Mall은 이 지진으로 직접적인 피해를 입었다. 이 지진은 도심 건물의 1/3에 심각한 피해를 입혔다. 이들 도심 건물 중 16% 또는 59%는 국가 사적지로 등록되어있었다. 국가 사적지로 등록된 이 도시의 모든 건물 중 52%가 지진으로 무너졌고, 위험해서 사람이 살 수 없다는 붉은 경고 표지가 붙은 다른 16%의 건물에 이 세인트 조지 호텔이 속해 있었다(ARG, 1990). 따라서 사회적·역사적 의미를 지닌 이들 건물을 살리는 것이 이 지역 여러 단체의 사명이 되었다. 이 정도의 호텔을 새로 지으려면 6백만 달러가 필요했고, 이는 수리하는 것보다 3~4백만 달러의 비용이 더 필요한 일이었다.

이 호텔의 미래와 관련해, 도심 지역의 경제적 이익과 새로운 활력 대 정서적이고 역사적인 보존 중 어느 쪽이 더 중요할 것인지에 대한 토론이 이루어졌다. 이는 다른 말로, 세인트 조지 호텔을 부수는 것은 산타 크루즈의 지진 전 모습에 매달리는 것 대 앞으로 나아가는 문제였다. 마치 이 마을이 죽음을 맞이했지만, 사람들이 이에 매달릴 것인지 아니면 앞으로 나아갈 것인지를 결정해야 하는 것과 같았다. 이 지역에서 '세인트 조지의 친구들Friends of St. George'이라는 단체가 만들어졌고, 이들은 웅장했던 이 호텔을 살리기 위한 운동에 돌입했다. 보존주의자들은 시 당국이 '유서 깊은 건물을 지키는 환경보호법에 예외를 두는 것은 잘못'이라고 주장했다(Bergstrom, 1990). 역사보존위원회Historic Preservation Commission는 세인트 조지 호텔에 대한 청문회를 개최했고, 여기는 이 건물을 부숴야 한다고 주장하는 반대편(공학자들과 호텔의 소유주)도 참석했다. FEMA는 수리를 하는 쪽으로 기울었고, 주 정부 역사보존국Historic Preservation Office은 '이 호텔이 경제적으로 수리 가능하다'는 결론을 내렸다(Barab, 1990).

1990년 늦여름, 시 당국은 호텔 소유주에게 철거를 허락했다. 보존주의자들은 시 법원으로 갔다. 변호사들은 이 호텔이 철거될 때까지 퍼시픽 가를 다시 열 수 없으며 상인들도 생업에 종사할 수 없을 거라고 주장했다(Bergstrom, 1990).

양측 모두 세인트 조지 호텔의 종말을 결정하지 못했다. 지진이 발생한 지 거의 1년 뒤에 누군가 세인트 조지 호텔에 불을 질렀다. 지역의 소방관들은 이 화재가 방화에 의한 것이라고 결론 내렸고, 이 지역의 단체나 조직과 아무 관련도 없는 단기 체류자가 6곳에 불을 놓았다는 것이 나중에 밝혀졌다. 이 불로 인해 이 지역 사람들의 결정권이 사라졌고, 시 당국은 이 건물을 철거했다. 철거가 진행될 때, 철거반원들은 원래 건물과 똑같이 재건될 건물에 사용될 예정이던 이 호텔의 독특한 외부 자재를 따로 보관했다. 이 호텔은 몇 년 후 퍼시픽 가든 몰에서 다시 문을 열었다. 역사 유물, 재난 복구 그리고 경제 발전을 아우르는 전체적인 관점에서 세인트 조지 호텔의 외관을 살리고 재건된 도심에 재융합시키려는 노력은 훌륭한 성과를 거뒀다. 오늘날 퍼시픽 가든 몰은 성공적으로 운영되고 있으며, 세인트 조지 호텔은 재난 이후 부흥의 한몫을 하고 있다.

(a)   (b)

사진 6.1 사진(a)는 지진 후 워싱턴 기념비를 점검하는 모습. 사진(b)는 역사적 건축물이 입은 피해 (사진 National Park Service).

    역사적인 장소의 손실은 정서적인 문제만이 아니다. 역사적 장소와 문화 자원은 지역사회가 행하는 알찬 투자이기도 해서, 경제적인 투자 효과를 지속적으로 창출해낸다. 2011년 8월, 워싱턴디씨Washinton DC에 규모 5.8의 지진이 발생한 후에 워싱턴 기념비 Washington Monument, 워싱턴 국립 성당National Cathedral, 그리고 다른 여러 곳에 대한 수리가 이루어졌다. 미국의 수도인 피해지역은 미국의 유산을 상징할뿐 아니라 문화유산 관광으로 상당한 세금 수익을 창출하는 곳이기도 하다. 국립공원관리청은 미국의 초대 대통령인 조지 워싱턴의 기념비인 워싱턴 기념비를 폐쇄하고 내부와 외부 평가 및 수리 작업에 들어갔다(사진 6.1 a, b 참고). 대리석 판과 서까래 부분의 균열, 지붕 들보의 균열, 어긋난 주춧돌, 피뢰침 손상, 그리고 엘리베이터 부품의 결함 등이 발견되었다(National Park Service, 2011; 다른 사례는 상자 6.2 참고). 이 기념비의 오벨리스크obelisk는 무사했다. 그러나 2008년 규모 8.0에 달한 중국 쓰촨성 지진은 유서 깊은 자오화Zhaohua 마을에 엄청난 피해를 입혔다. 타일 지붕, 지붕 구조물, 그리고 벽 등이 부서졌다(Liu, 2012). 진흙 벽으로 된 건물이 더 큰 피해를 입었고, 벽이 무너지자 지붕까지 붕괴했다. 이 두 곳의 차이는 수리비용뿐 아니라 상대적 취약성까지 뚜렷하게 보여준다.

상자 6.2 하퍼즈 페리

하퍼즈 페리는 존 브라운John Brown을 비롯한 이들이 노예 제도에 저항하다 목숨을 잃은 곳으로, 훌륭하고 용감한 과거가 깃들어있는 곳이다. 프레더릭 더글라스Frederick Douglass와 듀보이스 W.E.B. Dubois 같은 아프리카계 미국인 작가들은 하퍼즈 페리를 여러 세대 동안 사람들의 생각에 자극을 준 지성 운동과 연설의 명소로 만들었다.

이 국립 역사 공원에서 재난 이전 계획 수립의 훌륭한 선례가 시작되었다. 하퍼즈 페리 인근 포토맥강과 셰넌도어강의 반복적인 홍수로 웨스트버지니아 당국은 이 공원 직원들로 하여금 재난 이후 복구의 어려움을 줄일 신속한 대응 방안을 마련하도록 했다(Noble, 2001). 이들은 다음과 같은 계획을 세웠다.

- 건물 대피 계획에서 어떤 유물을 먼저 구할 것인지, 홍수가 발생했을 때 어떤 유물을 그대로 두어도 괜찮을지를 결정한다.
- 물에 잠기는 지하층을 '아무것도 보관하지 않는' 곳으로 지정한다.
- 일부 건물의 몇 개 층에 홍수를 막는 문을 설치한다. 직원은 홍수로 인한 물이 빠져나간 뒤에 이 문을 연다. 이때 지하로 유입된 진흙을 퍼낸다.
- 홍수로 부풀어 오른 나무문을 방수문으로 교체한다.
- 전시물을 해체해 안전한 장소로 옮기는 데 사용할 특정 도구들을 편리한 곳에 둔다.
- 대화형 전시물을 위한 컴퓨터와 전선은 홍수 물이 찰 것으로 예상되는 지점 위쪽에 둔다.
- 계획대로 직원들을 훈련시킨다.
- 대피해 있는 동안 나중에 회수할 유물을 어디 두었는지 목록을 작성한다(Noble, 2001).

더 자세한 내용은 이 장 끝부분에 있는 '참고문헌 및 참고자료'의 링크를 참고하라.

6.3.2 역사적인 장소와 문화 자원의 경제적 중요성

세계문화유산에서 잘 알 수 있듯이, 역사 유물과 문화 자원은 경제적인 이익을 창출한다(FEMA, 2005). 역사유적자문위원회Advisory Council on Historic Preservation(ACHP)는 보존 노력이 상당한 경제적 이득을 창출한다고 보고하고 있다. (재난 이후에 이루어지는 것을 포함한)

역사 유물의 복원은 일자리와 임금을 창출한다. 조지아에서만 복원과 관련한 7,000개 이상의 일자리와 2억 100만 달러의 임금이 창출되었다. ACHP(2014; Rypkema, 2005)는 웨스트버지니아의 건물 개조가 석탄 산업보다 더 많은 일자리를 창출하며, 목재 산업보다 오리건에서 더 많은 일자리를 창출한다는 것을 발견했다. 관광객들이 특정한 유적지를 찾는 문화유산 관광은 한해에만 30억 달러에 가까운 수익을 올리고 있다(ACHP, 2014). 또한 역사 유물은 정부가 폭넓은 사업에 활용할 수 있는 세금 수익을 창출하게 해준다.

재난 이후 역사 보존 노력은 마을이나 도심 지역에 독특한 외관을 갖게 해준다. 주택 소유주는 부동산 가치 상승으로 인한 이익을 볼 수 있다. 상업 지역은 관광객과 쇼핑객들에게서 수입을 얻는다. ACHP는 역사적인 명소와 문화 자원을 찾는 사람들이 '다른 관광지에서보다 더 오래 머물며 더 많은 돈을 쓴다'는 사실도 발견했다. 일례로 플로리다를 찾는 관광객들은 유적지를 찾아 37억 달러를 썼다(ACHP, 2014).

역사 유물과 사적지는 이렇게 경제를 안정시키므로, 재난 이후에 지역의 문화유산 이상으로 복구되어야 한다. 예를 들어, 허미티지Hermitage라 불리는 내슈빌Nashville 인근 앤드류 잭슨Andrew Jackson의 집은 1998년 토네이도로 심각한 피해를 입었다(사진 6.2 참고).

사진 6.2 내슈빌 인근에 있는 앤드류 잭슨의 집인 허미티지가 토네이도로 피해를 입은 모습(사진은 허미티지 제공).

가장 심한 피해를 입은 곳은 집이 아니라 토네이도로 쓰러진 2천 그루의 나무였다. 이 중 일부는 1838년 잭슨 대통령이 직접 심은 것이다. 매년 수천 명의 관광객이 찾는 아름답게 꾸며진 잔디밭 너머로 이 나무들이 쓰러졌기 때문에, 나무를 제거하는 데 많은 생각과 고민을 해야 했다. 이러한 명소를 살리려는 노력은 지역 경제에도 도움이 된다.

허미티지가 더 피해를 입지 않도록 직원들은 중장비 사용을 피할 수밖에 없었다. 제4장 잔해 관리에서 보았듯이, 직원들은 나뭇가지에 덮개를 씌우고 나무줄기를 여러 조각으로 잘라서 제거했다. 일부 나무는 1998년의 역사적인 토네이도의 증거로 그대로 남겨두었다.

그다음에 유물 관리자는 역사적인 나무를 재활용하기 위해 숲 인증 프로그램을 활용했다. 깁슨 기타Gibson Guitar Corporation는 재난을 겪은 나무로 '올드 히코리Old Hikcory'라는 한정판 기타를 만들었다. 이익은 복원을 위해 허리티지로 귀속되었다. 교체된 나무는 테네시산 토종 나무였다(Adams, 1999). 흥미롭게도 이 피해로 새로운 유물과 잠재적인 중요성을 지닌 장소가 드러났다. 고고학자들이 유물을 놓거나 회수할 장소를 검토하다 전에는 몰랐던 대장장이들의 작업 공간을 발굴한 것이다.

여러분이 사는 지역을 둘러보며 나무와 풍경이 없다고 상상해보아라. 폭풍의 생존자들은 자신들이 사는 지역에서 이러한 미적인 요소가 사라진 것에 대해 상실감을 토로하는 경우가 많다. 이러한 것들은 우리의 마음을 위로해주고, 한낮의 더위에 그늘을 제공하며, 주민들의 마음속에서 말 그대로 자라나는 가족 및 지역사회의 추억을 상징한다. 역사적인 나무를 살리려면 지역사회가 할 일이 많을지도 모른다. 오클라호마 국립 추모관Oklahoma City National Memorial에 있는 '생존자 나무'는 폭파 사건으로부터의 복구를 상징한다(상자 6.3 참고). 2007년 얼음 폭풍이 발생했을 때, 자원봉사자들은 이 나무를 구하기 위해 열심히 일했다. 2008년 봄에는, 학생들이 이 생존자 나무에 접목해서 얻은 묘목을 심었다. 최근에 오클라호마 추모 마라톤에서는 집 마당에 심을 수 있도록 마라토너들에게 이 묘목을 제공하고 있다.

6.4 재난 이후의 도전과 기회

재난만 역사 유물과 문화 자원을 위협하는 것은 아니다. 복구를 서두르는 것도 이러한 보물들에 대한 심각한 위협이다. 인명을 구하고 잔해를 제거하고 복구 과정에 착수하는 과정에서 역사적인 구조물들이 좋지 않은 상황에 처하거나 간과되기도 한다(Kariotis, 1998). 재난이 발생한 후 첫 몇 주 동안은 역사적인 구조물에 위협이 될 수도, 이러한 건물을 구하거나 복원할 기회가 되기도 한다(Donaldson, 1998).

계획 수립자와 복구 지도자는 심각한 구조물적 결함이 생겼을지라도 역사적인 구조물과 문화 자원의 가치를 잘 알고 있어야 한다(Donaldson, 1998). 보강하거나 안정시키거나 울타리를 두르거나 다른 보호 조치를 취하지 않고, 이러한 건물을 성급히 부수는 행위는 불필요한 손실을 낳을 수 있다. 따라서 피해 평가팀에는 예전의 건축 방식을 잘 알고 피해 입은 건물을 되살릴 여러 가지 방법을 제안할, '보존 건축가preservation architect'나 엔지니어처럼, 역사적인 건물에 대해 잘 아는 사람이 포함되어야 한다(Donaldson, 1998). 또한 피해 평가뿐 아니라, 다른 문제들도 해결해나가야 한다.

예를 들어, 복구 계획 수립자는 역사적인 건물에 변화를 주는 것을 피하기 위해 노력해야 한다. 이는 이들 건물의 역사적인 특성을 침해할 수 있기 때문이다(Siekkinen, 1998). 예를 들어 개인적인 수집물인 야구 카드 같은 것에 대해 생각해보아라. 야구 카드를 사는 사람들은 카드를 '갓 발행된' 또는 '갓 발행된 것에 가까운' 상태로 묘사하며, 모서리가 접혔거나 지문이 묻었거나 다른 가벼운 흠만 있어도 카드의 가치는 떨어질 수 있다. 그러한 흠이 있으면 판매가가 꽤 낮아질 수 있으며, 반면 어떤 카드는 수천 달러에 판매되기도 한다. 복구를 위한 조치는 구조물의 피해를 더 심화시킬 수도 있다.

다음으로 문제가 되는 것은 재난의 유형이다. 애리조나 투손Tucson에서 문화유산에 심각한 위협이 되는 것은 강풍과 화재이다(Kimmelman, 1998). 이에 대해 투손시는 사적지의 지붕 교체에 대해 문서로 된 기준을 명시했다. 유서 깊은 투손의 엘 리브르 국가 사적지El Libre National Register Historic District의 어느 구조물 소유주는 유실된 지붕을 교체하려다, 애리조나주 역사 보존 전문가의 지침에 따라 보다 강한 들보를 사용하라는 규정에 따라야 했다(Kimmelman, 1998). 매사추세츠에서 역사 보존을 위해 일하는 단체인 매사추세츠 지킴이Preservation Massachusetts는 토네이도로 위험에 처한 유물에 집중적인 노력을 기울여 왔다. 2011년 이들은 토네이도로 피해를 입은 지역에서 수리를 위한 모금 프로그램을 만들었다. 이 단체는 또한 자신들의 '가장 위험한 역사적 자원' 목록에 토네이도로 피해를 입은 수많은 유물을 올렸다. 1994년 노스리지 지진으로 버팀쇠와 이음새를 보강했음에도 불구하고 로스엔시노스 주립 역사 공원Los Encinos State Historic Park이 피해를 입었다(Winter, 1998). 수리하는 데 100만 달러 이상이 들었으므로 지진 후 복구 노력은 힘겹게 이루어졌다.

이러한 사례에서 보듯, 연방 정부와 지역의 전문가가 참여하고 자금도 동원되어야 한다. 연방 정부 기관들과 적절한 전략이 만나야 재난의 피해를 줄이고 역사 및 문화 자원을 지킬 수 있다. 이 문제에 대해서는 다음에 다시 알아보겠다.

상자 6.3 오클라호마 폭파 사건

우리 중에 1995년 오클라호마 폭파 사건으로 역사 및 문화 자원이 해를 입었다는 것을 아는 사람은 거의 없을 것이다. 오클라호마의 도심 지역은 1889년 랜드 런land run(미국의 미개척지의 토지를 선착순이나 추첨 또는 달리기 등의 방법으로 판매하는 것 – 옮긴이) 이후인 1890년대에 성장하기 시작했다. '수많은 사업가들이 서둘러 호텔, 목재소, 술집, 소매점을 지으면서' 건축 활동이 활발하게 이루어졌다(Blackburn et al., 1980; Smelker, 1995). 다섯 개의 주요 철도 노선이 성장을 촉진했고, 1900년 무렵 오클라호마시는 면직물을 가공 및 선적하는 분야에서 지역의 선두 주자가 되었다. 1898년부터 1906년까지 건설 붐이 일었고, 이에 따라 기존 나무 건물들이 신속하게 벽돌 및 석조 건물로 대체되었다. 창고 구역에 있는 새로운 건물들은 '아래층에 커다란 아치형 창문 그리고 위층에 둘로 나뉜 같은 창문'을 단 재유행한 로마네스크 양식으로 지어졌으며, 이는 오늘날까지 남아있다(Blackburn et al., 1980, p. 12).

두 번째 건설 붐으로 곧 2층 3층 건물이 늘어났고, 이곳은 결국 주도州都가 되었다. 1919년에서 1931년까지 있었던 세 번째 건설 붐으로, 1911년 처음 문을 연 10층짜리 스커빈 빌딩Skirvin Building과 같은 독특한 지역의 유명 건물이 생겨났고, 이 건물은 현재 문화유산 국민 신탁National Trust for Historic Preservation에 의해 미국의 유서 깊은 호텔Historic Hotels of America로 지정되었다. 1995년 무렵, 오클라호마시의 도심에는 유서 깊은 건물과 의미 있는 역사를 지닌 눈에 띄는 건물이 많았다. 뮤러 연방 정부 청사Murrah Federal Building가 폭파되면서, 오클라호마의 역사를 지키는 책임을 맡은 주무 부서인 오클라호마 문화재보호국Oklahoma State Historic Preservation Office(SHPO)을 비롯해 48km 떨어진 곳에 있는 건물까지 심하게 흔들렸다.

1995년 SHPO는 저널 레코드 빌딩Journal Record Building에 자리를 잡았다. 원래 인디아 템플 슈라인India Temple Shrine이라 불리던 이 건물은 1923년에 프리메이슨 지회 16곳의 합동 노력으로 지어졌다. 이 건물은 '아무런 장식이 없는 건물 정면에 이오니아식 기둥과 위층의 기둥머리 그리고 꼭대기에 프리즈frieze(방이나 건물 윗부분에 그림이나 조각으로 띠 모양의 장식을 한 것 – 옮긴이)를 단', '재유행한 단순화된 고전적 양식'이라는 특징을 지녔다(American Institute of Architects Central Oklahoma Chapter 1989, p. 30). 초기에 이 건물에는 대규모 홀이 있었고, 이 홀에서는 1920년대 주민들이 유랑 극단의 공연과 뮤지컬 그리고 콘서트를 즐겼다. 경제 공황 때 메이슨 측이 이 건물의 소유권을 잃었고 이 건물은 경매에서 팔리고 말았다. 프리메이슨의 상징을 제거했음에도 이 건물은 역사적·문화적 의미를 지니고 있다. 1970년대 저널 레코드 출판사Journal Record Publishing Company가 이 건물에서 여러 가지 인쇄물을 펴냈다. 이 건물에는 정부 기관과 정치 사무실도 입주했다.

폭파로 인한 피해 평가가 이 저널 레코드 빌딩의 특징을 잘 말해주는데, 이 건물은 뮤러 연방 정부 청사의 북쪽에 위치해, '불안정하고도 심각한 내외부의 구조적 피해'를 입었다. 파편이 날아와 SHPO 직원이 부상을 입었으며, 이들 중 일부는 입원을 했다. SHPO 사무실도 심각한 피해를 입었지만 범죄 현장이라는 이유로 직원들이 사무실에 들어갈 수 없었고, 따라서 중요한 기록들이 파괴된 도심에 방치되어있을 수밖에 없었다. 직원들은 임시 사무실을 마련했고 마침내 오클라호마 역사 센터Oklahoma History Center 사무실로 이주했다(Oklahoma History Society, 1995). 피해와 부상에도 불구하고 SHPO 직원들은 피해지역에서 신속하게 피해 평가를 실시했다(Osborne, 1998; 2000).

오클라호마 SHPO는 국립공원관리청, 국민신탁National Trust, 미국 건축가 협회American Institute of Architects, FEMA, 그리고 자원봉사 건축가 및 엔지니어를 비롯한 여러 기관과 함께 일했다. 미국 연방 조달청General Service Administration이 제공한 목록과 함께 피해 평가가 시작되었다. 보통 재난 복구에 착수하는 첫 단계인 피해 평가는 주변 전 지역이 FBI에 의해 통제되는 범죄 현장임을 감안할 때 특히 쉽지 않은 일이었다.

뮤러 연방 정부 청사에 전국적인 관심이 쏠렸다는 것을 감안해도, 피해가 발생한 이 지역에 국가 사적지나 그에 준하는 건물이 73채나 있었다는 것을 알면 놀랄 것이다. 대부분은 창문에 피해를 입었지만, 폭발로 지붕이 뒤틀리거나, 벽에 피해를 입거나, 내부의 칸막이 그리고 바닥의 연결 부분에도 피해가 발생했다. 폭발로 스프링클러 시스템이 가동되면서 건물의 상당 부분이 물에 흠뻑 젖었으며, 이로 인해 나중에 곰팡이 문제가 생기기도 했다. 피해 평가팀은 48km 떨어진 곳에 있는 민간, 종교, 기업 그리고 상업 건물도 피해를 입었다는 결론을 내렸다(Osborne, 1998).

오클라호마시는 수리할 19곳과 한 곳의 사적지에 우선순위를 매겼다(American Institute of Archi-tects Central Oklahoma Chapter, 1995). SHPO는 연방 정부 기관들과 함께 건물 소유주들에게 정보와 기술 지원을 제공했다. 국립공원관리청은 계획 수립 보조금으로 4만 달러를 내놓았다. SHPO는 유서 깊은 교회와 오클라호마시의 조사 목적에까지 이 자금을 활용했다. 이 보조금은 보존 계획 수립과 사적지를 위한 설계 지침 개발뿐 아니라 자동차 골목 사적지Automobile Alley Historic District를 국가 사적지로 등록시키는 데도 사용되었다. 많은 건물주가 재건축 비용을 줄이기 위한 세금 지원을 받았다(Osborne, 2000). 이 경우 과거를 보존하는 것은 테러로부터의 회복력을 상징하며, 그러한 노력이 유서 깊은 과거와 집단적인 회복력을 어떻게 연결시켜주는지를 잘 보여주고 있다(Spennemann and Graham, 2007).

6.5 역사 유물과 문화 자원 보호를 위한 핵심 사항

역사 및 문화적 보물을 지키고 보호하려면 세 가지 주요한 사항이 필요하다. 이것은 실행 계획 세우기, 재난이 발생했을 때 도움 요청하기 그리고 복구 자금 확보하기이다.

6.5.1 재난 이전 대응과 복구 계획 수립

1996년 애틀랜타 폭스 극장Fox Theater을 휩쓴 화재로 극장 직원들은 국가 사적지이기도 한 조지아의 기념비적인 박물관 건물을 보호할 방법을 강구해야 했다(Martin and King, 2000). 복원 과정 중에 이들은 스프링클러 시스템, 밀도 높은 회전식 창고, 그리고 강철 캐비닛을 갖춘 새로운 기록 보관소를 만들었다. 이들은 또한 가구 및 폭스 극장만의 특징을 지닌 다른 물품의 위치와 상태를 방대한 사진 및 문서로 자료화했다.

재난에 대비한 사전 계획 수립은 역사 및 문화유산을 보호하기 위해 지역사회가 할 수 있는 가장 가치 있고도 유일한 조치이다. 이는 여러 단계를 통해 이루어져야 한다. 첫째, 계획 수립자는 그 지역의 법령과 조례가 새로운 지붕 같은 재난 이후 선택사항에 영향을 미칠 수 있다는 사실을 알고 있어야 한다. 역사 유물은 연기 및 화재 감지기, 소화기 그리고 경보 시스템을 갖춰 보호해야 한다. 직원들은 이러한 것들의 사용법을 훈련받아야 한다. 둘째, 계획 수립자는 역사 및 문화적 유물의 위치와 상태에 관한 정보를 정리해 자료화해야 한다. 이러한 자료는 하드 및 전자 백업을 해야 하는 것은 물론이다. 셋째, 건물이나 박물관 유물은 중요도에 따라 순위를 매겨두어야 필요할 때 신속한 조치를 취할 수 있다.

계획 수립자는 대응 및 복구 전담반도 구성해야 한다. 역사 복구반에는 공학자, 역사 보존 건축가, 기후가 희귀한 자료에 미치는 영향을 숙지하고 있는 사서 그리고 유물을 위험하지 않은 곳으로 옮길 인력도 포함되어야 한다. 물론, 유물의 소유주와 직원은 모든 실행 계획에 참여해야 하며, 자원을 보존하고 옮기고 보관하는 법에 대한 훈련을 받아야 한다(Roy, 2001).

건물을 어떻게 보호하며, 유물을 옮길 것인지 말 것인지에 대한 지침도 마련해야 한다. 물품을 옮겨야 한다면, 언제 어디로 어떻게 옮길 것인지에 대한 계획을 세워야 한다. 이틀 뒤에 허리케인이 오는데, 아메리카 원주민의 유물을 폭풍 해일을 피해 옮겨야 한다고 생각해보아라. 누가 그러한 과정에 관여해야 할까? 공기에 노출되면 유물의 상태가 더 악화되는 것은 아닐까? 폭풍 해일이 닿지 않을 만큼 높은 곳으로 유물을 옮겨야 하나? 아니면 같은 건물에 보존해야 하나? 곰팡이 피해를 입는 것은 아닐까?

건물 도면, 유물의 위치, 유물의 보호와 대피에 필요한 장비의 시험 작동 및 보관, 자원을 옮길 때의 역할 분담 등을 문서화된 계획서로 작성해두어야 한다. 역사 유물은 온도를 맞춰줄 예비 발전기나 습기를 제거할 제습기 같은 특별한 관리가 필요할 수도 있다. 재난 시 필요한 물품을 제공받을 업체 명단은 물론, 이들과 서비스 제공에 대한 협약도 맺어두어야 한다(Eck, 2000). 잃어버린 자원을 관리하고, 재난 시 도움을 줄 인력을 제공하고, 자금을 제공할 다른 여러 기관들과도 상호 협약을 맺어 문서로 남겨야 한다.

6.5.2 국가 및 지역의 자원

역사 유물과 문화 자원의 복구를 도울 자금과 협력 관계는 지난 10년간 미국에서 큰 진전을 이루었다. 예를 들어 FEMA는 심각한 피해가 발생하거나, 피해를 입은 대상이 '상당한 문화적 가치'를 지니고 있을 경우 지원을 제공한다. 이러한 대상은 참고 자료로서 또는 예술적, 역사적, 과학적, 교육적 및 사회적으로 중요한 물건으로서의 가치를 지니고 있기 때문에 소중하게 여겨져야 한다(FEMA, 2007b). FEMA의 보존 담당자는 주 정부와 힘을 모아 역사 유물과 문화 자원을 정상화하고 복원할 방법을 강구한다. 예를 들어, 2007년 조지아의 리치랜드Richland를 토네이도가 휩쓸고 지나갔을 때, FEMA는 건물 도면을 만들고 유서 깊은 여러 건물에서 유물을 구해 박물관에 전시하도록 하는 등의 도움을 주었다(FEMA, 2007b; 2007c). 허리케인 샌디가 지나간 뒤에는 공법 113-2조에 의해 역사 보존을 위해 12개 주州, 부족 지역, 그리고 컬럼비아 특별구에 5천만 달러를 배정했다. 자금은 유물이나 국가 사적지에 사용하도록 했으며 50만 달러까지 제공되었다.

미국에서 주 정부 문화재보호국State Historic Preservation Office(SHPO)과 부족 문화재보호국Tribal Historic Preservation Office(THPO)은 역사적인 유적지의 목록을 제공하고 있으며, 유적지의 소유주, 경비원, 그리고 다른 관련자들에게 연락해 유적지 보존의 의미를 교육하고 있다. 이들의 전문 지식은 복구 계획 수립자들이 역사 유물과 문화 자원을 알아보는 데 도움이 되고 있다. 주와 부족의 역사 보존 담당자는 자금 및 가용 자원에 대해 잘 알아야 하며, 복구 관리자와 건축 분야의 전문가, 보존 전문가를 연결시켜주어야 한다.

또 다른 협력기관인 국가 문화유산 긴급 대책반Heritage Emergency National Task Force은 1995년 41개 연방 정부 기관 및 역사 보존 단체와의 협력을 위해 창설되었다(Quarantelli, 2003). 이 기관의 웹사이트에는 온라인으로 제출할 수 있는 피해 보고서 양식 등 수많은 자료가 게시되어있다. 이 전담반은 웹사이트 이용자를 문화 및 정부 기관과 연결해주고, 미국보전협회American Institute for Conservation 그리고 보존을 위한 지역 연합Regional Alliance for Preservation을 통해 재난과 관련한 조언을 무료로 제공한다. 주택 소유주, 보존 전문가, 정부를 위한 정보뿐 아니라, 재난 관리자와 긴급 구조대원 및 보존에 관심이 있는 사람들과 어떻게 일할 것인지에 대한 지침도 찾아볼 수 있다. 아이티 지진이 발생한 뒤에 이 전담반은 역사 유물과 문화 자원의 보존을 주장했다. 피해를 입은 곳에는 왕궁, 교회 여러 곳, (문화통신부가 있었던) 오래된 아이티 군 지휘 본부, 작멜Jacmel과 레오간Leogane의 역사 센터 그리고 다른 의미 있는 사적지들도 있었다(Preservation Nation, 날짜 미상).

또 다른 문제는 역사 유물과 문화 자원에 대한 재난 이후 활동의 영향이다. 미국에서 1966년 제정되고 2006년 수정된 국가역사보존법National Historic Preservation Act(NHPA, 상자 6.4 참고)에서는 연방 정부 기관이 행동을 취하기 전에 그러한 조치가 역사 유물에 어떤 영향을 주는지를 반드시 검토해야 한다고 규정하고 있다(FEMA 2007a). NHPA의 106절에서는 FEMA와 다른 연방 기관이 역사유적자문위원회Advisory Council on Historic Preservation의 자문을 받아 자신들의 조치가 역사 유물에 어떤 영향을 주는지 검토해야 한다고 명시하고 있다. 이러한 조항을 둔 목적은 의회의 비준을 받아 역사 유물에 미치는 부작용을 피하고, 최소화하며, 완화하려는 것이다. 미국 의회는 이 법안을 발의하면서 '국가의 정신과 방향은 역사 유물을 근거로 하여 형성되며 이를 반영한다... 그리고 이는 지역 공동체 생활의 살아있는 일부로서 보존되어야 하며, 미국 국민에게 방향성을 부여하기 위해 계승 발전되어야 한다'고 천명했다. FEMA는 역사 유물을 규정하고 평가하기 위해 SHPO 및 THPO와 함께 일한다. 부작용이 나타나면, FEMA와 SHPO/THPO는 협력해 보존 전략을 세운다[FEMA 2007a; 1966년 제정되고 2006년 수정된 문화재보호법(NHPA) 참고].

또한 미국 역사유적자문위원회는 권장사항을 확립하기 위해 '미국 보존 정상회의Preserve America Summit'를 소집했다. 이 위원회는 역사 유물을 보존하기 위해 '예기치 못한 사태에 대처하는 법'을 비롯한 11개 주요 사항을 공표했다. 여기에는 역사 유물 및 인류학적·문화적 자원을 지역 완화 전략 자원에 통합시키기 위한 구체적인 조치가 포함되었다. 이 위원회는 지역 및 주 정부 기관이 지역의 재난 계획 수립에 이러한 완화, 대응 및 복구 전략을 포함시키도록 하고 있다(Advisory Council, 2007). 미국의 영부인들도 미국의 이러한 보존 노력을 고취시키기 위해 적극적으로 활동하고 있다.

상자 6.4 문화재보호법과 재난 복구

문화재보호법National Historic Preservation Act 106절은 재난 복구에 들어가기 전에 연방 정부의 기관들이 '과업'이라고 부르는 일이 역사 및 문화 자원에 어떤 영향을 미칠 것인지를 분석하도록 하고 있다. 이것은 FEMA와 다른 기관이 (1) 국가 사적지에 올라 있거나 (2) 이에 오를 만한 고고학 및 역사 유물에 주의해야 한다는 것을 의미한다. 106절이 적용되는 상황에는 '개조, 복원, 제거 및 철거 또는 기타 다른 변경'이 포함되며, 이는 모두 재난 상황에서 있을 수 있는 일이다(Oklahoma State Historic Preservation Office, 2002; 2004). 역사 유물의 특성을 유지하는 데는 내무부 장관이 정한 기준이 적용된다.

실제로 FEMA, 오클라호마 문화재보호국Oklahoma State Historic Preservation Office, 오클라호마 고고학 조사단Oklahoma Archeological Survey, 민간 재난 관리부Department of Civil Emergency Management는 이러한 과업과 관련된 협약을 체결했다. 이 협약의 핵심 부분은 'FEMA는 이 협약에 부합하는지 검토를 마칠 때까지 어떤 과업에 자금을 제공하는 것도 승인하지 않는다'라는 부분이다. FEMA의 보존국 직원은 계약업체가 내무부 장관이 정한 기준에 부합하는지 확인할 책임을 진다. 계약업체는 복원 계획 수립 및 설명서 작성을 포함해 고고학적 발굴 작업 수행, 고고학 및 건축/역사적 조사 업무, 연구, 그리고 계획 수립에 전문업체여야 한다.

이 협약은 또한 '부족이 각 부족의 종교 문화적 의미를 갖는 유물과 관련한 특별한 전문 지식을 갖고 있음을 인정하며, 따라서 FEMA는 어떤 유물이 국가 사적지로 등록될 만한지를 결정하는 데 있어 이러한 전문 지식을 활용해야 한다'고 명시하고 있다. 오클라호마 같은 주에서는 이러한 기록이 37개 부족(오세이지Osage, 쿼포Quapaw, 촉토Choctaw, 치카소Chickasaw, 체로키Cherokee, 크리크Creek, 세미놀Seminole, 아파치Apache, 샤이엔Cheyenne 등)의 역사 유물과 문화적 유대감을 보여주며, 부족의 유산과 전문 지식을 드러내준다.

FEMA와 SHPO는 해당 지역의 유물이 국가 사적지로 '등록될 만한지'를 함께 의논해 결정한다. 이들은 이러한 합의 과정을 통해 아직 '국가 사적지'로 등록되지 않은 유물의 등록 타당성에 관한 합의를 도출해낸다. 사적지의 정식 '목록에 올리는 과정'은 106절에 따라 실시되는 평가와는 별도로 진행된다.

모든 과업에 착수하기 전에 이러한 점검 과정을 반드시 거쳐야 한다. 이러한 협력 관계는 재난 이후 성급하게 정상으로 돌아가는 과정에서 역사 문화 자원이 유실되지 않을 가능성을 높여준다.

6.5.3 자금 지원

　　하지만 역사 유물과 문화 자원을 보존하려는 노력에 어떻게 자금을 제공할 것인가? 몇 가지 자금원이 여기서 소개한 작업에 사용된다. 그러나 복구를 위해서는 여러 자금원을 모아서 사용해야 할 것이다. 정부는 자금을 직접 제공할뿐 아니라, 문화재에 보강 조치를 한 사람들에게 보상하기 위해 세금 공제를 통한 우대책을 실시하기도 한다. 정부는 또한 부동산 세금 경감을 실시하기도 한다. 보험업자들도 역사 유물의 피해 가능성을 완화한 사람들에게 보험료를 깎아준다(Look and Spenneman, 2000).

　　FEMA의 공공 구제 프로그램(PAP)은 합당한 비용에 대해서는 자금을 제공한다. FEMA의 박물관 적합성 정책Museum Eligibility Policy은 '예술적이고, 역사적이며 과학적인' 가치를 지닌 소장품을 보존해 대중에 공개하는 비영리 박물관에 대한 자금 제공을 허용하고 있다. FEMA의 소장품 관리 정책Collections and Individual Objects Policy에는 이러한 소장품이 '예외적으로 중요한 가치'를 지녀야 한다고 명시되어있다(FEMA, 2005b). 최선의 노력은 피해 가능성의 완화에서부터 시작된다. FEMA의 사전재난 완화 보조금 프로그램Pre-Disaster Mitigation Grant Program은 정부, 부족, 대학에 재난의 피해를 줄이기 위한 자금을 제공한다. 그러려면 비용의 25%는 해당 지역이나 주 정부가 부담해야 한다는 규정이 적용된다.

　　다른 기관에서도 도움을 받을 수 있다. 예를 들어 국립보존기술교육센터National Center for Preservation Technology and Training에서는 자연 재난에 맞서 문화 자원을 보호하도록 4만 달러까지 보조금을 지급한다. 국가 역사 간행물 및 기록위원회National Historic Publication and Records Commission에서는 재난 계획 수립 및 교육을 위해 자금을 제공한다. 재난 보조금은 국립예술재단National Endowment for the Arts이나 국립인문재단National Endowment for the Humanities에서도 받을 수 있다.

　　박물관 및 도서관 서비스 연구원Institute of Museum and Library Services은 미국 전역의 박물관과 도서관을 지원한다. 예를 들어, 이 연구원에서는 재난 대비와 복구 계획을 수립하고 직원을 교육하도록 애리조나 박물관에 22,423달러의 보조금을 지급했다(FEMA, 2005b). 보조금을 지급하는 연방 정부의 다른 기관으로는 국립예술재단(NEA), 국립인문

재단(NEH), 국가 역사 간행물 및 기록위원회(NHPRC) 등이 있다.

6.5.4 세계문화유산

유네스코도 위협받는 세계문화유산을 목록으로 만들고 있다. 위협은 여러 곳에서 비롯된다. 2001년 3월, 탈레반의 테러범들이 아프가니스탄의 바미얀Bamiyan 계곡에서 거대한 석불을 파괴했다. 칠레, 페루, 볼리비아의 지진은 2백 개 이상의 초석saltpeter 작품을 위태롭게 하고 있다. 이러한 곳들은 공동체 마을과 '독특한 팜피노pampinos 공동체 문화'의 기초를 이루었다. 이러한 문화에서는 사회적 정의를 촉구하고 언어의 풍요로움을 창출하며 공동의 가치를 추구하는 것을 중요하게 여긴다. 미국 플로리다의 에버글레이즈 국립공원Everglades National Park은 바다소manatee와 서반구의 거대한 맹그로브 생태계를 포함해 '20종 이상의 희귀하고 위험에 처한 종'에 맞는 독특한 보호구역을 제공하고 있다. 인간은 농업으로 인한 영양분 오염을 포함해 도시화로 인한 잠식으로 피해를 주는데, 이는 에버글레이즈에 가장 큰 위협이 되고 있다.

기후 변화는 세계문화유산과 역사 유적지에 대한 더욱 심각한 위협 중 하나이다. 홍수와 가뭄으로 인한 기후 변화와 해수면 상승도 이에 포함된다. 세계 기념물 기금World Monuments Fund은 유적지를 지키기 위해, 특히 그 지역에 맞고 지속 가능한 방법을 사용하는 보존을 주창한다. 지속 가능한 노력에는 지역사회의 참여, 녹색 건물, 그리고 지속 가능한 관광이 포함된다(Barthel-Bouchier, 2013; http://www.wmf.org/field/special-initiatives 참고). 예를 들어, 발리 인근의 따나롯 사원Tanah Lot Temple은 산호석 위에 지어져 있다. 세계 기념물 감시World Monuments Watch 목록에 올라 있는 이 유적지는 침식 때문에 발리섬에서 격리되어 왔다. 이 힌두교 사원은 15세기에 바다의 신들에게 제사를 지냈던 곳으로, 이 지역과 관련된 의미를 지니고 있다. 현재 진행 중인 보존 노력에는 사원 주변과 그보다 넓은 유적지 전체에 울타리를 두르고 피해를 덜 주는 관광을 하는 등 지속 가능한 관광을 장려하는 것이 포함된다(더 많은 정보와 사진을 보려면 http://www.wmf.org/project/tanah-lot-temple 참고). 내륙의 유적지만 위험에 처한 것은 아니다. 타이의 방콕은 해수면 상승과 지표면 침하로 가라앉고 있다(Barthel-Bouchier, 2013). 세네갈의 세인트루이스Saint Louis는 소멸 가능성이 있는 최초의 도시 목록에 올랐으며, 이 때문에 2007년에는 수천 명의 죽음을 유발한 위험한 인구 유출 사건이 있었다(Barthel-Bouchier, 2013).

6.6 역사 유물과 문화 자원을 위한 완화 조치

재난의 지속적인 위협에 직면한 지역사회는 펜실베이니아 밀턴Milton의 사례를 따르고 싶어 할 것이다. 이곳은 지역의 위험요인을 해결하기 위해 연방 정부와 함께 일했다. FEMA는 수백 년 동안 계속된 홍수를 겪은 밀턴이 아메리카 원주민의 유물이 있는 강 주변의 오래된 상업 지구와 주거지에 가능한 대안을 찾아주도록 도왔다.

밀턴이 선택한 대안은 명쾌하지 않았고 따라서 각 전략에 대한 찬성과 반대 의견이 있었다. 이러한 과정을 거칠 때 이 마을에서는 5개 거주 지역과 30채의 대표적인 건물에 초점을 맞췄다. 이들은 이러한 건물에 대한 비용 분석을 하고 주민들의 의견을 조사했다. 또한 위험을 완화할 조치를 역사 유물에 미칠 피해와 비교했다(표 6.1 참고). 밀턴시는 주민들을 참여시키는 과정을 통해 역사적인 건물에 대한 대안을 정리해나갔다. 주민들은 역사적인 건물에 대한 완화 조치의 효과뿐 아니라 비용에 대해서도 집중적으로 토론했다. 결국 밀턴시는 그 지역의 독특한 요소를 보존해나갈 몇 가지 방법을 찾아냈다(FEMA, 2005).

FEMA는 연방 정부 매입 프로그램Federal Acquisitions program의 일환으로 홍수 범람원에 있는 건물에 대한 매입을 제안할 수도 있다. 하지만 그렇게 되면 매입한 건물은 철거되는데, 이는 역사 보존주의자들이 선호하지 않는 방법이다. 이전도 대안이 될 수 있지만, 그렇게 되면 구조물의 온전함을 해칠 가능성이 있으며, 원래의 역사적인 소재지에서도 멀어지게 된다. 홍수 예상 높이 이상으로 건물의 고도를 높이는 것도 대안이 될 수 있다. 여러분이 사는 지역의 역사 유물과 문화 자원의 복구 계획에 완화 대책들을 어떻게 통합시킬 것인가? FEMA의 권장사항과 자원에 대해 알아보도록 하자.

표 6.1 펜실베이니아의 밀턴

대안	위험 감소율	유물에 대한 피해 정도
매입	높음	높음
이전	높음	중간에서 높음
고도 높이기	중간	중간
건식 홍수 방지(시설 이전)	중간에서 낮음	중간에서 낮음
습식 홍수 방지(방수 처리)	낮음	낮음
하도	낮음	높음(고고학)
제방/홍수 방벽	중간	중간

6.6.1 역사 유물과 문화 자원을 위한 FEMA의 완화 전략

FEMA(2005a)는 일련의 완화 계획 수립 안내서에서 방대한 지침과 작업 양식을 제공한다. 여섯 번째 완화 계획 수립 지침은 역사 유물과 문화 자원에 중점을 두며, 지역사회가 완수할 네 단계의 과정을 강조한다. 다음에 설명하겠지만, 이 네 단계의 과정은 계획 수립팀을 만들고, 지역사회의 지원을 받으며, 위험 평가 작업을 수행하고, 완화 계획을 수립하는 것이며, 이것에 뒤이어 계획을 실행하고 감시하는 것이다[이 절은 대부분 FEMA(2005a)에 기반한 내용이다].

6.6.1.1 1단계

첫째, 지원 사항을 평가하고, 팀을 만들며, 시민들을 참여시켜라. 시민들이 지역의 역사 및 문화 자원에 대해 얼마나 잘 알고 이해하고 있는가? 아마도 첫 단계는 시민과 공무원들에게 지역의 의미 있는 유적지와 유물들에 대해 알리는 것이 될 것이다. 그 지역에서 역사적인 의미가 있는 날에 전통 의상 경연대회를 열고, 퍼레이드의 현수막에

역사적인 구호를 새기고, 어린이와 노인 그리고 대학생 대상의 야외 행사를 여는 등의 이벤트를 활용하면 쉽게 이해를 증진시킬 수 있다. 신문과 기타 언론은 지역의 유산을 상기시키는 과거에 대한 특별 칼럼, 이야기, 그리고 사진을 실을 수 있다(FEMA, 2005a).

다음은 완화 활동을 이끄는 데 관심이 있는 사람들로 팀을 만들어야 한다. FEMA 가 권하는 고려 대상은 다음과 같다.

- 보존 건축가 및 역사 보존 계획 수립자
- 프로 또는 아마추어 고고학자
- 해당 지역의 대학 교수와 직원 그리고 도서관 및 박물관의 직원
- 지역 역사 협회의 대표
- 역사 학회
- 부족의 대표
- 공무원과 지역사회 지도자

일단 팀이 만들어지면, 역사 및 문화 자원이 직면해 있는 위험을 밝혀내야 한다. 예로부터 어떤 재난이 해당 지역에 피해를 입혀왔는가? 해안의 기후 변화와 테러와 같은 새로운 위협이 나타나고 있는가? (상자 6.5 참고) 해당 지역의 역사를 조사하고, 그곳에 사는 사람들과 대화하며 필요한 정보를 수집해야 한다.

6.6.1.2 2단계

다음은 계획 수립팀에게 위험을 평가하도록 해야 한다. 첫째, 시각적으로 그리고 문자로 기록하는 작업을 통해 모든 역사 유물 및 문화 자원의 완전한 목록을 만들어야 한다. 가격을 따질 수 없는 유물의 값을 평가하기는 어렵지만, 잠재적인 손실액을 추정하려면 자원의 가치를 정해야 한다.

둘째, 계획 수립팀은 지역의 역사에 대해 조사하는 것을 좋아할 것이므로 과거의 재난에 대한 연구를 기꺼이 수행할 것이다. 나이 많은 주민들과 대화하고, 공문서와 각종 기록물을 뒤져서, 이전에 발생한 피해의 유형과 정도에 대한 연대표를 작성하면, 어

떤 위험이 도사리고 있는지 밝혀질 것이다. 문화 자원의 위치에 따른 위험 지도를 그리면, 계획 수립팀은 어떤 지역이 우려할 만한 곳인지 밝힐 수 있다. 계획 수립팀은 지역사회의 지원을 받아 어떤 유물에 먼저 보호 조치를 취할 것인지 우선순위를 매겨야 한다. 이는 한정된 자금으로 모든 완화 방법을 다 실시할 수는 없기 때문이다(FEMA, 2005a).

상자 6.5 2001년 9월 11일

9.11 테러범들은 세계에서 가장 사랑받는 보물로 여겨지는 문화 자원을 파괴했다. 세계무역센터 건물이 무너질 때 세계는 피카소Picasso, 리히텐슈타인Lichtenstein, 로댕Rodin, 콜더Calder, 모로 Moro 등의 작품을 잃어버렸다. 18세기 아프리카 묘지에서 발굴된 유물도 세계무역센터에 보관되어있었다. 아르데코 풍의 건물 외부와 유서 깊은 성당도 피해를 입었다. 떨어지는 잔해가 높이 10m에 이르는 성 니콜라스St. Nicholas 성당을 파괴했으며, 성 캐서린St. Katherine 성당과 성 니콜라스 성당에는 여러 가지 유적도 보관되어있었다. 예술 작품, 사진, 그리고 유물의 보관 목록도 사라졌는데, 이 목록은 손실액을 추정하는 데 반드시 필요한 자료였다(Heritage Preservation, 2002).

펜타곤에서는 도서관의 방대한 자료와 함께 군사 예술 작품의 희귀 소장본이 파괴되었다. 제4장에서 살펴본 것처럼, 잔해를 잘 관리하면 상황을 바꿀 수 있다. 자갈을 조심스럽게 제거하자 일부 문화 자원이 다시 모습을 드러냈다. 아프리카 묘지에서 옮겨온 유물 상자도 유명한 콜더의 모빌 작품 일부와 함께 발견되었다. 보존 담당 직원은 예술 작품의 흙먼지와 다른 오염을 제거하기 위해 노력했다. 직원들은 화학 처리된 스펀지를 사용해 유서 깊은 묘지의 유물과 기념품들을 닦아냈다. 펜타곤에서는 동결 건조 상자 덕분에 소장 도서의 99%를 구할 수 있었다(Heritage Preservation, 2002).

오늘날 테러 공격을 당한 이곳은 시민들의 추도 장소가 되었다. 이 사건에 대해 알고 기억하고자 하는 사람들은 이제 펜실베이니아, 뉴욕, 그리고 펜타곤의 추모 장소를 찾을 수 있다. 다양한 재난 추모 시설이 많으므로, 사람들의 방문이 특이할 만한 일은 아니지만, 이러한 곳들은 특히 많은 방문객이 찾고 있다. 9.11 사건이 현재의 경험이 아니라 역사가 되어가면서 이러한 방문은 테러에 대해 배우고 유적지를 만드는 새로운 방법의 일부가 될 것이다(Sather-Wagstaff, 2001).

6.6.1.3 3단계

3단계에서는 완화 방법을 결정해야 한다. FEMA(2005a)는 가능한 완화 조치로

5가지 주요 방법을 제시하고 있다. 첫 번째 방법은 예방에 주력하는 것이다. 각 지역의 규정을 준수하고 이를 개선하면, 역사 유물을 보호할 수 있다. 홍수 범람원에 건물을 짓지 못하게 하고, 공터를 보존하며, 빗물 관리 법규는 모두 이러한 보호 방법에 해당된다. 재난 이후에 지역사회는 이러한 규정을 강화할 수 있으며, 역사 보존에 열성적인 사람들이 이러한 변화를 지원하면 좋을 것이다.

역사 유물과 문화 자원의 보호는 고도 높이기, 이전, 내진 설계 또는 위험요인에 대비한 오래된 구조물 보강 등을 비롯한 기본적인 개선 방법을 장려해야 한다. 테러 공격에 처할 위험이 있는 지역은 검색대, 바리케이드, 주변 조명 밝히기, 방폭벽과 창문 같은 시설을 늘리는 게 좋다. 미국 독립 선언서가 어떻게 보호되고 있는지 생각해보자. 밤이면 이 문서는 지하의 금고로 들어간다. 방탄유리와 보안 카메라, 무장 경비원 그리고 여러 감지기 등이 이 문서를 보호하고 있다.

미학적으로는 바람직하지 않을지라도, 구조적인 변경도 위험한 곳을 더 안전하게 만들 수 있다. 장벽을 세우고 바리케이드를 치면 테러범이나 홍수의 침입을 막을 수 있다. 방파제와 제방은 홍수로부터의 잠재적인 피해를 줄여준다. 홍수는 전 세계적으로 가장 빈발하는 위험요인이다. 하지만 이것은 확실한 보호 방법이라기보다는 억제 수단의 역할을 한다는 것을 잊어서는 안 된다(FEMA, 2005a).

자연 자원을 보호하는 것은 원시인이 살았고 공룡이 묻혀 있는 유서 깊은 장소와 풍경을 보존하는 데도 도움이 된다. 이러한 곳에서 발생하는 재난을 줄임으로써 우리 지역사회가 갖고 있는 경제적 · 문화적 가치를 지킬 수 있다. 따라서 초목을 잘 관리하고, 외래 식물종을 막아내며, 침식과 홍수를 줄이면, 미래에 일어날 재난의 피해를 줄일 수 있다.

6.6.1.4 4단계

네 번째 완화 단계는 공공 교육과 인식 제고이다. 이 단계는 우리의 소중한 보물을 지키기 위한 노력을 전통 미디어와 소셜 미디어를 통해 널리 알리는 것이다. 여러분은 이제 이러한 과정의 일부가 될 수 있다. 이 장을 읽은 여러분은 이미 여러분이 사는 지역의 대부분의 주민보다 더 많은 것을 알고 있다. 그러한 정보를 전달하는 것으로, 여러분은 지역 완화 활동에 참여할 수 있다. 계획 수립팀은 여러분 같은 사람을 이용해 이러한 일의 가치와 의미에 대해 사람들을 교육시킬 수 있을 것이다. 여러분은 더 작은 곳에서, 즉 여러분의 가정에서부터 이러한 일을 시작할 수 있다(상자 6.6 참고).

상자 6.6 가족의 보물 지키기

여러분의 가정을 특별하게 만드는 것이 무엇인지, 여러분의 부모님과 조부모님이 소중히 여기는 것이 무엇인지 생각해보아라. 급속도로 번지는 산불을 피해 집에서 대피할 때 여러분은 사진이든 앨범을 갖고 나갈 것인가?(사진 6.3 참고) 아니면 외국을 여행할 때 산 특별한 기념품, 그 나라의 문화에서 여러분이 높이 평가하는 특징이 있는 물건을 갖고 나갈 것인가? 어쩌면 여러분의 가족은 1930년대나 1960년대의 독특한 건축 양식으로 지은 집에서 살고 있을지도 모르며, 그렇다면 토네이도가 지나간 뒤에도 이러한 특성을 간직하고 싶을 것이다. 이러한 여러분의 개인적인 보물을 지키기 위해 재난 전과 후 그리고 재난이 휩쓸고 지나가는 동안 어떤 조치를 취할 수 있는지 알고 싶을 것이다.

사진 6.3 2007년 산불이 유서 깊은 조지아의 한 건물을 위협하고 있다. 소방대원들이 이 건물의 외부를 포장재로 둘러싸고 재난용 긴급 스프링클러 시스템으로 보호해두었다(사진 Mark Wolfe / FEMA).

이제, 지역의 어떤 위험요인이 여러분의 가정에 깃든 역사와 문화를 위협할 것인지 생각해보자. 90cm 높이의 홍수 표시선 아래 무엇이 놓여 있는가? 허리케인이나 토네이도로 지붕이 날아가고 벽이 무너지면, 어떤 물건이 바람에 날아갈 것인가? 산불이 가까워지면, 여러분은 무엇을 상자에 집어넣어 차에 싣고 대피할 것인가?

국가 문화유산 긴급 대책반Heritage Emergency National Task Force은 이 책의 앞부분에 나온 문화자원을 지키고 보호하는 데 관심이 있는 가족이나 단체 그리고 다른 사람들을 위해 웹사이트를 통해 유용한 조언을 제공하고 있다(보다 자세한 내용은 국가 문화유산 긴급 대책반Heritage Emergency National Task Force과 조지아 문화재보존국Georgia Historic Preservation Division의 링크를 참고).

재난 이전

- 보험 가입을 위해 여러분이 갖고 있는 물품 목록을 작성하고, 그 목록을 다른 도시에 보관하거나 이메일로 보내두어라. 여러분이 소중히 여기는 물건의 사진이나 동영상을 찍어(사진은 출력해두고, 파일 복사도 해둔다), 금고에 보관하거나 다른 도시에 사는 친구에게 보관해 둔다. 출생증명서, 군대 관련 서류, 족보, 신분증 같은 소중한 자료는 금고에 보관하고, 복사본을 다른 도시에 사는 친구에게 보낸다. 금고를 관리하는 은행이 홍수 범람원에 있지 않은지 여러분의 보물을 지킬 만큼 재난 대응 계획을 세워두고 있는지 확인한다.
- 허리케인이나 홍수처럼 사전에 경고되는 재난에 대비해 지켜야 할 것에 대한 실행 계획을 세워둔다. 가족 대대로 물려 내려오는 피아노나 대형 괘종시계를 옮길 수 있겠는가? 졸업사진이나 결혼사진을 재빨리 던져 넣을 '이동용 상자'를 마련할 것인가?
- 구조물이나 경관에 미치는 재난 피해를 완화하기 위해 무엇을 할 수 있을 것인가? 지진에 대비해 건물을 보강할 수 있는가? 지붕에 조임쇠를 추가로 설치할 것인가? 독특한 건축미를 지닌 창문에 보호용 합판을 두를 것인가?

재난 이후

- 위의 내용에 따랐다면, 이제 다른 도시에 사는 친구에게 연락한다. 사전 계획을 세워두지 않았다면, 다음 제언에 따르고 '참고자료'에 있는 웹사이트를 방문하라.
- 마스크를 쓰고, 보호용 장갑을 끼고, 적절한 복장을 착용하고, 재난 현장에 접근하지 않고, 여러분 자신과 가족을 보호하라.
- 가능한 한 빨리 현장으로 가서 물품이 잔해, 흙먼지, 비, 바람 등으로 인해 추가 피해를 입지 않게 해야 한다. 현장에 갈 시기를 선택할 때는 개인의 안전도 고려해야 한다.
- 물품을 조심스럽게 꺼내온다. 특히 대상 물품이 흙먼지나 검댕 또는 재에 뒤덮여 있는 경

우, 물품을 닦거나 청소하기 전에 전문가의 검토를 거쳐야 한다. 그러한 잔해를 제거하다 물품 손상을 심화시킬 수도 있다.

- 어떤 보상을 받을 수 있는지 보험회사에 문의하라.
- 살아남은 사진 중에 의미가 담긴 것을 골라 사진 전문가의 조언을 구하라.

더 자세한 정보를 원하면, Heritage Emergency National Task Force(http://www.herit agep-reservation.org)를 참고하라.

6.7 요약

역사 유물과 문화 자원은 우리의 선조 및 문화유산과의 의미 있고 상징적인 유대 관계를 나타낸다. 이상적으로 볼 때, 그러한 뜻 깊은 보물을 지닌 지역사회는 재난 대비와 대응 계획 수립에 폭넓게 참여할 것이다. 이러한 노력이 증가하고 있긴 하지만, 세계적으로 많은 지역사회가 아직 그러한 계획을 세우지 못하고 있다. 결과적으로, 재난이 발생했을 때 이러한 장소와 자원을 원래의 가치 그대로 보존하고 복원하려면 시의적절한 조치가 필요하다.

장소는 그것과 연관된 유무형의 요소와 함께 우리가 누구인지를 규정하는 데 도움을 준다. 여러 다양한 장소 유대감place ties은 우리의 정체성을 확립해준다. 장소 유대감에는 우리가 세상을 헤쳐나가도록 돕는 지향적 유대감이 포함된다.

장소 역할 유대감place role ties은 사원과 같은 특정한 장소에서 어떻게 행동해야 하는지에 대해 저절로 이해하게 해준다. 집단 유대감communal ties은 나라의 미래를 결정짓는 혁명 같은 시기에 일체감을 주는 등의 정체성을 부여함으로써 우리를 다른 사람들과 연결해준다. 가치 장소 유대감value place ties은 우리가 무엇을 소중히 여기고, 우리 모두와 연결되어있다고 느끼는 유적지가 재난으로 파괴되었을 때 고통을 느끼는 이유를 설명해준다.

장소 유대감을 넘어 역사 유적과 문화 자원은 경제적 가치도 창출한다. 이러한 이점은 건설 노동자, 박물관 직원, 관광지를 구경하러 온 사람들에게 문화유산에 대해 설명하는 문화 해설자 등의 일자리를 창출한다. 재난 이후에 이러한 장소를 보존하려면, 여러 협력 기관과 정부 및 비정부 조직 그리고 지원 단체에 이르는 자원이 필요하다. 공공의 보물을 지키기 위해서는 전문 지식도 필요하며, 더불어 적절한 조치를 취하는 데 필요한 자금도 있어야 한다. 자금원은 공공 단체에서부터 사설 단체나 조직 그리고 재난 이후 역사적인 보존에 필요한 보조금 지원을 담당하는 복구 관리자에 이르기까지 다양하다. 재난 이후의 이러한 모든 노력은 미래의 재난 피해를 줄이기 위한 완화 노력과 병행되어야 함은 물론이다.

6.8 마무리 문제

6.8.1 요약 문제

1. 역사 유물과 문화 자원의 차이를 설명하라.
2. 어떤 다양한 유형의 재난이 역사 유물과 문화 자원을 파괴할 수 있는지 몇 가지 예를 들어보아라. 자연 재난, 기술적 재난, 테러를 모두 포함하도록 하라.
3. 지향적 유대감, 역할 유대감, 가치 유대감 그리고 집단 장소 유대감을 정의하고 각각의 예를 들어라. 여러분 자신의 경험에서 예를 들어볼 수 있겠는가?
4. 재난 이후 자금을 필요로 하는 곳이 많다는 것을 감안할 때, 역사 유물과 문화 자원이 경제적 가치를 지니는 이유를 설명하라.
5. 재난 이후 역사 보존 작업을 도울 지역 및 연방 정부 및 국제 기구를 모두 열거

하고 예를 들어라.

6. 역사 유물과 문화 자원을 지키는 데 도움이 되는 자금을 어디서 받을 수 있는가?

7. 다른 사람들과 함께 재난 시 역사 유물을 위한 4단계 완화 조치를 실행해보아라. 여러분이 사는 지역의 유물을 선택해, 지역의 위험요인으로부터 이 유물을 보호하려면 무엇을 해야 할지 생각해보아라.

6.8.2 토론 문제

1. 여러분 그리고 여러분과 같이 일하거나 공부하는 다른 사람들은 역사 유물과 문화 자원이라는 차원에서 자신들이 사는 지역에서 소중히 여기는 대상이 무엇인가? 여러분과 다른 사람들이 그것을 소중히 여기는 이유는 무엇인가? 여러분과 다른 사람들은 그러한 장소와 자원에 어떤 장소 유대감을 느끼는가?

2. 세계문화유산 목록을 보고, 어떤 곳을 방문하고 싶으며, 그 이유는 무엇인가? 여러분의 다른 가족은 어떠한가? 이제 위협받는 세계문화유산 목록을 보고, 그러한 유산을 지키는 데 도움을 주려면 어떻게 해야 하나?

3. 여러분이 사는 지역의 역사 보존 담당자나 이에 상응하는 일을 하는 사람을 찾아보아라. 이들은 재난 전후 계획을 어느 정도까지 수립해두었는가? 그러한 계획 수립은 복구, 대비, 대응, 또는 완화를 위한 것인가? 아직 그러한 일을 하고 있지 않다면 이유가 무엇인가?

4. 여러분이 사는 지역의 재난 관리 기관 또는 이에 상응하는 다른 기관에 연락해보아라. 이들은 역사 유물이나 문화 자원을 위한 재난 전후 계획을 어느 정도까지 수립해두었는가? 이러한 계획 수립은 복구, 대비, 대응, 또는 완화를 위한 것인가? 아직 그러한 일을 하고 있지 않다면 이유가 무엇인가?

5. 가족의 보물을 지키는 것에 관해 이 장에서 제공한 정보를 활용해, 여러분 개인의 보물 목록을 만들고 지역의 위험요인이라는 관점에서 이를 지킬 가족 계획을 수립하라.

6. 가까운 박물관에 연락해보아라. 이들은 어떤 재난 계획 수립을 해두었는가? 아무런 계획도 수립되어있지 않다면, 그 이유는 무엇인가? 재난 계획 수립을 위한 기본 단계에 대해 여러분이 그들에게 조언한다면, 뭐라고 할 것인가?

7. 이 장에서 마음에 드는 사례를 선택해, 어떤 일이 벌어졌고 왜 그런 일이 벌어졌는지에 관해 더 심층적인 연구를 해보아라. 그러한 사건 이후에 해당 유적지나 자원의 안전을 더 확고하게 하기 위해 어떤 조치가 취해졌는가? 여러분이 그러한 유적지나 자원의 자문가라면, 이 시점에서 안전을 더 확고히 하기 위해 어떤 조언을 할 것인가?

참고자료

- For an audiovisual archive of the Napier, New Zealand disaster, visit http://audiovisual.archives.govt.nz/wiki/index.php/THE_HAWKES_BAY_DISASTER, last accessed on July 31, 1914. For information on present-day Napier, visit http://www.napier.nz.com/. Last accessed on July 31, 2014. The Art Deco Trust of Napier also sponsors a Facebook page.

- Preservation Massachusetts and their efforts in tornado-damaged areas can be viewed at http://www.preservationmass.org.

- For a set of field guides and checklists for disaster planning and response, visit https://www.heritagepreservation.org/pubs/fgforms.htm, last accessed on April 14, 2015.

- What is historic in your hometown? Visit this website to look: http://www.nationalregisterofhistoricplaces.com/.

- Criteria for the National Register can be found at: http://www.nationalregisterofhistoricplaces.com.Last accessed on April 15, 2014.

- Tribal Historic Preservation Office website, http://www.achp.gov/thpo.html.

Last accessed on August 4, 2008.

- Harper's Ferry, West Virginia(People, Stories, Collections) http://www.nps.gov/hafe/ historyculture/index.htm. Last accessed on April 15, 2014.

- For information on how to salvage family treasures after fire, see http://www. heritagepreservation.org/PROGRAMS/TFsoot.HTM. Last accessed on April 14, 2014.

- For a list of funding sources, see FEMA guide #533, *Before and After Disaster: Federal Funding for Cultural Institutions*, which is available at http://www.heritage-preservation.org/pdfs/disaster.pdf. Last accessed on April 15, 2015.

제7장
주택

- 전형적인 재난 이후에 대피소 및 거주지 제공 단계에 대해 설명하고 예를 든다.
- 인구 집단에 따라 주택 복구 과정을 서로 다른 속도로 헤쳐나가는 이유를 이해한다.
- 재난 이후 주택 복구 모델의 예를 들고 이에 대해 설명한다.
- 재난 이후 선택 가능한 임시 주택에 대해 알아본다.
- 영구 주택으로의 이주를 방해하는 장애물에 대해 알아본다.
- 이주나 매입의 장단점에 대해 토론한다.
- 재난 사례 관리의 단계를 요약하고, 생존자들이 영구 주택으로 이주하도록 돕는 일의 가치에 대해 알아본다.
- 정부 및 비정부 조직이 주택 복구에 참여하는 방법에 대해 알아본다.
- 재난 이후 주택 재건축 과정에서 발생할 수 있는 실수에 대해 알아본다.
- 주택 복구 과정에서 발생하는 고충을 해결하는 방법에 대해 알아본다.
- 주택 복구 노력을 하는 과정에서 이해 당사자들을 참여시키는 여러 가지 방법에 대해 알아본다.

자본 유입 모델capital infusion model

재난 복구 센터Disaster Recovery Center(DRC)

비상 대피소emergency shelter

종교 단체Faith-Based Organization(FBO)

개인 구제Individual assistance

국내 난민Internally Displaced Person(IDP)

합동 현장 사무소Joint Field Office(JFO)

제한 개입 모델limited intervention model

시장 모델market model

국가 재난 주택 전략National Disaster Housing Strategy

자원봉사 단체 연락 담당관Voluntary Agency Liaison(VAL)

전국 재난 자원봉사 단체 협의회National Voluntary Organizations Active in Disaster(NVOAD)

사례 관리case management

영구 주택permanent housing

재개발 모델redevelopment model

이전relocation/매입buyouts

중소기업청Small Business Administration(SBA)

구조물적 완화structural mitigation

임시 주택temporary housing

임시 대피소temporary shelter

미해결 고충unmet needs

7.1 서론

주거지는 지역사회에 있는 모든 건물의 70%를 차지하며, 거의 모든 가정에서 가장 큰 금액을 투자하는 곳이기도 하다(Comerio, 1998). 물리적인 장소인 집은 우리 삶의 뜻깊은 순간들을 담고 있기 때문에, 사실 이보다 훨씬 더 많은 것을 의미한다. 우리가 출산과 졸업 그리고 기념일과 같은 소중한 순간들을 보관하는 곳도 바로 집이다. 이러한 집 안에서 우리는 관계와 추억을 쌓아나가고, 힘겨운 시기에는 안전한 안식처 역할을 하며, 우리의 매일을 이루는 반복적인 일상과 특별한 순간들을 만들어낸다. 우리가 사는 집은 직장, 식료품점, 도서관, 공원 그리고 식당을 오가는 근거지 역할을 하며, 음식을 만들고 재미있게 놀고 매일 받는 스트레스를 푸는 곳이기도 하다. 집은 우리가 익숙한 언어, 문화, 음식, 음악, 예술 및 레저 활동을 즐기고 생활을 영위하는 장소를 제공하기도 한다.

재난은 집이 상징하는 이러한 편안함과 안전함을 산산 조각낸다. 집을 떠나 대피하는 것은 혼란스러운 경험이며, 이는 의미 있는 관계와 실질적인 정체감을 제공하는 곳과의 연대감을 파괴한다. 집의 이러한 친숙함과 편안함을 잃어버리면, 사회적 그리고 정신적으로 이것을 재정비하고 복구하는 데 오랜 시간이 걸릴 수 있다. 집을 잃어버리는 것은 상당한 경제적인 피해를 낳기도 한다. 재난 이후 임시 대피소에서 영구적인 거주지로 옮기는 과정은 오랜 시간이 걸리며, 좌절스럽고 힘겨운 과정이다. 그러나 가정, 이웃, 복구 지도자 그리고 정부 및 비정부 조직의 도움이 있으면, 주택 복구 과정은 희망을 되찾고, 가족의 마음을 안정시키며, 경제를 되살리고, 지역사회에 새로운 미래를 제시하는 과정이 될 수 있다.

7.1.1 미시시피의 패스 크리스천과 허리케인 카트리나

지역 주민들이 '패스'라 부르는 미시시피의 패스 크리스천에서는 처음에는 크리크

Creek 원주민이, 다음에는 프랑스 탐험가들이, 그다음에는 백인과 아프리카계 미국인이 살았다. 미시시피에 속하는 패스 크리스천은 1837년 미국 영토가 되었다. 중요한 것은 아프리카계 미국인이 적어도 1810년부터 패스에 살았다는 사실이다(Ellis, 2005). 지역사회에서 '자유인'으로 알려진 아프리카계 미국인 지도자들은 패스 크리스천을 아프리카계 미국인의 역사에서 중요한 초기 정착지로 보고, 도심과 주택가를 건설했다. 그러나 인종 간의 교류를 규제하는 조례가 제정되고 그러한 행동을 처벌하는 등, 초기의 성공이 아프리카계 미국인의 어려움 없는 삶을 보장해준 건 아니었다(Ellis, 2001a). 하지만 패스는 이들이 성공할 수 있는 장소를 제공해주었다. 예를 들어, 1972년 어느 아프리카계 미국인 지도자가 지역 고등학교의 교장이 되고, 나중에는 이 도시의 교육감이 되었다(Ellis, 2001b).

그러나 패스 크리스천에는 재난이 빈번하게 발생했다. 1915년, 1947년, 1965년 그리고 1969년에 허리케인이 상륙해 통조림 공장, 연안 어장, 중소기업을 비롯한 이 지역의 지역 경제에 피해를 입혔고, 인명 피해도 발생했다(Ellis, 2005). 1850년 중반과 후반에는 널리 알려진 황열병이, 그 뒤를 이은 1918년에는 독감이 유행하는 등 전염병도 발병했다. 이때마다 주민들은 멕시코만의 새하얀 모래 해변을 따라 주택과 생활 전선을 다시 구축했다. 이들은 생계를 마련하고 해변에서 번창하던 관광 사업을 계속하기 위해 바다로 돌아갔다. 사람들은 패스 크리스천에서 대를 이어 살았고, 아이들과 손자 세대에 집과 생계 수단을 물려주는 경우가 많았다. 형제자매와 조부모가 같은 동네에 사는 경우도 많아서 이들은 서로 돕고 서로를 돌봐줄 수 있었다. 패스 크리스천은 이들에게 고향이었다.

2005년 8월 29일, 허리케인 카트리나로 인한 폭풍 해일이 패스 크리스천을 강타했다. 거의 9m 높이에 달하는 물살이 대부분의 건물을 뒤덮었다. 경찰을 비롯해 남아있던 사람들 중 살아남은 사람은 많지 않았다. 미시시피 해안을 따라 거의 225명이 목숨을 잃었고, 수십 명이 패스 크리스천에서 사망했다. 카트리나로 인해 경찰서를 비롯한 공공건물과 경찰차도 피해를 입었다. 이 지역 고속도로도 심각한 피해를 입었고, 패스와 세인트루이스만Bay St. Louis을 연결하고 뉴올리언스로 향하는 인근의 다리도 크게 파괴되었다. 지역의 지도자들은 시청으로 사용할 임시 트레일러 건물이 완성될 때까지 다리 밑에서 회의를 해야 했다.

주 정부 방위군은 패스 크리스천으로 들어가기 위해 주요 고속도로에서 전기톱으로 길을 내야 했다. 사람들이 돌아왔지만, 많은 사람들이 자신의 집을 찾지 못했다. 추억이 깃든 물건, 옷, 가구, 그리고 복구에 필요한 도구를 찾는 것도 불가능했다. 사업체가 파괴되어 사람들의 생계 수단도 사라졌다. 식료품점은 1년 가까이 문을 열지 못했고, 먹을 것을 사기 위해서는 먼 거리를 나가야 했다. 카트리나 이전에 10명 중 1명이 빈곤 이하 수준의 삶을 살았던 이곳에서 복구는 거의 불가능한 상황이었다.

하지만 패스 크리스천의 정신이 승리를 거두었다. 지역의 유력한 지도자인 쇼트 D.H. Short 박사가 자금 모금을 이끌었다. 쇼트 박사는 미국 전역과 전 세계의 로터리 클럽을 돌며 패스 크리스천의 상황을 들려주고 돈을 기부받았다. 일리노이의 네이퍼빌 Naperville의 로터리 클럽에서는 수백만 달러의 기부금을 모았다. 이 돈은 메노나이트 재난 봉사단Mennonite Disaster Services(MDS) 소속 자원봉사자들의 도움으로 결국 거의 40채의 주택을 다시 짓는 데 사용되었다(사진 7.1 참고). 지역의 위원회는 잠재적인 수요자를 찾아 필요한 게 무엇인지 확인했다. 이 지역의 교회는 자원봉사자들에게 식사를 제공하고 이

사진 7.1 미시시피의 패스 크리스천. 시민 단체와 종교 단체의 도움으로 완성된 고상식 주택(사진 Mennonite Disaster Service)

들의 안전을 위해 기도했다.

그럼에도 재건은 생각보다 힘겨운 일이었다. 해안지역의 새로운 건축 법규에 따라 잠재적 폭풍 해일에 대비한 새로운 고상식 주택을 짓고, 허리케인에 대비해 지붕의 조임쇠를 더 튼튼하게 만들어야 했기 때문이다. 단단한 기둥을 땅 속 깊이 박아 넣고 이 기둥이 튼튼하게 버틸 수 있게 조치한 후에 주택의 본체를 그 위로 올려야 하는 고상식 주택을 짓는 데는 비용이 많이 들었다. 미국 연방 정부와 주 정부는 보조금과 대출을 통해 자금을 제공했다. 그러면 자원봉사자들은 폭풍 해일의 범람 정도가 표시된 지도에 따라 1.5m~5.8m까지 높이를 올린 기둥 위에 집을 지었다. 시의 공무원들은 이러한 작업이 안전 규정에 맞는지 확인했다.

3년여의 시간이 지난 뒤에 여러 가정이 패스로 돌아왔고, 이번에는 더 튼튼하고 안전한 새 집으로 돌아올 수 있었다. 자원봉사 단체와 종교 단체, 이웃, 그리고 자원봉사자들이 이들이 가전제품, 가구 및 식료품을 사는 것을 도왔다. 마침내 패스의 주민들이 형제자매, 부모, 아이들을 방문하고, 직장과 교회에 나가고, 아름다운 해안가를 따라 펼쳐진 정든 길을 다시 걸을 수 있게 된 것이다(Phillips, 2014).

7.2 주택 복구의 어려움

앞부분의 사례 연구에서 설명한 것처럼, 5.8m 높이의 기둥 위에 새 집을 짓는 것이 얼마나 어려울지 생각해보았다면, 재난 이후의 재건축이 얼마나 어려운 일일지도 상상이 갈 것이다. 필요한 자원이 모두 준비되어있다 해도 재건축은 아주 어려운 일일 수 있다. 예를 들어, 충분한 보험금을 받았거나 재건축에 필요한 돈이 저축되어있다 해도, 새로운 법규가 제정되거나 허가 과정이 끝나길 기다려야 한다. 또는 계약업체는 준비가 되었다 해도, 그 업체가 공사를 진행할 시트록이나 문을 확보하지 못할 수도 있다. 그 반대의 경우도 가능하다. 여러 세대에 걸쳐 전해 내려오는 집에 살고 있지만, 75세라 더 이상 보험에 가입할 여력이 없었을 수도 있다. 피해 부분에 대해 보상을 받지도 못했고, 언제 어디로 가야 할지도 알지 못하며, 또는 온전한 주택을 다시는 가질 수 없을지도 모른다. 수만 명의 다른 생존자와 함께 거대한 텐트촌에서 살아야 할 수도 있다. 온전한 집을 갖는 것은 고사하고, 가족을 위한 식량과, 건강관리, 깨끗한 물, 위생용품을 확보하기도 벅찰 것이다.

자연과 여러 가지 위험요인, 주택이 있던 위치, 인구 집단의 특성, 재건축에 필요한 조건, 자원의 확보 여부 등 수많은 어려움이 재건축을 가로막고 있다. 여기서는 이러한 어려움 중 일부 문제에 대해 살펴볼 것이다. 이 장의 나머지 부분에서는 이와 관련된 문제, 자원, 그리고 해결 방법에 대해 알아보겠다. 우리의 목표는 사람들이 집이나 좀 더 안전한 장소로 돌아가도록 도울 방법을 찾는 것이다.

위험요인은 주택의 취약성과 재건축에 영향을 미친다. 어떤 장소는 그 지역의 위험요인 때문에 자주 그리고 반복적으로 손실을 겪는다. 예를 들어 지진은 단층선을 따라 자주 발생한다. 허리케인과 태풍도 같은 지역에 반복적으로 발생한다. 전 세계적으로 가장 빈번하게 발생하는 위험요인인 홍수는 홍수 범람원을 물에 잠기게 한다. 하지만 그럼에도 불구하고 사람들은 이러한 위험지역에서 산다. 그 이유는 무엇일까? 그것은 아마도 여러 세대 동안 그렇게 살아왔기 때문이며, 가족이나 친구들과 가까이 살고 싶어서일 수도 있다. 아니면 그러한 지리적 위치가 생계와 관련되어있기 때문일 것이다. 또는 아름다운 산이나 바다의 경치를 사랑하기 때문일 수도 있다. 아니면 다른 곳으로 이주할 만한 여유가 없기 때문일 수도 있다. 간단히 말해, 재난 이후에도 위험한 장소에 또는 그러한 장소 가까이에서 살아야 할 수도 있는 것이다. 복구 담당자는 이들의 위험을 줄여주어야 한다. 이 장에서는 (고상식 건물 같은) 완화 방법에서부터 물리적인 이주까지, 그렇게 할 여러 가지 방법에 대해 알아볼 것이다. 이러한 노력이 간단하고 쉬워보일지도 모르지만, 이 각각에는 엄청난 어려움이 내포되어있다(상자 7.1 참고).

사건의 규모도 재난 이후 주택 건축에 영향을 미칠 수 있다. 대규모 재난은 언론으로부터 더 많은 조명을 받고, 따라서 더 많은 자금과 기부금 그리고 자원봉사자를 끌어모은다. 이 같은 필수적인 자원은 얼마나 많은 재건축이 가능한지에 영향을 미친다. 피해 규모도 재건 노력에 영향을 미친다. 2010년 아이티 지진으로 이 나라의 수도와 주변

지역의 건물이 무너지고 도로가 파괴되었다. 허리케인 카트리나는 미국에서 영국 크기만한 지역을 황폐화시켰다. 2010년 파키스탄에서 발생한 홍수는 수십 개 도시를 물에 잠기게 했다. 2004년 인도양의 쓰나미는 13개국에서 주택을 파괴했다. 정부 조직이든 아니면 자원봉사 단체 소속이든, 여러분이 복구 담당자라고 생각해보아라. 어디서부터 시작할 것인가? 여러분에게 할당된 자원으로 모든 곳의 모든 요구사항을 해결해줄 수 있겠는가? 결정은 어떻게 내릴 것인가? 카트리나가 발생한 후에 미국의 상황이 바로 이러했다. 특히 자원봉사 단체는 어디서부터 시작해야 하며, 누구와 함께 일해야 하고, 얼마나 재난 현장에 머물러야 하는지에 관한 힘겨운 의사 결정을 내려야 했다. 초기의 자원봉사 단체의 임무는 그러한 결정을 내리기 위한 초점 조정 역할이었다. 결국은 자금이 이들의 일할 범위를 결정해주었다. 대부분은 2~3년 정도 재난 현장에 머물렀으며, 소수는 좀 더 머물렀다. 하지만 거의 10년이 지난 뒤에도 사람들의 요구사항은 모두 해결되지 못했다. 지진 발생 4년이 지난 뒤에도 수만 명의 생존자가 텐트촌에 머물렀던 아이티에 비교하면, 미국의 풍요로운 자원이 커다란 도움이 되었다.

이 시점에서 여러분은 주택 복구의 가장 힘든 점 중 하나가 바로 피해를 입은 집단의 특성과 관계되어있다는 것을 깨달아야 한다. 빈곤은 사람들이 집으로 돌아오는 것을 막는 가장 큰 장애물 중 하나이다. 위치도 여기에 영향을 미쳐서, 미국의 일부 지역에서는 기본적인 집을 한 채 사는 데도 상당히 높은 금액을 지불해야 한다. 지역의 위험요인도 이러한 가격 상승에 한몫을 한다. 루이지애나의 카메론 행정구Cameron Parish에서는 주택 한 채를 고상식으로 짓는 데 75,000달러의 비용이 든다. 게다가 10만 달러의 주택 비용이 추가로 든다. 저소득 가정, 노인, 한 부모 가정, 또는 장애인 등은 집을 다시 짓는 것이 경제적으로 불가능할 수도 있다. 아니면 피해를 입은 가정이 세입자일 수도 있다. 만일 집주인이 집을 다시 짓기로 했고 그렇게 할 충분한 보험금을 받는다 해도, 세입자 가정은 한동안 그 집에 들어갈 수 없을 것이다. 재건축된 아파트나 주택을 살 돈이 없을 수도 있다. 보험에 가입하지 않은 세입자는 충격적인 손실에 직면할 수도 있다.

개발도상국가는 더 큰 부담과 어려움과 겪는다. 아이티 같은 국가에서는 한동안 자원을 파내서 쓰기만 했다. 삼림 벌채로 인해 재건에 필요한 자원이 부족할 수도 있다. 시골 지역에서 피난 온 사람들은 도시로 몰려들게 마련이고, 이런 가정은 2010년 지진 이후에 안전하고 신속하게 재건하기 어려운 취약 지역으로 몰리게 된다. 정부 및 비정부 조직이 계획 수립과 재건에 도움을 주었지만, 몇 년이 지난 뒤에도 주택에 대한 거대한 수요는 여전히 남아있다. 외부의 도움이 없으면 재건축은 어렵거나 불가능하다.

개발도상국에는 외부의 도움이 필수적인 경우가 많다. 2008년 사이클론 나르기스가 미얀마를 강타했을 때, 13만 명 이상이 사망하고 수십만 채의 주택이 파괴되었을 것으로 추정되었다. 그러나 미얀마를 지배했던 군사 독재 정권은 국제 구호의 손길을 거부했다. 그와 같은 외부의 지원을 받아들였다 해도 적절하게 분배되어야 한다. 2004년 쓰나미 이후에 스리랑카의 관계 기관들은 그 국가의 언어, 상황, 정치 및 관습에 대해 아무런 지식도 없이 온 외부 단체에 대해 부정적인 의견을 밝혔다. 그 지역의 상황에 대한 이해를 바탕으로 이루어지지 않고 그 지역의 협조를 통해 조율되지 않은 외부의 노력은 실패할 가능성이 높다(Cuny, 1983; Phillips and Thompson, 2013; Schreurs, 2011). 게다가 피해지역 이해 당사자들의 자문 없이 이루어지는 주택 재건도 실패할 가능성이 높다. 쓰나미 이후에 인도의 해안지역인 타밀 나두Tamil Nadu에서 이루어진 정부 및 비정부 조직의 노력은 여러 가지 면에서 실패했다. 이 지역사회는 대부분 어촌이었고, 이들은 일하고 가족을 먹여 살리기 위해 이주를 거부했다. 따라서 외부 기관은 피해를 입지 않은 집을 파괴하고 새 집을 짓기 시작했다. 이들은 집을 지을 때 가정 및 지역사회에서 여성들이 담당하는 중요한 역할 등 이 지역의 문화적 특성과 의식을 반영하는 데 실패했다. 집을 짓는데 그 지역의 기후를 고려하지 않는 등 지역 사람들의 선호도도 반영하지 않았다. 결과는? 더위에 허덕이는, 살기 힘든 집이 지어졌고, 이러한 실패는 이 지역 사람들이 어떻게 살고, 어떻게 사람들과 어울리며, 어떻게 일하는지를 고려하지 않은 당연한 결과였다(Barenstein and Pittet, 2007).

상자 7.1 재난 이후의 영구 이주

미국에서 연방 정부의 자금은 위험지역에서 주민들을 자발적으로 그리고 영구적으로 이주시키기 위해 주택을 매입하는 데도 사용된다. 이러한 매입acquisition/buyout은 재난 위험을 완화하는 방법으로, 1990년대 이후로 증가하는 추세이다. 정부의 관점에서 볼 때, 이주는 미래의 재난 비용을 줄여준다. 매입의 편익-비용 분석benefit-cost analyses은 '완화 이전의 피해와 손실 추정, 완화 이후의 피해 추정, 피해를 일으키는 위험요인의 빈도와 심각성을 추정하는 것이며, 이는 (홍수와 같은) 위험요인과 (보통 30년으로 보는 완화 사업의 효용 수명과 같은) 경제적 요인'에 해당한다(Inspector General, 2001, pp. 26-27). 정부는 매입을 급속도로 늘어나는 재난 관련 비용과 손실을 줄이는 수단으로 활용한다(Mileti, 1999; National Wildlife Federation, 1998).

가장 규모가 큰 매입은 1993년 미국 중서부 대홍수 이후에 이루어졌다(National Wildlife Federation, 2001). 미주리의 57개 지역사회가 이 사업에 참여했으며, 이러한 노력은 '대성공'을 거둔 것으로 평가되는데, 이는 이후에 발생한 홍수 때 대통령의 재난 선포와 정부의 비용이 크게 줄어들었기 때문이다(SEMA, 1994). FEMA는 미주리 매입 사업The Missouri Buyout Program에 1억 달러 이상을 써서 4,800채의 주택과 건물을 사들였다. 표 7.1에서 보는 것처럼, 미주리의 아널드Arnold에서는 매입이 반복적인 홍수로 인한 비용을 획기적으로 줄여 경제적으로 괄목할 만한 성공을 거둔 것으로 나타났다[FEMA(2002)에서 인용].

표 7.1 미주리의 매입 현황

미주리 아널드	1993년 홍수	1995년 홍수	2002년 홍수
모래주머니를 설치한 곳	60	3	0
공공 구제에 들어간 비용($)	1,436,277	71,414	0
개인 구제 신청 건수	52	26	1

출처: FEMA/DHS, "Success stories from the Missouri Buyout Program, 2002" (http://www.fema.gov. 2008년 2월 4일 접속).

이주에 대한 저항

주민들이 이주를 늘 반기는 것은 아니다. 위스콘신의 프레리 두치엥Prairie du Chien에서 주민들을 강제 이주시킨 뒤에, Rivera(1993)는 '이들은 지역사회와 생활 방식을 모두 잃어버렸다. 강가에서 살고 강을 따라 생계를 이어가던 사람들에게 이제 그러한 삶의 방식은 흔적조차 남지 않았다. 이들의 역사는 거의 완전히 사라져버렸다'는 것을 확인했다. 정부는 노스캐롤라이나의 벨헴Belham에서 이러한 현상을 확인하고, 고상식 건물을 짓는 것이 더 바람직하다는 결론을 내렸다. '이 마을 이 이곳에 세워진 이유는 물 때문이었다. 많은 주민들이 낚시와 게잡이, 그리고 보트 타기를 즐기며, 이주하고 싶어 하지 않는다. 여기에 사는 사람들은 다른 어느 곳으로도 가지 않을 것이다.'(Tibbetts, 1999, p. 7)

사람들에게 사는 장소가 중요한 이유는, 우리가 개인적 그리고 집단적 정체성의 의미를 지니는 지리적인 장소에 단단히 뿌리를 내리고 살기 때문이다(Altman and Low, 1992; Brown and Perkins, 1992; Hummon, 1986; 1992; Pellow, 1992; Rubinstein and Parmelee, 1992). 특히 가정은 '경제적 안정, 감정적인 경험, 사회적 관계와 추억을 제공하며, 안정감, 편안함 그리고 정체성을 나타내는 문화적인 상징이기도 하다.' 간단히 말해 우리는 장소와 연결된 기억을 갖고 있다(Cheng et al., 2003, p. 89). 우리가 사는 장소는 또한 사람들이 지역사회와 더 강한 유대를 갖고, 더 큰 공통 목표에 헌신하게 해 준다(Brown and Perkins, 1992). 호주에서 행해진 연구에서 Handmer(1985, p. 7)는 '지역사회 및 장소와 크게 공감하는 것은 지역사회가 주는 정체성만큼 이주에 대한 저항이 큰 것과 관련이 있다.' 어떤 장소, 심지어 반복적인 위험이 발생하는 장소라 할지라도, 문화가 이런 장소를 떠나는 것에 대한 저항에 영향을 미친다는 사실을 알면, 사람들이 왜 떠나려 하지 않는지 그리고 주택 매입 제안을 어떻게 하면 최선의 방법으로 할 수 있는지 알게 될 것이다. 나이든 주민들은 주택 매입에 더욱 강하게 저항하는 경향이 있다(Handmer, 1985).

이주에 대한 저항: 노스캐롤라이나의 프린스빌

1999년 두 차례의 허리케인을 비롯해 7차례의 심각한 폭우가 노스캐롤라이나의 프린스빌 Princeville의 대부분을 파괴했다. 찬반 논쟁이 뜨거웠던 흥미진진한 결정을 통해 이 마을에서 선출된 대표들은 연방 정부의 매입 제안을 3대 2로 거부하기로 했다. 연방 정부의 제안을 받아들인 사람도 있었지만, 대부분의 주민들은 남기로 했다. 왜 사람들은 이런 지역에 남기를 원하는 것일까? 답은 바로 프린스빌의 역사와 유산에 있다.

연합군이 남북 전쟁이 끝났음을 선언했을 때, 이 지역 주민들은 이곳의 이름을 처음에는 프리덤 힐Freedom Hill이라고 지었다. 그리고 이들 새로운 시민들은 미국 최초의 아프리카계 미국인 마을을 세웠다(Brown, 2001; U.S. Department of State, 2003). 프리덤 힐은 나중에 1880년대 발생한 홍수 때 이 마을 사람들을 이끈 한 주민의 이름을 따서 '프린스빌'이 되었다(Hicks, 2001).

많은 프린스빌 주민들은 이 지역의 유산에 강한 자부심을 갖고 있다(Phillips et al., 2012). 이들의 유산에는 인종 차별에 대한 강한 저항, 자기 결정권을 갖기 위한 이 마을의 투쟁, 분리주의와 경제적인 박탈 그리고 지속적인 홍수의 위협과 벌인 싸움 등이 포함된다. 프린스빌은 미국 역사에서도 영웅적인 위치를 차지하고 있다. '토지의 완전한 소유주가 된 것, 그 토지 위에 초라하나마 집을 지을 수 있게 된 것, 가정의 신성한 특권을 누리게 된 것은, 그들이 감히 갖게 해달라고 기도한 것 이상이었다.'(The Freedman's Bureau as quoated in Mobley, 1981, p. 2) 프린스빌에서 이전에 노예였던 사람들이 폭력의 위협에 맞서 집단적인 안전을 확보한 곳에서 토지를 얻고, 집을 짓고, 가정을 이루고, 인생을 누릴 수 있게 된 것이다. 이들은 지역사회를 함께 건설했고, 자신들의 권리에 대한 모든 위협에 단호히 맞섰다. 1976년, 에지컴 카운티 50주년 위원회Edgecombe County Bicentennial Commission는 이러한 전통을 인정했다.

1924년과 1940년 두 차례의 가장 파괴적인 홍수의 와중에도 집이나 직장을 떠나지 않겠다고 버틴 완고한 사람들이 있었다. 이들은 그레이드 학교Grade School 2층에 피난처를 마련하고 모터보트로 먹을 것을 실어 날랐다. 다시 돌아와 프린스빌을 살린 사람들은 이들 완고한 사람들과 이 지역의 또 다른 주민들이었다. 이들도 선조들의 꿈을 마음속에 그리며 독특한 마을, 흑인이 다스리는 흑인 마을을 갖고 싶어 했다.

프린스빌을 재건하기 위해 주민들은 관리를 선출했고, 의회의 흑인 이익 단체가 구호를 받기 위한 로비를 벌였다. '우리 역사에서 이토록 중요한 위치를 차지하고 있는 이 도시를 돕기' 위해 프린스빌의 미래에 관한 대통령 위원회Presents's Council on the Future of Princeville가 만들어졌다. 수많은 자원봉사 단체, 지역사회 그리고 시민 단체에서 프린스빌의 재건을 돕기 위한 자원봉사팀을 보내왔다. 미래의 위험 가능성을 줄이기 위해 비슷한 규모의 홍수를 견뎌내도록 제방을 보강했으며, 배수로를 막고 있던 나무뿌리와 잡목을 깨끗이 치웠다. 자원봉사자들은 0.9~1.5m 높이의 고상식 주택을 지었다. 프린스빌 시민 대부분이 고향으로 돌아왔다.

이주 실행하기

도시 재개발로 발생하는 이주는 사람들이 생존하고 심지어는 번영하게 해주는 사회적·문화적·심리적 유대감을 지키기 위한 삶의 방식과 지역사회의 전체적인 이주의 중요성을 옹호한다. 이주를 하려면, 프린스빌에 남은 사람들의 경우처럼, 가정, 이웃, 그리고 이보다 큰 지역사회에 존재하는 '중요한 사회적 관계와 사회적 지원의 연결망'을 지키는 것이 중요하다(Rohe and Mouw, 1991, p. 57). 새로운 지역으로 옮기는 가정은 '물질적인 소유의 의미를 재정립하고 복구 활동에 전념해 인생에서 무엇이 중요한가에 대한 새로운 이해를 확립할 수' 있어야 한다(Riad and Norris, 1996, p. 179).

7.3 주택 복구 모델

주택 복구 과정은 어떻게 이루어져야 하는가? 복구를 어떻게 체계화할 수 있을까? 집을 다시 짓고 생활을 다시 구축하는 과정에서 지켜야 할 원칙은 무엇일까? 피해 가족에게 주택 복구의 책임이 있는 걸까? 아니면 정부 및 비정부 조직이 개입해야 할까? 네 가지 주택 복구 모델이 답이 될 수 있을 것이다(Comerio, 1998). 이 네 가지 모델에는 재개발redevelopment, 자본 유입capital infusion, 제한 개입limited intervention, 그리고 시장 모델market model이 있다.

7.3.1 재개발 모델

'재개발 모델'에서는 국가 기관이 주택 복구를 주도하고 자금을 댄다(Comerio, 1998). 1976년 중국 탕산Tangshan에서 최소 242,000명이 사망하고 대도시지역의 90%를 파괴한 지진이 발생한 후에 이러한 재개발 모델이 활용되었다. 규모 7.8의 지진이 일으킨 이와 같은 비극은 지난 세기에 벌어진 최악의 재난 중 하나이다(Mitchell, 2004). 탕산을 재건하기 위해 중국 중앙 정부는 여러 단계로 이루어진 구체적인 종합 계획을 구상했다. 중화인민공화국의 특성이 반영된 이 중앙 정부의 접근 방식은 국가의 자원을 활용하고, 공공 비용을 지출하며, 세금 면제를 활용하는 것이었다.

복구는 중앙 정부의 세부적인 계획 수립을 통해 체계적으로 시작되었다. 사회 기반 시설에 최우선 순위가 주어졌고, 그다음에는 강력한 완화 기준에 맞춰 공공건물들이 들어섰다. 이러한 기준에는 지진 활동에 대한 원격 감지 연결망이 포함되었고, 재난 관리 팀과 함께 시민들을 교육시키는 일도 포함되었다. 곧 수만 명에게 제공할 주택 재건설이 시작되었다. 중앙 정부는 연간 주택 재건축의 60%에 이르는 비용을 쏟아부었다(Mitchell, 2004, p. 52). 이러한 재건축에는 녹색 공간과 공원, 넓은 도로, 고속도로 진입로 재정비, 그리고 이 지역의 산업 경제를 되살리기 위한 구상도 포함되었다. 또한 지진으로 부상을 당한 사람들을 비롯해 장애인을 위한 시설에도 중점을 두었다. 계획 수립자들은 특별 주택과 장기 돌봄 시설을 만들었다. 수십 년이 지난 뒤에도 4천 명에 가까운 장애인들이 18곳에 있는 이러한 시설에서 아직도 살아가고 있다(Mitchell, 2004).

탕산 복구 계획은 '세계에서 가장 앞선 도시지역의 재건축에 포함되는 성공 사례'로 평가받아오고 있다. 이러한 접근법에 비판이 없는 것은 아니지만, 이러한 재건축은 중앙 집권적인 접근 방식에 따라 이루어졌다. 영구 주택 보다 임시 주택에 지나치게 중점을 두었다는 비판도 있다. 이주에 따라 전체 인구, 동네, 그리고 지역사회가 친숙한 사회적 연결망을 잃어버림으로써 사람들이 상실감을 느끼기도 했다. 주택에 대한 중앙 집권적인 접근은 또한 활용 가능한 주택과 주택 배분 사이의 불일치를 낳기도 했다. 또한 탕산은 시설이 너무 분산되어 뚜렷한 도심을 갖고 있지 못하다(Mitchell, 2004).

7.3.2 자본 유입 모델

두 번째 '자본 유입 모델'은 정부나 자원봉사 단체의 지원을 통해 원조가 외부에서 유입되는 것이다(Camerio, 1998). 이 모델은 개발도상국같이 경제적 어려움을 겪는 지역을 돕기 위해 외부의 자원을 가지고 오는 것이다. 세계는 2010년 아이티 지진이 발생한 후에 이러한 모델의 실제 사례를 지켜보았다. 미국의 민간 지원, 프랑스, 브라질, 스페인, 캐나다, 유럽, 베네수엘라 등 외국 정부의 지원(보조금과 현물 기부, 사진 7.2 참고), 국제통화기금International Monetary Fund, 세계은행World Bank, 미주개발은행Inter-American Development Bank 등 최소한 31억 달러에 달하는 어마어마한 금액의 지원이 약정되었다. 실제로 지출된 금액은 약정된 액수에 훨씬 못 미치지만, 비재난 시기에 매년 정상적으로 받는 원조보다는 훨씬 큰 금액이었다(Ramachandran and Walz, 2012).

유엔의 인도지원조정국Office for the Coordination of Humanitarian Affairs(OCHA)은 아이티의 대피소와 주택 복구, 특히 아주 취약한 계층에 중점을 두었다(http://www.unocha.org/where-we-work/haiti). 2014년 9월 OCHA는 직접적인 호소를 통해 이 사업에 미화 1억 3,800만 달러를 받았다. 위생용품과 식량의 뒤를 이어 이 자금 중 가장 많은 금액이 대피소에 직

사진 7.2 아이티의 포르토프랭스에서 임시 대피소를 건설하는 모습(사진 Kendra Helmer/USAID).

접적으로 지원되었다(OCHA, 2014). 유엔개발 프로그램United Nations Development Programme(UNDP)은 또한 재난 지원과 관련된 사업을 통해 150만 아이티 피난민을 지원했다. 2014년 말까지 UNDP는 물리적으로 11,000개의 가족을 이주시켰으며, 이에 따라 텐트촌에 머무는 사람들의 수는 145,403명으로 줄어들었다. UNDP는 또한 자원 집중을 돕기 위한 조사를 수행할 사례별 사회복지사를 파견하기도 했다('참고자료'의 링크 참고).

자본 유입 모델에 대한 흔한 비판은 피해지역의 이해 당사자, 기업체, 그리고 비정부 조직이 포함되지 않고, 권한과 자금이 주어지지 않는다는 것이다. 이와 똑같은 상황이 아이티에서도 재연되었다. 2010년 지진 이후에 아이티 안팎에서는 수십 차례의 복구 회의가 열렸다. 그동안 수백만 명의 이재민은 자신들의 복구 문제에 적극적으로 참여하기 위해 투쟁을 벌여야 했다. 이와 대조적으로 많은 협력기관들이 피해 입은 아이티인을 대상으로 관심 집단을 만들고, 이들을 조사하는 '침묵하는 사람들을 위한 목소리'에 참여한 것도 사실이다. 이러한 협력기관에는 아이티 교육 지도자 과정을 이수하는 학생들, 아이티 시골 지역에서 의료 서비스를 제공하는 보건 단체, 유엔이 아이티에 보낸 특별 사절단, 유엔의 아이티 안정화 지원단Stabilization Mission in Haiti, 농촌 지역 단체,

아이티의 도시 슬럼가에서 일하는 비정부 조직 등이 있다. 이러한 노력의 결과, 아이티 전역에서 모든 분야에 걸쳐 1,750명의 아이티인이 156개의 관심 집단을 형성했다. 참가자들은 지진으로 인한 극심한 고통뿐 아니라, 자신들의 나라를 재건하기 위한 기회와 큰 희망에 대해서도 발언했다. 이들은 또한 재난만 해결하는 게 아니라, '수도권의 인구 과밀화, 사회적 불평등, 쇠퇴한 농업 등 기존의 구조적 문제'까지도 해결하고 싶어 했다. 그리고 이와 똑같은 비중으로 '이러한 변화의 주역'이 되고 싶어 했다. 아이티인들은 복구에 대한 논의의 장에 자신들의 나라를 재난에 취약하게 만든 고질적인 문제도 끌어들이고 싶어 했다(Montas-Dominique, 2011, p. 259).

7.3.3 제한 개입 모델

세 번째 모델은 '제한 개입 모델'이다. 이 모델에서는 일부 정부의 지원과 함께 보험으로 구호 자금을 제공받는다. 미국은 이 모델에 따른다. 재난이 발생하면, 보험 상품 구입을 통한 개인의 책임이 복구의 주요한 수단이 된다. 보험금이 불충분할 경우, 보조금이나 대출을 통해 정부의 지원을 받는 것도 가능하다. 엄청난 금액의 돈이 세입자보다는 주택 소유주를 돕는 데 투입된다. 이러한 과정을 통해 재난 이후에 수만 채의 주택이 다시 건설된다. 하지만 이 모델에도 단점은 있다.

이 모델에 대한 비판은 이 모델이 '가난하거나 재정적으로 힘든 상황에 있는 주택 소유주보다 신용할 수 있는 주택 소유주를 선호하며, 모든 임대 주택 문제를 철저히 무시한다'는 것이다(Comerio, 1998, p. 127). 간단히 말해 제한 개입 모델은 모든 개인이 자신이 입은 손실의 대부분을 책임질 여유가 있으며, 기꺼이 그렇게 해야 한다고 전제한다. 하지만 모든 재난에 대해 보험금이 지급되는 것은 아니다. 강풍이나 홍수로 피해를 입은 주택 소유주는 보험금이 지급되지 않는 경우도 있다는 사실을 알게 된다. 허리케인 카트리나 이후에 일부 지역의 보험 가입자는 보험금을 받기 위해 보험 회사를 상대로 소송을 걸어야 했다. 이런 일이 벌어지면, 합의에 몇 년이 걸리기도 한다.

이 모델은 또한 필요한 경우 정부가 개입할 수 있으며 개입할 것을 전제로 한다. 하지만 정부의 개입이 늘 가능한 것은 아니다. 앞에서 살펴본 것처럼, 정부의 지원을 받으려면 대부분의 경우 대통령의 재난 구역 선포가 있어야 한다. 하지만 모든 재난에 그러한 선포가 이루어지는 것은 아니다. 또한 피해를 입은 개인과 지역사회가 받는 보조금과 대출 금액에도 한계가 있다.

7.3.4 시장 모델

마지막으로 살펴볼 것은 '시장 모델'로, 이는 '실질적인 부동산 시장에서 승자와 패자가 갈린다'고 본다(Comerio, 1998, p. 127). 이 모델에서는 생존자가 정부에서 주는 보조금이나 대출금 없이 자력으로 재난을 딛고 일어서야 한다고 본다. 시장 모델은 또한 자신이 입은 손실에 각자가 개인적으로 책임을 져야 한다고 전제한다.

하지만 다달이 연금으로 살아가는 노인 인구의 경우, 개인적으로 책임을 지는 것은 어렵기 마련이다. 이와 마찬가지로 장애인 인구도 평균보다 낮은 임금을 받는다. 재정적으로 어려운 상황에서는 좋은 보험에 가입하거나, 보험에 가입해 있는 주택을 살 여유가 없는 경우가 많다. 재난이 발생하면, 제한된 자원을 가진 사람들은 제2장에서 언급한 사회 정치 생태학적 관점에서 예측한 대로 재건축을 할 만한 여유가 없을 수 있다. 시장 모델에서 '승자'는 주택을 다시 짓거나 이주할 충분한 경제력을 지닌 사람들이다. 시장 모델은 복구 수단이 없는 세대주의 필요사항을 충족시키지 못할 가능성이 높다.

주택의 필요사항을 충족시키지 못해 불확실한 미래에 직면한 사람들을 위해 자원봉사 단체나 종교 단체(FBOs)가 개입하기도 한다. 그러나 실제로는 많은 사람들이 집, 살던 동네, 직장 그리고 지역사회로부터 멀어져 영구적인 피난 상태에 직면한다(Levine et al., 2007). 영구적인 피난 상태와 무주택 상태는 특히 미국의 애팔래치아 산맥 인근이나 개발도상국처럼 가난이 뿌리 깊이 박힌 지역에서 발생할 가능성이 높다.

7.4 재난 대피소와 거주 형태

주택 복구는 대피에서 영구 주택까지 여러 단계를 거치며 이동하는 과정이다. 전문 가들은 재난 이후 대피소와 거주 형태를 여러 유형으로 분류하고 있다(그림 7.1 참고). 대 피소는 식량, 물 그리고 머물 곳 등 사람들이 다른 사람들에게 생존을 의지하는 단계를 말한다. 대피소는 비상 대피소emergency shelter와 임시 대피소temporary shelter라는 두 가지 하 위 단계로 나눌 수 있다. 대피소는 사람들이 스스로를 돌보기 시작하는 거주 단계와는 다르다. 거주 단계에서 사람들은 임시 또는 영구 대피소로 이동한다.

재난은 피해를 입은 사람들의 특성에 따라 각 단계 및 하위 단계가 지속되는 시간 에 영향을 미친다. 재난의 규모와 정도에 따라 활용 가능한 주택의 수도 달라지며, 많은 사람들이 한동안 대피소에 머물러야 한다. 대피소에서 주택으로 이동하는 데는 다른 요 인도 영향을 미친다. 예를 들어 장애인은 주택에 접근하기가 힘들어 대피소에 더 오래 머물러야 할 수 있다. 가난은 안전한 주택을 확보할 자원의 부족으로 대피소에서 지내 야 하는 시간을 더 연장시킨다. 기억해야 할 중요한 사실은 대피소에서 영구 주택으로 가는 여정의 길이가 사람들이 가진 자원과 활용 가능한 원조에 따라 달라질 수 있다는 것이다. 보험에 가입하고 저축한 돈이 있는 사람은 피난 상태에서 임시 주택이나 심지

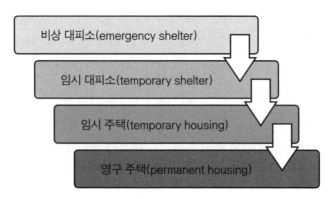

그림 7.1 대피소와 거주 형태의 단계(Quarantelli, E.L., *Sheltering and housing after community disasters: Case studies and general observations*, Disaster Research Center, University of Delaware, Newark, DE, 1992).

어는 영구 주택으로 즉시 갈 수도 있다. 그러나 제한된 자원을 가진 가정은 몇 년이 걸리기도 한다. 아이티의 경우에서처럼, 2010년 지진 이후에 14,500명 이상이 텐트촌에서 4년 동안 머문 것은 충격적인 예이다.

7.4.1 비상 대피소

'비상 대피소 단계'에서 사람들은 보통 24시간 이내로 머물 대피소를 찾는다(Quarantelli, 1982). 이러한 대피소로는 자동차, 텐트, 또는 사람들이 모여드는 학교, 고가도로, 고지대, 지붕 꼭대기, 또는 야외의 다른 공간 같은 곳이 있다. 비상 대피소에서는 식량, 물, 의복, 또는 의료품 같은 편의가 제공되지 않는다. 따라서 비상 대피소는 상대적으로 짧은 시간 동안 머물거나, 순식간에 지나가는 곳이라 할 수 있다. 하지만 비상 대피소에 문제가 발생할 수도 있으며, 지역 상황에 따라 이곳에 머무는 시간이 길어질 수도 있다.

미국에서 최근에 비상 대피소에서 머무는 시간이 가장 긴 예는 허리케인 카트리나

사진 7.3 2005년 허리케인 카트리나 발생 직후 뉴올리언스의 고가도로(사진 Pam Jenkins and Barbara Davidson).

이다. 고가도로나 지붕 위에 모여 있는 피난민의 모습을 언론에서 보고 사람들은 충격을 받았다(사진 7.3 참고). 루이지애나와 미시시피의 홍수 지역에서 이러한 사람들을 구출하는 데는 며칠이 걸렸으며, 그 동안 재난에 노출된 채 의료 조치를 받지 못해 몇 명인지 알 수 없는 사람들이 목숨을 잃었다. 그럼에도 이와 똑같이 충격적인 사실은 피난민들이 서로를 돌보는 모습이었다. 사람들은 식량을 나눠먹고, 어린이와 노인을 돌봤으며, 응급 처치를 실시했고, 그래서 많은 사람들이 목숨을 구했다.

외국의 예를 보면, 위험에 처한 사람들을 도울 자원이 부족해 비상 대피소가 더 오래 지속될 수도 있다. 테러 행위도 이러한 사례를 만드는 데 기여한다. 2014년 수천 명의 야지드Yazidi 이라크인이 여러 산의 꼭대기에서 구조를 요청했다. 이들은 ISIS라는 집단이 고향으로 침입해 들어와 개종을 거부하는 사람들을 죽이고 야지드 여성들을 인신매매하자 산으로 도망쳤다. 헬리콥터를 동원한 인도주의적 구조단이 공중에서 식량과 식수를 투하하면서 이들 중 일부를 구했다. 국제연합군이 형성되어 ISIS에게 공습을 퍼부으면서 이들이 만든 안전 통로로 일부 야지드인들이 안전한 곳으로 피신했다. 하지만 몇 명인지 알 수도 없는 많은 사람들이 도움의 손길을 기다리며 죽어갔다.

7.4.2 임시 대피소

'임시 대피소'는 보통 어떤 단체가 사전에 계획한 시설에서 식량, 물, 화장실, 잠 잘 장소, 방범 등의 편의 시설을 제공하는 곳이다. 미국에서는 적십자사American Red Cross(ARC)가 의회의 권한에 따라 이러한 대피소를 운영한다. 어떤 경우에는 임시 대피소 지원 프로그램Transitional Shelter Assistance program에 따라 FEMA가 재난으로 인해 대피해 있는 사람들을 위해 임시 대피소 역할을 하는 호텔과 모텔 비용을 지불하기도 한다.

보통 전체 피난민의 20% 정도는 ARC 유형의 대피소로 가는데 이는 대개 수입 수준 때문이다. 경제적 자원이 있거나 사회적 연결망을 갖춘 사람들은 가족이나 친구와 함께 지내거나, 호텔에서 — 적어도 자금이 바닥날 때까지 — 지내는 것을 선호한다(Tierney et al., 2001). 대부분의 대피소는 며칠 이내에 문을 닫지만, 어떤 상황에서는 몇 달

동안 문을 열기도 한다. 이 경우에도 재난의 규모와 정도가 임시 대피소의 수와 기간에 영향을 미친다. 허리케인 카트리나가 발생한 후에 정부 및 자원봉사 단체는 폐쇄되어있던 군 기지, 컨벤션 센터, 레저 시설, 캠프장, 크루즈 선박, 그리고 호텔 등을 활용해 100만 명 이상의 피난민에게 임시 대피소를 제공하는 새로운 길을 열었다. 십여 개의 주州에 걸쳐 1,000곳 이상의 대피소가 문을 열어 몇 달 동안 운영되었다. 그동안 사람들은 홍수 물이 빠지기를, 임시 주택이 완성되기를, 숙소가 문을 열기를 기다렸다.

일부 외국의 경우, 특히 개발도상국에서는 임시 대피소가 영구 시설이 될 위험도 존재한다. 아이티의 사례를 보면 알 수 있듯이, 자연 재난이 그러한 사례를 만드는 역할을 하기도 한다. 그러나 종족 학살, 내분, 그리고 인도주의적 위기 등 다른 상황도 국내 난민(IDPs)을 만든다. 이러한 상황에서 국내 난민은 몇 년 동안 구호지역에서 살기도 한다. 보통 국제 구호 단체와 비정부 조직이 주로 기본적인 대피소, 식량, 물, 그리고 건강 관리에 중점을 둔 지원을 제공한다.

7.4.3 임시 주택

'임시 주택'은 공공장소가 아닌 사적인 공간에서 음식 만들기, 세탁, 잠자기, 직장과 학교로 오가는 생활 등을 비롯해, 가정에서 이루어지는 일상을 다시 할 수 있는 곳을 말한다(Quarantelli, 1982). 임시 주택의 형태는 임대 주택, 이동식 주택이나 트레일러 주택, 그리고 생활 시설을 지원받는 곳에서 사람들이 모여 사는 대규모 시설 등이 얼마나 있는지 등 해당 지역의 상황에 따라 달라질 수 있다.

임시 주택의 비용도 중요한 요인 중 하나이다. 방 하나짜리 임대 주택의 가격은 미국에서 지역에 따라 천차만별이어서, 2~3백 달러에서 수천 달러에 이른다. EF5 등급의 토네이도가 미주리의 조플린을 파괴한 것과 같이, 어떤 지역사회 전체가 파괴된 대규모 재난의 경우, 정부는 임시 주거지를 제공해야 한다. 허리케인 카트리나 같은 재난의 경우, 임시 주택을 공급하는 데 몇 달에 걸친 창의적인 계획 수립, 재원 마련, 그리고 연방 정부 및 지역 정부의 상당한 비용 지출이 있어야 했다. FEMA는 대통령이 재난 선포를 한 이후에야 개인 구제 프로그램Individual Assistance Program(때로는 개인 및 가정 프로그램Individual and Household Assistance Program이라고도 불리는)에서 임시 주택에 필요한 자금과 자원을 제공할 수 있다. 여기서는 임대 주택, 트레일러, 그리고 집단 보호 시설 등, 미국에서 가장 흔히 활용되는 임시 주택의 세 가지 유형에 대해 살펴보겠다.

국제적인 차원에서 임시 주택은 안전한 임시 주택을 원하는 사람들부터 상당한 수준의 지원을 필요로 하는 사람들까지 다양한 사람들에게 제공될 수 있다. 예를 들면, 2004년 쓰나미 이후에 비정부 조직은 인도의 동부 해안을 따라 구호 캠프를 세우고 초가집을 지었다. 이러한 캠프에서 배우자를 잃은 부모, 부모를 잃은 어린이, 그리고 수입이 없는 가족을 지원하는 구호 활동이 펼쳐졌다. 수많은 비영리, 비정부 조직이 소규모로 어린이 돌봄 서비스, 구직 활동, 교육, 그리고 직업 훈련을 제공하기 위해 노력했다. 인도 정부는 식량 꾸러미를 나눠주고, 집단 장례 서비스를 제공했으며, 쓰나미로 가족을 잃은 가정에 피해보상금을 지급했다. 그런 다음 정부 및 비정부 조직이 주택을 재건하기 위한 노력을 펼쳤다.

7.4.3.1 임대 주택

지역 차원에서 가장 좋은 임시 주택은 대개 임대 아파트, 임대 주택 그리고 필요한 경우 트레일러 주택이다. 피해지역의 임대 주택은 재난 발생 이후에 새로운 수익을 창출함으로써 지역 경제를 살리는 데 도움이 된다. 지역 주민들이 피해지역에 남아 그곳에서 물건을 사고, 친구나 가족 그리고 이웃이 일하는 사업체를 지원할 때 지역 경제가 되살아난다. 살던 지역에서 임대를 하면, 아이들을 같은 학교에 보낼 수 있고 부모는 직장으로 복귀할 수 있다. 살던 지역에서 주택을 임대할 수 있다는 것은, 정신적 충격을 겪은 생존자들이 복구의 시련을 견뎌내도록 도와주는, 따뜻한 사회 종교 문화적 연결망 안에 있을 수 있다는 것을 의미한다.

임대 주택은 어떻게 찾을 것인가? 임대 주택은 직접 찾을 수 있다고 해도, 임대료는 어떻게 지불할 것인가? 보통 FEMA와 지역 정부가 공공 주택, 자선 단체, 집주인, 그리고 임대 가능한 주택의 목록을 갖고 있는 부동산 중개업체를 비롯한 지역의 여러 기관과 함께 일할 것이다. 카트리나 이후에 미국 의회는 주택도시개발부(HUD)에 웹 기반의 전국 주택임대 시스템National Housing Locator System을 만들도록 했다. 주택 소유주는 이 시스템에 미래의 임대인들이 검색할 수 있는 임대 정보를 입력할 수 있다(http://portal.hud.gov/app_nhls). 검색은 위치, 지역 코드, 애완동물 수용 여부, 접근성, 방의 개수 그리고 임대료 항목으로 할 수 있다. 2011년 앨라배마의 여러 지역에 피해를 입힌 토네이도로 인해 전국 주택임대 시스템에 2,700채 이상의 임대 주택이 목록에 오르기도 했다.

HUD는 섹션 8 또는 주택선택쿠폰제Housing Choice Voucher Program라 불리는 정기 쿠폰 프로그램도 제공한다. 쿠폰은 승인을 받은 공공 주택에 부여된다. 재난 이전에 이 프로그램에 가입한 가정은 이 쿠폰을 사용해 미국 전역으로 이주할 수 있다(HUD, 2008a). 섹션 8은 노인 및 장애인뿐 아니라 저소득 가정에도 지원을 제공한다. 쿠폰 수령인은 건강과 안전을 위한 구체적인 필요 요건에 부합하는 주택을 선택할 수 있다. 쿠폰은 수령인보다는 주택 소유주에게 간다.

이상적으로는, 모든 피난 가정이 어린이나 노인 또는 장애인을 비롯한 구체적인 필요 및 가족의 수에 맞는 거처를 찾을 수 있어야 한다. 하지만 실제로는 적당한 집이 없는 곳이 많고, 임대할 만한 집도 부족하며, 장애인이 살 집도 구하기 힘들다. 일부 임대 주택이나 트레일러 주차장에서는 이제 많은 사람들이 가족 구성원으로 여기는 애완동물의 크기나 수를 제한한다. 물론 미국의 장애인 법에 따르면, 장애인 보조 동물도 함께 살아야 한다. 따라서 창의적인 해결 방법을 찾아야 할 때도 있다.

예를 들어, 1989년 산타 크루즈에서 로마 프리타 지진이 발생했을 때, 높은 임대료와 임대 가능한 주택의 부족으로 저소득 가정에는 선택권이 거의 없었다. 이러한 상황을 해결하기 위해 이 지역의 지도자들은 모텔 쿠폰제를 고안해냈다. 이에 따라 피난 가정이 음식을 할 수 있고 대부분의 집안일이 가능한 그 지역의 모텔에서 머물 수 있었다. 보다 최근에는 미시시피 루터교 주교 봉사단Lutheran Episcopal Services in Mississippi(LESM)이 미시시피의 부동산 중개업체 구호 기금Realtor Relief Fund과 협력해, 허리케인 카트리나 발생 이후에 임대인들을 도왔다. LESM은 소규모 주택 소유주에게 임대 주택을 수리하거나 복원할 연방 보조금을 제공하는 재난 지원을 제공했다. 이러한 자격을 얻기 위해 주택 소유주는 카트리나 이전 수준으로 임대료를 받고, 활용 가능한 임대 주택을 재건할 수 있었다. 이러한 접근법은 다음과 같은 전체론적인 철학을 기반으로 한다. 즉, 소규모 저소득 주택 소유주를 도와 자립하게 하면, 임대 가능한 주택이 시장에 나오고, 근로자들이 직장 가까이 살 수 있으며, 그러면 지역 경제가 돌아가 지역사회를 안정시킨다는 것이다.

7.4.3.2 이동식 주택과 여행용 트레일러

많은 재난 발생 지역에서 이동식 주택이나 여행용 트레일러가 임시 주택으로 사람들을 수용해왔다(사진 7.4 참고). 이러한 시설은 누군가의 토지에 단독으로 설치될 수도 있고, 트레일러 주차장에 지어질 수도 있다. 하지만 복구 관리자의 입장에서 이 각각의 경우 어떤 어려움에 직면할지 생각해야 한다.

- *단독 설치의 경우 고려해야 할 사항*: 여러 가구를 수용할 만큼 토지 소유주의 땅이 충분히 넓은가? (많은 아파트 건물이 들어선 도시의 대규모 단지를 생각해보아라) 시에서 이곳에도 공공설비를 설치해두었는가? 토지 소유주가 공공설비를 수용하거나 조절할 수 있는가? 이곳에 충분한 인구가 들어와 트레일러 단지에 사는 사람들의 안전이 확보될 것인가? 여러 세대로 이루어진 대가족이 들어와 살 수 있을 만큼 충분한 부지인가? 접근성은 좋은가? 성인이 이곳에서 직장으로 오갈 수 있는가? 아이들을 학교에서 데려올 수 있는가? 식료품점 등의 다른 자원이 재난 이후에 다시 문을 열었는가? 공공 안전을 위해 가로등이 적절하게 설치되어 있는가? 시에서 쓰레기 수거를 하는가?
- *트레일러 주차장의 경우 고려해야 할 사항*: 위의 여러 고려 사항에 더해 추가적인 문제가 발생할 것이다. 얼마나 많은 트레일러가 필요할 것인가? 이동식 주택이나 여행용 트레일러를 수용할 충분한 공간이 있는가? 충분한 공공설비를 갖춘 트레일러용 부지가 있는가? 그러한 부지를 위해 어떤 기반 시설을 갖춰야 하는가? 부지를 운영할 사람은 누구인가? 임시로 만들어진 이 공동체에 긴급 구조대원의 손길이 미칠 수 있는가? 이 부지로 연결되는 도로는 있으며, 기후는 이 부지에 어떤 영향을 미칠 것인가? 또 다른 재난이 발생할 경우 이 부지에서 대피하거나 대피소로 이동하는 게 가능한가? 이러한 새로운 공동체로

사진 7.4 미주리의 조플린, FEMA의 트레일러 주차장(사진 Elissa Jun/FEMA).

사람들을 이주시키는 결정은 누가 내릴 것이며, 사람들이 여기서 잘 어울려 지내지 못한다면, 어떻게 할 것인가? 어린이들이 놀 만한 곳은 있으며, 범죄자의 손길로부터 안전한가? 세탁 문제는 어떠한가? 기분 전환이나 레저 또는 다른 오락 활동은 가능한가?

트레일러는 이상적인 임시 주택의 해결 방법과는 거리가 멀다. 난관은 수많은 트레일러를 창고에서 부지로 옮기는 일에서부터 시작된다. 트레일러의 수가 충분하지 않으면 트레일러를 더 사야 하며, 법규에 맞는지 안전과 건강 문제는 어떨지 검토해야 하고, 필요한 경우 개조까지 해야 한다. 트레일러 주차장과 관련한 마지막 문제는 부지를 폐쇄하고, 그 부지를 원래 상태로 되돌리며, 다음 재난에 사용하기 위해 트레일러를 창고로 다시 옮기는 일이다.

이제 이러한 임시 부지에서 살게 되었다고 생각해보자. 새롭고 심지어 낯선 곳에서 살려면 식료품점은 물론, 세탁소, 의료 서비스, 교통, 그리고 심지어는 학교나 직장까지 재배치해야 한다. 여러분은 이 트레일러에서 가족과 함께 몇 주, 몇 달, 때로는 심지어 몇 년 동안 살아야 할 수도 있다. 트레일러에서 거주한 사람들은 이곳에서 산 경험이 좋지 않았다고 한다. 1972년 웨스트버지니아의 버펄로 크리크Buffalo Creek에서 홍수가 발생한 뒤에, 사회적 연결망이나 주변 동네에 대한 사전 검토 없이 되는 대로 사람들을 트레일러로 몰아넣은 것은 가정의 역기능을 심화시키는 결과를 낳았다(Erikson, 1978). 재난 시 이 트레일러의 주민들이 자신들을 '통조림에 든 스팸' 신세로 묘사한 것도 놀랄 만한 일이 아니다.

7.4.3.3 집단 보호 시설

노인과 장애인을 비롯한 어떤 인구 집단은 특별한 유형의 숙박 시설을 필요로 한다. 토네이도 조플린이 미주리를 휩쓸고 지나간 뒤에 200명 가까이 수용하고 있던 이 지역 양로원 두 곳이 완전히 파괴되면서 여러 명의 사망자와 수십 명의 부상자가 발생했다. 이곳에 있던 대부분의 주민은 인근에 있는 유사한 시설로 옮겼고, 이는 많은 재난의 경우 일반적으로 벌어지는 일이다. 공공 기업에서 운영하는 이러한 보호 시설은 주민을 성공적으로 재이주시키는 경향이 있다. 규모가 작거나 독립적인 시설은 임시 및 영구 시설을 찾는 데 더 오랜 시간이 걸리기도 한다. 고위험 인구 집단이 신속하게 재이주하지 못하는 경우, 의료 지원 대피소medical needs shelter의 문을 열어야 할 수도 있다. 고도로 전문화된 보호 시설이나 의료 지원 대피소는 다양한 피난민을 위한 의료 서비스를 제공한다. 그럼에도 이상적으로는 집단 보호 시설의 주민은 조심스럽고 세심하게 이동시켜야 한다. 특히 보호 시설, 사회적 연결망 그리고 익숙한 일상이 엉망이 되는 경우, 일부 주민은 이주로 끔찍한 경험을 한다. '이주에 따른 정신적 외상'의 문제는 이들 주민들이 건강의 악화나 심지어는 죽음까지 겪을 위험이 큰 상황을 경험하는 실태를 잘 설명해준다(NCD, 2009).

적당한 선택권이 제한된 상황에서는 창의적인 해결 방법이 필요하다. 1989년 로마 프리타 지진 발생 이후에 피해지역의 공무원들은 산타 크루즈 도심에 1인용 객실 single-room occupancy(SRO) 호텔을 이용하여 주민을 위한 대피소를 마련했다. 이러한 SRO 는 저소득층이나 홈리스, 노인 그리고 인지 장애를 지닌 사람들에게 적당히 살 만한 곳을 제공해주었다. 지진 전에 문을 닫았던 이 지역의 양로원이 FEMA의 자금을 받아 다시 문을 열기도 했다. 많은 피난민들이 이 지역의 사회복지사, 그리고 숙련된 직원들의 보살핌을 받으며 그곳에서 편안하게 지낼 수 있었다. SRO는 결국 2년 뒤 다시 문을 열었고, 이처럼 해당 지역에서 해결책을 찾고 정부가 자금을 지원하는 창의적인 협력 관계가 필요하다는 것을 분명히 보여주었다. 세심한 노력 덕분에 적당한 가격으로 수리된 SRO를 제공한 것이다.

다른 인구 집단에는 대규모 시설이 필요할 수도 있다. 인지 장애를 지닌 사람들을 위한 주립 학교와 같은 시설은 잠재적인 공동 임시 주택의 또 다른 범주를 제시한다. 이상적으로 볼 때, 공동 거주 시설의 주인은 지속적인 돌봄 서비스를 제공받기 위해 보호 시설 직원, 의료 직원, 그리고 사회복지사와 함께 집단적으로 이주하는 것이 바람직하지만, 이는 현실적으로 가능하지 않은 경우가 많다. 예를 들어, 주요 직원이 자신의 집을 잃었을 수도 있고, 새로 이주한 시설로 출근하지 못할 수도 있다. 일단 피난 가정이 임시 주택 단계로 들어서서 이 단계를 거치면, 재건을 비롯해 영구 주택을 마련하는 벽찬 과업에 직면한다. 이제부터 이 단계에 대해 알아보겠다.

7.4.4 영구 주택

사람들이 다시 이사할 필요가 없을 때 영구 주택 단계가 시작된다(Quarantelli, 1982). 일반적으로 주민들에게는 세 가지 선택권이 있다. 임대 시설로 옮기기, 집을 다시 짓기, 그리고 새 집을 사거나 영구적으로 이사하기.

7.6.4.1 세입자

재난 이전에 임대 주택에 살았던 사람들에게 더 적합한 방법인, 안전한 임대 주택으로 옮기는 경우, 피난민들은 영구 주택 단계로 더 빨리 진입할 수 있다. 미국에서 전국 주택임대 시스템은 임대 가능성이 있는 거처를 찾는 데 유용하다. 수많은 자선 단체 및 재난 관련 단체가 첫 달 임대료와 보증금을 지원한다. 적십자사 같은 재난 관련 단체는 생활 물품, 기본적인 가구 그리고 필수적인 주방용품을 사는 데 필요한 쿠폰을 제공하기도 한다. 구세군 같은 많은 단체에서는 생존자들이 일상을 영위하는 데 필요한 물품을 기부 받아서 제공한다.

저소득 가정은 적당한 주택을 구할 수 있는지 여부에 따라 영구 주택에 도달하는 데 시간이 더 오래 걸릴 수도 있다. 공공사업 단지에 살거나 HUD의 자금을 지원받은 주택에 사는 가정은 새로운 주택이 HUD의 허가를 받을 때까지 기다려야 할 수도 있다. 2005년과 2008년 멕시코만 해안지역에 허리케인이 발생한 뒤에, FEMA와 HUD는 장기 주택 지원을 제공하고 세입자의 자립률을 증가시키기 위해 재난 주택 지원 프로그램 Disaster Housing Assistance Program(DHAP)을 함께 추진했다. 여러 가족이 보조금을 지급받아 주택 소유주에게 임대료를 지불했고, 또는 임대료의 일부만 지불하면 되었다. 관련 사례 관리Associated Case management는 직업 교육과 재정 교육을 비롯한 다양한 서비스를 세입자와 수요자에게 지원한다. DHAP는 FEMA의 임시 트레일러에서 나가 임대 주택으로 들어가는 가족을 지원했다(HUD, 2008b). 2010년 말까지 카트리나의 피해를 입은 약 36,818가구가 총비용 5억 5,280만 달러에 이르는 DHAP의 지원을 받았다. 허리케인 아이크의 생존자는 총 25,316가구이며 총 2억 8,130만 달러에 이르는 지원을 받았다(DHS, 2011).

7.4.4.2 주택 소유주

영구 주택 단계에 도달하려면 재건축 과정의 여러 단계와 절차를 거치는 데 상당한 시간이 소요될 수 있다(그림 7.2 참고). 경미한 피해에서 완전한 파괴에 이르기까지 다양한 피해 정도는 집으로 돌아가는 시간에 영향을 미친다. 대규모 재난으로 재건축에 필요한 자원이 부족할 수도 있으므로, 재난의 규모도 이에 영향을 미친다. 주택 소유주가 홍수 범람원, 고상식 주택, 새로운 건축 법규, 그리고 건축허가에 대한 결정을 기다리면서, 미래의 위험을 완화하는 과정도 지연될 수 있다. 보험 보상금을 받았다면, 그리고 다른 모든 것이 준비되었다면, 재건축에 착수할 수 있을 것이다. 그 전에 거쳐야 할 단계는 다음과 같다(그림 7.3 참고).

- 집안 및 차량에서 사용하는 화학 물질, 살충제 및 페인트와 같은 위험 물질을 비롯한 잔해는 분류하고, 쌓고, 제거해야 한다.

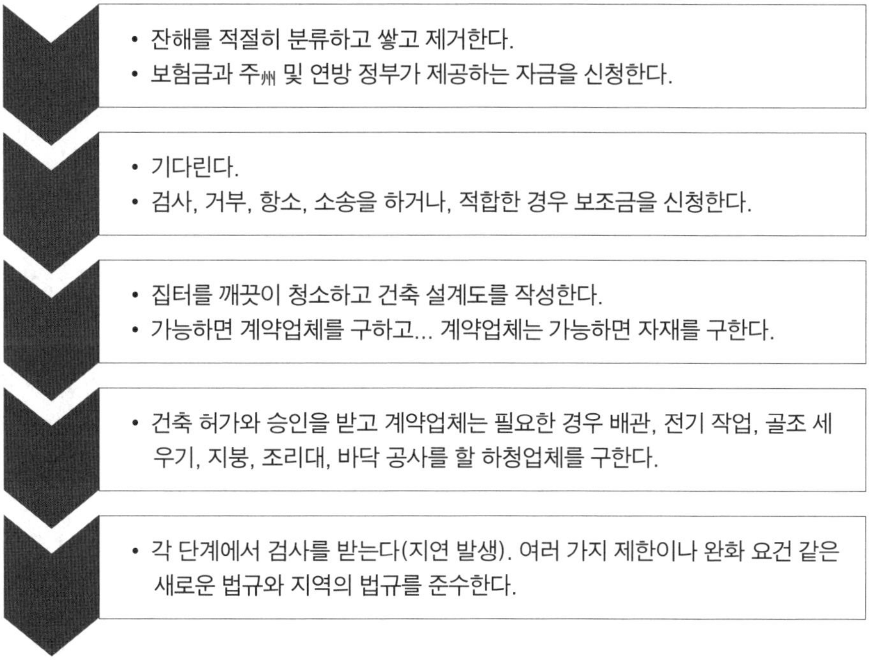

- 잔해를 적절히 분류하고 쌓고 제거한다.
- 보험금과 주州 및 연방 정부가 제공하는 자금을 신청한다.

- 기다린다.
- 검사, 거부, 항소, 소송을 하거나, 적합한 경우 보조금을 신청한다.

- 집터를 깨끗이 청소하고 건축 설계도를 작성한다.
- 가능하면 계약업체를 구하고... 계약업체는 가능하면 자재를 구한다.

- 건축 허가와 승인을 받고 계약업체는 필요한 경우 배관, 전기 작업, 골조 세우기, 지붕, 조리대, 바닥 공사를 할 하청업체를 구한다.

- 각 단계에서 검사를 받는다(지연 발생). 여러 가지 제한이나 완화 요건 같은 새로운 법규와 지역의 법규를 준수한다.

그림 7.2 주택 소유주의 복귀 과정

- 재건에 필요한 보험금과 연방 및 주 정부의 자금을 받아야 한다. 보험 회사에서 며칠 만에 수표를 보내줄 수도 있고, 몇 주에서 몇 년까지 시간이 걸릴 수도 있다. 예를 들어 보험 회사는 해당 피해가 보험으로 커버되지 않는 홍수나 바람에 의한 것인지를 결정해야 할 것이다. 이러한 상황은 법정까지 가야 하는 경우도 많다. 보험 회사는 대규모 재난이 발생하면 사업 압류를 당할 수도 있으며, 따라서 지급해야 할 보험금을 지급하지 못할 수도 있다. 보험 회사가 피해 평가를 위해 폐쇄 구역에 접근하는 데 어려움을 겪기도 한다.
- 많은 주택 소유주가 재건에 필요한 보조금이나 대출금을 받아야 하는 상황일 것이다.
  - FEMA는 거주 형태의 대표적인 네 가지 유형에 따라 주택 소유주에게 보조금이나 대출금을 제공한다. 주택 소유주는 임시 주택에 필요한 자금을 확보해야 주택을 '안전하고, 위생적이며, 기능적으로' 수리하고, 보험으로 커버

되지 않는 교체 비용을 지불하며, 영구 주택 건설을 계획할 수 있다(FEMA/DHS, 2008). 주택 소유주는 중소기업청을 통해 이러한 과정에 지원해야 한다. 수입에 근거해, 주택 소유주는 대출금(보통 최대 200,000달러)을 받거나 거부당할 수 있다. 그러면 개인 구제 프로그램으로 보조금을 받을 수 있는지 알아봐야 한다. 2014년의 최대 보조금은 32,400달러였다. 미국에서는 28,200달러로 어디서도 주택을 짓는 것은 거의 불가능하므로, 대부분의 가정은 가능한 주 정부에 자금을 신청하거나, 장기 복구 위원회Long-Term Recovery Committee(LTRC) 또는 미해결 고충 해소 위원회Unmet Needs Committee 같은 지역 단체에 지원해야 할 것이다(더 자세한 내용은 제14장의 자원봉사자와 자원봉사 단체를 참고).

○ 주택 소유주는 부동산 피해를 확인하기 위해 FEMA의 조사를 받아야 한다.

○ 주택 소유주(그리고 세입자)는 방의 가구, 가전제품, 컴퓨터나 교과서 등의 교육 자재, 일하는 데 필요한 도구, 청소 물품, 차량 피해 그리고 이사 및 창고 비용을 비롯한 기타 지원도 신청할 수 있다. FEMA는 '주택의 필요사항'에 창문과 벽장 같은 부자재, 하수 및 배관 시스템, 보온 및 냉방 시설, 공공 설비, 트레일러를 다시 연결하고 안전하게 하는 데 드는 비용 등 주택의 구조적인 부분이 포함된다고 정의하고 있다(FEMA/DHS, 2008).

• 일인 가구나 작은 세대의 아파트를 짓기 위한 부지는 깨끗이 청소하고 준비해야 한다. 콘크리트 판을 제거하거나 다시 만들어야 할 수도 있으며, 또는 새로운 주택이 차지하는 공간도 배치해야 한다. 일부 지역에서 보험을 대체할 만한 적절한 자금이 없으면, 이전 크기의 집을 다시 짓지 못할 수도 있다.

• 새 집의 청사진을 완성해서 승인을 받아야 한다.

• 건축 허가를 받고 시공업체를 선정하며, 배관, 전기 작업, 골조를 세우는 등의 일을 할 하청업체도 구해야 한다. 이들 공정은 새로운 법규(지붕 관련 제한 사항, 집의 고도를 높이는 규정 등) 및 조례(집을 도로에서 얼마나 '뒤로 물러나게' 위치시켜야 하는가 등) 그리고 재건축되는 지역사회에 대한 새로운 아이디어(예를 들어, 인도, 열린 공간 또는 지하 시설 등을 추가하는 것)에 맞아야 한다.

• 계약업체와 하청업체를 확보하느라 재건축이 지연될 수 있다.

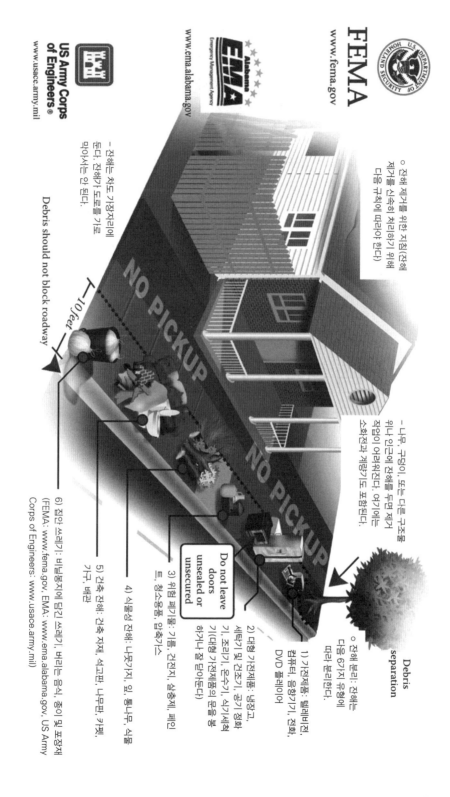

○ 잔해 제거를 위한 지침(잔해
제거를 신속히 처리하기 위해
다음 규칙에 따라야 한다)

– 나무, 구입이, 또는 다른 구조물
이나 인근에 잔해를 두면 제거
작업이 어려워진다. 여기에는
소화전과 계량기도 포함된다.

Debris separation

○ 잔해 분리: 잔해는
다음 6가지 유형에
따라 분리한다.

1) 가전제품: 탈레비전,
컴퓨터, 음향기기, 전화,
DVD 플레이어

2) 대형 가전제품: 냉장고,
세탁기 및 건조기, 공기 정화
기, 조리기, 온수기, 식기세척
기(대형 가전제품의 문을 등
하거나 잘 닫아둔다)

3) 위험 폐기물: 기름, 건전지, 살충제, 페인
트, 청소용품, 압축가스

Do not leave doors unsealed or unsecured

4) 식물성 잔해: 나뭇가지, 잎, 통나무, 식물

5) 건축 잔해: 건축 자재, 석고판, 나무판, 카펫,
가구, 배관

6) 집안 쓰레기: 비닐봉지에 담긴 쓰레기, 바라는 음식, 종이 및 포장재

– 잔해는 차도 가장자리에
둔다. 잔해가 도로를 가로
막아서는 안 된다.

Debris should not block roadway

NO PICKUP

⊢—10feet—⊣

www.fema.gov

www.ema.alabama.gov

US Army Corps
of Engineers®
www.usacc.army.mil

(FEMA: www.fema.gov, EMA: www.ema.alabama.gov, US Army
Corps of Engineers: www.usace.army.mil)

그림 7.3 FEMA와 USACE의 잔해 제거를 위한 권고사항(FEMA와 미국 육군 공병단(USACE))

- 이전 단계를 다 완수하고, 필요한 건축 자재를 확보했다면, 이제 재건축에 착수할 수 있다. 대규모 재난이 발생한 후에는 건축 자재의 물량이 달릴 수 있다. 계약업체가 현관문을 달 준비가 되었다 해도, 현관문을 사지 못할 수도 있다.
- 이 시점부터 재건축에 소요되는 시간은 천차만별일 수 있지만, 소득 수준에 관계없이 모든 주택 소유주가 유사한 단계를 밟게 된다. 집을 짓는 주요 시점마다 해당 지역의 법규에 맞는지 조사관의 승인을 받아야 한다. 조사관을 기다리느라 시간이 걸릴 수도 있지만, 이들의 방문은 재건축 노력을 지역의 법규, 완화 방법, 안전 규약 그리고 역사 유물 보존 등의 설계 기준에 맞출 좋은 기회이다. 일단 검사를 통과하면, 주택 소유주는 새로운 가구와 가전제품을 사거나, 이를 자원봉사 단체에 요청할 수 있다. 마침내 집으로 돌아갈 때가 된 것이다.

7.5 사회적 취약 인구가 겪는 어려움

미국에서 주민이 보험금이 부족한 경우 FEMA의 보조금을 받을 수 있으며, 이 보조금은 해마다 조금씩 오른다. 2013년 개인에게 지원된 최대 금액은 31,900달러였으며, 2014년에는 32,400달러였다. 물론, 이 금액은 미국에서 대부분의 주택을 다시 지을 수 있는 비용에 미치지 못한다. 저소득 가정, 노인, 한 부모 가정 등은 집으로 가는 길에 극복하기 힘든 장애물을 만나게 되는 셈이다. 재난이 발생한 주州에서 재건을 위한 자금을 제공할 수도 있다. 보통, 주에서는 연방 정부의 지원을 보충하기 위한 소액의 보조금을 지급한다. 때로는 기부 단체로부터 적은 금액의 보조금을 받는 경우도 있다. 하지만 이런 돈을 다 모아도 대개는 인건비, 계약업체, 그리고 필요한 자재를 사는 데 부족하기 마련이다. 그렇다면 재건에 필요한 돈을 어떻게 마련할 것인가? 복구 지도자는 어느 시점에서 저소득 가정이 살던 동네와 지역으로 돌아오도록 도와야 할 것인가? 복구 지도자는 이를 '미해결 고충unmet needs'이라고 정의한다.

7.5.1 미해결 고충 해결하기

대부분의 지역사회에는 재건할 수단이 부족한 사람들을 돕기 위해 각 지역에서 주도하는 장기 복구 단체/위원회(LTRC), 종파 간 연합회Interfaith Coalition, 또는 미해결 고충 해소 위원회 등이 있다. LTRC는 대개 재난 구호를 하는 외부 단체의 지원을 받는다. 예를 들어 FEMA는 LTRC의 조직을 도울 자원봉사 단체 연락 담당관Voluntary Agency Liaison(VAL)을 파견한다. VAL은 외부의 재난 단체와 지역의 복구 지도자를 연결하며, 재난 복구 기능이 어떻게 전개되어야 하는지를 설명하고, 재난을 맞은 지역사회가 복구 과정을 잘 헤쳐나가도록 돕는다. 대규모 재난의 경우 FEMA가 국가 대응 계획National Response Plan을 가동할 수도 있다. 재난 지원 기능(ESF) #6에 따라, VAL은 (적십자사, 장로교 재난 지원 센터Presbyterian Disaster Assistance, 이슬람 구호 센터Islamic Relief, NECHAMA 등) 재난 구호 단체를 끌어들여 합동 현장 사무소(JFO)에서 이들의 업무를 조정한다. 보통 VAL은 지역 및 외부 단체를 회의에 소집해 의사소통을 촉진하고 구호 업무를 조정한다. 이러한 회의에서 형성된 관계는 전에 함께 일한 단체들을 토대로 최근에 생겨난 LTRC에까지 영향력을 미친다. 이러한 연결 관계는 아주 중요하다. 해당 지역의 LTRC 지도자들은 피해지역의 요구사항을 찾아내 확인하고, 외부 단체에게 지역 상황을 이해시키며, 주택 소유주들이 집으로 돌아가도록 돕는 조직을 만들기도 한다.

위원회의 회의 기간 중에 (다음에 묘사된) 사례 관리자는 피해 가정의 상황을 설명하고 미해결 상태로 남아있는 구체적인 고충을 찾아낸다(예를 들면 상자 7.2). 그러면 자원봉사 단체는 수리, 재건 사업의 일부, 필요 자원 등에 대한 지원을 제공하며, 때로는 주택 전체의 재건축을 담당하기도 한다. 장로교 재난 지원 센터에서 지원한 지붕을 수리하는 사람, 제7일 안식일 재림교Seven-Day Adventist가 관리하는 여러 단체의 창고에서 나온 건축 자재, 노동조합의 자원봉사자들이 참여하는 전기 작업, 루터교 재난 구호 센터Luteran Disaster Relief의 시트록 작업 인력, 대학 학생 단체에서 나온 페인트 공의 도움으로 주택 한 채가 재건축되는 것이다. 노련하고 경험 많은 자원봉사 단체는 전국에서 온 자원봉사 경험을 가진 작업 인력의 협조를 받아 처음부터 끝까지 전체 재건 업무를 담당하기도 한다. 단체의 지도자는 재건축되는 주택에 들어갈 가정과 긴밀히 협조하며, 보험금과

FEMA의 지원금을 제대로 사용하는지 확인하고, 필요한 노동력이나 자재를 추가로 제공한다.

다음 단계로 자원봉사 단체는 전선, 배관, 냉난방 시스템 같은 전문화된 작업을 수행할 숙련된 사람을 필요로 한다. 그렇지 못한 경우, 석고판과 지붕 널 설치, 페인트칠하기와 바닥 깔기 같은 기본적인 작업을 비롯한 일을 사전에 또는 현장에서 훈련받기도 한다. 벽장 설치, 문짝 달기, 창문 달기 등 더욱 전문적인 작업은 작업인력의 일정을 세심하게 조정해 보통 일주일간 봉사하는 자원봉사 작업반이 적절한 시간에 오도록 해야 한다. 자원봉사팀을 잘 조직해야 각 지역에 존재하는 미해결 고충을 해결하는 데 도움이 될 수 있다. 더 자세한 정보는 제14장 자원봉사자와 자원봉사 단체를 보아라.

상자 7.2 장애를 지닌 사람들이 집으로 돌아가기

집으로 돌아가기가 다른 사람들보다 더 어려운 집단이 있다. 장애를 지닌 사람들에게 집으로 돌아가는 것은 더 긴 여정이 될 수 있다. 장애는 삶의 다른 상황과도 맞물리게 마련이다. 예를 들면, 나이가 들수록 장애는 늘어나게 마련이다. 노인은 예산도 빠듯한 데다 대출을 얻을 자격도 갖추지 못한 경우가 많다.

임시 대피소는 장애인 안내견을 비롯해 장애를 지닌 사람들을 받아들이도록 법으로 규정하고 있다. 하지만 현실적으로 일부 대피소는 일부 장애인을 거부하거나, 이들을 '특수 요구'에 맞는 대피소로 보내기도 하는데, 이는 미국 장애인법Americans with Disabilities Act(ADA) 위반이다. 심지어 FEMA가 제공하는 트레일러를 비롯한 임시 주택이 비난을 받는 경우도 있다. 카트리나 발생 1년 뒤에 브루 브이Brou v라고 하는 집단 소송이 제기되었다. FEMA는 장애를 지닌 사람들과 공식적인 합의를 보았다. 원고 측은 경사로가 없고, 휠체어가 들어갈 수 없는 여행용 트레일러의 좁은 입구나 좁은 화장실, 낮은 부엌 싱크대와 가전제품이 없는, 접근 불가능한 트레일러를 제공받았다며 소송을 제기했다(Fitsmaurice, 2006).

임시 또는 영구 주택에서 일상적인 집안일을 다시 하기까지 이들이 겪을 어려움에 대해 생각해보자. 첫째, 길과 통로를 지나갈 수 있어야 장애를 지닌 사람들이 보조 기구를 타고 집으로 갈 수 있다. 주택 안과 밖에 재난으로 인해 아무렇게나 버려져 있는 물건들도 치워야 한다. 통신 장비, 엔진이 달린 이동 기구, 청각 장애인에게 필요한 날씨 정보를 제공하는 라디오 등 잃어버린 장애 보조 기구도 대체해주어야 한다. 미래의 위험을 줄이기 위해 주택 재건축에서 완화를 가장 중요한 요소로 고려해야 하지만, 완화 방법은 장애를 지닌 사람들도 똑같이 고려해야 한다. 홍수 빈발 지역에는 고상식 주택을 지어야 하지만, 그러한 주택에 장애인이 접근할 수 있어야 한다.

(알츠하이머, 뇌졸중, 그리고 자폐증을 지닌 사람 등) 인지 장애를 지닌 사람들과 이들의 가족에게는 지원 신청에 필요한 지침을 제공해야 하며, 이들에게 적합한 가정환경을 갖춰주어야 한다. 시각 장애 등 감각 장애를 지닌 사람들은 새로운 집과 동네를 다니는 법을 익혀야 한다.

이들이 접근할 수 있는 재난 이후 복구 활동을 펼치기 위해서는 재활부Department of Rehabilitation, 재향군인관리청Veterans' Administration Office, 장애인 옹호 단체, 그리고 특히 장애인을 비롯한 관련 단체와 조직도 참여시켜야 한다. 이러한 협력기관들을 초기부터 주택 복구 계획 수립에 참여시키면, 모든 사람이 집으로 돌아갈 수 있도록 최선의 전략을 세울 수 있을 것이다.

7.5.2 재난 사례 관리

재난 사례 관리는 LTRC 업무의 아주 중요한 부분에 해당된다. 사회 복지와 상담 업무가 잘 알려진 반면, 재난 사례 관리 업무는 상당히 새롭다. 사례 관리란 무엇인가? 사례 관리자는 '각 개인을 주택, 취업, 교통 등 필요한 자원 및 서비스와 연결해주는 업무'를 담당한다(Stough et al., 2010). 사례 관리자는 피해자와 함께 필요한 것들을 평가하고, 반드시 필요한 자원이 무엇인지 파악하며, 피해자가 복구를 향해 나아갈 계획을 세운다. 사례 관리자와 피해자의 관계는 일련의 여러 단계와 시기로 이루어진 과정이다. 피해자가 삶의 질을 향상시키는 좀 더 나은 결과를 얻도록 이끄는 것이 이들의 목표이다(Stough et al., 2010; 상자 7.3 참고).

재난 상황에서 사례 관리 과정은 최근까지 어느 정도 비공식적으로 추진되어왔다. 보통 자원봉사 단체는 재난 생존자를 파악하고 이들과 함께 일하며 자원 제공을 돕는 일을 맡아왔다. 이러한 단체 중 가장 잘 알려진 곳은 적십자사, 구세군, 그리고 연합 감리교 구호 위원회United Methodist Committee on Relief(UMCOR)이다. 보통 적십자사와 구세군의 사례 관리에는 의복, 식량, 침구, 집 안 용품, 가전제품, 임대 지원 및 소개와 같은 기본적인 자원 제공이 포함된다. 유용한 지원의 규모는 대부분 기부에 의해 결정되는 경우가 많다. 대규모 재난에는 보통 돈과 물품 양쪽에서 더 많은 기부가 이루어지며, 소규모 재난에는 기부 규모도 적게 마련이다. 자원봉사 단체는 이러한 기부에 의존해 사람들이 필요로 하는 물품을 제공한다. 따라서 기부의 양과 질은(제12장 참고) 단체에서 무엇을 제공할 수 있는지에 영향을 미친다. 예를 들면, 9.11 이후에 적십자사는 장례비용 지원에서부터 장기 상담에 이르기까지 상당한 구호를 제공할 수 있었다. 하지만 작은 규모의 재난을 맞은 소규모 지역에서는 생존자를 돕는 데 더 큰 어려움을 겪을 수 있다.

재난 사례 관리 분야에서의 최근의 변화는 미국에서 생존자를 돕는 방식을 변화시키고 있다. 여러 단체들은 허리케인 카트리나라는 끔찍한 재난으로 재난 사례 관리의 현실을 개선할 수 있을 만큼 많은 자금과 자원을 모았다. UMCOR과 NVOAD(상자 7.4 참고)는 형식과 과정을 개선하고 계획에 관한 교육을 실시함으로써, 이러한 변화의 중요하고도 주도적인 역할을 했다. 카트리나 에이드 투데이Katrina Aid Today라는 단체의 노력을 통해 생존자를 돕는 과정인 사례 관리가 제대로 된 형식을 갖추게 되었다.

상자 7.3 전국 재난 자원봉사 단체 협의회에서 정한 재난 사례 관리

1. 자원봉사 단체에서 배치된 재난 사례 관리자는 개인과 가정의 회복을 위해 고유한 역할을 담당한다. 자원봉사 단체는
   a. 정부 기관이 제공하는 서비스를 보완한다.
   b. 지역사회를 존중하고 지역사회에 대한 지식을 갖고 자원봉사 임무를 수행하면서 재난 사례 관리 서비스를 제공한다.
2. 자원봉사 단체는 재난 사례 관리 서비스의 표준화된 전달을 위해 재난 사례 관리 기준을 지침으로 삼는다. 재난 사례 관리 단체는 전국 재난 자원봉사 단체 협의회의 재난 사례 관리의 가치와 기준을 반영하는 정책과 실무를 이행한다.
3. 재난 사례 관리자는 다음 가치에 따라 서비스를 제공한다.
   a. 모든 사람에 대한 배려와 연민에 헌신하는 것이 우리가 하는 모든 일의 기본을 이룬다.
   b. 타인을 존중하고, 개인적인 판단을 하지 않으며, 차별적이지 않은 방식으로 우리의 업무를 완수한다.
   c. 신뢰, 상호 존중 그리고 생존자 및 지역 서비스 제공자와의 평등한 협력 관계는 우리 일의 필수적인 요소이다.

d. 모든 사람에게는 존엄성, 가치 그리고 자주성이 내재되어있다.

e. 인간적인 관계는 희망과 치유에 반드시 필요하다.

f. 진실성은 생존자가 복구의 험난한 길을 헤쳐나가는 것을 돕는 우리의 일과 서비스의 필수 요소이다.

4. 재난 사례 관리는 노련한 도우미(재난 사례 관리자)가 재난 발생 이후에 복구라는 현실적 목표를 위해 재난으로 피해를 입은 개인과 가정을 돕는, 제한된 시간 동안 이루어지는 과정이다. 이러한 복구를 위한 포괄적이고 전체론적인 재난 사례 관리 접근 방법은 구호와 서비스 또는 절박한 필요를 충족시키는 것 이상의 일이다.

5. 재난 사례 관리자는 피해자와 일차적으로 접촉하며 피해자가 정상 상태로 다시 돌아가는 복잡한 재난 복구 과정의 필요 사항을 해결하기 위해 자원과 서비스를 계획하고 조정하는 것을 돕는 역할을 한다. 재난 사례 관리자는 복구에서 적극적이고 주도적인 역할을 하기 위해 피해자에게 의존한다.

6. 재난 사례 관리 기관은 피해자가 복구에 필요한 서비스와 자원에 접근하는 것을 막는 장애물을 넘어설 수 있도록 지역의 협력기관들과 함께 일한다.

7. 재난 사례 관리 인력은 인생 경험, 기술, 교육 그리고 피해자를 대표해 서비스에 접근하고 조정하는 방법에 대한 교육 등 자원봉사 단체가 정한 자질을 갖춰야 한다. 재난 사례 관리자는 직원일 수도 있고 자원봉사자일 수도 있다.

8. 재난 사례 관리자는 재난 복구 자원, 변론 및 사례 발표, 생존자에 대한 평가 및 재난 복구 계획 수립, 생존자의 전반적인 복지에 미치는 재난의 잠재적 영향과 조정 능력 그리고 재난 이후 취약 인구의 복구에 관한 전문적 지식과 능력을 갖고 있어야 한다.

9. 재난 사례 관리자와 기관은 사생활에 대한 피해자의 권리를 존중하고, 피해자의 기밀 정보를 보호하며, 의뢰인에 대한 정보를 다른 이들에게 공개할 때 적절한 기밀을 유지해야 한다.

10. 지역사회의 여러 단체에서 재난 사례 관리와 복구 지원 서비스를 제공하는 경우, 사례 관리 노력이 중복되지 않도록 그리고 연속적인 돌봄이 이루어질 수 있도록 조직과 시스템 간의 조정을 촉진하기 위해 적절한 기술적 방법을 활용해야 한다.

출처: "National Voluntary Organizations Active in Disaster." http://www.nydic.org/nassembly/documents/casemanagementbrief.pdf.

상자 7.4 전국 재난 자원봉사 단체 협의회

　미국에서 전국 재난 자원봉사 단체 협의회National Voluntary Organizations Active in Disaster(NVOAD)는 100개 이상의 자원봉사 단체를 돕는 상부 단체이다. NVOAD는 1970년부터 활동했으며, 각 단체들이 협력하고 의사소통하며 협업하고 조정하는 중점적인 역할을 해왔다. 중복을 피하고 자원봉사 단체를 최대로 활용하려는 목표를 지닌 NVOAD는 재난 생존자에게 서비스를 제공하고 그 방법을 개선하기 위한 다양한 방법을 제공해왔다.

　상자 7.3에서 본 것처럼, NVOAD는 수많은 그리고 중요한 대응 및 복구의 필요와 관련해 사전에 정해진 합의에 따르도록 하기 위한 노력을 지원해왔다. 재난 사례 관리에 대한 합의에 더해, NVOAD는 재난과 관련한 종교적 보살핌spiritual care, 기부금 관리, 집단 구호mass care, 자원봉사 관리, 그리고 청소, 수리 및 재건에 관한 논의를 촉진해왔다. 합의된 사항 이외의 다양한 자료, 도구 및 자원에 관한 정보는 www.nvoad.org에서 찾아볼 수 있다.

　NVOAD의 리더십은 잘 조직된 재난 단체뿐 아니라 생존자를 돕기 위해 새로 결성된 단체에도 매우 유용하다. 수십 개 지역사회가 LTRC 덕분에 NVOAD에 소속된 단체가 보낸 외부 구호물자를 활용할 수 있게 되었다. 복구를 돕고 싶어 하는 사람들이 복구 방법을 다시 마련하느라 애쓸 필요가 없게 된 것이다. 그보다 NVOAD 및 협력 단체를 통하면, 수십 년간 축적되고 합의된 경험에 기반을 둔 적절하고 효율적인 절차를 밟을 수 있다.

UMCOR의 리더십에 의해 다음과 같은 다단계 과정이 만들어졌다(Earl 2007).

- *가입*engagement: 도움이 필요한 사람은 잠재적인 피해를 평가하는 신규 가입 과정을 거쳐 가입한다. 일단 서비스를 받을 자격이 있다고 결정되면 해당 지역의 단체가 파일을 만들고 사례 관리자를 배정한다.
- *평가*assessment: 피해자에게 배정된 사례 관리자는 그동안 겪은 일과 현재의 상황을 경청하고, 피해자와 협력해 어떤 복구 과정을 밟을지에 대한 계획을 세운다. 이러한 과정의 일부로 피해자의 경제적 자원, 복구의 장애물, 가용한 자원, 그리고 시간적 제약 등을 평가한다. 사례 관리자는 FEMA 및 다른 단체와 함께 피해자의 상황을 점검한다. UMCOR은 이를 위해 카트리나 에이드 투데이를

통해 정보를 평가하고 공유하는 '재난 복구 사례 관리자의 툴키트tool kit'를 비롯한 다양한 도구를 제공한다.

- *복구 계획 수립*recovery planning: 일단 피해자에 대한 평가를 마치면, 사례 관리자는 피해자와 함께 복구 계획을 세운다. 실행 단계를 정하고 할 일을 배정하는 것이다. 피해자는 이 계획에 따라 복구 과정을 진행한다.

- *실행과 활용*implement and advocacy: 이 단계에서 계획의 실행이 시작된다. 사례 관리자는 자원을 파악하고 피해자의 상황을 미해결 고충 해소 위원회나 다른 복구 단체에 알려 피해자를 돕는다. 사례 관리자는 피해자가 복구를 향해 나아가고, 서비스나 혜택을 중복해서 받지 않으며, 가용한 자원을 받을 수 있도록 돕는다.

- *관찰*monitoring: 피해자가 복구를 향한 단계를 밟아나갈 때, 사례 관리자는 실행 단계를 재평가하고, 새로운 장애물과 정체 지점을 파악한다. 잘 알고 있듯이, 재난 복구 과정은 쉽지 않고 사례 관리자는 이러한 과정을 돕는 역할을 한다.

- *종료 평가*closure and evaluation: 첫 단계는 피해자의 파일을 폐쇄하는 것으로, 이는 복구 실행 계획이 완료되어서, 피해자가 파일 폐쇄를 원해서, 또는 피해자가 이러한 과정을 끝내고 싶어 해서 등의 이유 때문이다. 피해자는 사례 관리자와 기관의 감독에 대한 평가를 실시한다.

UMCOR은 재난 사례 관리를 감정적·정신적 그리고 현실적 필요를 포함한 전체론적인 관점에서 본다. 사례 관리 과정은 피해자로 하여금 혼란스럽고 스트레스가 심한 재난 이후 복구 경험을 넘어 앞으로 나아가도록 도와준다. 피해자는 이러한 과정을 거쳐 지원을 신청하는 법, 특정한 서류를 제출해야 하는 이유, 대피 상황에서 임시 대피소로 그다음에 영구적인 재난 이후 상황으로 나아가는 법 등을 이해할 수 있게 된다. 허리케인 카트리나가 발생한 2005년 이후로 UMCOR은 다음과 같은 것을 개발해왔다. (1) 사례 관리자가 피해자를 지원하도록 돕는 데 필요한 기술과 도구를 제공하기 위한 기본적인 사례 관리 교육, (2) 양식, 서류 작업 그리고 자료 입력에 중점을 둔 사례 관리의 기술적 방법에 대한 교육, (3) 윤리적 딜레마, 감독과 관리, 지역사회의 협업 등을 위한 추가적 기술과 전략을 개발하기 위한 선진적 사례 관리.

세계 교회 봉사단Church World Service도 사례 관리자와 감독관, 장기 복구 단체 그리고 해당 지역의 지도자들을 위한 장기간의 무료 워크숍을 제공함으로써 이 일에 동참했다('참고자료' 참고).

전문화된 재난 사례 관리는 반드시 필요하다. 예전부터 사회복지사와 상담사는 재난에 대비한 전문화된 교육을 받지 않는다. 이들이 겪는 가장 큰 문제는 프로그램, 전문 용어 그리고 정부가 지원하는 자금으로 할 수 있는 것과 할 수 없는 것을 구분 짓는 일이다. 미국에서 'FEMA에 의하면FEMA-speak'은 이러한 어려움을 압축하는 표현으로, 어떤 사람들은 머리글자를 따서 이것을 'soup'이라고 부른다. 한마디로, 재난 구호에 대해서는 알아야 할 것이 많으며, 생존자를 도우려면 이러한 학습도 신속하게 이루어져야 한다. 텍사스의 오스틴에서 이루어진 한 연구에 의하면, 사례 관리자들이 대피한 카트리나 생존자들을 어떻게 도왔는지 알 수 있다(Bell, 2010). 텍사스는 총 120만 카트리나 피난민 중 약 250,000명을 받아들였다. 오스틴은 약 8,000명의 피난민에게 임시 또는 영구 거주지가 되었다. 사례 관리자들은 이들 생존자들이 연방 및 지역 정부의 구호 프로그램을 잘 활용하도록 돕는 것을 비롯해, 이들이 교육, 의료 서비스, 그리고 교통 문제를 해결하기 위해 노력하는 과정을 지켜보았다. 사례 관리자는 이들 피난민들이 고향의 문화와 음식, 언어, 음악 그리고 친숙한 억양을 얼마나 그리워하는지를 알 수 있었다. 역으로 이들을 돕기 위한 안전망 역할을 하는 사례 관리자들도 담당 업무의 폭증, 제한된 주택, 그리고 제한된 대중교통 등의 문제로 심각한 어려움을 겪었다(Bell, 2010). 이 연구는 '사례 관리자들의 노력에도 불구하고 생존자들의 자급자족을 위한 힘겨운 투쟁은 계속되었다'고 보고하고 있다(Bell, 2010, p. 24; Gajewski et al., 2011).

카트리나 에이드 투데이는 장애를 지닌 생존자들도 도왔다. 미국의 전국 장애인 권리 네트워크National Disability Rights Network(NDRN)는 장애인 문제에 관해 사례 관리자를 교육시키는 일에 참여했다. 이러한 노력의 결과 사례 관리자들은 장애인 의뢰인을 더 오랫동안 더 집중적으로 그리고 더 어려운 일까지 돌볼 수 있게 되었다. 많은 생존자가 임대 주택에서 거주하고(세입자는 주택 소유주보다 미국 정부의 자금을 덜 지원받는다), 만성적인 실업 또는 부분 실업 상태에 있으며, 낮은 소득을 올리는 등, 재난 이전부터 복구를 어렵게 만드는 상황에 처해 있었다. 이들은 생존자들의 장애와 관련된 불만을 불신하는 정부 관리 등을 대상으로 피해자를 위한 변호도 해야 했다. 이들은 재난으로 인한 피난 때문에 장거리를 오가야 하는 사회 및 의료 서비스를 재구축하는 일도 해야 한다(Stough et al., 2010).

이러한 과정을 읽는 것만으로도 피로를 느낀다면, 재건이 이루어지는 동안 가족과 함께 여행용 트레일러나 호텔에서 산다고 생각해보아라. 여행용 가방만 들고 나온 데다, 먹고 싶은 음식을 해먹지도 못하고, 낯선 길을 거쳐 학교나 직장에 오가야 할 것이다. 여러분은 재건 문제를 파악하고, 계약업체, 하청업체 및 조사관과 일정을 맞추고, 막대한 서류 작업을 하며, 그러면서도 다시 집을 갖게 될 거라는 낙관적인 생각을 잃지 않으려 노력할 것이다. 대규모 재난이 발생하면, 이웃이나 사회적 도움을 받던 연결망과도 멀어지고, 지금 집을 짓고 있는 곳과도 멀리 떨어져 있을지 모른다. 먼 거리에서 재건 상황을 파악하려 노력하면서, 낯선 기후, 문화 그리고 언어와 더불어 살아야 하는 것이다. 1,600km 떨어진 곳에서 집을 다시 짓는 일이 얼마나 어려울지 상상할 수 있겠는가? 집에 돌아간 뒤에 또 재난이 닥치는 것은 아닌가 하는 걱정에도 시달리면서 말이다.

7.6 주택 복구에 있어서 미국 정부의 역할

재난에 강타당한 대부분의 개인과 지역사회는 외부의 도움 없이는 수리나 재건을 완수하지 못하지만, 정부가 할 수 있는 일에는 한계가 있다. 예를 들면, 제공할 수 있는 구호의 양과 유형이 규정되어있다. 미국에서는 스태포드 법에 FEMA가 제공할 수 있는 것이 정해져 있다. 대규모 재난이 발생하면, 미국 의회는 추가적인 구호품을 지급할 수 있다. 사실, 사람들이 집으로 돌아가도록 도우려면 개인의 자원, 정부의 구호 그리고 비정부 조직의 구호가 모두 필요하다. 여기서는 활용 가능한 구호의 전반적인 내용을 살펴보겠다.

7.6.1 미국 연방 정부의 역할

FEMA, HUD, 중소기업청 그리고 다른 기관들은 재난 이후 주택 소유주와 사업체 소유주에게 상당한 금액의 돈을 제공한다. 그것으로 충분할까? 어떤 사람들은 우리 정부 시스템의 본질이 우리의 생활을 다시 정상으로 되돌리는 데 우리 모두가 책임을 나눠 지는 것을 의미한다고 주장할 것이다. 주택 소유주나 세입자는 (언제나 가능한 것은 아니지만) 재난으로부터 복구할 수 있을 만큼 보험을 충분히 들어두는 게 분명 현명할 것이다. 사실 일부 위험요인에 대한 보험 상품은 너무 비싸서 많은 사람이 가입할 수 없고, 특정한 위험이나 반복적인 위험에 대한 보장이 되지 않는 경우도 있다. 이를 돕기 위해 연방 정부는 스태포드 법과 관련 프로그램에 규정된 지침에 따른다. 특정 재난을 위한 새로운 프로그램을 시작할 수도 있지만, 사실 모든 차원의 정부가 개인에게 제공할 수 있는 것에는 한계가 있다.

대통령의 재난 선포 승인이 이루어지면, FEMA는 주택 소유주들로부터 개인 구제 프로그램에 대한 신청을 받는다. FEMA는 주택과 관련된 피해에 대해 보조금과 대출이라는 두 가지 형태의 구호를 제공한다. 이 과정은 중소기업청(SBA)에 신청하는 것으로 시작되는데, 여기서 사람들은 어려움을 느낀다. 따라서 정부는 사람들이 이 과정을 잘 헤쳐나가도록 돕는 새로운 웹사이트를 운영하고 있다. 생존자들은 DisasterAssistance. gov에 가입하는 일부터 시작해야 한다.

중소기업청(SBA)은 사업체를 지원하는 일뿐 아니라, 필요사항을 알아내는 일도 한다. 지원자들은 먼저 대출을 신청한다. 낮은 이자로 상환하는 대출을 받으려면 자격을 갖춰야 한다. 주택 소유주는 중소기업청으로부터 낮은 이자로 200,000달러까지 대출 받을 수 있다. 주택 소유주와 세입자 모두 재난으로 피해를 입은 개인적인 부동산과 차량을 담보로 40,000달러까지 대출을 받을 수 있다. 대출을 거부당하면, 다음으로 보조금을 신청할 수 있다. 보조금은 지원자가 갚을 필요가 없는 '공짜 돈'이지만, 수혜자는 저소득자임을 입증해야 한다.

FEMA는 주민들이 주택 지원에 대해 대표자들과 얘기할 수 있는 재난 복구 센터 Disaster Recovery Center(DRC)도 설립했다. DRC는 국세청Internal Revenue Service에서 주택도시개발부(HUD)까지 모든 정부 조직의 정보를 모은 원스톱 쇼핑센터 역할을 한다. FEMA는 또한 지원자가 구호를 요청할 수 있는 1-800 전화번호도 만들었다. 연방 정부의 규정에 맞는지 확인하기 위해 FEMA는 조사관을 보내 피해 정도를 확인한다. FEMA는 돈이 어떻게 쓰이는지에 대한 회계 감사도 실시한다.

최소 17개 연방 정부 기관이 다양한 지원을 제공하고 있다(상자 7.5 참고). 예를 들어 HUD는 재난 희생자를 위한 대출 보험Mortgage Insurance for Disaster Victims, 공공 주택 프로그램Public Housing Program, 섹션 8이라 불리는 주택선택쿠폰제를 운영한다. 보건후생부Department of Health and Human Service는 재난 생존자를 돕기 위해 노인을 위한 재난 지원Disaster Resources for Old Americans, 저소득 가정을 위한 임시 지원Temporary Assistance for Needy Families, 저소득 가정 에너지 지원 프로그램Low Income Home Energy Assistance Program 등을 제공한다. 필요한 경우, 이들을 비롯한 연방 정부의 다른 부서가 교육, 건강, 법률, 그리고 노동에 중점을 맞춘 프로그램과 자금을 제공하기도 한다('참고자료'의 링크 참고).

상자 7.5 미국 재난 주택 전략

대규모 재난은 변화를 몰고 온다. 허리케인 카트리나와 포스트 카트리나 재난 관리 개혁법 Post-Katrina Emergency Management Reform Act(PKEMRA)이 바로 이런 경우에 해당한다. 또 다른 성과물은 너무도 많은 이재민을 발생시킨 멕시코만 재난 발생 3년 후인 2008년에 만들어진 재난 주택 계획Disaster Housing Plan이다. 새로워진 국가 재난 주택 전략National Disaster Housing Strategy에는 정부 및 비정부 조직과 민간 영역이 협조하는 방법을 잘 나타낸 계획이 추가되었다. 이 전략에는 재난 이후 생존자들의 혼란스러운 경험에서 국가의 역할이 무엇인지가 잘 나타나 있다. 이 전략을 실행하기 위해 전국 재난 주택 공동 대책반National Disaster Housing Joint Task Force은 주 정부 주도의 재난 주택 대책반이 지원하는 재난 주택 자원을 개선하고 계획을 운용하는 데 중점을 둔다.

이 전략을 실행하기 위해 전국 재난 주택 공동 대책반은 다음과 같은 7가지 목표를 세웠다.

1. 생존자들이 자립할 수 있도록 돕는다.
2. 재난 주택의 기본적인 '책임과 역할'을 충족시킨다.
3. 장애인처럼 사회적으로 취약한 사람들을 비롯해, 주택의 필요에 대한 국가의 이해를 증진시킨다.

7.6.2 미국에서 주 정부의 역할

미국에서 주 정부는 예비 피해 평가를 통해 피해를 서류로 입증하는 데 중요한 역할을 담당한다. 주지사는 이러한 피해 평가서와 함께 대통령의 재난 선포 요청서를 FEMA에 제출한다. 대통령이 이러한 요청을 받아들이고 FEMA가 출동하면, 주는 피해를 입은 해당 지역의 연락관 역할을 하며 연방 정부 기관이 피해지역에 쉽게 접근할 수 있도록 돕는다. 주 정부는 또한 복구에 영향을 미치는 정치, 경제, 환경 및 인구 통계학적 고려사항을 비롯한 해당 지역의 상황을 설명함으로써 연방 정부 기관에게 필요한 정보를 제공한다.

주 정부는 또한 기부금을 조성하고 분배하는 기관과 함께 일하며 이러한 기관을 관리함으로써, 재난 피해자에게 제공되는 기부금을 관리하는 중요한 역할도 수행한다. 또한, 자원봉사 단체가 개입해 필요사항을 평가할 수 있도록 자원을 제공하기도 한다. 주민들의 이익을 위해 일하는 기관으로서, 주 정부는 여러 차원의 정부를 연결하는 리더십을 행사한다.

일례로, 2012년 열대성 태풍 아이린으로 인해 버몬트의 워싱턴 카운티의 주민들이 대피한 일이 있었다. 이 태풍은 주택 394채와 이동식 주택 154채를 파괴하고 피해를 입혔다. 버몬트 주 정부와 FEMA는 바레Barre시와의 협력 관계를 통해 비어있던 아파트 건물을 개조했다. 이 다가구 주택 수리 사업에 총 70,000달러의 연방 정부의 자금이 소요되었다. 생존자들은 이후 최대 18개월까지 이 건물에 머물 수 있었으며, 입주는 생존자들의 형편에 따라 이루어졌다(FEMA, 2012).

7.6.3 미국에서 지역 정부의 역할

　지역 정부는 주택 복구에서 다양한 역할을 수행한다. 피해지역의 지도자는 주 정부가 대통령 재난 선포를 신청할 수 있도록 가장 먼저 예비 피해 평가를 실시해야 한다. 이와 동시에 도로와 운동장 그리고 주택에서 잔해를 제거해야 하는데, 여기에는 공공사업, 위생 및 재활용 인력 그리고 도로 작업반이 필요하다. 재난이 선포되면, FEMA는 잔해 제거 비용의 75%까지 지급할 수 있으며, 이러한 작업에는 몇 달 심지어는 몇 년이 걸리기도 한다. 나머지 25%는 지역 및 주 정부에서 부담한다. 이러한 비용 분담 협력 관계에 지역 및 주 정부가 참여하게 되어있는 것은 대부분의 다른 연방 정부 프로그램의 경우도 마찬가지이다.

　지역 정부는 복구 계획이 아직 마련되지 않은 경우 계획 수립 그룹을 소집해야 한다. 계획 수립 그룹에는 재건에 대한 일련의 권고안을 검토하고 계획을 수립하는 주택 전담반이 포함되어야 한다. 이 전담반에는 전 지역사회를 아우르는 다양한 대표가 참여해야 하며, (한가구 주택, 다가구 주택, 가용 주택 등) 모든 주택 유형을 검토하고, 현명하게 재건축하며, 지역사회의 원래 인구를 유지하기 위해 창의적인 방법을 강구해야 한다.

　지역 정부는 기존 조례를 바꿀 것이냐 유지할 것이냐도 검토해야 한다. 재난은 상황을 바꿀, 심지어는 개선할 절호의 기회이기도 하다. 그럼에도 변화를 이루려면, 새로운 선택권에 대해 사람들을 교육하는 데 집중적인 노력을 기울여야 한다.

　많은 지역사회가 재난 이후에 새로운 조례와 법규를 마련하며, 이는 재건 과정에 영향을 미친다. 어떤 지역은 이제 허리케인에 대비한 지붕 조임쇠를 의무화하거나, 화재 위험을 줄이기 위해 대팻밥으로 된 지붕 판자 사용을 금지하고 있다. 산불이 많이 발생하는 지역에서는 주택 주변으로 0.9m 이내에 '초목 금지' 구역을 설정하거나, 강인한 토착 식물을 심고, 불길의 접근을 막는 진입로와 인도를 설계하도록 하고 있다(Firewise,

2008). 지역 정부는 '정상으로 돌아가기' 위해 가능한 한 빨리 재건을 서두르는 사람들과, 완화 방법을 도입하고 녹색 재건을 하며 전체론적인 복구를 하려는 시도 사이에서 균형을 잡아야 한다(상자 7.6과 7.7 참고).

지역 정부는 재건축을 허가하는 과정도 감독해야 한다. 대부분의 지역사회에서는 잔해 제거가 마무리되어갈 무렵 이러한 과정에 착수한다. 새로운 조례와 법규는 이러한 허가 과정과 위험요인 자체와 관련된 의사 결정 과정도 지연시킬 수 있다. 예를 들면, 홍수가 반복적으로 발생하는 지역에서는 이주나 주택의 고도 높이기에 대한 결정이 이루어질 때까지 허가가 지연될 수 있다. 정부는 또한 새로운 건설이 기존 및 새로운 법규에 맞는지 확인할 책임도 져야 한다.

그럼에도 지역 정부의 가장 중요한 역할은 주민과 주 및 연방 정부 그리고 자원봉사 단체와의 협력에 집중되어야 한다는 것에는 의심의 여지가 없다. 지칠 대로 지치고 좌절한 주민을 인내심으로 대하고, 여러 차원의 정부 및 관료와 협력하며, 낯선 절차를 거쳐 임무를 완수하는 데 헌신하면, 지역의 지도자들에게도 좋은 결과가 있을 것이다. 복구 전담반을 소집하고 이끄는 것은 해야 하는 많은 일의 첫 단계에 불과하다. 공지 사항을 제대로 알리고 의사 결정 과정에 주민들을 참여시키면, 주민들은 복구의 전체적인 과정을 더 쉽게 받아들인다. 언제나 모든 사람들을 다 만족시킬 수는 없지만, 주민들을 참여시키는 과정(더 자세한 내용은 제13장을 참고)은 반드시 필요하다. 주민들은 재난 이전에 어떻게 살아왔으며, 재난 이후에 어떻게 살길 원하는지를 누구보다 잘 알고 있다. 대부분의 경우 이들은 그저 익숙한 사람들과 장소가 있는 집으로 돌아가고 싶어 할 뿐이며, 미래의 재난에 자신들의 가족이 더 안전하기를 바랄 뿐이다(상자 7.7 참고). 지역 정부는 자신들의 지역사회를 온전하게 지키기 위해 주 및 연방 정부 그리고 비정부 조직과 연결고리 역할을 할 수 있으며 또 그렇게 해야 한다.

지역 정부의 직원들은 끝없이 이어지는 회의와 지역사회를 정상으로 되돌리는 데 필요한 다른 여러 가지 활동들로 지치기 일쑤이다. 제11장에서는 재난이 시의 직원들에게 미치는 영향을 살펴볼 것이다. 좋은 소식은 해당 지역 역사상 최초이거나 최악인 재난을 극복할 수 있도록 기꺼이 지역사회를 도울 사람들이 있다는 사실이다.

상자 7.6 주택의 전체론적 복구

전체론적 복구를 하려면, 어떤 지역을 살 만한 곳으로 만드는 모든 요소를 고려해야 한다. 이러한 요소에는 활발한 경제, 환경의 질, 모두가 평등한 기회를 얻어 집으로 돌아가는 과정, 그 지역만의 특색이 반영된 삶의 질, 모든 이해 당사자가 참여하고 이들을 아우르는 복구 과정, 그리고 미래의 재난에 대한 저항력을 지닌 지역사회의 재건 등이 있다(NHRAIC, 2005). 주택 복구에서 이것은 무엇을 의미하는가? 전체론적인 복구는 다음과 같이 이루어져야 한다.

- 적당한 가격과 접근성을 지닌 주택을 제공함으로써, 다양한 소득과 교육 수준을 가진 모든 사람들이 재건되는 지역사회로 들어오게 해야 한다.
- 임대 주택, 한가구 주택, 다가구 주택, 집단 보호 시설, 공동 주거지를 비롯한 다양한 주거 형태를 재건해야 한다.
- 잔해 및 재건에 필요한 자재를 세심하게 관리함으로써 자연 환경에 더 피해를 주지 않아야 한다.
- 문화와 역사적인 요인 등 해당 지역사회를 더 살 만한 곳으로 만드는 게 무엇인지 인식하고 이를 보존해야 한다.
- 녹색 공간을 늘리고 환경 취약 지역을 보호해야 한다. 사라진 나무를 다시 심고, 해당 지역의 야생 동물을 불러 모아 머물게 하는 토착 식물, 꽃과 나무를 활용해 자연 환경을 복원해야 한다.
- 재택근무와 다른 혁신적인 방법을 통해 주택과 직장을 연결함으로써 보다 탄력성 있는 경제를 구축해야 한다.
- 대중 교통망을 연결해, 대기 오염을 비롯한 환경과 자전거 도로 및 인도에 피해를 덜 주면서 직장으로 돌아갈 수 있게 해주어야 한다.
- 지하의 공공시설처럼, 피해 입은 기반 시설을 개선하고 완화 조치를 취해야 한다.

상자 7.7 완화

많은 지역에 높은 위험요인이 존재한다는 것을 감안할 때, 재건축을 하는 게 현실적인 해결책일까? 완화는 '피해를 줄여 지진 발생 후 재건 비용을 낮추는 최선의 방법이므로, 복구의 필수 요소'로서 위험을 줄여준다(Comerio, 1997, p. 177).

완화에는 두 가지 선택권이 있다. 구조물적 완화는 위험을 줄이는 특성을 구조물에 고정적으로 통합시키는 것이다. 예를 들어 강한 바람이 부는 지역에서는 지붕, 창문 그리고 문에 강화 조치를 취하는 것이 현명할 것이다. 예를 들어, 1989년 허리케인 휴고Hugo가 미국령 버진 제도에 피해를 입힌 후에 허리케인에 대비한 지붕 조임쇠, 앵커링 시스템, 그리고 덧문을 의무화하는 새로운 완화 법규가 만들어졌다. 이들은 공공 교육을 통해 비구조물적인 완화 방법과 새로운 법규가 이 지역을 더 안전한 곳으로 만드는 데 어떻게 도움이 되는지를 조사관과 주택 소유주들에게 설명했다. 슈퍼 태풍 샌디와 유사한 다른 태풍이 발생한 후에도, 폭풍 해일의 위험이 있는 주택에 고도를 높이는 것을 의무화하는 새로운 법규가 제정되었다.

이 문제를 보다 잘 이해하기 위해서는 FEMA 웹사이트에 올라 있는 이러한 '모범 사례'를 참고하라(더 자세한 내용은 http://www.fema.gov/mitigation-best-practices-portfolio 참고).

- 오하이오 남부에서는 연방 정부의 위험 완화 보조금Hazard Mitigation Grant(HMGP)으로 22채의 건물을 사들여 철거하고, 다른 9채의 고도를 높이고, 4채를 이주시키고, 2채에 안전장치를 장착했다. 고도를 2.4m 높인 한 주택은 0.9m 높이의 다음 홍수를 피했고, 그럼으로써 주택과 주택 소유주의 부동산을 지킬 수 있었다.
- 콜로라도의 콜로라도 스프링스에서는 2013년 발생한 돌발 홍수 때 진흙, 침전물, 나뭇가지, 그리고 다른 물질을 걸러낼 잔해망을 설치했다. 이 망은 2012년 산불 이후에 설치되어 주택과 사업체 그리고 역사 유적을 보호하는 역할을 했다.
- 1992년 태풍으로 괌의 주택이 파괴되었다. FEMA는 기둥을 지지하고 버티는 방법에 대한 완화 방법을 공지했고, 주택을 강화하기 위해 허리케인 조임쇠를 설치하도록 했다. 이로 인해 주민들은 미래 재난의 위험을 줄일 수 있었다.
- 여러분이 사는 지역에서는 어떤 시도를 하고 있는가? 그러한 사실을 알기 위해서는 그리고 특별한 위험요인이나 완화 방법에 대해 알아보기 위해서는 다음 웹페이지를 참고하라. https://www.llis.dhs.gov/bestpracticelist.

위험요인에 따른 구체적인 완화 방법

지진으로부터 집을 지키는 법

- 대형 장비는 적절한 방법으로 고정시킨다.
- 높은 책장과 서류 캐비닛을 고정시킨다.
- 프로판 가스통과 가스 용기를 고정시키고 조여둔다.
- 주택의 토대판sill plate을 기초에 고정시킨다.
- 불안정한 벽을 고정시킨다.
- 서랍과 벽장문에 걸쇠를 설치한다.
- 액자와 거울을 안전하게 고정시킨다.
- 데스크톱 컴퓨터와 기기를 고정시켜둔다.
- 가스와 수도관의 연결 부위에 탄력성 있는 물질을 사용한다.

화재로부터 집을 지키는 법

- 초목과 가연성 물질을 치운다.
- 방화 자재로 지붕을 교체한다.

홍수로부터 집을 지키는 법

- 홍수 피해 방지 자재로 집을 짓는다.
- 전기 시스템 관련 부품을 높이 올린다.
- 연료 탱크에 고정 장치를 해둔다.
- 하수 역류 방지 밸브를 설치한다.

강한 바람으로부터 집을 지키는 법

- 외단열 미장 마감 공법(EIFS)으로 벽을 마감한다.
- 창문과 문을 덮개로 보호한다.
- 차고 문을 보강하거나 바꾼다.
- 바람이 불면 미사일처럼 날아갈 가능성이 있는 물체와 나무를 제거한다.
- 외장용 건축 자재와 지붕에 금속을 고정시킨다.
- 한 장으로 된 지붕single-ply roof이나 아스팔트 방수 지붕built-up roof을 설치한다.
- 합성 널빤지 지붕composition shining roof을 설치한다.

- 박공벽 지붕틀Gable End Roof Framing로 고정시킨다.

위험요인에 따른 구체적 완화 조치는 FEMA의 요약본을 보아라. 더 자세한 자료는 https://www.fema.gov/small-busimess-tool-kit/protect-your-property-or-business-disaster 를 참고(2014년 11월 4일 접속).

7.7 요약

　　주택 복구는 많은 피난민에게 쉽지 않은 과정이다. 특히 사회적으로 취약한 계층은 집으로 돌아가기 위해 힘겨운 투쟁을 벌여야 한다. 재난을 겪은 지역에서는 정부 및 비정부 조직이 제공하는 다양한 자원을 활용할 수 있다. 하지만 정책, 재정적 한계, 위험 요인의 특성, 그리고 재난 자체의 규모와 피해 범위를 비롯해 피해를 입은 사람들에게 그러한 구호가 전달되는 것을 지연시키는 다른 요인도 있다.

　　재난 이후 재건은 네 가지 모델로 나눠볼 수 있다. 재개발 모델은 정부가 계획을 수립하고 피해지역에 자원과 재정적 지원을 제공하는 것이다. 자본 유입 모델은 외부의 정부 및 비정부 조직이 피해지역에 구호 자금을 제공하는 것으로, 이는 재난 피해를 입은 개발도상국에서 흔히 볼 수 있는 접근법이다. 제한 개입 모델은 생존자의 복구와 재건을 돕기 위해 정부의 일부 지원과 보험에 의존하는 것이다. 시장 모델은 재난 이후 주택 재건축에서 승자와 패자를 가리는 것을 부동산 시장에 맡겨두는 것이다.

　　재난 이후 사람들을 수용하는 대피소에는 비상 대피소와 임시 대피소가 있다. 비상 대피소는 대개 상당히 짧은 기간 동안 지속되며(특히 선진국에서), 생존자에 대한 지원은 이루어지지 않는다. 임시 대피소는 대개 구호 단체의 지원으로 운영되며, 식량, 물, 숙소, 건강 관리 서비스 같은 기본적인 사항을 충족시켜준다. 주택 단계는 생존자가 스스로를 돌볼 수 있을 때부터 시작된다. 임시 주택은 다양한 상황에 따라 다양한 시간 동안 유지된다. 영구 주택은 사람들이 더 이상 이사할 필요가 없을 때를 말한다.

사회적 취약 인구에는 노인, 장애인, 저소득 가정, 한 부모 가정, 그리고 경제 문제로 어려움을 겪는 다른 사람들이 포함된다. 장기 복구 위원회는 미해결 고충을 찾아내 해결하는 등 추가적인 지원을 제공하기 위해 설립된다. 사례 관리자는 복구에서 필요사항을 확인하고, 자원을 찾아내며, 사람들을 도와 복구 과정을 함께 계획한다. 피해지역에서 활용되는 주택 복구 모델에 따라, 정부(지역, 주 및 연방 정부) 및 비정부 기관으로부터 추가적인 지원도 받을 수 있다.

7.8 마무리 문제

7.8.1 요약 문제

1. 주택 복구의 네 가지 모델의 차이점을 설명하고 각각의 사례를 들어라.
2. 대피소와 주택 복구의 네 단계란 무엇인가?
3. 재난 이후 주택을 마련하기까지 세입자와 주택 소유주가 겪는 경험의 다른 점을 열거하고 이에 대해 토론해라.
4. 재난 이후 가정, 이웃, 전 지역사회가 이주하는 것의 이점과 결과는 무엇인가?
5. 재난이 발생한 후에 미국에서 재건축을 하려면 주택 소유주는 어떤 단계를 밟아야 하는가?
6. 재난 이후 주택을 마련하는 데 정부 및 비정부 조직으로부터 어떤 도움을 기대할 수 있는가?
7. 미국의 국가 재난 주택 복구 전략National Disaster Housing Recovery Strategy의 주요 단계에 대해 알아보아라.

7.8.2 토론 문제

1. 인터넷 조사를 통해 주택 복구의 네 가지 모델의 사례를 찾아보아라. 이러한 사례에 해당 국가의 정치적 · 경제적 상황이 어떤 식으로 반영되어있는가?

2. 대피소와 주택 복구의 단계가 순차적이거나 단계적인 과정으로 진행되지 못하는 이유는 무엇인가? 사람들이 그러한 단계를 신속하게 지나가지 못하도록 막는 장애물에는 어떤 것이 있는가?

3. 재난 이전에 세를 들어 살던 피해지역의 가족이 재난 이후 주택을 마련하도록 도우려면 어떻게 해야 하는가? 어떤 자원이 유용하고 어떤 자원이 유용하지 않은가? 어디에 도움을 요청해야 하는가?

4. 다섯 사람을 선택해 이렇게 질문해보아라. 여러분이 사는 집에 재난이 닥치면, 이 같은 지역의 위험요인으로부터 안전을 확보하기 위해 기꺼이 다른 지역으로 이주할 것인가? 만일 그렇다면, 얼마나 멀리 갈 것인가? 이러한 결정에 어떤 요인이 영향을 미치겠는가?(예를 들면, 직장, 학교, 교통, 가족, 아이들 문제 등)

5. 재난이 아닌 상황에서 집을 짓기 위해 계약업체 및 하청업체와 계약한 경험이 있는 사람을 인터뷰해보아라(아는 사람이 있다면, 비교를 하기 위해 재난 상황에 있는 사람도 인터뷰해보아라). 이들은 주택을 짓기 위해 무엇을 해야 했는가? 재난이 없는 상황에서는 예기치 않게 어떤 문제가 발생했는가?(지연, 날씨, 하청업체의 일정 등) 이제 재난 상황에 대해 생각해보아라. 재난 이후 재건축을 해야 하는 상황이라면 주택 건설에 어떤 어려움이 따를 것인가?

6. 재난 이후 정부 기관이 행하는 주택 지원의 경우, 가장 놀라운 점은 무엇인가? 어떤 제한이 따르며 그 이유는 무엇인가?

7. 여러분이 개발도상국에 산다면, 선진국에서 사는 것과 재난 이후 주택 복구 경험이 어떻게 다를 것이라고 생각하는가?

8. 여러분이 재난 이후 주택 복구 계획을 세워야 하는 UN의 어느 팀에 속해 있다고 가정해보아라. 이 일을 제대로 해내기 위해 피해지역의 이해 당사자들을 어떻게 참여시킬 것인가?

참고자료

- Disaster Case Management Overview: Church World Services, https://www.youtube.com/watch?v=eGO04b8fQew. Last accessed November 4, 2014.
- FEMA VAL information, http://www.fema.gov/media-library-data/20130726-1829-25045-8002Zval_brochure_final.pdf. Last accessed November 4, 2014.
- Haiti:
  - United Nations DevelopmentProgramme, http://www.undp.org/content/undp/en/home/ourwork/crisispreventionandrecovery/projects_initiatives/crisis_in_haiti/. Last accessed November 4, 2014.
- The FEMA You Tube channel, https://www.youtube.com/user/FEMA. Search for trailers, shelters, housing, buyouts, and other terms found in this chapter. Last accessed November 4, 2014.
- U.S. National Disaster Housing Strategy Resource Center, https://www.fema.gov/national-disaster-housing-strategy-resource-center. Last accessed November 4, 2014.
- U.S. FEMA Transitional Shelter Assistance program, http://www.fema.gov/public-assistance-local-state-tribal-and-non-profit/recovery-directorate/transitional-shelter. Last accessed November 4, 2014.
- U.S. Federal Assistance (17 agencies with 70 programs) can be found at http://www.disasterassistance.gov/disaster-assistance/assistance-by-federal-agency. Last accessed November 4, 2014.

제8장
사업체 복구

- 대비와 복구의 관계를 이해한다.
- 사업체가 하는 전형적인 유형의 대비 노력과 대비의 결과에 대해 토론한다.
- 사업체의 규모, 유형 및 위치 그리고 이러한 요인이 재난 피해를 입은 사업체에 어떤 영향을 미치는지 파악한다.
- 직접 피해와 간접 피해를 구분한다.
- 구조물적 피해, 물품 손실 그리고 기능 손실에 대한 기본적인 손실 추정을 실시한다.
- 영업 정지 기간의 영향을 살펴보고, 이러한 시간을 줄이기 위한 전략에 대해 알아본다.
- 대피가 사업체 운영에 미치는 다양한 영향과, 사업체 이전을 어떻게 관리해야 하는지 알아본다.
- 재난 이전과 도중 그리고 이후에 인적 자원을 보호하기 위한 단계별 방법을 알아본다.
- 사업 지속성 계획 수립의 필수 단계를 개발한다.
- 사업 복구를 위한 재정적 자원에 대해 알아본다.

사업 지속성 계획 수립business continuity planning

사이버 커뮤팅cyber commuting

직접 피해direct damage

소액 융자와 소액 보험microloans and microinsurance

구역 중첩district overlay

영업 정지 기간downtime

경제 피해 재난 대출Economic Injury Disaster Loan(EIDL)

미국 농무부U.S. Department of Agriculture(USDA)

미국 중소기업청U.S. Small Business Administration(USSBA)

간접 피해indirect damage

손실 억제loss containment

손실 추정loss estimation

대피displacement

물리적 재난 대출physical disaster loan

역할 포기role abandonment

인적 자원human resources

재택 사업home-based business

8.1 서론

재난 피해를 입은 지역의 사진이나 영상을 보면, 그곳에 있는 사람들에게 마음이 쏠리게 마련이다. 우리는 피해 입은 사람들이 힘들고 필요한 것이 많을 거라고 생각해 이에 반응한다. 피해지역에는 기부가 쏟아져 들어오고, 피해 입은 사람들을 도울 자원봉사자도 몰려든다. 정부 및 비정부 조직도 이들의 생명과 주택을 재건할 자금과 프로그램을 들고 찾아간다.

하지만 복구 기간 동안 사업 분야에서 겪는 어려움은 주민들의 시선으로부터 가려져 있는 경우가 많다. 우리는 이들의 손실은 보험이 메워줄 거라고, 또는 회사 측에서 재난에 대비한 계획을 세워두었을 거라고 짐작한다. 놀랍게도 가정이 아닌 사업 부문을 위해 존재하는 정부 및 비정부 조직의 프로그램은 거의 없다시피 하다. 그나마 있는 프로그램도 공식(정식으로 설립된 사업체) 및 비공식(재택 사업 또는 노점상 등) 경제 모두에서 재난의 피해를 입은 사업체의 다양한 문제를 해결해주지 못한다. 사업체 복구 문제를 깊이 파고들어 갈수록, 여성이나 소수 민족 또는 개발도상국에서 운영되는 것 등 일부 사업체의 경우 실패의 위험이 한층 더 크다는 사실을 발견하게 된다.

하지만 사업체 복구는 매우 중요하다. 식량을 사고, 임대료를 지불하고, 옷을 사고, 재난으로부터 회복되려면 사람들은 일을 해야 한다. 지역사회는 사업체에서 내는 세금을 필요로 한다. 주민들도 식량과 의약품을 사고, 재난으로 망가진 컴퓨터, 가구 및 가전제품을 바꾸려면 사업체로부터 이러한 제품을 구입해야 한다. 역으로 복구 기간은 재난 관련 계약업체, 건물 자재 및 건물 내부 제품 등을 취급하는 기존의 그리고 새로운 사업체에 기회가 되기도 한다. 이 장에서는 재난 시 사업체에 어떤 일이 벌어지는지 그리고 재건 과정에 어떤 기회가 있는지 알아보려 한다. 복구 지도자는 사업 복구를 복구 계획 수립에 포함시키는 게 현명할 것이다. 사업체 소유주는 지역의 위험요인으로 인한 잠재적 피해에 대비하고 완화 조치를 취하는 게 현명할 것이다.

8.1.1 9.11 테러

9.11 테러는 의심의 여지없이 미국의 사업체를 구체적으로 겨냥한 전례 없는 공격이었다. 그로 인한 피해는 실로 어마어마했다. 회사 직원, 긴급 구조대원, 재난 관리 단체, 방문객을 비롯해 세계무역센터와 그 주변지역의 사망자가 3,000명을 넘었다. 경제적 피해도 막대해서 소득 손실, 재산 피해, 청소, 복원을 다 합쳐 피해액은 330억 달러에서 360억 달러에 이른다(Bram et al., 2002). 인명 손실이 심각한 상황에서 경제적 손실을 따지는 게 냉정하게 들릴 수도 있지만, 이러한 손실은 아주 개인적인 차원에서 사람들에게 영향을 미친다. 예를 들어 한 연구에 의하면, 이들 사망자들의 소득 손실액은 대략 78억 달러에 이르는데, 이는 사망자가 평균 수명을 사는 동안 벌어들였을 돈으로, 가족을 부양하고, 주택, 식료품, 의복, 그리고 다른 상품과 서비스 구입을 통해 더 광범위한 지역사회로 흘러 들어갔어야 하는 돈이기도 하다(Bram et al., 2002).

이 테러 공격으로 단기 세금 수익도 줄었는데, 이는 특히 몇몇 산업에서 더욱 그러했다. 다들 잘 알다시피 이 테러 공격으로 뉴욕의 항공 산업이 피해를 입어 11,000개에 이르는 일자리가 사라졌다(Bram et al., 2002). 호텔과 식당 산업은 관광객 감소로 타격을 입었으며, 이에 따라 외식 업계에서 6,000개의 일자리가 사라지고 식당 분야에서는 9,000개가 사라졌다고 보고되고 있다. 외식 산업은 몇 달 이내에 회복되었지만, 항공 산업의 회복에는 더 오랜 시간이 걸려서, 사라진 임금이 36억 달러에서 64억 달러에 이르는 것으로 추정된다(Bram et al., 2002).

국가적 관심은 당연히 세계무역센터로 쏠렸지만, 2차 피해도 상당했다. 간단히 말해 3,000만 ft³에 달하는 상업적인 사무실 공간이 사라졌다. 이 중 1,400만 ft³는 세계무역센터 안에 있었지만, 그 밖에 1,500만 ft³는 인근지역에서 파괴된 소매점과 사무실 공간이었다. 또한 세계무역센터 안에서 사라진 내용물은 52억 달러에 달한다. 파괴된 지하철 터널, 항만 관리청 역사, 공공 설비 및 변전소 등 사회 기반 시설도 엄청난 피해를 입었으며, 이에 따라 사업체 복구에도 더 많은 시간이 필요했다(Bram et al., 2002).

하지만 사업체는 이 테러 공격에 대응하는 데 있어 중심적인 역할을 해내기도 했다(McEntire et al., 2003). 세계무역센터 건물 안에 있었던 뉴욕의 비상 운영 센터(EOC)는 여러 제조사와 전기 · 가스 · 수도 회사의 도움으로 24시간 만에 시설을 옮길 수 있었다 (Kendra and Wachtendorf, 2002; McEntire et al., 2003). 컨벤션 센터는 수색 및 구조팀에 자리를 내 줬으며, 신문 기자는 필요한 정보를 널리 알렸고, 핸드폰 수리 차량이 줄지어와서 통신 내역을 복원하고, 피해를 입은 사업체가 신용 카드를 받고 영업을 재개할 수 있게 도왔 다. 보험 회사는 복구에 필요한 돈을 지불했다. 장례식을 돕던 개인 회사는 상담을 해주 고, 사망자의 유해로 신원 확인을 해주었다(Kendra and Wachtendorf, 2002; McEntire et al., 2003).

모든 종류의 재난이 심각한 피해를 일으킬 가능성이 있는 것이 사실이다. 이 장에 서는 사업체가 어느 정도까지 재난에 대비해야 하는지 그리고 재난으로부터 얼마나 잘 회복하는지 살펴볼 것이다. 이 장의 후반부에서는 손실을 줄일 전략과 복구 목적으로 사용할 자원에 대해서도 다룰 것이다.

8.2 사업체 복구에 영향을 미치는 조건

여기서는 재난 이후 복구에 영향을 미칠 수 있는 여러 가지 조건에 대해 살펴보겠 다. 사업체에 미치는 재난 피해를 예측하고 어떤 업체가 복구되고 어떤 업체가 복구되 지 못할 것인지 예측하는 것이 가능할까? 재난에 관한 연구는 많지 않지만, 우리는 대부 분의 사업체가 재난에 대한 대비에 소홀하며 따라서 복구하기 위해 힘겨운 투쟁을 벌여 야 한다는 사실을 잘 알고 있다. 재난 이전 대비의 여러 수준에 대해 알아보고, 사업체 복구에 영향을 미칠 수 있는 조건에 대해서도 알아보겠다.

8.2.1 대비

연구조사에 의하면, 전체적인 사업체의 대비 노력은 대체로 불충분한 것으로 나타났다(Webb et al., 2000). 중요한 예로 G8 정상회의에 관한 연구에 의하면, 사업체는 잘 대비되어있지 않고, 정부의 지침에서도 어떻게 대비해야 하는지에 대한 효율적인 의사소통이 부족한 것으로 드러났다. 이러한 문제를 해결할 한 가지 방안은 지역의 재난 관리와 사업체의 대비 노력을 더욱 효율적으로 연계하는 것이다(Landahl, 2013). 특히 소규모 사업체는 대비할 자원이 부족하기 마련이다. 흥미롭게도 G8 정상회의에 관한 연구 결과, 소규모 사업체 소유주 간의 사회적 연결망이 유용한 것으로 밝혀졌으며, 따라서 소규모 사업체를 조직하고 잠재적 위협에 대처하도록 돕는 것도 좋은 방안이 될 것이다 (Landahl, 2013).

대비의 관점에서 사업체는 응급 처치 용품을 마련해두는 것 같은 기본적인 노력은 할 가능성이 있다. 그러나 응급 상황에서 이러한 용품을 사용할 사람이 사용법을 모른다면, 용품만 마련해두는 것으로는 충분하지 않을 것이다. 게다가 사업체에서 응급 처치에 대한 교육을 실시한다 해도, 직원의 이직 때문에 준비된 직원을 계속 보유하기도 힘들다. 그러한 능력을 계속 보유하려면 정기적인 교육이 반드시 필요하지만, 그와 같은 정기적인 교육을 실시하는 사업체는 거의 없는 실정이다.

재난이 발생하면 기본적인 응급 처치보다 더 많은 것이 필요하다. 대부분의 응급 처치 용품 상자에는 밴드에이드나 연고 이상의 것은 별로 없는 실정이다. 아이티에서 지진이 발생한 후에 생존자들은 으스러지거나 절단된 사지 등으로 인해 끔찍한 개인적·정신적 외상에 시달렸다. 9.11을 겪은 사람들은 잔해의 먼지 때문에 호흡기 질환을 겪었다. 이 밖의 다른 재난에 대해서도 생각해보자. 지자기 폭풍geomagnetic storm은 전기 배전망과 휴대전화 통신망을 파괴해, 병원, 양로원, 그리고 요양 시설에 생명을 위협하는 상황을 일으킬 수도 있다. 최악의 경우 전기 배전망 고장은 6개월까지 지속되기도 한다. 가스관 폭발로 화상을 입었을 경우, 그로 인한 흉터와 사망을 줄이기 위해서는 적절한 지식을 갖춰야 한다. 최소한의 준비로 버티는 사업체는 가장 소중한 자산인 직원들을 보호하지 못한다. 미국에서 위험 물질을 다루는 일부 사업체는 안전 교육을 실시해야 한다. 하지만 대다수의 사업체는 기본적인 교육 이상을 실시하지 않고 있다.

의료 대응 외의 다른 측면도 문제가 된다. 시설에 심각한 피해를 입은 사업체는 어떻게 해야 할 것인가? 1994년 노스리지 지진에 관한 한 연구에 의하면, 오직 5%의 사업체만 이전 계획을 세워두었다고 한다. 계획 수립, 발전기 구입, 또는 완화 방법 실행과 같은 다른 대비는 전혀 이루어지지 않았다(Dahlamer and Tierney, 1998; Webb et al., 2000). 대피 비용이나 자원에 대한 피해, 운송망 그리고 제품 이동 등의 문제를 고려한 사업체도 거의 없었다.

사업 지속성 계획 수립은 사업체와 소중한 자산에 닥칠 위험에 대처하며, 따라서 이러한 계획을 세우도록 장려해야 한다(Handmer and Hillman, 2004). 첫 단계는 사업체가 직면할 위험을 규명하는 일이다. 지역의 재난 관리자는 일상적인 위험요인으로 인한 대략적인 위험 평가를 제공할 수 있다. 하지만 일부 산업 분야에서는 대규모 폭발의 위험이 있는 화학 공장이나, 지진과 쓰나미 발생 후 최악의 상황이 발생한 일본 후쿠시마 원전과 같이, 내부적인 위협을 점검해야 한다. 다음 단계는 사업체의 기능과 수명에 미칠 잠재적 피해와 파괴를 규명하는 사업체 피해 분석을 실시하는 것이다(Laye, 2002).

사업체는 사업 재개를 위한 필수 기능을 분리하고 우선순위를 설정해야 한다(Laye, 2002). 첫째, 은행과 같은 사업체의 업무 지속성을 위해서는 컴퓨터 기능을 즉각 재개할 수 있어야 한다. 이는 재난 이전에 백업 설비를 갖추는 것으로 가능하다. 두 번째 전략은 재난 발생 후 며칠 이내에 사업체의 기능을 신속히 복원하는 것이다. 이를 위한 한 가지 방법은 약 처방전을 옮기는 것과 같은 사업체의 필수 기능을 이전하기 위해 임시 트레일러를 마련해두는 것이 될 수 있다. 세 번째 전략인 완전한 복구에는 사업체, 주변지역 및 회사 자산의 피해 정도에 따라 어느 정도 시간이 걸릴 것이다. 이 문제에 대해서는 앞으로 알아보도록 하겠다.

8.2.2 사업체의 규모와 유형

사업체의 규모와 유형이 문제가 되는가? 그렇다. 대규모 사업체는 보험, 자금, 그리고 위험 관리에 전문 지식을 갖춘 직원 등 의지할 자원이 있으므로 재난으로부터 더 잘 복구하는 경향이 있다(Dahlhamer and D'Souza, 1997; Landahl, 2013; Tierney, 2006; Webb et al., 2000). 대규모 사업체는 제품과 사람 등 빌릴 수 있는 자원을 지닌 대기업에 속해 있는 경우도 있다. 소규모 사업체는 재난 시기는 물론 평상시에도 힘겹게 운영해나가는 경향이 있다. 소규모 사업체는 투자한 자본은 물론 복구에 활용할 자본도 적어 더 큰 실패의 위험에 직면한다. 아프리카계 미국인이 소유한 소규모 사업체는 재난과 무관하게 더 높은 실패율을 보이는데, 이러한 사업자의 40% 정도는 아프리카계 미국인 여성이다(Tierney, 2006). 재난 이전의 운영 양상이 재난 이후에도 계속된다는 것을 감안하면, 여성과 소수 민족이 재난을 이기고 살아남기 위해서는 더 많은 지원이 이루어져야 할 것이다.

사업 유형도 복구 결과에 영향을 미친다. 특히 재정, 부동산 그리고 보험과 관련된 사업은 더 나은 준비를 갖추고 있을 가능성이 크다(Webb et al., 2000). 이러한 산업은 위험을 일상적으로 다루다 보니, 사업 문화에 따라 준비를 하게 된다. 이러한 노력은 배우고 따라해야 할 귀중한 교훈으로, 이들은 재난이 발생해도 분명 더 나은 결과를 얻는다.

8.2.3 위치

사업체의 위치도 문제가 된다. 좋은 곳에 위치한 사업체는 단골 고객을 얻고 관광객을 끌어모으기 쉬우며, 따라서 사람들이 어울리고 쇼핑하고 외식하기 좋아하는 곳이 된다. 하지만 해변, 바닷가 또는 도심 거주지 같은 인기 상권에 상당한 위험이 숨어있는 경우도 있다. 2004년 인도의 벨랑카니 중심가의 좁은 상업 지역에 쓰나미가 밀려들면서 이 지역이 침수되었다. 아름답게 펼쳐진 해변을 따라 늘어선, 순례자들로 늘 번잡한 이 상업 지역은 해변과 거대한 교회 사이에 위치해 있다. 낚시에서부터 공예품까지 수많은 노점상들로 북적이던 이 지역은 완전히 파괴되었다.

2014년 10월, 판폰Phanfone이라는 태풍이 일본에 상륙해 도쿄를 휩쓸었다. 일본의 수도인 도쿄는 1,335만 명의 인구를 자랑하며, 거대한 상업 중심지이기도 하다. 세계에서 가장 번잡한 하네다Haneda 공항은 국내선과 국제선 비행기 모두를 취소해야 했다. 다른 재난도 늘 일어나고 있다. 호주는 2012년에서 2013년에 걸쳐 심한 폭염을 겪었고, 이로 인한 산불 발생으로 정부 기관과 민간 산업 모두 피해를 입었다(Spector, 2013). 워싱턴의 시애틀Seattle 시민들이 가장 좋아하는 두 곳은 파이오니어 광장Pioneer Square과 남쪽 도심South of Downtown을 뜻하는 소도Sodo이다. 2001년 규모 6.8의 지진은 이 지역을 강타한 가장 값비싼 재난이 되었다(Chang and Falit-Baiamonte, 2002). 직접적이고 간접적인 피해가 모두 발생했다. 니스퀄리 지진Nisqually earthquake으로 알려진 이 지진으로 인해, 직접적인 피해를 겪지 않은 사업체의 70%가 구조물적 피해로 100만 달러에 이르는 손실, 그리고 내용물 피해로 5만 달러의 손실을 입었다. 이 지역의 유동인구가 줄어든 데다, 수리와 접근성 문제로 인해 고객은 더 감소할 수밖에 없었다. 상점들이 고객을 두고 제품과 서비스로 경쟁을 벌이는 바람에 이 지역 사업의 생존력은 더욱 취약해졌다(Chang and Falit-Baiamonte, 2002; 사진 8.1 참고).

위치에 따라 겪게 되는 또 다른 어려움은 대규모 몰의 대표 상점 근처에 위치한 상점은 대표 상점이 피해를 입거나 문을 닫는 경우 더 큰 위험을 겪게 된다는 것이다(Tierney, 2006). 그 이유가 무엇일까? 그것은 대표 상점이 고객을 끌어모으기 때문이다. 이 점을 이해하기 위해 대규모 상가를 상상해보자. 대규모 백화점은 카드 가게나 신발 가게 같은 작은 상점에 닻과 같은 역할을 한다. 닻 역할을 하는 상점이 문을 닫아 고객이 끊어지면 고객의 왕래도 줄어들게 된다. 이러한 고객의 왕래는 주변 상점을 지탱하는 주요

사진 8.1 2001년 워싱턴의 시애틀, 파이오니어 광장이 지진으로 피해를 입은 모습(사진 Kevin Galvin, FEMA).

요인이다.

임대는 모든 규모와 유형의 사업체에 적용되는 문제지만, 소규모 사업체는 임대를 했을 가능성이 더 크다. 임대 사업체는 실패를 겪을 위험도 더 크다(Chang and Falit-Baiamonte, 2002). 임대한 장소가 피해를 입으면, 상점을 이전하기도 어려워진다. 더구나 대규모 재난일 경우 이전할 만한 장소가 없을 수도 있다. 임대 사업체가 취할 수 있는 한 가지 조치는 손실에 대비해 내용물에 대한 보험을 들어두는 것이다.

반면, 자체 시설을 보유하고 있는 대기업은 보험에 가입했을 가능성도 더 높은데, 그러면 재난 복구 기간 동안 활용할 자원을 제공받을 수 있다. 소규모 사업체는 잠재적 손실 가능성에 대비해 보험을 들거나, 추가 자원을 갖춘 여유 장소를 확보할 자본이 충분하지 않을 수 있다.

보험 활용이 가능하지 않다 하더라도, 계획 수립으로 상황을 바꿀 수 있다. 영업 정지 기간을 줄이기 위해 이전 계획을 세워두면 더 빠른 복귀가 가능하다. 잃어버린 고객과 접촉해 이들을 다시 돌아오게 할 계획을 사전에 세워두는 것도 좋은 방법이다. 마지막으로 대피, 이전, 그리고 새로운 곳에서의 사업 재구축 비용으로 쓸 '비상 자금rainy day fund'을 마련해두는 것도 아주 좋은 방법이다. 이 장 전 편에 걸쳐 이러한 문제에 대해 더 자세히 살펴보도록 하겠다.

8.2.4 피해의 규모

복구에 직면한 사업체에 재난의 크기, 규모 또는 강도가 문제가 되는가? 답은 그럴 수도 있고 아닐 수도 있다. 1994년 노스리지 지진 때는 지진의 강도가 복구에 영향을 미쳤으며, 이는 단지 사업체에 국한된 문제는 아니었다. 땅이 심하게 흔들리면서 여러 가지 시설, 라이프라인, 보행자, 고객의 왕래 및 교통에 영향을 미쳤다(Tierney, 1996; 2006). 이러한 자원이 없으면 사업체는 실패할 가능성이 크다.

물리적인 사건 이외의 다른 요인도 사업체에 영향을 미친다. 이러한 피해는 토지 이용 계획, 건축 법규, 그리고 다른 완화 방법에도 영향을 미친다(Tierney, 2006). 2010년 칠레와 아이티에 발생한 지진이 좋은 예가 될 것이다. 아이티 지진은 리히터 7.0이었다. 반면 칠레는 8.8이었다. 아이티의 수도 포르토프랭스와 주변지역이 초토화되었다. 3만여 개의 사업체가 거의 완전히 파괴되었고, 사망자는 225,000명을 넘었다. 하지만 칠레에 더 심한 강도로 발생한 지진은 훨씬 더 경미한 피해와 600명 미만의 사망자를 낳았을 뿐이다. 이러한 차이의 일부는 칠레의 건물과 사람을 보호하는 지진 법규 때문이었다. 아이티의 발전 정도도 한 원인이어서, 완화와 보호에 쓸 자원이 칠레보다 훨씬 적었다. 아이티에서는 전 인구의 80% 정도가 빈곤선 이하의 삶을 사는 반면, 칠레에서는 20% 정도이다(Fordham et al., 2013).

8.2.5 간접적인 피해

지진이 발생하면, 사업체는 직접적인 피해와 간접적인 피해를 입는다. 직접적인 피해에는 물에 잠긴 건물 내부와 무너진 지붕처럼, 사업체가 입은 구체적인 피해가 해당된다. 간접적인 피해는 재난 때문에 운송망, 항구, 공항, 철로, 대중교통 그리고 물, 전력, 가스, 하수, 전화 및 휴대폰 같은 라이프라인에 피해가 생겨, 사업체가 필수적인 자원을 상실했을 때 발생한다.

1994년 캘리포니아의 노스리지에서 발생한 지진에 대해 생각해보자. 이 지진은 미국 역사상 가장 피해 비용이 큰 재난 중 하나로, 총 250억 달러에 이르는 경제적 피해를 낳았으며, 617개 이상의 사업체가 문을 닫았다. 전체 사업체의 반 이상이 정전되었으며, 절반 가까운 사업체에서 전화 연결이 되지 않았다. 뿐만 아니라, 평가팀이 방문해 구조 평가를 실시할 때도 임시로 문을 닫아야 했다. 또한 물품 교체, 재료 보충, 그리고 피해 수리를 하는 동안에도 문을 닫아야 했다. 사업체의 40% 정도가 고객 감소를 겪었으며(Tierney, 1997), 열 개 중 한 사업체는 종업원에게 임금을 지불하지 못했다. 전 사업체의 60% 정도는 종업원이 출근하는 데 어려움이 있다고 보고했다(Tierney, 1996). 노스리지의 사업체는 직접적이고 간접적인 피해를 모두 겪었다는 것이 분명하다. 전 사업체의 평균 피해 금액은 156,273달러로 추산되었다.

사업체와 고객에게 모두 영향을 미치는 간접적인 피해에는 다음과 같은 것들이 포함된다.

- 보안을 이유로 주민과 관광객의 접근을 막으면서 9.11 이후에 뉴욕에서 사업체를 운영할 수 없었다(Tierney, 1996).
- 허리케인 카트리나로 인해 미국에서 커피를 가장 많이 들여오는 뉴올리언스 항이 폐쇄되면서 커피 값이 올랐다.
- 허리케인 카트리나 이후에 석유 가격이 오르면서 원유 산업의 생산품이 감소했다(Tierney, 1996).
- 농작물과 농기구에 발생한 피해 때문에 식료품 가격이 올랐다. 1993년 미 중서부 대홍수 때 그와 같은 농업 피해가 60억에서 100억 달러에 달했다(Tierney et al., 1996).
- 그랜드 포크스Grand Forks 홍수 때 옷가지 수선, 다림질, 어린이집, 그리고 미용을 비롯한 재택 사업체의 일거리가 없어지면서 특히 여성에게 문제가 되었다(Enarson, 2001).

간접적인 피해는 사업체의 복구 능력을 약화시킨다. 1993년 미국의 중서부 대홍수는 9개 주에 피해를 입혔다. 기반 시설의 피해도 매우 심각했다. 미국에서 화물을 운반하는 최대 수로인 미시시피강은 다리, 항구, 그리고 이와 연계된 고속도로와 철로 등의 교통망이 피해를 입으면서 폐쇄되었다(Tierney et al., 1996). 아이오와의 디모인Des Moines 에서는 사업체의 80%가 단수되었고, 40%는 하수 역류 문제를 겪었으며, 35%는 단전되었고, 23%는 전화 연결이 끊겼다. 사업체들은 평균 12일 동안 이러한 서비스를 받지 못했다고 보고하고 있다(Dahlhamer and D'Souza, 1997; Dahlamer and Tierney, 1998; Tierney et al., 1996, 2006; Webb et al., 2000). 아이오와 디모인의 피해는 대략 2억 달러에서 5억 달러에 이르지만, 피해를 입은 사업체의 1/4만이 홍수 보험에 가입해 있었다(Tierney et al., 1996).

이와 마찬가지로, 아이슬란드의 화산 폭발도 전 세계 기업 운영에 피해를 주었다. 2014년 8월, 바우르다르붕카Bardarbunga산의 화산 폭발로 발생한 화산재가 제트기류에

진입하면서 항공업계에 피해를 주었다. 아이슬란드 기상청과 시민보호재난관리부De-
partment of Civil Protection and Emergency Management는 적색경보를 발령했는데, 이는 항공 여행에
피해가 미칠 수 있다는 것을 의미했다. 2010년 아이슬란드의 에이야퍄들라이외퀴들
Eyjafjallajokull 화산이 폭발했다(BBC, 2014). 그 결과, 유럽에서 수천 편의 항공편이 취소되는
엄청난 피해가 발생했다. 영국, 프랑스, 독일, 스웨덴, 폴란드, 덴마크, 벨기에 그리고 다
른 여러 나라가 영공을 폐쇄했다(CNN, 2010). 홍콩에서 런던과 파리로 가는 것과 같은 주
요 항공 노선의 운항도 중단되었다. 미군은 이라크와 아프가니스탄으로 가는 전투기와
파견 군대를 우회시켰다(CNN, 2010). 항공 산업은 수십억 달러의 손실을 입었다(Wilkinson
et al., 2012). 개인 여행자들은 며칠씩 공항에서 잠을 자야 했고, 어떤 여행자는 막대한 개
인 비용을 지출해가며 2주나 걸려 출장지나 여행지에서 집으로 돌아가야 했다.

정부와 공공 산업도 당연히 피해를 입을 것이다. 전기, 전화, 상하수도, 천연 가스
등은 가능한 한 빨리 복원해야 경제적 피해를 막고 지역사회의 과세 표준과 일자리를
지킬 수 있다(Dahlhamer and D'Souza, 1997; Dahlamer and Tierney, 1998; Tierney, 1996, 2006; Tierney et al.,
1996; Webb et al., 2000).

8.2.6 재난 경험

이전에 겪은 재난 경험은 사업체로 하여금 다음 재난에 대비하게 해주는가? 반복
적인 손실을 겪는 곳이 많은 것을 보면, 많은 재난이 정기적으로 발생한다고 볼 수 있다.
허리케인이나 토네이도 같은 재난은 같은 지역에 반복적인 피해를 준다. 여러 번 피해
를 입은 사업체가 있다면 반드시 대비를 해야 한다. 하지만 사업체가 이전의 재난에서
교훈을 얻어 다음 재난을 대비한다는 증거는 많지 않다.

예를 들어, 미국 캘리포니아에서는 지진이 상당히 자주 발생한다. 샌 안드레아스San
Andreas를 비롯한 여러 단층은 실질적인 위협이 된다. 전문가들은 언제든 대형 지진이 발
생할 수 있으며, 그렇게 되면 대도시지역이 피해를 입을 가능성이 크다고 지적한다. 한
연구에 의하면, 사전에 지진에 대비해두었다 1994년 노스리지 지진으로 피해를 겪은

사업체는 경험에 의해 대비를 더 늘렸다고 한다(Webb et al., 2000).

하지만 위치와 상황에 따라 차이가 생기기도 한다. 2013년 태풍 하이옌이 필리핀을 강타했을 때, 타클로반Tacloban의 사업체가 피해를 입었고, 그 지역의 사업체 대부분이 피해를 입었다. 교통망이 파괴되어 물품을 보충하는 데 걸리는 시간도 더 길어졌다. 파키스탄에서는 다른 상황이 펼쳐졌다. 파키스탄에서 2010년 발생한 홍수로 300,000개 사업체가 힘겨운 투쟁을 벌여야 했다. 이 사건은 이 나라에서 1900년대 이후 발생한 최악의 재난으로, 전국 141개 행정 구역 중 78개가 피해를 입었다. 농촌의 영세 상인은 더 큰 피해를 겪었다. 대부분은 아무런 대비도 되어있지 않아 영업 손실을 입었지만, 그래도 많은 상인이 살아남았다. 무엇이 도움이 되었을까? 이들 중 일부는 이전의 재난 경험으로 어떻게 해야 하는지를 알고 있었다. 월 판매액이 더 많은 대규모 사업체는 더 잘 그리고 더 빨리 복구된다. 뿐만 아니라, 물, 교통수단, 개인적인 자금 그리고 일할 직원 등의 자원이 있으면, 복구도 더 빨라졌다. 사업자를 돕는 정부의 지원은 실패했지만, 사업체 소유주는 가족으로부터 도움을 얻었다(Asgary et al., 2012).

우리는 재난으로부터 배워야 하며, 다음 재난에 대비해야 한다. 하지만, 그렇게 하

사진 8.2 2011년 허리케인 아이린이 중심가와 상업 지역에 피해를 입힌 모습(사진 Angela Drexel, FEMA).

려면 많은 사업체에서 감당할 수 있는 것 이상으로 — 특히 신규 및 영세 사업자의 경우 — 많은 자원이 필요할 것이다(사진 8.2 참고). 게다가 재난으로 인한 경제적 피해는 복구뿐 아니라 다음 재난에 대비할 역량도 감소시킬 수 있다.

8.2.7 좋은 소식

놀랍게도 대부분의 사업체가 재난으로부터 복구하는 것으로 보인다. 예를 들어, 캘리포니아 산타 크루즈 지역의 조사에 의하면, 1989년 지진 이후에 사업체의 37%가 실제로 사업이 커졌다고 한다(Webb et al., 2000). 재난 이후 건설 같은 일부 산업은 복구 사업 때문에 성장을 하기도 했다. 폭풍의 잔해를 처리하는 기업 등 다른 기업은 수입원인 계약을 확보하게 될 것이다(Tierney 2006; Webb et al., 2000). 재난 이전에 하향 곡선을 그리던 사업체는 예외를 보였다.

사업체와 직원은 재난 피해를 입은 지역을 더 안전하고 회복력 있는 곳으로 만들

사진 8.3 푸에르토리코의 아레시보Arecibo에서 주택 소유주와 사업체를 돕기 위한 완화 노력(사진 Ashley Andujar, FEMA).

수 있다. 사전에 하는 노력, 특히 대비와 완화가 차이를 만든다(사진 8.3 참고). 대비 활동에는 재난 이후 문제를 해결할 비상계획 수립이 포함되어야 하는데, 이제 이 문제에 대해 알아보겠다.

8.3 사업체 복구를 위한 주요 개념

재난 복구 기간에는 무엇을 해야 할까? 영업 정지 기간 및 대피를 비롯해, 피해를 입은 사업체는 즉시 여러 문제에 직면하게 된다. 뿐만 아니라 복구를 도울 인력을 확보하려면 직원이 입은 피해까지 고려해야 한다. 잠재적 손실을 위한 물품 목록을 만들고 보험에 가입하기 위해서는 재난 이전에 피해액을 산정해두는 게 현명한 일이지만, 재난 이후 복구 노력은 대개 피해액을 계산하는 것에서부터 시작된다.

8.3.1 손실 추정

재난이 닥칠 때 어떤 일이 일어날지 예상할 수 있는가? 어떤 손실을 입을 것으로 예상할 수 있는가? 대비, 완화, 대응 노력을 위한 우선순위를 정하기 위해서는 재난 이전에 대략적인 액수를 파악하는 게 좋다. 그렇게 하려면 구조물, 내부의 내용물, 그리고 그러한 구조물과 내용물에 대한 사업체의 활용과 기능을 고려해 손실 추정을 해야 한다. 첫째, 구조물을 대치하려면 비용이 얼마나 들 것인가? 건물은 최소한의 피해에서부터 완전한 손실까지 다양한 정도의 피해를 입을 수 있다.

회복력을 키우려는 사업체 및 산업은 손실 추정을 하고, 재난 피해를 줄이기 위한 완화 계획을 수립해야 한다. 내적인 회복력을 구축하지 못한 사업체는 영업 정지 기간, 대피, 이전, 그리고 직원 부재 등의 복구 문제에 직면한다. 상자 8.1을 보면, 공공, 민간 그리고 관광 산업을 비롯한 세 가지 유형의 사업에서 기본적인 손실 추정을 하는 과정을 이해할 수 있을 것이다.

상자 8.1 손실 추정과 계산

1단계: 구조물 대치에 드는 비용에 구조물의 몇 %가 피해를 입었는지를 곱한다. 또는 '구조물 대치 비용×피해의 정도(%)=구조물 손실액'

2단계: 전체 구조물에서 손실을 입은 내용물을 대치하는 데 드는 비용에 이러한 내용물의 몇 %가 피해를 입었는지를 곱한다. 또는 '내용물의 대치 비용×피해의 정도(%)=내용물 손실액'

3단계: 영업 정지 기간 및 대피 등 구조물의 기능 손실을 계산한다. 또는 '일일 평균 운영비×기능적 영업 정지 기간+일일 대피 비용×임시 시설에서의 대피 시간=구조물 사용 및 기능 손실액'

4단계: 잠재 손실의 총액을 추정하려면 앞의 세 단계에서 나온 비용을 모두 더한다. 또는 '구조적 손실액+내용물 손실액+기능 손실액=전체 손실액'

FEMA의 이러한 공식을 예를 들어 설명하려면, 홍수 위험에 의해 여러 유형의 다양한 시설이 입을 수 있는 손실을 고려해야 한다(2001년의 달러 가치는 http://www.usinflationcalculator.com의 인플레이션 계산기를 참고하라. 2014년 10월 7일 접속).

- 병원: 구조물 대치비용 2,500,000달러×5% 피해=125,000달러
  - 내용물 손실액 3,750,000달러×7.5% 피해=281,250달러
  - 구조물 사용 및 기능 손실액 2,055달러의 일일 평균 운영비×영업 정지 기간 0+일일 대피 비용 2,500달러×대피 시간 0=0달러
  - 전체 손실액: 125,000달러+281,500달러=406,500달러
- 역사 유물인 등대
  - 구조물 대치비용 1,500,000달러×18% 피해=270,000달러
  - 내용물 손실액 50,000달러×27% 피해=13,500달러
  - 구조물 사용 및 기능 손실액 2,191달러의 일일 평균 운영비×영업 정지 기간 7일+일일 대피 비용 500달러×임시 시설로의 대피 시간 2일=16,337달러
  - 전체 손실액: 270,000달러+13,500달러+16,337달러=299,837달러
- 하수 처리장
  - 구조물 대치비용 2,500,000달러×13% 피해=270,000달러

○ 내용물 손실액 2,500,000달러×19.5% 피해=487,500달러
○ 구조물 사용 및 기능 손실액 82,191달러의 일일 평균 운영비×영업 정지 기간 3일+일일 대피 비용 200,000달러×임시 시설로의 대피 시간 3일=846,573달러
○ 전체 손실액: 270,000달러+487,500달러+846,573달러=1,604,073달러

적절한 예를 찾아보기 위해, 역사 유물인 등대에 최근 발생한 재난을 살펴보도록 하자.

지난 10월 코네티컷 해안에 허리케인 샌디가 상륙했을 때, 1801년에 세워진 뉴 런던 항구 등대New London Harbor Lighthouse는 취약한 지점에 서 있었다. 템스 강Thames River이 롱아일랜드 수로Long Island Sound의 동쪽 끝과 만나는 지점에 서 있는 이 등대를 허리케인 샌디의 매서운 공격으로부터 보호해줄 수 있는 것은 아무것도 없었다. 하늘이 개고 파도가 잦아들자, 이 등대는 예전처럼 강인한 모습을 드러냈으나 아래쪽은 심각한 피해를 입었다. 등대지기의 집에서 등대까지 바위로 이루어진 곳을 연결하는 돌로 된 보도와 이곳의 경계를 둘러싼 벽돌 방파제가 파도에 휩쓸려 심각한 구조물적 피해를 입은 것이다.

42,255달러에 해당하는 파손을 수리할 자금이 없었던 뉴 런던 해양협회New London Maritime Society는 FEMA에 지원을 요청했다. 1년 뒤, 승인과 함께 FEMA 자금 31,691.25달러를 받은 뉴 런던 해양협회의 세관은 보도의 보수가 거의 완성되었다고 발표했다.

연방 정부가 75%를 부담했고, 뉴 런던 해양협회는 10,533.75달러를 지불해야 했다.

이 등대는 212년 동안 1938년의 허리케인 등 수많은 허리케인을 겪고 무사히 살아남았는데, 1938년의 허리케인은 미국에 상륙한 가장 치명적인 상위 열 개 허리케인 중 하나였다. 학생 단체, 관광객, 그리고 지역 주민들에게 오랫동안 사랑받아온 이 등대는 오늘도 여전히 우뚝 선 채로 배들의 항해를 돕는 역할까지 해내고 있다.

다음에서 인용. http://www.fema.gov/news-release/2013/10/31/hurricane-sandy-new-london-harbor-lighthouse-recovers(2014년 10월 6일 접속)

출처: Federal Emergency Management Agency, "Understanding Your Risks: Identifying Hazards and Estimating Losses", FEMA #386-2, FEMA, Washington, DC, 2001.

8.3.2 손실 억제

손실 억제loss containment는 '재난 피해와 관련된 비용을 줄이기' 위해(Dahlamer and Tierney 1998) 모래주머니나 방화대, 건물 밖으로 물 빼기, 더 안전한 장소로 내용물 옮기기, 또는 주요 라이프라인의 신속한 복원과 같은 재난 대응 방법을 비롯해 여러 가지 방법을 취하는 것을 말한다. 전 지역이 막대한 피해를 입고, 이러한 피해지역을 안정시키기 위해 각고의 노력을 기울이는 것은 드문 일이 아니다. 예를 들어, (이후에 여러 재난을 유발한) 1997년 레드 리버 밸리Red River Valley의 홍수는 미네소타 그랜드 포크스의 도심을 물에 잠기게 했으며, 뒤를 이어 똑같이 끔찍한 화재가 발생했다.

고객도 돌아와야 한다. 1989년 지진 이후에 이 도시에서는 산타 크루즈 도심의 퍼시픽 가든 몰에 문을 연 업체를 알리는 안내문을 게시했다. 화가들은 구경꾼을 모으기 위해 피해를 입은 극장 앞에 줄을 서서 기다리는 사람들의 모습을 실물 크기로 전시했다. 몇 블록 떨어진 곳에서는 '플라이우드 플라자'라는 곳에 임시 울타리를 두르고 이 지역 어린이가 그린 테디베어와 어린이들이 지진에 대해 쓴 시를 전시했다. 산타 크루즈는 지진으로 피해를 입었음에도 불구하고 도심에 사람들을 모으는 데 성공했으며, 사람들이 돌아오자 상점도 운영할 수 있게 되었다. 허리케인 앤드류가 플로리다의 데이드 카운티Dade County 남부를 강타한 뒤에, 영업 정지를 했던 호텔은 건물 한 면에 거대한 붕대를 설치했다. 사람들과 사업체는 위기에 잘 대처할 수 있으며, 또 그렇게 할 것이다.

8.3.3 영업 정지 기간

영업 정지 기간downtime은 재난 피해로 인해 사업체를 운영할 수 없는 기간을 말한다. 영업 정지 기간을 추정하는 것은 소위 손실 모형화loss modeling의 일부분이다. 잠재적 손실을 추정하기 위해서 영업 정지 기간은 피해를 입은 시설에 대한 '계획을 세우고, 자금을 마련해 시설에 대한 수리를 완료하는 데 필요한 시간'이 되어야 한다(Comerio, 2006, p. 349). 그와 같은 피해는 시설과 자원에 입은 직접적인 손실과 그 지역의 교통 접근이 와해되거나 주택가가 피해를 입어 직원들이 일하러 오지 못하는 등의 간접 손실로 발생할 수 있다.

교육 기관은 주변지역에서 이해관계가 있는 수천 명을 고용하는 대규모 산업이다. 1990년대, 캘리포니아 대학교 버클리 캠퍼스University of California-Berkeley(UCB)는 FEMA 청장인 제임스 리 위트James Lee Witt와 함께 손실 추정 프로그램을 개발했다(Comerio, 2000). UCB에서는 인명의 안전 외에 해당 대학교와 인근지역사회의 경제에 영향을 미칠 수 있는 영업 정지 기간에 중점을 두었다. 미국 지질조사 실무단Geological Working Group은 2020년까지 샌프란시스코만 지역에서 규모 7.0(드문 경우)이나 그 이상의 지진을 겪을 가능성이 2/3에 달하는 것으로 추정했다(http://pubs.usgs.gov/fs/1999/fs151-99/).

영업 정지 기간을 추정하기 위해 코메리오Comerio는 강의실, 실험실, 사무실, 도서관 이용이나 특별 행사와 같이 건물을 사용하는 것을 포함한 캠퍼스 기반 시설의 위치와 상태를 조사했다. 큰 지진이 발생하면, 대학교가 정상적인 운영을 재개하기까지 최대 2년의 영업 정지 기간이 발생하는 것으로 추정되었다. 아주 큰 지진이 발생하면, UCB는 1년 동안 문을 닫아야 하며 정상적인 운영이 재개되려면 4년이 걸리는 것으로 나타났다. 이러한 경우 UBC뿐 아니라 3개 카운티에도 영향을 미쳐, 8,900개의 일자리가 사라지고, 6억 8,000만 달러의 개인 소득 손실, 그리고 8억 6,100만 달러의 매출 손실이 발생할 것이었다. 코메리오의 연구는 UCB에 경각심을 불어넣어 주었고, 따라서 UCB는 손실을 완화하기 위해 20년 주기의 계획을 세우고 10억 달러의 예산을 책정했다. UCB는 대학 생존에 도움이 되고 주변지역까지 포함한 더 큰 사회에 유익한 과학 연구를 계속하는 데 필요한 외부 연구 자금의 상당한 손실을 초래할 건물에 대한 완화 노력에 집중했다. 2006년까지 UCB는 지진 보강과 내용물 보강에 6억 5,000만 달러 이상을 지출했다. 위험 분석에 의하면, 보강된 건물에서는 인명에 대한 위험이 거의 '0'으로 줄어들고, 추정되는 경제적 손실과 영업 정지 기간도 반으로 줄어드는 것으로 나타났다(Comerio, 2008).

8.3.4 대피

　원래 있던 곳에서 사업체를 운영할 수 없게 된 시기 동안 이전을 계획하는 회사는 거의 없는 것 같다(Dahlamer and Tierney, 1998). 하지만 다른 장소에서 제품을 생산하고 서비스와 제품을 판매할 수 있다면, 사업체가 살아남을 수 있을 것이다. 대규모 기업은 충분한 공간을 구하기 어려울 것이며, 소규모 업체는 필요한 고객이 있는 비슷한 장소를 찾기 어려울 수 있다. 집에서 벌이는 사업은 자산과 고객을 다 잃을 수도 있다. 많은 재택사업home-based business, 특히 여성들이 운영하는 사업이 더욱 심한 위험에 처할 수 있다(Enarson, 2001).

　영업 정지 기간은 여러 가지 위험요인으로 인해 길어질 수 있다. 신속한 이전이 중요하다. 유명 약국 같은 대규모 체인점은 임시 트레일러로 이주할 수 있다. 예를 들어, 허리케인 앤드류 이후에 여러 약국이 이동식 주택으로 이주했다. 1989년 로마 프리타 지진 이후에 산타 크루즈시에서는 도심의 사업체를 임시로 이주하기 위해 여러 가지 독창적인 시도를 했다. 이 도시의 공무원들은 심한 피해를 입은 도심에서 조금 떨어진 곳에 있는 주차장에 사업체 소유주들과 함께 알루미늄 벽체로 된 건물을 세웠다. 잿더미에서 날아오르는 전설적인 새인 불새의 이름을 따 '피닉스 파빌리온'이라고 이름 붙인 이 건물은 5주 만에 세워졌다. 이 건물은 야외나 골동품 시장에서 사용하는 부스와 유사한 형태로, 규모를 줄인 지역 상점들을 유치했다. 기대보다 많은 고객이 돌아와 지역의 상인들에게 힘을 실어주었다(Wilson, 1991). 도심을 재건하는 데 몇 년이 걸렸고, 지하의 수로, 하수관 등을 포함한 기반 시설의 피해를 수리하는 데 여러 해가 더 걸렸다. 피닉스 파빌리온이 없었다면, 도심은 더 많은 사업체를 잃고, 도시 예산에 필수적인 세금 수익도 거두지 못했을 것이다.

　뉴욕에서는 9.11으로 세계무역센터가 무너지면서 대략 2,000만 ft^{3}의 사무실 공간이 사라졌는데, 이는 '애틀랜타 도심 상업지구의 크기'에 필적한다(McEntire et al., 2003). 일부 사업체는 호텔 방으로 옮겼는데(McEntire et al., 2003), 허리케인 카트리나 이후에 뉴올리언스 지역의 대학교들도 그렇게 했다. 피해를 입은 일부 사업체는 가까운 뉴욕과 뉴저지 지역으로 이주했다. 일부 사업체는 적당한 임대 공간으로 옮겨, 재난 이전 사업 지속성 전략인, 예비용 컴퓨터에 저장해둔 자료를 활용했다(McEntire et al., 2003; 상자 8.2 참고). 재난 이후 서로 돕는 분위기에서 이전에 사업의 경쟁자였던 업체가 공간을 제공하기도 했다.

한마디로, 임시적이든 영구적이든 이전 계획을 세워둔 사업체는 거의 없다. 살아남을 가능성이 높은 기업은 사업체를 지속적으로 운영하는 데 필요한 주요 문서를 지키기 위해 사전에 계획을 세워두는 경우가 많다. 가족과 지역사회의 도움을 받아 신속한 재정비를 마친 기업은 원래 사업체가 있던 곳과 가까운 위치에서 지역민이 생존하는 데 필요한 제품과 서비스를 제공한다. 하지만 특히 사전 계획이 없는 경우, 사업체는 이전으로 인해 취약한 시기를 겪을 것임이 분명하다.

상자 8.2 2001년 9월 11일, 뉴욕

여기서는 사업체가 9.11에 대비하고 대응한 두 가지 방식에 대해 알아보려 한다. 첫 번째 사례는 모건 스탠리Morgan Stanley라는 대기업이 잠재적 공격에 대비해 직원들을 어떻게 대비시켰는지에 관한 것이다. 두 번째 사례는 사업 지속성 계획을 수립해두었던 차일즈 캐피탈Childs Capital LLC이라는 소규모 기업에 관한 것이다(다음은 FEMA에서 인용한 것이다).

모건 스탠리: 1993년 테러범들이 세계무역센터를 처음으로 공격했을 때, 재정 서비스를 제공하는 회사인 모건 스탠리는 소중한 교훈을 얻었다. 이날 직원들이 대피하는 데 4시간이 걸렸고, 이들 중 일부는 안전한 곳으로 피신하기 위해 60층이나 그보다 더 높은 곳에서 계단으로 걸어 내려와야 했다. 이 공격으로 사망한 모건 스탠리의 직원은 아무도 없었지만, 회사는 기존의 재난 계획으로는 충분하지 않다는 결론을 내렸다. 모건 스탠리 측은 당시의 대피 방식을 면밀히 검토하고, 잠재적인 재난 위험을 분석했으며, 그 결과 다면적인 재난 계획을 세웠고… 재난이 또 벌어질 경우 직원들의 안전을 보장하기 위해 이 계획을 반복적으로 연습했다. 2001년 9월 11일, 테러범이 납치한 첫 번째 비행기가 세계무역센터 건물 중 하나에 부딪친 직후에 모건 스탠리의 안전담당 임원은 이 회사의 3,800명의 직원들에게 세계무역센터 건물에서 대피할 것을 지시했다. 이때 이들이 대피하는 데는 45분밖에 걸리지 않았고… 그 이후에 모건 스탠리 측은 슬픔에 관한 상담을 제공하고, 관리자와 직원, 투자자와 고객 그리고 규제 기관과 언론에 적절한 정보를 제때 제공했다. 모건 스탠리는 9.11로 13명의 직원을 잃었지만, 이 회사가 여러 번 되풀이해서 연습한 확고한 재난 계획이 없었다면, 더 많은 직원을 잃었을 것이다. 회사의 가장 귀중한 자산인 직원들을 대비시키는 데 헌신함으로써, 모건 스탠리는 회사의 미래를 지킬 수 있었다.

차일즈 캐피탈: 많은 소규모 기업이 9.11 테러 공격 이후에 복구하기 위해 투쟁을 벌였지만, 종합적인 지속성 계획을 세운 한 기업은 일주일 만에 사업을 재개할 수 있었다. 국제 경제 개발을 전문으로 하는 기업인 차일즈 캐피탈은 그라운드 제로에 아주 가까이 위치해 있었다. 이 회사의 최고 경영자는 첫 번째 비행기가 충돌했을 때 세계무역센터 안에 있었다. "나는 즉시 회사에 전화해서 안전한 상황이 아니므로 직원들을 대피시키고 재난 계획을 실행하라고 지시했습니다. 우리는 사전에 훈련을 해두었고 따라서 어떻게 해야 하는지를 잘 알고 있었습니다." 차일즈 캐피탈의 창립주이자 최고 경영자인 도나 차일즈Donna Childs가 말했다.

차일즈 캐피탈은 여전히 전기, 전화, 수도 및 다른 설비에서 발생한 큰 혼란에 대처해야 했다. "우리 건물에는 예비 발전기가 있어 일부 컴퓨터를 작동시킬 수 있었지만, 우리는 배터리로 돌아가는 노트북 컴퓨터를 사용할 계획을 세워두었습니다." 차일즈가 말했다. 차일즈 캐피탈은 일주일 만에 제한된 역량이나마 회사를 운영할 수 있었고, 한 달도 안 돼 정상적인 운영이 가능했다. "나는 재보험 업계에서 일한 경험이 있어, 발생하는 비용을 서류로 입증하는 법을 정확히 알고 있었습니다. 우리는 서류를 제출한 지 3일 만에 보험 회사로부터 전액을 환불받았고, 사업을 재개했습니다."

출처: Federal Emergency Management Agency. http://www.fema.gov/media-library-data/1387572158481-3561e0b74b8da0f6deb4424c9a29bbf6/business_morganstanley.pdf. 2015년 6월 22일 접속.

8.3.5 인적 자원

고용주는 직장에서 직원을 보호할 윤리적 책임을 진다. 일부 연방 정부 및 주 정부 법에는 직원들을 유해한 화학 물질이나 화재 등으로부터 보호해야 할 구체적인 책임이 명시되어있다. 하지만 응급 처치 상자를 제공하고 관련 교육을 실시하는 것 외에 대비 노력을 제대로 하는 사업체는 거의 없다. 기업의 윤리 규정은 고용주가 직장에서 재난으로부터 직원들을 보호하도록 요구하고 있다.

직원들에게 교육 시간을 내주는 고용주는 귀중한 자산의 손실에 직면한다. 하지만 충성스러운 핵심 직원이 남아있을 때 사업체의 복구도 가능하다. 가능한 한 빨리 영업을 재개해야 직원들은 직장으로 돌아가 복구에 착수하며 월급도 받을 수 있다. 하지만 이들의 집이 피해를 입었다면, 이렇게 하는 것은 불가능할 것이다. 임시 직원이 필요할 수도 있지만, 기존 직원에 충실한 태도를 유지해야 한다.

이전도 고려해야 한다. 사업체는 개인적인 복구를 위해 근무 날짜와 시간을 융통성 있게 운영해주길 원하는 직원들과 사업체의 요구사항 사이에서 균형을 잘 맞춰야 한다. 직원들은 피해를 입은 교통망과 대중교통 수단의 와해로 더 길고 힘든 출퇴근 시간을 견뎌내야 할 수도 있다. 예를 들면, 허리케인 카트리나 발생 3년 후에도 버스 도로의 60%만이 복구되었다. 게다가 임시 거주지에 사느라 출퇴근 시간과 비용을 더 쓰고 스트레스도 더 심할 수 있다.

고용주는 재난 복구 시기에 직원들을 돕기 위해 비상계획을 세워두어야 한다.

- 직원이나 직원의 가족이 부상당했을 경우, 해당 직원이 필요한 지원을 받을 수 있도록 인사부에 연락하라. 직원이 부상당한 경우, 이 직원의 구체적인 필요사항을 매일 점검하는 관리팀을 구성하라. 만일 직원이나 고객이 사망했을 경우, 정식 장례식을 준비하고 사업체에 추도 명판을 설치하라. 피해자 가족과 함께 일할 관리팀을 구성하라. 보험 및 배상과 관련된 법적 문제를 해결하라.
- 스트레스 해소, 대출 관리 또는 법적인 지원을 위한 직원 지원 프로그램을 가동하고, 자격을 갖춘 상담가와 자문가를 영입하라.
- 사전에 직장과 가까운 곳의 임시 주택을 알아보라.
- 재택근무, 유연 시간 근무제, 파트타임 근무, 그리고 일자리 나누기를 실시하라.
- 보육 프로그램에 자금을 대라.
- 영업 재개를 계획하고 이전 직원들을 초대하라.
- 1주기 추도식을 개최하고, 살아남은 가족을 특별 행사에 초대하라.
- 재난이 발생한 날 그리고 사업체 복구 기간 중에 뛰어난 활약을 보인 직원을 찾아내 영웅적 행동을 보상하라.
- 밤이나 이른 새벽에 혼자 일해서 경고 정보를 접할 수 없는 경비직과 같은 고

위험 직원, 잃어버린 집을 복구하느라 추가적인 어려움에 직면한 저임금 노동자 그리고 주요 자원을 잃어버린 재택근무 직원이 누구인지 확인하라(Phillips, 2005).

- 직원의 역량 구축을 위해 추가적인 재난 교육과 훈련을 계획하라.
- 최소한 1년에 한번은 정기적으로 사업체의 긴급 사태에 대비한 계획을 갱신하라. 새로운 요소를 찾아내 계획을 보완하라(Phillips, 2005).
- 여러 일자리에서 두 가지 일을 해내도록 직원들을 훈련시켜라.
- 창립 기념일, 행정의 날, 딸을 직장에 데려오는 날 또는 상사의 날 같은 특별한 연중 기념일에 재난 교육을 포함시켜라.
- 회사의 웹사이트에 안전에 관련된 정보를 올리고, 정보 게시판과 소셜 미디어에도 이를 게시하라.
- 장애를 지닌 직원에게 경고를 비롯한 여러 가지 필수 정보를 제공하는 등 안전 규정을 갱신하라[자세한 정보는 Job Accommodation Network(http://www.jan.wvu.edu/)를 참고].
- 보험 적용 범위를 늘리고, 사업체와 직원들을 위한 재난 구호 자금을 만들어라.

실제로 재난이 발생하면 사람들, 특히 긴급 구조대원과 그밖에 다른 사람들이 주어진 역할을 하지 않을 것이라는 생각이 만연한 것 같다. 하지만 이것은 사실이 아니다(Dynes, 1987). 1981년 하얏트 호텔의 공중 연결 통로가 붕괴했을 때, 호텔 직원들이 중요한 응급 처치를 실시해 더 심한 부상을 막았다는 연구 보고서가 있다(McEntire et al., 2003). 150명이 사망한 켄터키 슈퍼 나이트클럽 화재에서는 직원들이 개입하지 않았으면 더 많은 사망자가 발생했을 것이다. 불길이 치솟자, 종업원들은 즉시 대피해 목숨을 구할 수 있었음에도 불구하고, 손님들에게 다가가 이들을 안전한 곳으로 안내했다(Johnson, 1998). 쌍둥이 건물에 테러 공격이 발생했을 때, 각층의 재난 관리자와 직원들은 동료 직원에게 안전한 대피처를 알리고, 장애를 지녔거나 부상당한 사람들을 옮기고, 뒤에 남아 다른 사람들을 구했으며, 심지어는 그러는 과정에서 자신들의 생명을 잃기까지 했다. 사람들은 심지어는 관광지같이 낯선 곳에서도 그리고 가장 절박한 상황에서도 영웅적으로 그리고 이타적으로 행동할 수 있고 또 그렇게 할 것이다(Pottorff and Neal, 1994).

요약하면, 일반적으로 직원들이 자신들에게 주어진 일을 해낼 것이라는 사실을 믿어도 좋다. 직원들의 이러한 고귀한 특성을 잘 알고 있는 사업체는 대비, 계획 수립, 대응과 복구 과정에 이러한 특성을 활용할 수 있다. 교육을 실시하는 사업체는 재난이 발생했을 때 어떻게 해야 하는지를 정확히 알고 있는 직원들로 핵심 그룹을 조직할 수 있다. 그러면 고용주는 대비의 주도적 역할을 이 직원들에게 일임할 수 있으며, 그렇게 함으로써 직원의 안전을 더 확고히 하고, 재난 시 현장에 있는 고객을 보호하는 역량을 키우며, 더 나아가 사업체는 인력 손실 없이 살아남아 복구에 착수할 준비를 할 수 있다.

8.4 사업체 복구를 위한 전략

앞서 언급한 시나리오와 설명으로 짐작컨대, 사업체 복구는 힘겨운 투쟁이 될 것이다. 하지만 기회와 선택권이 없는 것은 아니다. 탄탄한 인력을 갖추고 적절한 자원과 협력관계가 있는 사업체는 이러한 연결망을 바탕으로 복구 노력에 착수할 수 있다.

8.4.1 사업 지속성 계획 수립

제3장 복구 계획 수립에서 언급했듯이, 사업 복구 노력은 이해 당사자, 즉, 고용주와 직원이 개입해야 시작된다. 재난이 발생하면, 일부 지역사회는 전반적인 복구 계획수립 노력에 사업 복구 계획 수립을 통합하거나, 또는 경제적 이해에 초점을 둔 별도의위원회를 설치할 수 있다. 사업체의 손실을 줄이고 고용인들을 지원하기 위해 재난 이전에 사업 복구 계획을 수립하는 것이 최선일 것이다(Karim, 2011). 하지만 대부분의 경우 사업 복구 계획 수립은 재난 발생 후에 이루어진다.

재난 이전에 수립하는 사업 지속성 계획 수립business continuity planning은 네 가지 필수적인 단계로 이루어진다(FEMA, 2014). 1단계는 사업 피해 분석을 실시하는 것으로, 사업체를 운영하지 못할 때 어떤 일이 벌어질 것인가를 분석하는 일이다. 어떤 경제적 피해와 운영상의 피해가 있을 것이며 얼마나 오래 지속될 것인가? 사업체가 수익을 잃고, 추가 지출을 해야 하며, 계약이 끊길 것인가? 고객은 머물 것인가? 떠날 것인가? 사업체의 어떤 부서가 다른 부서보다 더 피해를 입을 것인가? 이러한 질문에 답하는 것은 사업체가 잠재적인 피해를 미리 내다보고 올바른 결정을 내리는 데 도움이 될 것이다.

2단계는 영업 정지 기간과 대피에 대처할 복구 전략을 세우는 것으로, 이로 인해 직원들은 사업 기능과 운영 복원을 도울 수 있다. 사업 지속성 계획 수립(그림 8.1 업무 분할 참고)의 3단계는 누가 무엇을 할 것인지, 재난 시 누가 권한을 가질지, 그리고 외부 관계(계약업체 및 구매업체 등)를 어떻게 지속할 것인지를 정해두는 것이다. 재난 대응팀은 사업 지속팀장을 지원하는 역할을 해야 한다. 사업의 규모에 따라 개개인이 담당할 구체적인 업무를 할당해야 한다. 예를 들어 컴퓨터 기록을 지키는 일은 누가 맡을 것이며, 누가 영

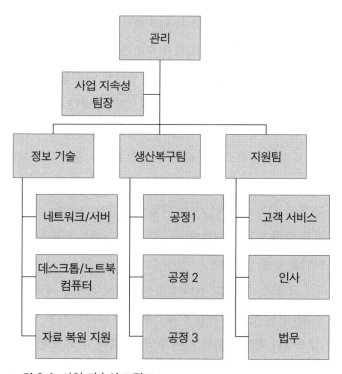

그림 8.1 사업 지속성 조직도(FEMA 2014)

업 재개를 담당할 것인가? 잃어버린 자원은 어떻게 대체할 것인가? 복구 기능을 위해 조직된 직원은 누가 관리할 것인가?

네 번째로, 사업체는 최고 경영자(CEO)부터 모든 직원(관리자, 지원 인력, 시설 담당 직원 등)에게 이러한 계획을 알리고 훈련시켜야 한다. 복구에 착수하기 위해서는 모두가 그 계획에 대해 알고 있어야 한다.

8.4.2 지역사회에 기반한 복구 계획 수립

재난은 사업체 부문에만 피해를 주지는 않는다. 사업체는 그 지역에 사는 사람들이 소유한 재산이며, 또한 사람들에게 임금을 지불하는 역할도 한다. 이러한 임금은 차례로 직원들이 임대료를 내고, 식료품을 사고, 의복을 구입하고, 기부를 하도록 하는 2차적 파급 효과를 낸다. 복구는 외부와 단절된 상태에서는 결코 이루어질 수 없으므로, 사업체 복구 노력은 재난 전후에 지역사회 차원의 계획 수립에 통합되어야 한다.

사업 분야를 보다 넓은 지역사회의 계획 수립 노력에 통합하면, 보다 전체론적인 복구를 촉진할 수 있다. 사업 분야는 사업의 생존 능력에 영향을 미치는 교통망 재편과 사회 기반 시설의 변화에 대해 목소리를 낼 수 있으며 또 내야 한다. 사업 분야는 또한 직원과 고객에 영향을 미치는 주택가가 어떻게 재건축되는지도 알아야 한다. 이들은 또한 가스·전기·수도 설비의 개조에 대해서도 알아야 한다. 물리적인 환경에 미치는 영향도 사업 부문의 고려 대상이 되어야 한다. 재난은 환경에 어떤 영향을 미칠 것인가? 사업 분야는 보다 환경 친화적인 방법으로 어떻게 재건될 수 있을 것인가? 지역사회의 복구에 어떤 종류의 완화 노력이 통합되어야 하며, 사업체는 이러한 활동에 어떻게 참여하고 어떻게 이익을 얻을 것인가?

지역사회 내의 그리고 지역사회 전반에 걸친 사업체 복구는 새로운 전망과 협력 관계를 창출할 수 있다. 재난 전후에 사업체 복구를 보다 폭넓은 지역사회의 계획에 통합시키면, 재난은 긍정적인 변화를 위한 기회가 될 수 있다. 피해를 입은 교통 시설은 사람뿐 아니라 상품과 서비스의 이동을 위해서도 개선되어야 한다. 새로운 환승 경로는 고객을 상업 지구에 보다 쉽게 접근할 수 있게 해준다(Monday, 2005). 뿐만 아니라, 피해를 입은 공공시설과 공공장소는 에너지 효율적인 특성과 (공원과 지역 센터 같은) 공동 활동 공간을 포함하고, 사업체가 학교, 병원, 그리고 다른 공공장소에 통합되도록 재건되어야 한다. 새로운 홍수 배수 시스템, 지하의 공공시설, 또는 무선 통신 역량의 개선은 다음 재난 이전에 사업 부문의 회복력을 증진시켜줄 것이다(보다 자세한 내용은 2005년 Monday의 'Holistic Disaster Recovery'를 참고). 다른 지역사회의 이해 당사자와 함께 일하면, 사업체는 물론 전체 지역사회에 이익이 되는 새로운 계획을 세울 수 있을 것이다.

한 예로, 대부분의 지역사회에는 구체적인 상업 구역이 설정되어있다. 예를 들어, 구역 지정이란 소매점을 지정하는 것이지 산업 지대를 명시하는 것은 아니다. 재난 이후 사용 가능한 전략의 하나인 구역 중첩은 추가적인 규정을 제시한다. 계획 요소는 고객이나 관광객을 끌어들이기 위한 새로운 도로변 경관이나 특징적인 풍경을 창출하는 것 같은, 지역의 전반적인 외관에 영향을 미칠 수 있다. 또한 직원과 고객을 보호하기 위해 사업체의 고도를 높이고, 스프링클러 시스템을 늘리고, 방화 지붕을 설치하고, 안전실을 비치하는 것과 같은 완화 특성을 추가할 수도 있다. 구역 중첩은 사업 분야를 개선하는 기회의 창을 제공한다(Schwab et al., 1998). 환경 친화적인 규정은 거주지 보호를 촉진하며, 해당 지역의 기후에서 잘 자라는 토착 식물을 들여오게 해준다.

예를 들어, 아칸소의 아카델피아Arkadelphia는 F4 등급의 토네이도가 발생한 후에 구역 중첩을 창안했다. 알맞은 가격의 주택, 클러스터 개발, 공원 개발, 그리고 시설 공유에 중점을 둔 이들의 계획은 심한 피해를 입은 이 지역에 고객과 관광객을 끌어들이게 해주었다. 전반적인 복구 계획을 세운 이곳 도심의 전망은 활기찬 교통 순환 패턴 그리고 새로운 사업체의 유치를 장려하는 노력과 잘 연계되었다.

도심을 재건할 때 주택가를 포함하면, 사업 분야가 이익을 얻을 수 있다. 그렇게 하면 주민과 방문객으로 인한 보행 인구와 고객이 증가한다. 다른 요소는 강 유역에 트레일을 만들고, 사람들이 찾을 만한 시설을 짓는 등 환경적 특성을 활용해 지역 특성을 창출하는 것이다(Monday, 2005). 노스캐롤라이나 프린스빌의 작은 마을은 1999년 홍수가 발생한 뒤에 그렇게 했다. 이 마을은 외부 자문가의 도움을 받아, 새를 감상할 수 있으며 지역의 역사가 깃든 자연 산책로를 만들었다. 프린스빌이 미국에서 가장 오래된 아프리카계 미국인의 도시이기 때문에, 이 산책로에서는 새로 보강한 강의 제방에서부터 교회, 묘지 그리고 미국에서 가장 오래된 아프리카계 미국인의 소방서를 비롯한 지역의 역사적 명소를 볼 수 있다. 다른 지역에서는 마을의 시계를 다시 만들고, 여름 연주회를 위해 벽화와 정자를 설치하는 등 과거를 되살리는 요소들을 설치해 지역 역사의 특성을 살렸다.

문화유산 국민 신탁은 이렇게 재난 이후에 새로운 활력을 일으키는 활동에 관한 정보와 자원을 제공한다. 예를 들어, 이 신탁에서는 오래된 상업 지역을 되살리기 위해 '중심가 포 포인트 접근법Main Street Four-Point Approach'을 제안한다(National Trust for Historic Preservation, 2008). 이 접근법은 지역사회가 경제적으로 재구성하고 도심의 발전을 촉진하는 방법 그리고 이를 조직화하는 방법에 대한 전반적인 계획을 세워 앞으로 나아가도록 한다. 캘리포니아의 파소 로블레스Paso Robles는 2002년 지진이 발생한 후에 이 중심가 프로그램을 시작했다. 이 지역은 중심가 및 지역 개발 블록 보조금Main Street and Community Development Block Grant 프로그램의 자금을 활용해 세 가지 일을 해냈다. 그것은 지진 활동에 대비한 건물 보강, 도심의 역사적 특성 보존, 그리고 경제 재생이었다(Monday, 2005).

8.4.3 사업체의 녹색 복구를 위한 계획 수립

환경 친화적 요소나 녹색 특성을 적극적으로 통합하면, 사업체와 보다 넓은 지역사회가 이익을 얻을 수 있다. 대규모에서 소규모에 이르는 모든 사업체는 재건 노력에 녹색 특성을 통합할 수 있다. 녹색 재건은 사업 비용을 줄이고 에너지 효율을 높이는 역할을 한다. 녹색 재건은 또한 사업체가 사용하는 에너지를 상당 부분 줄여줄 수 있다. 도로변 경관을 위해 피해 입은 나무를 교체하면 홍수 유출을 줄이고, 공기의 질을 개선하며, 사업 분야에 쾌적하고 심미적인 특성을 살릴 수 있다.

미국의 친환경건축위원회(http://www.usgbc.org)는 친환경 건축물 인증(LEED)을 받기 위한 지침을 제공하는데, LEED는 'Leadership in Energy and Environmental Design'의 머릿글자를 딴 것이다. LEED는 건축이나 재건축을 하는 이들이 인증certified, 실버silver,

골드gold, 플래티넘platinum이라는 네 가지 수준의 LEED 인증을 받기 위한 구체적 기준에 따르도록 장려하고 있다. 이들이 추구하는 인증을 받으려면, 지속 가능성, 물의 효율성water efficiency, 에너지energy, 자재materials, 실내 환경의 질indoor environmental quality이라는 다섯 가지 범주에서 구체적인 환경 친화적 특성을 건물에 통합해야 한다(더 자세한 내용은 상자 8.3 참고).

상자 8.3 소규모 사업체를 위한 녹색 복구

이 책에 나온 지속 가능성과 환경의 질이라는 원칙을 활용하면, 소규모 사업체는 일리노이 대학교 어바나 샴페인 캠퍼스University of Illinois at Urbana-Champaign의 스마트 에너지 설계 지원센터 Smart Energy Design Assistance Center(SEDAC)의 제안을 활용해 녹색 재건을 계획할 수 있다(http://www. sedac.org). SEDAC에서 추천하는 사항은 다음과 같다.

- 구조적 피해
  - 단열재를 벽에는 최소한 R-13 단열재로, 다락에는 R-49 단열재로 개선한다.
  - 에너지 효율이 더 높은 창문을 설치한다. 0.35 미만의 U-값을 지닌 low-E가 이상적이다.
  - ENERGY STAR의 고반사 지붕 자재를 사용한다.
  - 건물을 밀폐해 공기 침투를 줄인다.
- 조명 개선
  - 소형 형광등을 사용한다.
  - 전자식 안정기를 지닌 고효율 T8이나 T5 형광등을 사용한다.
  - 재실 감지기를 설치한다.
  - 2단 스위치를 설치한다.
  - 주광조명을 고려한다.
  - LED 출구 표시등을 사용한다.
- HAVC 시스템의 수리나 대체
  - 필요한 시스템의 크기를 확인하고 개선할 것을 고려한다. 더 크다고 해서 반드시 더 좋은 것은 아니다.
  - 오래된 예전 시스템을 밀봉된 연소 보일러/용광로를 제공하는 새로운 고효율 기기로 바꾸고, SEER 15, EER 11.5 또는 이보다 더 큰 에어컨으로 대체한다.

- ○ 고효율 옥상 시설을 설치한다.

- ○ 가능하면 배기열 회수 기능이 포함된 시스템을 사용한다.

- ○ 기존 배관을 밀봉한다.

- ○ 가능하면 지열 펌프를 설치한다.

- ○ 프로그램 작동이 가능한 구역별 온도 조절 장치를 설치한다.

- ○ 사용여부에 따라 통풍을 제어한다.

- 사무실 기기
  - ○ 피해를 입은 컴퓨터를 평면 스크린 모니터와 노트북 컴퓨터 같은 에너지 절약형으로 대체한다.
  - ○ 다른 사무실 기기도 에너지 효율이 더 높은 것으로 바꿀 수 있는지 알아본다.

- 호텔, 모텔, 식당처럼 대중에 공개된 시설
  - ○ 저수류low-flow 수도꼭지 장치, 샤워 꼭지 그리고 1.28 gpf 변기 사용
  - ○ 저수류 상업용 샤워기 사용
  - ○ 수요 기반의 주방 배기 후드 사용
  - ○ 고효율 모터
  - ○ 순간온수기
  - ○ 자판기 에너지 조절 장치

출처: SEDAC energy smart tips disaster recovery and rebuilding in Illinoise, "University of Illinois at Urbana-Champaign", IL. 자세한 정보는 http://smartenergy.arch.uiuc.edu/pdf/Energy_Smart_Tips_Disaster_Recovery.pdf를 참고.

8.5 사업체의 복구 자금

여러분은 사업체 복구가 정부로부터 별다른 직접적인 지원을 받지 못한다는 사실을 알면 놀랄 것이다. 게다가 이러한 지원은 별다른 도움이 안 될 수도 있다. 1994년 노스리지 지진 이후에 연방 정부의 지원을 받은 사업체는 실질적으로 복구의 기회를 더 적게 누렸다. 복구 지원의 원천이 되어야 할 연방 정부의 지원이 실제로 복구의 기회를

줄이는 결과를 낳는 이유는 무엇일까? 지원을 받은 노스리지 사업체의 소유주는 가장 심한 피해를 입은 사람들이었다(Dahlhamer and D'Souza, 1997; Dahlhamer and Tierney, 1998; Tierney, 1996; 2006; Tierney et al., 1996; Webb et al., 2000).

미국에서 사업체에 대한 연방 정부의 지원은 보조금이 아니라 대출뿐이다. 대출이 아주 낮은 이자율로 제공되긴 하지만, 이미 어려움을 겪고 있던 사업체에는 이러한 대출도 실질적으로는 경제적 부담을 가중시킬 수 있다(Dahlhamer and Tierney, 1998). 또 다른 문제는 즉각적인 운영을 돕는 데 사용되는 대출금의 성격에서도 비롯된다(이 장의 뒷부분에서 EIDL 대출 부분을 참고). 이러한 유형의 대출은 고객을 잃거나 지역의 경제 침체에서 비롯되는 문제를 해결해주지 못한다(Tierney, 2006). 간단히 말해서 많은 사업체가 자신들의 노후 생계를 위한 은퇴 자금을 포함한 저축에 의존한다(Webb et al., 2000).

8.5.1 미국 중소기업청

미국 중소기업청(SBA, 사진 8.4 참고)은 모든 규모의 사업체에 물리적 재난 대출Physical Disaster Loan을 제공한다. 2014년 SBA는 자격을 갖춘 사업체에 건물, 기계, 장비, 물품 그리고 고정 시설을 수리하거나 대체하는 비용으로 4% 이율로 최대 2백만 달러까지 제공할 수 있었다. 이 자금은 보험이 적용되지 않는 지출에 사용되었다. 미래의 피해를 줄이기 위해 완화 방법을 실천한 사업체는 취득 가능한 금액의 20%를 추가로 받을 수 있다. 모든 규모의 사업체와 비영리 단체도 이에 해당된다(SBA, 2014).

SBA의 경제적 피해 재난 대출Economic Injury Disaster Loans(EIDL)도 30년 이상에 걸쳐 4%의 이율로 2백만 달러까지 제공된다. EIDL은 사업체가 복구될 때까지 운영비용을 충당할 자금을 제공하며, 이는 소규모 사업체, 농업 관련 기업, 그리고 비영리 단체에 제공된다. 예를 들어, 슈퍼 태풍 샌디가 발생한 후에 SBA는 34,000건의 대출에 22억 달러를 승인했는데, 이는 SBA 역사상 가장 큰 규모였다. 뿐만 아니라, 미국 의회는 중소기업 개발 센터Small Business Development Center, SCORE(소규모 사업체를 돕는 비영리 기관), 여성 기업 센터Women's Business Center를 통해 또 다른 1,900만 달러의 자금을 승인했다(Rivera, 2013).

사진 8.4 2011년 중소기업청에서 앨라배마에 대출 지원을 제공하는 모습(사진 Tim Burkitt, FEMA).

예를 들어, 사업체가 반복적인 홍수 발생 지역에 위치한 경우, 반드시 홍수 위험 보험에 가입해야 한다(http://www.fema.gov). 자신이 가진 자원으로 복구할 수 없거나, 정부의 지원이 반드시 필요한 상황에 처한 업체에 가입 자격이 주어진다.

8.5.2 국민 신탁의 중심가 프로그램

미국의 중심가는 시간이 갈수록 향수를 불러일으키는 분위기를 풍기며, 이 중 많은 곳이 국민 신탁에 의해 중심 구역으로 설계되었다. 하지만 중심가는 또한 지역사회의 중심을 상징하기도 한다. 이들 중심가는 상업적인 이유로 강이나 다른 교통망에 근접해 있어 위험에 노출되기도 쉽다. 2008년 폭우와 토네이도가 미국 중서부의 중심가 지역에 피해를 입혔다. 중심가 프로그램Main Street Program을 갖고 있던 국민 신탁이 이에 대응했다. 수많은 협력기관과 함께 아이오와 홍수 대응 연합Iowa Flood Response Coalition을 설립한 것은 그러한 노력의 일환이었다. 이러한 협력기관으로는 아이오와 도심 자원 센터

Iowa Downtown Resource Center, 아이오와 문화재보호국Iowa State Historic Preservation Office 등이 있다. 이러한 국민 신탁은 이전에 발생한 여러 차례의 재난과 관련된 간행물을 통해서도 지원을 제공했다. 이와 똑같은 경험이 특히 역사적 가치를 지닌 곳에서 사업체 복구 전략의 기본으로 활용되었다(Van Belleghem, 2008).

8.5.3 소액 대출

수많은 유형의 사업체가 기존 지원의 사각 지대에 놓이거나, 대출 신청에 필요한 자격을 충족하지 못하고 있다. 이것은 재택 사업이나 개발도상국에서 재건에 직면한 사업체의 경우 특히 그러하다. 또한 소액 융자나 소액 보험이라고도 불리는 대출은 그렇지 않으면 투자 자금을 확보할 수 없는 사업체에 소액 지원될 뿐이다. 예로부터, 개발도상국의 소액 대출은 극빈곤층, 특히 여성에 집중되어왔다. 이러한 대출은 대출을 받는 사람이 대출금을 갚는다는 전제하에, 소규모 사업체를 시작하거나 확장할 자원을 확보하기 위한 초기 자금으로 제공된다.

이와 유사하게 여러 조직에서 재난 이후 사업을 시작하거나 수입을 얻을 수 있도록 도움을 주기 위해 여성이나 여성 집단에 자원을 제공한다. 2001년 구자라트 지진 이후에 인도에서도 이런 일이 이루어졌다. 인도의 여성 자영업 협회Self-Employed Woman's Association(SEWA)는 노동조합과 협동조합을 갖추고 있다. SEWA는 지진 발생 후에 경제적 기회를 재구축하는 데 도움을 주고자 자수 재료를 나눠주었다. 그 결과 약간의 경제적 도움만 준 게 아니라, 여성들이 모여서 일하고 이야기를 나눌 수 있는 기회도 제공해주었다. 여성들은 조직적으로 움직이기 시작했으며, 보육 센터를 비롯한 다른 진전도 이끌어냈다. SEWA는 여성들에 중점을 맞춰 여성들이 운영하는 단체이므로 여성의 이익을 효율적으로 반영한다. 1972년에 처음 설립된 SEWA의 내부 조직과 경제적 관점은 수입을 벌어들인 데 그치지 않고 여성의 역량까지 키우는 성과를 낳았다(Lund and Vaux, 2009).

터키도 1999년에 대규모 지진을 겪었다. 1986년에 설립된 비정부 조직인, 여성 일자리 지원 재단Foundation for the Support of Women's Work을 통해 여성들은 지역사회를 여성과 어린이를 위한 공간으로 만들어나가기 시작했다. 선적용 컨테이너를 보육 센터와 장난 감 제작 공간으로 바꾸는 등의 노력이 이루어졌다. 재난의 피해를 입은 여성들은 관광 부와 계약을 맺어 장난감을 만들어 수익을 얻었다. 장난감 만드는 일이 끝나고 난 뒤에 는 어떻게 되었을까? 여성들은 여러 팀을 조직해 다른 집안용품을 만들어 지역의 상인 들에게 팔았으며, 인도의 주요 백화점에도 좌판을 냈다. 4년 만에 여성들은 주택 조합 을 만들고 정치적으로 자신들을 위한 목소리를 내기 시작했다(Yonder et al., 2009). 재난은 사업체에 기회가 될 수 있으며, 때로는 그 이상의 성과를 내기도 한다.

8.6 요약

지역사회가 재난 이후에 제 기능을 하기 위해서는 사업체가 있어야 한다. 사람들은 식량과 의복, 가구, 전기와 전화 서비스를 필요로 하며 월급을 받아야 한다. 사업체는 지 역사회에 상품과 서비스 및 제품 그리고 그보다 더 많은 것을 제공한다. 하지만 대부분 의 사업체는 해당 지역의 잠재적 위험요인에 대한 대비를 제대로 하지 못한다. 대부분 의 사업체는 응급 처치용 상자나 응급 처치 교육 같은 최소한의 대비만을 할 뿐이다. 그 러나 재난은 직접적이고 간접적인 피해를 미치며, 따라서 사업체는 이에 대비해야 한 다. 직접적인 피해는 위험요인이 구체적인 장소나 사업 기능에 영향을 미칠 때 발생한 다(예를 들어 토네이도로 지붕이 갈라지거나, 사이버 공격으로 신용 카드 정보를 훔쳐가는 등). 간접적인 피해 는 위험요인이 통신, 전기, 물, 교통 그리고 사업체를 지속하는 데 필요한 다른 자원에 피해를 줄 때 발생한다.

재난이 발생하면, 대규모 사업체는 대체로 더 많은 자원을 비축해두기 때문에 소규 모 사업체보다 더 잘 대처하는 경향이 있다. 소규모 사업체는 살아남지 못하거나, 살아 남기 위해 더 큰 어려움을 겪는 경향이 있다. 사업체는 생존하려면, 자신들이 어떤 피해를 겪을 가능성이 있는지 잘 알고 있어야 한다. 손실 추정 과정에는 구조물, 내용물, 그리고 사업체의 기능에 미치는 피해가 포함되어야 한다. 뿐만 아니라, 사업체는 임시적으로 또는 영구적으로 이전할 때, 영업을 하지 못하거나 대피하느라 영업 정지 기간을 겪을 수도 있다. 또한 사업체는 고객 상실에 직면하기도 한다.

사업체는 재난이 발생하면 어떻게 해야 할지에 대한 사업 지속성 계획을 적극적으로 수립해야 한다. 계획 수립에는 인적 자원, 즉, 재난이 발생한 동안 조치를 취하고 장기 복구에 참여할 직원들에 대한 사항도 포함되어야 한다. 복구 계획 수립은 보다 넓은 지역사회 차원에서 이루어져야 사업체 복구가 주택, 환경, 사회 기반 시설, 그리고 공공 시설의 수리 등과 같은 다른 요소들과 연계될 수 있다. 보험이 재난 피해를 완화하기 위한 한 가지 방법이긴 하지만, 정부 및 비정부 조직이 제공하는 것과 같은 다른 재원도 필요할 것이다.

8.7 마무리 문제

8.7.1 요약 문제

1. 사업체 복구에 영향을 미치는 주요 요인에 대해 토론하라(예를 들어, 대비 수준, 사업체의 규모와 유형 및 위치 등).
2. 직접적인 피해와 간접적인 피해는 어떻게 다른가? 최근의 재난에서 사례를 찾을 수 있는가?
3. 여러분이 선택한 사업체를 대상으로 손실 추정 과정의 기본적인 단계를 실천해보아라. 총 손실액은 대략 얼마인가?
4. 영업 정지 기간과 대피의 차이점을 설명하라. 여러분의 직장이 이러한 일을 겪는다면, 사업을 지속하기 위해 활용 가능한 선택사항은 무엇이 있겠는가?

5. 사업체는 인적 자원을 어떻게 보호할 수 있는가? 제4장으로 돌아가보아라. 이 장에 나온 내용에 더해 어떤 추가적인 고려를 해야 하는가?

6. 물리적 피해 대출과 경제적 피해 대출의 한도에 대해 설명하라.

7. 소액 대출은 무엇이며, 어떤 조건에서 활용 가능한가? 소액 대출을 비판하는 주장에 대해 추가적인 조사를 실시하고 여러분의 의견을 다시 검토해보아라.

8. 에너지 효율을 더 높이는 방식으로 사업을 재건할 다양한 방법을 알아보아라.

8.7.2 토론 문제

1. 9.11로 인한 두 가지 사례를 찾아보아라. 하나는 대규모 사업체이고 다른 하나는 소규모 사업체여야 한다. 이들은 직원을 구하고 사업의 기능을 복원하기 위해 어떤 일을 했는가? 이들 사업체는 오늘날까지 살아남았는가? 조사 과정에서 어떤 사실을 알게 되었는가?

2. 여러분의 직장이나 학교를 둘러보고 자문해보아라. 재난에 대비하려면 어떤 자원이 필요한가? 어떤 교육을 실시해야 하는가? 여러분은 재난에 대응하기 위해 어떤 대비를 하고 있는가? 그 밖에 또 무엇을 할 수 있는가?

3. 여러분이 다니는 직장이나 학교는 사업 지속성 계획을 갖고 있는가? 그런 계획을 갖고 있거나 갖고 있지 못한 이유는 무엇인가?

4. Landahl(2013)이 제공한 사례(참고문헌 참고)를 활용해, (특히 재난 관리 측면에서) 소규모 사업체와 정부의 관계를 개선할 방법을 찾아보아라.

5. 사업체 복구를 위한 보조금이 없다는 사실을 알고 놀랐는가? 활용 가능한 대출에 대해 어떻게 생각하며, 대출을 받은 사업체에 관한 노스리지 연구(Tierney 2006)에서 어떤 사실을 발견했는가?

6. 여러분이 일하는 직장이 재난으로 심각한 피해를 입었다면, 녹색 전략을 활용해 어떻게 재건할 것인가?

참고자료

- Business Preparedness materials and plans, http://www.ready.gov/business. Last accessed October 7, 2004.
- Main Street News, http://www.preservationnation.org/resources/disaster-recovery/addi-tional-resources/CopingWithDisaster-MSN-OCT2002.pdf. Last accessed October 7, 2004.
- Nonprofit business continuity tutorial, https://www.nonprofitrisk.org/tools/business-continuity/business-continuity.shtml. Last accessed October 7, 2004.
- Small Business Administration, Disaster loans, http://www.sba.gov/category/navigation-structure/loans-grants/small-business-loans/disaster-loans. Last accessed October 7, 2004.
- United Nations Office for Disaster Risk Reduction Business Partnerships, http://www.unisdr.org/partners/private-sector. Last accessed October 7, 2004.

제9장
사회 기반 시설과
라이프라인

- 다양한 유형의 재난이 사회 기반 시설과 라이프라인에 미치는 영향에 대해 토론한다.
- 이러한 시설의 붕괴가 사회 경제적 피해를 일으키는 이유를 설명하고, 여러 유형의 피해에 대해 알아본다.
- 사회 기반 시설과 라이프라인의 다양한 구성 요소에 대해 알아보고, 재건을 할 때 이러한 요소를 고려해야 하는 이유를 알아본다.
- 재난 상황이 아닐 때, 미국의 사회 기반 시설과 라이프라인의 현재 상태에 대해 설명한다.
- 사회 기반 시설과 라이프라인의 재건을 위한 주요 원리를 정의하고 설명한다.
- 재건 노력의 일환으로, 사회 기반 시설과 라이프라인 피해 완화 사례를 제시한다.

접근성accessibility

코로나 물질 분출Coronal Mass Ejection(CME)

사이버 공격cyber attack

지자기 폭풍geomagnetic storm

헬리오 물리학heliophysics

고위험 댐high-hazard dam

간접 손실indirect losses

사회 기반 시설infrastructure

사회 기반 시설 붕괴의 상호 의존성Infrastructure Failure Interdependency(IFI)

공공 설비utility

서비스 마비denial of service

직접 손실direct losses

유연성flexibility

상호 연관성interconnectedness

상호 의존성interdependence

회복력resilience

태양 표면 폭발solar flare

태양 극대 사상solar maximum event

9.1 서론

재난을 연구하는 학자인 쿠아란텔리E.L. Quarantelli가 1992년에 예측한 바에 의하면, 더 심하고 광범위한 결과를 미치는 새로운 유형의 재난이 등장할 것이라고 한다. 사회 기반 시설과 라이프라인이 이에 해당한다. 이 책의 최신판이 나온 이후로 거의 논의되지 않던 위협에 점점 더 많은 관심이 쏠리고 있다. 이 장의 도입부에서 사례 연구로 언급할 지자기 폭풍은 전력망, 휴대 전화, 내비게이션 기기에 피해를 줄 가능성이 있다. 이는 우리의 개인 생활 및 업무를 전기, 통신, 그리고 교통과 연결해주는 필수적인 요소이다. 우리가 당연하게 여기는 이러한 요소가 없으면, 사업체를 운영하고, 직장과 학교에 가며, 친구 및 가족과 대화를 나누고, 응급 상황이 발생했을 때 인명을 구할 수 없을 것이다.

점점 만연해가는 또 다른 위협은 컴퓨터 시스템을 노리는 사이버 공격이다(상자 9.1 참고). 이러한 공격이 우리의 재정 정보를 노리는 범죄자로 인한 것이든, 아니면 혼란을 노리는 테러범에 의한 것이든, 그 피해는 실로 엄청날 수 있다. 우리는 통신을 위해서만 컴퓨터에 의존하는 게 아니라, 레저 활동을 하고, 복잡한 분석을 하며, 기록을 저장하고, 수업을 듣고, 회의를 하는 데도 컴퓨터를 이용한다.

사회 기반 시설과 전기·가스·수도와 같은 공공 설비를 당연한 것으로 받아들여서는 안 되며, 우리의 일상생활과 일을 가능하게 해주는 이러한 요소를 보호하고 강화하고 지키기 위해 필요한 행동을 해야 한다. 이 장의 목표는 바로 그렇게 하는 것, 즉, 세심하게 살펴보고 필요한 조치를 취하기 위한 것이다.

상자 9.1 사이버 취약성

기술 발전으로 유무선 기기에 대한 의존도가 높아지고, 기업, 병원, 공공 설비의 컴퓨터 시스템에 대한 상호 의존성이 커지면서, 이로 인한 재난의 위험도 점점 커지고 있다. 자연, 기술, 그리고 테러로 인한 사건은 여러 가지 면에서 인간 사회를 위협한다. 지진 같은 자연 재난은 사이버 시설에 전력을 공급하는 사회 기반 시설에 피해를 입히거나 파괴할 수 있다. 지자기 폭풍은 전력망뿐 아니라 컴퓨터 기기까지 파괴할 잠재력을 지니고 있다. 사이버 전쟁으로 이루어지는 테러도 기업, 정부, 그리고 개인 등 수백만 명에게 피해를 줄 수 있다. 예를 들어 다음의 위협에 대해 생각해보자.

- 한 국가가 다른 나라의 컴퓨터 시스템에 침투해 군사 작전에 관한 정보를 빼내, 군대 및 비밀 요원을 위험에 빠뜨릴 수 있다.
- 범죄 조직이 대규모 기업을 해킹해, 세계 시장에 지속적인 불안을 야기함으로써 주식 시장에 부정적 영향을 줄 수 있다.
- 해커가 개인 및 기업의 컴퓨터에 바이러스를 유포해, 컴퓨터를 둔화시키거나 서비스 마비를 유발해 수십억 달러의 피해를 낼 수 있다.

그로 인해 다음과 같은 엄청난 결과가 빚어질 수 있다.

- 전력 공급이 생사의 문제가 되는 병원, 요양원, 교도소, 그리고 개인 가정에 전력이 끊긴다.
- 사람이 많이 모이는 장소에 식수, 위생 및 수술 등에 필요한 수도 공급이 끊긴다.
- 의료 처치에 관련된 컴퓨터 기록에 접근할 수 없고 개인의 의료 정보가 사라진다.
- 기업과 공장이 문을 닫고 손실을 입어 일자리가 줄어든다.
- 절도로 인해 수입이 줄어든다.
- 테러와의 전쟁 와중에 군대 및 비밀 첩보원이 목표물이 된다.
- 개인 정보가 유출되어 범죄자가 신용 카드를 사용하고 신분증 번호와 개인 정보를 도용해 개인 생활을 교란시킨다.

사이버 범죄는 새로운 테러로 등장할 수 있다. 2014년 말 해커가 소니Sony에 침투해, 영화, 재정 기록, 이메일 그리고 대본을 훔쳤다. 자신들의 지도자를 비방하는 내용을 담은 코미디 영화에 불만을 품은 어떤 나라와 연관된 것으로 보이는 이 공격의 피해는 실로 엄청났다. 소니는 수백만 달러의 잠재 수익을 잃었고, 이메일이 유출되어 많은 사람들이 곤란을 겪었다. 이들은 최초의 해킹 이

9.1.1 지자기 폭풍

여러분은 지자기 폭풍에 대해 들어본 일도 걱정해본 일도 없겠지만, 그건 여러분만의 문제는 아니다. 이러한 현상을 둘러싼 토론은 수백 년 전부터 있어 왔지만, 일반 시민에게까지 알려진 것은 아주 최근의 일이다. 최근 몇 년 전부터 일부 기상 예보관이 그와 같은 현상이 미칠 수 있는 파괴적인 결과에 대해 언급하기 시작했다. 어쩌면 여러분은 이들이 태양 표면 폭발solar flare이 휴대 전화를 교란시키고, 전력에 영향을 미치며, 비행기 항로를 바꿀 수도 있다고 말하는 걸 들어봤을지 모른다. 헬리오 물리학heliophysics은 이러한 현상에 대해, 특히 태양이 지구와 어떤 상호작용을 하는지 그리고 이러한 상호작용이 사람들에게 어떤 영향을 미치는지에 대해 연구하는 학문이다.

역사는 중요한 사건들을 기록하고 있다. 1859년 캐링턴Carrington이라는 천문학자는 코로나 물질 방출Coronal Mass Ejection(CME) 현상에 주목했다. CME는 태양의 코로나 밖으로 방출되는 태양풍solar wind의 폭발과 자기 활동으로 정의된다. 그 결과는 엄청날 수 있다(Lakhina et al., 2005). '캐링턴 사건Carrington event'으로 알려진 사건이 벌어진 시기에는 기술은 상당히 새로운 것이었다. 그러한 방출이 일어났을 때, 미국과 유럽의 전신 분야에서는 교환원을 놀라게 한 불꽃이 일었다. 당시 다른 분야에서는 피해가 발생하지 않았지만, 그때는 우리가 파이프라인, 철로, 그리고 공항보다 증기력, 전통적인 우편, 석탄, 그리고 가스에 의존했을 때였다(Hapgood, 2011; Thomson et al., 2010).

이와 비슷한 지자기 사건이 오늘날에도 피해를 일으킬 수 있는가? 답은 '그렇다'이며, 과학자와 재난 관리자는 그 점을 우려하고 있다. 캐링턴 사건과 유사한 사건은 '우주선 선단의 작동을 교란시키거나 그 상당 부분을 파괴'할 수 있으며, 이는 우주 기반 서비스 분야에서 440억 달러의 수입 감소와 우주선 분야에서 240억 달러의 손실을 야기할 수 있다(Hapgood, 2011; Odenwald et al., 2006). 최근에는 이를 경고하는 사건도 발생했다. 1989년의 사건은 퀘벡주에 정전을 일으켰으며, 미국에서는 감시하고 있던 1,600개 우주 물체의 행방을 놓치는 일이 발생했다(Hapgood, 2011). 2003년에는 '핼러윈 폭풍Halloween storm'이 우주선에 문제를 일으키고, 고주파 무전기를 교란시켰으며, 북극을 지나던 비행기가 항로를 변경해야 했다(Hapgood, 2011). 또한 나사NASA의 화성 탐사선 마스 오디세이Mars Odyssey의 방사선 경보기가 고장 나고, 유럽 항공 우주국European Space Agency의 마스 익스프레스 미션Mars Express Mission은 화성 탐사에 방해를 받았다.

이와 같은 교란은 인간에게도 피해가 미칠 수 있다고 경고한다. 휴대폰이 연결되지 않아 배우자나 자녀와 통화할 수 없다면 어떻게 될 것인가? 정전이 되면 기업체 운영을 어떻게 할 것인가? 병원, 요양원 그리고 이와 비슷한 시설은 제 기능을 할 수 있을 것인가? 1859년 캐링턴 사건 이후로 엄청난 기술의 변화가 이루어졌다. 우리의 상호 의존성 및 다양한 기술에의 의존성 증가는 우리가 심각하고 엄청난 파괴의 위험이 높은 상황에 처할 수 있다는 것을 말해준다(Hapgood, 2011).

가능성이 낮긴 하지만, 많은 사람들이 염려하는 것이 태양 극대 사상solar maximum event으로, 이는 여러 가지 피해를 초래할 수 있다(Kappenman, 2006; National Space Weather Program, 2013). 이는 우주 관련 기업, 군사 통신과 작전, 항공 분야의 경제적 피해는 물론, 전력망, 고주파 무전기, 내비게이션 등 사회 기반 시설의 파괴, 그리고 이로 인한 여러 사회적 파장을 낳을 것이다. 사회적 파장이란, 개인의 통신, 인터넷과 앱의 사용, 무선 통신, 그리고 전력이 필요한 의료 및 보조 기기에 의존하는 장애인에 미치는 영향 등을 말한다. 더 광범위한 차원에서 사업체에 미치는 피해는 임금 손실, 생산 감소, 상품과 서비스의 전달 감소, 그리고 주식 폭락 등으로 수십억 달러에 이를 수 있다. 태양 극대 사상으로 인한 전력 교란은 병원, 양로원 및 요양원, 응급 의료 센터, 교도소, 참전군인 편의시설, 주거단지 등에도 피해를 줄 수 있다. 겨울에 정전이 발생하면 수천 명이 목숨을 잃는 최악의 상황이 벌어질 수도 있는데, 이것은 현재 전력망을 컴퓨터로 작동하고 있는 미국 북동부에서 실제로 일어날 가능성이 있으며, 따라서 크게 우려되는 일이 아닐 수 없다. 겨울에 발생하는 정전은 치명적일 수 있어서, 몇 주 동안 2천만에서 4천만에 이르는 사람들이 전기 없이 지내야 할 수도 있다(Kappenman, 2006; National Space Weather Program, 2013).

9.2 사회 기반 시설과 공공 설비의 손상으로 인한 사회적 피해

시스템 이론은 구조물적 환경이 인간 시스템과 어떻게 연결되어있으며, 지진이나 지자기 폭풍 같은 물리적 환경에 의해 어떤 영향을 받을 수 있는지를 보여준다. 전기나 무선으로 작동하는 알람시계가 아침에 우리를 깨우면, 가스로 가열되는 온수로 샤워를 하고, 수도배관을 통해 집으로 직접 전달되는 깨끗한 물을 마신다. 우리의 잠을 깨워주는 커피는 항구나 공항을 통해 이 나라로 들어와 고속도로와 다리를 통해 우리가 사는 지역으로 운송된다. 가정이나 직장 또는 학교에서 우리는 고속 전선이나 무선 연결을 통해 인터넷에 접속하고 전화와 각종 기기를 사용한다. 우리는 항로가 교란되지 않을 것이라 생각하며 비행기를 탄다. 낮 동안에는 휴대 전화와 앱이 어디서든 작동할 거라 생각하며, 친구에게 전화를 걸고 사진과 문자를 보낸다. 하루 동안 무슨 일이 있었는지 궁금하면, 다양한 레이더 설비로 날씨 영상을 전송하는 라디오나 텔레비전을 켠다. 개인적 차원에서 우리의 일상생활에 사회 기반 시설과 라이프라인의 유용성이 어떤 영향을 미치는지 알기는 어렵지 않다. 시야를 넓혀 매일 운영되는 사회 기반 시설과 공공 설비에 의존하는 학교나 병원 또는 직장과 같은 공공시설에 대해 생각해보자. 재난 상황에서 이러한 문제는 더더욱 심각해질 수 있다.

시스템 이론은 재난으로 시스템의 한 구성 요소가 와해되면 다른 시스템에 광범위한 피해를 줄 수 있다는 것을 예고한다. 결과적으로, 사회 기반 시설이나 라이프라인의 붕괴는 인간 시스템에 심각한 결과를 가져올 수 있다. 지자기 폭풍의 예에서 살펴보았듯이, 우리는 '교통, 에너지, 통신, 식수 공급, 폐수 처리를 위해 사회 기반 시설의 이송과 분배 네트워크에 점점 더 의존적'이 되어가고 있다(Zimmerman, 2003, p. 97). 이러한 의존은 시스템의 상호 의존성과 연관성 때문에 붕괴를 가속화시킨다. '2개의 서로 다른 시스템 사이의 정형화된 연결'로 정의되는 상호 연관성interconnectedness은 새로운 시스템이 사회 기반 시설의 예전 구성 요소와 연결될 때 발생하는 경향이 있다(Zimmerman, 2003, p. 99). 이러한 붕괴는 '도로 혼잡, 정전, 그리고 통신 체제의 마비' 등으로 나타나며, 얼마간 예측 불가능하다(Zimmerman, 2003, p. 98). 지자기 폭풍의 위협은 오래되거나 새로운 구성 요소를 모두 지닌 시스템에 상당한 위험 요소가 된다. 퀘벡의 정전 사태 이후로 미국의 전력망을 안정시키고 전력 손실에 대한 저항력을 키우기 위한 노력이 진행되고 있다. 하지만 이 장에서 앞으로 보게 되겠지만, 모든 사회 기반 시설과 라이프라인에서 언제나 그러한 노력이 이루어지는 것은 아니다.

재난으로 인한 이러한 시설의 붕괴는 막대한 피해를 일으킬 수 있다. 허리케인 카트리나는 루이지애나에서 수백만 명의 휴대폰을 먹통으로 만들었다. 긴급 구조대원, 재난 관련 직원, 자원봉사 단체 그리고 지역 주민들은 의사소통을 할 수 없었다. 다른 사람들과 연락하려면, 나뭇가지식 방법으로, 연락이 되는 누군가에게 전화를 하면 그 사람이 메시지를 전달하거나, 피해지역에서 벗어나 메시지 전달이 되는 곳까지 차를 몰고 나가야 하는 경우가 많았다.

이러한 주요 통신 수단 없이 생존자에게 구호물자를 전달하기는 매우 어려웠다. 대피의 와중에 헤어진 가족들은 서로의 위치를 알 수 없었다. 통신의 붕괴에 대처하기 위해 대피소에서는 주민의 이름을 인터넷 목록에 올리고 대피소의 목록을 검색해 가족을 찾아 다시 합칠 수 있게 해주었다. 트레블러 에이드Traveler's Aid와 엔젤 플라이트Angel Flight 같은 단체는 공항의 기반 시설을 이용해 가족들을 다시 연결해주었다. 매스컴과 어린이 보호 서비스를 제공하는 단체들은 잃어버린 어린이를 찾기 위해 인터넷과 텔레비전을 활용했다. 하지만 허리케인 카트리나 같이 끔찍한 재난 상황이 아니었다면 그와 같은 어려움을 예상할 수 있었겠는가?

미국 테네시의 멤피스는 뉴마드리드 단층을 따라 대규모 지진의 영향을 받을 가능성이 있다. 한 연구에 의하면, 재난 대응 사업을 하는 업체들의 주요 관심사는 전기인 것으로 나타났다(Nigg, 1995). 추가적인 손실은 천연 가스와 수도관의 붕괴로 인한 경제적 재난이 될 수 있다(Chang et al., 1996). 전화 단절도 수도, 하수 처리 그리고 천연 가스와 함께 사업체 운영을 붕괴시키는 문제가 될 수 있다. 뉴마드리드 단층을 따라 대규모 재난이 발생하면, 서비스 업체가 가장 먼저 문을 닫고, 그 뒤를 이어 제조업체와 건설업체, 도매업과 소매업, 그다음에는 재정, 보험 및 부동산 업체가 문을 닫을 것이다(Nigg, 1995).

9.3 사회 기반 시설과 라이프라인에 미치는 재난의 피해

사회 기반 시설과 라이프라인은 재난에 대한 회복력을 갖춰야 한다. 하지만 실상은 그렇지 못하다. 미국토목학회(ASCE)는 미국의 사회 기반 시설에 대해 정기적으로 '성적'을 매기고 있다(표 9.1 참고). 미국은 전반적으로 2013년에 D+를 받았다. 선진국이 이러한 점수를 받은 것이 놀라운가? 이 점수가 최근의 경향을 반영한 것이라고 생각할지도 모르지만, 이 점수는 이 책의 초판 이래로 그리고 성적을 매기기 시작한 이후로 별다른 변화가 없었다.

미국토목학회에 의하면, 미국의 사회 기반 시설에 대한 전반적인 점수는 D+이다. 이러한 심각한 결함을 바로잡으려면, 2020년까지 대략 3조 6천억 달러의 투자가 필요하다. 평가 기준은 8가지 영역으로 나뉘어져 있는데, 이는 역량capacity, 상태condition, 자금funding, 미래 수요future needs, 운영과 유지operation and maintenance, 공공 안전public safety, 회복력resilience, 그리고 혁신성innovation이다.

표 9.1 2013년 미국의 사회 기반 시설에 대한 성적표

항공	D
교량	C+
댐	D
식수	D
에너지	D+
위해 폐기물	D
내륙 수로	D-
제방	D-
항구	C
공원과 레저 시설	C-
철도	C+
도로	D
학교	D
고형 폐기물	B-
교통 체계	D
폐수	D

(A: 우수함, 향후에도 적합함. B: 좋음, 현재 적합함. C: 보통, 관심이 요구됨. D: 좋지 않음, 위험함. F: 고장, 위태로움, 목적에 부합하지 않음)

출처: American Society of Civil Engineers, http://www.infrastructurereportcard.org/a/#p/grade-sheet/gpa. 2014년 12월 17일 접속

9.3.1 도로

재난이 발생하지 않았을 때도 도로는 여러 가지 문제를 야기할 수 있다. 출퇴근 시간에 사고가 발생하기도 하고, 날씨로 인해 길이 막히기도 한다. 날씨는 도로의 문제를 더욱 악화시키기도 한다. 얼음과 눈으로 인한 피해가 반복되면, 도로에 구멍이 패여 차량에 손상을 입히기도 한다. 폭우와 홍수는 도로의 기반을 약화시킬 수 있으며, 도로변

을 불안정하게 만들어 산사태를 일으키기도 한다. 지진으로 도로가 끊어지고 솟아오르기도 하며, 교통망이 와해되어 사람들의 이동이나 재난 대응자와 복구 관리자의 작업을 방해한다. 위험 물질의 유출로 적절한 정화 작업을 위해 한동안 도로를 봉쇄할 수도 있으며, 유출된 물질은 주변 환경에 추가 피해를 일으키기도 한다.

허리케인 카트리나는 미국의 90번 도로를 파괴했는데, 이 도로는 멕시코만을 따라 몇백 킬로미터를 이어지는 길이었다. 고속도로의 파괴와 함께 다리도 여러 개 유실되었다. 복구를 위해 투쟁을 벌이는 사람들에게 고속도로와 다리의 유실은 직장에 가고, 가족을 돌보고, 재건에 필요한 자재를 확보하고, 학교에 가는 시간을 연장시킨다. 이러한 피해 가족을 도우려는 단체에게도 도로 피해는 자원봉사자들을 필요한 곳에 데려다주고, 자원봉사자들이 일하는 곳으로 식량을 사서 나르고, 건축 자재를 구하는 데 드는 시간이 늘어나게 한다. 2005년 지진으로 75,000명이 사망한 파키스탄에서는 상황이 더욱 안 좋았다. 지진으로 인한 잔해로 도로가 막혀 피해지역에 접근하기가 힘들어 상황이 더욱 악화된 것이다. 사람들을 구하고, 구호물자와 인력을 나르며, 복구에 착수하려면 헬리콥터가 필요한 상황이었다.

교통망은 우리에게 아주 중요하며, 교통망의 붕괴는 우리의 삶에 심각한 피해를 야기할 수 있다. 재난이 벌어지면, 사람들은 대피해야 하고, 수색과 구조 작업을 벌여야 하며, 주요 자산을 딴 곳으로 옮겨야 한다. 테러범이 사용한 위험 물질이나 생물, 방사능, 화학 물질의 확산을 막기 위해 일부 지역을 격리하고 봉쇄하는 등의 조치를 취해야 할 수도 있다(Litman, 2006). 사실, 운송 능력을 잃어버리는 것은 도로에 미치는 물리적 피해를 넘어 상당한 사회적 교란을 일으킬 수 있다(Chang, 2003). 가장 최근의 ASCE 분석에서, 미국의 도로에 'D' 등급을 줬다는 것은 우려할 만한 일이 아닐 수 없다.

하지만 그럼에도 우리는 교통 시스템에 의존하고 있다. 예를 들어, 고속도로 1개 차선은 시간당 최대 2,000대의 차량과 600대의 버스를 수용할 수 있다. 사람들이 자신들의 차량, 가축, 또는 개인 재산을 지키기 위해 트레일러, 캠핑용 자동차, 또는 다른 차량을 끌고 나오면서, 실제 대피 상황에서는 수용 가능한 차량의 수가 적어질 수도 있다. 재난 상황에서는 고속도로의 수용 능력이 반으로 줄어든다고 가정하는 것이 바람직할 것이다. 아무런 사고도 발생하지 않고 기름 부족도 일어나지 않는다면, 차량당 2.5명의 사람이 타고 4차선 고속도로로 시간당 만 명을 안전하게 이동시킬 수 있다(Litman, 2006). 인구 백만 명이 사는 도시에서 양방향 4차선 고속도로로 모든 사람이 대피하려면, 총 50시간이 소요된다(Litman, 2006). 이러한 추정 시간은 차량의 타이어가 터지거나 기름이 떨어지는 것 같은 일이 발생해 차량 운행이 중지되거나 지연될 수밖에 없는 사고를 고려하지 않은 시간이다.

다른 요인도 대응 노력을 복잡하게 만들 수 있다. 갤버스턴섬Galveston Island 위쪽 휴스턴 지역에 허리케인 리타가 상륙했을 때는, 정부가 요구한 것보다 더 많은 사람이 훨씬 더 멀리까지 대피했다. 최대 120만 명이 대피할 것으로 예상했지만, 실제로는 적어도 300만 명이 그 지역을 떠난 것으로 나타났다. 극심한 교통 혼잡이 벌어져 어떤 지역에서는 160km에 이르는 정체가 빚어지기도 했다. 대피하는 사람들은 도중에 기름이 떨어졌고 주유소의 기름도 바닥났다(Litman, 2006). 사람들은 직장에 출근하지 못했고, 대피소에도 가지 못했으며, 가족과 만나지도 못했다. 이러한 최악의 혼란 속에서 요양원 환자들을 태운 버스에 화재가 발생해서 꽉 막힌 고속도로에서 24명이 사망하기도 했다. 미국 정부가 이러한 상황을 개선하기 위해 대피 경고를 좀 더 빨리 방송하고, 대안으로 대중교통 수단을 마련하고, 연료를 채운 차량을 미리 배치해 함께 나눠 탈 수 있게 하기 위해 노력하고 있지만, 도로 사정이 악화하는 것은 해결할 수 없는 문제로 남아있다.

9.3.2 대중교통

ASCE는 미국의 대중교통에 D 등급을 매겼다. 미국은 자동차 문화를 가진 국가지만, 대중교통은 특히 많은 도시지역에서 흔히 이용되는 교통수단으로 남아있다. 지하철, 버스, 그리고 철도는 모두 재난으로 피해를 입을 수 있으며, 그러면 우리가 학교나 직장에 오가고, 아이들을 보육 시설에 데려다주고 데리고 오고, 장을 보고, 가족을 방문하고, 여가를 누리는 데 심각한 파급 효과를 미치게 된다. 9.11 이후에 이와 같은 '쉬운 목표물soft targets'의 취약성에 대한 우려가 제기되었다. 핵·화학·생물학 무기가 대중교통 수단에 가해지면, 광범위한 지역에 걸쳐 손쉽고도 신속하게 치명적인 결과를 낼 수 있다.

1995년 도쿄 지하철의 사린 화학 가스 공격으로 십여 명이 사망하고 천 명 이상이 부상을 입었다. 2004년 스페인 마드리드에서의 폭발로 191명이 사망하고 2천 명 가까운 사람들이 부상을 입었다. 2005년 언더그라운드라 불리는 런던의 지하철에서는 자살 폭탄으로 50명 이상이 사망하고 천 명이 부상을 입었다.

자연 재난도 대중교통에 피해를 입힌다. 저소득 노동 계층이 많이 사는 도시지역으로 대중교통 수단에 대한 의존도가 높은 뉴올리언스에 대중교통 시스템은 필수적이었다. 카트리나 이전에는 매일 7만 명 이상의 시민이 총 368대의 버스를 이용했다(The Brookings Institution and the Greater New Orleans Community Data Center 2008). 하지만 대중 버스 시스템의 회복은 매우 느리게 이루어진다. 카트리나로 인한 홍수가 발생한 지 12달이 지난 후에는 17% 또는 69대의 버스만이 정상적인 운항을 재개해 총 21,519명을 실어 날랐다. 3년 뒤에도 운행되는 버스의 수는 총 69대로 원래 운행 대수의 19%에 그쳤다. 승객수가 25,022명으로밖에 늘어나지 못한 것은 부분적으로 이 도시에 사람이 다시 살기 어렵게 된 때문이기도 하다. 이러한 재난은 계속되었다. 슈퍼 태풍 샌디가 지나간 2013년에 뉴욕 지하철에 홍수가 발생했다. 이때 지하철 당국은 막대한 양의 물을 빼내야 했고, 그 이후로 전선, 터널, 그리고 차량을 보수해야 했다.

9.3.3 교량

교량은 모든 종류의 시나리오에 취약하다(사진 9.1 참고). 모든 교량을 현재의 설계 기준에 맞춰 전국적으로 개선해야 한다는 요구가 상당한 관심을 모으고 있다. 미네소타 교량 붕괴 사고와 같이 구조적 문제로 교량이 붕괴하거나, 재난이 발생하는 등의 다른 원인으로 교량이 훼손되기도 한다. 예를 들어, 지진은 다양한 지각 운동의 결과로 인해 다양한 강도로 발생한다. 미국 미주리의 세인트루이스 지역에 피해를 줄 수 있는 뉴마드리드 지진이 가능한 최대 강도로 발생하면, 경악할 만한 결과가 벌어질 것이다. 위험을 평가하고 완화 계획을 수립하기 위해 FEMA의 HAZUS-MH라는 소프트웨어를 사용한 연구에서, 규모 7.7의 지진이 발생할 경우 교량에 벌어질 피해와 손실을 계산했다

사진 9.1 미네소타의 미네아폴리스. 2007년 I-35 다리가 붕괴한 모습(사진 Todd Swain/FEMA).

(Luna et al., 2008). 이러한 사건이 벌어질 가능성이 적긴 하지만, '564개의 교량이 적어도 50% 정도의 피해를 입을 가능성이 있을' 만큼 그 결과는 엄청나다(p. 10). 비용은? 수리에 적어도 8억 6,400만 달러가 들 것이다(2014년 달러 가치로는 9억 5,200만 달러). 영업 중단과 같은 간접 손실까지 더하면 그 액수는 더더욱 늘어날 것이다. 노스리지에 발생한 실제 지진을 예로 들면, 간접 손실이 70~95억 달러에 달한다(2014년 달러 가치로는 105억에 이른다) (Enke et al., 2008).

전 세계적으로 비슷한 우려가 존재하는데, 뉴질랜드 웰링턴 국회 의사당 인근, 중앙아메리카와 남아메리카 그리고 2004년 인도양 쓰나미와 2010년 일본의 쓰나미 및 핵사고 등이 그러하다. 미국 캘리포니아에서는 지진 때문에 교량을 평가하는 데 상당한 자금을 투여해 상당한 연구가 이루어져 왔다. 샌프란시스코의 상징이자 필수적인 교통 구조물인 골든 게이트 브리지Golden Gate Bridge는 상당한 충격에도 견딜 수 있도록 보강되어 왔다. 이러한 노력은 연구자, 공학자, 관련 산업 간의 협업을 필요로 한다. 버클리 대학교University of Berkeley의 태평양 지진 공학 연구 센터Pacific Earthquake Engineering Research

Center(PEER)도 이러한 예에 속한다. 국립과학재단National Science Foundation과 또 다른 기관으로부터 자금을 받은 라이프라인 프로그램은 지진이 교량, 공공 설비 및 라이프라인에 어떤 영향을 미치는지를 이해하기 위해 엔지니어, 과학자, 교수, 그리고 최종 사용자를 모두 연결한 연구를 진행하고 있다. 완화 노력에 과학을 접목하기 위한 이들의 노력은 인명을 구하는 것뿐 아니라, 지역 경제가 더 빨리 도약하는 데도 도움이 된다는 것을 밝힐 것이다(http://peer/berkeley.edu 참고).

9.3.4 댐

미국에 있는 댐의 평균 나이는 52세이며, 미국에는 84,000개의 댐이 있다(ASCE 2013). 댐은 용수를 제공하고, 보트 타기, 낚시와 같은 레저의 기회를 제공하며, 공공 재화를 수송하는 수로 역할도 한다. 댐은 인명을 구하기도 하지만, 고위험 댐의 붕괴는 치명적인 결과를 낳는다(사진 9.2 참고). 고위험 댐은 붕괴하면 인명을 앗아가거나 재산 피해를 초래하는 댐으로, 미국에는 이런 댐이 약 14,000개에 달하며, 이 숫자는 매년 증가

사진 9.2 아이오와의 델리. 폭우로 댐이 훼손된 모습(사진 Josh deBerge/FEMA).

하고 있다. 2008년에는 지역 주민들의 영웅적인 노력에도 불구하고, 미시시피강을 따라 있던 수십 개의 댐이 붕괴해 여러 마을, 상가, 주택이 물에 잠기고 24명의 인명을 앗아갔다. 2010년에는 아이오와 레이크 델리 댐Iowa Lake Delhi Dam이 무너졌다. 이로 인해 5천만 달러의 피해와 1억 2천만 달러의 경제 손실이 발생했고, 6채의 집이 유실되었다 (ASCE, 2013).

2013년 ASCE 보고서가 미국의 댐에 D 등급을 준 것은 놀랄 만한 일이 아니다. 댐 안전 관리 협회Association of State Dam Safety Officials는 고위험 댐을 수리하는 데 210억 달러가 필요하다고 지적하고 있다(ASCE, 2013). 정책 입안자들은 이 문제를 해결하기 위해 2002년 국가 댐 안전 및 보안법National Dam Safety and Security Act을 제정했으며, 이 법으로 인해 지역의 안전 프로그램이 개선되긴 했지만, 보수에 필요한 자금을 마련하지 못한 채 2011년 만료되고 말았다(American Society of Civil Engineers 2005; ASCE, 2013). 하지만 안전하지 못한 댐의 수는 계속 늘어나고 있다.

9.3.5 항구, 공항 및 수로

2010년 아이티의 포르토프랭스에 발생한 지진으로 아이티 수도의 공항과 항구가 피해를 입었다. 생존자를 구하고 복구 작업에 착수하기 위해 미국과 다른 나라에서 군대를 보내 공항을 재건하고 항구의 복원을 도왔다. 그럼에도 의료선과 후송 헬리콥터가 부족했다. 선진국은 상황이 좀 더 나은가? 미국의 ASCE는 미국 공항에 D 등급을 주었으며, 내륙의 수로에 D 등급, 항구에 C 등급을 주었다.

허리케인 카트리나로 인해 미국에서 가장 분주한 컨테이너 항구이자, 대규모 미시시피 항로의 입구인 뉴올리언스 항구Port of New Orleans로 들어오거나 나가는 교통량의 발이 묶였다. 수로가 화물을 옮기는 보다 저렴한 방법이므로, 항구와 수로에의 접근성이 사라지면 비용이 올라간다. 내륙의 수로와 강은 '화물 운송망의 숨겨진 중추'로서 미국 경제에 아주 중요한 운송망을 제공한다(ASCE, 2013). 내륙의 항구는 바다의 항구와 연결되며, 이는 전국으로 그리고 전 세계로 화물을 운반할 수 있다는 것을 뜻한다. 제수문과 댐의 운영에 문제가 생기면 지연이 발생한다. '시간이 돈'이라는 말은 여기도 적용되는데, 지연이 발생하면 비용을 물어야 하며 따라서 이익이 감소한다. 매일 평균 52건의 지연이 발생하는 현 상황으로 볼 때, 2020년까지 130억 달러의 손실이 발생할 것이다(ASCE, 2013). 고베 항구는 전 세계에서 여섯 번째로 큰 화물 컨테이너 항구이지만, 지진으로 막대한 피해를 입었다(Chang 2000).

9.11 사태로 미국의 항구에 개선이 이루어졌다. 예를 들어 플로리다의 에버글레이즈 항Port Everglades은 '출입 통제, CCTV 설치, 보안 운영 센터 건설, 주변지역의 보안, 신분증 확인 센터, 그리고 수변 보안'을 비롯한 보안 시스템의 개선에 4,400만 달러를 받았다(American Society of Civil Engineers, 2005). 하지만 추가 개선이 필요한 항구가 많다. 미국 육군 공병단은 항구가 수십억 달러에 이르는 해외 교역의 약 95%를 처리하는 것으로 추정한다. 항만 당국은 개선을 계획하고 있지만, 적절한 내륙의 수로가 없으면 이러한 개선은 계획보다 유용하지 않을 것이다.

뉴올리언스 공항은 구조용 비행기의 운영 센터 역할을 했고, 허리케인으로부터 복구되는 데 상당한 시간이 걸렸다. 루이암스트롱 공항Louis Armstrong Airport은 2005년 6월에 443,809명이 이용했지만, 2005년 9월에는 그 숫자가 18,966명으로 감소했다. 관광객이 많이 찾는 이 공항은 이전의 이용 승객수를 회복하는 데 여러 해가 걸렸다. 공항의 보안도 9.11 이후에 극적으로 달라졌다. 교통안전청Transportation Security Administration(TSA)은 항공기 공중 납치, 폭발, 또는 다른 위험의 가능성을 줄이기 위해 세심한 절차를 마련했다. 우리 중 많은 사람들이 검색대, 엑스레이, 그리고 무기 등의 위험물 검색을 위해 줄을 서 있을 때 이러한 TSA의 규정을 경험하고 있다. 비행기 내에서는 조종석에 출입을 막는 새로운 문이 설치되었으며, 여객기 보안 요원이 탑승해 승객을 보호하기도 했다. 새로운 위험요인이 밝혀지면 규정도 달라지며, 따라서 TSA의 규정은 매일 달라질 수 있다. 2014년 에볼라 바이러스의 유행으로 이러한 변화가 실제로 일어났다. 전염성이 높으며 치명적인 이 질병에 걸리거나 퍼뜨릴 위험이 있는 승객의 검색이 공항 보안에 포함되었다. 외국의 항구는 이 바이러스에 노출되었을 가능성이 있는 승객의 승선을 거부하기도 했다.

9.3.6 통신

휴대 전화는 여러분에게 얼마나 중요한가? 여러분은 얼마나 자주 전화를 걸거나 문자를 보내는가? 휴대 전화 사용은 인터넷 접속보다 더 빠르게 이루어지며, 시간이 경과하면서 사용량은 기하급수적으로 증가한다(Comer and Wikle, 2007). 강풍, 지진, 지자기 폭풍, 테러와 같은 재난은 통신에 심각한 장애를 일으킬 가능성이 있다. 2001년 세계무역센터에 대한 공격으로 무선 전화 기지국 3곳이 파괴되고 총 173곳이 피해를 입었다. 통신을 복원하기 위해 버라이즌Verizon은 해당 지역에 이동 전화 송신탑을 세워야 했다. 휴대 전화 회사는 몇 시간 만에 대부분의 사용 역량을 복원했으나, 모두 복원하는 데는 일주일이 걸렸다(Condello, 2001; Zimmerman, 2003). 아이티 지진 발생 후에는 텐트촌에 휴대 전화 충전소가 세워졌다. 휴대 전화가 사치로 여겨질 수도 있겠지만, 많은 개발 도상 국가에서 휴대 전화는 인명을 구하는 도구로 사용된다. 아이티에서 휴대 전화는 어디서 물과 식량을 구하고, 의료 조치를 받을 수 있는지에 대한 정보를 제공해주었다. 휴대 전화가 도움을 얻을 곳과 연결하는 수단이 되어준다. 휴대 전화는 잃어버린 가족과의 재회도 가능하게 해주었다. 휴대 전화는 반드시 필요하다.

우리는 휴대 전화로 통화를 하거나 문자를 보내는 것 이상을 한다. 무선 긴급 대응팀Wireless Emergency Response Team은 무선기기를 감지함으로써 세계무역센터의 잔해 속에서 생존자를 찾았다. 이들은 생존자를 찾기 위해 '휴대 전화 등록 패턴, 잔해에 갇힌 사람의 무선기기에서 방출되는 전파 그리고 갇혀있을지 모를 피해자를 찾기 위한 데이터베이스 검색 서비스'를 이용했다(Zimmerman, 2003, pp. 246-247). 이 대응팀은 부분적으로는 다른 사무실 및 회사와의 기존의 연결 관계를 활용해 그렇게 할 수 있었다. 조지아 테크Georgia Tech의 무선 복원 공학 연구 센터Wireless Rehabilitation Engineering Research Center(Wireless RERC)는 재난 경보와 접근성을 중점적으로 연구해왔다. 교수, 연구원 그리고 학생들은 장애를 지닌 사람들을 돕기 위해 무선 기술을 평가하고 개발하는 데 참여하고 있다. 실질적이고 학문적인 이 프로젝트로 인해 인지적 · 육체적 · 감각적 · 언어적 장애를 가진 사람들이 겪을 수 있는 장벽을 줄여주는 앱 팩토리App Factory가 개발되었다(http://www.wirelessrerc.org 참고).

여러분도 통신 손실의 피해를 완화할 수 있다. 2013년 오클라호마 토네이도가 발생했을 때, 저자는 자원봉사자로 일하며 잃어버린 애완동물과 주인을 찾아주기 주기 위해 노력했다. 애완동물 주인의 휴대 전화로 전화를 걸어도 일부는 연결 장애, 정전으로 전화기를 충전하지 못한 경우, 그리고 휴대 전화가 잔해 속에 파묻혀 있는 등의 이유로 아무런 응답도 없는 경우가 많았다. 애완동물의 꼬리표에 예비 전화번호를 적어두고, 연락 가능한 전화번호를 여러 개 기록해두는 등 마이크로칩 제공자를 통해 애완동물의 마이크로칩 정보를 갱신해두어야 한다. 태양열 충전기를 구입하는 것도 좋다. 또한 전화가 불통될 경우에 대비해 가족 간의 통신 계획도 세워두어야 한다('참고자료' 참고).

9.3.7 상하수도

미시시피의 웨이브랜드Waveland시는 허리케인 카트리나 이후에 여러 단계에 걸쳐 상하수도 복원 및 보수를 했다. LA의 세인트버나드 행정구는 정수 시설 2곳, 하수 처리 공장 6곳, 그리고 92곳의 펌프장 중 89곳을 잃었다(Federal Emergency Management Agency, 2005). 올리언스 행정구Orleans Parish에서는 44,300곳의 배수통과 2,400만 km에 이르는 배수관이 막혔다. 사람은 물 없이 살 수 없지만, 외부 노동자 수천 명과 여러 기관의 지원 및 자금으로 이러한 주요 시설을 복구하는 데 여러 달이 걸렸다. 아이티에서는 지진 발생 후 1년이 안 돼 콜레라가 발병했고, 오염된 물로 인해 수천 명이 목숨을 잃었다. 깨끗한 식수는 기본적인 수화 작용과 위생으로 인명을 구한다. 주택 같은 구조물에서부터 대규모 산불까지 불을 끄는 데도 그리고 장기간의 가뭄 시에도 막대한 양의 물이 필요하다. 물은 또한 기업, 병원 그리고 식당에도 필요하며, 우리의 생존과 경제도 물의 공급 가능성에 의존하고 있다.

2013년 미국의 ASCE는 우리의 식수 공급 시스템에 D+ 등급을 주었다. 무엇이 문제일까? 우리는 매년 8,000km에 이르는 상수관을 교체하는데, 수요에 부응하려면 더 많이 교체해야 한다. 매년 여기 드는 비용은 2013년 달러 가치로 약 130억 달러에 달한다. 이 비용은 시민들의 세금에서 주로 충당되며, 이는 지역사회 차원에서는 더욱 그

사진 9.3 뉴저지의 호보켄Hoboken. 슈퍼 태풍 샌디로 인해 상하수도관이 파손된 모습(사진 George Armstrong/FEMA).

러하다. 노후한 파이프와 수도관의 교체가 필요한 고장 난 사회 기반 시설은 계속 늘어날 것이다. 이러한 사회 기반 시설에 2억 6,400만 명 이상의 생존이 달려 있다(ASCE 2013). 교체 비용은 2조 달러가 넘을 것으로 예상된다.

미국의 하수와 빗물 배수 시스템은 D+ 등급을 받았으며, 하수관, 파이프, 정수장, 빗물 배수 시스템을 보수하려면, 2,980억 달러를 투자해야 할 것으로 예상된다. 무엇이 문제일까? 이번에도 예상 수명을 다 해가는 하수관 등 노후되는 사회 기반 시설 때문이며, 또한 재난에 의해 야기되는 피해 때문이기도 하다(ASCE 2013; 사진 9.3 참고). 밀워키 Milwaukee의 유역 허가 계획watershed-permitting plan은 매립을 통해 환경에 이로운 결과를 낳았다. 이러한 방법은 홍수의 위험도 줄여줘서, 수십 개 지역사회에 거주하는 백만 명 이상의 시민에게 도움이 될 것이다(ASCE, 2013).

9.3.8 전기

우리는 전기에 의존한다. 필수적인 이 라이프라인이 없으면, 우리는 집을 냉난방할 수도, 컴퓨터를 작동시킬 수도, 밤에 책을 읽을 수도, 사업체를 운영할 수도, 가족을 위해 음식을 준비할 수도, 학교에 다닐 수도 없다. 지속적으로 사용해야 하는 산소와 의료 기구 그리고 신장 투석을 위해 전기에 의존하는 사람들은 정전이 되거나 발전기가 없으면 생명의 위협에 직면한다(사진 9.4 참고). 허리케인 카트리나가 발생했을 때, 루이지애나에서 94곳(총 150곳 중), 미시시피에서 31곳, 그리고 앨라배마에서 9곳의 혈액 투석실이 문을 닫았다(Kopp et al., 2007). 많은 곳이 다시 문을 열긴 했지만, 1백만 명 이상이 대피하는 대규모 집단 이동의 와중에 환자들의 의료 조치가 제대로 이루어질 리 없었다. 재난은 신부전증을 일으키는 압궤 손상crush injuries을 초래하기도 한다. 관련 시설을 즉시 복구해야 인명을 구할 수 있다. 2005년 파키스탄 지진에서 배운 교훈을 바탕으로, 유럽

사진 9.4 노스캐롤라이나의 베이보로Bayboro. 허리케인 아이린으로 인해 전신주가 쓰러진 모습(사진 Tim Burkitt/FEMA).

신장 재난 대응 대책반European Renal Disaster Response Task Force은 국경 없는 의사회Physicians Without Borders, 벨기에 군대, 그리고 유럽 연합과 협력했다. 이들은 인명을 구하기 위해 터키의 마르마라Marmara로 가서 신장 환자를 돌봤다. 병원과 요양원은 전력 공급이 없는 상태에서 기본적인 치료를 제공하기 위해 사투를 벌인다. 하지만 미국의 전력망은 상당한 개선이 필요한 상황이며(American Society of Civil Engineers, 2005; ASCE, 2013), 최근의 전국적인 평가에서 D+를 받았다. 지자기 폭풍과 같은 새로운 위협 또한 전력 공급을 위태롭게 할 것이다.

1989년 로마 프리타 지진으로 천 개 이상의 천연 가스 파이프라인이 파손되었다(Eguchi and Seligson, 1994). 샌프란시스코, 마리나 지구의 공급 시스템을 수리하는 데는 1달이라는 시간과 1,700만 달러의 비용이 들었다. 전기 설비 회사는 1,900만 달러의 비용으로 송신 시설에 입은 피해를 수리해야 했다. 하지만 설비 회사가 '장비 손상에도 불구하고 전기 회로의 보호 수준을 낮추는 게' 가능했기 때문에 전기는 상당히 신속하게 복구되었다(Eguchi and Seligson, 1994, p. 142).

2014년 12월 2일은 미국의 전기 기반 시설의 상태가 백일하에 드러난 날이다. 미시건의 디트로이트Detroit에서 시 전체가 정전되었고, 이 상태는 오전 10시 30분에서 오후 5시 30분까지 계속되었다. 이유는? 낙후되어가는 사회 기반 시설이 절박하게 개선되어야 하는 상황이었기 때문이다. 정전의 결과는 심각했다. 약 900개 중 740개가량의 교통 신호등이 작동하지 않았다. 이 지역의 대학, 법원, 박물관, 시청, 학교, 기업 등 주요 시설은 문을 닫아야 했다. 병원은 발전기를 사용했지만, 놀란 환자들을 진정시켜야 했다. 이 지역의 교도소는 예비 전력에 의존해야 했다. 많은 사람들이 거주하는 아파트 건물을 비롯해 도심의 고층 건물에서 사람들이 대피해야 했다. 긴급 구조대원과 주민들은 노인과 장애인을 찾아다녔고, 이들 중 많은 사람들이 산소를 포함한 의료 기구를 사용하기 위해 전기를 필요로 했다. 같은 날 오후 5시 30분에 전기가 다시 들어와, 디트로이트 주민들은 전기 없이 길고 춥고 치명적일 수 있는 밤을 보내지 않아도 되게 되었다. 디트로이트의 전력망을 개선하기 위한 계획은 세워져 있지만, 이를 실행하려면 아직 시간이 좀 더 필요한 상황이다.

9.4 피해 평가와 단기 복구

단기 복구는 피해 평가에서부터 시작된다. 재난 관리 기관과 조사관은 피해를 입은 공공 설비 회사와 함께 사회 기반 시설과 라이프라인에 대한 피해 평가를 실시해야 한다. 그 뒤를 이어 곧 잔해 제거도 이루어진다. 예를 들어, 얼음 폭풍은 송전선을 쓰러뜨릴 수 있으며, 그러면 더 이상의 피해와 작업자의 부상을 막기 위해 이를 조심스럽게 제거해야 한다. 홍수로 물에 빠진 나뭇가지와 다른 잔해는 다리 같은 장애물 뒤에 쌓일 수 있는데, 이는 다리와 인근 도로를 파괴할 가능성이 있다. 따라서 복구 노력에 착수하는 첫 단계는 잔해의 위치를 확인하고 우선순위를 정해 잔해를 제거하는 일이 될 것이다. 그러한 잔해를 제거하려면, 지역 및 주 정부의 여러 부서 그리고 공공 설비 회사와의 세심한 협업과 계획 수립이 필요하다.

보호 조치도 취해야 한다. 시민들을 위험으로부터 보호해야 하는데, 예를 들면 (차가 고여 있는 물로 돌진하는 일이 없도록) 위험한 도로와 다리로의 진입을 막을 바리케이드를 설치해야 한다. (파이프라인 파손과 같은) 상하수도 관련 시설이 피해를 입으면 시민들에게 알려야 하며, 그렇게 되면 지역의 식수 공급이 위태로워질 수 있다. 예를 들어, 안전을 기하기 위해 정부가 '물을 끓여 먹으라'는 공고를 해서 주민들이 물을 마시거나 조리에 사용하기 전에 물을 끓여야 할 수도 있다. 질병관리본부(CDC)는 물을 안전하게 섭취하려면, 냄비에 물을 채워 바닥에서부터 맨 위까지 물방울이 올라올 때까지 가열할 것을 권장한다. 이 상태로 적어도 1분간 물을 끓이고 나서 식힌다. 식힌 물은 뚜껑이 있는 깨끗한 용기에 담아 보관한다.

피해 평가의 또 다른 분야는 사람이 입는 피해를 점검하는 것이다. 대부분의 지역 사회에서는 재난 계획 수립 과정을 통해, 가정에서 산소호흡기가 필요한 사람, 요양원, 병원, 교도소, 그리고 전기, 물, 가스 및 교통수단에의 접근성에 의존하는 기타 시설 같은 위험 가능성이 큰 장소와 인구 집단을 사전에 확인해두었을 것이다. 하지만 일부 지역은 이 정도까지 대응 및 복구 계획을 세워두지 못한 것도 사실일 것이다. 특히, 가정에서 생활하는 개인의 경우가 더욱 그러한데, 이는 그렇게 하기에는 이들 집단의 수가 너무 많거나, 그만한 자원이 없기 때문일 것이다.

1998년 사회 기반 시설 붕괴의 상호 의존성Infrastructure Failure Interdependency(IFI)으로 캐나다 일부 지역이 마비된 사건이 벌어졌다(Chang et al., 2007). 폭풍으로 진눈깨비가 내리기 시작하더니 이내 심한 우박이 퍼붓기 시작했다. 이 폭풍은 이전의 어떤 폭풍 보다 5배나 많은 우박을 쏟아부었으며, 100mm 또는 거의 10cm에 이르는 얼음이 쌓였다. 라이프라인 시스템 중 전기가 나가기 시작했고, 이는 많은 사람들의 생명을 위태롭게 했다. 이 지역은 서서히 마비되어갔다. 수백 개의 전기선과 전화선도 불통되었다. 대중교통과 함께 교통도 마비되어갔다. 결국 캐나다 전체 인구 5명 중 1명이 3주 가까이 정전 상태에서 지냈다. 정부는 노인들에게 공공 대피소로 가라고 촉구했는데 이는 저체온증이나 동사의 위험 때문이었다. 그럼에도 불구하고 30명이 목숨을 잃었다. 전화선의 불통으로 긴급 구조대원들이 집집마다 방문해 도움의 손길이 필요한 사람들을 찾아 나섰다. 복구에 착수하기 위해(일부는 쓰러진 나무와 나뭇가지 때문에) 캐나다 정부에서는 평시로서는 최대 규모의 군 인력을 배치하고, 외부에서 수많은 전기 및 전화 기술자를 불러들였다(Scanlon, 1999). 캐나다 정부는 이러한 대응 활동에 17억 달러를 지출했다.

피해 평가 과정의 첫 단계에는 사업체의 피해를 평가하고, 지원이 필요한 곳을 파악해 우선순위를 정하는 것이 포함된다(가정 건강관리 기관, 식료품점, 약국 등). 다른 장소는 우선순위에 따라 평가한다. 예를 들어, 공공건물은 피해를 평가하고 우선순위를 매겨야 한다. 공원과 레저 시설 같은 공공장소는 대피소, 배급 센터, 정보 안내소 등으로 활용할 수 있다. 정부는 이러한 시설과 사업체가 복구하는 데 지원이 필요한지를 판단해, 이를 복구 계획에 반영해야 한다. 또한 해당 지역의 사업체가 피해를 입어서 문을 못 여는 것인지 아니면 그 지역의 사회 기반 시설과 공공 설비가 수리되지 않아서 문을 못 여는 것인지도 판단해야 한다.

일단 초기 평가가 이루어지면, 앞에서 언급한 우선순위에 따라 작업반원들이 수리에 착수한다. 대규모 재난의 경우 다른 지역에서 작업반원을 데려오기도 한다. 이러한 경우 사전에 맺어둔 상호 지원 협약이 도움이 될 것이며, 그러면 작업반원들이 언제 어디로 가야 할지 알고 있을 것이다. 재난의 피해가 심각한 경우 작업반원들이 한동안 피해지역에 머물러야 할 수도 있다. 정전이 됐을 경우, 대규모로 신속하게 전력을 복원하기 위한 한 가지 대처 전략은 피해를 입은 동네나 지역사회에 '다수의' 작업반원을 투입하는 것이다.

9.4.1 단기 복구 노력

단기 복구는 협력을 전제로 한 노력을 통해 지역사회가 얼마나 잘 대비되어있느냐에 따라 달라진다. 중요한 전략은 "지역사회가 라이프라인 서비스 제공자를 재난 대응과 복구 계획 수립에 포함시키는 것이며... 재난 관리 담당 직원과 업계의 대표자가 보다 적극적으로 활동하는 것이다." 간단히 말해, 사회 기반 시설과 공공 설비의 재난 피해에 대한 지역사회의 대비는 복구 관리자가 피해를 입은 모든 사용자와 함께 여러 분야를 넘나들며 일해야 하는 '공동의 문제'라는 것이다(Nigg, 1995, p. 57). 뉴질랜드는 민방위 재난 관리Civil Defence Emergency Management(CDEM) 단체를 통해 이러한 접근을 해왔으며, 이들은 대응 및 복구 계획을 수립하는 데 있어 정부, 시민, 그리고 공공 설비 회사와 협력하고 있다(그림 9.1 참고). CDEM은 선출된 대표로 구성된 위원회로, 이들은 이해 당사자들이 주의를 기울여 만든 계획 수립의 위험요인을 규명하고 위험을 관리하는 일을 합법적으로 담당하고 있다. 이러한 노력으로 인해 단기 복구 과정이 신속히 진행되고 있으며, 장기 복구 노력의 굳건한 토대를 이루고 있다.

단기 혼란을 관리하는 데 있어서의 중요한 개념 '물리적 환경'과 '사회적 시설' 모두에서의 '유연성'이다(Zimmerman, 2003). 유연성 있는 접근은 고속도로의 우회로를 만드는 일과 같다. 인터넷 고속도로에서 무선 연결은 이러한 우회 도로나 다름없다(Zimmerman, 2003). 유연성 있는 시스템에는 회복력, 견고함 그리고 적응력이 필요하다. 그럼에도 유연성이 궁극적인 해결 방법은 아닌데, 그것은 한 홀수선water line에서 다른 홀수선으로 가는 것과 같은 신속한 이전은 '동시에 이루어질 경우 시스템 모두에 걸친 대재앙적인 실패'로 연결될 수 있기 때문이다(Zimmerman, 2003, p. 244).

단기 복구는 사람들에게 불편을 줄 수 있으며, 일부는 시간이 많이 걸리고 비용이 많이 들며 귀찮은 일이다. 교통망과 다리의 노선을 다시 설정해야 할 수도 있다. 기업은

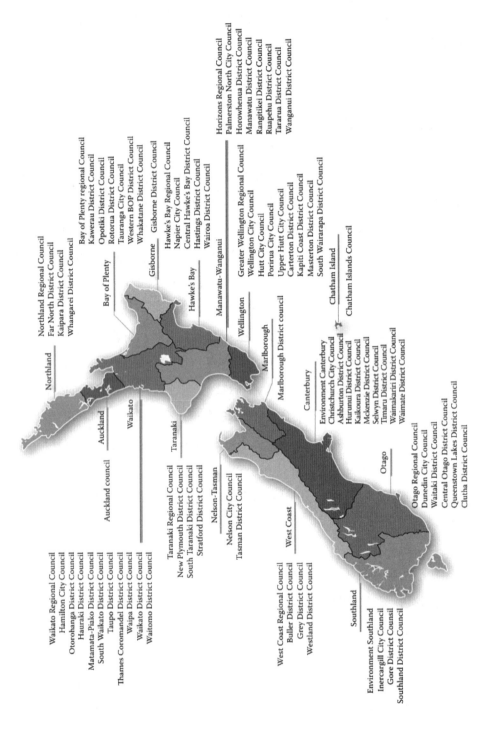

그림 9.1 국가의 법으로 합법적인 권하를 부여받아 누질랜드의 두 섬을 관장하는 민방위 및 재난 관리부(Ministry of Civil Defence and Emergency Management).

Northland
- Northland Regional Council
- Far North District Council
- Kaipara District Council
- Whangarei District Council

Bay of Plenty
- Bay of Plenty regional Council
- Kawerau District Council
- Opotiki District Council
- Rotorua District Council
- Tauranga City Council
- Western BOP District Council
- Whakatane District Council

Gisborne
- Gisborne District Council

Hawke's Bay
- Hawke's Bay Regional Council
- Napier City Council
- Central Hawke's Bay District Council
- Hastings District Council
- Wairoa District Council

Horizons Regional Council
- Palmerston North City Council
- Horowhenua District Council
- Manawatu District Council
- Rangitikei District Council
- Ruapehu District Council
- Tararua District Council
- Wanganui District Council

Manawatu-Wanganui

Wellington
- Greater Wellington Regional Council
- Wellington City Council
- Hutt City Council
- Porirua City Council
- Upper Hutt City Council
- Carterton District Council
- Kapiti Coast District Council
- Masterton District Council
- South Wairarapa District Council

Chatham Island
- Chatham Islands Council

Auckland
- Auckland council

Waikato
- Waikato Regional Council
- Hamilton City Council
- Otorohanga District Council
- Hauraki District Council
- Matamata-Piako District Council
- South Waikato District Council
- Taupo District Council
- Thames Coromandel District Council
- Waipa District Council
- Waikato District Council
- Waitomo District Council

Taranaki
- Taranaki Regional Council
- New Plymouth District Council
- South Taranaki District Council
- Stratford District Council

Nelson-Tasman
- Nelson City Council
- Tasman District Council

Marlborough
- Marlborough District council

Canterbury
- Environment Canterbury
- Christchurch City Council
- Ashburton District Council
- Hurunui District Council
- Kaikoura District Council
- Mckenzie District Council
- Selwyn District Council
- Timaru District Council
- Waimakariri District Council
- Waimate District Council

West Coast
- West Coast Regional Council
- Buller District Council
- Grey District Council
- Westland District Council

Otago
- Otago Regional Council
- Dunedin City Council
- Waitaki District Council
- Central Otago District Council
- Queenstown Lakes District Council
- Clutha District Council

Southland
- Environment Southland
- Inercargill City Council
- Gore District Counsil
- Southland District Council

자원을 확보할 수도 상품을 운반할 수도 없어, 생산에 차질을 빚게 된다. 피해가 심하면 정수장, 전신주 및 발전소, 심지어는 공항 같은 공공시설 전체를 다시 건설해야 할 수도 있다. 복구에 걸리는 시간도 며칠에서 몇 달, 또는 몇 년까지 상당히 달라질 수 있다. 복구에 필요한 자원도 시간표에 영향을 주며, 장소도 영향을 미치는데, 저개발 지역이나 시골 지역은 상당한 어려움을 겪을 가능성이 있다. 따라서 유연성은 인간 시스템이 복구에 필요한 노동자, 운송 수단, 원료 및 다른 자원과 같은 사회 기반 시설의 복구에 필요한 자산을 얼마나 잘 관리하느냐에 따라 달라진다. 따라서 유연성과 관련해 복구가 이루어지는 동안, 붕괴된 사회 기반 시설에 어떤 일이 이루어지고 있으며 어떤 선택권이 있는지를 사람들에게 알려야 한다.

많은 사람들에게는 단기 복구 기간 동안 전기가 주요한 관심사이다. 재난 발생 후에 언제 전기가 들어올지를 어떻게 알 수 있을까? 대부분의 기업은 재난 발생 시 우선순위에 따라 전기를 복구한다. 여러분이 어디 있느냐에 따라 다음 순서로 전기가 들어올 가능성이 높다.

- 공공 설비 직원은 부상의 위험을 줄이기 위해 가장 먼저 쓰러진 전선을 처리한다.
- 소방서, 경찰서, 병원, 요양원, 교도소, 대피소를 비롯해 부상 환자 또는 갇힌 사람이 있는 곳을 그다음으로 처리한다.
- 가장 많은 사람이 있으며 가장 빨리 복원할 수 있는 곳을 처리한다.
- 개별 가정과 사업체를 마지막으로 처리한다. 오늘날 대부분의 공공 설비 회사는 고객 서비스 전화번호를 정해두고 정전 시간 및 전력이 복구되는 추정 시간을 함께 알린다. 공공 설비 회사는 자신들의 웹사이트에 정전 지역을 지도로 표시해 알리기도 한다.

긴급히 처리해야 하는 경우가 많은 단기 복구를 할 때는 장기 복구 문제도 함께 고려해야 한다. 시급히 정상으로 되돌리는 작업은 사회 기반 시설과 라이프라인을 강화하는 방법과 연계되어야 한다. 장기 복구는 어떻게 하면 우리가 더 강해지고 회복력을 높일 수 있을지에 대한 성찰에서부터 시작된다.

9.4.2 장기 복구의 원칙

일본의 항구 도시인 고베는 1995년 규모 7.2의 지진으로 엄청난 피해를 입었다 (Chang, 2001; 2003). 총인구 150만 명 중 4,500명 이상이 사망했으며, 13만 채의 건물이 피해를 입었다. 고속도로의 상부 구조, 다리, 도로는 붕괴했고, 철도 교통도 8개월 동안 운영되지 못했다. 섬나라인 일본에 반드시 필요한 항구의 복구는 여러 해가 걸렸다. 미국에도 이러한 재난이 일어날 수 있을까? 시애틀에 관한 한 연구에 의하면, 106개에 이르는 다리가 비슷한 피해를 입고 폐쇄될 수 있다고 한다(Chang, 2001). 이제 장기 복구에 대한 사례로 교통 문제를 살펴보겠다.

이러한 재난이 발생한 후에 사회 기반 시설과 공공 설비를 어떻게 하면 더 좋게 재건할 수 있을까? 앞에서 살펴본 접근 방식에서처럼, 사회 기반 시설과 공공 설비의 복구 계획을 수립할 때 가장 중요한 점은 토론을 장려하는 것이다. 접근성도 중요한데, 이는 '교통 시스템을 이용함으로써 어떤 지역에서 고용 기회를 잡을 수 있는 것과 같이 토지 이용을 원활히 하는 것'으로 정의된다(Chang, 2003, p. 1052). 간단히 말해서 우리는 가족을 돌보고, 직장과 학교에 오가기 위해 돌아다닐 수 있어야 한다. 그렇게 할 수 있게 해주는 것이 바로 교통 시스템이다. 접근성의 관점에서, 교통 시스템의 보수에 관한 의사 결정은 복구 노력이 해당 지역에서 사는 사람들을 어떻게 도울 수 있는가를 고려해 이루어져야 한다. 고베의 경우, 일부 지역에서는 교통 접근 지점 및 도로에 대한 보수가 더 늦게 이루어졌는데, 이로 인해 지진 발생 후 몇 년 동안 계속된 재난 복구 과정에서 '공간에 따른 격차'가 발생했다(Chang, 2003, p. 1059; Chang, 2001 참고).

더 나아가 재난은 기회이기도 하기 때문에, 재난 이후 시기는 교통 시스템을 개선하고, 더 빠르게 하기 위해 교통망을 재설계하며, 새로운 교통 시스템을 도입하는 기회로 활용될 수도 있다. 가장 이상적인 복원 노력은 환경에 미치는 영향을 최소화하면서 사람들이 더 효율적으로 직장과 학교로 오갈 수 있게 하는 것이다. 재난 이후 복구의 관점에서 교통 시스템은 장애인, 노인, 유모차를 모는 부모 그리고 어린이들이 더 쉽게 접근할 수 있는 곳이 되어야 한다. 폭넓은 사용자라는 관점에서 교통 시스템에 대해 생각해보면, 복구 과정은 모든 사람들이 더 효율적이고 유용하게 사용할 수 있는 교통 시스템으로 복구되어야 할 것이다(National Council on Disability, 2009).

미국은 교통뿐 아니라 다른 사회 기반 시설에도 주의를 기울여야 한다. 복구는 재난 이후의 재건뿐 아니라 기존 문제를 개선하는 기회가 되기도 한다. 보수와 재건은 또 다른 재건 노력과 전체론적으로 통합되어야 한다. 예를 들면,

- 교통 혼잡과 도로 및 다리와 관련된 피해를 줄이기 위해, 대중교통, 인도, 자전거 도로, 그리고 다른 전략을 개선하는 방향으로 재건이 이루어져야 한다(American Society of Civil Engeneers, 2005).
- 고속도로 표지판, 요금소, 전광판에 태양열 발전을 도입하면, 전력망에 대한 수요를 줄이고 환경의 지속 가능성을 향상시킬 수 있다.
- 직장으로 오가는 교통 흐름을 개선하기 위해 도로 노선을 재정비하면, 출퇴근 시간을 앞당기고 공공 안전을 개선할 수 있다.
- 사업체가 근로자에게 근무 시간 자유 선택제, 일자리 나누기, 그리고 재택 근무의 기회를 제공하면, 국가 사회 기반 시설에 미치는 부담을 줄일 수 있다(American Society of Civil Engineers, 2005).
- 공공 설비 분야에서는 전선을 매설하고, 시스템을 개선하고, 최신 기술 설계를 반영해 시설과 서비스의 회복력을 키우는 기회로 삼아야 한다.
- 토지 이용 계획을 수립하는 사람은 공공 시설의 위치를 재평가해, 정수장 같은 주요 시설을 피해를 입지 않을 만한 곳으로 옮겨야 한다.
- 노후화한 부분을 새롭고 회복력이 큰 구성 요소로 대체해야 한다.
- 상호 의존성 있는 시스템은 순환 정전rolling Blackouts 같은 대규모 정전을 줄이기 위해 중복 설치해야 한다.
- 지역사회에서는 도로, 철로, 수로 등 어떤 지역으로 드나드는 다양한 길을 제공하는 교통 시스템을 만들어야 한다.

- 사회 과학자와 엔지니어는 주거지와 산업단지의 공평한 복원이 가능한 복구를 설계하기 위해 협력해야 한다. 이를 위해 저소득 주거지를 누락시키지 않아야 지역 경제에 중요한 역할을 하는 직장인들이 계속 일할 수 있다.
- 홍수로 인해 다리가 파괴될 위험이 있을 때 다리를 들어올리거나 열어, 재난에 대한 저항력이 더 큰 다리를 만들어야 한다.
- 복구 계획을 세울 때, 최근의 연구 결과를 지진 저항력, 송풍 성능, 그리고 보안 개선과 같은 재건 노력에 통합시켜야 한다.
- 구조물적 그리고 비구조물적 완화 요소를 건설 환경의 모든 측면에 통합해 사회 기반 시설과 라이프라인의 회복력을 더 키워야 한다.

9.5 미래의 위험 완화

1989년 캘리포니아의 로마 프리타 지진 발생 이후에 미국 국가연구위원회National Research Council와 지질조사국U.S. Geological Survey은 전문가를 소집해 전국적인 심포지엄을 열었다. 전문가들은 위험을 완화하기 위한 노력은 '보상을 받는다'는 사실을 강조했다 (National Research Council, 1994). 강재 보강과 같은 완화 조치를 취하지 않은 곳에서는 주민과 개인 소유주가 값을 치렀다. 오늘날 회복력이라는 개념은 사회 기반 시설과 공공 설비를 강화하기 위한 노력의 기초가 되지만, 미국에서 '공공 사회 기반 시설은 현재 받아들일 수 있는 설계의 한계를 넘어 노후화하고 있다'(National Academies, 2014, p. 14).

사회 기반 시설에 있어, 회복력은 '대재앙적인 실패 없이 가변적이고 예기치 못한 상황에 부응하는 시스템의 역량'(Litman, 2006, p. 14) 또는 '기능을 유지하면서 충격을 흡수하는' 능력(McDaniels et al., 2008)으로 정의된다. 회복력에는 사전에 계획된 대피 전략과 연계된 대체 도로와 같은, 시스템 내에서 작동하는 다양하고도 수많은 선택사항이 포함된다. 복구 시기의 회복력이라는 개념은 취약한 도로, 다리, 고속도로, 국도를 사전에 지정

표 9.2 위험요인에 따른 완화 방법

위험요인	구조물적 완화 방법	비구조물적 완화 방법
테러 공격(폭발물) 다른 유형의 공격 목록은 FEMA guide #386-7, pp. 3-4를 참고	시설 강화, 방폭 외장재, 주변 보완, 방폭 창문	대비 계획 수립, 주차장과 같은 고위험지역 보완 강화, 신분증 검사, 접근 최소화
홍수	댐, 제방, 고도 높이기, 수로의 잔해 제거	홍수 보험, 홍수 범람원의 건축을 제한하기 위한 토지 사용 계획 수립
토네이도	안전실, 고정 장치, 충격흡수 필름	안전실, 대규모 대피 시설 및 보험을 의무화하는 법규
허리케인	고도 높이기, 덧문, 지붕 고정 장치, 여러 고정 장치	습지와 모래 언덕 등 환경적으로 민감한 지역을 보호하기 위한 토지 이용 계획 수립
위험 물질 유출	방지 시스템	운송 노선 설정, 현행 법규의 준수 여부 감시
산불	방화 지붕, 스프링클러 시스템, 화재 및 연기 감지 시스템	도시-농촌의 교차 지역 보호, 건물 및 공공 교육 시설 주변의 초목 규제
지자기 폭풍	전력망 개선, 유연성을 갖춘 설계	계획 수립, 대비, 다중 시스템
사이버 공격	컴퓨터 시스템	방화벽, 정보 수집

출처: Chang, S., J. Transp. Geogr., 8,53, 2000; FEMA Mitigation Guide 386-7
주의: 이 책 전편에 걸쳐 밝혔듯이, 구조물적(건물), 비구조물적(법규, 조례, 보험) 완화 방법은 재난에 대해 더 강한 회복력을 갖춘 환경 건설을 위해 필요할 수 있다. 위의 표는 복구 시기에 활용할 수 있는 구체적 위험요인별 완화 방법을 예시한 것이다.

해 복구 시기에 작업이 진행될 수 있게 하는 것을 의미한다. 그렇게 하려면, 복구 계획에 사전 계획 수립과 우선순위 지정이 포함되어야 한다. 국가 사회 기반 시설의 상태를 개선하고 복구 작업을 착수하기 위해서는, 복구를 완화 특성을 도입하기 위한 기회로 보는 관점이 반드시 필요하다.

완화 노력은 위험요인을 구체화하는 것으로 시작된다(표 9.2 참고). 예를 들어, 홍수에는 고도를 높이고, 댐과 제방을 건설하는 등의 구조물적 완화 노력이 필요하다. 얼음 폭풍과 강풍은 전선을 쓰러뜨릴 수 있으므로, 복구 기간에 쓰러질 위험이 있는 전선을 매설해 반복되는 재난 가능성을 줄여야 한다. 그럼에도 완화 방법을 실천하기 위해서는 사람들이 수용 가능한 위험의 수준을 구체화하는 의사 결정 과정에 참여해야 한다(Mileti, 1999). 하지만 지역 또는 국가의 경제 상황 때문에 그렇게 하는 게 불가능할 수도 있다. 2008년 심각한 얼음 폭풍이 여러 차례 발생한 후에, 오클라호마 기업 위원회Oklahoma Corporation Commission는 전선 매설 비용을 5,750만 달러로 추정했다. 전선을 지하에 매설하는 것의 대안으로는, 초목 관리, 신규 전선의 매설, 쓰러진 전선과 변압기 주변의 전력 경로를 재배치하는 스마트 배전망 설치, 예비 발전기의 사용 등이 있다(Oklahoma Corporation Commission, 2008). 결국 오클라호마는 자금이 허락하는 만큼 지하의 공공 설비 전선을 재배치하기로 결정했다. 한편, 2008년의 얼음 폭풍으로 29명이 사망하고, 60만 가구 및 사업체가 최대 한 달까지 전기를 공급받지 못했다.

사회 기반 시설과 공공 설비의 피해가 공학기술자라는 전문가 집단과 건설 회사에 크게 의존하는 것처럼 보이는 반면, 장기 복구의 다른 원칙은 사회적 관계의 관리에도 의존한다. 사회 기반 시설과 공공 설비의 복구를 전담하는 기관과 단체를 강화하면, 재난에 대한 유연성과 회복력을 기를 수 있다. 그렇게 하려면, 지식 자원, 관계 자원 그리고 동원 역량을 길러야 한다(Pinera and Reed, 2007). 지식 자원knowledge resources은 '기술적·관리적·재정적 지식'에 의존한다. 간단히 말해, 재난 발생 이전에 직원과 관리자를 얼마나 잘 대비시키고 교육시키느냐에 달려있는 것이다(Pinera and Reed, 2007, p. 408). 관계 자원relational resources에는 공공 설비 회사와 고객 사이의 관계, 그리고 그러한 회사의 서비스를 필요로 하는 공무원, 재난 관리자, 정부의 기타 부서 및 기관과 같은 대상과 상호작용하는 사람들의 관계가 포함된다. 단체와 정부가 대응하는 능력은 재난 발생 이전의 관계와 계획 수립에 의존한다.

전반적으로 시스템 이론의 관점에서 보면, 보다 접근하기 쉽고, 유연하고, 회복력 있는 재건을 하는 것은 가능하다. 9.11 이후에 개최된 학술회의에서 전문가들은 라이프라인의 회복력은 입증되었지만, 교훈 또한 있다는 것을 강조했다. 이는 '뉴욕의 많은 서비스 제공자(통합된 에디슨Edison, 버라이즌Verizon, MTA 등)들이 효율적이고 상대적으로 신속한 서비스 복원을 제공할 수 있도록 인력, 장비, 그리고 기타 자원 면에서 넘칠 만큼 충분한 역량을 지니고 있었다'는 것이다. 덜 견고한 시스템이나 사회 기반 시설을 지닌, 회복력이 낮은 도시였다면, 그처럼 잘 대응하지 못했을 것이다(Multidisciplinary Center for Earthquake Engineering Research, 2002, p. 3).

결국 복구를 어떻게 할 것인지를 결정하려면, 우리가 어떤 위험을 받아들일 수 있는지, 어떤 자금을 지출할 수 있는지 그리고 어떤 행동적 변화를 감수할 수 있는지를 결정해야 한다. 예를 들면, 미국인에게 교통 행동을 바꿔 대중교통 수단을 이용하라고 하는 게 가능할 것인가? 2008년 기름 값이 오르자 그러한 행동이 증가했으며, 이는 사람들의 진정한 행동 변화를 이끌어내는 것이 무엇인지를 암시한다. 즉, 은행 계좌에 영향

표 9.3 사회 기반 시설과 공공 설비의 완화 방법

관심 분야	구조물적 완화 방법	비구조물적 완화 방법
도로, 고속도로	유지 관리, 정기 검사, 폐쇄	대체 도로, 긴급 사태에 대비한 대책, 대중교통 선택권의 확장 또는 개발
다리	송풍 성능 연구, 잔해 관리	정기 검사, 전문가의 평가, 자금 조달
항구와 공항	폭발물 감지기, 레이더 및 경보 시스템, 항공 및 해상 교통관제, 토양 강화, 지진 보강	대체 도로, 긴급 사태에 대비한 대책, 보안 절차
통신	다중 시스템 구축	협력 관계, 유연성, 조직 간 통신이 가능한 상호 정보 교환 시스템
정전 및 가스 차단	공공 설비 라인의 지하 매설, 노후 차단기 교체, 하위 시스템의 개선, 과전압 방지	고위험 인구 집단에 대한 우선순위 설정, 가스 누출 검사 및 이에 대한 시민 교육
물	위험에서 자동적으로 작동되는 '스마트' 차단기와 고의적인 오염을 막기 위한 보안 시스템 설치	식수 공급을 위해 주변 행정 구역과 상호 원조 협약 맺기, 식수의 안전 규약에 관한 시민 교육
하수 및 폐수	빗물 배수 시스템, 야외 공간의 보전	재활용 및 위해 폐기물 감소를 위한 프로그램
무선 통신	다중 시스템, 백업, 이동 가능한 무선 송신탑에 투자하기	태양열 발전기, 이동식 무선 송신탑에 접근 가능한 무선 통신 업체와의 협력 관계, 향후 재난 시 위성 통신 사용 확대

출처: National Research Council, *Practical Lessons form Loma Prieta Earthquake*, National Academy Press, Washington, DC, 1994; Department of Homeland Security Critical Infrastructure web site, http://www.dhs.gov/xprevprot/programs/gc_1189168948944,shtm; and with appreciation to Dr. DeeDee Bennett, University of Nebraska-Omaha.

을 미치는 비용인 것이다. 사회 기반 시설과 공공 설비를 복구하는 데도 이와 똑같은 경제적 문제가 영향을 미친다. 전력, 통신, 수자원, 그리고 교량, 도로 및 항구에 필요한 완화 조치를 실행하기 위해 얼마나 많은 세금 및 공공 설비 이용료의 인상을 감내할 것인가(표 9.3 참고)? 매년 되풀이되는 피해와 비교해볼 때, 그와 같은 변화에 드는 비용은 상대적으로 적을 수 있으며, 손익 분석 결과 상당한 이익임이 드러날 수도 있다.

9.6 요약

사회 기반 시설과 공공 설비를 당연하게 받아들이면, 이러한 시설이 붕괴되었을 때 사회적·경제적 피해가 더 커지게 마련이다. 재난은 도로를 훼손하고, 다리를 파괴하며, 전기를 중단시키고, 물을 오염시키며, 가스 라인을 파열시키는 등 크나큰 고통을 야기한다. 미국에서는 사회 기반 시설이 노후화하고 점차 약해지면서 상황이 악화되고 있다. 사회 기반 시설의 모든 구성 요소가 평균 역량에 미치지 못하거나 한참 아래 수준인 것으로 평가되고 있다. 이러한 상황을 감안하면, 재난이 이러한 서비스에 지속적인 악영향을 미칠 것임을 알 수 있다. 하지만 재난은 토네이도, 지진, 또는 테러 사건으로 인한 재건뿐 아니라, 재난 이전의 결함을 바로잡을 수 있는 기회이기도 하다.

사회 기반 시설과 라이프라인의 재건을 고려할 때는 몇 가지 주요한 원칙을 고려해야 한다. 한 가지 원칙은 접근성을 강조하는 것으로, 이는 직장과 가정의 삶의 질을 개선하기 위해서는 사람과 장소가 긴밀히 연결되어야 한다는 의미이다. 두 번째 원칙은 유연성으로, 이는 대체 교통로나 인터넷의 추가 연결을 제공하는 것과 같은 선택권을 단기 및 장기 복구에 포함시켜야 한다는 의미이다. 회복력은 시스템이 충격을 흡수해 회복할 수 있음을 의미하는 것으로, 모든 재건 노력의 결과가 되어야 한다. 병원의 입원 환자, 요양원 환자, 산소호흡기가 필요한 사람에게 있어, 이러한 원칙은 미래의 재난 발생 시 인명을 구하는 역할을 한다. 사업체와 산업에 있어서도 이와 똑같은 원칙은 상품과 서비스의 지속적인 생산을 가능하게 해, 고용을 유지하고, 대출금을 갚을 수 있게 해주며, 정부의 활동을 보장해주는 역할을 한다.

9.7 마무리 문제

9.7.1 요약 문제

1. 사회 기반 시설의 파괴나 고장으로 인한 사회·경제적 피해를 목록으로 작성하라.
2. 자연 재난이 도로, 대중교통, 통신 그리고 전력 시스템에 미칠 수 있는 피해에 대해 서술하라.
3. 사이버 공격을 비롯한 테러 공격이 사회 기반 시설과 라이프라인에 어떤 피해를 줄 수 있는가?
4. 기존의 사회 기반 시설과 라이프라인 분야에서 미국은 어떻게 해나가고 있는가?
5. 접근성과 유연성의 차이는 무엇인가?
6. 회복력 있는 사회 기반 시설의 예를 들고, 이를 정의하라.
7. 이 장에서 언급한 재난 피해의 세 가지 예(자연, 기술, 그리고 테러)를 들고, 이들이 사회 기반 시설과 라이프라인에 어떤 피해를 주는지 서술하라.

9.7.2 토론 문제

1. 직장, 학교 또는 집으로 가는 길이 사라지면 어떤 결과가 생길지 토론해보아

라. 어떻게 목적지까지 갈 것인가?

2. 미래의 복구 관리자로서, 여러분이 사는 지역의 사회 기반 시설과 공공 설비에 대한 재난의 피해를 줄이기 위한 필수적인 과정을 토의하는 계획 수립 회의를 연다면, 누구를 초대할 것인가?

3. 여러분이 사는 지역의 정부 조직과 공공 설비 회사에 연락해보아라. 물, 천연가스, 전기, 댐 그리고 교량 같은 필수 시설의 상태는 어떠한가? 이러한 요소를 강화하려면 어떤 단계를 밟아야 할 것인가?

4. 일주일 동안 휴대폰과 인터넷을 꺼보아라(학교 과제와 긴급 상황을 제외하고). 그런 것없이 생활해보니 어떠한가?

5. 내일 아침에 자리에서 일어나면, 여러분이 전기, 휴대 전화, 물, 교통 시스템을 사용하는 모든 방식을 기록해보아라. 이런 것이 없다면 어떻게 해나갈 것인가?

6. 여러분이 사는 지역에 심각한 재난이 발생해 사회 기반 시설과 라이프라인이 훼손되었다면, 그러한 것을 어떻게 재건하고 싶은가? 이 장에서 논의한 원칙을 활용하고, 주변 사람들에게 질문해 독자적으로 연구한 내용을 추가해보아라.

참고자료

- The American Society of Civil Engineers Report Card, 2013. http://www.infra-structurereportcard.org/a/#p/home. Last accessed December 17, 2014.

- FamilyCommunicationPlan. http://www.fema.gov/media-library/assets/documents/34330.

- Infrastructure success storiescan be found at the ASCE site. For an example of drinking water, go to http://www.infrastructurereportcard.Org/a/#p/drinking-water/success-stories and then use the Navigation Menu to select other compo-nents. Last accessed December 17, 2014.

- Living with Dams: Know Your Risks, an e-booklet available at http://www.livingnear-dams.org/. Last accessed December 17, 2014.

- NASA, U.S., Sun-Earth page, http://www.nasa.gov/mission_pages/sunearth/ multimedia/Solar-Events.html#.VH4QP2cnncA. This page includes an intro- duction to space weather vocabulary and an introduction to heliophysics. Last accessed December17, 2014.
- New Zealand Civil Defence Emergency Management Groups, http://www.civil- defence.govt.nz/assets/Uploads/publications/the-guide-vl.2-section-5-cdem- groups.pdf. Last accessed December 17, 2014.

제10장
사회적 · 정신적 회복

- 재난으로 인한 정신적 외상에 대한 사회적·정신적 반응의 다양성에 대해 알아본다.
- 일부 인구 집단이 다른 사람들보다 정신적 외상을 입을 위험이 더 큰 이유에 대해 알아본다.
- 재난 이전 상황이 재난 피해에 어떤 영향을 미칠 수 있는지 알아본다.
- 사건의 유형과 규모를 비롯해 재난의 정신적 피해를 악화시킬 수 있는 요인에 대해 논의한다.
- 심리 상담을 받으며 흔히 경험하는 장벽이 무엇인지, 이러한 장벽을 어떻게 극복할 수 있을지 알아본다.
- 사건 발생 이전에 재난 피해에 대한 회복력을 기를 전략을 세워본다.
- 사건 발생 이후에 재난 피해를 입은 사람들을 도울 프로그램과 기회에 대해 알아본다.
- 임상 치료에서부터 종교적 보살핌 및 반려 동물 심리 치료법에 이르기까지 다양한 치료법에 대해 알아본다.

불안anxiety

책임 전가blaming

집단 상실collective loss

동정심 감퇴compassion fatigue

디브리핑debriefing

우울증depression

지원 활동outreach

외상 후 스트레스 장애posttraumatic stress disorder

재택 간호residential care

회복력resilience

2차 정신적 외상secondary trauma

심리 치료therapy

정신적 외상trauma

10.1 서론

　가구가 움직일 만큼 강한 물살이 여러분의 집으로 밀려들어 온다면, 또는 세찬 바람에 집이 부서진다면, 어떻게 할 것인가? 재난이 발생하면 끔찍한 장면들이 방영되는데, 그런 경우 잠재적인 피해는 얼마나 될까? 텔레비전으로 본 장면은 화면을 끈 후에도 오랫동안 마음을 떠나지 않는다. 피해에서 장기 복구로 나아가려면 어떻게 해야 할까? 어떤 광경과 감정이 오래 남을까? 어떤 것이 차츰 사라질까? 그러한 과정에 무엇이 영향을 미칠까?

　다른 사람들보다 정신적 외상을 입을 위험이 더 큰 사람들이 있을까? 예를 들면, 어린이나 노인은 어떻게 대응할까? 우리는 앞에서 재난이 기회 균등한 사건이 아니라는 것을 배웠다. 한정된 자원을 지닌 개발도상국이나 저소득층은 재난으로 어떤 피해를 입을까?

　또한 정신적 외상은 언제나 나쁜 결과를 가져올까? 정신적 외상의 가능성에 맞서 사람들의 회복력을 더 강하게 만드는 것은 무엇일까? 친구와 가족 그리고 지역사회가 다시 예전처럼 돌아오게 하려면 어떻게 도와야 할까? 재난 전후에 어떤 주도적인 단계를 밟을 수 있을까? 이 장에서는 우리가 재난의 피해에 대해 알고 있는 바를 검토해볼 것이다. 하지만 언제나 나쁜 소식만 있는 것은 아니다. 많은 언론에서 대부분의 사람들이 재난에 실제로 어떻게 대응하는지 판에 박힌 모습만을 보여주고 있긴 하지만, 놀라운 사실은 우리 대부분은 무슨 일에든 맞설 수 있다는 것이다(Tierney et al., 2001). 그러한 상황에서 스트레스를 많이 받을까? 그럴 것이다. 대처해나갈 방법을 찾을 수 있을까? 대부분의 경우 그렇다. 재난의 결과로 심각한 정신적 외상을 입는 사람들이 생길 것인가? 물론 그럴 것이다. 우리 중 많은 사람들이 생생히 기억하고 있는 몇 가지 실제 사례부터 시작해보겠다.

10.1.1 9.11 사태

2001년 9월 11일, 처음에 우리는 뉴욕의 세계무역센터에 항공기가 부딪친 이유를 짐작하기 어려웠다. 잠시 후 두 번째 비행기가 충돌했고, 그제서야 테러, 미국에 대한 용의주도한 공격이 벌어졌음을 깨달았다. 다음 비행기는 펜타곤을 공격했고, 그리고 또 다른 비행기가 펜실베이니아에 추락했다는 소식이 들려왔다. 우리는 수백 명의 소방대원, 경찰, 그리고 의료진을 포함해 수천 명의 사람들이 안에 있는 상태로 세계무역센터가 무너지는 광경을 목격했다. 우리는 이러한 사건에 대한 경험이 전무했고, 따라서 고통스러운 감정과 싸워야 했다.

시간이 지나면서, 우리는 실종자 명단을 게시하고, 촛불 기도에 참여하고, 예배에 참석하며, 이러한 만행을 저지른 사람들이 누구인지 물었다. 우리는 나라 안의 모든 미국 국기를 사서 사방에 꽂으며 하나가 되어 집단적인 정신적 외상을 이겨내기 위해 노력했다. 그러면서 우리는 만행을 저지른 자들에 대한 분노와 증오를 느꼈고, 이들을 잡아다 정의를 바로 세우지 못하는 것에 좌절했다. 분노에 차서 이슬람교를 믿는 무고한 미국인을 공격한 사람들도 있었다(Peek, 2003).

나라 전역에서 집단적인 감정이 표출되었다. 먼 곳에 사는 사람들이 "나는 뉴욕 시민"이라고 외쳤고, 추모식과 묵념 등을 비롯해 치유를 위한 공동 의식이 치러졌고, 멀리 떨어져 있어 전화와 이메일로 연락만 주고받는 가족과 친구들은 완전히 낯선 사람들에게 카드와 플래카드를 보냈다. 사람들은 엄청난 분량의 돈과 자원, 그리고 자원봉사 시간을 기부했다. 미국인들은 연민으로 반응했으며, 완전히 낯선 사람들을 위로하기 위해 테러 사건으로 인한 고통을 함께 겪으며 함께 노력했다. 한마디로, 이 사건의 피해를 입은 사람들은 회복력 있게 대응했다.

10.1.2 케냐 나이로비의 웨스트게이트 몰

2013년 9월 21일, 케냐, 나이로비의 웨스트게이트 몰Westgate Mall에서 테러 공격이 발생했다. 78시간 동안 벌어진 이 사건으로 테러범들은 결국 67명을 죽였다. 9.11과 마찬가지로 자국 국민뿐 아니라 십여 개국에서 온 외국인도 목숨을 잃었다. 목숨을 잃은 사람들은 모두 무고한 시민으로, 이들은 그날 그러한 공격이 벌어질 것을 예상하지 못한 채 물건을 사러 나온 가족과 아이들이었다. 테러범들은 공격을 하는 동안 메시지를 전달하기 위해 소셜 미디어 계정을 열었지만, 이 계정은 트위터와 다른 매체에 의해 바로 폐쇄되었다. 많은 사람들의 생명을 구하기 위해 몰의 보안 요원, 지역 경찰 그리고 비번인 구조대원까지 행동에 나섰지만, 그 과정에서 여러 명이 부상을 입거나 목숨을 잃었다. 결국 케냐 방위군이 몰을 탈환하고 남아있는 인질을 구하기 위한 작전에 돌입했다(Blanchard, 2013; NYPD, 2013). 며칠 동안 인질로 잡혀 총 소리를 듣고 죽은 사람들의 시체를 보며 외부 세계와 서서히 단절되어가는 동안 이들이 어떤 느낌이었을지 상상해보아라. 그러한 상황에서 정신적 외상을 입었을 것이라는 사실을 쉽게 짐작할 수 있을 것이다.

하지만 케냐는 회복력 있게 대응했다. 몰 안의 사람들은 서로를 도와가며 도망치고 몸을 숨겼다. 사람들은 부상을 입은 낯선 사람들을 돌봤다. 이들은 전화를 나눠 쓰며 사랑하는 사람들과 연락을 취했다. 몰 밖에서는 지역 주민과 종교 단체 등이 몰에서 나왔거나 사랑하는 사람들의 운명을 주시하며 기다리는 사람들을 위해 즉석에서 간이 휴게실을 마련했다. 이들은 힘을 모아 먹을 것을 제공하고, 종교적 보살핌을 베풀었으며, 소셜 미디어를 이용한 대응에 나섰다. 당연히 재난 관련 단체도 도움의 손길을 베풀었다. 케냐 적십자는 헌혈을 주도했고, 구세군은 먹을 것과 마실 것 그리고 담요와 예배 지원을 제공했다.

10.2 재난으로 인한 정신적 피해

앞에서 살펴본 것처럼, 재난은 정신적 피해를 일으킬 가능성이 있다. 대부분의 과학적인 연구에 의하면, 재난 이후에는 스트레스부터 보다 심각한 외상 후 스트레스 장애(PTSD)(Norris et al., 2002a; 2002b)에 이르기까지 다양한 증상이 나타난다. 대부분의 경우는 예상할 수 있는 증상을 겪는다. 예를 들면, 가장 흔히 보고되는 재난 이후 문제는 수면 장애다. 사람들이 술과 담배에 더 의존할 것이라고 예상할 수도 있다. 하지만 재난 이전에 마약과 술로 인한 문제를 겪었던 사람들을 제외하면, 그러한 행동은 그다지 자주 나타나지 않는다(Norris et al., 2002a; 2002b). 이 마지막 사실이 중요한데, 그것은 우리가 재난 이전에 갖고 있던 증상이나 행동 방식이 재난 이후의 경험에 영향을 미칠 가능성이 크다는 것이다.

심리학자인 프랜 노리스Fran Norris와 연구진은 6만 명 이상의 피해자를 대상으로 한 160건의 연구로 재난의 영향을 평가했다. 연구 대상자의 약 11%가 경미한 장애를 겪는데, 이는 '일시적'이거나 상대적으로 짧은 기간 동안 스트레스와 관련된 증상을 겪는 것을 말한다. 절반 약간 넘는 사람들(51%)은 중간 정도의 피해와 '장기간 지속되는' 스트레스를 겪는 것으로 나타났다. 대부분의 경우 증상은 1년 이내에 사라졌다.

일부 재난 피해자는 보통 수준보다 높은 우울증과 불안을 겪는다고 보고했다(Norris et al., 2002a; 2002b). 불안과 우울증은 언제나 전문 의료진의 진단을 받아야 한다. 불안과 우울증은 미약한 수준에서 심각한 수준까지 연속적으로 발생한다. 우울증에는 슬픔, 불면증, 죄책감, 의기소침, 그리고 집중 장애가 포함될 수 있으며(Tesar, 2002), 희망 없음이나 무력함의 감정으로 경험될 수 있다.

불안 장애는 지나친 걱정이나 두려움으로 경험될 수 있다. 불안 장애 중 PTSD에 대해서는 많은 연구가 이루어졌다(Brewin et al., 2000). PTSD를 겪는 사람들은 고통스러운 기억이나 회상을 통해 정신적 외상을 다시 경험한다. PTSD는 사람들의 생각만큼 많이 발생하지는 않지만, 개인적인 그리고 직업적인 환경에서 제 기능을 하는 능력을 침해할 수 있다. 증상으로는 수면 장애, 집중 장애가 있으며, 심지어는 숨이 차거나, 가슴 통증, 현기증 같은 신체적 증상까지 나타날 수 있다(Hamida and Malone, 2004). 하지만 PTSD는 대부분의 경우 재난 이후에는 상대적으로 적게 나타난다(Norris et al., 2002a; 2002b). PTSD는 재난에 대한 자동적인 반작용은 아니다.

최악의 정신적 피해는 가장 심각한 사건, 특히 집단 폭력을 겪은 사람들에게서 나타난다. 보다 심각한 증상을 낳은 재난으로는 허리케인 앤드류, 엑손 발데즈 사건, 그리고 오클라호마 폭파 사건(상자 10.1 참고) 같은 것들이 있다. 하지만 2013년 케냐 나이로비의 웨스트게이트 몰에서 벌어진 테러 공격이나, 2012년 노르웨이의 섬머 캠프에서 총격 사건으로 80명에 달하는 젊은이와 직원이 목숨을 잃은 사건도 심각한 경우에 속한다. 대규모 사건이 발생하면 개발도상국에서 더 심각한 정신적 피해를 겪으며, 회복을 도울 자원도 거의 없는 상황이다(Norris et al., 2002a; 2002b). 연관을 짓기가 조심스럽긴 하지만 정신적 피해에는 다른 요인도 영향을 미칠 수 있을 것이다. 예를 들어, 나이에 따라 재난이 우리에게 미치는 영향에 차이가 생길까? 성별은 어떨까? 직업에 따라서도 차이가 날까? 이제 이런 문제에 대해 살펴보겠다.

10.2.1 나이

나이가 드는 것은 일종의 보호 효과를 낼까? 아니면 살아온 경험으로 대처 능력이 더 커질까? 그렇다면 그런 경험이 없는 아이들의 경우는 어떨까? 여기서는 나이가 재난으로 인한 정신적 반응에 미치는 영향에 대해 살펴보겠다.

심각한 재난으로 인한 피해, 특히 미국에서 발생한 9.11, 허리케인 카트리나, 허리케인 앤드류가 어린이에게 미친 영향에 대한 연구가 이루어졌다. 9.11 이후에는 뉴욕시에 사는 어린이 약 5명 중 1명이 어떤 식으로든 외상 후 스트레스 증상을 겪었다. 9.11에 관한 한 연구 결과, 뉴욕시에 사는 전체 어린이의 10%가 어떤 형태든 상담을 받은 것으로 나타났다(Fairbrother et al., 2004). 대부분(44%)은 학교에서 상담을 받았고, 1/3 약간 넘는 어린이(36%)는 정신 건강 전문가, 정신과 의사, 심리학자 또는 기타 상담가에게서 상담을 받았다. 약 20%가 종교적 보살핌이나 또 다른 형태의 도움을 받았다. 분명 모든 어린이가 심리 치료를 받은 것은 아니다. 어떤 요인이 어린이가 심리 치료를 받느냐 안 받느냐 하는 문제에 영향을 미치는 것일까? 부모의 영향이 매우 컸다. 부모가 심한 고통을 겪으면, 아이들에게 상담을 받게 할 가능성이 높다(Fairbrother et al., 2004).

재난을 겪은 어린 생존자를 위로하려면 어떻게 해야 할까? 일반적으로 어린 아이들은 포옹과 신체 접촉을 통해 더 쉽게 마음의 위로를 받는다. 하지만 어린아이가 커갈수록 다른 방법으로 도움을 주는 것이 반드시 필요하다. 특히 학교가 중요한 역할을 할 수 있으며, 오클라호마 폭파 사건 이후에도 학교의 역할이 컸다(상자 10.1 참고). 10대와 청소년은 청소를 돕고, 식량과 물을 나르고, 애완동물 쉼터에서 일하는 등의 자원봉사 활동을 비롯한 신체 활동에서 좋은 영향을 받을 수 있다. 하지만 나이만으로 모든 정신적 피해를 설명할 수는 없다. 여러 연구에 의하면, 소수 인종의 유소년이 주류 인종의 유소년보다 더 심한 증상을 겪는다고 한다(Norris et al., 2002a; 2002b; 더 자세한 내용은 앞으로 나올 인종과 민족 부분을 참고).

10대 이후의 세대는 어떨까? 중년의 생존자는 가족과 친구로부터 도움을 받지만, 그보다 더 많이 주는 것으로 나타났다(Norris et al., 2002a,b). 이 집단의 사람들이 자신들의 능력 이상으로 다른 사람들에 대한 책임을 지고 있다는 사실은 의외의 일이 아니다. 이들은 어린이에서부터 노인까지 돌봐야 하는 책임을 진다. 이들도 구호를 기다리는 줄에 서고, 복구에 착수하기 위해 전화와 인터넷을 이용해야 하며, 이사를 하고, 주변 사람들을 도와야 하는 평범한 시민이다.

나이든 생존자는 평생 경험으로 이점을 얻을 수 있다. 노인층은 살아오면서 얻은 교훈으로 독감 예방 주사를 맞은 것처럼 재난의 피해를 더 잘 견딜 수 있을 것이다. 예방 접종을 하였다는 것은 노인층이 현재 발생한 사건에 대처하는 데 평생을 살아오면서 배운 전략을 활용할 수 있다는 뜻이다(Norris et al., 2002a; 2002b). 예를 들어, 펜실베이니아의 스리마일섬Three Mile Island에서 핵 사고가 발생한 후에 나이든 주민들은 '이 재난의 의미를 개인적으로 살아오면서 겪은 평생의 경험과 연관 지으며' 스트레스를 덜 받는 경향이 있었다(Prince-Embury and Rooney, 1988, p. 779). 이와 반대로 어떤 연구는 노인들이 더 나쁜 영향을 받을 수 있다는 결론을 내리기도 했다. '상대적 박탈'이라는 가설에 의하면, 노인들이 젊은 층에 비해 (복구를 위한 자원이 더 적은 것과 같은 문제로) 박탈감을 느낄 수 있다고 한다(Friedsam, 1961).

노인층의 이런 느낌에 영향을 미치는 것은 수입과 사회적 지원이다. 예를 들면, 사회복지사들은 노인 생존자의 사망률이 더 높다는 것을 목격해왔다. 미시시피의 한 사회복지사는 허리케인 카트리나 이후에 저자에게 "더 많은 장례식에 참석하게 될 것 같다"

고 말한 일이 있다. 1989년 캘리포니아 로마 프리타 지진 이후에도 같은 결과가 발생해, 노인을 담당하는 사회복지사들이 비슷한 경험을 했다. 이러한 노인 대부분은 사회적으로 단절된 환경에서 살았으며, 가족보다는 전문적인 사례별 사회복지사를 통해 지역사회와 연결되어있었다. 따라서 혼자 살거나 가족 및 친구로부터 격리되어있는 사람들에게 도움의 손길을 뻗치고 이들을 사회에 참여시키는 전략을 개발하는 것이 바람직할 것이다.

상자 10.1 테러 사건으로부터의 정신적 회복

1995년 4월 19일, 테러 사건으로 전 미국이 멈춰 선 듯 했다. 평상시와 같은 하루가 막 시작되었을 때, 오클라호마시의 알프레드 머레이 연방 정부 청사 밖에서 엄청난 양의 폭탄이 터지며 직원과 방문객으로 가득했던 9층 건물 대부분이 무너져 내렸다. 인근 건물에서 사망한 서너 명을 포함해 168명이 그 자리에서 목숨을 잃었다. 이 건물 안에 있던 보육원도 파괴되었다. 19명의 유아와 어린이가 사망했다. 200명 이상의 어린이들이 한쪽 부모를 잃었거나 고아가 되었다(Mallonoee et al., 1996; Pfefferbaum et al., 1999).

소방관, 경찰 그리고 구급대원이 이 건물 구석구석으로 파견되었다. 이 지역의 의료 시설에서는 심각하고 영구적인 장애로 남을 부상을 입은 509명의 외래 환자와 83명의 입원 환자를 치료했다. 재난 현장이자 동시에 범죄 현장이 된 이 건물에서 인명을 구하고 증거를 보존하기 위해서는 극도로 주의를 기울여야 했다. 긴급 구조대원들은 매우 위험하고 불안정한 건물에서 부상자를 구하기 위해 여러 날 동안 힘든 시간을 보냈다. 의료진은 자신들의 생명까지 위태로운 상황에서 삶과 죽음을 가르는 결단을 내렸다. 오클라호마 폭파 사건은 많은 사람들에게 피해를 주었다. 그중에서도 특별한 관심의 대상은 어린이와 긴급 구조대원이었다.

어린이와 오클라호마 폭파 사건

폭발로 피해를 입은 학생과 교직원이 대피한 학교를 포함한 여섯 학교가 사건 현장으로부터 8km 이내에 위치해 있었다. 하지만 언론의 보도에 의하면, 미국 전역에 있는 취학 아동이 정신적 외상의 가능성이 있는 충격을 입었다고 한다. 피해 어린이를 돕기 위해 오클라호마 정신 건강 및 약물 남용부Oklahoma Department of Mental Health and Substance Abuse는 취학 아동과 피해 가족에게 긴급 상담을 제공하기 위해 '하트랜드 프로젝트Project Heartland'에 착수했다.

하트랜드 프로젝트는 공립 및 사립학교에 다니는 66,000명의 학생에게 상담을 제공했다. 이

프로그램에는 상담, 교육, 훈련, 시스템 지원과 팀 모임 치료 등이 포함되었다(Pfefferbaum et al., 1999). 추가 서비스로 변호 지원, 부모와의 만남, 교육물 출판, 그리고 피해 아이들에 대한 다양한 개인, 집단 그리고 가족 상담이 제공되었다. 상담사들은 상실에 대처하는 모임을 만들고, 교사와 직원에게 정신적 외상과 슬픔의 징후를 알아보는 법에 대한 훈련을 실시하고, 사건의 추모일 등 스트레스 요인이 급증하는 시점을 규정했다. 정신적 외상의 치료를 회피하는 것은 흔히 나타나는 반응으로, 이러한 반응이 지속되면 사회적 행복을 해치고 학업 성취를 방해하므로 지속적인 관심이 요구되었다. 이러한 관심은 언론이 이 공격과 관련한 형사 재판을 대대적으로 다룬, 사건 발생 3주기 때 고조되었다(Pfefferbaum et al., 1999). 하트랜드 프로젝트는 교사와 직원들이 장기적인 피해에 대처하는 데 필요한 능력과 자원을 제공해주었다.

긴급 구조대원

긴급 구조대원은 정신적 외상에 대처하는 훈련을 받지만, 그러한 훈련이 늘 충분한 것은 아니다. 많은 사망자가 발생하는 사건의 경우 특히 그러하다. 오클라호마 폭파 사건 때는 소방대원들이 가장 대하기 힘든 사망자를 처리해야 했는데, 그건 머레이 정부 청사 안의 보육 시설에서 목숨을 잃은 어린이들이었다. 이들에게 가장 큰 도움이 된 것은 무엇일까? 당연하지만, 사회적 자원이 가장 중요한 지원을 제공하는 것으로 나타났다. 오클라호마 폭파 사건 이후에 소방대원들은 '가장 좋은 대처법은 가족과 친구들에게 가는 것'이라고 말했다(North et al., 2002, p. 174).

분명 사회적 자원은 우리가 재난에 어떻게 대처하는가에, 그리고 모든 정신적 외상에서 얼마나 잘 회복되는가에 영향을 미칠 수 있다. 사건 발생 전에 회복력을 기르기 위해서는,

- 가족 및 친구와 강한 연결망을 구축한다. 가족이 없으면, 다른 사람들과 긍정적인 상호 관계를 맺는다.
- 동료 및 상사와 좋은 관계를 맺으면, 직장에서도 도움을 받을 수 있다.
- 사회적 지원을 제공하는 종교 단체, 후원 단체, 그리고 시민 단체에 가입하라. 특히 재난으로 인해 이사를 한 후라면 더더욱 그러하다.
- 자신과 가족을 위해 강인하고 긍정적인 정신 건강 상태를 유지하라. 역경에 맞서는 팀으로 함께 일하는 데 중점을 두고, 경미한 사건이 발생했을 때 대처 능력을 기르기 위해 그러한 방법을 연습하라.
- 가족 재난 계획을 세우고 가족과 함께 기본적인 응급 처치 교육을 받아라.
- 불난 건물에서 대피하는 것에서부터 갑작스러운 사건 현장에서 대피하는 것에 이르기까지 가족 재난 계획을 세워라.
- 재난 이후에 발생하는 가정 폭력으로부터 가족 구성원을 보호하라.

10.2.2 성별

성별도 스트레스와 외상 후 스트레스 장애(PTSD)의 가능성을 높일 수 있다는 연구 결과가 있다(Norris et al., 2002a; 2002b). 하지만 여성과 소녀들이 많이 겪는 정신적 증상은 정신적 성향의 문제라기보다 사회적 불평등에서 기인한 것일 가능성이 크다. 예를 들어 많은 사회에서 여성들이 감정을 드러내도록 사회화시킨다. 그렇게 하는 것이 일면 건강한 대응 방식이긴 하지만, 여성들이 재난에 잘 대응하지 못하는 걸로 인식될 수도 있다. 재난 중의 업무량도 여성과 남성이 대응하는 방식에 영향을 미칠 수 있다. 여성들은 가족의 요구에 더 잘 대응하는 경향이 있다. 여성들은 예로부터 어린이와 노인에 대해 불균형적으로 많은 책임감을 가져왔으며, 가정에 기반을 둔 일을 잃을 가능성도 더 크며, 재난 이후 가정 폭력을 겪을 가능성도 크다. 따라서 누군가 울거나 불안해하거나 감정에 압도된다면, 이는 한쪽 성(性)이 재난에 더 큰 피해를 입는다기보다 사회 구조적인 성역할 방식에 영향을 받은 것이라는 연구 결과가 있다[더 자세한 내용은 Gender and Disaster Network (http://www.gdnonline.org) 참고].

남성도 성별에 따른 영향을 받는다. 많은 남성이 가족의 강한 일원으로, 심지어는 영웅으로 자라도록 사회화되어있다. 허리케인 미치가 발생한 후에 학자들은 남성들이 가족의 자원을 구하느라 뒤에 남아있다 높은 사망률을 보인다는 사실을 발견했다. 재난이 발생한 후에는 남성이 여성보다 상황에 대처하기 위해 술에 더 의존하는 경향이 있다(Norris et al., 2002a; 2002b). 따라서 재난이 정신 건강에 미치는 성별 효과는 여성에게만 국한된 문제는 아니다. 분명한 것은 재난이 여성과 남성에게 다른 영향을 미치는 그 차이점 뒤에 불평등이 숨어있다는 사실이다. 예를 들어, 가정 폭력이 높아진다는 연구 결과도 이러한 구조적이고 깊이 뿌리박힌 사회 문제를 반영하고 있다(상자 10.2 참고).

상자 10.2 재난 시 여성과 소녀의 취약성과 회복력

재난이 발생하면, 여성과 소녀는 성폭력과 가정 폭력에 더 많이 노출된다. 학대받는 여성들을 위한 안전한 쉼터가 피해를 입거나 문을 닫고, 비공식적 지원의 연결망도 와해되기 때문이다. 사이클론이 발생한 동안 쉼터를 찾는 여성들은 성희롱과 성폭력에 노출되어 왔다. 오릿사Orissa 사이클론과 구자라트Gujarat 지진 발생 이후에 사이클론 고아로 오인된 아이들이 성적인 목적으로 거래되는 사례가 증가하기도 했다. 남아시아에서 사이클론과 홍수가 발생한 후에 미망인이나 기타 사유로 혼자 사는 여성에 대한 남성 친척의 보호가 불가능해지면서 성 폭행 비율이 증가하기도 했다. 가뭄이나 사이클론으로 피해를 입어 지참금으로 쓸 재산을 팔 수밖에 없게 된 가정의 소녀들은 조혼으로 내몰렸고, 재난 피해를 입은 가정의 모든 구성원이 일하러 나가면서 어린이 노동도 증가했다.

본질적으로 재난으로 인한 손실은 여성과 소녀들의 취약성을 가중시키고 심각한 착취 가능성을 만들어낸다.

- 파키스탄의 '데일리 장Daily Jang'(2000. 5. 25.)에서는 가뭄으로 심한 피해를 입은 파키스탄 남부의 발루치스탄Baluchistan에서 15살 난 딸을 몇백 루피에 가정부나 신부로 팔러 나온 한 아버지의 사연을 보도했다. 이 남성은 딸을 판 돈으로 굶어 죽어가는 다른 가족을 먹여 살려야 했다. 이 사건은 재난을 겪은 빈민들의 절박함을 잘 보여주며, 사회적으로 낮은 지위에 있는 극도로 취약한 상황에 있는 여성들이 그러한 상황에 어떻게 내몰리는지를 잘 보여준다(Madhavi Ariyabandu, 2003).
- 홍수로 대피한 가정의 주부와 젊은 엄마들은… 임금을 받는 노동이나 소득을 벌어들일 다른 기회를 얻기가 더 힘들다. 얼마 안 되는 세간과 평생 모은 돈을 다 잃어버린 이 여성들은 수십 년이 지나도 이러한 손실에서 헤어나지 못한다. 이러한 상황은 가정의 관계 내에서 이들의 안전을 위협한다. 어린이(소년 소녀 모두)들은 학교를 그만둬야 하고, 홍수로 지참금으로 낼 돈과 패물을 잃어버린 가정의 어린 소녀들은 아예 결혼을 하지 못하거나 결혼이 늦어지게 되는데, 이는 이들의 사회적 지위, 정신 그리고 생존에 심각한 영향을 미친다. 노인의 경우, 이러한 상황에서 여러 가지 방식으로 대가족이 해체되면서, 가족의 지원 없이 노인들이 더욱 취약한 상황에 내몰리기도 한다(Madhavi Ariyabandu, 2003).

어떻게 할 것인가?

인도의 여성 자영업 협회(SEWA)는 심각한 피해를 입은 구자라트 북서부의 쿠치Kutch 지역 세공인들을 예로 들었는데, 그들은 재난 구호품이 아니라 바느질을 다시 시작할 도구를 보내달라고 요청했다. "우리에게 일거리를 더 보내 달라. 우리의 생활과 우리 마을을 다시 정상으로 되돌리는 데 도움이 되는 것은 이것뿐이다. 일도 집도 식량도 없으면, 암흑의 날들만이 우리를 괴롭힐 뿐이다." 아직 텐트에서 살아가는 이 여성들에게 협회에서 제공한 바느질 도구는 앞으로 살아가는 데 반드시 필요한 것이었다.

지진이 발생한 뒤에 가정의 남성들은 일하러 나갈 수 없었다. 무턱대고 밖으로 나가 일을 시작할 수는 없는 노릇이므로, 돈을 벌 수 있는 사람은 여성뿐이었다. 남성들은 모두 정신적 외상에 빠져 있었다. 지역의 상점 주인들은 더 이상 외상으로 먹을 것을 내주지 않았다. 따라서 이들은 하루하루 일해 돈을 벌어 매일 필요한 것을 사야 했다.

구자라트 지진에 대한 SEWA의 대응은 사회적 지원의 중요성을 잘 보여준다. 이들의 구호 노력에는 생계의 재구축, 신규 보육 센터, 사회적 대화 및 사회적 보험의 기회가 포함되었다. 지진 발생 두 달 후, 이들은 상상할 수 없을 정도로 극심한 파괴가 일어났고, 마을 공동체가 극심한 상실을 겪으면서 적절한 사회적 안전망의 중요성과 필요성을 깨닫게 되었다고 보고했다.

수렌드라나가르Surendranagar 지역에 사는 다니마Dhanima는 이렇게 말한다. "불과 2분 만에 벌어진 일이었다. 우리는 평생 쌓아온 모든 것, 우리의 모든 재산을 잃어버렸다. 지원 시스템도, 물러설 곳도 없었다. 우리는 매우 취약한 상태였다." 같은 마을에 사는 팔루벤Paluben은 이렇게 말한다. "이제 저축의 중요성을 깨달았다. 내 이름으로 된 은행 계좌가 있었다면, 적어도 얼마간의 안전을 확보하고 도움을 받을 수 있었을 것이다."

이 지역의 구청 사무실과 관계자들에게 매일 마을 사람들이 몰려와, 마을 은행을 다시 열고 SEWA의 보험 프로그램에 가입하게 해달라고 주장했다. 그 결과, 435개의 새로운 은행 및 융자 단체가 생겨났고, 9,190명의 새로운 가입자와 565,460 루피의 저축액이 모였다. 이와 마찬가지로 이 마을에서 2만 명이 새로 보험에 가입하였다. 지진 발생 2주 후에 SEWA의 보험팀은 2,500명의 보험 가입자를 대상으로, 주택의 파괴가 대부분인, 보험 가입자의 피해와 재산 손실에 대한 조사를 진행했다. 가장 심한 피해를 입은 세 지역의 지역 연합과 협력한 이 보험팀은 재산 손실을 서류화해 청구 절차를 거의 완료했다.

출처: E. Enarson, http://www.gdnonline.org. Gender and Disaster Network에서 인용 허락.

10.2.3 인종과 민족

인종과 민족 집단은 수입의 수준과 직업에 따라 크게 달라진다. 이것은 우리가 대응에 대한 어떠한 가정도 할 수 없다는 것을 의미한다. 우리가 재난에 어떻게 대응하는지는 문화적 배경에 따라 달라지며, 어떤 문화는 우리로 하여금 감정을 더 표현하게 하거나 덜 표현하게 한다. 이러한 감정 표출은 실은 문화적으로 적절하고 건강한 것인 경우에도 정신적 외상으로 오인될 수 있다.

인종과 민족 집단은 재난의 원인이 문화적 배경과 관련 없는 경우에도 더 심한 증상을 겪기도 한다(Norris et al., 2002a; 2002b). 일부 분석가는 인종과 민족이 정신 건강에 관한 문제의 실질적 원인을 위장하는 역할을 한다고 지적하는데, 이는 역사적으로 소외되었기 때문이다. 거주 지역이 분리되고, 고용에서 차별받고, 교육의 기회를 얻지 못한 채 살아온 것은 이들 소수 집단이 재난 시에 불평등한 위험을 겪어왔다는 것을 뜻한다. 예로부터 미국의 소수 집단은 홍수 범람원의 평균 이하의 주택에서 다른 사회와 분리된 채 살아왔으며, 지진 위험에 대비한 보강 같은 완화 조치를 취하지 않은 집에서 살아왔다(Cutter, 2005). 그러한 곳에서 차별을 받으며 살아온 결과 재난에 노출될 가능성이 더 커진 것이다. 재난에 더 심하게 노출되는 것은 정신적 외상의 위험도 높여서, 이들이 다시 일상화된 불평등으로 돌아가게 된다고 연구자들은 지적한다.

실업, 인종주의 그리고 폭력적 공격에 대한 경계와 같은 사회적·역사적 요인은 미국에서 히스패닉과 아프리카계 미국인들이 허리케인 앤드류 발생 이후에 외상 후 스트레스 장애를 겪는 비율이 더 높은 이유를 설명해준다(Perilla et al., 2002).

10.2.4 직업

우리가 하는 일이 재난 발생 상황에서 정신 건강과 관련된 증상이 나타나는 데 영향을 미칠까? 구조 및 복구와 관련된 일을 하는 사람들은 아마도 훈련을 받아서인지 스스로의 정신적 외상에 더 잘 대응하는 경향이 있다.

재난 전문가들은 정신적 외상을 주는 사건에 어떻게 대응할까? 폭파 사건에 대응한 오클라호마시의 소방대원들은 상대적으로 낮은 정신적 증상을 보인 것으로 보고되었다. 예를 들어, 외상 후 스트레스 장애(PTSD)는 아주 위험한 상황에서 부상자를 구조하고 사망자를 수색한 181명의 소방대원 중 13%(24명)에서만 나타났다.

구조 및 복구와 관련된 일을 하는 사람들에 관한 대부분의 연구에서 나타나는 공통점은 어린이와 관련된 정신적 외상이 특히 어렵다는 사실을 보여준다. 아무 잘못 없는 아이들의 희생, 자신들의 아이와 비슷한 어린이의 시신으로 인한 정신적 외상 그리고 희생자에 대한 감정이입이 모두 정신 건강에 영향을 미치는 것으로 보인다. 이것은 오클라호마시의 경우에도 마찬가지여서, 이곳에서 긴급 구조대원들은 머레이 정부 청사 내의 보육 시설에서 죽은 아이들과 대면해야 했다(North et al., 2002). 뿐만 아니라 사망자의 가족을 대면하는 것도 어느 정도 증상을 유발한다(Norris et al., 2002a; 2002b).

다른 직업의 경우 보통 훈련을 받지 않기 때문인지 상황은 더욱 안 좋다. 9.11 이후에 정신적 외상을 입은 환자를 도운 사회복지사들은 '2차 정신적 외상 스트레스Secondary Traumatic Stress(STS)'를 겪은 것으로 보고되었다. STS는 사회복지사가 피해자의 감정과 증상을 경험하기 시작할 때 발생한다(Pulido, 2007). 그와 같은 직업의 경우 대부분은 어떤 일이 일어날지, 어떻게 도움을 받을 수 있는지, 자신의 증상에 대해 어떻게 해야 하는지에 대한 교육을 받지 않은 상태이며, 이러한 증상은 피해자와의 접촉이 끝난, 사건 발생 1년 후에 나타나는 경우가 많다. 감정적 반응은 분노에서부터 과민함 그리고 피해자의 진술에 기반을 둔 회상에 이르기까지 다양하게 나타난다. 어린이의 정신적 외상을 다루는 것은 특히 어렵다.

전문 직종 종사자를 위한 전문적인 지원과 프로그램이 마련되어있지 않아 이들은 아무런 도움도 받지 못했다(Pulido, 2007). 일부는 '공감 능력이나 관심이 떨어지는' 것으로 정의되는 동정심 감퇴compassion fatigue를 겪었다. 동정심 감퇴는 정신적 외상을 겪는 사람들과 함께 일한 경우에 나타나며, 여기에는 직무 탈진job burnout이 포함된다(Boscarino et al., 2004). 9.11 이후에 뉴욕시에서 일한 사회복지사 중 일부는 동정심 감퇴를 겪었는데, 이는 이들이 정신적 외상에 얼마나 많이 노출되었는지, 어느 정도의 사회적 지원을 받았는지 그리고 직업 환경은 어땠는지와 연관이 있는 것으로 나타났다.

자원봉사자들은 보통 많은 훈련을 받지 않으며, 따라서 보다 많은 정신적 고통을 겪는 것으로 보고되고 있다(Dyregrov et al., 1996). 공격에 얼마나 노출되었느냐도 자원봉사자들의 증상 차이를 유발한다. 한 연구에 의하면, 이전에 재난을 겪은 경험이 있으며 뉴욕이 아닌 다른 지역에서 온 자원봉사자들이 뉴욕 출신 자원봉사자들보다 더 잘 대처한 것으로 나타났다. 다른 연구와도 일치하는 점은 이전의 정신적 외상 경험, 개인적 고충, 그리고 약물 남용이 PTSD의 비율을 높이는 것으로 나타났다. 나이와 이전의 재난 경험 그리고 배우자와 함께 사는 경우도 이러한 위험을 낮추는 것으로 나타났다(Bocanegra, 2004).

10.2.5 집단 상실

지역사회의 집단 상실은 정신적 외상에 대처하는 사람들의 역량을 약화시킨다. 가족, 친구, 이웃, 동료와 같은 사회적 자원은 정신적인 행복에 너무도 중요해서, 이웃과 그보다 큰 지역사회를 잃어버리는 것은 심각한 개인적 상실이 된다.

그러한 상실을 다룬 최초의 연구는 웨스트버지니아 버팔로 크리크의 광산 지역에서 이루어졌다. 1972년 잔해로 가득한 1억 3,200만 갤런의 물이 약해진 댐을 파손시키면서 나지막한 산악 지대가 물에 잠겼다. 살아남은 사람들은 창문으로 탈출해 산기슭으로 올라갔다. 이들은 잔해로 가득한 물이 자신들의 집과 사랑하는 사람들을 삼키는 것을 지켜보았다. 연방 정부에서 임시 트레일러 캠프촌을 세웠지만, 보통 때 위안과 위로를 주었던 친숙한 이웃은 이제 없었다. 사람들은 사랑하는 사람, 친구, 가족, 예배당, 직장, 사회적 연결망, 개인적인 부상, 인간이 일으킨 재난 그리고 심각한 피해로 인한 상실과 심각한 정신적 외상을 겪어야 했다. 연구 결과, 평소보다 더 심한 술과 마약의 남용, 직업상의 피해, 이혼 그리고 아이들과의 갈등이 보고되었다(Erikson, 1976). 피해와 손실에 대해 석탄 회사에 책임을 묻고 배상을 청구하는 소송이 줄을 이었다.

2005년 허리케인 카트리나로 해안지역에 거주하던 수백만 명의 시민이 대피해야 했다. 이 허리케인으로 여러 도시가 물에 잠기고 지역사회 전체가 파괴되었으며, 사람들은 고향을 떠나 먼 곳으로 대피했다. 이곳 주민들은 여러 해 동안 친구, 가족, 성직자, 사회 서비스, 건강관리, 그리고 이 해안지역을 고향으로 만들어준 친숙한 일상과 문화 그리고 음악과 음식으로부터 멀리 떨어져서 살았다(Phillips, 2014). 대피 생활은 사람들에게 많은 스트레스를 주고 현실에 대처하는 데 도움이 되는 사회적 연결망을 와해시킨다(Coker et al., 2006; Weber and Peek, 2012). 가정 폭력, 자살 그리고 살인이 증가하고, 정신 질환을 앓는 비율도 늘어난다(Jenkins and Phillips, 2008). 뉴올리언스의 인구는 아직도 재난 이전의 규모를 회복하지 못했고, 문화의 다양성도 이루어지지 못했다.

10.3 정신적 회복에 영향을 미치는 요인

생존자들이 재난으로 인한 정신적 피해에서 회복되는 데 무엇이 도움이 될까? 무엇보다 친구와 가족이 많은 도움이 된다. 재난의 규모와 범위는 사망자에 노출되는 것만큼 생존자에게 영향을 미칠 수 있다. 재난 이전의 상황도 회복 능력에 영향을 미친다. 여기서는 정신적 회복에 영향을 미치는 요인에 대해 살펴보겠다. 이 부분을 읽어나가면서, 어떤 요인이 재난과 관련된 스트레스를 악화시키거나 개선하는지 그리고 어떻게 하면 그러한 상황에 대비할 수 있을지 생각해보도록 하자.

10.3.1 자연 재난 대 기술적 재난 그리고 테러

재난의 유형이 문제가 될까? 인간의 잘못으로 인한 재난 또는 의도적으로 일으킨 재난은 더욱 심한 정신적 피해를 줄 수 있으며, 이것이 바로 테러의 목표이다. 하지만 자연 재난도 그러한 상황을 초래할 수 있다. 가장 좋은 공법으로 건설했음에도 불구하고 무너진 제방, 핵 사고를 낳은 실수, 그리고 이런 유사한 사건은 책임 소재의 문제를 낳는다. 분노가 솟아오르고, 사람들은 책임을 전가하며, 비난의 대상을 찾아 나선다. 많은 경우 생존자들은 해결을 기다리며 오랜 시간의 틀에 갇힌 채 남겨진다. 테러 사건의 경우 범인이 누구인지 명확하지 않거나, 범인을 법의 심판대에 세우기 어려운 경우가 많다. 기술적인 실패는 소송을 초래하지만 문제를 해결하는 데 몇 년이 걸릴 수도 있다. 대규모 폭력 사건의 경우, 특히 살인자가 자살한 경우에 문제의 해결은 미궁에 빠진다.

피해자들은 신체적 충격을 감당해야 한다. 의료비는 늘어나고, 좌절과 스트레스가 쌓이며, 왜 이런 일이 일어났는지에 대한 설명을 들을 수도 없고, 그 결과 정상적인 생활을 지속하기가 점점 힘들어진다. 1988년 스코틀랜드 로커비Lockerbie 상공에서 폭발한 팬암 103기도 이런 경우에 해당한다. 테러범이 설치한 폭탄으로 인해 여객기에 타고 있던 259명이 사망했고, 불붙은 파편이 인근지역의 주택가로 떨어졌다. 11명은 지상에서 숨졌지만, 다른 시신들은 비행기에 있었다. 많은 사람들이 충격적인 시신을 목격했다. 정신 질환으로 평가받은 경우가 예상했던 우울증과 PTSD 환자의 수치보다 많았으며, 특히 노인층에서 그러했다(Livingston et al., 1992).

자연 재난도 비슷한 결과를 초래할 수 있다. 만일 그러한 재난의 책임 소재가 사람에게 있거나 예방 가능한 상황이었을 경우, 책임 전가가 발생한다(Blocker and Sherkat, 1992). 재난 상황에서 가장 눈에 잘 띄는 기관이 잘못에 대한 책임 전가를 당하는 일이 많다. 예전부터 미국에서는 FEMA와 적십자사가 비난의 대상이 되는 경우가 많았는데, 이는 문제가 이들 기관에 있든 없든 상관이 없었다. 하지만 궁극적으로 책임 전가는 개개인에게 정신적으로 이로울 게 없다. 대신, 심리학자들은 상황을 긍정적으로 보고, 사회적 지원을 받을 수 있는 사람들로 주변을 채우며, 건강하고 효율적인 대처 방안을 찾으라고 조언한다. 결과적으로 이러한 접근 방식이 회복을 향한 탄탄한 길이 되어줄 것이다. 간단히 말해, 모든 종류의 재난은 정신적 외상을 일으킬 가능성이 있는 동시에 정상으로 되돌아갈 개인의 역량을 펼 기회이기도 하다. 정신적 외상이 왜 발생하는지를 알기 위해서는 좀 더 깊이 들어갈 필요가 있다.

10.3.2 재난의 규모와 범위

PTSD에 대한 여러 연구에서 한 가지 공통점이 발견되는데, 이는 재난의 규모와 범위가 정신적 외상을 악화시킨다는 점이다. 간단히 말해, 재난에 더 강력하게 더 오래 노출된 사람은 정신적 외상을 입을 가능성도 커진다. 가장 심각한 재난을 겪은 사람들은 좀 더 심한 정신적 외상을 입는다. 허리케인 카트리나 당시 지붕과 고가도로에서 구조된 사람들은 미시시피강의 폭풍 해일이나 뉴올리언스시의 홍수 물에 빠진 사람들을 구하기 위해 필사적으로 노력했다. 미시시피강 인근 대피소에 수용된 피난민들은 물에 빠진 이웃의 시신을 보았거나, 사랑하는 사람들이 다리와 고가도로에서 죽었거나, 구조를 기다리는 낯선 사람들을 구하려 애를 썼던 경험담을 들려주었다(Blinn-Pike et al., 2006; Coker et al., 2006). 이들은 PTSD를 입을 위험이 가장 큰 집단에 속한다. 앞부분에서 재난에 노출될 위험이 더 큰 인구 집단에 대해 살펴본 기억이 날 것이다. 특히 저소득층과 역사적으로 소외되어 온 소수 집단은 위험한 지역이나 집에서 살 확률도 더 높다. 이러한 상황으로 인해 이들은 더 위험한 상황에 내몰리며, 따라서 재난에 노출될 위험도, 정신적 외상을 입을 가능성도 더 커진다. 한마디로, 빈곤과 인종이 사람들을 신체적 위험과 정신적 외상의 위험에 빠뜨리는 것이다. 이러한 원인은 개인의 문제가 아니라, 사회 경제적 구조에서 발생하는 문제이다.

10.3.3 대규모 사망과 실종

대규모 사망에 노출되면 정신적 외상을 입을 가능성도 커진다. 이런 위험이 가장 큰 부류는 긴급 구조대원, 시신 보관소와 영안실에서 시신을 다루는 사람들, 장의사, 그리고 실종자 문제를 가까이에서 처리하는 사람들이다. 제정신이 아닌 가족을 돕거나 지원이 제대로 이루어지지 않거나 특히 어린이 사망에 노출되는 것은 스트레스가 쌓이는 원인이 된다(Phillips, 2008; Taylor and Frazer, 1981b; Ursano and McCarroll, 1990).

대규모 사망 사건은 더욱 어려운 문제를 초래한다. 보험을 청구하고 '정신적 고통'

을 줄이기 위해서는 시신의 신원을 반드시 확인해야 한다(Blanshan and Quarantelli, 1981; Thompson, 1991). 하지만 특정 위험요인으로 인해 사망한 경우 시신의 신원 확인은 매우 어려울 수 있다. 허리케인 카트리나 발생 이후에 사망자의 신원을 확인하고 장례 절차를 밟기 위해 별도의 시신 보관소가 세워졌다. 하지만 비용 지불과 소송 문제로 사망 원인을 규명해야 했으므로, 일의 진행 속도는 매우 느렸다. 인도양 쓰나미 이후에 타이의 공무원들은 무더위와 자료 수집 절차의 일관성 부족 그리고 사법적인 문제 등으로 DNA 확인 과정이 지연되는 걸 체험했다. 일부 국가에서는 외국인의 신원 확인을 뒤로 미룬다(Scanlon, 2006). 엄청난 노력을 쏟아부었음에도, 9.11 사건에서 수집한 인체 조각 2만 건 중 겨우 절반 정도만 DNA 분석을 통한 신원 확인이 가능했다(Simpson and Stehr, 2003). 사랑하는 사람의 유해 검사가 미뤄지는 것을 가족들이 기다리기는 매우 어렵다. 이러한 상황은 작전 중 실종된 군인의 가족이 겪는 고통과 유사하다. 불분명한 상황은 감정적 반응을 자제하고 일상생활로 돌아가는 것을 어렵게 만든다.

사망자를 관리하는 사람들을 훈련시키고 보살피고 디브리핑debriefing을 제공하면 스트레스를 줄일 수 있다(Phillips et al., 2008; Taylor, 1983; 1989; Taylor and Frazer, 1981a; 1981b; Thompson, 1991). 시신을 처리하는 일을 하는 사람들에게도 가족의 지원이 필요하다(Davison, 1989). 사랑하는 사람의 죽음을 확인받지 못했거나 사랑하는 사람의 유해를 기다리고 있는 사람들도 추도식에 참석할 수 있게 해주고, 필요한 경우 상담도 받게 해주어야 한다. 집단 정신적 외상에 노출된 어린이를 위한 치료 프로그램이 긍정적 효과를 보이긴 하지만, 신뢰할 수 있는 표준화된 규약을 개발하기 위해서는 더 많은 연구가 이루어져야 한다(Watson et al., 2003).

10.3.4 이전의 상황과 정신적 외상

심리학자들은 이전의 정신적 외상을 전문적 상담으로 치료하지 않은 경우, 현재의 재난이 문제를 일으킬 수 있다고 말한다(Norris et al., 2002). 이전에 우울증이나 불안 같은 정신 건강 문제를 겪은 경우 재난에 의해 이러한 증상이 악화될 수 있다. 반드시 그런 결과가 나온다고 할 순 없지만, 이전의 정신 건강 상태를 정신적 외상을 초래할 가능성을 가늠할 지표로 삼아야 한다. 피해의 규모, 사회경제적 문제, 사회적 자원의 부족, 그리고 지역사회와의 연결 단절과 같은 다른 요인들과 결합되면, 정신적 외상을 겪을 가능성도 더 커진다. 이러한 연구로 인해 분명하게 내릴 수 있는 결론은 이전 재난으로 인한 정신적 외상을 반드시 해결하거나 이에 대처해야 한다는 사실이다. 폭력적인 공격, 성폭력, 가정 폭력, 우울증, 불안 또는 자살에 대한 생각 등이 들 경우, 전문적인 상담사의 검사와 도움을 받아야 한다. 이러한 노력은 재난으로 인한(또는 재난이 아닌 사건으로 인한) 추가 피해에 대처할 회복력과 실천력을 기르는 데 도움이 된다.

10.3.5 회복 과정

회복 과정은 정신 건강 문제를 향상시킬 수도 악화시킬 수도 있다. 마침내 임시 거주지나 영구 거주지로 들어가기 전에 여러 번 이사를 해야 하는 가족이 많다. 친숙한 장소로 돌아가기까지 여러 해가 걸릴 수도 있다. 그동안 아이들은 새로운 학교에 다니고 새 친구를 사귀며 새로운 방법으로 새로운 환경에 적응해야 한다. 부모들은 재난이 아이들에게 미친 영향에 대처하고, 구호 정책을 이해하고 이에 접근해야 하며, 직장을 잃은 경우 이에 대처하고, 피해를 입거나 파괴된 집을 다시 지으며, 경제 문제를 걱정하는 등 여러 가지 짐을 져야 한다. 게다가 임시 거주지에서의 생활에 대해 생각해보아라. 작은 트레일러나 텐트에서 사는 것은 쉽지 않을 것이다. 음식을 만들고, 아이들과 놀아주고, 숙제를 하고, 공과금을 지불하고, 잠을 자고, 모유를 먹이고, 사랑하는 사람을 위로하고, 세탁을 하는 것은 고사하고, 돌아누울 공간도 충분하지 않을 것이다. 텐트촌에서 이렇게 지내다 보면 살아갈 의지마저 잃게 된다. 집을 다시 짓는 과정도 똑같이 골치 아픈 일이다. 여러분은 집을 어떻게 짓는지 잘 알고 있는가? 계약업체는 어떻게 찾을 것이며, 어떻게 올바른 선택을 할 것인가? 집을 짓는 데 땀과 노력을 쏟아부을 만한 시간과 능력이 있는가? 여러분 자신이나 가족 중 누군가가 재난으로 인해 부상을 입은 상태라면 어떻게 할 것인가? 글을 읽고 쓸 줄 아는 능력이 없거나, 순환 근무를 해야 하거나, 장애가 있거나, 어린이를 돌봐야 하거나, 개인적인 지병이 있는 가족을 둔 경우 어려움이 배가되어 스트레스는 더 커진다. 경제적 피해도 심각한 문제가 된다. 생계 수단을 잃은 데다 경제적 자원이 고갈된 경우, 누구나 의기소침해지고 힘을 잃게 된다. 적절한 자원 으로 복구 과정을 도와주면 이미 충분히 괴로운 상황에 있는 생존자의 짐을 줄여줄 수 있다.

10.4 정신적 회복을 가로막는 장애물

여기서는 정신적 회복을 가로 막는 장애물에 대해 살펴보고 그러한 장애물을 해결 하는 방법에 대해 알아보겠다. 우리 자신뿐 아니라 친구와 가족을 격려하면서 재난 이 후에 제공되는 프로그램을 활용하면, 치유를 시작할 수 있다. 심리 치료, 상담 또는 후 원 활동을 긍정적인 것이라고 생각하지 않는 사람들을 도와주면, 이들이 회복을 향한 여정을 시작하도록 도울 수 있다.

10.4.1 낙인

사람들이 필요한 지원을 받는 것을 막는 수많은 장애물이 있을 수 있다. 첫째, 감정 적·정신적 외상에 대한 도움을 요청하는 데 어려움을 느낄 수 있다. 사람들은 낙인찍 힌다는 느낌 때문에 정신 건강 치료를 받기 꺼릴 수도 있다. 많은 사람들이 강인하고 독 립적인 사람이 되도록 사회화되며, 따라서 도움을 청하는 것을 실패를 시인하는 것으로 느끼기도 한다. 하지만 이러한 도움을 제공하는 사람들의 경험과 전문 지식은 우리의 경험보다 훨씬 대단하다. 따라서 적절한 자격을 갖추고 전문적인 교육을 받은 사람들로 부터 힘겨운 상황을 헤쳐나갈 도움을 받는 것은 당연한 일이다. 만일 다리가 부러졌다면, 그 다리를 혼자 붙일 수 있겠는가? 정신 건강은 신체 건강만큼이나 중요하다. 주변 사람들이 그러한 도움을 구하도록 하고 그리고 도움을 받고 있을 경우 이를 격려한다면, 낙인찍히는 듯한 느낌을 줄여줄 수 있을 것이다.

10.4.2 비용

심리 상담을 받는 것을 가로막는 또 다른 장애물은 정신 건강 상담에 지불할 돈이 없기 때문이다. 재난 이후에는 그러한 자원을 제공받을 수 있다. 미국 적십자는 대부분의 재난 발생 이후에 적절한 자격을 갖춘 정신 건강 상담 활동을 제공한다. 루터교 재난 봉사단Lutheran Disaster Services은 재난 피해를 입은 어린이들을 위해 노아 캠프Camp Noah를 제공한다. 많은 재난 관련 단체에서 재난 피해를 입은 사람들에게 상담을 제공하고 이들을 지원하고 함께 기도하며 이들을 포옹해줄 사제를 파견한다(상자 10.3과 관련 사진을 참고). 지역의 심리 치료사와 성직자도 무료로 또는 수입 수준에 따라 이러한 서비스를 제공한다.

미국에서는 스태포드 법에 의거해 재난 상담 지원 및 교육 프로그램Crisis Counseling Assistance and Training Program을 비롯한 다양한 서비스를 제공한다. FEMA와 다른 기관의 자금으로 지원 활동, 공공 교육, 그리고 상담을 제공하며, 전문가, 학교, 종교 단체와 직장을 통해 전문가의 도움을 받을 곳을 소개하기도 한다(Elrod et al., 2006). 주 정부에서 이러한 자금을 받으려면 신청서를 제출해야 한다. 이러한 프로그램을 실시하는 데 있어 정부는 새로운 이민자, 노인, 이주자, 불법 취업자, 노숙자, 그리고 정신 질환을 앓는 사람들에게도 도움의 손길이 닿도록 각별한 주의를 기울여야 한다. 이러한 인구 집단을 도와줄 수 있는 가장 좋은 사람들은 해당 지역에서 살아온 사람들인데, 그것은 이들이 그 지역 사람에 대해 가장 잘 알고 있기 때문이다. 전문가들은 그러한 지원 활동과 정신 건강을 위한 노력이 재난 이전에 모든 복구 계획에 포함되어야 한다는 데 동의한다(Elrod et al., 2006).

상자 10.3 노아 캠프

　　같은 재난을 겪은 사람들과 함께 시간을 보내며 비슷한 생각과 감정을 나누는 것은 상당한 도움이 된다. 또한 이들의 정신적 외상을 치료하는 데 도움을 줄 전문가들이 함께 있으면 더욱 효과적이다. 미네소타의 루터교 사회 봉사단이 제공하는 노아 캠프는 바로 이런 도움을 제공한다. 이 캠프에서는 재난의 피해를 입은 취학 전 아동, 초등학교 학생, 그리고 청소년을 비롯한 어린이들에게 정보를 제공한다. 각 연령 집단은 재난을 다르게 체험한다. 따라서 어린이와 청소년이 재난에 어떻게 대응하며, 어떻게 하면 문제를 해결하는 데 도움이 되는지를 알아야 한다.(사진 10.1)

　　노아 캠프는 초등학교에 다니는 어린이를 도우며, 이들이 재난 이후에 회복력을 기르도록 하는 데 중점을 둔다. 미네소타의 루터교 사회 봉사단은 1997년 이후로 26개 주州와 푸에르토리코

사진 10.1 미네소타 세인트폴Saint Paul 의 캠프 참가자들이 힘겨운 재난을 겪은 후에 서로를 위로해주고 있다(사진 Lutheran Social Service of Minnesota).

사진 10.2 미네소타 세인트폴의 캠프 참가자들이 재난 경험을 치유하는 데 도움이 되는 창의적인 만들기 활동(사진 Lutheran Social Service of Minnesota).

에서 250회 이상 캠프를 개최해왔다. 장소는 학교, 캠프장, 예배당, 그리고 이와 유사한 시설이 활용된다. 만 명 이상의 어린이들이 자원봉사자인, 자격을 갖춘 캠프 직원의 지도를 받는다. 직원들은 신원 조사를 통과해야 하며, 어린이를 돕는 법에 관한 교육을 이수해야 한다.

교육 과정은 닷새 또는 이보다 오랜 기간 동안 이루어진다. 캠프 참가자들은 3시간의 심리 치료 놀이 과정을 10회에 걸쳐 받게 된다. 참가자들은 재난 경험을 다루는 데 도움이 되는 음악, 연극, 인형극, 만들기, 그리고 놀이를 통해 배운다(사진 10.2).

참가자들은 색칠할 수 있는 방주, 티셔츠, 재난 대비용 배낭, 그리고 집에서 만든 담요와 공예품 등을 집으로 가져간다. 노아 캠프에 대한 독립적인 평가 결과, 이러한 노력이 어린이들이 재난 이후 대처 능력을 기르는 데 도움이 되는 '발전적 개입'일 수 있다는 것이 밝혀졌다(Zotti et al., 2006).

참고 자료: Zotti et al.(2006)

10.4.3 시간

지원을 제공하는 단체는 상대적으로 짧은 기간 동안 프로그램을 제공하는 경향이 있다. 하지만 그러한 프로그램이 재난 이후에 상당 기간 동안 제공되어야 한다는 증거가 있으며, 특히 대규모 재난일 경우 더더욱 그러하다. 9.11 공격은 이러한 예를 잘 보여준다. 뉴욕 주 정부의 정신건강국Office of Mental Health은 프로젝트 리버티Project Liberty를 만들어 재난 상담과 정보 제공 서비스를 제공했다. 가족을 잃은 사람들의 40%가 이 상담을 받았지만, 5개월 만에 그 비율은 5%로 감소했다. 하지만 정신 건강 문제로 고통받는 비율은 1년 이후에 오히려 증가했다(Covell et al., 2006). PTSD를 진단하는 데 최소 6개월이 걸리고 증상이 오래 지속된다는 사실로 미루어볼 때, 복구 관리자와 심리 치료사는 재난 이후 몇 년 동안 상담을 제공해야 할 것이다.

10.5 재난에 대한 회복력 기르기

우리 대다수는 대부분의 경우 재난에 잘 대응할 것이라는 믿음을 가져야 한다. 어떤 요인이 정신적 증상을 심화시키는지, 그리고 생존자, 자원봉사자 또는 전문가로서 회복력을 기르려면 어떻게 해야 하는지를 알면, 여러분뿐 아니라 여러분의 가족 그리고 여러분이 봉사할 대상을 도울 수 있다. 한마디로, 재난의 피해를 완화할 수 있다.

회복력은 "정신적이고 신체적인 기능 수준을 상대적으로 안정적이고 건강하게 유지하는 능력"이다(Bonanno, 2004, p. 21). 우리가 사는 지역에 재난이 발생하기 전에 회복력을 기르고, 우리 자신과 동료나 직원 그리고 지역사회에 소중한 자원을 제공하기 위해 우리가 할 수 있는 일은 많이 있다.

10.5.1 사회적 연결망 구축하기

가족이나 친구 같은 사회적 자원은 재난의 피해에 대해 '숙고하고 이를 견딜 수 있게' 해준다(Cleary and Houts, 1984). 친구, 가족, 이웃, 교회 친구, 직장 동료, 그리고 다른 사람들은 그렇지 않으면 매우 고통스러웠을 사건의 피해에 대처할 수 있게 도와준다. 결혼한 상태이거나 헌신적인 관계를 맺고 있는 것도 중요하다. 예를 들어, 부부는 더 적은 건강 문제를 겪는 것으로 보고되고 있는데, 이는 이들이 재난이 발생한 동안 서로를 보호해주는 것은 물론, 서로 보살피고 배려하기 때문인 것 같다. 동반자의 도움이 없으면, 더 높은 스트레스, 분노, 좌절 우울증 심지어는 PTSD까지 겪게 된다. 재난의 피해에 지속적으로 대처하는 일은 쉽지 않다. 하지만 다른 사람들의 도움과 지원이 있으면 그러한 여정은 덜 어렵게, 짐은 더 가볍게, 그리고 복구는 더 가능하게 느껴질 것이다. 따라서 긍정적이고 도움이 되는 관계를 구축하는 것은 재난에 대응하고 재난으로부터 복구하는 데 있어 차이를 만든다.

부모는 아이들을 보살피므로, 재난 이후에 아이들에게 정말로 중요한 존재이다. 임시 대피소나 임시 주택에 사는 것은 쉽지 않으며, 낯선 환경에서 집안일을 하는 것도, 가족을 부양할 새로운 일자리를 찾는 것도 쉽지 않다. 하지만 부모가 느끼는 스트레스는 자녀에게 영향을 미치므로, 부모는 효과적인 대처 전략을 배우고 이를 활용해야 한다(Killic et al., 2003; Norris et al., 2002a; 2002b). 아이들이 재난에서 겪는 혼란과 변화를 이해할 틈이 없으면, 아이들은 어른을 보고 재난에 어떻게 대응해야 할지를 결정한다. 어린 아이들은 부모, 교사 그리고 역할 모델을 하는 다른 어른의 행동을 모방한다. 따라서 회복력 있게 긍정적으로 대응하는 것은 여러분 자신뿐 아니라 아이들에게도 도움이 된다.

10.5.2 자기 자신을 교육하기

재난에 대한 정보는 여러 곳에서 그리고 여러 다양한 형태로 올 수 있다. 현재 많은 단체에서 안내 전단, 웹 페이지, 그리고 온라인 강좌를 제공하고 있다(이 장의 '참고자료' 부분을 참고). 첫 단계는 여러분이 사는 지역에 어떤 유형의 재난이 닥칠 수 있는지 알아보는 것이다. 자연 재난이나 기술적 재난 또는 테러 공격의 위험이 있는가? 둘째, 여러분의 가정과 직장에서 이러한 재난에 대비하려면 어떤 단계를 밟아야 하는가? 가정이나 직장에 어린이, 장애인, 애완동물이나 장애인 안내견 또는 노인과 같이 더 높은 위험에 처할 만한 사람들이 있는가? 정보는 힘이며, 이러한 상황에서 정보란 개인이 자신에게 닥칠 위험에 대해 알고 이에 대비하는 힘을 의미한다. 그렇게 함으로써 우리는 걱정을 줄이고, 발생할 수 있는 피해를 완화하기 위한 긍정적이고 적극적인 단계를 밟아나갈 수 있다.

10.5.3 대비하기

지진 대비 훈련 중에 대피소에 가보거나, 화재 및 토네이도 대비 훈련에 참여한 적이 있는가? 재난 현장의 최초 대응자는 보통 불타는 건물이나 붕괴하는 구조물에서 우리를 밀어내는 가족이나 이웃이기 마련이다. 그러한 현장에 노출될 위험을 줄이기 위한 훈련을 하면, 효과가 있다. 훈련 과정은 온라인을 통해서도 접할 수 있으며, 명망 있고 경험 있는 단체를 통해 직접 체험할 수도 있다. 그러한 훈련을 받으면 우리는 훨씬 더 효율적으로 대비할 수 있다. 주변 사람들을 돕기 위해 더 잘 대비하기를 원한다면, 적십자나 지역사회 재난 대응팀Community Emergency Response Team(CERT)처럼 재난 시 도움을 주는 단체에 접촉해보아라('참고자료' 부분을 참고).

10.5.4 정신 건강 증진시키기

정신 건강을 향상시키기 위한 강의를 듣거나 훈련에 참여하는 것도 좋은 방법이다. 기업의 인사부서, 정신 건강 지원 활동 단체, 종교 단체, 의료 기관 등에서 스트레스 관리 강좌를 제공한다. 보다 깊이 있고 전문적인 상담은 개인의 정신 건강을 증진하는 긍정적인 수단이다. 개인 상담과 집단 상담 모두 유용하며, 재난 인력 및 생존자와 함께 일하기 위해 특별히 훈련받은 상담사도 있다. 재난 이전의 건강한 정신 상태는 재난 이후에도 정신 건강을 유지할 가능성을 높여준다.

10.5.5 개인의 신체 건강과 영양

운동은 생존자, 사례별 사회복지사, 재난 대응자, 그리고 복구 관리자가 재난의 피해에 잘 대처하도록 도와주는 역할을 한다(Armstrong et al., 1991). 운동은 스트레스를 줄이고, 신체 건강을 증진시키며, 재난 복구 시기를 견딜 힘을 길러준다. 운동을 하는 시간은 또한 사색과 개인적인 성찰의 기회를 제공하기도 한다.

운동과 신체 건강 프로그램은 재난 이후에도 다양한 방법으로 지역사회에 도입될 수 있다. 지역의 교수진, 체육관 및 개인 트레이너 등이 걷기 운동을 이끌거나, 요가 강좌를 개설하거나, 건강에 관한 강좌를 열 수 있다. 보이스카우트나 걸스카우트 단체는 하이킹이나 캠핑 활동을 장려할 수 있다. 학교와 종교 단체는 헬스 경연대회나 다른 흥미로운 행사를 주최할 수 있다. 노인 센터는 의자를 활용한 운동 프로그램을 제공할 수 있다. 또한 지역사회에서 운동 경기를 개최함으로써 건강에 대한 인식을 제고하고 모금을 할 수도 있다.

테러 공격의 추모일을 얼마 앞두고, 168분의 묵념 후에 오클라호마 추모 마라톤이 시작되었다. 마라토너들은 그날 목숨을 잃은 사람들을 상징하는 168개의 현수막을 지나고 사망자의 이름이 새겨진 플래카드를 착용한 수천 명의 마라토너들과 함께 42.195km를 달렸다. 결승선에서는 생존자와 가족들이 '희생자를 기리기 위해 달린' 이들의 목에 메달을 걸어주었다. 이 행사 후에는 마라토너들의 등번호가 국립 추도관의 담장에 끼워졌다. 2008년에는 50개 주와 4개국에서 온 16,000명의 참가자들이 같은 코스를 달렸고, 이 행사는 이제 세계에서 가장 규모가 큰 마라톤에 속하게 되었다. 6천 명의 자원봉사자들이 마라토너들을 도왔다. 행사가 시작된 이래, 이 대회는 국립 추도관을 위해 백만 달러 이상을 모금했다. 이후로 이러한 추모 행사는 치유를 위한 복구의 일부가 되었고, 테러의 위력에 대한 상징적인 저항의 표식이 되었다.

재난 이전과 이후에 건강한 음식을 선택하는 것도 정신 건강에 도움이 된다. 주변 상황이 너무 비참해 압도적으로 느껴지더라도 먹는 일은 중요하다. 재난은 영양분 높은 양질의 음식을 비롯한 식품 공급 시스템을 무너뜨린다. 생존자들, 특히 어린이는 에너지 바, 공장에서 생산된 빵, 그리고 낯선 음식에 금방 지치게 된다. 음식은 우리의 두뇌가 제대로 기능하고 건강한 선택을 하도록 도와 우리에게 힘을 주고 명료한 사고를 가능하게 해주며, 이 두 가지는 재난에 대처하는 것을 도와준다. 그러니 바른 식생활을 실천하자!

10.5.6 자원봉사

일반적으로 자원봉사는 '행복감, 만족감, 자존감을 길러주고, 우리의 삶과 신체 건강 및 우울증에 대한 통제력을 길러'줌으로써 개인의 행복감을 높여준다(Thoits and Hewitt, 2001, p. 115). 종교 단체는 개인적인 신념을 기를 수 있게 해준다(Phillips, 2014; Phillips and Thompson, 2013). 자원봉사는 정신적 고통과 우울증을 감소시킴으로써 사람들의 기분을 더 좋게 만들어준다.

카풀을 제공하면, 교통수단을 갖지 못한 사람들이나 제한된 경제력을 지닌 사람들도 자원봉사에 참여시킬 수 있다. 또 다른 방법으로 웹사이트를 관리하고, 편지를 쓰고, 포장을 하는 것과 같이 집에서 할 수 있는 일에도 사람들을 참여시킬 수 있다. 노인 센터에서는 이러한 것을 대량 생산하는 데 기여할 수 있다. 장애인도 이러한 과정에 참여시키면 귀중한 통찰을 얻을 수 있으므로 이들도 간과해서는 안 된다. 예를 들어 허리케인 카트리나 발생 이후에 청각 장애인 학교의 학생과 직원들은 잔해를 청소하고, 정보를 전달하고, 대피소에서 수화를 제공하고, 청각 장애인과 가족을 다시 만나게 해 주는 역할을 했다. 자원봉사에 관한 더 자세한 정보는 제14장에서 다루게 될 것이다.

10.6 재난 이후 정신적 외상으로부터의 회복

재난 이후에 생존자를 돕기 위해 여러 가지 자원과 도구가 활용된다. 첫째, 중대 사고 스트레스 관리Critical Incident Stress Management(CISM)에는 즉각적이며 장기적인 상담과 심리 치료에 활용되는 치료와 개입이 포함된다. 가장 널리 알려지고 논의되고 있는 접근 방법으로는 중대 사고 스트레스 해소Critical Incident Stress Debriefing(CISD)가 있다. CISD에 대해 먼저 살펴본 후에, 지원 단체, 종교적 보살핌과 지역의 추모 행사를 비롯해 정신적 외상을 입은 사람들을 돕기 위한 몇 가지 다른 전략에 대해서도 살펴보겠다(상자 10.4 참고).

상자 10.4 재난에 대처하고 재난으로부터 되돌아오기

재난 및 정신 건강에 관한 수많은 연구에서 지금까지 밝혀진 것으로 미루어보건대, 재난으로 피해를 입은 모든 직업군의 사람들은 다음 사항으로부터 도움을 받는다고 볼 수 있다.

- 가족, 친구 및 동료로부터의 강한 사회적 지원
- 적정 체중 및 건강한 상태의 유지
- 보다 강한 대처 전략을 구축하기 위한 이전의 정신적 외상 치료
- 재난이 발생하면 무엇을 해야 하는지에 대한 사전 교육
- 재난이 닥치면 자신의 직업 범위 내에서 할 일을 하고, 피해 입은 동료 돕기
- 무엇을 해야 하는지에 대한 적절한 사전 교육을 제공하는 단체에 가입하기
- 선생님, 건강관리 종사자, 어린이와 관련된 일을 하는 사람들을 위한 특별히 강력한 교육 및 지원 프로그램
- 부상당하거나 사망한 어린이와 접촉한 사람은 CISD나, 필요한 경우 위탁 상담을 받게 함
- 재난을 가장 가까이에서 겪은 사람들, 특히 심각한 재난을 겪었거나 부상자와 사망자를 대면한 사람들에 대한 장기적인 지원
- 직원이나 자신의 업무량 과다로 인한 피해에 유의하고 탈진, 회피 또는 기타 부실한 대응을 피하기 위해 휴식 시간을 적절히 배치할 것

- 술이나 담배의 남용을 피할 것
- 재난 이후, 특히 심각한 규모이거나 사망이 발생한 사건 이후에는 증상이 나타나는지를 몇 년 동안 지속적으로 살필 것
- 가정 폭력의 증가 가능성을 감시하고, 위험에 처한 사람들을 돕는 지역 단체에 자원을 제공할 것

10.6.1 중대 사고 스트레스 해소(CISD)

CISD는 원래 긴급 구조대원을 위해 개발된 방법으로, 극한 상황에 노출된 사람들에게 사용된다. CISD는 7단계로 되어있으며, 사건 발생 후 며칠 이내에 실시하는 것이 가장 좋다.

CISD를 하기 위해서는 자격을 지닌 전문가가 적절한 환경을 만들어서 사람들이 자유롭게 이야기할 수 있게 해주어야 한다. 7단계는 도입introduction, 사실facts, 생각thoughts, 반응reactions, 증상symptoms, 교육teaching, 그리고 복귀reentry로 되어있다(Everly, 1995). 여러 단계들 간의 상호작용에는 사건에 대해 묘사하고, 생각과 감정을 나누며, 정상적 반응에 주목하고, 정상적인 반응에 대해 배우는 것이 포함된다. 마지막 단계는 필요한 경우 다른 전문가에게 위탁할 수 있다(Armstrong et al., 1991).

1991년 텍사스 킬린Killeen의 루비스 카페테리아Luby's Cafeteria에 괴한이 난입해 55명을 총으로 쐈다. 긴급 의료진이 사건 현장으로 왔고, 이들은 자신들이 잘 아는 이웃, 친구, 지역사회의 명망가들을 산 사람과 죽은 사람으로 나누는 부상자 분류를 해야 했다. 이 사건이 있은 지 며칠 뒤 이들 의료진의 28%가 불안을 느낀다고 보고했고, 22%는 분노와 적대감을 표출했으며, 19%는 수면 장애를 겪었다(Jenkins, 1998). 이러한 상황에 대처하기 위해 94%의 사람들이 동료를 찾았고, 50%는 전문 상담사에게 갔다. 젠킨스Jenkins의 관찰에 의하면, "이들은 다른 사람들에게서 감정상의 도움을 받았으며, CISD에 참여한 것도 도움이 되었다고 한다. 또한 이들은 CISD에 참여한 것이 동료들에게 도

움이 되었다고 했다. 상호 지원을 비롯한 재난 이후 개입은 이러한 사람들에게 특히 효과적이다"(p. 193) 총을 쏜 사람은 사망했으며, 이는 이러한 사건이 발생한 이유가 미궁에 빠지게 된다는 것을 의미한다. 젠킨스는 CISD와 다른 방법이 "인간의 본성이 정의롭다고 생각하는 믿음을 의심하게 만드는 재난에" 특히 유용할 수 있다고 말한다.

CISD에 대한 비난도 있다. 호주의 학자들은 CISD가 재난 대처 인력에 도움이 되는지에 대한 연구를 수행했다(Kenardy et al., 1996). 연구 결과, CISD를 받은 사람들과 그렇지 않은 사람들 사이에 회복률은 별다른 차이가 없었다.

학자들은 CISD가 "증상이 악화되어가는... 이들에게 효과가 있을 수 있으며, 이를 예방할 수 있다"는 반론을 제기한다(Kenardy et al., 1996, p. 47). 다른 학자들은 CISD가 특히 충분히 연구되지 않았으며, 이 프로그램은 구체적으로 긴급 구조대원 집단에 적용된다고 주장한다. CISD의 장기적인 성공 여부에 대해서는 논란의 여지가 있지만, 이 과정이 위험 가능성이 있는 사람들을 걸러내고 발견해 장기 지원을 제공하는 데는 효과적일 수 있다(Everly, 1995).

10.6.2 다른 유형의 디브리핑

CISD가 모든 상황에 또는 모든 사람들에게 효과가 있는 것은 아닐 수도 있다. 예를 들어, 로마 프리타 지진이 발생한 후에 미국 적십자는 수많은 어려움이 발생하는 도시지역 대피소에서 일한 자원봉사자와 직원들에게 디브리핑을 제공했다(Armstrong et al., 1991). 생존자를 돕는 사례별 사회복지사는 심각한 한 가지 문제라기보다는 만성적인 문제의 축적, 복잡한 관료주의, 부정적인 언론, 정책 변화, 여진에 대한 두려움 등으로 '기진맥진해'진다(Armstrong et al., 1991, p. 584). 적십자 자원봉사자와 직원들이 상황과 감정에 대해 논의할 때 변형된 CISD가 활용되었고, 그럼으로써 이들은 생산적인 대처 전략을 찾아냈다. 자원봉사자들은 디브리핑을 받으면서, 자신들의 정신 건강은 물론 다른 사람들을 돕는 역량을 향상시키려면, 권장 휴식 시간을 지켜야 한다는 사실을 배웠다(Armstrong et al., 1991).

10.6.3 지원 단체

지역사회에는 알츠하이머, 암, 슬픔, 당뇨병 등과 관련된, 다양한 관심사를 갖는 수많은 단체가 존재한다. 이러한 지원 단체는 재난 이후에 피해를 입은 생존자들 사이에서 생길 수도 있고, 특정한 프로그램의 결과로 인해 만들어질 수도 있다. 자신이 어떤 일을 겪었는지를 이해해주는 다른 사람들과 만나면, 생존자들은 외로움을 덜 수 있다. 다른 사람들과 이야기를 나누다 보면, 어떤 반응이 정상적인지 아는 데 도움이 되고, 유용한 대처 방법을 깨닫는 기회가 되기도 한다. 여기에는 반려 동물 매개 치료와 같은 좀 더 비공식적인 방법도 포함되며, 사람들(특히 노인과 어린이)은 동물에게 더 편안하게 마음을 열 수 있다. 긴급 구조대원과 복구 관련 직원도 인간과 동물 간의 상호작용으로부터 도움을 받을 수 있다(사진 10.3 참고).

사진 10.3 미시시피의 빌록시Biloxi. K-9 목사 조지아Georgia가 허리케인 카트리나로 피해를 입은 연방 및 주 정부의 근로자를 방문한 모습(사진 Mark Wolfe/FEMA).

10.6.4 종교적 보살핌

종교 단체는 성직자와 종교 지도자라는 친숙한 역할로 인해 재난에 개입할 수 있다(사진 10.4 참고). 신앙은 사람들이 장례식, 결혼, 탄생 등 행복하거나 슬픈, 인생의 중대사를 잘 넘기도록 도와준다. 종교에 기반을 둔 수많은 재난 관련 단체가 고통에 시달리는 지역사회를 위해 종교적 보살핌을 제공한다(더 자세한 내용은 이 장의 '참고자료' 부분에 소개된 관련 링크를 참고).

- 세계 교회 봉사단은 재난 시 종교적 보살핌을 제공하는 사람들에게 행동 강령을 제시하기 위한 노력을 해오고 있다. 이들은 강령에서 삶의 모든 분야와 모든 종교를 가진 사람들을 존중하고, 피해 입은 모든 사람들을 정직하고 공평하게 대하며, 지역의 신앙과 지역민의 가치를 존중하고, 활동 중인 다른 단체와 협력해야 한다는 것을 강조한다. 교회 세계 봉사단은 재난 생존자들에게 종교

사진 10.4 오클라호마의 무어. 남부 침례교 재난 구호 단체Southern Baptist Disaster Relief에서 파견한 성직자가 학교의 기념비 인근에서 지원 활동을 하는 모습(사진 Jocelyn Augustino/FEMA).

적 보살핌을 제공할 때, 비밀 유지, 위안 제공, 각자의 종교 전통에 맞는 보살핌, 그리고 이러한 상호작용에서 아무런 피해도 주지 않아야 한다는 것을 널리 알리고 있다.

- 전국 종파 초월 재난 네트워크National Disaster Interfaith Network에서는 피해를 입은 지역사회에 도움이 될 만한 자질을 지닌 사람들을 교육시켜 재난 성직자를 파견한다. 적십자도 재난 성직자를 교육하며, 많은 긴급 구조대원 단체가 경찰 성직자와 소방 성직자를 두고 있다. 재난 성직자를 파견하는 대부분의 종교 단체에서는 이러한 서비스를 무료로 제공한다.

- 연합 감리교 구호 위원회United Methodist Committee in Relief는 재난 대응 시 종교적 보살핌Spiritual Care in Disaster Response이라는 프로그램의 일부로 웹사이트에 정보를 게시하고 있다.

10.6.5 지역사회의 추모

사람들이 상실감을 나누기 위해 꽃, 곰 인형, 메달, 그리고 그 밖의 여러 가지 물건을 갖다놓으면서 재난 현장에는 종종 즉석 추모비가 세워지기도 한다(Eyre, 2004; 2006). 사건 발생 이후 며칠 그리고 몇 주 동안 벌어지는 촛불 기도와 예비 모임도 있다.

지역사회와 주민들은 세상을 떠난 사람들을 기억하고 회상하고 기리기 위해 정신적 · 심리적 그리고 사회적 상처를 받은 사람들을 한곳에 모으는 추도식에 참석한다. 추도식은 집, 가정, 이웃 그리고 지역사회를 재건하기 위해 얼마나 먼 길을 왔는지를 보여주는 시간의 이정표 역할을 한다. 미국에서는 가정지원법Family Assistance Act에 의해 항공사들이 항공기 사고 1주기에 가족들을 모으는 행사를 개최해야 한다(Eyre, 2006).

추도식은 다양한 형태로 이루어진다. 추도식에 참석했던 사람들은 사적으로 또는 공적으로 다시 모이기도 한다. 사적인 행사로는 재난이 발생한 날짜와 시간에 단순하게 한곳에 모이는 것부터 피해를 입은 사람들이 함께 식사를 하거나 모임을 갖는 것까지 다양하다. 공적인 행사는 보다 다양하게 이루어진다. 오하이오 카딩턴Cardington의 주민들은 1982년 토네이도 1주기 때 전체 지역사회 차원의 추도식을 갖고 '토네이도 토리 Tory the Tonado'라는, 이 재난을 기리기 위해 특별히 작곡된 노래를 불렀다. 1989년 로마 프리타 지진 때는 세상을 떠난 사람들을 기리는 다양한 행사가 개최되었다. 산타 크루즈시는 사람들이 사망한 장소에 마음을 울리는 글을 놓아두고, '이 땅은 너의 땅This Land is Your Land'이라는, 사람들이 예전부터 좋아했던 노래를 부르며 공적인 추모 행사를 열기도 했다. 정치인들은 연설을 했고, 적십자는 풍선을 나눠주었으며, 사람들은 지진이 발생했던 시간에 정확히 맞춰 정지시킨 도심의 시계 앞에 모였다. 왓슨빌 인근지역의 자원봉사 단체는 마침내 영구 주택에 입주한 히스패닉 가족을 위해 축하식을 열었다(Phillips and Hutchins-Ephraim, 1992). 오클라호마 폭파 사건의 추도식 이후에는 추모 마라톤 행사에 참여했던 이들이 추모 건물의 울타리에 선수들의 등번호판을 끼워두기도 했다.

더 많은 공식 추도 의식이 개발되고 있다. 명판은 세상을 떠난 사람들의 이름을 기억하는 보편적인 방법이다(사진 10.5 참고). 추도식과 추모 행사는 사람들을 한데 모으고, 생존자들에게 세상을 떠난 사랑하는 사람들이 잊히지 않을 것임을 일깨우며, 집단적인 추모와 만남이 이루어질 수 있는 시간과 장소를 제공하는 역할을 한다. 캘리포니아의

사진 10.5 미시시피 조플린. 2011년 EF5 등급의 토네이도로 사망한 사람들을 기리기 위한 공식 추도 명판(사진 Steve Zumwait/FEMA).

왓슨빌에서는 지역사회와 시 당국이 시청 앞에 분수를 만들었다. 채색된 타일로 둘러싸인 이 분수는 산산 조각난 삶을 재건하기 위해 문화적 차이를 넘어 지역사회가 하나가 된 이야기를 들려준다. 간단히 말해, 재난 추모일은 지역사회가 회복을 향해 공식적으로 앞으로 나아갈 기회를 제공하고, '집단 추모'를 가능하게 해준다(Eyre, 2006; Forrest, 1993; Phillips and Hutchins-Ephraim, 1992). 인터넷에 접속해 반테러 메시지를 남기거나, 생존자들이 경험담을 올리는 등의 추모도 가능하다(Eyre, 2006; http://www.werenotafraid.com 참고).

10.7 요약

재난 이후의 정신적 외상은 당연한 사실이 아니다. 많은 사람들이 정신적 외상에 직면해 회복력을 보여주며, 심지어는 테러 같은 고의적인 공격에 맞서 저항하기도 한다. 역사적으로 주변 집단에 속해있었거나, 치료되지 않은 정신 질환 같은 이전 병력 또는 대규모 사상자가 발생한 경우 같은 일부 상황이 정신적 외상의 발병 가능성을 높이는 경향이 있다. 예로부터 차별을 받아온 경험이 있는 인구 집단은 재난의 피해 위험이 더 높은 지역에 살 가능성이 있다. 사회적 차별과 편견 때문에 밀려난 이러한 장소는 재난에의 노출 가능성을 높이며, 따라서 정신적 외상의 발병 가능성도 높아진다.

자연 재난과 기술적 재난 사이에 명백한 차이가 존재하지는 않는 것 같다. 하지만 재난의 규모와 범위는 정신적 외상에 영향을 미친다. 대규모 재난은 가족, 친구, 직장 동료, 이웃 그리고 교회 동료와 같은 사회적 자원에 대한 접근을 와해할 수 있다. 이러한 이들은 재난에 맞서는 데 그리고 재난과 관련된 정신적 외상에 맞서는 데 반드시 필요한 사람들이다. 재난 이후에 이러한 관계를 강화하고 유지하는 사람들은 재난에 대한 회복력을 더 기를 수 있다.

반면 대부분의 사람들은 PTSD와 같은 심각한 정신적 외상을 겪지는 않지만, 우울증과 불안은 수면 장애, 섭식 장애, 기능 장애 등을 일으킨다.

재난을 겪는 다른 사람들을 돕고 싶다면, 정신 건강 문제와 관련된 낙인을 줄이기 위해 노력해야 한다. 도움을 구하는 데 문제될 것은 없으며, 정신 건강을 돌볼 필요가 있는 사람들을 돕는 것은 아주 중요한 일이다. 재난에 대처하는 지역사회는 CISD, 지원단체, 종교적 보살핌 그리고 지역사회 차원의 추모 기회를 제공해야 한다. 이들은 해당 지역사회에서 건강을 증진하고, 생존자에게 양질의 영양분을 제공하며, 정신 건강 지원 시스템을 재구축하는 데 도움이 되는, 상호작용이 가능한 행사를 열 수 있다.

10.8 마무리 문제

10.8.1 요약 문제

1. 불안증과 우울증의 차이는 무엇인가? PTSD는 얼마나 많이 발생하는가?

2. 어떤 요인이 재난에 대한 정신 건강에 진정으로 영향을 미치는가? 나이인가? 성별인가? 인종과 민족인가? 아니면 다른 무엇인가?

3. 사회적 연결망이 사람들이 재난에 대응하는 데 어떻게 영향을 미치는지 설명할 수 있는가?

4. 사람들이 정신 건강에 관한 도움을 구하는 것을 막는 장벽에는 어떤 것들이 있는가?

5. 재난으로 인한 정신적 외상을 입기 전에 어떻게 하면 개인적으로 회복력을 키울 수 있는가?

6. 재난 이후 정신적 외상을 지닌 생존자를 돕기 위한 자원에는 어떤 것이 있나?

10.8.2 토론 문제

1. 여러분이 사는 지역에 매우 심각한 재난이 닥쳤다. 어린이와 노인이 특히 큰 피해를 입었다. 피해자를 돕기 위해 어떤 서비스와 프로그램을 구축할 것인가, 그리고 그 이유는 무엇인가?

2. http://www.census.gov에 들어가서 여러분이 사는 지역의 인구 통계학적 정보를 보아라. 주택의 유형, 연령대, 장애인, 재향 군인, 직업, 성별, 인종 및 민족 그리고 소득 수준에 대한 정보를 찾아보아라. 이 장에서 배운 사실에 비추어 볼 때, 누가 정신 건강상의 문제가 발생할 우려가 가장 큰가? 또한 이들이 어떤 회복력을 갖고 있을까?

3. 여러분이 사는 지역의 재난 및 정신 건강 위원회Disaster and Mental Health Committee에서 여러분에게 조언을 구해왔다. 여러분이 사는 지역의 재난 생존자를 돕기 위해 어떤 단계를 밟는 것이 필수적이라고 조언할 것인가?

4. 여러분의 형제자매, 자녀, 조카 등이 재난에 더 잘 대응하도록 어떻게 도울 것인가? 지역의 학교는 어떻게 대비하도록 조언할 것인가?

5. 여러분이 사는 지역에 있는 정신 건강 및 종교 관련 단체의 목록으로 만들어라. 어떻게 하면 이들이 재난의 피해에 더 잘 대비하고 힘을 합치도록 할 수 있겠는가?

참고자료

- American Psychological Association.
  - Graduate Programs in Disaster Mental Health, http://gradpsych.apags.org/jan08/postgrad.html.
  - APA assistance in disasters, http://www.apa.org/topics/topic-disasters.html.
- Camp NOAH, Lutheran Disaster Services, http://www.lssmn.org/disasterres-

ponse/campnoah/default.htm.

- Center for Missing and Exploited Children Disaster Response, http://www.miss-ingkids.com/DisasterResponse.
- Church World Services, http://www.cwserp.org/files/uploads/72SpiritualCare.pdf.
- Disaster Chaplaincy, http://www.disasterchaplaincy.org/.
- Domestic Violence Resources can be found at the Gender and Disaster Network, http://www.gdnonline.org.
- FEMA offers fun activities for parents and children, including ideas for helping children to prepare a pet readiness kit. Linked pages offer additional content for parents and teachers. For more information, see http://www.fema.gov/kids.
- International Critical Stress Incident Foundation, http://www.icisf.org/.
- Internet sources of memorials:
  - We Are Not Afraid, http://www.werenotafraid.com.
  - Tsunami Stories, http://www.tsunamistories.net.
- Lutheran Disaster Care, http://www.ldr.org/care/.
- National Voluntary Organizations Active in Disaster Spiritual Care Links, http://www.nvoad.org/articles/ESCCchapterB.pdf.
- New York City September 11 Health Registry and Programs for those affected can be viewed at http://www.nyc.gov/html/doh/wtc/html/employees/treat-ment.shtml.
- New York Disaster Interfaith Services, http://www.nydis.org/down-loads/Tips_SpiritualCare.pdf.
- Red Cross, September 11 overview of programs, http://www.red-cross.org/press/disaster/ds_pr/020905report.html.
- The American Red Cross developed Masters of Disaster kits for use by schools and families. These age-appropriate materials can be incorporated into existing sci-

ence curricula (e.g., earth sciences) and have been reviewed by professional educators for use from kindergarten through eighth grade. For more information, see http://www.redcross.org/disaster/masters/.

- United Methodist Committee on Relief, http://new.gbgm-umc.org/UMCOR/getconnected/resources/spiritualcare/.
- Readers can participate in Camp Noah by making homemade fleece blankets and organizing craft-centered Kids Kits. Directions can be found at http://www.lss-mn.org/camp_noah/, last accessed on August 4, 2014.For a comprehensive list of resources on children and disasters see: Gill S., L. Gulsvig, L. Peek. 2008. Children and disasters annotated resource list. Children, Youth and Environments 18(1): 485-510. Available at http://disaster.colostate.edu/data/sites/l/cdra-research/18_l_21_resourcelist.pdf. Last accessed August 5, 2014.

제11장
공공 부문 복구

11.1 서론

　공무원은 복구에서 비롯되는 여러 가지 일에 대해 긍정적인 자세를 견지해야 하지만, 그럼에도 수많은 어려움에 직면하게 된다. FEMA의 전임 청장인 제임스 리 위트는 자신의 저서 《피해지역에서 더 강하게Stronger in the Broken Places》(Witt and Morgan, 2002, pp. 223-224)에서 복구는 "다음 재난이 발생했을 때 더 잘 헤쳐나갈 수 있도록 새로운 기반을 닦고 기둥을 세울 기회이다. 복구는 그러한 재난으로부터 다 함께 빠져나올 방법이 있는지 알아볼 기회이다. 또한... 할 기회이다"라고 썼다. 공무원이 주민들과 상호작용하는 많은 곳에서 재난 이후 복구의 어려움에 직면하게 된다. 이러한 문제에는 주민-정부의 관계, 장기 복구 위원회, 병원, 학교, 대학, 그리고 민간 부문이 포함된다(상자 11.1과 11.2, 그리고 11.1에서 11.4까지의 관련 사진을 참고). 사실 주민을 보호하고 이들에게 봉사하는 것은 공무원의 책임이다. 하지만 이들도 때로는 자신을 먼저 보호해야 한다.

상자 11.1　의료 시설

　종합 병원, 응급실, 개인 병원, 가정 의료 서비스 기관, 보건소, 학교 양호실 등 다양한 의료 시설에서 사람들에게 의료 서비스를 제공한다. 이러한 시설은 정부, 민간, 기업, 또는 비영리 단체 등이 운영한다. 재난이 발생하면, 의료 시설에서는 긴급 의료 대응뿐 아니라 장기 서비스 제공에 이르기까지 막대한 책임을 진다.

　멕시코만에 허리케인 카트리나가 상륙했을 때, 개인 병원들은 몇 년 동안 문을 닫았다. 병원이 홍수 물에 잠겼고, 의료진은 정전된 상태에서 한정된 자원으로 환자를 구하기 위해 영웅적인 노력을 기울였다. 뉴올리언스 지역의 병원들도 몇 달 동안 문을 닫았고, 저소득 가정을 위한 병원들은 다시 문을 열지 못했다. 이동용 의료 시설과 치과 서비스를 제공하는 차량이 여러 지역에서 도움을 제공했으며, 많은 이동용 시설이 자원봉사 단체에 의해 운영되었다.

　몇 년 뒤 슈퍼 태풍 샌디가 동부 해안을 강타했을 때, 병원 지하가 문에 잠기고, 정전이 되었으며, 도시지역 병원에서는 환자들이 대피해야 했다. 미주리의 조플린에서 발생한 토네이도는 병원에 심각한 피해를 입혀, 구급차, 픽업트럭, 그리고 기타 차량을 이용해 환자들을 긴급히 대피시켜야 했다.

의료 서비스 기관은 사람들을 도울 준비를 갖추기 위해 재난 관리의 전체 생애 주기에 걸쳐 책임을 진다(Davis et al., 2012; Phillips et al., 2009; Phillips et al., 2012a). 생애 주기라는 관점에서 이러한 책임에 대해 알아보도록 하자.

- *완화*: 완화 방법에는 홍수 방벽을 높이고, 발전기를 범람 가능성이 있는 곳에서 다른 곳으로 옮기며, 허리케인 대비 강화 지붕과 방폭 창문을 설치하는 것 등이 있다. 루이지애나의 카메론 행정구 남부에서 이러한 노력이 이루어졌다. 의료 센터는 시설 보강을 위해 FEMA로부터 2,640만 달러를 받았다(사진 11.3 참고). 텍사스의 텍사스 아동 병원Texas Children's Hospital에서는 터널에 홍수 물이 밀려들어 오는 것을 막기 위해 '잠수함 문'을 설치했다. 의료 서비스 기관은 환자들에게도 이러한 메시지를 전달해, 해당 지역의 위험요인을 인식하고 미리 대비할 수 있게 도왔다. 구조물적이며 비구조물적인 방법으로 이루어지는 완화는 재난의 회복력을 촉진하고 복구 시간을 줄이기 위해 취할 수 있는 가장 중요한 조치라고 할 수 있다.

- *대비와 계획 수립*: 의심의 여지없이 의료 서비스 기관이 할 수 있는 가장 중요한 조치는 대비하고, 계획하며, 교육하고, 훈련하며, 그리고 이를 반복하는 것이다. 재난 계획 수립은 과학적인 연구를 거쳐 증거에 기반을 둔 최선의 방법으로 이루어져야 한다(Auf der Heide, 2005). 뉴욕의 한 병원이 홍수의 위험에 처했을 때, 직원들은 환자(일부는 분만 중이었다)들을 여러 층 아래로 옮겨 대기하고 있던 구급차에 태웠다. 의료 시설은 '운영의 지속성Continuity of Operations(COOP)'을 위한 계획을 세워 의료 서비스를 지속적으로 제공해야 한다. 여기에는 영업 정지 기간과 대피, 재난 계획 수립에 따른 직원 교육이 포함되며, 의료 기록을 백업해 두고 비상 시 전력을 확보하는 것 등이 포함된다. 의료 서비스 기관은 환자에게 대비와 관련된 정보를 제공하고, 대피 계획 수립을 직접 보여주며, 가족 간의 통신 계획을 세우게 하고, 재난 시의 생존 규약에 대해 알려야 한다.

- *대응*: 9.11 사태가 발생했을 때, 대비와 계획 수립 노력을 기울인 효과가 있었다. 여러 병원에서 재난 계획을 발동해, 추가 인력을 소집하고, 비상 병실과 정신적 외상 센터를 준비했으며, 비상 대기에 들어갔다. 여러 의료 시설에서 자원봉사자에게 파상풍 접종을 실시하고, 잔해 더미에서 일하는 사람들의 노출을 관찰하며, 재난으로 의료 시설을 찾아오기 힘들어진 곳에 텐트 병원을 설치했다. 2005년 인도의 나가파티남에서는 쓰나미가 55층 병원 건물을 강타했을 때, 이러한 노력 덕분에 많은 인명을 구했다. 그날 이 병원에는 300명 이상의 환자들이 있었는데, 환자의 가족과 직원들이 이들을 신속하고도 안전하게 꼭대기 층

으로 옮겼다. 사전에 재난 훈련을 한 결과, 단 한 명의 환자도 죽지 않았다. 의료 서비스 기관은 환자와 고객에게 안전 규칙, 응급 처치, CPR, AED 사용법 등을 가르침으로써 도움을 줄 수 있다.

- 복구: 재건축과 수리에는 몇 시간, 며칠, 또는 몇 년이 걸리기도 한다. 뉴욕의 벨뷰 병원 Bellevue Hospital은 엘리베이터, 전선, 배관, 연료 및 물 펌프, 의료 장비, 폐수 처리 시설 등을 고치는 복구에 오랜 시간이 걸렸다. 의료 서비스 기관은 새로운 장소에 의료 시설을 재설립하는 데 관여해야 하며, 환자들이 의료 서비스를 다시 받을 수 있게 돕는 일도 해야 한다(Abir et al., 2012). 의료 서비스 기관은 환자들에게 신장 투석이나 암 치료 시설과 같은 새로운 의료 시설을 알아봐주고, 의료 기록의 신속하고 확실한 이전을 도우며, 힘겨운 서비스 이전 시기 동안 말로 그리고 마음으로 지원을 보냄으로써 환자의 복구를 도와야 한다.

더 자세한 내용은 뉴욕 벨뷰 병원의 슈퍼 태풍 샌디 관련 영상을 보아라. http://www.fema. gov/media-library/assets/videos/82086(2014년 12월 22일 접속).

상자 11.2 재난에 강한 대학과 학교

2013년, EF5 등급의 토네이도가 오클라호마의 무어를 초토화시켰다. 이 토네이도는 교사와 직원들이 어린이들을 대피시킬 곳을 필사적으로 찾고 있던 플라자 타워스 초등학교Plaza Towers Elementary School를 정통으로 강타했다. 영웅적인 노력에도 불구하고 7명의 어린이가 목숨을 잃었다. 자연 재난만 어린이를 위협하는 것은 아니다. 2014년 12월 파키스탄, 페샤와르Peshawar에서는 테러범들이 학교를 공격해 148명이 사망했는데, 이들 대부분이 어린아이들이었다.

분명 인명 손실은 모든 학교 및 대학 관계자들의 가장 중요한 관심사이다. 이러한 책임에는 교수, 직원 그리고 행정 직원뿐 아니라, 캠퍼스를 찾은 방문객의 안전까지 포함된다. 이들은 폭풍이 학교 건물에만 피해를 입히는 게 아니라, 학생, 교수 그리고 직원의 집까지 파괴할 수 있다는 것을 염두에 둬야 한다. 이럴 경우 이들이 신속하게 복귀해 학교 기능의 정상적인 재개를 돕지 못하기 때문이다. 대비와 계획 수립 노력은 사전에 잘 이루어져야 하며 적절한 완화 방법과 병행되어야 한다.

뿐만 아니라 관리자는 학교가 계속 제 기능을 해서 운영의 지속성을 갖게 해야 한다. 손실의 규모가 엄청날 수도 있다. 메릴랜드 대학교 칼리지 파크College Park 캠퍼스는 2001년 토네이도로 1,650만 달러의 손실을 입었다. 게다가 보험금도 충분히 지급받지 못했다. 많은 기관에서 보험금을 지금하기 전에 높은 세금 공제를 한다. 손실은 총 몇십만 달러에 달할 수도 있다(Hargis et al., 2014).

장기 복구에는 상당히 오랜 시간이 걸릴 수도 있다. 뉴올리언스 대학교는 허리케인 카트리나 이후에 강의실, 사무실, 그리고 식당으로 쓰기 위해 조립식 건물로 이전했다. 하지만 그것으로도 충분하지 않았다. 2014년 말, 뉴올리언스 대학교는 교육 과정을 없애고 교수와 직원을 정리 해고 한다고 발표했다. 이들의 기본 등록자 수는 결코 예전으로 돌아오지 않았다.

국가에서 주관하는 재난에 강한 대학Disaster-Resistant University(DRU) 프로그램이 때로는 FEMA 에 의해, 그리고 때로는 지역 대학에 의해 운영되고 있다[Human et al.(2006) 참고]. 주요 권장 사항은 다음과 같다(FEMA, 2003b).

- 계획 수립팀을 만들어라: 관리자, 교육 담당 부서, 지역사회 대표, 그리고 학생을 포함시켜라. 또한 지역의 여러 시설, 의료 서비스 기관 및 재난 대응자 그리고 지역, 카운티, 주 정부 차원의 재난 관리자도 포함시키는 것이 좋다.

- 취약성을 평가하라: 해당 지역의 위험요인은 무엇인가(자연 재난, 기술적 재난, 유행병, 테러범, 암살자 등)? 어느 지역이 어떤 위험요인에 가장 취약한가? 재난 발생 가능성은 어느 정도인가? 경제적·사회적 그리고 인명 안전이라는 측면에서 그 결과는 어떠할까?

- 자산 목록을 만들어라: 얼마나 많은 구조물이 피해를 입을 수 있으며, 그 안의 내용물은 어떠한가? 구조물 안에 고가의 실험실이나 하이테크 장비가 있는가? 그곳에서 얼마나 많은 사람이 일하며, 어떤 유형의 재난 계획 수립이 필요한가? 그러기에 충분한 장비와 다른 자원이 있는가?

- 손실을 측정하라: 장소, 장비 그리고 직원을 대치하는 데 비용이 얼마나 필요한가? 영업 정지 기간과 건물 대치에는 비용이 얼마나 필요한가? 이러한 비용을 보험으로 처리할 수 있는가? 그렇지 않은가? 운영의 지속성을 위해 필요한 것은 무엇인가?

- 재난 회복력을 길러라: 구조물적 및 비구조물적 투자로 손실을 완화하려면 어떻게 해야 할까? 교수, 직원, 학생 그리고 캠퍼스를 찾아온 방문객을 어떻게 대비시키고 훈련시킬 것인가? 어떤 재난 관련 정보를 게시할 것이며, 학교 및 대학 캠퍼스에 있는 다양한 배경을 지닌 사람들에게 이를 전달하려면 관련 정보를 어디에 게시해야 할 것인가?

- 비상 운영, IT 복구, 그리고 학교 운영의 지속성을 비롯한 다양한 계획을 문서화하고, 훈련하고, 연습하라.

- 어린이를 교육시켜라: 우리 중 가장 어리고 가장 취약한 사람들이 대비하도록 돕지 않는 경우가 많다. (암살범과 대량 학살 등) 상상하기 힘든 재난을 비롯한 모든 종류의 재난에 어린이

를 대비시켜야 한다.

- 완화 방법을 실시하라: 플라자 타워 초등학교는 어린이를 보호하기 위해 안전실이 있는 건물을 다시 짓는 데 1,200만 달러를 들였다.

더 자세한 내용은 Bataille and Cordova(2014)와 Comerio(2000)를 참고. 또한 FEMA의 재난에 강한 대학 지침이 있는 웹사이트(https://www.fema.gov/media-library/assets/documents/2288)를 참고.

사진 11.1 미주리의 조플린. 세인트 존스St. John's 지역 의료 센터(사진 Jace Anderson/ FEMA).

사진 11.2 미주리의 조플린. 심각한 피해를 입은 후 사용된 세인트존 이동식 병원의 텐트(사진 Elissa Jun/FEMA).

사진 11.3 LA의 카메론 행정구. 폭풍 해일로 고도를 높인 병원 시설(사진 Brenda Phillips).

11.1.1 2011년 미국 토네이도

2011년 미시시피, 앨라배마, 테네시, 버지니아, 그리고 조지아에 걸쳐 대규모 토네이도가 발생하기 며칠 전부터 기상청 직원들은 주민과 공무원들에게 경고했다. 강력한 EF5급 토네이도가 발생할 가능성이 높아지자 이 지역의 정부는 학교를 일찍 파하고, 주민들에게 경고하기 위한 노력에 힘을 쏟았다. 4월 27일, 최소 122개의 토네이도가 발생해 316명이 목숨을 잃었다. 기상청(NWS)은 122개의 토네이도 중 EF4, EF5 등급의 토네이도가 15개에 이르며, 8개의 회오리바람이 최소 80km에 이르는 도로를 파괴했음에 주목했다(NWS, 2011a). 앨라배마의 터스컬루사를 쑥대밭으로 만든 토네이도는 오후 4시 43분에 시작되어 6시 14분에 끝났다.

앨라배마의 터스컬루사는 시속 300km로 추정되는 바람이 휘몰아치는 EF4 등급의 토네이도를 겪었다. 이 토네이도가 휩쓸고 지나간 총길이는 128km에 너비 2.4km에 달했다. 공공 서비스 부문도 심한 피해를 입어서, 터스컬루사 카운티의 비상 운영 센터(EOC: NWS, 2011b)도 파괴되었다. EOC는 재난 관리자, 긴급 구조대원, 시장, 그리고 주요 협력 기관들이 사건을 관찰하고, 재난 대응 및 복구 노력을 준비하는 곳이다. 토네이도

사진 11.4 오클라호마의 무어. 플라자 타워스 초등학교의 추모비(사진 Jocelyn Augustino/ FEMA).

는 이 건물을 겨냥이라도 한 듯 곧장 다가가 경찰차를 공중에 날리고 사람들이 안에 있는 채로 건물을 붕괴시켰다. 생존자들은 임시 출구로 빠져나와 잔해로 가로막힌 입구로 다른 사람들이 빠져나오는 것을 도왔다(Taylor, 2011).

공무원들은 대응과 복구 기간에 시민들을 도울 가장 중요한 장소를 한순간에 잃어버렸다. 이들은 EOC 없이 지역사회를 도와야 했다. EOC 밖의 상황도 실로 참담해서 토네이도가 사업체, 교회, 전신주, 호텔, 식당, 아파트 건물, 초등학교, 쇼핑센터, 이동식 주택 그리고 보트 정박지까지 거의 모든 것을 초토화시켰다. 토네이도는 많은 곳에서 건물의 기반이 되는 콘크리트 판만 남긴 채 모든 것을 휩쓸어버렸다. 터스컬루사 지역에서만 65명이 사망했고, 1,500명 이상이 부상을 입었다(NWS, 2011b).

11.1.2 재난 관리자와 비상 운영 센터

재난 관리 직원의 숫자와 자질은 행정 구역에 따라 천차만별이다. 예산 제한 때문에 한정된 수의 직원으로 일을 해야 하는 지역이 많다. 규모가 큰 지역에서는 더 많은 직원을 배정받을 수 있을 것이다. 하지만 대부분의 지역에는 충분한 인력이 부족한 경우가 많다. FEMA는 인구 십만 명당 1명의 재난 관리 전문가를 권장하지만, 대부분의 행정 구역에서는 그럴 여력이 없는 경우가 많다. 예를 들어 뉴욕 같은 대도시에서는 100명의 직원이 9백만 명을 담당한다(Edwards and Goodrich, 2007). 시골 지역과 미국 전역의 행정 구에서는 한 사람이 시간제로 재난 관리자 업무를 담당하거나, 소방서장이 지역 재난 관리자를 겸임하기도 한다. 재난 관리 고위직은 전문 지식을 갖추고 경험이 많은 재난 관리자보다 정치적 지명자로 채워지기도 한다. 그럼에도 재난이 발생하면, 전문적인 재난 관리자의 전문 지식과 조언은 매우 유용하다. 공무원인 이들이 우리 모두에 대한 책임을 지는 것이다. 이들은 대부분 계획을 세우고, 교육과 훈련 과정을 개발하며, 협력 관계를 구축하고, 일상적인 업무를 수행하며 시간을 보낸다. 이들이 이렇게 하는 것은 우리 인생에서 벌어지는 최악의 날에 대비하기 위해서이다.

재난 관리자는 재난이 발생하면, 재난 대응 및 복구 작업을 일원화하기 위해 비상 운영 센터(EOC)를 가동한다(사진 11.5 참고). EOC는 '재난 대응에 관한 정보를 모으고 결정을 내리기 위해 주요 공무원들이 모이는 장소'이자, '재난 대응을 조율하는 중심 허브' 역할을 한다(Neal, 2003, p. 36). EOC의 주요 활동에는 '업무의 조율, 정책 입안, 운영, 정보 수집, 공공 정보의 홍보, 그리고 방문객 유치' 등이 있다(Neal, 2003, p. 35; Neal, 2005 참고).

FEMA가 권장하는 EOC의 주요 특성 여섯 가지

1. 시설facility features: EOC의 공간은 어떻게 배치해야 하는가? 시설 내 상호작용을 촉진하기 위해 누가 가까이 있어야 하는가를 비롯해, 의사소통을 고려한 공간 배치가 이루어져야 한다.

2. 생존성survivability: EOC가 지역의 위험요인을 견딜 수 있는가?

3. 안전성security: 침입자나 테러범을 비롯한 모든 위험요인으로부터 인력과 장비를 보호해야 한다.

4. 지속 가능성sustainability: EOC가 몇 주 또는 심지어 몇 달 동안 문을 열어야 할 경우에 대비해 예비 전력과 직원을 위한 시설을 마련해야 한다.

사진 11.5 미시시피의 잭슨Jackson. 미시시피 재난관리청Mississippi Emergency Management Agency의 EOC(사진 Tim Burkitt/FEMA).

5. 상호 운용성interoperability: EOC는 협력 기관인 지역, 주, 연방 정부 그리고 이들의 조직 문화를 이해하고 함께 일하며 이들과 의사소통할 수 있어야 한다.

6. 유연성flexibility: EOC는 경미한 사건에서부터 대규모 재난에 이르기까지 다양한 사건에 대응할 능력을 갖춰야 한다.

새로운 EOC를 건설하거나 기존 공간을 사용하려면, 수많은 특성을 고려해야 한다. 예를 들어, 내부 설계는 혼잡하지 않고 소음 없이 의사소통이 이루어지도록 자리 배치를 해야 한다. 일반적인 사무 업무, 필수적인 통신, 운영 업무를 위해서는 별도의 방이 필요할 수 있다. EOC 내의 주요 공간 중 하나인 상황실은 보통 재난 관리자와 업무를 조율하는 곳이다. EOC에는 또한 수면 및 샤워 시설, 부엌 시설, 식수 및 전기/발전기 시설 등도 필요하다(Neal, 2005). 대응과 복구에 필요한 다른 단체와 기관이 들어오거나, 다른 직원들이 일할 수 있는 추가 사무 공간도 있어야 한다. 충분한 자원을 지닌 행정 구역에서는 진행 중인 재난 사건에 대한 TV 보도를 시청하는 곳뿐 아니라, 무전실, 레이더 영상실, 컴퓨터실 및 다른 필수적인 공간도 제공하면 좋다. EOC가 가동되면, 보통 적십자, 아마추어 무선국, 구세군, 경찰, 소방서, 재난 의료 시설, 보건소, 공공사업과 위생국 그리고 재난 운영 계획에 의해 구체적인 업무를 부여받은 관계 기관 등 수많은 단체와 기관이 참여하게 된다. 건물 외부에는 다양한 종류의 재난 관련 차량이 주차할 공간도 마련해야 한다.

이상적으로 볼 때, EOC는 주요 업무를 신속히 수행하기 위해 지역 정부 기관과 가까이 있어야 하며, 해당 지역의 위험요인으로부터는 멀리 있어야 한다. 터스컬루사에서 토네이도를 피할 수는 없겠지만, EOC의 회복력을 높이기 위해 완화 방법을 복구에 통합하는 것은 가능할 것이다(상자 11.3 참고). EOC가 재난을 견디고 살아남는 것은 매우 중요하며, 그래야 대응 기간 중에 자원을 배분하고 회의 장소를 제공하며, 복구 기간 중에 인력을 제공할 수 있다. EOC는 복구에 영향을 미치는 주요한 결정이 이루어지는 곳이다. 복구의 책임은 지역 정부의 책임자와 LTRC가 지는 경우가 많은 반면, 재난 관리는 재난 대비와 대응 문제로 귀결되는 경우가 많다. 재난 관리 전문가가 대응 과정(잔해 제거, 임시 대피소, 환경 보호 등)에서 현명한 선택을 하고, 복구와 완화를 연결시키며, 시민들과 함께 일하는 것이 얼마나 중요한지를 잘 알고 있으므로, 이는 불행한 일이 아닐 수 없다. 재난 관리자는 복구 노력을 하는 과정에서 조직이 어떻게 대응해야 하는지를 선출된 관리보다 훨씬 더 잘 알고 있다. 미래의 재난에서 재난 회복력을 기르기 위해서는 재난 관리자의 전문 지식과 통찰이 반드시 필요하다.

진정으로 회복력 있는 복구를 하기 위해서는 재난 관리 직원의 전반적인 참여가 이루어져야 한다. 이들은 이 시점에서 생애 주기와 겹친 재난 상황을 관리하느라 몇 배의 부담을 안고 있을 수 있으므로, 충분한 지원 인력을 제공해야 한다. 이는 추가 인력을 고용하고, 다른 행정 구역과 양해 각서를 체결하며, 직원을 재배치해야 가능할 것이다. 복구 시기가 해당 지역의 노련한 직원들 없이 새로운 경기 규칙을 배우는 시기가 되어서는 안 될 것이다.

상자 11.3 비상 운영 센터(EOC): 위험 완화하기

텍사스의 스미스 카운티에서는 강력한 토네이도 같은 위험요인을 견뎌내기 위해 911 통신과 재난 관리자들이 사용할 '긴급 구조대원 시설First Responder Facility'을 지었다(Federal Emergency Management Agency, 2003a). 1,400m² 건물인 이 EOC는 '토네이도의 힘을 견디기 위해 튼튼하게 만든 지붕과 외벽, 강풍의 피해를 최소화하게 설계된 로비, 다중 안전 접근 시설'을 갖추었으며, 공무원과 언론을 위한 공간도 마련되어있다(FEMA, 2003a, p. 3). 외벽은 시속 400km의 돌풍과, 시속 160km로 날아오는 2×4 크기의 나무 파편도 견딜 수 있다. 지붕은 '1m² 당 1,800kg의 상향 압력uplift pressure'을 견딜 수 있는 철골 지붕틀로 되어있다(FEMA, 2003a, p. 12). 문과 창문은 방탄 소재로 되어있다.

FEMA가 제시하는 EOC의 생존 가능성에 대한 지침에는 다음 고려 사항이 포함된다(원문 그대로 옮김).

원래의 EOC 시설

- EOC가 잘 알려진 고위험지역에 위치해 있는가[예를 들어, 홍수, 지진, 핵발전소, 위해 물질Hazardous Material(HAZMAT)이 있는 곳 등]?
- EOC가 그러한 위험을 견뎌낼 수 있는가(예를 들어, 자연 재난과 인간으로 인한 위험요인)?
- EOC가 생존성을 향상시킬 특별한 구조물적 역량을 지니고 있는가?

- EOC가 화학, 생물학, 방사능 또는 핵(CBRN) 물질에 대한 집단 보호 시스템을 갖추고 있는가?

- EOC가 폭발에 대한 보호 조치가 되어있는가?

- EOC가 지상보다 높은 곳에 있는가? 지상에 있는가? 아니면 지하에 있는가?

대안으로 사용할 EOC 시설

- 대안으로 사용할 EOC가 운영의 지속성(COOP)을 확보할 수 있을 만한 곳에 있는가?

- 대안으로 사용할 EOC가 잘 알려진 고위험지역에 위치해 있는가[예를 들어, 홍수, 지진, 핵발전소, 위험 물질(HAZMAT)이 있는 곳 등]?

- 대안으로 사용할 EOC가 그러한 위험을 견뎌낼 수 있는가(예를 들어, 자연 재난과 인간으로 인한 위험요인)?

- 대안으로 사용할 EOC가 생존성을 향상시킬 특별한 구조물적 역량을 지니고 있는가?

- 대안으로 사용할 EOC가 화학, 생물학, 방사능 또는 핵 (CBRN) 물질에 대한 집단 보호 시스템을 갖추고 있는가?

- 대안으로 사용할 EOC가 폭발에 대한 보호 조치가 되어있는가?

- 대안으로 사용할 EOC가 지상보다 높은 곳에 있는가, 지상에 있는가, 아니면 지하에 있는가?

FEMA에서는 각 지역 EOC의 생존 가능성을 평가하기 위한 체크리스트를 제공한다. http://www.fema.gov/mitigation-best-practices-portfolio/emergency-operations-center-assessment-checklist(2014년 12월 22일 접속).

11.1.3 공무원이 입는 재난 피해

1989년 캘리포니아에 로마 프리타 지진이 발생한 후에, 산타 크루즈시는 정규 직원 620명의 26%를 잃었다(Wilson, 1991). 왜 그런 인력 손실이 발생한 것일까? 일부는 사람들이 다른 일자리와 더 나은 기회를 찾아 떠나는 정상적인 이직률로 설명할 수 있다. 하지만 복구를 관리하는 부담은 대부분 지역 정부가 지게 마련이다. 일상적인 업무에 더해 재난을 관리하는 일을 맡는다는 것은 추가적이고 때로는 낯선 업무가 추가되는 것을 의미한다. 지역 정부의 직원들은 정상적인 생활로 돌아가고 싶어 하는, 스트레스에 찌든 주민들도 상대해야 한다. 그러는 한편, 퇴근한 후에는 자신들의 집을 수리하거나 재건축해야 하는 힘겨운 상황에 몰리게 된다. 어쩌면 이들도 임시 거주지에서 살고 있거나, 가족과 떨어져 지내고 있을 수도 있다. 이 같은 이중의 짐은 큰 부담이 된다.

재난은 재난 현장에서 가장 가까운 사람들에게 큰 피해를 입힌다. 9.11 발생 1년 후에 세계무역센터에서 일했던 생존자의 13%가 외상 후 스트레스 장애(PTSD)를 앓고 있다는 것이 보고되었다. 경찰은 PTSD를 앓는 비율이 6.2%로 상대적으로 낮은 반면, 무소속 자원봉사자는 21.2%로 훨씬 높았다. 사건 발생 3년 후 PTSD 발병이 가장 높은 사람들은 건설 노동자, 엔지니어, 환경 미화원, 그리고 무소속 자원봉사자였다(Perrin et al., 2007). PTSD는 정상적인 업무가 아닌 일을 수행했던 사람들에게서 더 높게 나타났으며, 이는 지역 정부에서 재난 관련 업무를 하는 직원을 준비시키고 복구의 전 기간에 걸쳐 이들을 지원해야 한다는 것을 의미한다.

11.1.4 교육과 훈련

복구를 주도해야 하는 사람들은 지나치게 많은 정보에 둘러싸여 있으며, 대부분의 공무원, 심지어 일부 재난 관리자도 재난 복구를 급속한 학습 곡선을 따라 경험한다. 하지만 재난 이후 복구 시기는 '그 일에 대해' 배울 최적의 시간이 아니라는 것이 분명하다. 학위, 수업 및 훈련은 평생 교육의 일환으로 평생 배우는 과정이 되어야 한다. 어쨌거나, 정책과 절차는 변화하고, 새로운 연구 논문이 출간되며, 새로운 유형의 재난이 발생하는 상황에서, 우리는 지역사회를 위해 준비되어있어야 한다. 이 책을 읽는 것은 시작에 불과하다. 유용한 관련 정보는 다음과 같다.

- 수많은 4년제 대학교와 단과 대학에서 현재 재난 관리에 관한 학위, 자격증, 그리고 부전공을 비롯한 학사 및 석사 학위 과정을 운영하고 있다. 복구에 관한

과정을 비롯해, 재난 관리의 주기에 맞춰 연관성이 가장 큰 내용에 관한 학위를 준비하라. 가장 좋은 프로그램은 특정 주제와 관련된 연구배경을 가진 교수진과 실무 기술을 제공하는 것이다. 각 기관에서는 담당 공무원을 보내 이 프로그램을 통해 대학 학점을 따게 할 수도, 복구에 관한 강의를 듣게 할 수도 있다. 많은 강의가 온라인에서 제공되지만, 승인을 받은 대학교인지, 교수진이 온라인 환경에서 효과적인 교수법을 알고 있는지 확인해야 한다. FEMA의 고등교육 프로젝트Higher Education Project는 전국에 있는 다양한 프로그램에 대한 링크를 제공하고 있다. 관련 정보는 http://www.training.fema.gov/EMIweb/edu/collegelist/에서 찾아볼 수 있다(2014년 12월 21일 접속).

- FEMA는 메릴랜드 에미츠버그Emmittsburg의 재난관리연구원Emergency Management Institute(EMI)에서 강의를 제공하고 있다. 복구, 리더십, 그리고 기타 주제에 관한 이 강의는 에미츠버그 캠퍼스에서 들을 수 있다. 관련 정보는 http://training.fema.gov/EMICourses/에서 찾을 수 있다(2014년 12월 21일 접속).

- FEMA의 독립 학업 과정Independent Study Courses은 무료로 편리하게 정보를 제공하고 있다. 학생들은 온라인 테스트 이후에 수료증도 받을 수 있다. 자원봉사단체, 공적 지원, 잔해 관리, 그리고 국가 재난 복구 체계(NDRDF) 등의 주제를 다룬다. 이 교육 과정은 무료이며, 대부분은 온라인 강의를 보거나 다운로드 받을 수 있다. http://training.fema.gov/IS/crslist.asp(2014년 12월 14일 접속).

- 여러 전문 단체에서 학술대회 및 교육 강좌를 제공한다. 공무원과 재난 관리자는 국제 재난 관리자 협회International Association of Emergency Managers, 국립 허리케인학회National Hurricane Conference, 전국 재난 자원봉사 단체 협의회(NVOAD)와 같은 단체를 통해 정보를 얻고, 연결망을 구축하며, 도움을 받을 수 있다.

- 세계 교회 봉사단 같은 수많은 유명 사이트에서 무료 강좌와 온라인 세미나webinar를 들을 수 있다. 장기 복구의 기본 원리, 재난 시 활약하는 지역사회의 단체, 재난 사례 관리, 자원봉사자와 감정/종교적 보살핌 등에 관한 주제를 다룬다('참고자료' 부분 참고).

- 수많은 전문 학술지에 유용한 기사들이 실려 있으며, 재난 관리와 재난 복구에

관한 객관적이고 과학적인 제언을 얻을 수 있다. 이러한 학술지로는 *International Journal of Mass Emergencies and Disasters*, *Australian Journal of Emergency Management*(이 두 학술지에는 여러 나라의 저자가 논문을 싣는다), *Natural Hazards Review*, *Environmental Hazards*, *Risk Analysis*, *Disaster Prevention and Management*, *Disasters*, *Natural Hazards*, *Journal of Emergency Management* 등이 있다.

11.2 재난 복구에 있어 정부의 역할

재난 복구에 있어 정부의 역할은 무엇인가? 여기서는 지역 정부의 경험과 역할에 대해 주로 살펴보려 한다. 그 이유는? 재난은 지역에서 발생하며 궁극적으로 지역에서 다루어야 하기 때문이다. 하지만 지역의 지도자들이 외부 지원이나 다른 곳과의 협력 관계없이 그렇게 하는 것은 불가능하다. 또한 협력 관계가 도움이 되긴 하지만, 그럼에도 재난 복구는 힘겨운 도전일 수 있다.

11.2.1 리더십

유명한 학자인 윌리엄 워William Waugh의 '재난 관리는 전형적인 정부의 역할'이라는 말에 주목해보자(Waugh, 2000, p. 3). 워 박사의 이 말은 개개인이나 가족이 혼자 할 수 있는 것보다 정부가 시민에 대한 지원을 더 폭넓게 제공할 수 있다는 것을 뜻한다. 뿐만 아니라 재난 관리는 지역 차원에서 가장 잘 할 수 있는데, 그것은 해당 지역사회에 대해 가장 잘 아는 사람은 그 지역의 지도자와 주민이기 때문이다(Wolensky and Wolensky, 1990). 재난 복구 상황에서 "외부에서 제공되는 자원을 효율적으로 활용하고... 복구 과정을 판가름하는 결정을 내리는 것은 지역 정부의 책임"이다(Wilson, 1991, p. 11). 자원봉사자와 기부금 관리에서부터 잔해 제거와 주택 및 사업체 그리고 사회 기반 시설의 재건에 이르기까지, 공공 부문(선출된 관리 및 일반 공무원)이 나서서 복구를 주도해야 한다.

주민들이 선출된 관리와 재난 상황을 이끌어가는 공무원을 신뢰해야 더 좋은 성과를 낼 수 있다(Kapucu and Van Wart, 2006). 복구는 잘 진행될 때도 있지만, 어느 지역에서나 장애물에 부딪치는 경우가 더 많다. 특히 끔찍한 재난을 겪은 경우, 주민들에게 불만이 쌓이기 쉽고, 이들은 정부에 책임이 있다고 생각하는 경향이 있다(Kapucu and Van Wart, 2009). 복구가 잘 진행되지 않는 문제의 원인이 지역 정부에 있다고 손가락질하기는 쉽지만, 그러면 상황은 더욱 복잡해진다(Wolensky and Wolensky, 1990). 그럴 경우 주 정부와 연방 정부로 주도권이 바뀌는 과정에서 시민들의 신뢰를 유지하는 것이 어려운 문제가 된다. 재난 상황에서 지역 정부가 효율적으로 일하려면, '기존 자원을 활용하고 새로운 자원을 동원하는 리더십'이 요구된다(Wolensky and Wolensky, 1990, p. 716). 정부 내에서 생각지 못한 사람이 책임자가 될 수도 있다. "과거에 어떤 일을 맡았던 직원에게 새로운 프로젝트를 맡길 수도 있다."(Witt and Morgan, 2002, p. 223) 훌륭한 정부 지도자는 직원, 동료, 그리고 위원회 소속 위원들을 면밀히 살펴 복구의 전 과정 동안 그 지역사회를 가장 잘 돌볼 수 있는 일꾼을 골라야 한다.

지역 정부는 법적-합리적 권위legal-rational authority라는 특정한 권위를 지닌다. 권위란 누군가가 다른 사람에게 힘을 행사할 수 있는 상태를 의미한다. 법적-합리적 권위는 관리로 선출됨으로써 공무원에게 부여되는 힘이며, 복구 리더십을 통해 발휘된다.

하지만 지역 정부에는 다른 유형의 리더십과 권위도 필요하다. 완화 계획 수립을 할 때, '챔피언'은 보다 강력한 재난 회복력을 가진 환경을 만들기 위해 힘겨운 과제를 수행해야 한다. 이는 복구에 있어서도 마찬가지인데, 그것은 이 단계가 길고 힘겨운 여정에서 한결같은 헌신을 필요로 하기 때문이다. 챔피언들은 공동 목표를 향해 다른 사람들을 끌어당기는 특성인, 카리스마적 권위charismatic authority라는 다른 유형의 권위도 갖고 있는 경우가 많다. 카리스마를 지닌 사람은 의사소통에 능하고, 다른 사람들을 끌어당겨 대의를 위해 일하게 하는 재능을 갖고 있다. 예를 들어, 마틴 루터 킹 주니어는 카리스마적 권위를 가진 사람으로 자주 언급되며, 남부 기독교 연합회의Southern Christian Leadership Conference를 이끈 엘라 베이커Ella Baker도 그런 사람에 속한다. 베이커는 그룹 중심의 리더십을 믿었고 학생들에게 영감을 주어, 이들이 분리주의 극복을 위해 흑인에게 점심 식사 제공을 거부한 식당에서 떠나지 않고 자리를 지키도록 했다(Grant, 1999). 다른 사람들에게 용기를 불어넣음으로써, 그녀는 미국에서 인종 간의 관계를 변화시켰다.

카리스마 있는 지도자는 지역사회 안에서도 찾을 수 있다. 지명도 있는 종교 지도자나 시민운동가는 복구 노력에 사람들을 끌어모을 수 있다. 교육자, 지역 협회장, 의사 등 신뢰받는 사람들을 앞세워 복구 노력을 함께 이끄는 것도 좋다. 정부 지도자는 눈을 크게 뜨고 이들 풀뿌리 지도자를 찾아야 하며, 다양한 집단을 대변하고 이들과 상호작용한 경험이 있는 사람을 찾는 것이 좋다. 지역사회와 좋은 관계를 맺으면, 더 많은 지원을 얻을 수 있고 따라서 복구 노력에 더욱 박차를 가할 수 있다(더 자세한 내용은 제13장을 참고).

11.2.2 의사소통

사람들은 정보를 원하므로, 모호함과 불확실성은 재난 상황을 더욱 어렵게 만든다. 인터넷과 소셜 미디어가 점점 더 중요한 정보원이 되어가고 있지만, 가장 중요한 두 정보원은 정부와 언론이다. 특히 정부는 올바른 정보를 알려 사람들이 결정을 내릴 수 있게 하는 데 중요한 역할을 한다.

의사소통은 재난 발생 후에 지역 정부가 담당하는 가장 중요한 활동 중 하나이다. 의사소통에는 사실 확인에서부터 루머를 차단하는 일에 이르기까지, 정보와 관련된 다양한 일이 포함된다. 여기서는 복구와 관련된 의사소통을 하는 기본적인 방법에 대해 알아보겠다.

정부 지도자들이 정보를 다루는 방법은 국민들이 생각하고, 믿고, 신뢰하며, 정부 지도자를 따르게 하는 데 영향을 미친다. 여기에는 4단계 모델이 적용된다(Gillingham and Noizet 2007). 첫째, 지도자는 주민과 언론이 재난에 대해 어떻게 생각하는지를 충분히 고려해야 한다. 이들의 관점에서 일해야 정부는 어떤 정보가 필요할지를 예측할 수 있다. 둘째, 정부는 다른 사람들에게 정확한 정보를 제공하기 위해 메시지를 보내는 최초의 주체가 되어야 한다. 시의 적절하게 메시지를 전달해야 오해와 추측을 막을 수 있다. 셋째, 주민과의 의사소통은 정직해야 한다. 그렇지 않으면 주민들은 지도자를 신뢰하지 않는다. 주민들이 이해하는 용어로 말하는 것이 최선이다. 만일 지도자가 주민들의 질문에 대한 답을 모른다면, 답을 알아낸 다음 신속하게 전달해야 한다. 넷째, 정보 전달자는 주민을 진심으로 믿고 배려해야 한다.

의사소통 전략은 다양하고 광범위해야 한다. 주민과의 바람직한 의사소통 통로는 다음과 같다.

- 주민들이 일상적으로 접속하는 시市의 웹사이트와 소셜 미디어. 재난 시 소셜 미디어를 통하면 정보를 신속하게 퍼뜨릴 수 있으며, 지도자는 정보를 퍼뜨리고 바로잡는 데 이러한 도구를 활용해야 한다. 하지만 정보 격차는 여전히 존재하므로, 정전되었거나 인터넷에 접속할 수 없거나 소셜 미디어에 접근하지 못하는 사람들에게도 정보를 알리기 위해 노력해야 한다.
- 신문, 라디오, 텔레비전. 이러한 전통 매체는 의사소통을 다각화하기 위한 효율적인 수단이다. 소셜 미디어와 함께 이러한 매체도 활용해야 한다.
- 주민과의 회의, 재난 복구 센터, 종교 시설, 도서관 행사, 지역 행사, 스포츠 행사, 그리고 주민 협의회 등은 주민들과 일대일로 대면할 수 있는 장소를 제공한다. 이러한 직접적인 의사소통은 지도자가 주민들이 걱정하는 바를 알고 더 넓은 지역사회에 자신들의 정책을 알리는 데 도움이 된다.
- 포스터, 전단지, 안내 책자 그리고 이와 유사한 매체를 통해 공공장소에 공지하고(식료품점, 은행, 건강 관리 센터, 약국, 사업체, 주유소, 우체국), 주민들에게 정기적으로 배달되는 요금 청구서와 기타 우편물을 통해서도 알려야 한다. 이러한 다각적인 노력을 통해 더 폭넓은 청중과 의사소통할 수 있다. 예를 들면, 노숙자도 정보에 접근할 수 있어야 한다. 어떤 건물의 입구나 잠을 자던 곳이 없어졌을 수 있으므로, 도움을 얻을 수 있는 곳을 노숙자에게 알리려면 추가적인 방법을 강구해야 한다.
- 의사소통은 그 지역에서 통용되는 언어나 수화는 물론, 자료를 읽거나 볼 수 있

는 능력을 감안해 다양한 방법으로 이루어져야 한다. 소셜 미디어와 웹사이트에 미국 수화를 사용한 영상물을 게시하라. 주민이 참석하는 모든 행사와 언론 간담회에 반드시 통역자와 동행하라. 영어 아닌 다른 언어를 사용하는 라디오, 신문, 소셜 미디어에도 정보를 게시하라. 그렇게 해야 손자는 영어를 해도 영어를 못하는 할머니, 피해지역을 방문 중인 관광객과 사업자 또는 낯설뿐 아니라, 이제는 재난 피해지역이 된 곳에 막 도착한 이민자들에게도 도움을 줄 수 있다.

공무원은 나쁜 소식도 전달해야 한다. FEMA의 전임 청장인 제임스 리 위트는 '나쁜 소식은 당신이 아는 즉시 모두에게 알려야 한다. 그래야 위험을 줄이고 사람들을 기회에 집중하게 만들 수 있다.'(Witt and Morgan, 2002, p. 222) 루머는 건전한 의사소통에 특히 악영향을 미친다. 루머 통제 센터, 전화번호, 웹사이트, 그리고 소셜 미디어가 루머를 바로잡는 데 도움이 될 것이다. 포스터와 웹사이트로 특정한 문제에 관한 질문과 답(FAQ)을 자주 게시하는 것도 좋다. 가능한 한 많은 통로를 통해 정보를 퍼뜨려야 한다. 통로를 다각화해야 소셜 네트워크를 통해 올바른 정보가 퍼져나가고, 루머의 확산은 줄어들 것이다.

11.2.3 변화와 모호함에 대처하기

루머는 공공 부문에서 관리해야 할 모호한 문제로 끝나지 않는다. 재난 관리 경험이 없는 대부분의 정부 관리와 공무원은 재난이 발생하면 빨리 배워야 할 것이 있다. 이들은 'FEMA에 의하면'이나 재난과 관련된 그 지역의 언어를 익혀야 한다. 정상적인 삶으로 돌아가고 싶어 하는 것에 더해, 낯선 상황에 완화 특성을 통합해야 한다. 집으로 어서 돌아가고 싶어 하는 시민들과 지역사회의 장기 재난 회복력을 길러야 하는 필요성에 대한 합의를 보아야 한다. 그것도 상당히 어려운 상황에서 그렇게 해야 한다. 허리케인 카트리나 이후에 미시시피 패스 크리스천의 공무원들은 나무 아래서 업무를 진행해야 했으며, 나중에는 도시의 기능을 임시 이동식 트레일러로 옮겼다. 이러한 임시적인 상황은 수년간 지속되었다.

지역 정부는 주 정부와 효율적인 협력 관계를 구축해야 하며, 재난 복구 시 활동하는 다양한 단체 및 기관에 대해서도 잘 알아야 한다. 오래전부터 이러한 쉽지 않은 관계에 수많은 변화가 있었으며, 최근 몇 년 동안 미국 내에서의 협력 관계는 상당히 개선되었다. 예를 들어 FEMA는 1970년대 창설된 이래 여러 차례에 걸쳐 재조직되고 개편되었다. FEMA는 9.11 사태 이후에 십여 개의 다른 기관과 함께 국토안보부(DHS)에 예속되었다. 예산, 프로그램 그리고 우선순위가 달라졌으며, FEMA는 내각 수준의 지위를 잃어버렸다.

9.11 이후에 국토안보부에서는 테러와 그 대응에 중점을 두게 되었으며, 이제 지자기 폭풍, 사이버 전쟁, 그리고 지구 온난화라는 새로운 위협에 맞닥뜨리게 되었다. 재난 관리 분야는 분명 역동적인 업무 환경에 놓이게 되었다.

지역 정부의 재난 경험에는 국회 활동 같은 다른 요인도 영향을 미칠 수 있다. 예를 들어, 복구 계획 수립에는 완화 방법이 필요한데, 이를 실행하는 것은 충분한 예산 없이는 어렵거나 불가능하다. 예를 들어, 홍수 범람원 보존에 중점을 두는 토지 이용 계획 수립은 이의 제기에 봉착할 수 있다(Wolensky and Wolensky, 1990). 연방 정부의 집권 정당이 달라지면, 행정부가 바뀌면서 입법 활동에도 상당한 변화를 겪게 된다.

또는 정치적 압력도 발생할 수 있다. 노스캐롤라이나의 프린스빌(미국에서 아프리카계 미국인이 세운 최초의 마을)에서는 의회의 흑인 이익 단체가 대통령의 지시를 통해 유서 깊은 이 지역을 재건하는 데 필요한 관심과 자금을 효과적으로 모은 바 있다. 유명 연예인들이 인구 1,000명이 사는 이 지역을 위한 기금 모금 행사를 기획했고, 이 지역이 공식적으로 '프리덤 힐'로 알려지도록 도울 수많은 후원자를 모았다. 허리케인 카트리나 발생 후에도 유사한 현상이 나타나, 뉴올리언스의 유서 깊은 아프리카계 미국인 마을인 로워 나인스 워드를 도울 후원자들이 모였다(Phillips et al., 2012b).

다른 관점에서 민간 부문은 환경 규정 같은 규정에 반대할 수도 이를 지지할 수도 있다. 민간 부문은 선출된 관리와 공무원보다 더 많은 자원과 힘을 보유하고 있으므로, 이들의 관심은 상당한 영향력을 가질 수 있다. 뿐만 아니라, 복구는 새로운 고충을 촉발시키는 경향이 있으므로, 지역에서 출현한 단체가 특정한 법안을 채택하도록 지역 정부에 압력을 가할 수도 있다. 이런 경우 선출된 관리와 공무원에게 있어 재난 이후 복구 과정은 골치 아픈 업무가 될 수 있다.

11.2.4 정치적 의지

때로 복구 작업이 시들해지는 이유가 무엇일까? 사람들을 보호할 충분한 완화 조치가 아직 시행되지 않고 있는 이유는 무엇일까? 복구 계획을 세워둔 행정 구역이 거의 없는 이유는 무엇일까? 답은 간단하지 않다. 해당 지역에 그러한 업무를 완수할 경제적 자원이 충분하지 않을 수도 있다. 아니면 그 지역의 위험요인이 적절하게 평가되지 못했을 수도 있다. 또는 재난 관리를 맡을 직원이 부족하거나, 기존 직원이 충분히 활용되지 못하고 있거나, 인정받지 못할 수도 있다. 선출된 지도자들이 다른 관심사에 빠져 있을 수도 있다. 재난이 닥치면 사람들은 빨리 정상으로 돌아가게 해달라고 아우성치고, 지역 정부는 주택 및 사업체 복원, 그리고 잃어버린 세금 수익의 복원 같은 급박한 요구 사항과 씨름해야 한다.

'단기적인 해결책을 요구하는 이들의 요청과 강압, 그리고 영향력으로부터 그 지역의 건강, 안전, 복지를 보호하는' 문제는 선출된 관리, 정부의 공무원 그리고 복구 지도자들에게 달려 있다. 이들은 향후 몇 년간 지역사회에 영향을 미칠 복구에 관한 의사 결정을 위해 개인과 지역사회의 책임감을 길러야 한다. 한마디로, 지도자들은 재난 회복력을 기르는 방식으로 복구를 하도록 지역사회에 영향력을 행사해야 한다. 이들은 "전염성 있는 의지를 개발하고 창출해야 하며", 이는 종종 정치적 의지라고도 불린다(Natural Hazards Centre, 2005, pp. 2-7).

정부는 다음과 같은 방법으로 그렇게 할 수 있다.

- 즉각적인 필요 사항과 장기적인 필요 사항을 구분해 두 단계를 모두 아우르는 절차를 구축해야 한다.
- 복구에 필요한 장기적인 노력에 헌신하는 다양한 이해 당사자들과 함께 적절

하고 효율적인 계획 수립 부서를 구성해야 한다.

- 주요한 의사 결정, 선택권, 그리고 다각적인 의사소통 전략에 활용되는 근거에 대해 주민들과 효과적으로 의사소통해야 한다.
- 긍정적인 생각을 갖게 하고, 더 안전한 지역 — 현재의 재난이 또다시 발생하지 않는 — 이 되는 데 따른 이점을 바라보도록 사람들을 이끌어야 한다.
- 복구를 책임진 사람들에게 힘을 주고, 이들의 사기와 자신감을 강화하고 되살림으로써, 다른 사람들이 포기하지 않고 계속 해나갈 수 있게 도와야 한다.
- 보조금, 대출금, 그리고 비용 분담이 필요한 연방 정부의 프로그램을 확보하고, 관찰하고, 이에 대해 설명해야 한다.
- 지역사회의 모든 계층과 모든 분야에 걸쳐 사람들의 노력을 칭찬하고, 인정하고, 보상해주어야 한다.
- 프로젝트나 사업 계획의 시간표를 만들어, 지속적으로 그 과정을 평가하고, 부족한 점을 채우고 정체 시점을 돌파해나가며, 각 성취 단계를 축하해줘야 한다.

공공 부분의 지도자는 복구의 전 과정에 걸쳐 힘겨운 일을 하는 사람들이 견뎌낼 힘과 열정을 전달하기 위해 열의와 결단력을 가져야 하며, 또한 이를 입증해야 한다.

11.2.5 회복력 기르기

예로부터 시민들은 '재난 시의 여러 가지 인간적 고통과 어려움 그리고 경제적 손실을 견뎌온' 반면, '지역의 공무원은 취약성을 줄이기 위한 정책에 충분한 주의를 기울이지 않았다.'(Burby, 2006, p. 171) 대부분의 지역 정부는 대응과 복구 시기에 새롭고 더 강력한 법규, 정책 그리고 절차를 만들어왔다. 이러한 목적을 향해 가는, 재난의 회복력을 길러주는 새로운 정책에는 다음과 같은 것들이 있다(Schwab et al., 1998).

- 홍수 범람원 관리: 이를 위한 전략에는 건축선 후퇴setback, 지반고 높이기elevation

또는 건축물 이전relocation이 있다. 홍수 발생 지역에서는 메우기보다 말뚝이나 기둥이 더 필요할 수 있다. 새로운 구역 설정을 통해, 위험 물질을 다루는 특정한 산업을 환경적으로 민감한 지역에 짓지 못하게 할 수도 있다.

- *병합*: 행정 구역에서 어떤 지역을 개발 제한 구역으로 병합하는 것을 고려할 수 있다. 그 결과 과세 표준이 늘어날 수 있지만, 이들 토지 소유주에 대한 정부의 책임감도 커지게 마련이다.

- *건축 법규*: 정부는 안전을 개선하기 위한 새로운 법규를 만들어야 한다. 법규 강화가 우선시되어야 높은 수준의 안전을 성취할 수 있다(Schwab et al., 1999).

- *개발에 관한 규정*: 주택과 사업체의 재건축 공법은 열린 공간, 투과성 포장, 공동 및 개인 안전실 등의 특성을 포함해야 하며, 홍수에 대비한 지반고 높이기, 허리케인에 대비한 조임쇠, 산불에 강한 초목과 담장, 또는 지진에 대비한 보강 같은 지역의 위험요인에 대한 새로운 공법도 포함되어야 한다.

- *구역 설정의 변화*: 구역 설정은 주어진 장소에 건설 가능한 구조물의 종류를 규정한다. 구역 설정으로 거주용과 상업용 건축을 규정할 수 있으며, 따라서 구체적인 변화를 이끌어낼 수 있다. 주택의 수와 열린 공간의 균형을 유지하게 해주는 밀도의 변화에 대해서도 건축업체와 개발업체가 합의하면, 완화의 특성을 도입할 수 있다.

- *환경에 대한 검토*: 지역사회는 새로운 개발이나 재건을 하기 전에 민감한 지역, 서식지, 그리고 기타 지역에 악영향을 주는 것은 아닌지 해당 지역에 대한 환경 검토를 해야 한다. 해안지역은 해안 습지, 모래 언덕, 그리고 서식지 보호에 중점을 둬야 한다. 산사태 위험지역은 주택, 공장, 도로, 고속도로 그리고 관련 사회 기반 시설 보호를 위한 새로운 방법을 도입해야 한다.

- *알맞은 가격의 주택 건설*: 지역사회가 새로운 건설에 들어갈 때는 알맞은 가격의 주택을 일정한 비율만큼 건설해야 한다. 지역사회에서 공공 주택을 짓는 데 도움을 줄 수도 있으며, 의사 결정 과정에 주민이 참여하면 더욱 좋다.

- *접근성 좋은 주택 짓기*: 미국 장애인 법에 따르면, 새로운 건물은 접근성에 관한 일정한 기준을 충족시켜야 한다. 보편적 설계universal design란 용어는 장애를

지닌 사람을 포함한 모든 사람들에게 도움이 되는 특성을 도입하는 것을 뜻한다. 보편적 설계에는 손으로 돌려서 여는 대신 레버로 된 수도꼭지, 버튼을 눌러서 여는 출입문, 경사로, 이동이 보다 쉬운 바닥재, 높이 조절이 가능한 옷걸이와 개수대 등이 있다.

- 통행성 좋은 *지역사회 건설*: 지역사회는 자동차, 휠체어, 자전거, 장애인 안내견, 유모차 이용자, 걸어 다니는 사람 등 다양한 이용자를 위한 이동로를 설계해야 한다. 이동로는 직장에서, 주택, 식료품점, 그리고 레저 시설까지 잘 연결되어있어야 한다.
- *건축선 후퇴*: 건축선 후퇴란, 인도, 도로, 또는 환경적인 특성으로부터 건물을 얼마나 멀리 지어야 하는지를 규정하는 것이다. 건축선 후퇴는 보다 넓은 녹색지대를 만들 수 있게 해주고, 야생 동물의 서식지를 보호하며, 주택과 초목 사이에 산불 완충지대를 확보할 수 있게 해준다. 건축선 후퇴는 인도를 확보하게 해주고, 통행성을 더 좋게 해주며, 주택가와 지역사회의 안전을 향상시킨다.
- *구역 중첩*: 구역 중첩은 정부로 하여금 상업 지역, 유서 깊은 지역, 또는 관광

사진 11.6 루이지애나 플라커민즈 행정구. 건축물 고도를 높이고 시속 190km의 바람에 견디는 폭풍 대비판을 부착한 정부 청사(사진 Daniel Liargues/FEMA).

구역을 위한 독특한 설계를 가능하게 해준다. 구역 중첩은 특정한 설계상의 특성과 시설을 규정하고 이를 따를 경우, 세금을 감해주는 조치이다.

- *정부 보호*: 정부의 기능을 보전하고 보호하기 위한 완화 조치도 취해야 한다. 대응과 복구는 정부의 지원에 크게 의존하며, 재난 저항력이 높은 적절한 시설 없이는 시민들을 돕기도 힘들기 때문이다(사진 11.6 참고).

복구 기간은 주민들의 삶의 질을 높이고 미래의 재난 피해를 줄이기 위한 기회가 되어준다. 평상시의 건축으로 돌아가려는 압력이 커지면, 열려있던 기회의 창도 빨리 닫힐 수 있다. 유능한 정부 지도자는 복구 계획을 수립할 때 앞에서 언급한 제안을 위한 사전 준비 작업을 해놓는다. 그래야 법률을 제정하고 정책을 강화하기 위한 움직임을 서두를 수 있다.

11.3 정부 리더십의 접근 방식

정부는 관료주의로 잘 알려진 조직이다. 이상적으로 볼 때, 관료주의적 절차는 효율적이고 평등하기 위한 노력으로, 정부로 하여금 모든 사람을 똑같이 대할 수 있게 해준다. 이미 정해져 있는 법률과 규정은 질서와 논리를 부여하며, 복구를 향해 나아가는 사람들에게 길을 열어준다. 기존 시스템으로부터 관료주의적 권위를 부여받은 사람들은 다른 사람들이 일련의 법과 규정에 따라 앞으로 나아갈 수 있게 해준다. 비판가들은 그렇게 하면 사람들이 자신들을 숫자나 서류에 지나지 않는다고 느끼며, 따라서 좌절감을 안겨준다고 주장한다.

각 가정이 저마다 다른 복구 문제에 직면한다는 사실도 상황을 어렵게 만드는 주요 원인 중 하나이다. 한 주택 소유주는 충분한 보험금을 받은 반면, 이웃집은 그렇지 못하다. 집주인이 건물을 다시 지어 임대료를 올리면, 세입자는 나갈 수밖에 없다. 공공 주택 거주자는 자신들이 살던 건물의 시설이 다르게 지어지거나 다른 상황에 처하게 된다는 것을 깨닫는다. 새로 온 이민자는 상황이 어떻게 돌아가는지 이해하기조차 힘들다. 한마디로, 관료적 절차는 많은 사람에게 도움이 되지만, 지역사회 전체를 돌보는 데는 실패할 수도 있다.

뿐만 아니라, 재난은 정부가 유사하게 대응하기를 요구하는 분산적인 사건decentral-ized events인 경향이 있다(Tierney et al., 2001). 관료주의적 모델에 대한 대안적인 접근으로는 인적 자원 발생 모델(EHRM)이 있다. EHRM은 재난으로 일상이 와해되지만, 와해된 일상을 관리하는 개인이나 기관의 역량은 침해되지 않는다고 본다(Dynes, 1993; Dynes and Quarantelli, 1968; Neal and Phillips, 1995; Van Wart and Kapucu, 2011). EHRM은 정부가 기존 법과 규정을 강요하기보다, 유연하고 문제 해결적인 접근 방식을 활용할 것을 제안한다. 재건축을 하려면, 법규 및 조례를 준수하며 여러 절차를 거쳐야 한다. 이러한 절차가 재건축에 어떤 영향을 미치는지를 면밀히 살피면, 보다 효율성 높은 시스템을 만들어나갈 수 있을 것이다.

이러한 상황은 자원봉사 단체가 주민들의 재건축을 도울 때 특히 중요하다. 일정한 시간 간격으로 새로운 자원봉사자가 들어오면, 이들 새로운 자원봉사자들이 지역의 법규와 절차를 익히도록 도와주어야 한다. 자원봉사 단체가 미충족된 또는 독특한 필요 사항을 찾아낼 가능성이 크다. 이들과 함께 일하면, 공무원과 직원들이 독특한 상황별 해결책을 찾아내고, 예로부터 소외되어온 계층 사람들의 복구를 도울 수 있을 것이다.

규범 발생 이론과 EHRM은 재난 복구에서 어떤 역할을 할까? 다음과 같은 몇 가지 가능성이 있다.

- 복구 계획 수립에 다양한 이해 당사자를 참여시키고 통합하는 분권적이고 다원적인 복구의 틀을 제공할 수 있다. 예를 들어, 상업 지역과 주거 지역은 똑같이 중요하며, 따라서 둘 다 공평한 관심을 받아야 한다. 저소득 임대인, 공공 주택에 사는 주민, 그리고 노인도 보험에 가입한 주택 소유주와 똑같이 개발에 참여해야 한다.
- 정부는 재난 복구 정책에 항의하는 집단과 단체를 파악하고 이들과 함께 일해

야 한다. 이들이 복구를 지연시키거나 가로막는 문제를 지적할 가능성이 높다. 이들을 복구 계획 수립 과정에 참여시키고 정부와 함께 일할 기회를 주면, 새로운 협력 관계를 통해 해결책을 찾을 수 있을 것이다.

- 평소와 같은 절차 및 정책은 효과가 없을 수도 있다. 잔해 관리, 주택 복구, 그리고 경제 개발에 새롭고 유연한 접근을 해야 한다. 예를 들어, 잔해 관리의 일환으로 도시 공원의 뿌리 덮개를 재활용하는 사업을 벌일 수도 있다. 화가들이 나무를 지역의 예술 작품으로 탈바꿈시킬 수도 있다(사진 11.7 참고). 주택 복구는 화가나 음악가의 마을처럼, 직업별 거주지로 특색 있게 만들 수 있다. 지역 대학에서 온라인으로 공부할 수 있도록 전 지역사회 차원의 무선 연결망을 구축하면, 재택근무 환경도 만들 수 있다.

- 재건을 위한 재난 이전 허가 과정은 신속하게 진행되지 않을 수도 있다. 직원

사진 11.7 미시시피의 패스 크리스천. 허리케인 카트리나의 피해를 입은 나무가 공공 예술품으로 조각되어 임시 도서관 앞에 놓여 있다(사진 Brenda Phillips).

들은 주택 소유주와 토지 소유주가 그러한 과정을 어떻게 경험하는지 귀 기울여 들어야 한다. 특정 직원을 재건을 돕는 재난 단체와 연락하는 연락 담당자로 임명해야 한다.

- 직원들은 기존 시스템이 어떻게 어디서 문제에 봉착하는지 주의를 기울여야 한다. 신속한 대응 전담반이 해결방법을 제시해야 한다.
- 복구 과정에는 몇 년이 걸릴 수도 있다. 또한 시간이 지나면서 새로운 문제가 발생할 수도 있다. 계획 수립 과정에서 지하 사회 기반 시설의 손상이나 중요한 지역에 쓰러진 나무 같이, 새롭게 발생하는 문제와 구체적으로 씨름할 부서를 만드는 것도 바람직하다.

재난 이후 복구가 어렵다는 것은 정부가 유연하고 창의적이며 적응력 있어야 한다는 것을 의미한다. 모든 사람들을 천편일률적으로 대하기보다 사람들과 더불어 일해나가면, EHRM을 활용해 다양한 미해결 고충을 해결할 다양한 해결 방법을 찾을 수 있을 것이다.

11.4 정부의 주요 자원

재난 복구 과정에서 공공 부문에 도움을 주는 자원은 많이 존재한다. 이러한 자원에는 재난 관리 직원, 법률 및 회계 전문 직원, 민간 부문, 지역사회의 장기 복구 위원회, 정부의 협력 기관 등이 있다.

11.4.1 재정 복구

가능한 손실을 평가하지 못하고, 재난 이전에 완화 방법을 실시하는 데 실패하고, 복구 자금을 마련해두지 못한 정부는 곤란한 상황에 처할 수도 있다. 장기 복구를 계획해두면, 복구를 위한 재정적 절차를 훨씬 앞당겨서 시작할 수 있다. 대부분의 복구에는 폭넓은 재정적 방안이 활용될 수 있다(부록과 상자 11.4 참고). 일부 주 정부에서는 보험금에 더해 사용할 비상 기금이나 재해 기금을 별도로 마련해두기도 한다(Kunreuther and Linne-rooth-Bayer, 2003). 비상 기금이나 긴급 대책 기금contingency funds(시 예산의 3~7%가 바람직하다)을 대응 및 복구에 사용하면, 해당 행정 구역이 더 잘 반등할 수 있을 것이다(Settle, 1985).

보험은 손실에 대비한 재정적 완충 작용을 하며, 재건에 착수할 수 있게 도와준다. 지역사회에서는 판매세를 늘리거나 특정 사업에 필요한 돈을 모으기 위해 자금 모금 운동을 계획할 수도 있다. 자금 모금 운동은 대개 특정한 사업을 지정해서 실시하며, 투표권자들이 세금을 올리거나 특별한 비용을 내는 데 찬성해야 한다. 추가 비용은 가솔린, 담배, 술, 차량 대여, 호텔, 차량 등록비, 또는 기타 세금 수익이 될 수 있다(Settle, 1985). 시에서 채권을 발행하는 것도 가능한데, 이 경우에도 투표권자의 승인을 받아야 한다. 1979년 애리조나의 피닉스Phoenix에서 채권을 발행한 적이 있으며, 홍수 통제 및 도시의 다른 문제를 개선하는 데 3억 5,300만 달러가 사용되었다(Settle, 1985).

하지만 대부분의 지역사회에서 재정 복구는 재난 이후에 이루어진다. 그 과정은 손실을 측정하기 위해 재난 평가를 하는 것에서부터 시작된다. 피해 평가서는 주지사의 사무실에서 FEMA를 거쳐 대통령의 책상으로 가며, 대통령은 재난 선포를 고려한다. 조건이 들어맞으면, 대통령은 다양한 사업에 필요한 지출을 허락하는 셈이 된다. 하지만 공무원들은 선포가 이루어질지, FEMA가 모든 형태의 가능한 자금을 내줄지를 예측할 수 없다(Settle, 1985; Sylves and Buzas, 2007). 재난 방지를 위한 자금, 주택 및 사업체를 위한 대출 및 보조금, 그리고 공공시설 및 사회 기반 시설을 위한 자금 사용도 허가받을 수 있다. 공공 구제 프로그램(PAP) 같은 구체적인 프로그램은 부록에 더 자세히 설명되어있다.

지역 정부는 연방 기관과 민간 재단에 보조금을 신청할 수 있다. 보통 보조금을 받는 기관과 단체는 구체적 기준에 따라 보조금을 제공받으며, 구체적 기준에 따라 이를 사용한다. 따라서 지역사회가 정상으로 돌아가기 위해 분투하는 동안, 보조금 신청서 작성팀을 구성해 가능한 보조금을 받기 위한 노력을 해야 한다. 만일 광범위한 지역에서 재난 피해를 입었다면, 여러 행정 구역이 자금을 받기 위해 경쟁을 벌이거나, 연합 신청서를 작성해야 한다. 보조금 신청서 작성에 관한 추가적인 지침은 부록을 참고하라.

기부도 지역 차원에서 이루어지는 지출에 도움을 준다. 대부분의 기부금은 자원봉사 단체와 종교 단체로 가서 어려움을 겪는 주민을 돕는 데 사용된다. 하지만 기부는 지역의 필요에 부합하는 합동 사업을 벌이는 데 사용될 수도 있다. 예를 들어 로마 프리타 지진 이후에 왓슨빌은 주거지 재건축을 지원하는 데 기부금과 보조금을 사용하는 사업을 벌였다. 이동식 주택에 사는 연로한 주민들의 고장 난 가전제품과 가구를 고치고 정비해주는 사업도 있었다. 미해결 고충을 해결하기 위한 이 사업으로 인해 시민들이 빨리 자신들의 집으로 돌아가 집 안을 재정비할 수 있었다.

상자 11.4 어려움 극복하기

《로마 프리타 지진: 한 도시가 배운 것*The Loma Prieta Earthquake: What One City Learned*》에서 산타 크루즈 시장은 복구와 관련된 최초의 관심사는 재정 의무라고 말한다(Wilson, 1991). FEMA는 지역 정부에 상당한 지원을 제공할 수 있지만, 연방 정부의 자금 담당자는 재정적 의무와 연방 정부의 모든 지원에 대해 25%를 자가 부담할 것을 요구한다. 따라서 대응에서 복구로 가는 과정에서 시청 직원들은 주민들이 피해를 이겨내도록 돕고, 계약 사항을 협의하고, 잔해 제거 및 철거와 같은 대규모 작업을 관리하는 동시에, 그 지역의 재정적 안정을 지켜야 한다.

FEMA가 자신들의 지침을 해석하는 데 필요한 안내와 지원을 제공하긴 하지만, 윌슨Wilson은 지역의 지도자는 '지출을 승인하는 데 있어 최선의 판단을 해야 한다'고 지적한다(p. 50). 더 나아가 사실이 요구되는 시기에 산타 크루즈의 공무원들은 종종 추측에 의존해야 했다. 예를 들면, 손실을 추정하기는 어려운데, 그것은 사회 기반 시설 및 지하의 설비를 평가하는 데 시간이 걸리기 때문이다. 하지만 자금을 제공받고 결정을 유도하려면 FEMA에 지원을 해야 한다.

산타 크루즈의 관점에서 복구는 두 단계로 이루어진다(Wilson, 2005, pp. 55-56). 첫 번째 단계는 '지역사회가 경제 주체로서의 기능을 계속 해나가도록 돕기 위한 즉각적인 노력'이다. 예를 들어, 산타 크루즈는 이전한 도심 상업 지구에 전시관을 지었다. 몇 달이 걸린 이러한 노력 덕분에 도심 경제를 살릴 수 있었다. 산타 크루즈시와 산타 크루즈 카운티에서는 지진 복구를 돕기 위해 판매세를 0.5 센트 받도록 하는 'E 대책Measure E'을 통과시켰다.

두 번째 단계는 장기적인 문제를 해결하는 것이다. 시청 직원들은 산타 크루즈 도심 협회Santa Cruz Downtown Association와 함께 '비전 산타 크루즈'에 착수했는데, 이는 합의를 거쳐 계획을 세우고, 거리 풍경을 정비하며, 도심을 재건하기 위한 집중적인 계획 수립 노력이다. 시의 행정담당관인 윌슨은 재난은 다양한 도구를 제공하며, 따라서 지역의 지도자들은 '이러한 기회를 잡아야' 한다고 말한다(p. 61). 한 지역이 재난에서 복구로 나아가도록 이끌려면 엄청난 노력을 쏟아부어야 한다. 오늘날, 도심의 산타 크루즈 퍼시픽 가든 몰은 원래의 역사적 특성을 모방한 사려 깊은 설계로 재건되었다. 이 지역 사람들은 독특한 서점, 커피점, 식당, 영화관, 그리고 상점이 있는 도심의 퍼시픽 가든 몰을 아직도 사랑하고 있다(산타 크루즈의 사진은 이 도시의 웹사이트에서 볼 수 있다. http://www.downtownsantacruz.com/ 2014년 12월 22일 접속). 산타 크루즈와 시의 지도자들은 앞으로 나아가 지진 피해에 대한 창의적인 해결 방법을 찾았으며, 지역사회와 긴밀하게 협조했다. 이들의 성공은 엄청난 어려움에도 불구하고 어떻게 멋진 성공을 거둘 수 있는지 실례를 보여주고 있다.

11.4.2 법률 및 회계 담당 직원

재건이 제조업처럼 여겨질 수도 있겠지만, 복구 활동은 법적으로 처리하고 회계 처리를 해야 하는 분야이다. 예를 들어 법률 담당 직원은 잔해 관리를 위한 계약서를 작성하고 이를 관리해야 한다. 다른 종류의 잔해 관리 계약을 하려면, 전문 지식과 감시 활동이 필요하다. 뿐만 아니라 복구 절차가 진행되면서, 법률 담당 직원은 시의 직원이 개인 소유지에서 철거를 하고 버려진 토지를 관리할 수 있게 하기 위한 절차를 밟아야 할 수도 있다. 시 변호사는 그렇게 하기 위한 적절한 법적 요건에 따르기 위해 자문을 받아야 한다. 시 당국에서 재건에 착수하는 방법에 대한 새로운 조례를 통과시키려면, 그러한 절차가 지역 정부의 권한에 속하는지, 경계를 넘지는 않는지, 부적절한 선례는 없었는지, 계획에 장애가 되는 것은 없는지에 대한 법적인 의견을 자문받아야 한다. 법률 자문을 받으면, 자금에 영향을 주는 규정은 없는지를 해석하고, 역사적인 유물에 대한 관심과 환경적으로 예민한 지역 그리고 접근 가능성에 대한 관심을 포함한 절차를 파악하는 데 도움이 될 것이다.

많은 재난에서 회계담당 직원은 가장 가치 있는 직무를 담당한다. 연방 정부의 지원을 받기 위해 그리고 FEMA의 PA 프로그램(부록 참고)에 따른 75/25%의 부담을 지기 위해, 회계 담당 직원은 경비를 서류로 입증하고, 보조금을 관리하며, 재정 기부를 처리하고, 자금을 분배하며, 완전한 회계 자료를 제공해야 한다. 회계 담당 직원은 한 지역사회의 재정적 안정을 지키는 데 도움을 준다. 허리케인 카트리나 이후에 뉴올리언스 보건부의 한 직원은 "FEMA에 일정한 손실을 상환하는 데 필요한 서류를 준비하는 것은 쉽지 않은 일이며, 재정 문제에 있어 다른 차원의 정부와 함께 일하는 그 도시의 능력을 검증해주는 역할을 한다"고 말했다(Stephens, 2007, p. 224). 따라서 복구 계획을 준비하는 데 있어 모든 계획 수립, 교육 그리고 훈련에 회계 담당 직원을 포함시켜야 한다. 회계 담당 직원은 복구를 재정적으로 진척시켜주며, 연방 정부의 회계 요건을 준수하도록 도움을 준다.

11.4.3 민간 부문

지역의 사업체와 산업체는 지역 정부에 지속적인 자금원인 세금 수익을 창출하고, 재난 생존자에게 임금을 제공하며, 기부를 하기도 한다. 이러한 사업체를 재구축해야 직원에게 월급을 지급하고, 프로그램 운영에 필요한 자금을 댈 정부의 능력을 유지할 수 있으며, 정부의 일상적인 지출 및 재난 관련 지출을 처리할 수 있다.

예를 들면, 많은 대규모 산업과 기업들이 잘 설립된 재단을 운영하면서 가치 있는 일에 보조금을 제공한다. 사업체는 재난 시에도 관대하게 기부를 한다. 현금은 물론, 민간 부문에서는 현물 기부를 하기도 한다. 슈퍼 태풍 샌디가 발생한 후에, 수백 개의 사업체와 관련 단체가 고지서 삽입 광고, 간판, 웹사이트, 이메일, 고속도로 간판, 전단지 등의 형태로 생존자에게 정보를 제공하는 일에 동참했다(FEMA, 2013). 뉴저지에서는 이러한 노력이 720만 주민들을 대상으로 이루어졌다. 이러한 노력은 부분적으로 FEMA

의 대외 협력을 위한 민간 부문 부서Private Sector Division in External Affairs에서 이루어지기도 했다. 직원들은 상공회의소Chambers of Commerce 및 기업협의회industrial associations와도 함께 일했다. 2013년 오클라호마 토네이도 발생 이후에 홈데포Home Depot는 주 정부의 동물 대응팀에 자신들의 현관 대기실과 무선 연결망을 활용해 부상자 분류소를 운영하게 함으로써 수백 마리의 애완동물과 가축의 생명을 구했다.

재난 이전에 민간 부문과 지역 정부 사이에 강력한 협력 관계를 구축하면, 더욱 강력한 복구 노력을 펼칠 수 있다. 복구 노력에 민간 부문을 포함시키면, 이들 분야의 주요 고용주와 이들이 창출하는 세금 그리고 피해지역에 사는 직원들을 지킬 수 있다.

11.4.4 장기 복구 위원회(LTRC)

LTRC 또는 이에 상응하는 기관은 필수적인 역할을 한다. LTRC는 여러 가지 형태를 띨 수 있다. 정부 지도자는 복구 계획 수립을 수행하는 공식 부서를 구성할 수 있다. FEMA는 이러한 전 과정에 걸쳐 지역사회를 이끌 자문위원을 고용할 자금을 제공하기도 한다. 또는 LTRC를 지역의 사회 단체, 시민 단체 및 종교 단체에서 구성할 수도 있다. 어떤 형태이든, LTRC는 복구 문제와 직접적으로 관련된, 대단히 중요한 대규모 사회 자본을 생성한다. 다음의 예를 살펴보자.

- 산타 크루즈에서는 수많은 유형의 복구 단체가 결성되어 많은 노력을 쏟았다. 의회의 대표인 레온 파네타Leon Panetta는 지역, 주 그리고 연방 정부의 관리들이 만나 현안을 논의하는 토요 회의를 개최했다. 비전 산타 크루즈는 도심을 목표로 삼았지만 지역사회 전역에서 온 회원들의 의견을 청취했다. 보다 폭넓은 복구 관련자들이 구체적인 현안을 두고 씨름한 것이다. 예를 들어, 주택 복구 전담반Housing Recovery Task Force은 결국 단기 및 장기 주택 위원회로 분리되었다. 주택 사업은 지역의 사회복지사와 선출된 관리들이 추천한 시 직원들이 주도적으로 이끌어나갔다. 폭넓은 기반을 가진 지역인 산타 크루즈에서는 모두가 한

데 모여 복구에 헌신했으며, 정부와 자원봉사 단체 모두 자원을 제공했다.

- 루이지애나의 남부 상호 원조 협회Southern Mutual Help Association는 자금을 모으고, 보조금을 확보하고, 주택 수십 채의 재정 상태를 관리했다. 이들은 미해결 고충을 해결하기 위해 저소득층과 시골 지역에 중점을 두었다. 지역의 LTRC를 통해 이들은 시민들의 필요 사항을 찾아내 확인함으로써 가정으로 돌아갈 방법을 제시해주었다. 대부분의 주택은 자원봉사자의 노력으로 지어졌으며, 이 중거의 절반 가까이가 메노나이트 재난 봉사단에 의해 이루어졌다.

지역 정부는 LTRC를 위해 잠재력 있는 지도자를 찾아내고, 초기의 계획 수립 부서를 소집하며, 시민들에게 정보를 알리고, 자원을 제공하는 역할을 할 수 있다. 복구 위원회는 사회봉사 단체, 시민 단체, 지역에 기반을 둔 단체, 그리고 종교 단체의 다양한 대표로 구성된다. 정부는 이들에게 만남의 장소를 제공하고, 지도화 작업, 연구 자금 모금, 공학적 자문, 그리고 기타 필요한 기술과 전문 지식을 갖추고 위원회의 업무를 돕는 직원을 제공하기도 한다. 정부 지도자와 시의 공무원은 LTRC가 고충이 해소되지 않은 사람들을 돕는 과정에서 기존의 또는 새롭게 수정된 계획, 법규, 그리고 조례로 지속성을 확보하도록 이들 집단과 긴밀히 협력해야 한다. 이러한 단체의 도움 없이 지역사회의 모든 구성원이 복구의 혜택을 누리는 것은 사실상 불가능하다. 한 부모 가정, 장애인, 그리고 저소득층에 있어, 복구는 저절로 이루어지지 않는다. 이러한 협력자와 함께 일하는 것은 지역 정부가 주도하는 복구 노력의 필수적인 요소이다.

11.4.5 정부 기관

20여 년 전 미국 의회는 국립 공공 행정 학술원National Academy of Public Administration에 재난에 대응하는 정부의 역량을 점검할 것을 요청했다(National Academy of Public Administration, 1993). 이러한 요청은 1992년 허리케인 앤드류가 발생한 이후에 이루어졌다. 이 보고서에서는 대규모 재난 이후에 일상적으로 이루어지는 과정에 커다란 변화를 제안하고 있다. 이 보고서에서는 특히, '주 정부와 지역 정부가 소규모 및 중간 규모의 재난을 독자적이며 효율적으로 관리해야 함은 물론, 대통령의 재난 선포가 이루어지거나 연방 정부의 개입이 확실시되는 재난이 발생할 경우, 범정부 팀의 일부로서 효율적으로 기능해야 한다고 지적하고 있다.'(p. 81) 간단히 말해, 재난으로부터 복구하기 위해서는 모든 차원의 정부 사이에 협력 관계가 구축되어야 한다. 재난이 발생했을 때 상호 지원을 제공하는 재난 관리 지원 협정Emergency Management Assistance Compact이 그 한 예에 해당한다(Kapucu et al., 2009).

지역 정부는 특히 피해 평가와 계획 수립을 촉진하고, 공공 설비와 사회 기반 시설 및 각종 설비를 수리하며, 경제적 안녕을 도모하기 위해 주 및 연방 정부 기관들과 연락해야 한다. 1990년대부터 오늘날에 이르기까지 이러한 관계를 구축하기 위해 수많은 시도가 이루어졌다. FEMA에서 교육을 담당하는 재난관리연구원(EMI)은 지역과 주의 관리들을 위해 십여 개의 과정을 만들고 교육을 실시했다. 예를 들어, E210 과정은 선출된 관리와 직원들을 EMI로 소집해 4.5일간의 복구 교육 과정을 제공한다.

양당 의회 위원회는 〈지도력의 실패A Failure of Initiative〉라는 제목으로 허리케인 카트리나에 관한 보고서를 펴냈는데, 이는 재난 연구의 또 다른 예이다. 이 보고서에서는 여러 차원의 정부 노력이 실패했다는 것을 지적한다. 특히 이 보고서는 여러 정부 차원에서 시민들과 의사소통하기 위한 '통일된 전략'이 없었다는 것을 지적한다. 이 보고서는 모두가 최선을 다했음에도 여러 차원의 정부 노력이 실패했다는 데 동의한다(관련 내용은 상자 11.5 참고). 20년 전의 문제가 2005년 발생한 허리케인에도 어느 정도 영향을 미쳤던 셈이다. 그 이유는 무엇일까? 아마도 그 이유 중 하나는 공무원, 특히 재난 관리법을 알지 못하는 선출된 관리들의 정기적인 이직률 때문일 것이다.

정부의 관리로 재직하면서 공공에 대한 책임을 다하는 방법 중 하나는 재난에 관한 적절한 교육과 훈련을 받는 것이다. 지역의 관리들은 재난, 주 정부와 연방 정부의 정책 그리고 복구 과정에 대해 잘 알고 있어야 한다. 지역의 관리들은 복구의 전 과정에 걸쳐 물리적인 자원에서부터 막대한 자금에 이르기까지 엄청난 지원을 제공할 수 있는 주 및 연방 정부 기관들과 조화를 이루며 함께 일해야 한다. 이러한 협력 관계가 없었다면, 뉴욕시는 슈퍼태풍 샌디 이후에 잘 복구되지 못했을 것이다. 재난 이후의 2년에 대해 생각해보자(FEMA, 2014).

- 롱아일랜드 전력 공사Long Island Power Authority는 송전선, 전기미터기, 그리고 변전소 등을 수리하는 데 연방 정부로부터 1조 달러를 받았다. 미래의 사건에 대비한 재난 회복력을 기르기 위해 변전소를 높은 곳으로 옮겼다.
- 도시 교통 공사Metropolitan Transportation Authority는 FEMA로부터 총 4억 달러를 받았다. 이 자금으로 수리를 하고, 요금소의 홍수벽과 장비를 높였다.
- 뉴욕 대학교 랑곤 의료 센터New York University Langone Medical Center는 수리를 하고 완화 방법을 실시할 9억 8,200만 달러를 받았다.

간단히 말해, 지역 정부와 공무원이 지역사회를 도우려면, 재난 절차와 정책에 대해 잘 알아야 한다. 재난 이후에 앞으로 나아가기 위한 가장 견고한 토대는 정부, 민간 부문, 자원봉사 단체 그리고 시민 이해 당사자 간의 협력 관계이다.

상자 11.5 정치적 실패

재난 상황에서 비난받을 가능성이 가장 큰 사람과 단체는 가장 적극적이고, 사람들 눈에 잘 뜨이며 특정한 활동에 책임을 진 사람들이다. 공무원이 바로 이러한 범주에 들어가며, 따라서 이들이 실패의 짐을 지게 된다. FEMA는 1989년 허리케인 휴고 이후에 '느린' 대응으로 비판을 받았다 (Sylves, 2006, p. 43). 1992년 허리케인 앤드류가 플로리다를 강타한 후, 주지사는 '처음에는 연방 정부에 도움을 요청하기를 거부'했고, 부시 대통령은 정치적 곤경에 처했다. 클린턴 대통령과 보좌관들은 이러한 실수로부터 교훈을 얻어, "빠르게 대처하고... 모든 것을 보내며...(지역 및 주의 관리들은 도움이 필요하다는 사실을 마지못해 인정하므로)... 설명하고 위로한다"는 기본 원칙에 충실히 따랐다 (Sylves, 2006, p. 43).

허리케인 카트리나가 발생한 후에 백악관과 하원의 양당 위원회가 조사를 실시했다. 백악관은 연방 정부의 조치를 평가했지만, 주와 지역의 대응을 평가하지는 않았다. 의회의 보고서에서는 더 폭넓은 영역의 문제에 대한 평가가 이루어졌다(Menzel, 2006). 백악관 보고서에만 125건의 제안이 담겼다. 특히 흥미로운 것은 백악관 보고서에 정부의 관리들이 복구에 ESF를 포함하고 있는, [현재는 국가 대응 체계(NRF)가 된] 국가 대응 계획에 익숙하지 않다는 사실이다. 이 보고서에서는 연방 정부, 주 정부 그리고 지역 정부 사이에 '시스템적 결함'이 있다고 지적한다(Menzel, 2006, p. 810). 〈지도력의 실패〉라는 하원 양당 위원회의 조사에서는 모든 차원의 정부에서 정부의 리더십이 실패했다고 지적한다.

재난이 발생하면, 정부가 책임을 져야 한다. 어느 저자가 썼듯이, "모든 차원의 정부에서 선출된 관리와 정책 입안자들은 문제를 더 넓고 포괄적인 관점에서 봐야 한다... 개인, 기관 그리고 비영리 단체가 선한 의도로 위기에 대처하는 것만으로는 충분하지 않다."(Menzel, 2006, p. 812) 카트리나와 리타를 비롯해 2005년에 발생한 허리케인은 '지역, 주, 그리고 연방 정부가 대규모 위험요인 및 재난에 대처하는 역량에 대해 심각한 의문을 제기한다.'

백악관, 의회, 그리고 회계감사원(GAO)은 연구원들이 수집한 정보를 반영한 보고서에서 "위험요인에 제대로 대처하지 못했거나 적절히 대응하지 못한 관리들은 심각한 정치적 희생을 치르게 될 것"임을 분명히 밝혔다(Waugh, 2006, p. 23). 사실, 선출된 관리들은 다시 공직에 출마하지 못하거나 여론조사의 지지율이 떨어지는 등 엄청난 정치적 피해를 입게 된다. 고위 공직에 있던 사람들은 몇 년이 지난 뒤에도 루이지애나 해안에 다른 폭풍이 다가올 때 여전히 비판을 받아야 했다. 정치에 미치는 부정적 여파는 이렇게 심각하며, 정치인이나 행정가가 "재난에 적절히 대응하지 못하거나, 재난 발생 후 며칠 또는 몇 주가 지났는데도 무능력한 모습을 보인 것만으로도 크나큰 대가를 치를 수 있다."(Waugh, 2006, pp. 10-11)

보다 최근에 발생한 재난으로 인해 이러한 우려가 다시 부각되고 있다. 2014년 가을, 지역, 주 그리고 연방 정부의 관리들은 미국에서 치명적인 에볼라 바이러스의 확산에 대응해야 했다. 안전지침, 여러 병원 간의 혼란스러운 의견 대립, 그리고 아프리카의 에볼라 감염 지역에서 돌아온 의료계 종사자의 건강 점검 방법에 대한 논란 등 연방 정부의 지침이 불명확했고 이는 실패로 이어졌다. 사람들은 중간에 껴서 어려움을 겪었고, 특히 심하게 병을 앓은 의료계 종사자들이 그러했다. 또 다른 예로 2014년 말에 발생한 민간 부문에 대한 사이버 공격으로 미국과 북한 사이에 전시와 유사한 언어 대립이 있었다. 앞으로도 이러한 새로운 유형의 재난이 정부 간 협력 관계와 효율성에 힘겨운 문제가 될 것이다.

11.5 요약

 선출된 관리, 행정 직원 그리고 관련 공무원을 비롯한 공공 부문이 재난 복구 노력을 이끌어야 한다. 그렇게 하려면, 복구 업무를 수행할 장소와 직원의 안전이 확보되어야 한다. 대응 및 복구 작업에 착수하기 위해 꼭 필요한 장소인 EOC에는 재난 이전에 완화 조치가 취해져야 한다. 그 뒤에 이루어지는 단기 및 장기 복구 노력은 EOC 운영 중 이루어지는 조치 위에 구축되어야 한다. 공무원과 직원은 대응 및 복구 계획뿐 아니라, 재난 관리 정책과 실제의 지속적인 전개까지 파악하려 노력하면서 재난 관리자로부터 배워야 한다. 이들의 노력은 과학적인 기반 위에서 이루어져야 하며, 그래야 성공 가능성도 높아진다.

 정부 지도자는 재난 시 효율적인 리더십을 선보여야 한다. 이들의 리더십은 강력하고 효율적인 의사소통에 의존해야 한다. 재난은 시민들을 모호하고 때로는 혼란스러운 현실에 몰아넣으므로, 지도자는 복구 과정에 명료함을 가져오고 방향을 제시해야 한다. 이들은 재난 회복력이 더 큰, 더 강인한 지역사회를 건설하기 위해 헌신적으로 노력해야 한다.

 정부는 복구와 회복력이라는 이중의 책임을 져야 한다. 여러 차원의 정부, 내부 직원(특히 법률 담당 직원과 회계 직원), 민간 분야, 자원봉사 단체 등이 복구 노력을 펼칠 자원에 해당한다. 이들 사이에 협력 관계를 구축하는 것이 필수적이며, 전 과정을 함께 하고 상대의 견해와 접근법을 이해하려는 헌신적인 노력이 요구된다. 그렇게 하려면, 해결 안 된 고충과 새로운 기회에 보다 민첩하고 유연하게 대응하기 위해 관료적인 접근보다는 보다 즉흥적인 접근법이 필요할 것이다.

11.6 마무리 문제

11.6.1 요약 문제

1. EOC라는 공간이 갖춰야 할 요건과 이곳에서 해야 할 일을 규정하고 예를 들어라. EOC 내에서 인명과 자원을 구하기 위한 완화 전략에는 어떤 것이 있나?
2. 재난 관리자를 비롯한 공무원은 왜 평생 교육과 훈련을 받아야 하는가? 그러한 교육과 훈련은 어디서 받을 수 있는가? 좋은 교육 프로그램에는 어떤 특성이 있는가?
3. 재난 시 정부의 효율적인 리더십을 예로 들어라.
4. 재난이 발생한 후에 지도자가 시민과 의사소통하는 효율적인 방법은 무엇인가? 다양한 통로를 통해 의사소통하는 게 왜 중요한가?
5. 재난 회복력 구축이라는 측면에서 정부의 책임은 무엇인가? 정상으로 돌아가려는 요구가 거센 상황에서 그렇게 하는 게 왜 어려운가?
6. 복구에 필요한 재정 자원을 확보하는 데 있어 정부의 역할은 무엇인가? 이 질문에 답하기 위해 더 많은 자료가 필요하다면, 부록을 참고하라.
7. 법률 담당 직원과 회계 담당 직원이 필요한 이유는 무엇인가?
8. 재난 발생 이후에 어떻게 민간 영역에 의존할 수 있는가?
9. 정부와 함께 일하는 LTRC의 역할은 무엇인가?
10. 재난 이후에 정부의 주요 협력 기관은 누가 되어야 하며, 이들이 중요한 이유는 무엇인가?

11.6.2 토론 문제

1. 재난 시 EOC에 대해 더 알고 싶다면, schlor.google.com을 검색해보아라. 9월

11일 세계무역센터에 어떤 일이 벌어졌는지 정보를 찾아보아라. EOC는 어떠했는가? (제임스 켄드라James Kendra와 트리샤 워치텐돌프Tricia Watchtendorf의 저서를 찾아보아라.)

2. FEMA 개인식 맞춤형 수업(Independent Study) 시리즈의 자원 부분 링크를 찾아보아라. 최소 한 강좌를 선택해 온라인으로 수강하라(대개 한두 시간짜리 강의이므로 여유 시간에 들으면 좋다). 동료들과 수업 내용에 대해 토론하고, 각자가 배운 것을 비교해보아라.

3. 자격증을 주는 FEMA 개인식 맞춤형 수업의 전문적 개발 과정에 대해 알아보아라. 이 과정이 보다 성공적인 재난 관리자가 되는 데 어떤 도움이 되겠는가?

4. FEMA의 전임 청장 제임스 리 위트는 허리케인 앤드류가 발생한 후에 공직을 맡았다. 1992년 재난 발생 후 1년이 지났는데도 사람들은 아직 텐트촌에서 살고 있었다. 위트는 이렇게 썼다. "FEMA의 청장인 나의 임무는 명확했다. 그것은 불필요한 규제를 없애고, 시민들의 삶에 벌어진 위기에 연방 정부가 어떻게 대응하는가를 재정의하는 일이었다."(Witt and Morgan, 2002, p. 4) 정부의 관료주의를 변화시키기 위해 위트는 사람들의 이야기에 귀를 기울였다. FEMA 본부에서, 시민들의 파괴된 주택에서, 그리고 공공 회의에서. 그가 배운 것은 수십 년간의 연구에서 밝혀진 사실을 강조하는데, 그것은 재난이 관료 체제를 무너뜨리는 경향이 있다는 사실이다. 위트의 발언은 정부 지도자들이 재난 복구 과정을 인간적으로 받아들여야 하며, (우리의 이웃, 친구 그리고 우리가 직장과 예배당에서 만나는 사람들인) 피해 주민들을 생애 최악의 위기에 직면한 사람들로 대하고, 한 사람 한 사람을 가족처럼 대해야 한다는 것이다.

5. 여러분은 재난에 대한 관료적 접근이 더 좋은가 아니면 인간적 관점이 더 좋은가? 시의 법규 조사관, 주택 소유자, 그리고 자원봉사 단체의 사업 관리자 그리고 시장의 관점에서 이에 답하고 그 답을 서로 비교하고 대조해보아라.

6. 산타 크루즈시의 행정담당관 리처드 윌슨Richard Wilson은 이렇게 말했다(1990, p. 49). "복구의 초기 관심사는 여러분의 단체가 가능한 최선의 재정적 상태를 유지하는 것이 될 것이다." 산타 크루즈는 지진 발생 후 도시 판매세의 10%를 잃어버렸다. 이들은 1,500만 달러를 모으기 위해 0.5센트 판매세를 통과시켰

지만, 필요한 금액보다 적은 500만 달러 정도가 모였을 뿐이다. 재난은 또한 과세 표준을 약화시킬 가능성도 있다. 1980년대 텍사스의 베이타운Baytown에서 홍수로 인해 세금원이던 부동산이 피해를 입었을 때, 이러한 문제가 발생했다(Settle, 1985). 과세 표준의 붕괴는 복구에 필요한 정부의 수입을 감소시킨다. 여러분이 사는 지역에 재난이 발생했다면, 과세 표준을 어떻게 안정시킬 것인가?

7. 여러분이 시장이라고 가정해보아라. 재난이 발생한 후에 시의 공무원 중 누구에게 조언을 구할 것인가, 그리고 그 이유는 무엇인가? 이들 반드시 필요한 직원들을 어떻게 돌봐주어야 이들이 복구에 따르는 스트레스로 직장을 떠나지 않겠는가?

8. 여러분이 복구에 대해 아직 더 배워야 한다고 생각하는 모든 것을 목록으로 작성하라. 이 책의 이 장은 시작일 뿐이다. 다음에는 보다 뛰어난 전문가가 되어 여러분이 속한 지역에 봉사할 수 있도록 계획표를 짜보아라. 이 계획을 재난관리자, 교사, 자원봉사 단체의 지도자 또는 시장의 관점에서 검토해보아라.

참고자료

- IS-2900 National Disaster Recovery Framework Overview, free FEMA course, http://training.fema.gov/is/courseoverview.aspxTcode=IS-2900. See IS list for dozens of additional, relevant courses. Successful completion of the online courses results in a certificate of completion. *The Professional Development Series*, a set of seven key courses, is a good credential to earn.

- Church World Service, Webinars and materials, http://www.cws-global.org/what-we-do/emergencies/us-emergency-response/webi-nars.html. Find a range of useful material specific to long-term recovery freely available at this site.

- To hear more about Ella Baker, visit http://ellabakercenter.org/about/who-wasella-baker or listen to Sweet Honey in the Rock sing a song with lyrics drawn from Baker's speeches, https://www.youtube.com/watch?v=U6Uus-gFrc.

- Spend time at www.FEMA.gov to learn more about the various offices, initiatives, and efforts within the government.

- To learn more about voluntary organizations, visit the www.NVOAD.org website. Be sure to read through the section on LTRCs as they will be your key partners as a public official.

제12장
기부

- 쇄도 행위convergence behavior의 한 형태인 기부에 대해 알아본다.
- 사람들이 주고 싶어 하는 이유와 주는 사람들의 유형에 대해 알아본다.
- 기부가 '2차 재난'으로 치부되는 이유를 이해한다.
- 초기의 도착부터 최종적인 사용이나 처분에 이르기까지, 요청하지 않은 기부를 관리할 실질적 전략을 세워본다.
- 요청하지 않은 기부를 관리하는 데 필요한 다양한 단체와 리더십을 고려해 기부 관리 계획을 세워본다.
- 시민들에게 적절한 기부, 특히 장기 복구에 필요한 기부에 대해 알리기 위한 기본 교육 과정을 개발한다.
- 요청하지 않은 기부에서 적절한 기부로 시민들을 이끌 방법을 모색한다.
- 기부의 적절한 관리와 기부에 관한 책임에 대해 기본적인 사항을 알아본다.
- 시민들에게 현금을 기부해야 하는 이유를 이해시킨다.
- 기부된 물품이나 돈을 받을 수령자의 자격 기준에 대해 알아본다.

회계 책임accountability

집단적 이타주의collective altruism

쇄도convergence

분배 센터distribution center

기부donations

기부 조정 센터donations coordination center

기부 관리 조정자donations management coordinator

기부 관리팀donations management team

기부자의 의도donor intent

진입 지점entry point

요청하지 않은 기부unsolicited donations

종결 지점end site

인도주의적 물류Humanitarian Logistics(HL)

개인적 이타주의individual altruism

정보 쇄도informational convergence

물품 쇄도material convergence

다부처 창고multiagency warehouse

인적 쇄도personal convergence

상황별 이타주의situational altruism

대체물 쇄도substitute convergence

2차 재난the second disaster

12.1 서론

재난이 벌어질 때마다, 끝도 없이 되풀이해서 요청하지도 않은 그리고 종종 부적절한 기부가 피해지역에 넘쳐난다. 무언가 필요할 것이라고 생각한 사람들이 선의로 옷장과 찬장을 뒤져 '물건'을 보내고, 그러면 구호 단체와 복구 담당자는 이것을 처리해야 한다. 놀라운가? 사실 기부는 종종 '2차 재난'이라 불린다. 이 장에서는 이러한 행위가 왜 벌어지며, 그러한 행위에 대해 복구 담당자가 무엇을 해야 하는지 알아보도록 하겠다.

첫째, 기부로 인해 보통 어떤 일이 벌어지는지를 몇 가지 예를 통해 살펴보겠다. 재난이 발생하면, 전통적인 언론이나 소셜 미디어를 본 시민들이 생존자에게 어떤 물품이 필요할 것이라고 생각한다. 언론 매체를 통해 재난을 지켜보는 사람들이 얼마나 될지 상상해보아라. 아마 수백만 명에 이를 것이다. 이들이 퍼붓는 구호물은 한 지역을 순식간에 압도하고 만다. 설상가상으로 사람들이 필요할 것이라 예상한 물품을 보내지만, 그것은 입던 옷이나 통조림처럼 요청하지 않은 물품이라는 사실이다. 이런 물건을 보내는 게 좋겠다고 생각할 수도 있지만, 현지에 도착한 기부 물품은 보통 처리 능력을 압도한다. 무엇을 보내야 할지에 대한 사람들의 추측도 종종 근거 없는 경우가 많아서, 현지에 도착한 옷과 음식이 그 지역의 상황, 문화, 신앙, 영양학적 필요성, 사람들이 하는 일, 그리고 학생들이 다니는 학교에 늘 맞는 것은 아니다. 한마디로, 너무 많은 '물품'이 적절하지 않다. 요청하지 않은 기부 물품이 도착하면 이것들을 분류하고, 운반하고, 보관하고 처분하는 엄청난 문제를 낳으며, 이것은 모두 인력, 공간, 그리고 자원이 필요한 일이다(사진 12.1 참고). 뿐만 아니라 대부분의 기부자는 구호 기간에 눈에 뜨이는 필요한 것에만 신경을 쓸 뿐, 장기 복구에 무엇이 필요한지에 대해서는 생각하지 않는다.

기부가 '재난'으로 간주된 과거의 사례는 다음과 같다.

- 1913년 대규모 홍수로 여러 지역이 침수된 후에 오하이오 남부에서는 '더 이상 옷을 보내지 말아 달라'는 간청이 터져 나왔다. 아이오와에서 감자를 옮기던 기차가 시골 지역에서 여러 번 정차해 감자가 썩기 전에 처분해야 했다. 독창

사진 12.1 웨스트버지니아West Virginia. 주방위군 공군Air National Guard이 슈퍼 태풍 샌디로 기부된 애완동물 사료를 관리하고 있다(사진 Norman Lenburg/FEMA).

적인 농부들은 추가로 생긴 이 감자를 여름 밭에 씨앗으로 심었다.

- 1985년 멕시코시티Mexico City에 지진이 발생한 후에 하이힐이 기부되었다. 잔해와 붕괴된 구조물 사이를 하이힐을 신고 걸을 수 있겠는가?

- 1985년 캘리포니아의 왓슨빌에 지진이 발생했다. 기부자들은 기저귀가 필요한 상황에 밍크 곰 인형을 보냈다.

- 1989년 허리케인 앤드류가 발생한 플로리다 남부 지역의 여러 학교에 생수병 더미가 쌓였다. 이 지역에서 수돗물이 다시 나와 생수가 필요 없어지면서, 생수병 더미는 저절로 서서히 무너졌다. 그 옆에는 열대 기후에서 쓸모없는 겨울 외투와 플란넬 셔츠 같은 옷 더미가 쌓여 있었다.

- 2001년 9월 11일, 미국인들은 혈액이 부족할 것이라고 추측하고 헌혈 캠페인을 벌였다. 하지만 이 사건은 대부분의 사람들에게 삶과 죽음이 촌각으로 갈리는 상황이었고, 따라서 헌혈된 피는 결국 생존자들이 아니라 일상적인 필요에 사용되었다. 대신 사람들은 집과 차량 그리고 직장에서 잔해를 치우는 데 도움이 필요했다. 또한 일자리와 차량이 필요한 상황이었다. 장례식과 의료비 지불, 그리고 무엇보다 장기적인 심리, 의료 그리고 감정적 치료에 도움이 절실했다.

- 2004년 인도양 쓰나미로 십여 개국이 피해를 입었다. 피해자에게 도움이 필요할 거라고 추측한 사람들이 의복, 선박, 그리고 그곳의 기후와 작업 환경, 문화 및 신앙에 맞지 않는 음식을 보냈다.
- 2005년 허리케인 카트리나 발생 후 배턴 루지Baton Rouge 지역의 여러 교회에는 생수병이 쌓였다. 생존자와 여러 단체에서 식료품을 차에 싣고 갔지만, 기부된 생수는 다 사용되지 않은 채 남아있었다. 대신 사람들은 교통수단, 주유 카드, 학교 교복, 그리고 특수 휠체어를 필요로 했지만, 이런 것을 기부하는 사람은 거의 없었다.
- 2010년 아이티는 20만 명 이상의 인명 피해가 발생한 지진을 겪었다. 도움을 줄 의료팀이 밀려들었지만, 꼭 필요한 마취제와 진통제는 부족했다. 한편, (아이티와 도미니카 공화국은) 불필요한 구호물자로 공항, 항구, 그리고 도로가 정체를 빚었다.

앞서 언급한 예로 알 수 있겠지만, 사람들은 장기 복구보다는 즉각적인 구호에 필요한 물품을 기부한다. 기부에 관대한 개인, 선의를 가진 단체와 기관, 지역의 사업가와 대기업, 그리고 언론으로 인해 요청하지 않은 너무 많은 물품이 — 특히 입던 옷과 통조림(Neal, 1994) — 재난 피해지역으로 몰려들어 심각한 어려움을 야기한다. 이러한 기부는 어마어마한 양이고, 피해지역에서는 생존자에게 별로 도움도 되지 않는 그러한 물품을 관리하느라 어려움을 겪는다. 이 장을 읽으면, 여러분은 아마 놀라서 달리 행동하게 될 것이다. 여러분이 이러한 사정을 널리 퍼뜨려, 우리 모두가 적절한 방법으로 기부하고, 또한 그러한 이타주의가 복구 기간 내내 계속된다면 이상적일 것이다.

12.2 기부의 문제점 이해하기

지금쯤 여러분은 기부가 대응과 복구 노력을 도울 수도 방해가 될 수도 있다는 것을 알았을 것이다. 놀라운가? 많은 사람들이 놀랄 것이다. 하지만 요청하지 않은 기부가 문제가 되는 이유를 알면, 사람들은 더 잘 대응할 수 있을 것이다. 이제 여러분도 많은 이타적인 사람처럼 적절한 도움을 주는 사람이 될 수 있을 것이다.

12.2.1 기부 행동의 개념화

부적절한 기부와 관련된 행위를 '쇄도convergence'라고 표현할 수 있으며, 이는 재난 현장으로 물품과 사람이 몰려드는 것을 말한다(Fritz and Mathewson, 1956). 위험이 있음에도, 재난 현장에서 물러나기보다 그쪽으로 다가가는 것이 직관에 반하는 행동으로 여겨질 수 있다. 하지만 이타주의와 심지어는 호기심이 물러나려는 욕구를 극복하게 만든다. 이런 이유로 몇 가지 형태의 쇄도가 벌어질 수 있다.

첫째, 인적 쇄도personal convergence는 걸어서 또는 차를 타고 오는 사람들로 인해 발생한다(Fritz and Mathewson, 1956). 이러한 쇄도는 위험에 처한 사람들을 구하려는 사람들, 언론, 아이를 찾으려는 부모, 친척 그리고 구경꾼으로 인해 발생한다. 이들은 가장 먼저 교통 정체를 유발해, 필요한 도움의 손길이나 물품이 도착하는 것을 방해한다. 예를 들어 1982년 콜링가Coalinga 지진이 발생한 뒤에 정부는 언론사의 헬리콥터가 충돌해 더 큰 문제가 발생할까 봐 피해지역의 상공을 통제해야 했다. 수십 년 뒤인 2010년 아이티 지진이 발생했을 때도 상황은 별반 다르지 않았다. 아이티 공항이 넘쳐나서, 비행기들은 연료가 떨어질 때까지 선회해야 했다. 이들은 도미니카 공화국 공항으로 방향을 돌렸고, 그러자 곧 도미니카 공화국에서 이 나라 공항에 쌓이는 막대한 기부 물품을 처리해야 했다. 도미니카 공화국에서 아이티로 가는 내륙의 교통로는 많은 경우 쓸모없을 기부 물품이 실린 트럭으로 정체를 빚었다(Holguin-Veras et al., 2014).

두 번째 쇄도는 대체물 쇄도substitute convergence 또는 '지원에 관한 메시지나 문의 및 제안 그리고 물품 기부'라고 부른다(Fritz and Mathewson, 1956, p. 3). 대체물 쇄도에는 두 가지가 있다. 하나는 사람들이 피해지역을 돕기 위해 다양한 물품과 서비스를 제안하려 할 때 발생하는 정보 쇄도informational convergence이다. 현장 직원들은 재산과 인명 피해가 더 발생하는 것을 막기 위한 구조 활동으로 너무도 바쁘기 때문에, 이러한 요청에 대응하는 것은 거의 불가능하다. 불행히도 사람들은 피해지역에 기부와 관련한 제안을 전달할 수 없는 경우 그러한 물품을 종종 그냥 보내버린다. 이러한 대체물 쇄도를 물품 쇄도material convergence라고 부르는데, 이는 "물품과 장비의 실질적 이동"(Fritz and Mathewson, 1956, p. 4) 또는 요청하지 않은 물품으로 정의된다 — 이러한 물품을 처리하는 자원봉사 단체는 이를 '골칫덩어리'나 '2차 재난'이라고 부른다.

12.2.2 기부의 동기

앞서 말한 예에서 보듯, 사람들이 다른 이들을 돕고 싶어 한다는 것은 분명한 사실이다. 사람들은 잘 모르지만, 자신들이 보낸 것으로 인해 피해지역에서는 물류 악몽을 겪을 지경이 된다.

사람들은 왜 재난이 발생하면, 돈, 먹을 것, 옷 그리고 시간 등을 내주는 것일까? 재난연구센터Disaster Research Center의 공동 설립자이자 현재 델라웨어 대학교University of Delaware에 있는 러셀 다인스Russell Dynes 박사는 헌신적이고 이타적인 행동의 여러 유형에 대해 이렇게 정의한다. 첫째, 개인적 이타주의individual altruism가 있는데, 이는 사람들이 가치 있는 대의명분에 '시간, 돈 그리고 에너지'를 내주는 것을 의미한다. 개인적 이타주의에는 지역사회에서 정기적으로 좋은 일을 하는 많은 자원봉사자가 포함된다. 두 번째로 집단적 이타주의collective altruism는 우리가 포함된 지역사회 차원에서 다른 사람들을 돌보는 보다 광범위한 사회적 맥락에서 발생한다. 예를 들어, 집 없는 사람들, 전역 장병, 어린이, 노인 등에게 복지 후생 계획을 제공하는 것이다. 대부분의 경우 개인적 및 집단적 이타주의는 곤경에 처한 사람들에게 도움을 제공한다.

우리가 여기서 다루는 이타주의는 상황별 이타주의situational altruism이다. 재난이 발생하면, 우리는 재난 상황에서 새로운 고충이 생기리라고 추측하고, 이러한 고충을 해결해줘야 한다고 생각한다(Dynes, 1994; 그림 12.1 참고). 여러 가지 상실로 비탄에 빠진 생존자의 모습을 보여줌으로써 언론도 이러한 새로운 이타주의에 한몫을 한다. 언론이 이러한 상황을 지나치게 부각시키거나 선별적으로 보여주기 때문에, 우리는 필요한 것이 대단히 많고, 피해지역이 혼란스러우며 사람들이 절박한 상황이라고 생각하게 된다.

특히 테러 사건 이후에는 기부를 하면 다른 사람들과 연대감을 느낄 수 있기 때문에 기부를 하기도 한다. 기부를 하면, 안전에 대한 집단적인 감정을 재구축하는 데 도움이 된다. 우리는 날씨, 유해 물질의 누출, 또는 테러로 인한 무고한 희생자들에게 동정심을 느끼기 때문에도 기부를 한다. 기부를 하면, 우리가 다른 사람들의 삶을 더 나아지게 했다는 느낌을 가질 수 있고, 보다 큰 지역사회와 연결되어있다는 느낌이 커져 '따뜻한 마음'을 느낄 수 있다. 우리는 사회적 압력이나 죄책감 때문에 기부를 하기도 하며(Andreoni, 1990), 우리가 운 좋게도 피해를 입지 않았기 때문에 기부를 하기도 한다. 또는 예기치 못한 사건에 대한 통제력을 늘리기 위해 기부하기도 한다. 어쨌든 사람들은 관대하게 책임을 나눠 지려 한다.

개인만 물품을 기부하는 것은 아니다. 사업체와 기업도 물품을 기부한다. 사업의

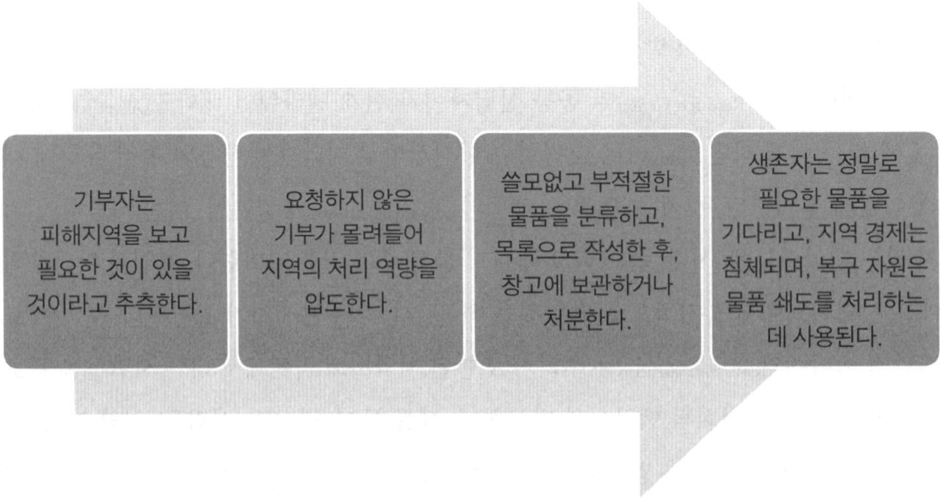

| 기부자는 피해지역을 보고 필요한 것이 있을 것이라고 추측한다. | 요청하지 않은 기부가 몰려들어 지역의 처리 역량을 압도한다. | 쓸모없고 부적절한 물품을 분류하고, 목록으로 작성한 후, 창고에 보관하거나 처분한다. | 생존자는 정말로 필요한 물품을 기다리고, 지역 경제는 침체되며, 복구 자원은 물품 쇄도를 처리하는 데 사용된다. |

그림 12.1 요청하지 않은 기부로 인해 발생하는 문제

의미를 감안해볼 때, 이들이 기부하는 것이 좀 더 적절하게 여겨진다. 하지만 사업체는 문제를 해결할뿐 아니라, 문제를 일으키기도 한다. 대부분은 즉각적인 구호에 필요한 것을 기부하지만, 남아도는 상품이나 질이 떨어지는 상품을 기부하기도 한다(Holguin-Veras et al., 2014). 이들은 세금 감면을 위해 또는 대중에게 알리기 위해 기부하기도 한다. 하지만 특히 귀중한 기여를 해달라고 요청받은 경우, 필요한 물품을 기부하기도 한다. 사업체와 관련해서는, 기부 관리팀이 구체적으로 필요한 물품에 대해 재난 이전에 동의를 받아두거나, 구체적인 기부를 해줄 주요 회사와 관계를 구축해두는 것이 현명할 것이다.

12.3 기부와 관련된 문제

이제 기부와 관련된 일부 문제에 대해 좀 더 자세히 알아보겠다. 첫 번째 목표는 독자들을 기부 관리 업무를 맡은 사람의 관점에서 보도록 하는 것이다. 어떤 실질적인 딜레마를 이해하고 해결해야 할까? 여러 차례 재난을 경험한 자원봉사 단체와 재난 관리 담당자들이 말하는 특히 요청하지 않은 기부와 관련해 흔히 벌어지는 문제들은 다음과 같다(McEntire, 2002).

12.3.1 예기치 못한 기부

여러분이 대피소 관리자인데, 한밤중에 아무 예고도 없이 상추와 오렌지 주스를 가득 실은 트럭이 도착한다고 가정해보아라. 대피소 전체에 냉장고도 한 대뿐이다. 그렇게 잘 상하는 식품을 어디 둘 것인가? 이러한 일은 1989년 로마 프리타 지진 이후에 캘리포니아의 산타 크루즈에서 실제로 일어났다. 기부 물품을 목록으로 작성할 준비가 되어있어야 어떤 것을 갖고 있으며, 그것들을 어디 두었고, 언제 사용할지 알 수 있으며, 기부를 받았다는 것을 입증할 서류도 준비되어있어야 한다. 기업과 같은 주요 기부자는 세금 감면 때문에 그러한 영수증을 받으려 하기 때문이다. 더욱 절망스러운 상황도 상상해보자. 기부받은 냉장고가 여러 대 있지만, 전기가 들어오지 않거나 전선 코드가 현지와 맞지 않는 경우도 있다. 그렇다. 이러한 상황은 아이티에서 실제로 벌어졌다. 유럽에서 냉장고를 기부해 피해 국가로 운반했는데 사용할 수가 없었다(Holguin-Veras et al., 2014).

또는 대규모 허리케인이 발생한 지 이틀이 지났다고 가정해보자. 여러분이 잔해 제거를 시작하려 하고 있는데, 요청하지 않은 옷과 통조림을 가득 실은 트럭 여러 대가 피해지역으로 도착하기 시작한다. 사람들이 선의를 가지고 이러한 물품을 모아 수백 킬로미터를 운전해 온 것이다. 이들은 자신들의 지역에 사는 온정을 지닌 사람들이 보낸 이 물품을 어디 내려놓을지 알고 싶어 한다. 허리케인 앤드류가 발생한 후에 이러한 요청하지 않은 옷가지들이 매일 내린 비에 젖어 흰 곰팡이가 피었으며, 덥고 습한 플로리다의 기후에서 썩어갔다(Neal, 1994). 사람들은 때로는 한밤중에 텐트촌, 대피소, 도서관 그리고 상가에 옷을 놓고 갔다. 2~3주 만에 악취가 너무 심해져 군인들이 동원되어 작은 불도저로 옷더미를 치워야 했다(Neal, 1994). 그러는 동안, 자원봉사자들은 뜨거운 음식을 학교 식당에서 조리해 적십자 재난 대응 차량Emergency Response Vehicles(ERV)(2천 명 분의 식사를 한 번에 제공할 수 있는 차량)에 실었다. 여러분이 그렇게 많은 음식을 준비한다면, 대용량인 산업용 통조림을 사용하겠는가, 아니면 2인용 작은 통조림을 사용하겠는가? 작은 통조림을 사용하면 시간이 얼마나 오래 걸리겠는가? 하지만 기부자들은 대부분 작은 통조림을 보낸다.

12.3.2 기부 물품 정리하기

여러분이 해야 할 다음 업무는 기부된 물품을 분류하고 정리하며 목록을 작성하고 분배하는 일이다. 이런 일은 누가 해야 할까? 계속 밀려들어 오는 트럭을 처리하느라,

대피소, 잔해 청소, 사례 관리 또는 기타 중요한 다른 일을 하는 자원봉사자를 빼내와야 할 것인가? 대규모 인도주의적 재난이 발생한 경우, 다중 전략이 사용될 수 있다. 먼저 분류해야 할 것은 즉각적으로 사용할 수 있는 우선순위 높은High-Priority(HP) 물품, 나중에 사용할 수 있지만 보관해둬야 하는 우선순위 낮은Low-Priority(LP) 물품, 그리고 사용하지 않을 우선순위 없는Non-Priority(NP) 물품으로 나누는 일이다(Holguin-Veras et al., 2012; 2014). 불행히도, 대규모 인도주의적 재난(전쟁, 가뭄, 재난, 피난 등)이 발생해도, '물품 쇄도로 인해 발생하는 문제의 대부분은 적은 LP 물품과 많은 NP 물품 때문에 발생한다.'(Holguin-Veras et al., 2014, p. 3)

12.3.3 기부 물품의 보관

다음으로 이러한 물품을 어디 보관할 것인가? 여러분은 이러한 물품을 단기간 동안 어디 보관했다 필요한 사람들에게 줄 것인지를 결정해야 한다. 하지만 더 큰 문제는 이 물품을 오랜 기간 동안 어디에 어떻게 보관할 것인가이다. 재난으로 대피한 사람들은 몇 달, 어쩌면 몇 년 동안 기부된 가전제품이나 살림 도구를 사용할 수 없다. 미래에 사용할 이러한 물품을 어디 둘 것인가? 그런 것들을 창고, 보관 센터, 또는 다른 장소에 보관하는 데 비용이 얼마나 들까? 이러한 물품들이 궂은 날씨, 열기와 습기, 곤충과 설치류, 또는 도둑이나 부패한 관리들로 인해 피해를 입지는 않을까? 또한 이러한 물품들이 18개월 후에 필요한 사람들의 손에 전달되었다는 것을 어떻게 확인할 것인가? 결국 필요하지 않은 물품은 처분해야 한다. 기부한 사람들의 뜻을 기리려면 어떻게 해야 할까?

12.3.4 장기 복구를 위한 기부

적절한 기부는 즉각적인 구호품으로 제공할 수 있으며, 이것은 대부분의 사람들이 기부를 하는 동안 이루어진다. 하지만 복구는 대부분의 자원이 필요하지만 아주 적은 양이 기부되는 시기에 이루어진다. 언론의 관심도 시들해지고, 기부에 대한 사람들의 관심도 줄어든다. 하지만 생존자들은 장차 영구 주택으로 들어갈 준비가 된 미래에 그러한 도움을 필요로 한다. 주택, 아파트 건물, 또는 공동 주택을 지으려면 3개월에서 18개월 정도가 걸리며, 심각한 재난의 경우 더 오래 걸리기도 한다(Comerio, 1997).

재건에는 오랜 시간이 걸리므로, 이러한 물품이 필요할 때까지 보관해두거나, 가족들이 집으로 돌아갈 준비가 되었을 때 안전하게 전달할 방법을 강구해야 한다.

보험에 가입한 가족과 가정은 가장 먼저 복구에 들어갈 수 있으며, 정부와 비정부 기관의 대출이나 보조금을 받으면 더욱 빨리 복구를 마칠 수 있을 것이다. 저소득 가정과 보험에 가입하지 않았거나 불충분한 보험에 가입한 개발도상국 국민들은 복구에 더 오랜 시간이 걸릴 것이다. 주요 기부 물품이 적시에 제공되면 복구 과정이 더 신속히 마무리될 것이다. 그렇다면 무엇이 필요할까? 첫째, 주요 가전제품, 침대, 서랍장, 탁자 및 의자를 비롯한 주요 살림살이가 필요할 것이다. 하지만 기부자들이 그런 것을 기부하거나 운반하기는 힘들다.

재건 과정을 돕는 단체와 조직은 다양한 물품을 필요로 할 것이다. 주택을 재건하려면 해당 지역의 기후와 상황에 따라, 목재, 시트록, 페인트, 못, 지붕 자재, 문짝, 가구, 배관, 전기용품 등이 필요하다. 재건 사업을 돕는 단체는 음식에서부터 숙소 그리고 세탁에 이르기까지 자원봉사자를 돕기 위한 장소와 물품을 필요로 할 것이다. 이들은 기본적인 사무용품이 있어야 하며, 통신비와 건축비를 지불해야 하고, 자원봉사자를 집에서 작업장이나 그 인근까지 실어 나를 교통편을 제공해야 한다. 많은 경우 단체의 기부자들이 도움을 주지만, 피해지역에서 시간, 노동, 장소 등을 통해 막대한 지원을 제공하는 일이 드물지 않다.

장기 복구 기간에도 생존자가 필요로 하는 것은 계속 생기게 마련이다. 예를 들면, 계절에 따라 필요한 것들이 발생하며, 아이들이 학교로 돌아가면 교복, 학용품, 그리고 책이 있어야 한다. 휴일, 생일, 그리고 특별한 행사는 경제적 어려움을 겪는 가정에 선물을 줄 수 있는 기회이기도 하다. 정신적 외상과 의학적 치료도 계속될 수 있다. 사람들의 기분을 풀어줄 기회가 되는 셈이다. EF5 등급의 토네이도가 미주리 조플린의 드넓은 지역을 강타한 후에, 학생들은 지역의 쇼핑몰을 비롯한 임시 학교에서 공부하게 되었다. 학생들은 졸업 파티를 비롯해 많은 전통을 누릴 수 없게 되었다고 생각했다. 한 고등학교 교사가 '2012년 조플린 졸업 파티 프로젝트'에 착수했다. 이러한 노력으로 드레스와 턱시도, 액세서리, 미용 도구, 꽃, 그리고 신발이 기부되었다. 페덱스는 5,000달러를 기부해 졸업 파티 비용을 댔다. 페이스북에서는 이러한 사실을 널리 알려 적절한 기부를 장려했다. 유명 가수인 케이티 페리Katy Perry도 '꿈속의 졸업 파티Prom of their dreams'로 학생들을 놀라게 했다(유튜브 링크를 보려면 자원 참고자료 부분을 참고).

간단히 말해, 장기 복구를 하려면 생존자와 이들을 돕는 사람들이 가능하면 몇 년 동안 자원을 잘 확보해두어야 한다. 이러한 자원, 특히 선호되는 재정적 자원은 잘 보관했다 신뢰할 만한 재난 관련 기관과 단체에서 사용해야 이로 인한 이득을 극대화할 수 있다(상자 12.1 참고).

상자 12.1 오클라호마의 막대한 기부 물품 관리

1999년 대규모 토네이도가 오클라호마의 여러 지역을 초토화시켰다. 48시간 만에 주의 VOAD가 외부에서 온 단체들과 함께 소집되었다. 이들의 첫 번째 임무는 요청하지 않은 엄청난 기부 물품에 관한 것이었다. 제7일 안식일 재림교 재난 봉사단Seventh Day Adventist Disaster Services이 I-35 인근의 기부받은 시설을 다기관 창고로 만들었다. 이곳은 넓은 주차장, 트럭 하차장, 물품을 분류하고 저장할 넓은 공간, 그리고 전력 공급이 되는 사무실 등을 갖추고 있는 이상적인 장소였다. 금요일이 되자, 이 창고의 수용 공간이 거의 다 찼다.

주택도시개발부(HUD) 직원은 기부 물품을 스프레드시트에 목록으로 만들어 정리하고, 이 목록을 다양한 기관에 팩스로 보냈다. 아메리코Americorps(미국 내 지역사회 봉사 단체 – 옮긴이)의 젊은 자원봉사자들이 이 물품을 기저귀, 통조림, 가구, 옷 그리고 가전제품으로 분류했다. 기부 물품 중에는 칼과 심지어는 탄약이 장착된 무기도 있어 분류에 주의를 기울여야 했다. 굿윌Goodwill도 분배 센터를 세워 재난 피해자들이 필요한 물품을 가져갈 수 있게 했다.

오클라호마의 브리지 크리크Bridge Creek는 더 외진 시골 지역에서 다른 시도를 했다. 며칠 만에 기부 물품이 늘어나, 이 지역에서는 기부된 물품을 저장하고, 관리하고, 분배하는 문제에 직면했다. 그럼에도 브리지 크리크는 운이 좋아서, 효율적으로 일하는 교사와 행정 직원들이 있는 강력한 학교 시스템을 갖추고 있었고, 자발적으로 참여해 문제 해결을 도와주는 종교 기관도 있었다.

브리지 크리크 중학교의 체육관은 초기에는 부상자를 분류하고 응급 처치를 하는 장소로 쓰였지만, 이내 분배 센터가 되었다. EF5 등급의 토네이도가 발생한 지 닷새도 안 돼, 체육관과 인근 교실이 기부 물품으로 넘쳐났다. 기부된 물품을 실은 세미 트럭 16대가 밖에 주차된 채 처분을 기다리고 있었다. 직원과 교사들은 브리지 크리크에 '슈퍼 센터'라는 이름을 붙이고 이 체육관을 기부품 분배 센터로 만들었다. 인근 상점에서는 쇼핑 카트를 제공했다. 폭풍 피해를 입은 사람들은 신발, 옷, 장난감, 식료품 등으로 가득한 체육관으로 와서 필요한 물건을 가져갔다. 지역의 교회도 창고를 추가로 제공하고 물품 정리와 분배를 도왔다.

12.4 재정 기부 권장하기

왜 돈을 기부하는 것이 더 나을까? 첫째, TV에서 보는 장면과 달리, 재난 피해를 입은 주변지역은 보통 별 문제없이 정상적으로 기능한다. 예를 들어 토네이도는 보통 어떤 지역의 한 구역에만 피해를 입히므로, 주변지역은 멀쩡한 상태로 남아있다. 인근지역의 자원은 여전히 활용 가능하고 상인들도 고객이 오는 것을 반긴다. 따라서 우리가 명망 있는 구호 단체에 돈을 직접 기부하면, 이들이 그 돈을 사용해 지역 경제를 다시 살릴 수 있다. 뿐만 아니라 사람들은 자연 재난의 피해자에게 기부하고 싶어 하므로, 그러한 자금 모금 운동을 벌이는 것도 좋다(Brown et al., 2012; Zagefka et al., 2011).

둘째, 여러분이 재난 피해자라고 가정해보자. 여러분의 옷이 다 못쓰게 되었다면, 여러분은 특정한 크기와 유형의 옷을 필요로 할 것이다. 예를 들면, 직장으로 복귀할 때 입을 옷이 필요할 수도 있는데, 그건 의료직인지, 건설업인지, 어업인지, 사무직인지에 따라 다를 것이다. 의료용 수술복, 작업용 부츠, 방수 의류, 또는 비서직이나 접수 업무에 맞는 복장이 필요할 수도 있다. 아이가 다니는 학교의 운동팀이 피해를 입었을 수도 있다. 돈이 구호 단체를 통해 바로 피해자에게 가면, 직장이나 학교 또는 체육팀으로 돌아가는 데 필요한 특정한 옷을 사 입을 수도 있다. 2004년 인도양에 쓰나미가 발생한 후에, 사람들이 인도의 어업 지역으로 배를 보냈다. 하지만 다른 종류의 배를 보내 그 지역의 어업에는 사용할 수 없었다. 뿐만 아니라, 쓰나미가 바다의 바닥을 뒤집어놔 상당한 환경오염이 발생했다. 그 결과 몇 년 동안 어업을 할 수 없었다. 이러한 상황에서 더 도움이 되는 것은 영세 사업을 임시로 지원하고, 환경이 복구된 후에 어업을 다시 시작하는 데 사용할 자금일 것이다.

셋째, 생존자가 깨끗하고 자신들의 기후, 신앙 그리고 문화에 맞는 옷을 입는 것은 심리적으로, 종교적으로 그리고 감정적으로 중요한 일이다. 여러분의 옷장에 기부할 전통 이슬람 복장이 없다면, 이슬람 종교 단체에 돈을 기부하는 것이 도움이 될 것이다. 마찬가지로, 열대 기후에 사는 사람들은 가볍고 수분을 흡수하는 옷을 좋아한다. 몸에 잘 맞는 옷을 좋아하는 10대에 대해 생각해보아라. 이들이 '피해자'로 남들의 눈에 띄기 보다는 잘 어우러지는 옷을 입게 해줘야 한다. 그래야 이들이 자신들에 대해 좋은 감정을 느끼며 학교로 돌아갈 수 있을 것이다.

넷째, 물건보다는 돈이 훨씬 더 옮기기 쉽다. 돈은 웹 기반 시스템을 통한 신용 카드나 스마트폰 앱을 통해 기부할 수 있으며, 전자 시스템으로 전송해 어떤 기관의 은행 계좌에서 보관할 수 있다. 기부금은 휴스턴에서 보청기를 사고 멤피스에서 휠체어를 사는 데 쓰도록 몇 초 만에 전송할 수 있으며, 이는 생존자가 다시 독립적인 생활을 하기 위해 기다릴 필요가 없다는 것을 의미한다.

마지막으로, 돈으로는 여러분의 옷장이나 찬장에 들어있지 않은 물건을 살 수 있다. 사람들은 보청기, 틀니, (매우 특별하고 값비싼 장비일 수 있는) 휠체어, 청각 장애인을 위한 텔레커뮤니케이션 기기, (미국에서 사회보장 제도 같은 복지 후생 계획에 기대 살아가는 사람들에게 대치할 여유가 없는) 약품 처방전, 유아식, 영양 보급관과 인슐린 장비, 그리고 특별한 음식 등을 비롯한 모든 것을 재난으로 잃어버렸을 수 있다. 예를 들어, 사람들은 건강 문제 때문에 설탕 없는, 또는 글루텐 없는, 그리고 유제품 없는 음식을 먹어야 할 수도 있다. 학업을 계속해나가려면 학생들에게는 교과서나 랩톱 컴퓨터가 필요할 것이다. 대피소와 구호 장소에서는 특이 식단에 맞는 음식, 보안 요원, 여성 위생 용품, 애완동물 용품, 비만 환자용 침대, 가축 사료 등이 필요할 것이다. 그런 상황이라 하더라도 물품 기부는 과도할 수 있다(사진 12.2 참고). 여러분의 옷장과 찬장에 그런 물품이 없다면, 주변 사람들에게 돈

사진 12.2 뉴저지의 이튼타운Eatontown. 슈퍼 태풍 샌디로 피해를 입은 애완동물을 위해 지역의 SPCA[Society for the Prevention of Cruelty to Animals (동물학대방지협회) – 옮긴이]로 쇄도한 기부 물품 (사진 Liz Roll/FEMA).

을 기부하도록 권하는 게 좋다(상자 12.2 참고).

창의적인 방법으로 소액일지라도 돈을 모을 수 있다. 예를 들어, 기부 물품이나 옷을 보내는 대신 다음과 같은 방법을 시도해보아라.

• 차고 세일이나 야드 세일을 벌여 그 돈을 재난 단체로 보내라.
• 물건을 인터넷에 팔아라.
• 중고 제품 취급 회사에 중고 옷을 팔아서 그 돈을 좋은 단체에 기부하라.
• 지역 사업체가 기부한 물품을 경품으로 주거나 경매에 붙여라.
• 사람들에게 식료품 기부를 요청해, 음식을 조리해서, 기금 모금 야유회나 빵 바자회를 하라.
• 지역의 연극 및 음악 단체에 공연을 부탁하고 수익금을 기부하라.
• 재난 상황에 모든 관심이 쏠려 평소에 받던 기부를 받지 못하고 있는 비재난 단체와 연락해 그 단체의 창고를 채워주어라.

한마디로, 생존자들에게 필요할 것이라고 예상하는 물건을 보내기보다 돈을 모으는 것이 언제나 최선이다. 언론을 보다 효율적으로 활용해야 하지만, 언론과 일할 때는 적절한 이야기를 전달하도록 주의해야 한다. 재난은 다른 경우 보다 더 많은 기부금을 모으는 경향이 있다. 적절한 기부금을 확보하고 관리하기 위해서는 지역의 기관 및 단체와 함께 일하고 사람들의 관점을 이해해야 한다(Bennett and Kottasz, 2000). 그렇게 하기 위한 최선의 방법은 재난 이전에 기부금 관리 계획을 세우는 것이다.

상자 12.2 기부 수요에 대한 예측

다른 재난과 달리 9.11은 사람들이 필요하다고 생각하는 기존 관념에서 벗어나는 계기가 되어주었다. 제13장을 보면 알 수 있겠지만, 자원봉사자들이 구름처럼 몰려왔지만 재난 관련 단체에서는 이들을 잘 활용하지 못했다. 이것은 기부된 물품에 있어서도 마찬가지였다. 생각해보아라. 유나이티드 항공사의 여객기가 충돌한 워싱턴 DC, 펜타곤, 뉴욕, 그리고 펜실베이니아에서 피해를 입은 사람들이 필요로 한 것은 우리의 생각과 달랐다.

미국 전역에서 헌혈 운동이 벌어지기 시작했지만, 혈액 공급은 곧 초과되었다. 각 지역에서는 사람들이 심각한 부상, 특히 화상으로 죽고 사는 상황이 벌어졌다. 혈액 수요는 아주 적었고, 부상자를 치료하기 위해 여러 병원과 현장으로 몰려든 의료 인력에 대한 수요도 마찬가지였다. 그러면서 재난지역에는 막대한 기부 물품이 쇄도해, 예상치도 못한 물품들을 관리하는 사람들이 필요한 상황이 벌어졌다(Kendra and Wachtendorf, 2001).

테러 공격이 벌어진지 두세 달 만에 2조 달러에 가까운 돈이 기부되었고, 이는 다른 재난에서는 일찍이 볼 수 없었던 막대한 금액이었다(Steinberg and Rooney, 2005). 인디애나 대학교Indiana University의 자선 활동 센터Center on Philanthropy에서는 미국인의 74%가 돈, 식료품, 의복, 혈액 또는 자원봉사 시간을 기부했다고 밝혔다(Independent Sector, 2001). 또한, 일반 가정에서 133.72달러와 17시간의 자원봉사 시간을 기부했다고 한다(Steinberg and Rooney, 2005, p. 18). 놀라울 것도 없이, 9.11 이후에 가장 가치 있는 기부는 재정적 기부였던 것으로 밝혀졌다.

가족과의 사별로 인한 심리적 고통, 신체 재활, 그리고 가정 수입원의 상실이 앞으로의 오랜 세월 동안 일으킬 문제에 대해 알고 있는 상황이라면, 여러분은 기부된 이 엄청난 돈으로 무엇을 하겠는가? 미국 적십자는 피해를 입은 생존자와 가족을 돕기 위해 자유 재난 구호 기금Liberty Disaster Relief Fund을 설립했다. 적십자는 기부금, 이자 수입, 물품, 서비스 등으로 약 1조 1천억 달러를 들여 다양한 프로그램을 제공했다(American Red Cross, 2006). 미국 적십자는 이 기금의 설립 직후에

1,400만 명분의 음식과 간식, 대피소, 그리고 서비스 제공 장소, 정신 건강 서비스 및 다른 서비스에 더해 다음과 같은 도움을 제공했다.

- 사랑하는 사람의 유해를 찾지 못한 가족을 위해 그라운드 제로의 재를 담은 유골 항아리와 장례 서비스를 제공함.
- 사지 절단, 피부 이식, 물리 치료 및 작업 요법 그리고 통증 치료를 비롯한 수술에 대한 재정 지원
- 테러 현장에서 일하다 정신적·신체적 건강에 문제가 생긴 환경미화원과 가족에 대한 지원
- 집이 파괴되었거나, 잔해로 피해를 입었거나, 집에 접근할 수 없거나, 구조물적 문제가 발생해 임시로 또는 영구적으로 이주해야 하는 가정에 대한 지원
- 주식 중개인에서부터 경비원에 이르기까지 직업을 잃은 사람들에 대한 경제적 지원과 정신 건강을 위한 지원
- 수많은 부상자의 의료 서비스를 위한 의료 사례 관리를 비롯해, 6,780가정 및 개인에 대한 사례 관리 서비스
- 1,983가정과 개인을 위한 장례식 참석 지원
- 전문 상담사의 도움으로 여러 개 언어로 이루어진 가정 집단 상담 서비스
- 정보, 인력 파견 그리고 문제 해결을 제공하는 고객 지원 센터
- 공기 청정기, 특수 진공청소기의 보급을 비롯해, 오염된 집의 청소 비용, 노인과 장애인에게는 공기 청정기와 특수 진공청소기를 직접 배달했다(2006년 미국 적십자에서 작성한 목록 참고).
- 적십자와 다른 비영리 단체가 다양한 언어(영어, 스페인어, 한국어, 중국어, 베트남어 그리고 뉴욕시에서만 말해지는 많은 다른 언어)로 복구 보조금을 받을 수 있도록 운영한 프로그램

12.5 기부금 관리를 위한 계획 수립

요청하지 않은 기부는 대응 노력을 지체시키고, 장기 복구를 위한 수요를 충족시키지 못하게 한다. 이러한 기부의 쇄도를 막기는 어려울 것이다. 따라서 보통은 기부 물품

을 관리하는 것이 최선의 전략이다. 미국에서는 NVOAD와 FEMA가 이러한 문제를 직시하고 데이터베이스를 구축해 일원화된 전화번호를 제시하는 정책 초안을 만들었다. 1992년 허리케인 앤드류가 플로리다를 강타한 직후에 '기부된 물품을 실은 수천 대의 트럭이 몰려들었다.'(NVOAD, 2007) FEMA의 핫라인에서는 물건을 보내고 싶어 하는 사람들의 전화 8천 통을 받았다. 하지만 NVOAD 회원 단체인 예수재림교 봉사단Adventist Community Services에서는 직접 기부를 하겠다는 3만 통에 가까운 전화를 받았다. FEMA는 결과적으로 기부 운영 위원회Donation Steering Committee를 구성했는데 여기에는 NVOAD, 국가 재난 관리청National Emergency Management Agency, 전국 재난 관리 조정 협의회National Coordinating Council on Emergency Management, 그리고 정부 기관의 대표자 등을 포함해서 폭넓은 자원봉사 단체들이 참여했다. 이들은 기부 관리 계획을 세우고, VOAD 대표가 기부 조율을 도우며, NVOAD가 훈련, 시민 교육 그리고 자문을 돕는 데 동의했다. NVOAD는 자체 단체 내에 영구적인 기부 위원회를 설립했다. 또한 NVOAD(2007)는 가장 최근에 기부 관리를 위해 의견을 모아 합의점에 도달하기 위한 논의를 진행했다('참고자료' 부분의 링크를 참고). 이러한 노력은 기부 관리를 완전히 바꿔놓았다.

12.5.1 열 가지 주요 원칙

2002년, 재난 자원봉사에 관한 전미 리더십 포럼U.S. National Leadership Forum on Disaster Volunteerism에서는 '국가 기부 관리 전략National Donations Management Strategy'에 근거해 열 가지 원칙을 세웠다. 이들은 이러한 원칙을 통해 요청하지 않은 물품을 처리하고 적절한 기부를 권장하기 위해 계획을 세워 실행하는 방법을 제시하고 있다(FEMA, 날짜 미상).

1. *조기에 조정하라:* 계획 수립에 누가 참여할 것인가? 구체적인 업무는 누가 처리할 수 있을까? 요청하지 않은 기부 물품을 관리하기 위해서는 기부된 물품을 분류하고, 옮기고, 보관하고, 분배하는 데 도움을 줄 단체들과 함께 물품 쇄도에 대한 계획을 세워야 한다.

2. *쇄도를 예상하라*: 2차 재난에 놀라지 말라. 요청하지 않은 기부 물품이 도착할 것이라는 사실을 알아야 콜 센터, 데이터베이스 시스템, 전통 미디어와 소셜 미디어의 활용, 창고의 사전 파악, 그리고 법적·재정적·윤리적 문제에 관한 단체 및 정부 간 조율을 비롯한 여러 가지 준비를 할 수 있다.

3. *기부 물품의 운송*: 재난이 발생하면 쓰러진 나무가 도로를 막고, 경찰과 정부 당국이 접근을 막으며, 도로와 다리가 파괴되거나 파손되어 운송이 어려워지게 마련이다. 예를 들어 지진은 철로, 공항, 항구, 그리고 교통망에 피해를 입히며, 이로 인해 필요한 기부 물품의 운송에 차질이 생긴다. 결과적으로, 계획을 수립하는 사람들은 교통 당국, 고속도로 담당 부서, 그리고 도로를 청소하고, 접근을 허용하며, 진입 지점과 교통로, 그리고 출구를 어디 만들어야 할지를 아는 여러 정부 당국과 함께 일해야 한다.

4. *명령 계통 세우기*: 관계 당국은 기부 관리 조정자, 기부 조정 센터Donations Coordination Center(DCC)(사진 12.3 참고)와 함께 기부 관리팀을 임명하고, 요청했거나 요청하지 않은 기부 물품을 받아들이는 절차를 확립해야 한다. 이들이 해야 하

사진 12.3 뉴저지의 롱비치 아일랜드Long Beach Island. 슈퍼태풍 샌디 당시의 기부 물품 센터(사진 Steve Zumwalt/FEMA).

는 주요 역할은 다음과 같다(FEMA, 날짜 미상; 그림 12.2 참고).

a. *기부 관리팀*: 리더 역할을 하는 팀은 폭넓은 협력 기관을 두고 들어오는 자원을 관리하기 위해 관련된 모든 기관 및 단체와 함께 일할 수 있도록 전문 지식과 정보를 모아야 한다.

b. *기부 관리 조정자*: 주州나 지역 당국이 기부 관리 조정자를 미리 뽑거나, 그리스도 재림 지역 봉사단(ACS) 같은 경험 많은 단체에서 이러한 역할을 맡아야 한다. 카트리나가 발생했을 때, ACS는 여러 주에 걸쳐 다부처 창고 8곳에서 일했다. 이러한 책임자는 적절한 기부에 대해 시민들을 교육하고, 콜 센터를 관리하며, DCC를 운영하고, 다부처 창고의 문을 열고, 사전에 계획된 시스템을 통해 자원이 잘 들어오도록 하기 위해 여러 단체 및 언론

1	• 주 정부에서 기부 조정 센터(DCC)를 연다. 기부 관리 조정자가 사전에 계획된 시스템에 따라 기부 물품을 옮기기 시작한다.
2	• FEMA와 NVOAD가 해당 지역에 지원, 전문 지식 및 자원을 제공한다.
3	• 개인, 단체, 그리고 기업이 DCC에 제공한 기부 물품은 선적하거나 다른 곳으로 옮기기 전에 온라인에 등록한다.
4	• 분류, 목록 작성, 보관을 위해 기부 물품을 다부처 창고로 보낸다. • 장기 복구 사업에 사용할 재건 관련 물품 창고를 따로 연다.
5	• 사례 관리자, 기관 및 단체가 피해자에게 직접 배달하거나, 분배 센터로 보내거나, 아니면 장기 복구 사업을 위해 필요한 물품을 가져간다.
6	• 예배당, 학교, 대피소, 컨벤션센터, 그리고 다른 공공장소에 직접 분배 센터를 열어 수령자들이 가져갈 수 있게 한다.

그림 12.2 기부 물품 관리의 과정(FEMA, 2007; 2008; NVOAD, 1999).

과 함께 일해야 한다.

c. *DCC*: DCC는 사전에 계획된 시스템을 통해 자원을 이동하는 데 필요한 콜 센터, 데이터베이스, 그리고 직원과 같은, 기부와 관련된 행정 업무를 처리하는 장소로 기능해야 한다.

d. *다부처 창고*: 보통 비어있는 상점이나 건물 같은 빈 공간을 들어오는 물품을 보관하는 장소로 사용하면 좋다. 모든 기관과 단체가 온라인 데이터베이스를 통해 기부 물품 목록에 접근해, 사람들과 단체가 필요로 하는 자원을 활용할 수 있도록 하는 게 가장 좋다.

e. *분배 센터*: 분배 센터에서는 생존자와 기관이 필요한 물품을 가져갈 수 있다. 예배당, 박람회장, 학교, 기타 장소도 좋고, 굿윌, 구세군, 그리고 세컨드 하비스트Second Harvest 푸드 뱅크 지점도 좋다. 분배 센터에서 여러 날 먹을 식량, 중고 장난감, 옷 등을 일괄 포장으로 제공할 수도 있고, 생존자들이 물품을 둘러보며 선택할 수도 있다.

5. *외부의 지원*: 요청하지 않은 기부 물품에는 외부의 도움이 필요하다. 해당 지역에서 이전에 기부 물품을 다루었거나, 운반했거나, 데이터베이스를 구축했거나, 불필요한 물품을 정리한 경험이 있는 사람들의 전문 지식이 필요할 것이다. 이러한 전문 지식을 가진 단체 및 기관을 아는 것이 계획을 세우는 데 반드시 필요하다. 뿐만 아니라, 화물 비행기, 트럭, 프런트로더front-loader(대형 삽이 달린 트랙터의 일종 - 옮긴이), 그리고 화물 운반대를 옮길 장비를 제공할 수 있는 업체와 재난 이전에 협정을 맺어두어야 한다.

6. *지역의 역량 활용하기*: 지역의 자원과 사람들에 대해 가장 잘 아는 해당 지역의 자원봉사 단체는 주민, 언론 그리고 피해자와 가장 잘 협력하는 방법에 대한 유용한 통찰을 제공할 수 있다. 지역의 기관은 피해지역에 대해 잘 알며, 곤경에 처한 주민, 특히 노인, 장애인 그리고 의료 지원이 필요한 사람들의 명단을 갖고 있을 수도 있다. 지역의 기관, 종교 단체 그리고 지역의 여러 단체에서 물품을 분류하고 분배할 지도자와 자원봉사자 그리고 분배 센터로 쓸 장소를 제공할 수 있을 것이다(사진 12.4 참고).

사진 12.4 앨라배마의 콩코드Concord, 토네이도 발생 후에 기부 물품을 분류하는 모습(사진 Adam DuBrowa/FEMA).

7. *융통성 있게 실천하기*: 여러분이 필요로 하는 발전기가 올 수도, 상추를 실은 트럭 세 대가 올 수도 있다. 분배 센터나 다부처 창고에 예기치 않은 물품이 도착할 때, 모든 것에 대한 마음의 준비를 하고 '융통성'을 발휘해야 한다.

8. *팀워크*: 재난이 발생한 후에는 기부된 물품을 처리할 다양한 협력 기관이 필요하다. 허리케인 카트리나가 발생한 후에 많은 기관의 도움으로 대규모 다부처 창고가 문을 열었다. 이라크에서 돌아온 지 얼마 안 된 주 방위군이 운송을 지원했다. 이슬람 트럭 회사가 물품을 옮겨주기도 했다. 그리스도 재림 지역 봉사단(ACS) 자원봉사자들이 이전 재난의 경험을 바탕으로 창고 관리를 지원했다. 비전링크VisionLink라는 회사는 조정 지원 네트워크Coordinated Assistance Network(CAN)에서 더 나아가 운영 시스템 개발에 착수했다. 그러면 여러 기관이 이 목록에 접근해, 어떤 물품이 사용 가능한지 보고, 장소와 수혜자의 중복을 피할 수 있었다. 팀으로 일하면, 압도적인 양의 물품을 다루는 일이 가능해질 수 있다.

9. *현금 장려하기*: 기부 관리 계획을 세울 때, 모든 언론과 공공 교육에서 현금을 강조해야 하며, 기부 핫라인, 웹사이트, 회계와 영수증 처리를 위한 절차, 돈을

필요한 곳으로 옮기고 기록하는 은행 계좌 등을 사전에 구축해야 한다.

10. *통신 시스템*: 기부의 기회에 대해 시민들과 대화하도록 훈련된 사람들로 콜 센터를 세우는 것이 반드시 필요하다. 현재는 소셜 미디어와 앱을 통해 기부하는 것도 보편화되었다. 전화를 받거나, 소셜 미디어를 통해 정보를 제공하는 사람들은 기부된 돈이 어떻게 쓰이는지, 영수증을 어떻게 받을 수 있는지, 세금 감면의 기준이 어떤지를 기부자에게 설명할 수 있어야 한다. 통신 담당 직원은 물품 기부가 최선의 선택이 아닐 수도 있는 이유를 설명하는 법에 대해 교육받아야 한다. 콜 센터는 온라인 목록 시스템과 직접 연결되어있어야 협력 기관과 단체가 기부 물품에 즉시 접근할 수 있다.

12.5.2 기부에 관한 시민 교육

모든 기부 관리 계획에는 시민과 언론에 적절한 기부 방법에 대해 알리는 교육 부분이 포함되어야 한다. 여기서 더욱 구체적인 목표는 복구 기간 중 필요한 물품에 대해 시민들을 이해시키는 것이다. 따라서 교육 계획에는 기부자들이 책임감 있게 행동하며 장기적인 관점에서 보도록 교육하고 동기부여하고 장려하는 내용이 포함되어야 한다.

- 언론: 9.11이 발생한 후에 기자들이 세계무역센터에서 일하는 사람들을 위해 삽과 장갑이 필요하다고 보도했다. 하지만 현장에서 정말로 필요한 것은 강철을 입힌 장화였다. 언론과 함께 일하려면, 여러분이 사는 지역의 기자 및 방송인들과 알고 지내기 시작해야 한다. 이들에게 DCC, 다기관 창고, 그리고 분배 센터가 문을 열었다는 것을 알리면, 이들이 방송할 내용의 시각적 배경을 제공할 수 있다. 하지만 기부자들이 기부가 필요하다고 추측할 수 있으므로, 시각적 이미지가 가져올 수 있는 파급 효과에 대해 기자들을 신중하게 교육시켜야 한다. 따라서 기부 관리팀과 기부 센터 책임자는 재난 발생 전에 언론과 만나 협력 관계를 구축해놓아야 한다. 장기간 이 분야에서 일해왔고, 지역사회와 좋은

관계를 맺고 있는 기자를 선택해야 전달하는 내용에 대한 신뢰를 줄 수 있다. 사전에 기사문을 작성해 보내고 주요 항목을 강조해야, 전통 언론과 소셜 미디어가 초점에서 벗어나지 않을 수 있다. 반드시 필요한 기부를 확보하기 위해서는 언론이 장기 복구 기간 전체에 걸쳐 관심을 보여야 한다.

• *시민*: 언론은 시민을 교육하는 한 가지 수단이 될 수 있지만, 다른 전략도 있다. 재난이 발생하기 전에는 시민들의 관심을 끌어내기 어렵겠지만, 지역 단체, 종교 단체 그리고 자원봉사 단체에서 강의하는 것이 바람직한 출발이 될 수 있다. 기부 물품이 쇄도한 장면이 담긴 과거 사진과 영상물은 기부하고 싶어 하는 사람들이 있는 단체와 집단을 교육하는 한 가지 방법이 될 수 있다. 각 단체에서는 재난 시 자원봉사자에게 제시할 내용을 결정하고, 기부 지도자를 정해두는 게 좋다. 이들 단체들이 DCC와 함께 일하면서 즉시 적절한 기부 운동을 벌일 수 있다. 재난이 임박하면, 기부 관리팀과 책임자는 언론, 이메일, 소셜 미디어, 웹사이트 그리고 다른 방법을 통해 필요한 정보를 알릴 준비를 해야 한다. 우선적으로 해야 할 일은 콜 센터 전화번호를 알리는 것으로, 그래야 사람들이 올바른 곳에서 정보를 얻고 기부할 수 있다. 첫 번째 메시지는 '입던 옷을 기부하지 말라'는 것이고, 바로 그 뒤를 이어 적절한 기부품 목록을 알려주며, 이러한 유형의 기부가 필요한 이유와 기부할 수 있는 방법 — 특히 장기 복구를 위해 — 을 알려줘야 한다. 하지만 물품 기부를 요청할 때는 주의해야 한다. 경험 많은 다부처 창고 관리자의 조언에 의하면, 물품을 기부하는 최선의 방법은 — 반드시 물품 기부를 해야 한다면 — '종류를 명시하고, 크기를 명시하며, 상자에 넣고, 라벨을 붙이고, 화물 운반대에 얹고, 수축 포장을 하는 것'이지만, 일반 시민들은 이렇게 하기는 힘들다. 이러한 시민에는 재난을 겪은 경험이 없는, 선출직 관리도 포함되어야 한다. 선의를 지닌 시장과 시 의회 의원은 기부를 하라고 시민들을 독려해야 한다. 기부 관리팀은 2차 재난이 벌어지지 않도록 선출직 관리들과도 긴밀히 협조해야 한다. 만일 2차 재난이 벌어지면, 이들을 불러 기부 물품을 분류하게 하는 것도 좋을 것이다.

12.6 기부에 대한 회계 책임

사람들이 돈을 기부하기를 주저하는 이유는 자신들의 돈이 어떻게 쓰일지 정확히 알 수 없기 때문이다. 따라서 옷이나 통조림을 보내는 게 더 바람직하다고 생각할 수 있지만, 사실은 그렇지 못하다. 기부된 돈이 어떻게 관리되는가에 대한 사람들의 우려에는 자신의 돈을 단체에서 어떻게 관리하는지, 사기 행각에 어떻게 대처하는지, 그리고 사람들이 진정으로 기부를 할 만하다고 느끼는지 등이 포함된다. 기부자에 대한 회계 책임은 아주 중요하며, 이는 사람들의 미래의 기부 행동에 영향을 미친다(상자 12.3 참고).

상자 12.3 믿을 만한 자선 단체 찾는 법

연방통상위원회Federal Trade Commission는 기부금을 믿고 맡길 만한 단체를 찾는 법을 다음과 같이 제안한다. 이들의 제안은 다음과 같다.

- 자선 단체의 임무와 기부금을 사용하는 방법에 관해 문서화된 정보를 요구하라.
- 기부금이 세금 감면된다는 증명서를 요청하라.
- 같은 단체에 기부해온 다른 사람들에게 물어보아라.
- 해당 단체로부터 돈을 받은 사람들에게 어떤 경험을 했는지 물어보아라.
- 기부금이 얼마나 생존자에게 갈 것인지, 그리고 해당 단체의 관리비로는 얼마나 사용될 것인지 물어보아라.
- 웹사이트와 소셜 미디어에 담긴 내용이 현재 전달되는 메시지와 일치하는가?
- 해당 단체가 여러분이 각별히 관심을 기울이는 집단, 노인, 애완동물, 장애인, 또는 예로부터 소수 집단으로 지내온 사람들에게 중점적인 관심을 기울이는가?
- 해당 단체는 과거에 어떤 도움을 베풀었으며, 어떤 결과를 얻었는가?
- 해당 단체는 성공을 어떻게 평가하는가?
- 현금을 주지 말라. 수표가 가장 좋으며, 연간 세금 정산을 할 때 증거가 된다.
- 강압적인 간청에 굴복하지 말라. 전화, 이메일, 그리고 직접적인 접촉을 통한 사기 행각에 주의하라.

12.6.1 회계 책임과 관리

기부자들이 가장 우려하는 것, 그리고 명망 있는 재난 관련 단체와 복구 관리자가 신경 써야 할 것은 기부된 돈과 물품을 다루고 사용하는 방법이다. 좋은 관리인이 된다는 것은 맡겨진 것을 잘 관리하며, 기부금을 의도된 목적에 맞게 잘 사용하는 것을 뜻한다. 이것은 복구 지도자의 윤리적 책임이기도 하다. 예를 들어 사람들은 어떤 단체가 기부금으로 임원들의 월급을 올려주고, 비싼 음식을 사먹으며, 값비싼 여행을 다니고, 기부금으로 사무실을 운영했다는 것을 알면, 당연히 화가 나게 마련이다. 이제 이런 문제에 대해 살펴보겠다.

12.6.1.1 요청했거나 요청하지 않은 기부금 관리하기

여기서는 두 가지 종류의 기부에 대해 살펴보겠다. 먼저 사용 가능한 기부에 대해 살펴보고, 두 번째는 요청하지 않은 골칫덩어리 기부에 대해 살펴보겠다. 기부를 받는 단체의 입장에서는 기부를 요청하지 않았다 해도 이 두 경우 모두에 회계 책임과 적절한 관리가 요구된다. 선출된 관리와 시민들이 장기 복구 재난 관련 단체인 미국 적십자가 돈을 충분히 신속하게 또는 충분한 금액을 쓰지 않는다고 생각해 여러 차례 비난한 일이 있었다. 구체적인 필요 사항을 찾아내고 자원을 현명하게 사용할 적절한 프로그램을 만들려면 시간이 걸리지만, 사람들이 고통을 겪고 있다는 것을 알면, 이러한 시간이 좌절스럽게 느껴지는 것이다. 9.11 이후의 추모 여행 프로그램이 좋은 예인데, 이때는 사용할 수 있는 기부, 대부분 즉 현금을 받았다.

미국 적십자는 리버티 펀드Liberty Fund를 사용해 뉴욕, 워싱턴 DC 그리고 펜실베이니아에서 사랑하는 사람들을 추모하기 위해 열린 행사에 피해자 가족들이 다녀올 수 있도록 했다. 이것이 9.11 추모 여행 프로그램September 11th Memorial Travel Program이다. 참가한 가족들은 3박 4일 동안의 교통비, 호텔 숙박비, 음식 그리고 관련 비용을 제공받는다. 다른 단체에서도 도움을 제공하는데, 이는 사례 관리자가 좋은 관리인 역할을 하기 위해서는 '혜택이 중복'되지 않도록 다른 단체와 협력해야 한다는 것을 의미한다(American Red Cross, 2006). 예를 들어, 국방부에서는 자금을 제공했고, (테러 공격을 당한) 유나이티드 항공사와 아메리칸 항공사에서는 항공료를 제공했다. 이러한 일에는 여러 단체, 항공사, 가족 간의 협력이 필요하며, 이 일을 관리하는 유급 직원도 있어야 한다. 하지만 결국 1,983가족 및 개인이 도움을 받아 추모 행사에 참석했다. 좋은 관리인이 되기 위해서는 시간을 들여야 — 관료적이고 지루해 보이는 일과 사례 점검 업무에도 불구하고 — 다른 사람들이 추모 의식에 참석하도록 돈을 사용할 수 있는 셈이다.

이러한 책임의 또 다른 좋은 예는 1999년 오클라호마 토네이도에서 볼 수 있는데, 이때 이례적으로 많은 기부가 이루어져 책임 문제를 낳았다. 어마어마한 분량의 중고 옷이 기부되어 주 전역에서 옷들이 산더미를 이루었다. 이런 많은 옷들을 한곳으로 모아야 했다. 오클라호마 지역의 굿윌에서는 이 옷들을 수거해 필요한 사람들이 가져갈 수 있도록 1년 넘게 보관했다. 그렇게 하려면 직원이 시간을 들여 일하고, 다른 직업에 사용하기 위해 남겨둔 공간을 사용해야 했다. 하지만 기부자에 대한 책임이 중요한 우선순위로 다루어졌고, 해당 지역에서 재난 관련 단체의 명성을 지키는 방법이기도 했다. 하지만 생존자들은 어마어마한 분량의 중고 옷을 거의 찾지 않아, 관리 단체만 기부자의 의도를 기린 셈이 됐다.

12.6.1.2 장기 복구를 위해 책임감 있는 관계 구축하기

여러 단체에서 오랜 기간에 걸쳐 자원을 어떻게 관리하는지에 대해서는 알려진 게 거의 없으며, 특히 장기 복구의 경우에는 더더욱 그러하다. 여러 단체가 돈을 함께 사용하는 방법에 대해 문서화되고 과학적인 관점에서 알려진 것은 더욱 적다. 개인의 관점에서 그리고 협력 단체의 관점에서 재정적 책임 문제에 대해 연구한 경우가 한 건 있긴 하다(Phillips, 2014). 이 연구는 메노나이트 재난 봉사단(MDS)이 장기 복구 위원회(LTRC)를 통해 개인이 기부한 돈을 사용한 방법에 관심을 가졌다. LTRC는 자원봉사 단체에 맡겨진 돈을 사용하기 위해 MDS의 관리자 및 사업 책임자와 함께 일했다. LTRC는 보통 개인 계좌를 개설했고, 그러면 MDS가 그 계좌에서 비용(목재, 페인트, 여러 가지 물품 등)을 지불했다. MDS는 청구서를 제시했고, 많은 경우 매일 또는 매주 LTRC 대표들과 회계 모임을 가졌다. LTRC의 확인을 거친 이러한 과정의 진실성은 일도 마치지 않고 떠나거나, 자금을 잘못 사용하는 외부인과 함께 일한 다른 종교 단체와 판이하게 달랐다. 이 연구를 위해 인터뷰에 응한 개인들은 자신들의 기부금 사용에 만족을 표시했다. FEMA의 자금을 받는 단체는 MDS가 그 자금을 어떻게 사용했는지에 대한 자세한 회계 자료를 요구했고, 그 단체는 사람들에게 이를 제공했다. 미시시피의 한 기부자는 MDS가 집을 짓고 남은 목재를 지역의 벌목장에 반납하고 환불받았을 때 놀라움을 표시했다. 이들은 MDS가 그녀의 돈을 어떻게 썼는지에 대한 기록과 막대한 분량의 청구서도 공개했다.

12.6.1.3 수령인의 자격

누가 기부를 '받을 자격이 있는지'는 어떻게 결정할 것인가? 복구 지도자는 이러한 딜레마에 직면하게 된다. 수령인의 자격을 정하려면 다음과 같은 수많은 문제를 고려해야 한다.

- 모든 생존자를 똑같이 대할 것인가, 아니면 수입, 피해 정도, 기타 항목에 근거해 도움을 줄 것인가?
- 지리적 위치는 구호를 제공하는 데 어떤 역할을 하는가? 시골 지역에 사는 사람들이 캘리포니아나 뉴욕처럼 생활비가 많이 드는 지역에 사는 사람들과 똑같은 액수의 돈을 받아야 하는가? 외딴 늪지대나 부족 거주지 같은 일부 지역에는 상당히 제한된 자원으로 살아가는 사람들이 있다. 이러한 지역에 더 많은

구호를 제공해야 할 것인가?

- 누가 구호를 받을지를 결정하는 데 어떤 기준을 활용할 것인가? 토네이도가 여러분이 살던 집을 파괴했다면, 증명서나 다른 서류 없이 여러분이 그곳에 살았다는 사실을 어떻게 입증할 수 있겠는가?

- 불법 노동자도 모든 단체로부터 똑같은 혜택을 받아야 할 것인가? 연방 정부와 자선 단체는 똑같은 혜택을 제공해야 할 것인가, 아니면 다르게 해야 할 것인가? 재난으로 고립된 외국인 여행객이나 방문객은 어떻게 할 것인가?

- 가족의 규모에 따라 수령하는 금액이 얼마나 달라야 하는가?

- 기부금을 언제 사용할지를 어떻게 결정할 것인가? 예를 들어, 심리적, 감정적인 정신적 외상은 즉시 나타나지 않을 수도 있다. 이러한 고충이 발생할 때를 대비해 기부금을 따로 보관해둬야 할 것인가? 의학적 문제도 한동안 계속될 수 있다. 계속 지원해야 할 증상은 무엇인지 어떻게 결정할 것인가?

- 유급 직원이나 자원봉사자가 필요한 프로그램에서 직원을 얼마 동안 고용할 것인가? 언제 프로그램을 끝낼 것인가? 마감일이 지난 뒤에도 일부 살림살이를 분배해줘야 할 것인가? 어떤 상황에서 그렇게 할 것인가?

- 미국의 일부 지역에서는 사람들은 자존감이나 독립심 때문에 구호를 거부하기도 한다. 미국 일부 지역의 연로한 주민들이 특히 이러한 태도를 보이는 것으로 잘 알려져 있다. 이들의 바람을 존중해야 하는가? 아니면 이들에게 결국 어떤 형태의 도움이든 필요할 것이라고 생각해 그것에 대비한 자금을 따로 보관해두어야 할까?

- 한 부모 가정, 노인, 그리고 장애인을 둔 일부 가정에 우선순위를 주어야 할까?

- 어느 정도의 지원을 받을 것인지를 결정하는 요인으로 피해 정도를 고려해야 하나?

- 사용하지 않는 물품을 보관해둔 시설에 기부금을 지불해도 될 것인가? 얼마나 오랫동안 지불해야 할 것인가?

- 모든 지역과 단체가 동성 간의 결혼과 동거를 인정하고 존중하는 것은 아니다. 이러한 상황에서 지원 단체가 어떻게 필요 사항을 예측하고 필수적인 물품을

제공할 것인가?

- 지원 단체는 기부의 딜레마를 어떻게 관리할 것인가? 예를 들어, 식료품, 의료 용품 및 의복은 전통적인 가부장적 사회에서는 여성과 아이들에게 잘 전달되지 않는 경우가 있다. 이러한 상황에서 지원 단체는 특정한 기부 물품을 따로 보관해두었다 조심스럽게 따로 분배해야 할 것인가?

- 장애인이나 일부 노인의 경우, 보조 기구나 의료 장비 같은 값비싼 도구가 필요할 수도 있다. 지원 단체가 어떻게 그러한 고충을 파악해 장비를 구하고, 그러한 것이 필요한 사람을 알아내, 제때 적절한 기부 물품을 전달할 수 있을 것인가?

- 사망으로 인한 수입의 상실은 어떻게 보상해줘야 할 것인가? 이것에 대한 예는 상자 12.4를 참고하라.

9.11이 발생했을 때, 미국 적십자(ARC)는 이러한 어려운 결정에 직면했고, 사용할 수 있는 기부금의 액수가 엄청났기 때문에 결정이 더욱 어려웠다. 테러 공격 시점에서부터 2004년 12월까지 ARC 기증 프로그램이 실시되었고, ARC는 3,572가족 및 개인에게 평균 58,567달러의 기증품을 제공했다(American Red Cross, 2006). 금액은 '임대료나 주택 담보 대출금, 식료품, 시설 및 장례비용을 포함해, 각 가정의 생활비'에 얼마나 많은 금액을 사용했는지에 근거해 결정되었다. 식료품의 양은 가족 구성원의 수에 근거했으며, ARC는 최대 지급액을 정하기 위해 가족 수와 지리적 위치(캔자스 시골 지역보다 뉴욕시가 훨씬 더 비싸다) 그리고 노동통계국Bureau of Labor Statistics의 정보에 근거한 공식을 활용했다. 이들에게 더 줄 수 있을까? ARC는 부분적으로 국세청의 자료에 따라, '더 적은 재정적 자원을 지닌 사람들보다 자급자족 능력이 풍부한 사람들에게 훨씬 더 많은 지원'이 돌아가지 않도록 했다.

ARC가 제공한 추가 기증 프로그램Supplemental Gift Program에 따라 3,056가정과 개인이 55,000달러를 제공받았다. 이는 사망했거나 중상을 입은 가족을 둔 가정에 돈을 제공한 것으로, 사례별 사회복지사가 구체적인 적합성을 따져 금액을 결정했다. ARC는 약혼자, 동성 배우자, 그리고 테러 공격으로 사망한 사람과 연결되어있거나 이들에게 의존해 있었던 사람들을 포함해, 피해를 입었지만 추가 기증품을 받을 자격이 안 되는 563가족과 개인에게 평균 20,926달러의 선물을 제공했다.

수령자의 자격을 확인하고 기부금을 신중하게 사용할 수 있었던 비결은 사례 관리에 있었다. 이 책의 다른 곳에서 언급했지만, 사례 관리 과정은 고충을 찾아내고 확인하기 위해 존재한다. 따라서 사례 관리자는 여러 재난 자원봉사 단체가 공유하는 데이터베이스에 들어가 어떤 기부가 수요자의 필요에 맞을 것인지 검토해야 한다. 데이터베이스는 작업의 중복을 막는 데도 유용하다. 사례 관리자는 LRTC와 협조해 수요자의 사례에 대해 논의하면서, 기부된 자원을 최대한으로 활용하기 위한 방법을 결정해야 한다. LTRC는 사람들의 고충을 밝혀내 이들을 사례 관리 과정과 연결시키는 역할도 할 수 있다. 이렇게 협력 기관들 간의 중복을 조율하고 협력하는 접근법은 기부금을 받을 수령자의 자격을 책임감 있고 투명하게 확인하는 주요한 비결이다.

이러한 노력은 미국에서 허리케인 카트리나 이후에 처음 개발되었다. 조정 지원 네트워크(CAN, www.can.org)로 알려진 이 데이터베이스는 복구 단체와 사례 관리자가 어떤 기부금이 사용되는지를 볼 수 있게 해주었다. 구호 매트릭스Aidmatrix로 알려진 또 다른 방법은 FEMA와 협조해 기부자와 단체를 연결하는 네트워크를 만들었다. 최선의 실행을 위한 바람직한 지침이 있음에도 국제적인 조율은 별로 이루어지지 않고 있다(상자 12.5 참고).

상자 12.4 재난 이후 생존자에 대한 보상

모든 사건이나 재난이 손실에 대한 보상을 실시하는 것은 아니다. 2004년 인도양 쓰나미가 발생한 후에 피해를 입은 13개국 모두가 생존자와 가족에게 보상을 제공하지는 않았다. 인도는 보상을 했으며, 사랑하는 사람의 신원을 확인할 수 있었던 사람들에게 일정한 금액을 제공했다. 인도는 얼굴 인식 소프트웨어를 활용해 만 명도 넘는 피해자의 신원을 확인했고, 이는 상당히 높은 성공률이었다. 이러한 보상은 가족과 가장을 잃어 감정적·재정적 고통을 겪는 가족에게 반드시 필요했던 것으로 밝혀졌다. 하지만 모든 사건에 보상이 이루어지는 것은 아니며, 보상을 반드시 해야 하는지에 대한 논의도 계속되고 있다(Feinberg, 2005). 오클라호마 테러 공격의 생존자들은 보상을 받지 못했다. 사실, 대부분의 재난 희생자는 전통적인 기부금과 프로그램 이상의 보상을 받지 못한다. 하지만 미국에서는 최근 두 사건의 경우 보상이 이루어졌는데, 그것은 9.11과 딥워터 호라이즌 원유 유출 사고였다.

9.11의 경우, 보상금은 2001년 9.11 희생자 보상 기금September 11th Victim Compensation Fund에서 제공되었다(Feinberg, 2005). 이 기금을 감독할 '특별 전문가'가 선정되었는데, 이 사람은 원유유출 시 보상을 감독한 사람과 동일 인물이었다. 보상금을 결정하는 것은 무척이나 어려운 일이다. 사랑하는 사람을 잃은 데 대한 보상을 어떻게 할 것인가? 케네스 파인버그Kenneth Feinberg는 이런 가족들과 만났고 이들에 대해 이렇게 묘사했다. "방황하고, 어쩔 줄 모르며, 예상치 못했던 비극을 받아들이느라 애쓰고 있으며, 감정적으로 지친."(Feinberg, 2005, p. xvii)

보상은 생존자의 신체적 상해와 생존자 및 사망자 가족의 경제적 상실에 초점을 맞췄다. 피해를 입은 가족의 97%인 총 2,880명이 보상을 받았다. 평균적으로 사망자 가족이 2백만 달러, 그리고 중상을 입은 사람들의 가족이 40만 달러를 받았다. 보상액은 어떻게 결정되었을까? 이를 위해 소득 내역, 사망이나 피해 당시의 나이, 그리고 시간의 경과에 따른 평균 소득 증가액 등을 비롯한 경제적 손실을 계산하는 방법이 개발되었다. 또한 부상의 종류와 시간의 경과에 따른 피해 정도를 비롯해 추가 요인도 신체적 부상에 영향을 미쳤다. 예를 들어, 어떤 사람들은 폐에 상해를 입었는데, 이는 결국 장기적인 피해로 이어질 문제였다(제4장 참고). 궁극적으로 세계무역센터에서 사망한 2,388명, 그리고 테러 발생 장소 인근 도로에서 사망한 209명에게 보상이 이루어졌다. 펜타곤에서 사망한 114명에게도 보상이 이루어졌으며, 추락한 4대의 여객기에서 사망한 총 169명에게도 보상이 이루어졌다.

이 경우에 보상은 의회의 법에 따른 것이지만, 언제나 이런 보상이 이루어지는 것은 아니다. 예를 들어, 딥워터 호라이즌 원유 유출 사고는 기업이 저지른 사고였다. 이러한 경우에 보상을 받기 위해서는 소송을 벌여야 할 수도 있다. 대부분의 경우 소송은 보상을 받아낼 수 있는 가능성이 가장 큰 방법이다. 뿐만 아니라 기부된 기부금도 보상액을 결정하는 방법에 따라 사용되어야 한다. 만일 여러분이 피해를 입은 가정이나 개인이라면, 어떤 보상이 이루어지기를 바라겠는가? 어떤 상황에서? 만일 여러분이 기부금을 관리하는 단체나 복구 지도자라면, 보상에 대한 결정을 어떻게 내리겠는가? 만일 여러분이 재난을 일으킨 회사에서 중책을 맡고 있는 임원이라면, 어떤 방법을 선호하겠는가?

상자 12.5 국제 인도주의적 구호의 바람직한 실행

국제적 재난 시 효율적인 구호를 제공하기 위해 범미 보건 기구Pan American Health Organization(P-AHO, http://www.paho.org/disasters/)는 실행안을 제시하고 있다. 구체적인 내용은 다음과 같다.

- 먼저 물어 보아라: 해당 지역의 입장에서 무엇이 필요할지를 고려하라. 그 지역에서 무엇이 필요하며, 무엇을 원하고, 무엇을 사용하는지는 그들이 가장 잘 알고 있다. 그들은 그 지역의 기후, 문화, 신앙, 그리고 가족에 대해서도 잘 알고 있다. 기부 물품을 어디 들여놓고, 어디 보관하며, 어떻게 분배해야 할지를 아는 것도 그들이다.
- 현금을 주어라: 현금은 기부할 수 있는 가장 필요하고 가장 쉽게 이동할 수 있는 물품이다.
- 조율하라: 도움과 지원이 필요한 특정한 일을 위해 자금을 사용하려면 다른 단체들과 협력하라.
- 먼저 묻지 않고는 보내지 말라: 요청하지 않은 옷, 식료품, 의료품, 혈액, 의료진, 또는 기타 구호품이 이에 해당한다.
- 지원하라: 이웃 국가에서 피해지역의 상황을 잘 이해하고, 비슷한 언어를 사용하며, 적절한 방법으로 지원 물품을 옮길 수 있을 가능성이 크다. 하지만 먼저 그 나라와 조율하지 않고 지원해서는 안 된다.
- 재고하라: 분류하고, 운송해서 궁극적으로 도움이 되려면 막대한 자원이 들어가야 하는 장비를 보낼 때는 먼저 물어보아라.
- 천막: 먼저 물어보아라. 먼저 그 지역의 자원을 활용해 지역의 재건을 도울 방법을 모색하라.
- 백신: 해당 국가 보건국의 승인을 받지 않고 백신을 보내서는 안 된다. 유행병이 번질 것이라고 예측하지 말라.

12.7 요약

　　사람들이 선의로 한 기부는 재난 상황에서 종종 문제를 일으킨다. 가장 많이 기부되는 물품은 요청하지 않은 옷과 통조림이며, 이는 모두 관리해야 하는 대상이다. 불행히도, 많은 기부가 생존자에게 단기적인 도움만을 준다. 집을 짓는 데 사용되는 시트록, 사람들이 임시 또는 영구 주택으로 들어갈 때 필요한 가구와 가전제품, 페인트 같은 장기 복구 물품은 보통 기부 물품 창고에 없어 어딘가에 요청하거나 구입해야 한다.

　　요청하지 않은 기부 물품의 쇄도는 종종 '2차 재난'으로 불리며, 이는 귀중한 자원봉사자와 직원들의 시간이 물품 관리에 쓰여야 한다는 것을 의미한다. 기부 관리팀은 신중하게 기부 관리 계획을 세우고 실행해야 한다. 이러한 계획에는 분류 절차, 교통, 보관, 그리고 쓸 만한 물품을 분배하는 과정뿐 아니라, 직원들의 관리 노력을 위한 전략도 포함되어야 한다. 덜 사용하거나 사용하지 않는 물품은 적절한 방법으로 처분해야 한다. 이러한 전반적인 과정에서 기부 관리자는 물품을 기부한 시민들에게 외교적으로 늘 감사하고 책임감 있는 자세를 유지해야 한다.

　　이와 반대로, 최선의 기부는 돈을 기부하는 것이다. 돈은 전자기기를 통해 상당히 적은 비용으로 신속하게 피해지역으로 전달된다. 따라서 돈으로는 피해지역에서 발생하는 고충에 구체적으로 대응할 수 있다(예를 들어, 보청기, 군화 등). 기부를 하고 모금을 할 필요에 대해 시민들을 교육시켜야 한다. 기부금을 모으기 위해서는 경매, 야외 행사, 기부 운동, 야드 세일 같은 창의적인 방법이 동원되어야 한다. 기부는 경험 많고 명망 있는 재난 단체에 해야 한다. 그리고 이러한 단체는 자격을 갖춘, 선별된 수령자에게 기부금을 잘 사용해 수탁자로서의 윤리적 책임을 져야 한다.

12.8 마무리 문제

12.8.1 요약 문제

1. 재난이 발생하면 사람들은 보통 어떤 물품을 기부하는가? 그런 물품이 대개 도움이 되지 않는 이유는 무엇인가?

2. 사람들은 왜 재난 피해자에게 물품을 기부하고 싶어 하는가? 사람들은 어떤 동기에 의해 움직이는가?

3. 대응에서 복구 단계로 전환할 때, 기부 관리자들이 직면하게 되는 어려움에 대해 설명하라.

4. 기부 관리 계획 수립의 열 가지 주요 원칙을 제시하고 이에 대해 설명하라.

5. DCC는 무엇인가? 다부처 창고와 어떻게 다른가?

6. 기부 물품과 기부금을 받는 단체의 수탁 기관으로서의 주요한 윤리적 책임에 대해 설명하라. 이들은 개인과 지역사회에 대해 어떤 책임을 지는가?

7. 국제적인 상황에서 기부를 주도할 때 어떤 지침에 따라야 하는가?

12.8.2 토론 문제

1. 여러분이 있는 DCC로 입던 옷을 가득 실은 트럭이 방금 도착했다면, 여러분은 트럭 기사에게 뭐라고 말하겠는가?

2. 여러분이 사는 지역의 어느 장소에 DCC와 다부처 창고를 만들 것인가? 어떤 단체가 분류, 목록 작성 그리고 분배를 맡을 것인가?

3. 장기 복구를 위한 기금 모금의 중요성에 대해 시민을 대상으로 교육할 계획을 세워보아라. 기금 모금의 중요성에 대해 어떻게 시민들을 설득할 것인가?

4. 대응 시기에 대부분의 기부 센터에 대해 생각해볼 때, 장기 복구의 필요성에

대해 시민들을 어떻게 교육할 것인가?

5. 여러분이 속해 있는 단체가 장기 복구 계획을 세우는 데 백만 달러를 받았다
고 가정해보아라. 여러분은 자금 사용을 위해 윤리적 지침을 어떻게 세울 것
인가? 어떤 기준에 따라 수령자를 선별할 것인가?

6. 여러분이 속한 종교 단체에서 국제 구호 및 복구를 위해 기부금을 모은다고 하
면, 여러분은 신자들에게 어떤 지침을 줄 것인가?

참고자료

- Coordinated Assistance Network, http://www.can.org. Last accessed November 26, 2014.
- Joplin Prom Project, multiple YouTube clips exist including https://www.youtube.com/watch?v=k7pPZ_4JQ64. Facebook page: https://www. facebook. com/JoplinPromProject.Last accessed November 26, 2014.
- NVOAD Donations Resources and Points of Consensus, http://www.nvoad.org/resource-center/. Last accessed November 26, 2014. Spanish and English versions are available.
- Reviews of charitable organizations can be found at http://www.guide-star.org, http://www.give.org, or http://www.charitywatch.org. Last accessed November 26, 2014.

제13장
지역사회의 자원

- 지역사회를 다양한 방식으로 정의한다.
- 장기 복구 노력을 위한 지역사회의 참여가 어떤 가치를 가지는지 토론한다.
- 다양한 유형의 사회 자본을 구분하고, 이러한 사회 자본을 재난 복구에 어떻게 활용할지 알아본다.
- 지역사회 전체의 다양한 이해 당사자를 참여시킬 전략을 열거하고 이에 대해 설명한다.
- 접근성을 높여 참여를 다각화할 수 있는 방법을 제시한다.
- 여러 가지 접근 방법을 통해 이해 당사자들을 참여시킬 다양한 방법을 비교하고 대조한다.
- 효율적인 재난 복구 노력을 이끌기 위해 전체 지역사회를 참여시킨다.

적응 관리adaptive management

협의consultation

내용 지도자content leader

지역사회의 참여community engagement

지역사회 단체community organization

참여 과정participatory process

참여 행동Participatory Action(PA)

정치 효능감political efficacy

방식praxis

과정 지도자process leader

전통 생태학 지식Traditional Ecological Knowledge(TEK)

재난지역사회 단체Community Organization Active in Disaster(COAD)

지역사회 기반 협업Community-Based Collaboration(CBC)

지역사회(또는 공동체)community

사회 자본social capital

유대bonding

가교bridging

인지적cognitive

연결linking

구조적structural

이해 당사자stakeholder

3회전 학습triple loop learning

총체적 지역사회whole community

13.1 서론

재난 복구에 직면하면, 유능한 복구 관리자는 다양한 자산과 자원을 동원한다. 특히 지역사회의 단체, 자원봉사 단체, 주민 협의회, 지역 주민들의 모임, 전문가 협회 등에서 참여하는 사람들이 이러한 자원의 근간을 이룬다. 이 장에서 우리는 '지역사회community'의 개념에 대해 그리고 지역사회가 재난 복구에 있어 의미하는 바가 무엇인지에 대해 처음으로 배우게 될 것이다. 그다음에는 구체적인 방법을 통해 지역사회에 어떻게 참여할 수 있는가 하는 문제로 나아갈 것이다. 사람들로 구성된 지역사회는 필수적인 '사회 자본social capital' ─ 돈의 인간적 형태인 ─ 을 형성하는데, 이는 복구 노력에 활기를 불어넣고 이를 지속할 수 있게 해준다.

세계적으로 이루어진 이러한 노력의 예를 살펴보겠다.

- *타이완*: 지역사회의 구성원들은 참여 과정을 통해 위험요인을 밝혀내고, 위험을 평가하며, 회복력을 기를 방법을 찾는다. 지역사회 기반의 통합 재난 관리 프로그램Integrated Community-Based Disaster Management Program이라 불리는 이러한 노력은 위험을 줄이기 위해 (이 장에서는 사회적 자본이라고 부르는) 인적 자원을 활용한다(Chen et al., 2006).
- *미국*: 허리케인 카트리나로 피해를 입은 사람들을 돕기 위한 대대적인 노력이 문제에 직면했다. 사람들이 살던 지역을 떠나 다른 곳으로 이주한 것이다. 재난 지역에서 멀리 떨어진 곳에 있는 사람들을 돕기 위해 루이지애나 재건 연합Rebuilding Louisiana Coalition이라는 온라인 공동체가 만들어졌다(Pyles, 2007). 약 여섯 달 후에 220개 이웃 주민들의 모임, 30개의 교회, 비영리 단체, 언론 기관, 그리고 피해지역에서 운영되는 대학교 등이 모여 지역 주민 계획 수립 네트워크Neighborhood's Planning Network를 결성했다(Pyles, 2007).
- *일본*: 일본의 지슈-보사이-소시키Jishu-bosai-soshiki 또는 지슈바Jishuba라고 불리는 단체는 시민들의 안전에 헌신하는 지역 주민들의 단체이다. 주로 대비와 대

응에 중점을 두는 지슈바의 노력은 참여를 권장하는 정부의 노력으로 이루어졌다(Bajek et al., 2008). 참여를 독려하는 운동으로 주민들은 강의, 연습, 게임, 그리고 훈련에 참여한다.

- 뉴질랜드: 민방위 재난 관리(CDEM) 기관을 만들도록 국가가 법으로 규정하고 있다. 이 기관에서는 임명직 관리와 선출직 관리가 함께 일하며, 이들은 위험을 찾아내고, 대책을 세우며, 대응 및 복구 계획을 세울 때 반드시 지역 주민과 함께 일해야 한다. 재난이 발생하면, CDEM은 보다 광범위한 사회의 지원을 받아 복구에 착수할 책임을 진다(상자 13.1 참고).

- *아이티:* 2010년 끔찍한 지진이 발생한 후에 생존자들은 수도권을 떠나 텐트촌으로 가서 몇 년 동안 살아야 했다. 지도자와 지역사회의 대표들은 고국을 재건하는 일에 대한 의견을 구하기 위해 시민에게 다가갔다. 교육 협회와 소작농 모임 그리고 건강관리 단체에서 회의를 소집하면, 이들은 텐트, 캠핑장, 공원, 집, 그리고 밭에서 사람들과 만났다. 관리들은 주민과의 만남이나 관심 집단에서 정보를 구해, 복구 단체, 정부 및 비정부 조직 그리고 주민과 정보를 공유했다. 이러한 노력으로 사람들이 자신의 의견을 표현할 수단을 갖게 되면서, '목소리를 내지 못하던 사람들의 목소리'를 들을 수 있었다. 아이티 국민들은 직업을 구할 기회, 교육과 훈련 그리고 주택 문제에서 도움을 받고 싶어 했다. 이들은 환경을 보존하고 농업 부문에 투자해야 한다고 발언했다. 이들은 고국에 자주권이 필요하다는 설득력 있는 비전을 제시했으며, 정신적 외상, 끔찍한 고통 그리고 절박한 상황에서 아이티와 아이티 국민에 대한 희망을 드러냈다(Montas-Dominique, 2011).

재난 이후 복구 과정에 지역사회를 개입시키지 않으면 여러 가지 형태의 실패를 겪게 된다. 계획에 지역의 상황이 반영되지 않을 가능성이 높아지며, 해당 지역의 기후, 위험요인, 그리고 접근성과 가족의 요구 사항을 비롯한 필요 사항을 고려하지 않은 방식으로 주택을 재건하게 된다. 인도에서는 최선의 건축 자재와 건물을 어떻게 지어야 할지에 대해 아무도 지역 주민에게 묻지 않아 쓰나미 이후의 재건 노력에 실패했다. 그 결과, 아무도 살고 싶어 하지 않는, 무덥고 쾌적하지 못한 집이 지어졌다. 또한 재건 결정에 성별에 따른 문제를 반영하는 데도 실패했다 — 인도는 건축에 있어 여성이 중요한 역할을 하는 곳이다. 그 지역에는 다양한 종교 및 문화를 지닌 지역사회가 있었으며, 따라서 집을 지을 때 추가적으로 고려해야 할 사항이 있었다. 하지만 사람들의 요구, 가치관, 정체성, 그리고 가족의 기능을 고려하지 않아 실패한 것이다(Barenstein, 2006). 지역사회는 복구에 참여해야 하며, 그렇지 않으면 지역 주민들의 요구를 반영하는 데 실패하게 된다 — 심지어 이들의 생활을 더욱 힘겹게 만들 수도 있다.

상자 13.1 뉴질랜드의 복구

2002년 뉴질랜드는 민방위 재난 관리법Civil Defence Emergency Management(CDEM) Act을 통과시켰다. 이 법은 각 지역에서 CDEM 집단을 결성해 '회복력 있는 뉴질랜드 지역사회를 건설'하기 위해 만들어졌다(Ministry of Civil Defence and Emergency Management, 2005a). 이러한 시도는 '민방위 재난 상황에 따라 지역사회의 즉각적이며 전체적인 중장기적 부흥을 위한 조율된 노력과 과정'을 말한다(웹사이트 링크와 그림 9.1 참고).

이 CDEM 전략에서는 사람과 단체가 다음과 같아야 한다고 본다(원문 그대로, p. 5).

- 위험요인의 직간접적인 결과에 대해 잘 알고 있어야 한다.
- 위험이 줄어들고 있는 곳일지라도, 복구 계획의 필요성을 인식해야 한다.
- 사람들이 서로에게 의존하는 방식을 이해하고, 사회, 경제, 구조 및 자연 환경과 관련된 복구 계획을 다 함께 참여해 사전에 세워야 한다.
- 효율적인 복구 방식을 확립하기 위한 조치를 취해야 한다.
- 사회 및 경제에 미치는 재난의 파급 효과를 줄이기 위해 재난 이후 즉각적인 대응과 복구 조치를 취해야 한다.
- 복구에 관한 사항을 매일의 의사 결정 과정에 포함시켜야 한다.
- 재난을 향후 지역사회와 지역 경제에 대한 위험을 줄일 기회로 활용할 방법에 대해 재난 이전에 계획을 수립해두어야 한다.

뉴질랜드는 이처럼 선진적인 사고방식으로 체계적 접근을 할 수 있었다. 이러한 시스템의 틀

안에서 해당 지역사회는 자연, 사회, 구조 및 경제 환경에 대한 전반적인 문제를 해결하기 위해 집중적인 노력을 기울인다. 그렇게 하기 위해 뉴질랜드는 "재난이 발생한 후의 의사 결정 과정에 지역사회를 반드시 참여시키기로" 했다(p. 7).

지역 출신의 복구 관리자가 임명되면, 그는 이상적으로는 재난이 발생하기 전에 계획 수립을 위해 사람들을 한데 모은다. CDEM 집단은 재난 이전에 주민들을 연결하는 기존 단체(예를 들면, 문화, 인문, 시민 그리고 종교 단체 등)와 함께 일함으로써 지역사회 전반에 걸친 관계 및 연결망을 구축한다. 그런 후에 지역 복구 위원회가 형성되어 지역사회를 복원하기 위한 방법을 계획하고 우선순위를 설정한다(Ministry of Civil Defence Emergency Management, 2005b).

재난이 발생한 후에 CDEM 집단은 복원 활동 착수를 돕기 위해 복구 센터의 문을 연다. 여기서 다시 지역 단체가 참여해 피해자(사회 복지 수혜 집단, 여성 단체, 지역사회 후원 집단, 부족과 문화 집단 등)와 연락을 취한다.

이들이 하는 주요 업무는 다음과 같다(Ministry of Civil Defence and Emergency Management, 2005b, 원문 그대로 p. 31).

- 기존 지역사회 구조 안에서 일한다.
- 필요한 경우, 보다 광범위한 지역사회의 대표들을 추가로 모집해 복구 활동에 투입한다.
- 합의된 목표 이상으로 지역사회를 통합하기 위한 전략을 세운다.
- 복구 기간 동안 조언, 정보 및 지원을 위한 원스톱 서비스를 제공한다.
- 정기적인 지역사회의 모임 및 지역의 소식지 등으로 정보를 제공하고, 지역의 활동을 알리기 위한 체계를 구축한다.
- 물리·사회적 환경을 개선하기 위해 해당 지역의 지식을 인식하고 활용한다.
- 심각한 손실이 발생한 곳의 구체적인 분야별 권리를 포함시킨다.
- 시민 및 종교 단체를 활용한다.

간단히 말해, 뉴질랜드에서는 재난 전후의 복구 노력으로 지역사회의 참여를 위해 많은 투자를 한다. 2002년 뉴질랜드 민방위 재난 관리부Ministry of Civil Defence and Emergency Management가 창설된 이래로, 이곳은 여러 가지 자재의 사전 준비, 온라인 교육 그리고 안내지 등으로 CDEM 집단을 지원하는 광범위한 웹사이트를 개발해왔다.

지역사회의 지원이 없으면 복구 노력은 실패로 돌아갈 수 있다. 뉴질랜드의 마오리족 격언에 'he tangata, he tangata, he tangata...'라는 말이 있는데 이것은 '중요한 건 사람, 사람, 사람이다'라는 뜻이다.

13.2 지역사회 정의하기

지역사회란 무엇이며, 누구를 말하는가? 지역사회는 지리적 위치, 경험의 공유 그리고 공동 관심사로 정의될 수 있다(Boughton, 1998). 지리적 위치는 동네처럼 작은 지역일 수도, 대도시권처럼 광범위한 지역일 수도 있다. 공통된 경험은 민족적 정체성, 직업적 이해관계 또는 레저나 취미에 기반을 둘 수도 있다. 분야별 집단도 지리적 위치 및 관심사의 공유와 결합하면, 지역사회로 정의될 수 있다(Boughton, 1998).

예를 들어, 플로리다 남부 경제는 농업에 크게 의존하며, 농장 노동자들이 영구적이거나 임시적인 거주지에서 지역사회를 이루며 살고 있다. 루이지애나의 바유 지역사회에는 새우와 물고기를 잡는 직업으로 인해 형성된 공동체에서 사는 아메리카 원주민들이 있으며, 이들은 환경 관리자의 역할도 하고 있다. 스포츠 팬도 자신들이 '정글Jungle'이나 '도그 파운드Dawg Pound'로부터 나왔다고 집단적으로 표현할 때 지역사회 또는 공동체를 이룬다. 여기서는 지역사회를 규정하는 다양한 요인들에 대해 살펴볼 것이다. 또한 복구 노력을 기울일 사람과 지역사회를 어디서 찾아야 할지에 대해서도 알아볼 것이다. 사람들이 어떤 공통점을 갖고 있는지, 즉 무엇을 공유하고 있는지를 찾아야 한다. 여러분은 여러분이 사는 지역사회에 대해 얼마나 잘 알고 있는가? 출발점으로 상자 13.2를 참고해라.

상자 13.2 자신이 속한 지역사회에 대해 알아보기

미국 인구 조사국은 웹사이트(http://www.census.gov)와 모바일 앱(http://www.census.gov/mobile)
을 통해 지역 인구에 대한 기초적인 정보를 제공하고 있다. 여러분이 사는 지역의 인구 통계학적 정
보를 확인하려면, 다음 단계에 따르면 된다(2014년 12월 23일의 정보에 의거함).

- 해당 웹사이트에 들어가 QuickFacts를 선택하고, 여러분이 사는 주州에 해당하는 메뉴를
  선택하라.
- 여러분이 사는 주州의 인구에 대한 정보를 접한 후에, 카운티나 시를 선택하라.

해당하는 군이나 시에 들어가서, 다음 정보를 찾아라.

- 나이와 성별
- 장애
- 교육 정도
- 직업
- 수입
- 출신과 언어
- 빈곤 정도
- 인종과 민족
- 관계
- 재향 군인
- 외국에서 태어난 사람
- 분 단위의 평균 통근 시간
- 임대주택 및 주택 소유자의 비율
- 예로부터 인종 및 민족적 소수자로 여겨져 온 집단이나 여성이 소유한 회사의 수

이러한 정보는 지역의 복구 노력에 어떤 사람들을 참여시켜야 할지에 대해 어떤 정보를 말해
주는가? 이들의 관심사는 무엇일까? 여러분이 사는 지역에 살고 있지만, 인구 조사에서 누락된 집
단이 있다는 것을 잊어서는 안 된다. 예를 들어, 인구 조사에서는 집 없는 사람들이 누락되기 쉬우
며, 최근에 정착한 많은 이민자를 놓칠 수 있다. 인구조사국 직원은 불법 노동자도 놓칠 수밖에 없
다. 간단히 말해, 인구 조사는 출발점일 뿐이다. 인구 조사에서 누락되기 쉬운 집단을 찾기 위해서

는 다음과 같은 사항을 점검하라.

- 종교 단체
- 사회 복지 제공자
- 응급실
- 소수 인종이 운영하는 식료품점과 식당
- 종교 시설과 푸드 뱅크
- 지하 차도 및 다리나 철로의 아래쪽 그리고 캠핑촌

그리고 귀를 기울여라. 상점에서 물건을 살 때 사람들의 대화를 열심히 들어라. 다른 언어, 다른 악센트, 그리고 사투리에 귀를 기울여라. 또한 사방을 둘러보아라. 수화를 쓰는 사람들이 보이는가? 휠체어나 다른 기기에 의존한 사람들이 있는가? 문화적으로 특이한 옷차림을 한 사람들이 있는가? 대규모 집단 요양 시설에서 밴을 타고 온 노인들이 있는가? 지역 주민 모임에 참가하기 어렵거나, 관련 소식을 접하기 어려운 사람들에 주목하라. 이들이 관련되어있는 지역의 단체를 찾아 이해 당사자들을 참여시켜라.

13.2.1 장소의 공유

지리적으로, 지역사회에는 대개 공동 관심사를 기반으로 관계를 구축하고 상호작용하는 장소가 있게 마련이다(Boughton, 1998). 은퇴 노인 공동체Naturally Occurring Retirement Communities(NORC)라 불리는 노인 집단은 유사한 지리적 위치에서 사람들이 은퇴할 때 형성된다. 이와 마찬가지로, 젊은 부부가 집을 사고 그 지역에서 오랫동안 거주할 때 비슷한 연령대의 이웃 집단이 만들어진다. 대학생도 공동 주택에서 살며 이러한 현상을 경험한다. 허리케인 카트리나가 발생한 후에 기금 모금자들은 이 지역의 음악가들이 모여 살고 상호작용하며 뉴올리언스의 음악과 문화를 되살리는, 음악가 마을Musician's Village을 짓는 걸 도왔다. 미시시피의 패스 크리스천에서는 자원봉사 단체들이 고상식 주택을 짓는 것을 도와, 그 지역에서 여러 세대에 걸쳐 살아온 대가족이 돌아와 서로 도와가며 상호작용을 나눌 수 있게 해주었다.

13.2.2 경험의 공유

인종적 관계의 문화적 관심과 역사적 양상이 결합하면, 경험의 공유를 통한 지역사회가 만들어지기도 한다(Boughton, 1998). 노스캐롤라이나에서는 남북 전쟁이 끝나고 프린스빌이라는 마을이 생겨났다. 주민들이 이 지역의 인종주의와 지역 분리주의의 양상으로 인해 오랜 시간에 걸쳐 홍수가 자주 발생하는 강가의 저지대로 밀려난 결과였다. 사람들이 공동 유대 관계를 발전시키고 늪지대에 새로운 마을을 만들면서 프린스빌이 생겨났고, 이들은 반복되는 재난에도 불구하고 자신들의 유산을 지켜나갔다. 이 땅과 조상에 대한 강력한 유대 관계를 바탕으로, 이들은 증오 집단의 공격을 비롯해 자신들의 생존을 위협하는 수차례의 공격에 대항했다(Phillips et al., 2012).

새로운 이민자 집단이 공통된 언어와 가치관을 통해 도움을 주고받으며 가까이 모여 사는 것은 드문 일이 아니다. 예를 들어 멕시코만을 따라 수많은 베트남계 미국인 가족이 가까운 곳에 모여 살며 새우 잡이와 어업에 종사하고 있다. 카트리나로 인한 마지막 대피 집단이 루이지애나의 최남단인 베트남계 미국인의 거주지인, 이 플라커민즈 행정구에서 나온 것은 놀라운 일이 아니다. 이러한 강력한 유대 관계는 허리케인 카트리나 이후에도 남아, 이들은 정든 곳으로 돌아와 주로 어업인 자신들의 생계를 다시 구축해나갔다. 알래스카 원주민 마을에 홍수가 발생한 후에 FEMA는 계약업체를 확보할 수가 없었다. 이들은 전통 지역을 재건하기 위한 대안으로 메노나이트 재난 봉사단의 자원봉사자들을 참여시켰다(사진 13.1 참고). 슈퍼 태풍 샌디 이후에 뉴저지 해안을 따라 사는 주민들은 관광지와 보드워크를 재건하기 위해 돌아왔다. 이로부터 1년 정도 후에 대규모 화재가 발생해 이들이 만든 것이 대부분 불에 탔다. 그럼에도 이들은 다시 돌아와, 자신들의 땅과 직업 그리고 생활 방식을 지켜냈다. 지리적 위치는 지역사회 개발을 위한 경제적 기반을 제공하며, 이는 나중에 경험의 공유로 발전된다.

지역사회는 정치, 사회, 또는 레저 분야의 관심에 따라 형성될 수도 있다(Marsh and

Buckle, 2001). 아이티 지진이 발생한 후에 여성 단체는 텐트촌에서 벌어지는 폭력과 공격에 대한 경각심을 키우기 위해 열심히 노력했다. 같은 경험을 갖고 있는 다른 지역 공동체와 함께 일하면서, 이들은 보안 순찰대와 가로등을 요구했다. 2005년 파키스탄 지진이 발생한 후에도 같은 일이 벌어졌고, 이때 이와 유사한 사회 정치적 공동체가 퍼다 Purdah(이슬람 국가에서 여자들이 남자들의 눈에 띄지 않도록 얼굴을 가리는 것 – 옮긴이)를 쓰고 두르고 여성과 어린이를 위한 의료 시설을 설립했다.

그렇다. 레저 분야에서도 지역사회가 형성된다. 마라토너들은 코스를 계속 달리도록 서로를 격려하고 5km 또는 42.195km의 마라톤 전 코스를 마치고 축하를 나누며 쉽게 유대 관계를 맺는다. 2013년 보스턴 마라톤 폭파 사건은 이들의 공동체와 헌신을 잘 보여주었다. 결승선에서 폭탄 2개가 폭발해, 3명이 죽고 300명 가까운 사람들이 팔다리를 잃는 등의 부상을 입었다. 관람객, 마라토너, 그리고 완전히 낯선 사람들이 재난 현장에서 도망치지 않았다. 대신 이들은 혼란스러운 현장으로 다가가 사람들을 구하고 희망을 전파했다. 이 사건이 있은 뒤 전 세계 마라토너들은 '보스턴 힘내Boston Strong'라고 쓰인 티셔츠를 입고, 이 도시의 야구팀을 응원하는 빨간 양말을 신었다. 마라토너 공동체가 테러 사건에 맞서 전 세계에서 함께 일어선 것이다. 9.11이라는 경험도 전국에 있는 사람들이 카메라 앞에서 "나는 뉴욕 시민이다"라고 공개적으로 선언한 것에서 볼 수 있듯이, 비슷한 대응을 촉발했다.

13.2.3 구역 기반 공동체

여러 구역을 아우르는 지역사회(또는 공동체)는 종종 지리적인 위치(사이버 공간을 포함해)에 기반을 두며, 공통된 경험을 갖는다(Boughton, 1998). 구역에 기반을 둔 집단은 생존 수단에 의해 나타나기도 한다. 예를 들면, 재난 이후에는 가정 폭력이 증가하는 것으로 나타난다(Jenkins and Phillips, 2013). 카트리나 이후에 뉴올리언스에서는 위험에 처한 여성과 어린이를 대피시키기 위해 위험을 무릅쓴 대피소 직원들의 헌신적인 노력이 있었다. 재난 이후에는 사용 가능한 주거지가 제한되므로, 일부 여성은 폭력적인 가해자에게 돌아

사진 13.1 알래스카의 이글Eagle. 메노나이트 재난 봉사단의 자원봉사자들이 홍수로 범람한 지역을 위해 낚시용 물레를 재건하는 모습(사진 Ben Brennam/FEMA).

갈 수밖에 없다고 느꼈다. 이러한 상황에서 현대판 '지하조직'은 여성과 아이들이 보다 안전하고 비밀스러운 장소로 대피할 수 있게 도와줄 수 있을 것이다. 지리적 위치를 포괄하는, 구역에 기반을 둔 지역사회(또는 공동체)는 그러한 것을 가능하게 만든다. 아이티 지진 이후에 고아원에서 입양을 기다리던 어린이에 관한 수많은 사연이 쏟아져 나왔다. 서류 작업, 여권 및 여행 관련 업무를 신속히 처리해 시간이 오래 걸리는 입양 절차를 마무리하기 위한 노력이 증가했다. 이와 유사하게, 애완동물을 구조해 안전한 곳에 대피시키려는 재난 이후 노력도 지난 10년 동안 훨씬 공식적으로 처리되었다.

이러한 시도의 많은 부분이 자원봉사 단체의 노력으로 인해 가능해졌다. 이들이 가정 폭력에 반대하는 지역 연합이든, 인권 협회이든, 잘 운영되는 재난 관련 단체이든, 이들 단체는 종종 구역 기반 지역사회(또는 공동체)의 기본을 이룬다. 이들의 존재를 인식하고 협력하면, 복구 지도자는 복구를 위해 반드시 필요한 자원을 창출해낼 수 있다.

13.2.4 단일 지역사회에 대한 미신

모든 사람이 '지역사회(또는 공동체)의 모자이크'에 속해있는 것은 분명한 사실이다 (Marsh and Buckle, 2001, p. 5). 지역사회에는 또한 상당한 내적 다양성이 존재한다. 서로 다른 학교를 졸업하고 결혼한 부부는 차에 '두 편으로 갈린 집'이라는 스티커를 붙인다. 종교가 다른 사람들이 결혼하기도 한다. 비슷한 연령대의 유권자는 정치적 소속에 따라 후보자를 선택한다. 다양한 유대감 또한 존재해서, 사람들은 이러한 각 지역사회 안에서 다양한 강도의 연대감을 느낀다.

지역사회는 나뉘고, 모이고, 또한 변화를 겪는다 — 지역사회는 역동적이다(Marsh and Buckle, 2001). 사람들은 지역사회로 흘러 들어가고 또 흘러나온다. 일부는 구성원으로서의 자격을 버리기도 하고, 심지어 쫓겨나거나 자격을 박탈당하거나 자격이 만료되기도 한다. 이러한 사실을 알면, 복구 지도자들이 지역사회 내에서의 역동적인 변화를 예측할 수 있을 것이다. 제11장에서는 어느 도시의 직원의 25%가 이직한 경우를 보았다. 그 동료들의 지역사회와 이들이 갖고 있던 조직에 대한 지식은 상당한 손실을 입었다. 지역사회가 그렇게 역동적인 특성을 갖고 있다는 사실을 알면, 이직과 변화를 예측할 준비를 하고, 지속적인 채용이 지역사회 복구 노력의 일부가 되어야 한다는 사실을 깨닫게 될 것이다.

13.3 사회 자본

지역사회가 참여하는 데는 좋은 이유가 많이 있다(Scillio, 2001-2). 관심도가 높은 지역사회는 복구 지도자가 대안을 찾아보고, 조언을 제공하며, 계획을 지원할 수 있게 돕는다. 지역사회는 또한 종종 기존의 소셜 미디어 및 전통 미디어 도구를 통해 정보를 퍼뜨리는 것을 돕는다. 지역사회가 참여하면, 다양한 상황이 드러나, 복구 지도자가 어떤 결정을 내려야 지역사회 구성원에게 이익이 될지를 더 잘 이해할 수 있다. 복구 지도자는 또한 의사 결정에 대해 지역사회 구성원과 의사소통할 수 있다.

관심도가 높은 지역사회는 또한 시민, 가정 폭력의 생존자 또는 애완동물을 위한 지역 대피소를 재건하는 것과 같은 자원봉사 일이나 기금 모금에도 도움을 준다. 복구 지도자는 지역사회와 교류하면, 재난 회복력을 기르는 것에 대해 사람들을 교육할 수도 있다. 간단히 말해, 지역사회와 그 구성원들은 복구 노력에 동원될 수 있는 자원의 집합체이기도 하다. 집단적 견해와 에너지 그리고 지역사회 구성원들이 기울이는 노력을 사회 자본social capital이라고 부르며, 이는 "상호 간에 이익이 되는 집단행동을 향한 의무 및 자발적인 마음 같은 사회 규범과 개인과 집단의 사회적 연결망 그리고 상호 신뢰로 기능"한다(Nakagawa and Shaw, 2004, p. 10).

사회 자본이 풍부한 지역사회는 더 빠른 회복과 더 높은 만족감을 주는 것으로 알려져 있다(Nakagawa and Shaw, 2004). 사회 자본은 유대, 가교, 연결, 그리고 구조적 및 인지적 자본을 비롯한 여러 유형으로 축적될 수 있다(Nakagawa and Shaw, 2004; Uphoff, 2000; Woolcock, 2000).

13.3.1 유대

사회 자본으로의 유대bonding는 복구 계획 수립을 위한 탁자에 비슷한 사람들을 불러 모은다. 유대는 보통 비슷한 특성을 가진 사람들, 예를 들면, 도심과 같은 동일한 지역에서 일하거나, 역사적 또는 문화적으로 같은 지역에서 살거나, 또는 같은 종교 전통을 따르는 사람들 사이에서 발생한다. 같은 종교를 믿는 사람들처럼, 깊이 교류하는 사람들은 어떤 프로젝트에 헌신하는 데 필요한 유대를 맺고 있다. 전국 재난 자원봉사 단체 협의회(NVOAD)에 참여하는 100개 이상의 단체 중 2/3 가까운 단체가 종교 단체이다(명단은 http://www.nvoad.org를 참고; Nakagawa and Shaw, 2004; Woolcock, 2000).

분명, 종교에 기반을 둔 분야는 지역사회의 다양한 부문과 밀접한 유대 관계를 맺고 있다. 뿐만 아니라, 전통적인 관료적 대응보다 더 융통성 있고 신속한 것으로 밝혀지는 경우도 많다(Kapucu, 2007). 새로운 움직임 중 하나는 재난지역사회 단체(COAD)가 설립된 것이다. 상부 단체인 COAD는 이 책 전편에 걸쳐 언급한, 보다 전통적인 VOAD를 따라 지역사회의 구성원들을 복구에 참여시킨다. COAD는 지역사회의 자산을 적절하게 사용하기 위해 지역사회의 이해 당사자들과 함께 일한다. 자원봉사자에 관한 장에서 언급했듯이, 혼자 재난 현장에 나타나는 것보다는 늘 단체와 함께 그리고 단체를 통해 일하는 것이 더 좋다. COAD는 지역사회가 갖고 있는 유대라는 사회 자본을 더 강화하기 위해, 사용 가능한 지역사회 내의 추가 자원을 이용한다.

13.3.2 가교

가교bridging라는 사회 자본은 차이를 넘어 형성된다. 예를 들어, 지리적으로 같은 지역에 사는 사람들은 인종과 민족적 차이, 직업, 교육 정도를 연결하는 유대 및 연결망을 공유할 수 있다. 이와 같은 자원은 민족적으로 다양한 거주지나 일터에서 유사한 수준의 수입이나 직업을 갖고 있는 사람들 사이에서 만들어질 수 있다(Najagawa and Shaw, 2004). 직장은 재난 복구 사업에서 자주 도움을 주는 것으로 판명될 것이다. 예를 들어, 대규모 주택 건설 회사에서는 한 작업팀이 집 한 채를 재건하기도 한다. 그러한 상황에서는 놀랍게도 페인트 부서에서 일하게 된 10대 청소년이 그 회사의 사장에게 지시를 내리는 상황이 벌어지기도 한다.

13.3.3 연결

연결linking이라는 사회 자본은 지역사회와 단체의 대표들 사이에서 만들어진다(Woolcock, 2000). 어느 지역의 학부모와 교사 단체 그리고 학교 사이의 관계는 연결의 사회 자본을 보여준다. 이와 마찬가지로, 사업주, 상공회의소, 그리고 시청은 복구를 위해 집단적으로 일하면서 사회 자본을 창출할 수 있다. 토네이도로 파괴된 학교는 인근 단체들이 모아준 가방과 학용품으로 도움을 받는 경우가 많다. 오클라호마의 플라자타워 초등학교는 모금된 자금으로 학교에 필요한 교재를 사고, 사망한 7명의 어린이와 영웅적인 교사, 행정 직원 그리고 인명을 살리기 위해 노력한 다른 사람들을 위한 추도식을 준비했다(관련 링크는 '참고자료' 부분을 참고).

13.3.4 구조적 사회 자본

구조적 사회 자본structural social capital은 역할과 법적 신분을 비롯한 사회 구조적 요소를 반영한다. 역할이란 우리가 행하는 행동이며, 이는 법적 신분과 연결되어있는 경우가 많다. 법적 신분은 우리가 사회에서 점하는 위치이다. 예를 들어, 어떤 시장이 재난 이후에 '우리는 재건할 것이며, 이전보다 더 나아질 것이다'라고 말한다면, 이는 그것이 그 사람의 역할이기 때문이다. 우리 지역에서 사는 사람들은 자신들의 법적 신분에 따라 재난 복구 노력에 도움을 줄 수 있다. 은행가는 자금을 확보하거나 재정 연합을 결성할 수 있다. 건물 관리인은 미래의 문제를 완화할 최적의 장소를 제안할 수 있다. 전업주부는 조직 능력을 발휘하고 다른 주부들과 연대할 수 있다. 지역사회 내에서 우리가 점유하는 법적 지위는 복구를 더 신속히 처리하는 데 도움이 된다.

13.3.5 인지적 사회 자본

인지적 사회 자본cognitive social capital은 사람들이 자신이 속한 지역사회에서 지니고 오는, 복구를 촉진하는 관점과 태도를 의미한다(Woolcock, 2000). 공동의 선을 위한 협동과 헌신 그리고 자원봉사 정신을 고취하는 문화적 가치는 사람들로 하여금 폭넓게 도움이 되는 목표를 달성하는 데 집중하는 사고방식을 갖게 한다. 멕시코만의 원유 유출은 아타카파족 아메리카 원주민의 유산을 지키며 가족 간에 밀접한 관계를 맺으며 살아가는 그랜드 바유Grand Bayou 지역사회에 큰 위협이 되었다(관련 링크는 '참고자료'를 참고). 이 지역 사람들은 해안 침식으로 자신들의 풍요로운 환경이 서서히 침해되고, 급기야 허리케인 카트리나로 인해 거의 파괴되는 과정을 지켜보았다. 대부분 메노나이트 재난 봉사단에 속했던 자원봉사 단체들은 비영리 단체인 남부 상호 원조 협회의 자금을 지원받아 그랜드 바유를 재건했다. 몇 년 뒤, 원유 유출로 인해 어업으로 살아가는 사람들의 생활이 무너졌다. 이들은 한데 뭉쳤고, 환경의 대변자가 되었으며, 오늘날에도 자신들의 생활 방식을 지키기 위해 투쟁하고 있다.

복구 지도자들이 사회 자본의 자원을 파악해야 복구에 연료가 될 다양한 자원을 모을 수 있다(Najagawa and Shaw, 2004). 유능한 복구 지도자는 이러한 유형의 사회 자본을 창출하는, 여러 이해관계를 지닌 지역사회로 다가간다. 이들이 가져오는 연결망과 내적인 힘은 그렇지 않을 경우 동원 가능한 수준을 훨씬 넘는 성과를 이끌어낼 수 있다.

13.4 지역사회 참여시키기

정부 관리와 지도자는 지역사회 주민들을 어떻게 참여시킬 수 있을까? 사람들을 문제 해결에 참여하도록 유도하는 방식으로 이루어져야 한다(Beierle and Cayford, 2002; 상자 13.3 참고). 공공 회의와 자문 위원회 같은 집중도가 높지 않은 방식은 큰 성공을 내지 못하는 경향이 있다. 협상과 중재가 포함된 방식이 더 높은 성공을 거둔다. 참여의 강도도 차이를 만드는데, 특히 사람들이 활발하게 논의에 참여하는 방식이 바람직하다. 사람들은 참여하고 싶어 하고 참여해야 한다. 그러므로 그렇게 되게 해야 한다.

사람들의 참여는 전혀 개입하지 않는 것에서부터 제한적인 자문이나 활발한 개입까지 다양하게 나타날 수 있다(Scillio, 2001-2). 주민들의 참여는 정치적 효율을 높이며, 이는 사람들이 변화에 영향을 미칠 수 있으며 자신들의 삶을 통제할 수 있다고 느끼는 것을 의미한다. 결과적으로, 재난 복구 과정을 이끄는 사람들이 성공을 극대화하기 위해서는 피해지역에 열정적으로 개입해야 한다. 여기서는 리더십, 참여를 가로 막는 장애물, 그리고 참여를 장려하는 전략을 점검함으로써, 그렇게 할 방법을 검토해보겠다. 또한 "지역 사람들이 참여할 것이며... 계획 수립은 이러한 과정을 보다 효율적으로 만들기 위한 것에 지나지 않다"는 것을 명심해야 한다(Coles and Buckle, 2004, p. 11).

상자 13.3 지역사회의 참여를 높이는 방법

재난 복구 과정에 사람들을 참여시키려면, 여러분이 사는 지역에서는 어떻게 하는 게 효과적일까? 여러분은 어떤 상호작용이나 만남을 좋아하거나 피하고 싶어 하는가? 사람들의 참여에 관한 연구를 기반으로 한 다음 방법을 고려해보아라(Natural Hazards Center, 2005; Picou, 1992; 2002; Stringer, 1999).

- 포커스 집단
- 토론 동호회(Picou, 1992; 2000)
- 비공식적인 모임
- 워크숍
- 집단토론회(여러 단계로 이루어지는 구조적인 계획 수립 시)
- 쟁점 설명회
- 현장 학습
- 온라인 채팅, 포럼 및 블로그
- 라디오의 시청자 전화 참여 프로그램
- 목소리를 내지 않는 사람들을 찾아내 이들의 의견을 얻기 위한 조사(Pisaniello et al., 2002)
- 웹 카메라 설명회 및 비디오 스트리밍
- 생중계되는 회의
- 소셜 미디어(페이스북, 트위터 등)

13.4.1 사람들을 효율적으로 참여시키기: 복구 지도자의 역할

다른 사람들을 복구에 참여시키기 위해 가장 먼저 지켜야 할 원칙은 자신의 마이크를 끄는 것이다. 복구는 지도자의 문제가 아니라, 그들의 문제이다. 지역사회 구성원을 참여시키는 것은 지도자가 자신의 개인적인 문제를 내려놓고 참여한 주민들과 적극적으로 상호작용한다는 것을 의미한다.

전문가들은 유능한 지도자는 특별한 기술을 발휘해야 한다고 제안한다. 첫째, 지역사회의 참여를 이끌어내려고 노력하는 노련한 복구 지도자는 사람들의 말에 귀 기울여야 한다. 그렇게 하기 위해서는 사람들이 얼마나 말하는지, 그리고 언제 어떻게 말하는지를 주의 깊게 관찰해야 한다. 지역사회를 개입시키는 목적은 사람들의 참여를 이끌어내는 것이므로, 말 많은 지도자는 이해 당사자들이 기여할 가능성을 막아버린다. 지도자는 의사 결정 과정에서 다른 사람들이 제 역할을 할 수 있도록 도와야 하며, 그러려면 다른 사람들의 말을 들어야 한다. 궁극적으로 이는 지도자가 '공익을 위한 의사 결정을 매우 민주적이고 건설적인 방식으로 해야 한다'는 것을 의미한다(Chrislip, 2002, p. xiv).

지역사회를 존중하는 유능한 지도자는 사람들이 동의하지 않을지라도 다른 사람들의 의견을 존중한다. 이러한 노력은 지역사회 참여의 초기 단계에 특히 중요하다. 남 앞에서 말하는 데 별다른 어려움이 없는 사람들이 먼저 발언을 하면, 다른 사람들은 이것을 지켜볼 것이다. 만일 지도자가 이들의 초기 제안을 거절하면, 지켜보던 사람들은 더 이상 참여하지 않을 것이다. 지도자는 먼저 발언하는 사람들이 복구 과정을 장악하지 않도록 하는 데도 신경을 써야 한다. 유능한 지도자는 소심하거나 자신감이 없는 사람들의 발언을 비롯해, 다양한 의견을 구하고 이를 반영해야 한다(상자 13.4 참고).

주의 깊게 듣는 것도 전략 중의 하나이다(Burby, 2001; Stringer, 1999). 그렇게 하기 위한 한 가지 방법은 발언하는 사람에게 집중하고 요점을 요약함으로써, 자신이 제대로 이해했는지 확인하는 것이다. 지도자는 사람들에게 혼란을 줄 수 있는 (머리글자 같은) 기술적인 용어를 피하고, 모두가 이해할 수 있는 용어를 사용해야 한다. 또한 훌륭한 지도자는 용어에 대해 설명하고 이를 다양한 현실과 연결 지음으로써, 다양한 사람들이 무엇이 왜 중요한지를 이해할 수 있게 해주어야 한다. 예를 들어, 역사적인 문제는 임시 주택에 사는 사람들에게는 시급한 문제가 아닐 수도 있다. 시간을 들여 이 문제와, 이 문제가 지역사회의 공통적인 이익 측면에서 무엇을 의미하는지에 대해 이야기를 나누면, 사람들의 지원을 얻을 수 있을 것이다. 사람들은 익숙한 편안함을 유지하고, 고향의 분위기를 지키고 싶어 할 것이다. 따라서 지도자는 사람들이 무엇을 필요로 할지 추측하기보다는, 지역 주민들과 협의해나가야 한다(Stringer, 1999). 이러한 논의보다는 어서 집으로 돌아가고 싶어 할 수도 있지만, 복구 지도자는 그러한 논의에 지역 주민들을 참여시킬 방법을 찾아야 한다. 지도자는 사업체 복구를 촉진하기 위해 교통로를 재정비하는 문제에 대해 논의해야 하지만, 이해 당사자들은 직장으로 돌아가는 데 더 관심이 있을 수도 있다. 지도자는 새로운 사업을 유치하고 싶지만, 주민들은 환경의 질 저하를 염려할 수도 있다. 여러 의견들 사이에 잘 중재된 중간 합의점을 찾아야, 복구의 노정에서 더 나은 성공을 거둘 수 있다.

지도자는 사람들이 어떻게 받아들이고 있는지, 복구 과정이 어떻게 진행되고 있는지 끊임없이 반추하고 숙고함으로써 신뢰의 분위기를 조성해나가야 한다. 여기에는 두 가지 유형의 지도자가 필요한데, 이는 과정$_{process}$과 내용$_{content}$을 담당하는 사람이다(Chrislip, 2002). 과정 담당 지도자는 모든 사람들을 토론에 참여시키는 데 열의를 쏟아, 사람들이 끊임없이 앞으로 나아가게(시의적절하게) 하고, 사람들이 침묵하거나 소외되었다고 느끼지 않게 해야 한다. 내용 담당 지도자는 계획의 핵심에 집중해, 주요한 과업이 충분하고도 자세히 논의되도록 해서 좋은 복구 계획과 프로젝트를 개발해야 한다.

또한 지도자는 사회 문화적으로 적절한 방식으로 행동해야 한다(Stringer, 1999). 예를 들어, 일부 아메리카 원주민 문화에서는 눈을 직접 마주치는 것이 적절하지 않은 태도이다. 악수도 문화에 따라 다양하게 받아들여지며, 사람들 사이에 용인되는 거리 또한 제각각이다. 휠체어를 탄 사람 옆에 앉아 눈을 마주보며 이야기하면, 이들에게 동등한 대우를 받는다는 느낌을 줄 수 있다. 이 같은 행동 규범을 이해하면, 지도자는 해당 지역사회 내에서 그리고 지역사회 전반에 걸쳐 사람들과의 관계를 개선할 수 있다.

복구 과정을 향해 나아가려면 신뢰가 있어야 하며, 이는 신용에 바탕을 두고 있다. 사람들에게 거짓말을 하고, 잘못 이끌거나, 부정확한 것으로 판명난 정보를 제공하면, 신용이 떨어진다. 소문이나 부정확한 발언은 즉시 그리고 대대적으로 바로잡아야 한다(Kapucu, 2008). 간단히 말해, 진실되고 효과적인 의사소통을 통해 지역 주민들을 참여시킬 때 관계를 맺어나갈 수 있다.

상자 13.4 누구의 관점인가?

재난 복구를 계획할 때 누구의 관점을 고려해야 할까? 전문가들은 광범위하고 포괄적인 참여자 명단을 만들 것을 권한다. 다음과 같은 사람들의 관점에서 주택, 사업체, 환경, 심리적 고충, 건강 관리, 교통, 공공 설비 그리고 복구의 다른 문제들에 대해 생각해보아라.

- 트레일러 공원에서 사는 7살 난 어린이
- 노인 거주자
- 이동에 어려움을 겪는 사람
- 환경의 질에 신경을 많이 쓰는 사람
- 지역 상인
- 대규모 백화점을 열 계획인 외지의 기업
- 교육자
- 어린 자녀 둘을 기르는 20대 후반의 부부
- 10대 청소년
- 대학생
- 의료 전문가
- 소방대원, 경찰, 또는 재난 관리자
- 해당 도시의 수돗물 공급 관리자
- 통근자
- 쓰레기 매립지와 재활용을 감독하는 사람
- 이동식 주택 단지에 사는 주민
- 공공 주택 사업의 책임자
- 공공 주택 단지의 주민
- 지역 은행
- 사회 복지 및 보건 관련 기관
- 대중교통 이용자

13.4.2 지역사회 참여시키기: 어려운 문제와 장애물 넘어서기

여러분은 끝도 없이 질질 끄는 문제로 진전이 없거나 아무런 해결도 보지 못한 회의에 참석한 경험이 있을 것이다. 회의가 열린다는 연락을 받지 못하는 경우도 있다. 복구 지도자가 이러한 문제와 지역 주민을 참여시키는 데 따르는 여러 가지 어려움을 해결하고 이를 극복하는 데 도움이 되는 전략이 있다.

13.4.2.1 정보의 전달

회의에 참석하려면, 사람들이 회의가 열린다는 사실을 알아야 한다. 복구 관련 회의 및 행사에 사람들이 참여하는 것을 막는 여러 가지 장애물이 존재한다. 사람들은 일정의 변화로, 현재 더 먼 곳에서 살고 있어서, 또는 정전으로 안내 방송을 듣지 못해서, 회의에 대해 알지 못할 수 있다. 플로리다의 데이드 카운티 남부에서는 허리케인 앤드류가 발생한 후 한 달 동안 정전이 되어, 정부가 식량, 대피소, 응급 처치 등을 알리는 색색깔의 대형 풍선을 띄웠다. 따라서 지역사회의 참여를 원하는 복구 지도자의 첫 번째 과업은 주민들에게 다가가는 것이다. 정보를 알리는 방법은 다음과 같이 다양하다.

- 재난 대피소로 가서 정보를 알린다. 다양한 통신 수단을 활용해 임시 거주지에 정보를 전달한다. 고립된 곳, 시골 지역 또는 먼 곳까지 찾아가 정보를 전달한다. 사람들이 참석하기 쉽게 아예 그런 곳에서 회의를 개최한다.
- 텔레비전, 라디오, 신문에 여러 가지 언어로 정보를 알리고, 수화, 점자, 그리고 자막도 활용한다(사진 13.2 참고).
- (걸스카우트나 보이스카우트 단원을 활용해) 집집마다 전단지를 나눠주고, 시각 장애인, 글자를 모르는 사람, 또는 영어를 사용하지 않는 주민들이 이해했는지 확인한다.
- 야구나 축구 경기장같이 사람들이 많이 모이는 곳에서 전단지를 나눠준다.
- 밀즈 온 휠즈Meals on Wheels(노인·환자의 집으로 식사를 배달하는 서비스 – 옮긴이) 같은 가정 방문 기관이나 단체를 활용해 정보를 전달한다.

사진 13.2 그 지역 사람들이 사용하는 언어로 정보를 제공하면, 생존자의 참여에 도움이 된다(사진 David Fine/FEMA).

- 게시판, 공중전화 박스, 응급 치료소, 대피소, 식료품점, 약국, 응급실, 사회 복지 및 보건소 등 사람들이 드나드는 곳에 정보를 공지한다.
- 종교 단체, 시민 클럽, 노인 센터, 그리고 전문 직업 단체와 같이 여러 이해관계를 가진 지역 공동체에 메시지를 전달해달라고 요청한다(상자 13.5 참고).
- 개별적인 접촉을 통해 사람들에게 소식을 전하고 참석을 독려한다. 그 지역 시민 단체와 종교 단체 지도자에게 회원이나 교인들을 참석시켜달라고 요청한다.
- 학교에 다니는 아이들을 통해 가정으로 안내 전단을 보낸다.
- 보육 시설에 전단지를 놓아둔다.
- 그 지역에서 활동하는 자원봉사 단체에 회원들에게 정보를 전달해달라고 요청한다.
- 생존자를 돕는 지역 사례 관리자와 연락해 사람들을 초대해달라고 요청한다.
- 웹사이트를 열고, 이메일을 보내며, 문자 서비스를 제공한다.
- 재사용 가능한 시장바구니에 앞으로 개최될 회의와 복구 관련 정보를 게재한다.
- 사람들의 질문에 답하는 핫라인을 개설한다. 앞으로 개최될 회의에 대해 알리

는 자동 재생 기능을 포함시키되, 상담원과 신속하게 연결되도록 한다.

- 앞으로 개최될 회의 시간과 장소에 대해 알리는 행사에서 선풍기, 선물권, 식량 그리고 구호용품을 나눠준다. 이러한 물품을 참가에 대한 보상으로 활용한다.
- 정보를 전달하고 수집하기 위한 야외 행사나 설명회를 개최한다(Andrews, 2001).
- 수화를 비롯해 다양한 언어를 아는 지역의 지도자들에게 해당 언어 사용자를 참가할 수 있게 해달라고 요청한다(National Council on Disability, 2009). 이러한 언어를 사용하는 회의에서 반드시 통역 서비스를 제공하라. 가정 내에 다양한 세대가 존재함을 명심하라. 젊은 세대는 그 지역에서 사용되는 언어만을 말할 수 있고, 부모 세대는 그 지역 언어와 자신들의 모국어를 사용하며, 조부모 세대는 모국어만을 사용할 수도 있다.

일반적으로 다양한 정보를 전파하려는 노력을 기울이면 다양한 사람들의 참여를 유도할 수 있으며, 다양한 이해관계를 가진 지역사회 사람들이 참여할 수 있다. 사람들에게 지속적으로 정보를 전달하려면, 재난 관리 전문가의 헌신적인 노력이 필요하다 (Kapucu, 2008).

상자 13.5 총체적 지역사회

복구는 자원, 특히 인적 자본에서 비롯되는 자원을 많이 필요로 한다. 지역사회는 복구에 에너지와 아이디어를 불어넣는 방식으로 인적 자본을 조직한다. FEMA가 다음과 같이 언급한 대로이다. '우리는 재난 관리가 정부 중심의 접근으로는 충분하지 않다는 사실을 잘 알고 있다.' 정부뿐 아니라 '지역, 부족, 주 및 준주의 협력 기관, 종교, 비영리 집단, 민간 산업 분야 같은 비정부 조직, 그리고 개인, 가정, 지역사회 등 지역사회 전체가 재난 복구의 협력자가 되어야 한다(웹사이트 링크를 참고).' FEMA가 기본으로 삼는 총체적 지역사회Whole Community를 위한 접근에는 다음과 같은 원칙이 있다(원문 그대로).

- '총체적 지역사회의 실질적인 필요 사항을 이해하고 이에 부응한다. 지역사회의 참여는 인구 통계, 가치관, 규범, 지역사회의 구조, 연결망, 그리고 인간관계를 비롯해, 사람들의 독

특하고도 다양한 필요를 더 깊이 이해할 수 있게 해준다. 지역사회에 대해 더 많이 알수록, 현실적인 삶에서의 안전, 재난 발생 이전에 재난 관리와 관련된 활동에 참여할 지속적인 동기와 필요성을 더 잘 이해할 수 있게 된다.

- 지역사회의 모든 부분을 참여시키고 권한을 부여하라. 전체 지역사회를 참여시키고 지역 활동에 자율권을 부여하면, 이해 당사자들이 모든 위협과 위험요인으로 인한 결과에 대처하는 지역사회의 역량을 강화하고, 지역사회가 실질적으로 필요로 하는 것을 위한 계획을 세우며 이에 부응할 수 있게 된다. 이것은 지역사회의 모든 구성원이 재난 관리팀의 일원이 되게 해주고, 재난 관리팀에는 다양한 지역사회의 구성원, 사회 및 지역사회의 봉사 집단, 협회, 종교 집단 및 장애인 집단, 학술 단체 및 전문가 협회, 그리고 민간 및 비영리 부문이 포함되어야 하며, 여기에는 예로부터 재난 관리에 직접적으로 관여하지 않은 정부 기관도 포함된다. 해당 지역사회가 진정한 대화를 시작할 때, 지역 주민이 필요로 하는 것이 무엇인지 알고, 이를 해결하는 데 사용되는 기존 자원을 확보할 수 있다.

- 지역사회에서 잘 진행되는 일도 매일 점검해야 한다. 지역사회의 회복력을 기르기 위해 총체적 지역사회에 접근하기 위해서는 협회, 자산, 그리고 지역사회에 이미 존재하던 연결망을 지원하고 강화할 방법을 찾아야 하며, 이는 지역 주민에게 중요한 문제를 해결하기 위해 하루도 빠짐없이 일해야 한다는 것을 의미한다. 재난이 발생한 동안과 그 이후에 효율적으로 행동하기 위해서는 재난이 발생하기 전에 개인, 가정, 사업체 그리고 단체의 일상생활에 존재하던 기존 구조와 관계를 활용하고, 이들에게 권한을 부여해야 한다.

지역사회의 참여를 위한 정부의 접근 외에도, 총체적 지역사회는 과학적 연구를 활용해야 한다(Esnard and Sapat 2014). 다양한 지역사회 전반에 걸친 지역사회의 참여는 재난 대응과 복구를 향상시킨다.

출처: The FEMA Whole Community website, https://www.fema.gov/whole-community (2014년 12월 23일 접속). A Whole Community Approach to Emergency Management: Principles, Themes, and Pathways for Action.

13.4.2.2 일상생활에서 비롯되는 문제

보통의 일상생활과 재난과 관련된 일상생활 등 두 가지 차원의 일상생활이 사람들의 참여를 방해할 수 있다. 여러 가지 신청, 이주 그리고 재건에 필요한 정신적·신체적 에너지는 가장 강인한 생존자의 심신마저 약화시킨다. 사람들은 마침내 영구 주택에 안착하기까지 대여섯 차례 이사를 해야 할 수도 있다. 그러한 혼란과 피로는 사람들의 참여에 대한 여력과 관심을 떨어뜨린다. 한 사람의 주민이기도 한 공무원은 스트레스에 가득 찬 주민들을 상대하느라 지쳐 다른 회의에 참석할 여유를 내지 못할 수도 있다.

정상적인 일상생활도 이와 유사한 방식으로 사람들의 참여를 방해한다. 사람들은 서로 다른 일정과 순번에 따라 일한다. 밤 근무를 하거나 순환 근무를 하는 사람은 회의에 전혀 참여하지 못할 수 있다. 새내기 부모들은 잠을 거의 자지 못해 맑은 정신으로 회의에 참석할 수 없을 것이다. 출장을 다니는 사람들은 참석 여부가 불규칙할 것이다. 부모, 특히 한 부모 가정 중에 시간제 일자리를 여러 개 갖고 있는 사람은 자유로운 시간을 내기 어려울 것이다. 새로운 직장에 출근하고, 교통으로 인한 문제에 시달리다 임시 거주지로 퇴근하는 상황일 수도 있다.

아이를 돌보는 것도 문제가 될 수 있다. 부모가 믿을 만한 또는 아이를 맡길 만한 곳이 없거나, 회의장에서 믿을 만한 보육 서비스를 제공하지 못하면, 이들 부모가 참석하지 못할 수도 있다. 어떤 부모는 아이들이 학교에 가 있는 동안만 참석할 수 있고, 다른 부모는 아이들을 재운 뒤에야 참석 가능할 수도 있다. 이렇게 일과 양육에 관련된 다양한 장애물을 제거해야 지역사회의 참여를 유도할 수 있을 것이다. 사람들이 어떤 상황에서 사는지를 이해해야 다른 사람들도 참석시킬 수 있다.

분명, 복구와 관련된 어려운 문제들은 사람들의 참여를 좌절시킨다. 사람들이 참여하기 쉽게 만들어라. 사람들이 있는 곳으로 가라. 교통편을 제공하라. 다양한 언어를 사용하라. 아이를 돌봐주는 서비스를 제공하라. 음식물을 제공하라(사진 13.3 참고). 소셜 미디어, 온라인, 그리고 비기술적 방법을 비롯한 다양한 방식을 동원하라. 앞서 말한 시나리오를 실천하는 자신의 모습을 그려보고, 어서 집으로 돌아가도록 돕고 싶은 지역사회 주민들에게 다가갈 참여 과정을 계획하라.

13.4.2.3 일체감 형성하기

1980년대, 뉴멕시코 및 애리조나의 나바호족 거주지에 새로운 바이러스가 나타났다. 질병관리본부(CDC)는 답을 구하기 위해 나바호족이 사는 마을로 가서 사람들을 만났다. 이 과정에서 CDC에서는 이 지역의 미신을 발견했는데, 그것은 비가 오면 쥐가 늘

사진 13.3 슈퍼 태풍 샌디 발생 이후에 복구를 위해 자원봉사 시민 단체와 지역사회의 지도자들을 불러 모은 모습(사진 Eliud Echevarria/FEMA).

어나 사람들의 옷가지 사이를 뛰어다니게 되고, 그러면 불행이 찾아와 사람들이 죽는다는 것이었다. 이러한 설명이 미신처럼 여겨질 수도 있지만, 답은 거기 있었다. 즉, 쥐가 한타Hanta 바이러스로 알려진 바이러스를 퍼뜨리는 것이었다(Stoecker, 2005). 나바호족은 CDC 직원의 질문에 진실되게 답했지만, 문화적으로 뿌리박히고 역사적으로 내재된 설명을 이해하는 데 실패해 위험에 처한 이들을 제대로 돕지 못한 셈이었다. 나바호족에는 '지역사회의 지식을 무시하면 사람이 죽고, 타당한 것으로 받아들이면 사람을 살린다'는 말이 있다(Stoecker, 2005, p. 54). 바로 그러한 노력을 할 때, 관계가 형성되고 사람들의 참여가 늘어난다(Krajeski and Peterson, 2008).

　　FEMA와 비슷한 기구인 호주의 재난관리국에서는 문화적·언어적으로 다양한 사람들을 참여시키기 위해 몇 가지 원칙을 세웠다(Mitchell, 2003). 가장 중요한 것은 그 지역사회를 제대로 아는 것이다. 그 지역사회를 아는 것의 바람직한 예로, 치명적인 화재가 발생한 호주 브로드메도우스Broadmeadows 지역에서 활동한 긴급 구조대원을 들 수 있다. 이 지역 소방대원들은 터키 이민자가 많이 사는 이 지역사회가 자신들을 두려워한다는 사실을 발견했다. 소방대원들은 신뢰를 쌓고 의사소통을 향상시키기 위해 터키어와 문화를 배웠다. 그런 다음 이 지역의 학교 및 언론과 협력 관계를 맺고, 노년층을 위한 설명회를 개최했다. 그 결과 화재 발생이 현저히 줄었고, 주민들은 화재 감지기를 구입했다. 이들의 진정성 있고 인간적인 교류가 인명을 구한 것이다.

13.4.2.4 참여 권장하기

사람들의 기여를 높이려면, 지역사회의 참여를 늘리는 것이 필수적이다. 이전 재난에서 효과를 거둔 방법에는 다음과 같은 것들이 있다.

- *믿고 맡길 만한 육아 서비스를 제공하라:* 형제 교회Church of the Brethren 같은 단체에서는 범죄 기록 조회를 거친 숙련된 보육 교사를 제공한다(Peek et al., 2008). 피해지역의 다른 단체에서도 지역의 보육 센터, 종교 단체에서 운영하는 유치원, 또는 아이를 봐주는 지역 체육관 등을 비롯한 여러 가지 도움을 제공할 수 있을 것이다. 어느 보육 센터이든 세심한 감독이 필수적이다.
- *식사를 제공하라:* 생존자들은 복구 문제로 지칠 대로 지쳐있다. 이들에게 식사를 제공하라. 회의를 식사 시간으로 잡아라. 그 지역의 종교 단체, 주민 클럽, 스카우트 단체, 또는 기타 단체에게 자신의 시설에서 식사를 제공하게 해달라고 부탁하라. 또는 임시 주택 센터, 이웃 동네, 지역 회관으로 가라. 사람들이 있는 곳으로 가서 참여를 가로막는 장벽을 허물어라.
- *다양한 시간대에 회의를 개최하라:* 서로 다른 시간대에 순환 근무를 하는 사람들은 회의에 참석하기 어렵다. 회의 시간을 다양하게 잡거나, 같은 주제에 대한 회의를 여러 번 개최하면, 참여를 늘리고 더 많은 사회 자본을 얻을 수 있다. 소셜 미디어와 다른 비기술적 방법을 활용하면, 참여하지 못한 사람들에게도 정보를 제공할 수 있다.
- *사람들이 살고, 일하는 곳에서 회의를 개최하라:* 레저 시설을 활용하라. 공공 주택 단지의 세탁실에서 회의를 열어라. 바유 지역으로 가라. 노인 회관에 사람들을 불러 모아라. 기업의 식당을 빌려라. 지역의 커피 전문점에서 모임을 개최하라. 대피소로 가거나 임시 주택 단지를 찾아가라.

- *정기적인 행사를 활용하라:* 사람들은 먹을 것을 사야 한다. 지역 식료품점에 탁자를 놓고 회의 정보를 제공하고, 사람들에게 설문지를 작성하게 하고, 이들을 앉혀 몇 분간 이야기를 나누거나 포커스 집단에 가입시켜라. 지역 푸드 뱅크와 교회에서 정보를 수집하라. 우체국이나 주유소에서 전단지를 나눠주어라.

- *지역 단체에 의존하라:* 많은 사람들이 교회 예배에 정기적으로 참석한다. 주간 회보를 통해 여론 조사를 실시하라. 많은 주민 클럽에서 매주 회의를 연다. 필요한 서식을 보내 주민들의 조언을 구하라. 똑같은 서식을 가정 방문 건강 기관이나 밀스 온 휠스 같은 단체에 보내라.

- *현대적인 기술을 활용하라:* 그 지역 웹사이트와 소셜 미디어를 활용해 사람들에게 정보를 전달하고 이들의 피드백을 얻어라. 사람들이 계속 들어오도록 필수적인 정보를 매일 또는 정기적으로 갱신하라. 지역 주민들에게 복구 과정에 대한 소식을 매일 또는 매주 보낼 이메일 전송 목록을 작성하라. 그 지역사회에서 사용하는 다른 웹사이트에 연결하거나 소셜 미디어에 가입하라. 정보 격차가 사람들을 소외시킨다는 것을 잊지 말고, 우편과 가정 방문 같은 비기술적 방법도 병행해야 한다.

- *일체감을 형성해라:* 회의 장소, 리더십, 그리고 관심사를 다양한 사람들에게 맞추어라. 널리 인정받고 신뢰받는 사람을 통해 다양한 지역사회에 침투해 다양한 참가자를 초대해야 한다. 특이한 이해관계를 가진 지역사회를 찾아내, 이들을 찾아가서 이야기를 들어라. 그렇게 하려면, 지역사회를 잘 조직하고, 이들에게 권한을 부여해 지역 주민 스스로 일하도록 해야 한다. 재난은 빈곤하고 소외된 사람들에게 더 큰 피해를 입히므로, 지역사회 주민들을 잘 동원하고 조직해야 한다(Pyles 2007).

- *회의 내용을 통역하라:* 통역 서비스의 필요성을 인식하고 지역사회 전체를 위해 통역 서비스를 제공해야 한다. 그 지역의 대학에서 관련 언어를 구사하는 학생들을 파견할 수 있을 것이며, 어쩌면 학점을 인정해줄 수도 있을 것이다. 국제 학생 단체, 외국어 동아리, 비영어권 라디오나 텔레비전 방송국에 연락해 도움을 요청하라. 지역사회 전체에서 자원봉사자를 모집하라.

- *편의 시설을 제공하라:* 장애를 지닌 사람과 노인도 회의에 참석시켜 정보를 모으고 또 정보를 제공해야 한다. 다양한 장애가 사람들의 참여를 어렵게 만든다는 것을 이해하고, 이들의 조언이 더 평등하고 효율적인 복구를 만든다는 사실을 명심해야 한다. 지역 단체 및 후원자들과 함께 일해서, 이들에게 다가가고, 이들을 복구 과정에 포함시키며, 이들에게 여러 가지 보조 도구, 엔진 달린 휠체어, 스쿠터, 그리고 장애인 안내견을 제공해 참여를 늘려야 한다. 이러한 편의 시설이 있다는 것을 널리 알려 사람들의 참석률을 높여야 한다. 해당 지역사회의 도움을 얻어 장애인 및 노인과 접촉해서 이들을 참여시켜야 한다.

그러면 그에 상응하는 가치 있는 결과를 얻을 것이다. '재난 관리자가 주민들을 참여시키는 올바른 선택을 하면... 과거에 성공을 가로막았던 많은 장애물을 극복할 수 있다.'(Burby, 2001, p. 45)

13.5 참여 유도 전략

'결정을 전문가의 손에 맡겨두면' 여러 세대에 걸쳐 사람들의 삶에 좋지 않은 영향을 미칠 것이다(Fordham, 1998). 반대로, 참여 전략은 문제를 찾아내고, 관련 문제를 해결하며, 해결 방법을 계획해 실행하고, 그런 다음 결과를 평가하는 과정에 지역 주민들을 깊이 개입시키는 방법이다.

처음부터 '주요 선택이 이루어지기 전에 그리고 선택권이 사라지기 전에, 의사 결정 과정 초기에 주민들을 참여시켜야' 한다(Fordham, 1998, p. 31). 실제로, 미국에서 '주민들을 일찌감치 참여시킨 지역 정부는 주민들을 뒤늦게 참여시킨 곳보다 85%나 더 많은 완화 방법을 채택'했다(Burby, 2001, p. 47). 초기부터 이루어지는 적극적인 참여는 이해당사자들의 주인 의식을 드높인다.

전문가들은 주민들의 참여를 높이기 위해 다음과 같이 할 것을 권장한다(Stringer, 1999).

- 개개인의 참여도 높이기
- 관련 있고 의미 있는 일에 사람들을 적극적으로 개입시키기
- 특히 공공장소에서 발언한 경험이 없거나 자신 없어 하는 사람들도 포함시켜 참여를 권장하는 우호적인 환경 만들기
- 참가자들이 주도하는 활동 만들기
- 대리인을 통하기보다 사람들을 직접 참여시키기

이러한 노력이 '공동체 의식'을 만든다는 것이 중요하다(Stringer, 1999, p. 11). 호주에서 입증되었듯이, '재난 위험 관리나 계획 수립 과정에 참여한 지역은 더 높은 주인 의식을 갖는 경향이 있고, 이는 사람들의 바람직한 행동을 이끌어낸다.'(Pisaniello et al., 2002, p. 30) 이러한 과정이 시간을 낭비하는 것처럼 보일지라도, 호주의 베리Berri에서 15개월 동안 위험 완화 과정을 거친 결과, 그 지역에서 산불을 예방하는 120가지 전략을 찾아내는 성과를 거뒀다. 이 지역사회는 놀랍게도 이러한 계획 중 84가지를 실행했다(Pisaniello et al., 2002). 학자들과 전문가들은 이러한 노력으로 주민들이 대단한 선의를 갖게 되었다고 보고하고 있다. 정부는 주민들이 참여하고 싶어 한다는 사실을 깨달았으며, 주민들은 정부가 자신들의 말에 귀 기울인다는 사실을 깨달았다. 이들의 성공이 언론의 주목을 받으면서 다른 지역에도 영향을 미쳤다.

이러한 호주의 예는 우리가 일방적인 조사나 피드백을 얻는 방법으로 주민들의 생각을 묻는 것을 넘어 앞으로 더 나아가야 한다는 것을 보여준다(Betts, 2003). 지역 참여의 개념은 그 가치를 널리 인정받아, 1990년대에 결성된 UN의 자연 재난 저감을 위한 10개년 국제 계획United Nations' International Decade for Natural Disaster Reduction의 주된 원칙 중 하나가 되었다(Betts, 2003). 전 세계적으로 재난 복구의 목표는 이해 당사자들을 — 가장 큰 피해를 본 당사자인 — 적극적으로 개입시키고 이들의 참여를 유도하는 것이다.

13.5.1 자문에서 참여로

자문과 달리, 참여 과정은 이해 당사자들을 적극적으로 의사 결정에 개입시킨다. 참여 전략이 효과적인 데는 여러 가지 이유가 있다. 첫째, 다양한 집단의 사람들은 계획을 수립하는 탁자로 더 많은 아이디어를 갖고 온다. 둘째, 사람들을 적극적으로 참여시키면 더욱 강한 공동체 의식을 기를 수 있다. 셋째, 참여는 지도자들이 사회 자본을 인식하고, 축적하고, 활용할 수 있게 해준다. 넷째, 참여하는 주민들은 복구 과정에 '주인 의식'을 갖게 된다(Natural Hazards Center, 2005). 사람들이 복구 과정에 주인 의식을 가지면, 어려운 점을 더 잘 이해하고 어려운 결정에 더 잘 합의하게 된다.

참여 과정에는 협업이 필요하며, 이는 가교라는 사회 자본을 발전시킨다(Chrislip, 2002). 공동으로 주관하는 행사 및 회의를 개최하면, 서로 다른 동네, 직업, 민족, 연령, 이해관계 그리고 관점을 가진 사람들이 다양한 요구를 아우르는 포괄적인 복구 계획을 수립할 수 있게 된다. 그렇게 하면, 고충을 찾아내고, 불평등한 결과를 줄이며, 전체론적인 복구가 가능해진다. 게다가, '시민들은 그 지역사회의 문제와 그러한 문제를 해결하는 방법에 대해 책임감을 갖게 된다.'(Chrislip, 2002) 우리가 복구 노력에 생존자들을 얼마나 참여시키느냐 하는 것이 마지막 단계에서 가장 중요한 점이다.

13.5.2 참여 행동적 접근법

참여 행동Participatory Action(PA)은 행동 과학, 공동 학습 그리고 공동 리더십을 비롯한 여러 가지 명칭으로 알려져 있다. 재난 관리와 복구에서 상대적으로 덜 사용되지만, PA는 사회봉사, 자원봉사 단체, 계획 수립 부서, 학술 단체, 교육적인 환경에서 사용되어왔다(Greenwood and Levin, 1998). PA는 결과에 귀속되는 이해 당사자들의 직접적인 참여를 특징으로 하며, 다음과 같은 것들을 포함한다.

- 다양한 이해 당사자들 간의 협업

- 문제 해결
- 사람들을 문제 해결 과정에 끌어들이고 이해 당사자들에게 권한을 부여하는 평등하고 민주적인 과정
- 피해를 입은 모든 사람의 참여를 극대화하기 위한 노력
- 사회, 경제, 문화 그리고 정치적 문제의 광범위한 포괄
- 행동과 연결되는 결과(Greenwood and Levin, 1998; McNiff et al., 1996, Smith, 1997; Stringer, 1999)

PA는 이해 당사자들이 '결정이 어떻게 내려지고, 자원을 어떻게 활용하며, 정보가 어떻게 생산되고 배포되는지에 대해 의미 있는 영향을 미칠 수 있게' 해준다(Smith, 1999, p. 178).

PA를 통하면, 아이디어를 변화에 연결시킬 수 있다. 따라서 PA는 '단순한 성공적 행위라기보다 지식을 창출해내는, 박식하고도 헌신적인 행위'로 정의되는 방식을 필요로 한다(McNiff et al., 1996, p. 8). 이러한 방식은 사람들이 복구 노력에 대해 생각하고 느끼는 것을 통해 자기 성찰을 하며 일하고, 그럼으로써 연구의 선택권에 따라 행동하며 결정하게 한다(Reason, 1994). 또한 사람들로 하여금 전체론적 전략, 녹색 재건, 그리고 재난 회복력을 더 높이는 새로운 아이디어에 적응하고 이에 헌신하게 해준다.

13.5.2.1 참여 행동을 위한 단계적 접근

단계적 행동인 PA 모델은 문제점과 해결책을 찾아내기 위한 연구 과정으로 참가자들을 이끈다. 첫 단계는 복구의 단계, 목적 및 전략과 같은 의제를 함께 개발하는 것이다. 구체적인 단계를 함께 만들면서, 사람들은 언제 무엇을 해야 하는지를 이해한다. 지도자가 이들의 말에 귀를 기울이면, 이들은 이러한 단계에 더 기꺼이 참여할 것이다(Stringer, 1999).

예를 들면, 행위 연구 정규 모델Action Research Routine Model(Stringer, 1999)은 이해 당사자들이 보고look, 생각하고think, 행동하는act 세 단계를 거치게 한다.

- *1단계, 보기:* 참가자들은 정보와 자료를 모으면서 상황을 관찰한다. 정보와 자료를 모으는 방법에는 인터뷰, 관찰, 그리고 자료 분석 등이 있다. 참가자들은 직접 연구를 할 수도, 지역의 연구원을 고용할 수도, 연구자로부터 필요한 안내를 받을 수도 있다(Stocker, 2005; Stringer, 1999). 재난 복구 과정에서는 새로운 건축 법규, 녹색 재건 의지, 또는 역사 문화적 자원에 대한 관심 등에 관해 지역 주민을 인터뷰할 수도 있다. 관찰에는 새로운 교통로를 정하기 전에 도로와 다리를 오가는 차량의 수와 유형을 세는 것 등이 포함될 수 있다. 자료 분석은 적절하고 다양한 완화 방법을 개발하고 이전의 위험요인을 알아내기 위해, 역사적 기록물을 분석하는 것 등을 말한다. 완화를 복구에 통합하기 위해서는 이 책 전반에 걸쳐 제안했듯이, 주민들의 참여가 필요하다(Pearce, 2003).
- *2단계, 생각하기:* 폭넓은 분야의 참가자들이 필요한 이유가 여기 있다. 복구 계획을 수립하는 사람은 노인, 장애인 또는 한 부모 가정의 고충에 대해, 또는 역사적 구조물이나 환경 자원 그리고 지역의 쓰레기 매립지에 대해 생각하지 못할 수도 있다. PA 노력에 다양하고 많은 사람이 참여하면, 이들로 인해 사회 자본의 가교와 연결이 가능해진다.
- *3단계, 행동하기:* 3단계에서 사람들은 계획을 세우고, 할 일의 우선순위를 정하며, 계획을 실행한다. 참가자들은 그러한 노력이 효과적인지 알아보기 위해 평가 계획을 세운다(Stoecker, 2005). 이들은 기준을 설정하거나 시간표를 만들고, 이해 당사자들의 만족도 조사를 한다. 기준과 평가는 계획이 옆길로 새거나 방향이 틀어지지는 않았는지 노력에 다시 초점을 맞추고 에너지를 다시 불어넣는 과정이다. 궁극적으로 단계적 PA 접근법은 효율성을 주의 깊게 점검해 이해 당사자들의 지원을 이끌어내는 사려 깊은 행동과 변화로 이끈다.

13.5.2.2 하이랜더 포크 학교의 접근 방식

하이랜더 포크 학교Highlander Folk School(HFS)는 1930년대에 테네시의 시골 지역에 세워졌다. 하이랜더의 설립자인 마일스 호튼Myles Horton은 관찰을 통해 실생활에서 사람들이 문제를 해결하려면 당사자가 직접 참여해야 한다는 결론을 내린 후 HFS를 세웠다.

하이랜더는 광산 노동자들의 파업, 노동 운동 그리고 시민 권리 운동에 참여했으며, 이는 '가난한 사람들의 문제는 반드시 가난한 사람들 스스로가 해결해야 한다'는 철학에 기반한 것이었다(Adams and Horton, 1975).

하이랜더의 방식은 간단하다. 즉, 사람들을 모아 이들에게 문제와 해결 방법을 찾아낼 시간과 공간을 제공하는 것이다. 하이랜더 토론회에서는 사람들을 테네시 뉴마켓New Market의 언덕에 모이게 했고, 이곳에서 사람들은 직접 만든 흔들의자에 둥글게 모여 앉았다. 토론회의 진행자는 두 가지 간단한 질문을 던진다. '무엇이 문제인가?'와 '그 문제에 대해 무엇을 하고자 하는가?' 진행자는 앞에서 언급한 유능한 리더십의 원칙에 따라 토론에 끼어들지 않으며, 참가자들 스스로 문제에 대한 해결 방법을 찾게 한다.

하이랜더식 접근법이 효과가 있을까? 1955년 앨라배마에서 한 집단의 사람들이 학교에 모여 분리주의에 대해 이야기를 나눴다. 토론이 해결 방법으로 옮겨간 후에 호튼은 두 번째 질문을 던졌다. 한 여성이 분리주의에 대응하는 것은 매우 위험하며, 따라서 그렇게 하는 것이 불가능할 것 같다고 대답했다. 얼마 뒤 호튼은 말이 없던 이 여성이 사실은 자신의 권리를 위해 자리에서 일어서기를 거부했다는 것을, 대신 자리를 지키고 앉아있었다는 것을 알게 되었다. 이 여성은 바로 로자 파크스Rosa Parks로, 그녀는 분리주의를 강요하는 버스에서 자신의 자리를 양보하기를 거부했고, 이러한 행동은 근대 시민 권리 운동에 불을 지폈다.

13.5.2.3 지역사회에 기반한 협업

미국에서는 지역사회에 기반한 협업Community-Based Collaboration(CBC) 운동이 환경 문제를 중심으로 한동안 진행되었다(Dukes et al., 2011; Firehock, 2011). 이 운동은 협조적 관리, 지역사회에 기반한 환경 관리 그리고 풀뿌리 환경 관리 등 여러 가지 이름으로 불린다. 이러한 노력으로 토지 이용, 초목 관리, 산불 위험 및 오염 그리고 이와 유사한 몇 가지 문제를 해결했다. CBC는 '해당 지역사회에서 문제의 결과에 이해관계가 얽혀 있는 사람들(즉 이해 당사자)이 함께 참여해, 구조화된 토론회를 거쳐 의사 결정을 내리는 과정'이라고 정의할 수 있다(Firehock, 2011, p. 2). 이러한 운동을 하는 이유는 관료적 접근과 지휘 및 통제식 접근의 실패 때문이다(대안적인 접근 방식은 제11장을 참고).

이러한 접근 방식의 이점으로는 연방 정부의 결정에 대해 지역 주민들이 목소리를 내고, 관련 기관에 해당 지역의 지식을 제공하는 것도 포함된다. 결과적으로 이러한 과정을 통해 연방 정부의 우선순위와 지역사회의 바람 사이에 균형을 맞출 수 있다(Firehock, 2011). 어려움으로는 협업의 속성상 시간이 많이 걸리고, 새로 결성된 집단이 관료 집단에 속할 가능성이 있다는 점이다.

CBC는 적응 관리 과정adaptive management process을 통해 배운다. 이러한 과정에는 CBC의 평가, 계획, 그리고 문제점에 대한 점검이 포함되며, 이는 앞서 언급한 전략들과 다르지 않다. 이렇게 하기 위해 회원들은 '3회전 학습triple loop learning'으로 이어지는 반복적이고 융통성 있는 과정에 참여해야 한다(Fernandez-Gimenez and Ballard, 2011). 1회전 학습single loop learning에서는 올바른 질문을 해야 하며, 의사 결정자가 완전하고 정확한 정보를 갖고 있다고 전제한다. 2회전 학습double loop learning은 거버넌스, 정책, 행동 연구가보다 긴밀하게 연결되면서 발생한다. 3회전 학습은 회원들이 자기 점검, 자신들이 직면한 문제뿐 아니라 자신들에 대한 인식 변화에 참여하는 곳에서 이루어지는 '배우기 위한 학습learning to learn'이다(Curtin, 2011).

CBC는 네 가지 전략을 사용할 때보다 효과적일 수 있다(McDermott et al., 2011). 첫 번째 전략은 다양한 이해 당사자를 참여시킴으로써 사람들을 효과적으로 연결시키는 것이다(가교의 사회 자본이 필수적이다). 두 번째 전략은 대학, 관련 기관, 그리고 사업체의 전문가뿐 아니라, (수백 년 동안 산불 관리를 해온 아메리카 원주민 같은) 토착적 배경에서 새로운 자원을 가져오는 것이다. 세 번째 전략은 변화를 꾀하는 사람들을 후원하는 것이다. 네 번째 전략은 사건에 신속하게 대응하기 위해 초점에서 벗어나지 않고 융통성을 지키는 것이다. CBC 접근법은 협동적인 리더십에 의존하며, 이는 우리가 이 장에서 배운 것처럼 여러 관계, 관심 그리고 실체에서 온다(Walker and Senecah, 2011). CBC 접근법에서 배울 수 있는 것은 지역 주민들이 관료적인 기관에 협력할 수 있으며, 이는 어렵긴 하지만 긍정적인 변화를 가져온다는 것이다. 시간이 많이 걸리긴 하지만, 물리적이고 인간적인 환경에 변화의 힘을 몰고 올 수 있다.

현실에 적용하자면, 해안지역을 따라 해수면이 상승하는 데 따른 우려를 들 수 있는데, 이는 앞으로 해안지역의 범람이 증가할 것이라는 예측을 가능하게 한다. 미국 해양대기청(NOAA)의 해안 관리 부서는 지역사회와 계획 수립자가 결정을 내릴 수 있도록 몇 가지 보고서와 도구를 제공했다(그림 13.1 참고). 이들의 접근법은 기본적인 위험을 이해시키고, 대안을 평가하며, 비용과 편익을 결정하고, 그러고 나서 어떻게 할 것인지를 결정하는 데 지역사회를 참여시키는 것이다('참고자료'를 참고). 전문가, 관련 기관, 그리고 지역사회를 연결하는 선진적인 사고방식을 통해 지구 온난화로 인한 문제와 홍수로부터 더 쉽게 복구되는, 재난 회복력이 강한 해안을 만들게 될 것이다. CBC식 접근법은 해당 지역의 지식에 의존하며, 이는 매우 소중한 가치임이 입증될 것이다(Coles and Buckle,

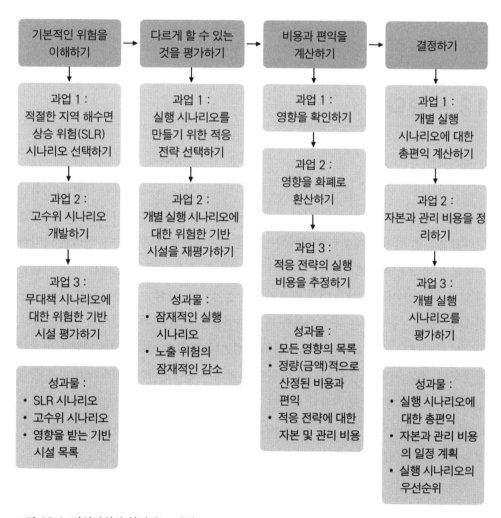

그림 13.1 지역사회와 협의하는 체계(해양대기청)

2004). 이것은 또한 전통적이고 생태학적 지식Traditional Ecological Knowledge(TEK)이라고도 불리며, 이는 사람들이 자신이 사는 곳에 대해 아는 것이 매우 가치 있으며, 따라서 이러한 토착적 지식이 과학적인 연구와 함께 활용되어야 한다는 것을 뜻한다(Indian, 2007). 예를 들면, 호주에서 원주민이 관리하는 지역에서는 유럽계가 토지를 관리하는 곳보다 산불 발생의 빈도와 정도가 더 낮았다(Indian, 2007; 2008). 바유 지역에서는 지역 주민들이 지도의 어디가 틀렸으며, 언제 외지인들이 파괴적인 방식으로 환경에 해를 주었는지를 모두 알고 있다. 지역사회가 복구 과정에 참여할 경우, 토착 주민들의 지식이 매우 소중한 것으로 입증될 것이다.

13.6 요약

지역사회는 공통의 관심사, 장소, 그리고 경험을 지닌 많고 다양한 사람들의 집단으로 보아야 한다. 단일한 '지역사회'란 없으며, 그보다는 엄청나게 다양한 배경, 직업 그리고 지리적 위치를 아우르며 중복되는 수많은 지역사회가 존재한다. 이러한 다양한 지역사회 내에는 복구에 활용될 수 있는 자원, 역량, 통찰, 그리고 견해를 지닌 사람들이 있다. 이들이 지닌 자산은 사회 자본이라 일컬어지며, 사회 자본에는 다섯 가지 유형이 있다. 유대는 공통되는 유대 관계를 가진 사람들 사이의 사회적 관계에서 비롯된다. 가교는 직장에서 보는 것처럼 차이를 넘어 형성된다. 연결은 지역사회와 단체 사이에서 형성되며, 종종 지역의 필요 사항을 해결하기 위해 만들어진다. 구조적 사회 자본은 경찰처럼, 사회 내 사람들의 지위와 이러한 지위와 연관된 행동에서 발생한다. 인지적 사회 자본에는 지역사회 사람들이 어떤 사건에 몰고 오는 열의와 회복력에 역점을 두는 것 등을 비롯한 태도와 철학이 포함된다.

복구 지도자는 지역사회에 참여해야 한다. 이를 위해 복구 과정 전반에 걸쳐 그리고 다양한 수단을 통해, 사람들에게 필요한 정보를 지속적으로 알리기 위해 변함없이 헌신해야 한다. 지역사회의 복구 노력에 개입하는 이해 당사자를 다양화하기 위한 노력을 기울여야 한다. 그러기 위해서는 이주, 실업, 교통과 관련된 고충, 그리고 아이 육아와 관련된 사람들의 삶의 현실에 관심을 기울여야 한다. 복구 회의를 직장, 주택, 그리고 레저 시설과 가까운 곳에서 개최해, 사람들의 참여를 유도해야 한다. 식량부터 실질적인 기부 물품 같은 자원을 제공하고, 참여를 정식으로 인정해줘야 한다. 사람들에게 희망을 불어넣고, 복구 노력에 영향을 미칠, 지역의 소중한 지식을 지역사회 주민들이 갖고 있음을 인정해줌으로써, 이들을 참여시키고 이들에게 권한을 부여해야 한다.

지역사회의 참여는 단순한 자문 이상을 말한다. 참여는 사람들이 적극적으로 개입한다는 것을 의미한다. 이는 지역사회 사람들과 계획을 수립하는 시간과 장소를 공유한다는 것을 의미한다. 복구 지도자는 피해지역을 앞으로 나아가게 할 공통 의제를 만들 때 귀 기울여 듣고 배워야 지역사회를 위한 최선의 봉사를 할 수 있다. 이를 위한 접근 방식에는 여러 가지가 있다. PA 접근 방법은 이해 당사자들에게 문제를 면밀히 살피고, 관련 연구를 실시하고, 상대적으로 순차적인 방법으로 해결책을 모색하도록 하는 것이다. HFS 같은 몇몇 장소에서는 사람들이 자신들의 문제와 해결 방법을 찾아내도록 비공식적이고 영감을 주는 환경을 제공한다. 지역사회에 기반한 협업은 적응력 있는 관리를 필요로 하는 지역 문제의 해결을 위한 공동 노력에 여러 기관과 사람들을 연결시켜준다.

13.7 마무리 문제

13.7.1 요약 문제

1. 지역사회란 무엇인가? 단일 지역사회가 존재하지 않는 이유는 무엇인가?
2. 이 장에서 설명한 지역사회의 일부로서, 사람들은 어떤 종류의 공통적인 유대

를 경험하는가?

3. 유대, 가교, 연결, 그리고 구조적 · 인지적 사회 자본을 구별하고, 각각의 예를 들어라.

4. 복구 계획 수립 노력과 관련해 다양한 지역사회를 알리기 위한 적어도 다섯 가지 방법을 들고 설명하라.

5. 어떤 일상생활이 재난 상황 안팎에서 사람들이 복구 노력에 참여하는 것을 방해하는가?

6. 복구 과정에 보다 포괄적인 참여를 이끌어내려면 어떻게 해야 하는가? 여러분이 사는 지역에서는 누가 그러한 노력을 할 것인가?

7. 전통적인 PA 과정의 단계에 대해 설명하라.

8. HFS는 어떻게 사람들을 참여시키며, 어떤 결과를 얻는가?

9. CBC 모델은 어떤 참여자를 데리고 어떤 목표를 위해 일하는가?

13.7.2 토론 문제

1. 여러분이 최근에 참여한 회의에 대해 생각해보아라. 그 회의는 어떤 방식이나 형식으로 진행되었는가? 정해진 의제가 있는 공식적이고 구조적인 회의였는가? 의장이 의회의 의사 진행 방식에 따랐는가? 아니면 사람들이 마음에 있는 말을 하는 비공식적인 회의였는가? 의장이 모든 사람이 이해했는지 확인하기 위해 모든 이들의 의견을 물었는가? 여러분은 얼마나 참여했는가?

2. 여러분은 로자 파크스에 대해 알고 있을 것이다. 하지만 하이랜더나 마일스 호튼에 대해서는 알고 있는가? 마일스 호튼은 1983년 노벨 평화상을 수상했지만, 자신들이 사는 지역을 변화시키기 위해 하이랜더 워크숍을 떠난 사람들만큼 잘 알려져 있지는 않다. 호튼은 아마 이렇게 덧붙였을 것이다. '과실을 누가 얻을 것인지 개의치 않는다면, 이 세상에서 좋은 일을 많이 할 수 있을 것이다' 라고. 이는 참여 과정에 있어 효과적인 리더십의 핵심이다(Adams and Horton,

1975). 자신을 죽이려 한 테러범들에 맞서 일어선 10대 청소년 말랄라를 비롯한 다른 노벨 평화상 수상자들에 대해서도 알아보아라. 인도에 대규모 홍수가 발생한 후에 굶어 죽어가는 사람들을 도와준 마더 테레사는 어떠한가? 미얀마/버마의 아웅산 수치는 사이클론이 발생한 후에 국제 원조를 거부한 군사 정권에서 국민들을 위한 민주주의를 실현하기 위해 노력했다. 왕가리 마타이는 케냐의 지속 가능한 발전을 위해 일했다. 이들은 어떻게 이런 일을 시작하게 된 것일까? 협업과 참여를 촉진하기 위한 이들의 리더십과 노력에서 어떤 교훈을 얻을 수 있을까? 이들은 어떻게 다른 사람들에게 영감을 주었는가? 참고자료에 있는 수상자들에 관한 링크를 찾을 수 있을 것이다.

3. 여러분이 다닌 대학에서는 어떤 전통을 갖고 있는가? 학생회나 운동부를 통해 학교의 상징 색, 마스코트, 그리고 정기적으로 행하는 전통에 대해 알아보아라. 사람들은 이러한 전통에 대해 얼마나 깊은 애착을 느끼는가? 동문의 학교 재방문 행사와 다른 동문 행사의 목적은 무엇인가? 여러분은 이러한 전통에 얼마나 깊이 연결되어있으며, 얼마나 영향을 받는다고 느끼는가?

4. 여러분이 열정을 갖고 있는 일을 찾아보아라. 공동 관심사를 가진 공동체를 어떻게 조직할 것인가? 아니면 여러분이 참여할 공동체가 있는가? 사람들을 모으기 위해 어떤 전략을 활용할 것인가? 여러분이 참여할 공동체는 어떤 전략을 갖고 있는가?

5. 여러분이 사는 지역에서 발생 가능성이 가장 높은 위험요인은 무엇인가? 최악의 시나리오가 벌어졌다고 가정해보아라. 여러분이 사는 지역의 인구학적 구성에 대해 연구하고 그 안에서 공동 이해관계를 가진 공동체를 찾아보아라. 이들의 참여를 어떻게 이끌어내고, 동기를 부여하고, 참여를 고취할 것인가?

참고자료

- Plaza Towers Memorial, http://www.plazatowers7.org/. Last accessed December 23, 2004.

- Grand Bayou, LA, http://www.huffingtonpost.com/georgianne-nienaber/forgotten-tribe-on-grand-_b_1841905.html. See also https://www.facebook.com/ilovegrandbayou. Last accessed December 23, 2004.

- List of Nobel Peace Prize Winners, http://www.nobelprize.org/nobel_prizes/peace/. Last accessed December 23, 2004.

- National Oceanic and Atmospheric Administration Office for Coastal Management, http://coast.noaa.gov/digitalcoast/publications/adaptation. Last accessed December 23, 2004.

- The Highlander Folks School, http://highlandercenter.org/. The Lowlander Center, http://www.lowlandercenter.org/. Last accessed December 23, 2004.

- An example of guidance for a COAD, http://www.chathamemer-gency.org/2013EMDocs/ESF-07%20ANX%20APP%207-3%20 Tab%20C%20-%20 GA%20COAD%20Toolbox.pdf. Last accessed December 23, 2004.

제14장
자원봉사자와
자원봉사 단체

학습 목표

- 자원봉사자와 자원봉사 단체가 재난 복구에 기여하는 방식을 이해한다.
- 재난 발생 후에 오는 자원봉사자의 유형을 알아본다.
- 재난 복구 상황에서 사람들이 자원봉사를 하는 이유를 설명한다.
- 재난 복구 기간에 일하는 자원봉사자와 관련된 이점과 문제점을 이해한다.
- 재난 이후 환경에서 일하는 자원봉사 단체의 유형에 대해 알아본다.
- 자원봉사자 교육 및 관리 프로그램의 주요 사항에 대해 알아본다.
- 자원봉사를 하는 자원봉사자의 안전을 지키기 위한 방법을 설명한다.
- 재난 이후 상황에서 자원봉사자들을 관리하는 최선의 방법에 대해 알아본다.
- 자원봉사자의 기여를 인정하고 보상할 여러 가지 방법을 개발한다.
- 다른 나라에서 자원봉사를 하는 적절한 방식을 이해하고 존중한다.

주요 용어

소속 자원봉사자affiliated volunteers

시민 클럽civic club

자원봉사 단체voluntary organization

종교 단체Faith-Based Organization(FBO)

인적 자본human capital

지역사회 기반 단체Community-Based Organization(CBO)

장기 복구 위원회/집단Long-Term Recovery Committee/Group(LTRC/G)

전국 재난 자원봉사 단체 협의회National Voluntary Organizations Active in Disaster(NVOAD)

자발적 무계획/무소속 자원봉사자Spontaneous Unplanned / Unaffiliated Volunteers(SUVs)

미해결 고충 처리 위원회Unmet Needs Committee

자원봉사 단체 연락 담당관Voluntary Agency Liaison(VAL)

이타주의/이타심altruism

자생 집단emergent group

자원봉사자 조정팀Volunteer Coordination Team(VCT)

종파 초월interfaith

재난 지원 기능Emergency Support Function 6(ESF 6)

14.1 서론

대부분의 도움이 필요한 시기는 복구 시기로, 자원봉사자와 자원봉사 단체가 없다면 복구는 불가능할 것이며, 자원봉사 단체의 협조적이고 집중적인 노력 없이는 이루어질 수 없다. 재난이 발생하면, 선의를 지닌 자원봉사자들이 도움을 주기 위해 즉시 달려오며, 많은 사람들이 실제로 도움을 준다. 9.11 이후에는 55,000명의 미국 적십자 소속 자원봉사자뿐 아니라, 3만 명 이상의 자원봉사자들이 피해지역에 자발적으로 모여들었다. 캐나다 자원봉사자들은 자신들의 목숨이 위험한 상황임에도 SARS 바이러스로 인한 의료 재난에 기여했다(Clizbe, 2004). 하지만 많은 '자발적인 자원봉사자들'은 몇 달에서 몇 년이 걸리는 복구를 지속하려면 자신들의 노력이 잘 조직되어야 한다는 것을 알지 못한다. 또한 9.11이나 SARS 같은 일부 상황에서는 매우 전문화되고 훈련된 자원봉사자가 필요하다. 상담가, 의료진, 그리고 적절한 개인 보호 장비를 갖춘 잔해 제거 전문가 같은.

뿐만 아니라, 경험 많은 재난 관련 자원봉사 단체가 도와주면, 축적된 인적 자본으로 상당한 차이를 만들 수 있다. 이는 사람들이 집으로 돌아갈 수 있느냐 없느냐의 문제이다. 이는 사람들이 재난 이후에 희망을 찾느냐, 아니면 계속 치유를 받아야 하느냐의 문제이다. 또한 이웃들이 다시 모여 서로를 도와 치유를 하느냐 아니면 다시는 서로 만나지 못하느냐의 차이이기도 하다. 일부 피해지역에서는 자원봉사자의 노력이 생과 사를 가르는 차이를 만들어내기도 한다.

이 장에서는 자원봉사자의 가치와 이점뿐 아니라, 이와 관련된 어려움과 효율적인 자원봉사자 관리를 위한 전략을 제안하고자 한다. 우선 주요 사례를 통해 자원봉사자 관리의 문제와 이점을 설명하는 것으로 시작하겠다.

14.1.1 조플린 토네이도

재난이 발생하면, 사람들이 나타나 도움의 손길을 내민다. 2011년 강력한 EF5 등급의 토네이도가 미주리의 조플린을 강타했다. 이 토네이도로 주택가, 상업지구 그리고 병원이 산산 조각났다. 161명이 사망하고 수백 명이 부상을 입었다. 학교 건물 10동, 종합 병원, 7,500채 이상의 주택 그리고 500개 이상의 사업체가 심각한 피해를 입었다 (Abramson and Culp, 2013).

6개월도 안 돼 조플린에 등록해 일한 자원봉사자는 114,000명에 이른다(Abramson and Culp, 2013). 약 57,000명에 이르는 추가 자원봉사자가 등록도 하지 않고 직접 피해지역에 나타났다. 조플린 주민 1명당 총 2~3명의 자원봉사자가 나타난 셈이다. 이들은 왜 온 것일까? 이들은 누구인가? 많은 사람들이 종교 단체에서 왔고, 이러한 단체들은 재난 발생 시 지속적인 도움을 주고 있다. 뿐만 아니라 대부분의 주요 종교 단체에서는 재난 시 활동하는 자원봉사 단체를 운영하고 있다. 이러한 단체에서 봉사할 구조적 체계와 그렇게 해야 할 이유를 제공하니, 사람들이 재난 현장으로 오는 것이다. 다른 유형의 단체에서도 도움을 주었다. 아메리코는 미주리, 세인트루이스에 본부를 두고 있으며, 재난 발생 다음 날 사람들을 현장에 파견했다. 스포츠팀도 왔으며, 소셜 미디어를 통해서도 사람들을 모집했다. 이들은 잔해 제거, 재건축, 심리적 지원, 애완동물과 가축 구조 등의 일에서 도움을 주었다. 이들은 수만 명에 이르며, 이들 대부분은 자발적으로 왔다.

만일 여러분이 복구 관리자라면, 이들 모든 자원봉사자들을 어디에 투입할 것인가? 조플린의 적십자사 지부에서는 미주리 남부 주립 대학교Missouri Southern State University와 협정을 맺었으며, 이들은 이재민과 자원봉사자에게 숙소를 제공했다. 자원봉사자들은 지역 교회에서 머물기도 했다. 2012년 1월, 이들이 제공한 노동의 추산 가치는 1,800만 달러에 이른다.

14.2 사람들은 왜 자원봉사를 할까?

　　사람들은 왜 자원봉사를 할까? 대부분의 연구자들은 특히 가족과 종교의 영향으로 우리가 그렇게 사회화되어있기 때문이라고 말한다(사진 14.1 참고). 자원봉사자의 행동을 묘사하는 다른 용어는 '이타주의'이며, 이 말에는 미국 사회의 핵심적인 가치가 담겨 있다. 자원봉사자와 이들의 자애로운 행동은 많은 곳에서 찾아볼 수 있다. 2010년 수도인 포르토프랭스에 지진이 발생했을 때, 아이티인들은 20만 명 이상의 가족과 친구를 잃었다. 하지만 충격에 빠진 생존자들은 잔해를 헤치고 다른 사람들을 구조하고 응급조치를 실시했다. 한편, 전 세계 여러 나라에서 이들을 도울 수색 및 구조팀, 의료 인력 그리고 대피소 전문가를 파견했다. 복구 기간에는 수천 명의 자원봉사자가 아이티로 가서 사회 기반 시설과 주택 그리고 공공 설비를 재건했다. 2011년 일본 동부 해안에 지진과 이로 인한 쓰나미가 발생했을 때, 수천 명이 달려가 대피소를 짓고, 위안을 제공하고, 보

사진 14.1 미주리의 조플린. 자원봉사자들이 EF5 등급의 토네이도로 파괴된 나무로 만든 종교 상징물(사진 메노나이트 재난 봉사단).

육 서비스를 제공하고, 이주를 도왔다. 한마디로 이타주의는 인간 행동의 필수적이며 아주 중요한 일부로, 이는 전 세계적으로 높이 평가되는 가치이다(Piliavin and Charng, 1990; Wilson, 2000; Wilson and Musick, 1997).

이와 같은 친사회적 행동은 의도적인 것이며 불운을 겪은 사람들을 돕기 위한 것이다. 사람들이 자원봉사를 하는 데는 수많은 이유가 있다. 사회화되는 과정에서 다른 사람을 돕는 이타주의적 본성이 생기기도 한다. 노동뿐 아니라, 여러 사람의 소유물을 한데 모으면, 우리는 혼자 할 수 있는 것보다 더 많은 일을 해낼 수 있다. 많은 사회에서 남을 돕는 일의 가치를 강조하며, 아이들도 그렇게 기른다. 사실, 부모의 역할 모델이 자원봉사를 하는 어린이에게 커다란 영향을 미치기도 한다. 이처럼 서로 돕는 행동은 지역사회가 오랫동안 지속될 수 있게 해준다.

연구에 의하면, 종교는 사람들이 자원봉사를 하는 이유의 주된 부분을 차지하며, 이것은 부분적으로 종교가 사회화의 동인 역할을 하기 때문이기도 하다. 사람들은 종교에 기반한 환경에서 앞으로 나아가 다른 사람들을 도와야 한다는 메시지를 듣는다. 지역사회의 참여와 박애를 강조하는 종교적 전통이 더 많은 자원봉사자를 양산하는 경향

사진 14.2 루이지애나의 뉴올리언스. 수많은 자원봉사 단체에서 재난 현장을 도울 경험 많은 자원봉사자를 제공한다(사진 메노나이트 재난 봉사단).

이 있다(Smith et al., 1978). 자원봉사를 하는 많은 사람들이 종교나 의료진처럼 집단으로 행동한다. 어떤 연구에서는 사람들 사이의 사회적 연결망이 자원봉사에 미치는 종교의 막대한 영향을 설명한다고 본다(Airries et al., 2007; Lam, 2002; Park and Smith, 2000). 사람들 사이의 관계를 넘어, 종교는 또한 자원봉사 활동의 구조적 체계도 제공한다(Nelson and Dynes, 1976). 경험 많은 재난 관련 단체에서 제공하는 이러한 구조적 체계는 특히 중요해서, 이들은 어떻게 현장에 개입하는 게 좋은지, 도움을 주는 최선의 방법은 무엇인지, 그리고 자원봉사자를 어떻게 조직하고 필요한 자금을 대야 하는지를 잘 알고 있다.

14.3 자원봉사자와 자원봉사 단체

지역사회에서 적절한 일에 필요한 기술을 익혀 적시에 피해 현장에 나타나도록 자원봉사자의 간부 집단을 훈련하는 것이 가장 이상적일 것이다. 하지만 대부분의 지역사회에서는 자원봉사자를 받을 준비도, 숙련된 자원봉사자를 피해지역으로 보낼 준비도 되어있지 않다. 대부분은 외부 단체나 외부의 자원봉사자에 의존하게 된다. 재난이 발생하면, 두 가지 유형의 자원봉사자가 나타나는데, 이들은 재난 관련 단체에 소속된 훈련받은 자원봉사자와 아무런 소속도 없이 자발적이며 무계획적으로 나타나는 무소속 자원봉사자 또는 'SUV'이다(NVOAD, 2003). 단체에 소속된 자원봉사자는 정식 재난 관련 단체를 통해 참여한다(사진 14.2 참고). 뿐만 아니라, 재난이 발생하면 지역사회 단체, 시민 클럽, 그리고 새로 등장한 자생 집단과 단체에서도 자원봉사자를 제공한다.

14.3.1 무소속 자원봉사자

선의를 갖고 오지만, SUV의 도착은 어려운 문제를 낳는다. 예를 들어, 이들이 어디서 자고 어디서 식사를 해결할 것인가? 무덥고 습한 날씨에 충분한 수분을 섭취할 수 있을 것인가? 부상을 당하거나 열사병에 걸린 이들에게 의료 조치가 가능할 것인가? 다른 나라에서 온 이들을 비롯해 어떻게 이들을 재난 현장으로 실어 나를 것인가? 이들이 외국으로 가는 데 필요한 예방 접종은 되어있는가? 화장실과 숙소는 어떻게 할 것인가? 이들이 해야 할 일에 대한 적절한 훈련이 되어있거나 또는 보호 장비를 갖추고 있는가? 자원봉사자의 수송은 SUV가 재난지역으로 쏟아져 들어올 때 해결해야 할 상당히 큰 문제이다. 이러한 상황을 열의에 찬 자원봉사자의 관점에서도 생각해보자. 예를 들면, 이 사람들이 왜 나를 안 쓰는 거지? 내가 여기 일하러 온 걸 모르나? 여기 책임자는 누구지? 이렇게 할 일이 많은데, 왜 우리를 투입해 활용하지 않는 거지?

1991년 플로리다 남부에 허리케인 앤드류가 발생한 후에, 아무런 예고도 없이 자원봉사자들을 가득 태운 여러 대의 버스가 플로리다 남부에 나타났고, 이들은 일에 투입될 것이라고 예상하고 있었다. 피해지역의 단체들은 이들 자원봉사자들이 올 것이라는 사실을 알지 못했다. 자원봉사자들은 위험요인에 대비한 적절한 보호 장비, 열기와 습기, 그리고 여러 곳으로 이동해야 하지만 그곳의 상황에 대해 아무런 준비도 되어있지 않았다(Neal, 1993; 1994). 소셜 미디어의 발전으로 더 많은 SUV가 재난 현장에 나타날 수 있으며, 소셜 미디어를 통해 이들의 대규모 유입이 조장되고 있다(Bird et al., 2012; Starbird, 2013). 그럼에도 소속되고 훈련된 자원봉사자가 파견되거나, 이들이 오는 것이 가장 좋다.

지역의 복구 관리자가 이들 SUV에 대처하는 데는 두 가지 방법이 있다. 첫째는 신속하게 현장에서 훈련시키고(사전에 계획해두면 더 좋다) 미래에 사용할 것에 대비해 등록해두는 것이다. 2003년 전국 재난 자원봉사 협의회(NVOAD)는 자원봉사자 관리 위원회 Volunteer Management Committee를 창설하기 위해 촛불 재단Points of Light Foundation과 함께 일했다. 이 장의 자원봉사자 관리 부분에서 나중에 언급할 이들의 제안에 의하면, 지역사회는 자원봉사자 조정팀Volunteer Coordination Team(VCT)을 통해 일하는 것이 좋다고 한다(NVOAD, 2003). 기억해야 할 중요한 점은 SUV는 반드시 나타날 테니, 지역사회에서 이들에 대한 준비를 해야 한다는 사실이다.

14.3.2 단체에 소속된 자원봉사자

　　단체에 소속된 자원봉사자는 일정한 재난 관련 훈련을 받아, 재난 이전과 재난 중에 역할 완수가 가능한 정해진 과업을 수행하는 사람으로 정의할 수 있다[Britton(1991)에서 인용한 Stoddard, p. 395]. 영구적인 재난 자원봉사자는 지역사회와 외부의 자원을 연결하며, 지역에서 필요로 하는 바로 그러한 노력을 제공하는 사람이다. 경험 많은 단체에서는 절제된 태도를 갖고 피해지역으로 와서, 그 지역의 문화와 지역사회에 맞추려 노력하고, 자신들의 단체가 지닌 사명과 피해지역에서 필요로 하는 것 사이에서 합의점을 찾는데 집중한다. 그렇게 해야 이들 단체가 자원을 보다 효율적으로 활용할 수 있다. 예를 들면, 경험 많은 단체에서는 훈련받은 사람들과 그 지역에서 그 일을 완수하도록 감독할 감독관을 데려온다. 재난으로 피해를 입은 지역에서는 지역 주민을 도와주러 온 사람들을 훈련시킬 여력이 없다. 게다가 경험 많은 단체에서는 전기 기술자, 배관공, 정신 건강 전문가, 영성 상담가, 보육 서비스 제공자, 그리고 통역가와 같이 구체적인 도움을 줄 사람들을 데리고 온다. 이러한 숙련된 일을 하려면, 훈련뿐 아니라 자격증도 필요한 경우가 많다.

　　비숙련 노동자도 활용할 수 있지만, 이들은 숙련된 작업팀장의 감독하에 그리고 기존 재난 관련 자원봉사 단체의 조직된 체계 안에서 훈련을 받아야 한다. 단체에 소속된 자원봉사자가 언제나 최선의 자원봉사자이다. 지역사회는 재난 발생 이전에 이들의 발전을 도모해야 하며, 경험 많은 재난 관련 단체와 지속적인 관계를 맺어야 한다. 또한 도움을 주고자 하는 사람들은 적절한 훈련을 받고 자격증을 취득해 'SUV'가 되지 않도록 해야 한다.

14.3.3 재난 관련 자원봉사 단체

　　수십 년간 발생한 재난으로 현장에 와서, 장비를 설치하고, 일을 시작하는 노련한 재난 관련 단체가 많이 생겨났다. 이들 중에는 메노나이트 재난 봉사단, 추치 불교 재단

Buddhist Tzu Chi Foundation, 이슬람 구호 센터, 네차마 유대인 재난 대응 단체NECHAMA-Jewish Response to Disaster, 남부 침례교 연합Southern Baptist Convention과 같은 종교 단체가 많다. 재난 관련 단체는 회원 모임에서 작업팀을 만들고 주요 사회적 연결망을 활용해 자원봉사자를 모집하고 훈련시킨다. 미국 및 국제 적십자, 구세군, 월드 리뉴World Renew 같은 다른 단체에서도 훈련받고 자격증을 지닌 자원봉사자를 제공한다. 예비군의단Medical Reserve Corps(MRC), 수의학 의료 지원팀Veterinary Medical Assistance Teams(VMAT)은 재난이 발생한 지역에 특정 전문가를 보내준다. 많은 자원봉사자가 특정한 국가 내에서 일하지만, 세계 교회 봉사단, 사마리탄스 퍼스Samaritan's Purse, 그리고 팀 루비콘Team Rubicon같이 국제적으로 활동하는 단체도 있다. 보다 광범위하게는 미국에서 전국 재난 전국 자원봉사 협의회(NVOAD)와 같은 상부 단체가 재난 관련 자원봉사 단체의 연결망과 숙련된 직원 및 연방 정부 기관과의 연결을 담당하기도 한다(더 많은 단체의 목록은 http://www.nvoad.org 참고).

숙련된 재난 관련 자원봉사 단체와 영구적인 재난 관련 자원봉사자는 따라서 재난 복구의 중추와 같은 역할을 한다(미국 역사에서, 상자 14.1 참고). 이들에 대해 알고 이들에게 다가가야 이들이 제공하는 자원을 활용할 수 있다(Britton, 1991). 최선의 노력은 해당 지역과 협력해서, 그리고 해당 지역과 그 지역 주민에 대해 잘 아는 단체를 통해 일하는 것이다.

상자 14.1 미국의 자원봉사 역사

1800년대에 반노예 단체에서부터 정신 건강의 개혁을 추구하는 단체에 이르기까지, 사회 운동을 하는 수많은 단체가 생겨났다. 이들 단체는 보다 큰 사회를 위해 헌신하며 일련의 노력을 펼치기 위해 재단을 설립했다. 시각이나 청각 장애를 지닌 사람들의 문제를 해결하고 소아마비를 없애는 것과 같은 건강 문제를 추구하는 시민운동으로 라이온스Lions 클럽, 로터리Rotary 클럽, 그리고 키와니스Kiwanis 클럽과 같은 단체가 생겨났다. 20세기 중반에는 시민의 권리, 여성 환경 및 장애인 권리 운동을 통한 사회 정치적 변화를 위해 대대적인 노력이 이루어졌다. 빈곤에 대한 관심으로 평화봉사단Peace Corps과 아메리코가 창설되었다. 노인을 돕고 이들을 위해 일하는 이들이 퇴직 노인 자원봉사 프로그램Retired Senior Volunteer Program을 만들기도 했다. 종교 단체에서는 재난이 다른 누구보다 빈민, 소수자, 그리고 노인에게 더 큰 피해를 준다는 사실을 인식하고 재난과 관련된 구체적인 프로그램을 만들기도 했다(FEMA IS288).

대통령 산하 행정부에서도 자원봉사 단체를 만들었고, 이들 중 일부는 재난에 직접적으로 관여했다. 가장 최근에는 지역사회 재난 대응팀(CERTs)이 전국 규모로 발족되었고, 예비군의단, 마을 방범대Neighborhood Watch, 소방봉사단Fire Corps, 경찰 지원 봉사단Volunteers in Police Service도 생겨났다.

재난은 우리가 대응과 복구를 어떻게 하느냐에 따라 전환점이 되기도 한다. 특히 대규모 재난은 변화와 도전을 함께 제공한다. 자원봉사 기관에 대한 FEMA의 강좌에서 다음과 같은 주요한 계기를 찾아볼 수 있다(참고문헌과 참고자료 참고).

- 1889년 존스타운 홍수로 펜실베이니아의 콘마강Conemaugh River이 범람하면서 사우스 포크 댐South Fork Dam이 붕괴되었다. 2천 명 이상의 미국인이 사망하고, 2만 명이 빈약한 식량 공급에 의지해야 했다. 미국 적십자는 식량과 물, 의료 서비스 그리고 집단 대피소 등의 '집단 구호'로 이러한 위기에 대응했고, 지금까지도 미국 적십자가 가장 큰 기여를 한 재난으로 남아있다.

- 몇 년 뒤인 1900년에는 텍사스의 갤버스턴섬을 대규모 허리케인과 폭풍이 휩쓸었다. 6천 명 이상이 사망했고, 만 명이 집 잃은 신세가 되었다. 미국 적십자와 구세군은 재난 현장으로 가서 식량, 천막 대피소, 종교적 보살핌을 제공하고 옷을 나눠주었다.

- 대규모 재난은 또 발생해서, 1906년 샌프란시스코 지진과 그로 인한 화재로 25만 명이 집을 잃었다. 미국 적십자는 집중적인 자원봉사 노력으로 텐트촌을 세우고, 고아가 된 아이들을 구하기 위해 미국 의용군Volunteers of America이 특별 기차를 운영했으며, 생존자들에게 식량과 옷을 나눠주는 시민 중심의 재난 단체가 생겨나기도 했다. 미국 군대도 도움을 주었다.

- 1993년 허리케인 카트리나와 중서부 홍수로 제방이 붕괴하면서 홍수가 발생한 것을 기억하는 사람들은 1927년 미시시피강에서 이와 유사하게 드넓은 지역에서 피해가 발생했다는 것을 알고 놀랐을 것이다. 이 재난에 대응해 미국 적십자는 몇십만 명의 생존자를 위해 154개의 대피소를 세웠다. 아프리카계 미국인들이 특히 심한 피해를 입었는데, 이는 남자들이 홍수 물을 막기 위한 인간 모래주머니 역할을 했기 때문이다. 이에 따라 터스커기 연구원Tuskegee Institute에서는 '인종 간 협력을 촉진하기 위해' 자원봉사 활동을 폈다(Barry, 1997; FEMA IS-288, pp. 2-10).

- 1969년 발생한 허리케인 카밀리Camille가 아마도 자원봉사 기관의 참여에 있어 가장 의미 있는 전환점이 되었을 것이다. 카밀리는 5등급의 폭풍으로 해안을 강타해, 미시시피 해안 지역을 초토화시켰다. 여러 자원봉사 단체가 달려와 도왔지만, 이들은 자신들의 노력이 조

율되어있지 않다는 것을 깨달았다. 이들은 이러한 문제를 개선하기 위해 전국 재난 자원봉사 협의회(NVOAD)라는 상부 단체를 만들었다(더 자세한 내용은 이 장의 뒷부분에).

• 카밀리 발생 이후에 자원봉사 단체들 간의 조율이 활발히 이루어졌고, 이들 단체는 다양한 재난 관련 특수성에 초점을 맞췄다. 1989년 허리케인 휴고가 발생한 후에 관련 기관들은 기부된 물품으로 인해 발생한 심각한 문제(제12장 참고)와 무소속 자원봉사자 문제(14장)를 해결하기 위해 함께 머리를 맞댔다. 1993년 미국 중서부 홍수 때, NVOAD 관련 기관들은 정식으로 기부 조정 센터(DCC)를 설립했다. 뿐만 아니라 이들은 FEMA와 좀 더 긴밀하게 일함으로써 고충을 지닌 사람들을 돕기 위해 더 집중적인 노력을 기울였으며, 미해결 고충 처리 위원회도 창설했다. NVOAD의 협력 기관들은 지침을 만들고 안내서와 훈련 과정을 제공했다. 1995년 허리케인 마릴린Marilyn이 캐러비안 지역을 파괴했을 때, 이들의 노력은 훨씬 더 전문화되었다. 예를 들면, 예수재림교 봉사단이라는 구체적인 단체가 기부품 창고를 세우는 책임을 맡아 오늘날까지 그러한 노력을 계속해오고 있다. 오늘날 NVOAD는 재난 관련 단체 중에서 선도적인 조정 단체가 되었으며, 재난 상황에서 자원봉사 관련 기관을 어떻게 전문화하고 노력을 집중해야 하는지를 보여주고 있다. 더 자세한 정보는 이들의 웹 사이트인 http://.www.nvoad.org를 방문하라.

출처: FEMA, "The Role of Voluntary Agencies in Emergency Management. Independent Study 288", 1999, http://www.fema.gov; Barry, J., *Rising Tide: the great Mississippi Flood of 1927 and How It Changed America*, Simon and Schuster, New York, 1997.

14.3.4 지역사회에 기반한 단체

각 지역사회에는 노인, 이민자, 장애인, 어린이, 그리고 집 없는 사람들을 변호하고 이들에게 사회봉사를 제공하는, 그 지역사회에 기반을 둔 수 많은 단체Community-Based Organizations(CBO)들이 있다. CBO는 그 지역의 상황과 지역 주민들에 대해 잘 알고 있다. 많은 CBO가 해당 지역사회, 특히 문화, 경제적 상황 그리고 정치적 현실에 잘 맞는 절차에 따른다. 이러한 단체에 연락하는 것이 가장 중요한 비결이며, 이들의 지식과 자원을 존중하는 것도 똑같이 중요하다.

그럼에도 CBO가 재난 이후 엄청난 어려움에 직면해 있다는 것을 이해해야 한다. 정기적인 기부금은 지역의 재난 생존자에게 돌아가겠지만, 지역의 CBO는 필수적인 수입과 여러 가지 자원 손실을 입었을 수 있다. 직원과 자원봉사자도 재난의 피해를 입었을 수 있으며, 따라서 정기적인 일정을 완수하지 못할 수 있다. 예를 들어 아이티 지진으로 여성들을 폭행으로부터 보호하던 주요 여성 운동가들이 목숨을 잃었다. 구호 캠프에서는 여성과 소녀들이 화장실에만 가도 이들을 보호하는 인력을 제공해야 했으나, 지역 사정을 잘 아는 지도자들의 도움은 받을 수 없었다.

반대로, 도움을 주러 온 외부 단체는 의도치 않게 지역의 CBO와 실질적인 지역 지도자들의 소중한 역할을 배제시킬 수도 있다. 외부에서 온 열정적인 자원봉사자들은 그 지역의 CBO와 재난 복구의 노정을 함께해야, 언제 어떻게 도와야 할지를 파악하며 일할 수 있다. 함께해야, 해당 지역 및 외부 단체의 자원을 보다 효율적으로 활용할 수 있다. 그러한 협업을 하기까지 시간이 걸리지만, 결국 차이를 만들 수 있게 될 것이다. 2004년 인도양 쓰나미가 발생한 후에, 일부 지역 주민들은 외부의 지원에 문제가 많다는 것을 경험했다. 외부 단체의 대규모 대응은 지역 주민들과 조화를 이루는 데 실패하는 경우가 있다. 연구자들은 외부 단체는 복구 계획 수립과 지역의 역량을 기르는 과정에 피해지역 주민들을 참여시켜야 한다는 결론을 내렸다(Schreurs, 2001, p. 272).

14.3.5 시민 클럽과 단체

시민 클럽은 자원과 함께 사회적 연결망을 가져오며, 이들은 기부자의 신뢰를 받는다. 또한 일부 시민 클럽은 전문화되어있으며, 지역의 고충에 접근할 수 있는 조직적 특성을 지니고 있다. 예를 들어, 라이온스 클럽 국제 지부에서는 시력과 관련된 임무를 수행한다. 허리케인 카트리나가 발생한 후에 앨라배마의 바유 라이온스 클럽Bayou Lions Club에서는 라이온스 클럽 국제 재단Lions Club International Foundation(LCIF)의 자금으로 325명의 시력 검사를 해서 107개의 안경을 기부했다. 빌록시 라이온스 클럽Biloxi Lions Club에서는 재난 구호 자금으로 시각 장애가 있거나 앞을 볼 수 없는 어린이들을 위해 라이온스 씨

앤썬 캠프Lions Sea and Sun Camp를 세웠는데, 이는 멕시코만에 세워진 장애인을 위한 카트리나 이후의 유일한 공원이다. 2010년 일본에 쓰나미가 발생한 후에 라이온스 클럽 국제 지부는 개인용품을 제공하는 '타스키 프로젝트Tasuki Project'의 자금을 댔다. 일본의 라이온스 클럽은 헌혈 캠페인을 벌여 일본 적십자를 돕기도 했다(http://www.lionsclubs.org/EN/our-work/disaster-relief/japan-quake-relief.php, 2013년 9월 4일 접속). 아이티 지역 로터리 클럽에서는 여러 가지 사업을 위한 아이티 지진 구호 기금Haiti Earthquake Relief Fund을 설립했다. 이들의 노력은 재난 이전 라이온 아이티 대책반Lion Haiti Task Force으로 이어졌다. 여기서는 의료 시설, 학교, 식수 공급 및 우물, 콜레라 예방, 공공 화장실 등의 사업을 펼쳤다. 이들의 사업은 재난 이후 상황에서 구체적인 필요 사항을 지역에서 해결하기 위해 노력하는 국제단체에 좋은 본보기가 되고 있다(http://www.rotaryhaiti.org/haitiprojects.html, 2013년 9월 4일 접속).

14.3.6 자생 집단과 단체

재난이 발생한 후에, 대개 해결되지 않은 고충에 대응하기 위해 새로운 집단과 단체가 생겨나는 것은 드문 일이 아니다. 일부는 곤란한 상황에 처한 사람들을 돕기 위해 생겨나며, 일부는 특정한 문제를 지목해 해결책을 찾기도 한다(Parr, 1970; Stallings and Quarantelli, 1985). 이러한 자생 단체는 보통 새로운 구성으로 이루어지는데, 이는 이들이 이전에 존재하지 않았다는 것을 의미한다. 재난은 재난과 관련된 집단이나 단체가 언제 노인을 도와야 하는가와 같이, 문제 해결을 위해 새로운 임무에 착수해야 하는 상황을 만든다(Dynes, 1974). 캘리포니아에서 로마 프리타 지진이 발생한 후에(1989), 수많은 새로운 단체가 생겨났다. 이러한 단체 중 하나가 'Comite de Diecisiete de Septiembre(10월 17일 위원회)'로, 이들은 라틴계 사회의 문제를 담당한다.

2005년 파키스탄 북부에서 대규모 지진이 발생했을 때, 수많은 국제 단체가 달려가 식량, 대피소, 식수, 위생, 그리고 의료 서비스를 제공했다. 파티스탄 시골 지역의 가부장적 분위기를 고려해볼 때, 남자들이 여자보다 더 많은 자원을 확보할 수 있었던 것은 의외의 사실이 아니다. 새롭게 과부가 된 여성들은 식량과 물을 얻는 것이 매우 경쟁적인 상황에서 불리한 입장에 처하게 된다. 일부 지역과 부족에서는 여성과 소녀들에게 퍼다나 은둔을 강요하는데, 이는 생명 유지에 필요한 식량과 의료 서비스를 확보하는 데 불리하게 작용할 수밖에 없다. 화장실에 가는 것조차 위험하고 걱정스러운 일이어서, 여성과 소녀들이 괴롭힘당하고, 납치되며, 강간당한다는 보고가 있었다. 이러한 문제를 해결하기 위해 피해지역과 외부 단체에서는 난민촌에서 의료 서비스나 식량, 또는 위생 시설을 이용하러 가는 여성과 소녀들을 보호하는 새로운 안전 순찰대를 만들었다. 외부 기관에서는 위험지역을 안전하게 만들기 위해 가로등을 추가로 설치하기도 했다. 일부 텐트 진료소에서는 여성과 소녀들만 받기도 했다(Sayeed, 2009). 2010년 아이티 지진과 2004년 스리랑카 쓰나미 발생 후에도 비슷한 사태가 벌어졌다.

14.3.7 누가 자원봉사를 하는가?

사람들은 부모, 교사, 그리고 친구 등 자신에게 중요한 사람들의 영향으로 자원봉사를 하기도 한다. 이들이 우리를 어떤 특정한 방식으로 행동하게 만들기 때문에, 우리는 이들을 '사회화의 동인agent of socialization'이라고 부른다. 주변 사람들이 자원봉사를 하면서 함께하자고 하면, 사람들은 그렇게 하는 경향이 있다. 이러한 동인은 가족이나 종교 단체와 같은 사회적 연결망에서 오는 경우가 많다. 결과적으로 우리는 봉사하자는 이들의 제안에 응하는 경향이 있다.

다른 요인도 사람들이 자원봉사를 하는 데 영향을 미친다. 예를 들어, 성별로 보면, 여성들이 남성보다 자원봉사를 더 많이 하는 경향이 있다(Ruiter and DeGraaf, 2006). 성 역할은 자원봉사를 하는 방식에도 영향을 미치며, 여성들이 보다 전통적이고 인간적인 교류가 이루어지는 봉사 활동을 하는 경우가 많다(Caputo, 1997; Wilson, 2000).

나이도 자원봉사에 영향을 미친다. 일반적으로 젊은 연령층과 나이 든 계층에서 자원봉사를 하는 비율이 높다. 젊은 자원봉사자는 대개 종교적 유대 관계, 동아리, 또는 학교와 같은 사회적 관계로 인해 자원봉사를 하는 경우가 많다. 허리케인 카트리나가 발생한 후에, 사회 복지학을 전공하는 학생들이 시간을 내서 자원봉사를 하고 학점을 받기도 했다(Plummer et al., 2008). 당연히 중년층은 일을 하고 가족을 돌보느라 시간을 내기 어렵고, 따라서 이들의 참여 비율은 낮다. 나이 든 자원봉사자, 특히 은퇴한 자원봉사자들은 시간을 내기가 더 쉽게 마련이다(Chambre, 1993).

자원봉사에 영향을 미치는 또 다른 변수는 인종이다. 대부분 자신들이 속한 인종 집단 내에서 자원봉사를 하는 경향이 있지만, 인종별 참가에 영향을 미치는 다른 요인도 있다. 하지만 인종이 중요한 역할을 하는 유일한 요인은 아니다. 연구에 의하면, 교육 정도, 수입 그리고 직업도 인종과 상호작용을 하며, 다양한 인종 집단 간의 차이를 만들어내는 것으로 밝혀졌다(Musick et al., 2000; Wilson, 2000). 일반적으로 높은 교육 수준과 수입은 자원봉사와 관련이 있지만, 자원봉사는 저임금 계층에서도 여전히 강력한 가치를 지니는 것으로 나타난다. 다양한 배경을 지닌 자원봉사자를 모집하기 위해서는 다양한 인종 및 민족 집단 내에서 그리고 이러한 구분을 넘나들며 사람들을 구해야 한다. 자원봉사자 모집에는 종교적 배경이 중요한 역할을 한다. 특히 교회는 아프리카계 미국인 자원봉사자를 구하는 유용한 통로이다(Musick et al., 2000; Wilson, 2000).

사실, 종교적 배경은 자원봉사 정신의 근원이기도 하다. 사람들은 종교적 배경에서 다른 사람들을 도와야 한다는 메시지를 듣게 된다. 또한 잘 조직된 종교 집단은 자금, 자원 그리고 종교적 신념을 위해 앞장서는 조직된 인력을 제공한다. 하지만 중요한 것은 사람들이 숭배 대상과 함께 다른 사람들로부터 '이끌림'을 경험하는 것이다. 이러한 종교 집단 내에서의 사회적 연결망은 동료 신자를 자원봉사에 참여하도록 이끄는 역할을 한다(Airriess et al., 2007; Becker and Dhingra, 2001; Lam, 2002; Park and Smith, 2000; Ruiter and DeGraaf, 2006).

14.4 자원봉사자 관리의 이점과 문제점

사람들은 자원봉사 활동에서 이점을 얻는다. 연구에 의하면, 일반적으로 사람들은 정신적·물리적 이점을 경험하고, 팀을 이뤄 일하는 법을 배우며, 개인과 시민 생활에 영향을 주는 리더십 능력을 개발한다(Isham, 2006; Lum and Lightfoot, 2005; Wilson and Musick, 2000). 예를 들면, 학생은 직업을 얻는 데 도움이 되는 능력을 개발하는 이점을 얻을 수도 있다. 1960년대 미국 시민 권리 운동을 하던 여성이 나중에 시민 자원봉사에 참여하는 것처럼, 장기적인 이점이 축적되기도 한다(Adams, 1990). 이러한 이점은 더 광범위한 사회에 영향을 미친다(Becker and Dhingra, 2001).

이러한 이점은 재난 관련 자원봉사를 제공하는 단체에서 더 구체적으로 나타난다. 미국에서 허리케인 카트리나, 리타 그리고 아이크가 발생한 후에 메노나이트 재난 봉사단에서 일한 사람들은 여러 가지 이점을 얻었다고 보고하고 있다(Phillips, 2014). 많은 사람들이 재난으로 인해 지역사회가 입은 피해를 새롭게 이해하게 되었으며, 살아남기 위해 분투하는 생존자가 겪는 고통을 예리하게 느꼈다고 한다. 자원봉사자들은 새로운 언어, 낯선 음식 그리고 상호작용하는 방식에 대해 긍정적 대응을 하는 등 다른 문화를 이해하게 되었다고 보고했다. 같은 종교를 가진 사람들과 팀을 이뤄 일하면서, 자원봉사자들은 신자들과 어울리며 신앙이 더 강해짐을 느꼈다. 자원봉사를 받는 사람들도 주택 수리나 재건뿐 아니라, 생명을 구하고 사람들에게 희망을 주는 치료 효과를 비롯해 비슷한 것을 얻었다고 보고하고 있다.

9.11 이후에는 자발적인 자원봉사자들이 자원봉사를 하면서 더 강인해지고 치유받았다고 느꼈다는 보고가 있다. 당시의 테러 공격이 개인적인 충격으로 다가오는 상황에서, 자원봉사는 자신과 남을 위한 긍정적인 에너지를 창출하도록 도왔다. 자원봉사자들은 다른 사람들과 더 연결되어있다고 느꼈으며, 지역사회 내에서 그리고 지역사회를 넘어 연대감이 높아지는 것을 경험했다고 보고하고 있다(Beyerlein and Sikkink, 2008; Lowe and Fothergill, 2003). 이와 마찬가지로 호주의 산불도 사람들에게 동정심과 다른 사람들을 도와야 한다는 의무감을 일깨웠다(Amato et al., 1984). 경험 많은 자원봉사 단체는 다양한 이

점을 제공할 수 있다(상자 14.2 참고). 미국 적십자, 세계 교회 봉사단, 남부 침례교 연합 같은 많은 단체는 수십 년 동안 재난 피해자들을 돕고 있다. 이들의 경험은 이들이 상황을 판단해서, 주택을 수리하는 간단한 일에서부터 한 동네 전체를 재건하는 일에 이르기까지, 필요한 업무를 수행하는 데 필요한 자원을 동원할 수 있다는 것을 의미한다.

재난 관련 자원봉사는 더욱 새로운 단체와 노력을 이끌어내기도 한다. 시간이 지나면서, 우리는 어떤 사람들이 어떤 도움을 필요로 하는지를 배워나가고 있다. 예를 들어, 캠프 노아(제10장, 상자 10.3 참고)는 어린이를 돕기 위해 설립되었다. 캠프 노아는 재난 피해지역 인근에 문을 열고 어린 학생들이 자신들의 경험을 처리할 수 있는, 치료에 도움되는 환경을 제공한다. 또 다른 예로, 팀 루비콘은 군복무를 마친 예비군들의 열정과 능력을 활용한다. 팀 루비콘은 잔해 제거에서부터 식수 운반에 이르기까지 인명을 구하는 데 필수적인 자원을 운반하는 일을 한다.

이들 단체는 피해지역에 많은 이점을 제공한다. 재난 관련 자원봉사 단체는 피해지역과 수많은 자원봉사자를 연결해주며, 여러 지역에서 자원봉사자를 찾고 이들을 조직하는 일을 한다. 게다가, 경험 많은 재난 단체는 분업으로 임무를 완수한다. 보통 미해결 고충 처리 위원회나 (이 장의 뒷부분에서 언급할) 장기 복구 위원회 같은 단체에서는 초기 조직 회의를 함께 열고, 즉시 작업에 착수한다. 여러분은 예수재림교 재난 봉사단이 기부품 창고를 열어 운영하고, 감리교 봉사단이 사례 관리를 제공하고, 불교 추치 봉사단이 친환경적인 담요와 의료 서비스를 제공하는 것을 신뢰할 수 있다.

특히 광범위한 지역에 걸쳐 일어난 대규모 재난의 경우에는 어려움이 더 크게 마련이다. 허리케인 카트리나와 하이엔 태풍 같은 끔찍한 재난은 드넓은 지역에 걸쳐 운송 문제를 발생시킨다. 여기에는 자원봉사자를 실어 나르고, 이들을 훈련시키며, 이들의 안전을 확보하고, 건축 자재를 정리하고, 숙소와 식사를 제공하며, 관련 법규를 지키기 위해 지역 정부와 함께 일하고, 건축 허가를 받고, 신축 건물의 검사를 통과하는 등의 문제가 포함된다. 2010년 아이티 지진이 발생한 후에 자원봉사자들은 수로와 공항이 파괴되어 아이티로 신속하게 들어갈 수 없었다. 이들이 들어갈 때, 지진의 잔해 때문에 거리를 지나 이동하는 것이 문제가 되었다. 하지만 곧 여러 단체에서 참여해 상당한 도움을 주었다.

또한 위험요인의 유형과 이러한 위험요인이 자원봉사에 어떤 영향을 미치는지도 고려해야 한다. 9.11과 오클라호마 폭파 사건의 경우, 자원봉사 단체가 재건에 참여하지는 않았지만, 정신적 지원, 종교적 보살핌, 고아를 위한 여러 가지 프로그램과 피해지역을 대상으로 한 봉사 활동을 펼쳤다. 세계적 유행병이나 사이버 전쟁 같은 미래의 사건도 자원봉사 단체가 할 일과 이들의 노력에 대한 재검토를 필요로 할 것이다. 2014년 아프리카 서부에서 에볼라 바이러스가 발생해 국경을 넘자, 사마리탄스 퍼스를 비롯한 의료 관련 자원봉사자가 피해를 입었다. 90%의 치사율을 지닌 유행병 현장에서 일하는 것은 삶과 죽음을 가르는 차이를 의미할 수도 있다. 다행히, 전염 지역에서 미국으로 비행기를 타고 온 서너 명의 의료 자원봉사자는 격리를 비롯해 조심스럽게 통제된 환경에 수용되어 목숨을 건질 수 있었다.

상자 14.2 재난 상황에서 경험 많은 자원봉사 단체가 주는 이점

'가장 먼저 도착해 가장 늦게 떠난다'로 요약되는, 경험 많은 재난 관련 자원봉사 단체는 반드시 필요한 도움을 주는 믿을 수 있는 존재이다. 노련한 단체는 재난 상황과 이로 인한 어려움에 대해 잘 알고 있다. 이들은 재난 발생 전부터 단체 상호 간에 그리고 주요 정부 기관과 연결되어있다. 이들은 적절한 수요를 평가하기 위한 최선의 방법은 지역 주민과 함께 하는 데 있다는 것을 잘 알므로, 자원봉사 노력으로 최선의 결과를 얻을 수 있다. 이러한 노력에서 가장 중요한 것은 바로 조율이다. 간단히 말해, 노련한 재난 관련 자원봉사 단체는 무엇을, 언제 해야 하며, 무엇에 주의해야 하는지를 잘 알고 있다. 결과적으로 이들은 다음과 같은 성과를 얻는다.

- 단기간에 막대한 양의 필요한 물품을 마련해, 사람들이 필요로 할 때 필요한 곳으로 운반한다. 노련한 단체는 요청하지 않은 기부를 요구하거나, 피해지역에서 감당하지 못하는 자발적인 자원봉사자를 청하지 않는다.
- 필요한 것을 필요한 때에 필요한 곳으로 전달하는 잘 조율된 방식으로 기부 물품을 분류하고 분배하며 식량과 대피소를 제공하는 대규모 활동을 조정한다.
- 적절한 시기, 특히 장기 복구 기간에 열정적인 작업팀을 재건에 투입한다.
- 연방 정부가 제공하는 지원의 틈새로 누락될 사람들, 특히 저소득 가정을 포착해, 기존의 신뢰할 만한 CBO와 지역 리더십의 지원 및 인도를 통해 이들이 집으로 돌아가게 돕는다.

- 새로 온 이주자와 새로운 단체에 이전 재난에서 일하면서 얻은 다양한 전문 지식, 기술 그리고 지식을 제공하고, 효율적인 멘토 역할을 한다.
- 다른 단체와 함께 일하면서 맺은 굳건하고도 장기적인 관계에서 많은 경험을 얻어, 어떤 단체가 어떤 특정한 분야에서 가장 성공적인 성과를 내는지를 알아, 재난지역으로 들어온 사회 자본의 효율을 극대화한다.
- 정부의 공식적인 재난지역 선포가 있든 없든 재난지역에서 일하며, 보다 융통성 있고 신속한 자원 운송을 담당한다.
- 널리 알려져 있고 신뢰를 받는 여러 단체는 재정적 책임과 재난 이후 자원의 적절한 분배 측면에서 탄탄한 명성을 지니고 있다.
- 지역에서 이끄는 잘 조율된 활동을 통해 기부금과 기부된 자원을 최대한 유용하게 사용한다.
- 효율적 의사소통과 조율 등을 통해 연방 정부와 지역의 정부 기관과 보조를 맞춰 협력해나간다.
- 정부가 제공하지 못하는 보육, 수리 및 개축, 창고 운영, 이동식 샤워장과 조리 시설, 치과, 안과 및 의료 검진, 사례관리, 기부품 관리와 같은 구체적이고 꼭 필요한 서비스를 제공한다.
- 지역 주민과 그들의 유산에 힘을 실어주고 이를 기리는, 문화적으로 민감한 방식으로 지역민에게 서비스를 제공하며 고충을 이를 지역 주민과 협조해 해결한다.

출처: FEMA IS-288.

14.5 국제 자원봉사

국제 자원봉사는 특별한 관심을 받을 가치가 있다. 2010년 아이티에서 발생한 지진으로 외과, 간호, 사지 절단 후 장애 및 재활, 안과학, 콜레라, 기타 질병 등에 대한 구체적인 지식을 가진 다양한 자원봉사자가 아이티로 향했다. 그럼에도 아이티로 간 이들은 공항에서부터의 이동, 자격증 인정받는 법, 의료 시설에의 접근, 그리고 심지어 지역

의료 서비스 제공자의 대피에 이르기까지 수많은 어려움에 부딪혔다. 광범위한 지역에 발생한 심각한 재난의 경우, 어떤 자원봉사 활동이 필요한지를 결정하고, 상황을 설명하며, 외부인들에게 조언하는 지역 주민들과의 협력을 통해 자원봉사가 이루어져야 한다는 것을 다시 한 번 강조해야겠다(Farmer, 2012).

쉽게 벌어지는 실수로 문화적 자기 민족 중심주의의 문제를 들 수 있다. 다른 문화권에서 와서 자기들의 방식으로 생각하는 사람들은 해당 지역의 가치관과 태도를 잘못 이해하며 이를 잘 받아들이지 못한다. 재난이 발생한 상황에서는 문화적으로 익숙한 해당 지역의 방식으로 상호작용해야 사람들에게 안도감을 줄 수 있다. 따라서 외부인들은 이들의 종교적 전통, 가족 관계, 경제적 사정 그리고 심지어는 정치적 구조까지도 존중해야 한다. 일부 종교 단체가 현지 주민들을 개종시키기 위해 자원봉사를 하는 경우도 있지만, 기존의 깊은 종교적 전통이 있는 지역에서는 이들의 복음이 받아들여지기 어려울 것이다(Phillips and Thompson, 2013).

한마디 더 하자면, '이곳에서' 통하는 것이 '그곳에서'는 반드시 통하지 않을 수도 있다. 대피소에서 음식을 제공하는 것에서부터 종교적인 매장 풍습에 이르기까지, 해당 지역의 전통과 문화에 따라야 생존자들을 도울 수 있다. 이와 마찬가지로, 재난 생존자들이 무엇을 필요로 할지를 외지인들이 추측하면 심각한 실수를 저지르는 경우가 많다. 예를 들면, 2004년 인도양 쓰나미 발생 이후에 외부인들이 몰려와 어업에 필요한 도구를 기부했다. 하지만 잘못된 배를 기부해 많은 지역에서 이를 사용하지 않았다. 마찬가지로, 비정부 단체 및 심지어는 정부 단체까지도 쓰나미 발생 이후에 집을 재건할 때 지역 주민과 상의하지 않았다. 그 결과 주민들은 결국 더위에 허덕이는 집에서 살게 됐는데, 이는 해당 지역의 환경적 조건, 적절한 건축 자재, 지역 풍토를 고려하지 않은 결과였다(Barrenstein and Pittat, 2007; Phillips and Thompson, 2013).

외부인들은 절제된 태도로 피해지역에 들어가, 지역 상황을 잘 아는 해당 지역의 지도자를 찾아야 하며, 이들과 함께 계획을 세우는 것이 좋다. 그렇게 하지 않으면, 지역 주민들에게 부담을 주고, 이들의 자기 결정권을 좌절시키는 결과를 낳을 수 있다. 선의를 지닌 많은 외부인들이 도움을 주겠다고 몰려 들어가면, 지역의 구호 기관이 복구 활동에서 밀려나고, 자원을 진정으로 필요로 하는 사람들에게 자원이 제대로 분배되지 못하며, 일자리를 필요로 하는 사람들이 재건 사업에서 밀려나는 결과를 낳을 수 있다 (Mulligan and Shaw, 2011).

14.6 재난 복구 기간 중에 자원봉사 단체의 기여

여러분이 재난 현장에 있다고 생각해보아라. 허리케인 강도(미국에서는 최소 풍속 시간당 120km)에는 못 미치는 폭풍이지만, 앞이 보이지 않는 폭우가 오랫동안 퍼붓고 있다. 높은 파도와 폭풍 해일이 해안, 상업지역, 터널 안 그리고 도시의 거리를 휩쓸고 다닌다. 홍수가 발생해 긴급 구조대원이 피해지역에 접근하지 못하며, 한 동네 전체가 불에 타 잿더미가 되어가고 있다. 여러분은 직장도, 집도 잃었고, 도로도 보이지 않는다. 이제 어떻게 해야 할까? 며칠 뒤에 눈에 띄는 티셔츠를 입고 모자를 쓴 자원봉사자들이 소속 단체의 휘장을 두르고 몰려 들어온다. 이들은 여러분이 사는 집으로 들어와 젖은 카펫과 손상된 가구를 들어내고, 시트록을 뜯어낸다. 그러다 재건 지원을 해주는 지역의 복구 위원회에 재건 신청을 해야 한다는 소식을 듣는다. 신청서를 작성하고 나서야, 여러 단체에서 온 사람들이 — 예비군, 루터교인, 불교도인, 이슬람교도, 장로교인 등 — 여러분의 집을 재건하게 될 거라는 사실을 알게 된다. 여섯 달 뒤에 여러분은 사람들로 붐비는 임시 아파트에서 나와 가족들과 함께 집으로 돌아간다 – 이들 자원봉사자들의 노력 덕분에.

아니면 여러분과 가족은 지진 발생 후에 구호 캠프장에서 지내게 될 수도 있다. 날씨도 좋지 않아 우기가 시작될 판이다. 남편은 재난으로 목숨을 잃었고, 여러분 혼자 남아 아이들과 부모 그리고 시댁 식구들을 돌봐야 한다. 가부장적 사회에서는 공공 화장실에 혼자 가는 것조차 안전하지 않을 수 있다. 만일 혼자 간다면, 적대적인 행동을 당하게 된다. 얼마 전에 여동생이 혼자 나갔다 실종됐다. 여동생을 본 사람은 아무도 없고, 인신매매에 대한 소문이 캠프장을 떠돈다. 식량이 도착하면, 힘센 남자들이 자신과 가족이 먹을 식량을 차지하려고 완력으로 앞줄을 차지한다. 하지만 여러분은 식량도 얻지 못하고 배를 곯는 가족들을 먹일 식량 없이 빈손으로 다시 텐트로 돌아와야 한다. 하지만 자원봉사 단체에서 여러분의 상황을 알아챈다. 이들은 여성과 어린이를 위한 의료 텐트 및 식량 텐트를 세운다. 보안팀이 만들어지고 이들이 위생 시설까지 동반해준다. 이들은 피해지역 여성들과 함께 일하면서, 여성들이 어떤 능력을 갖고 있는지 알아내, 피해지역 생존자들이 수입을 얻도록 돕기 위해 필요한 자원을 들여온다.

자원봉사 기관과 단체는 보통 재난으로 인해 생긴 고충을 해결한다. 특히, 이들은 낯선 상황에서 고충을 해결하는 일에 주의를 기울여야 한다. 선진국에서는 경험 많은 단체가 개입해 잔해를 제거하고 여러 가지 수리에 착수하는 일이 비교적 수월하게 진행될 것이다. 그러나 낯선 나라에서는 필요한 것을 밝혀내고 인명을 구하는 일에 개입하기까지 시간이 걸릴 수 있다. 예를 들어 아이티에서 지진이 발생한 후에 여러 기관과 기자가 텐트촌에 들어가 무엇이 필요한지에 대해 사람들과 이야기를 나눴다. 그런 과정에서 이들은 지역 주민들의 희망과 이들이 회복력을 기르고 싶어 한다는 것을 분명히 알 수 있었다(Farmer, 2011).

14.6.1 당장 필요한 것

재난의 규모와 범위 그리고 재난이 발생한 장소는 즉각적인 구호를 제공하는 능력에 영향을 미친다. 태풍으로 항구, 도로 그리고 다른 주요 사회 기반 시설이 파괴된 필리핀의 경우에 대해 생각해보자. 어디서 응급 의료 서비스를 받을 수 있을 것인가? 외부에서 자원을 들여와야, 시작하는 데 며칠 또는 몇 달이 걸릴 일에 착수할 수 있다. 이러한 상황에서 깨끗한 물을 비롯한 당장 필요한 것은 그것만으로도 인명을 구할 수 있다. (식량, 물, 의료 서비스, 옷 그리고 가족의 사망에 대한 지원을 제공하는) 생존자를 위한 안내소뿐 아니라, 의료 서비스 제공과 대피 방법도 계획해야 한다.

국제 적십자와 구세군 같은 단체는 재난이 발생하면 즉각적으로 대응한다. 적십자는 대피소, 식량, 샤워 시설과 화장실, 정신 건강 지원 활동, 개인별 사례 관리, 응급 처치, 옷을 살 수 있는 쿠폰, 기본적인 가정 필수품(침대, 가전제품, 일부 지역에서는 첫 달 집세, 식량) 등이 포함된 '집단 구호'를 제공한다. 구세군 역시 국제적으로 운영되며, 텐트를 세우거나, 식량, 옷, 그리고 개별 가정의 재건을 돕는 등 집중적인 서비스를 제공하는 시설을 운영한다. 미국 적십자의 재난 대응 차량(ERVs)을 비롯해, 구세군에서는 뜨거운 음식과 음료 그리고 개인적 지원이 가능한 이동식 밴을 파견한다. 이러한 즉각적인 인명 구조 활동은 주로 자원봉사자들에 의해 행해진다.

하지만 이러한 단체는 시작에 불과하다. 미국 침례교인 재난 구호 목사회American Baptist Men Disaster Relief Ministry에서는 수천 명에게 식사를 제공하는 대규모 주방을 운영한다. 이 침례교 목사회는 다른 서비스뿐 아니라 이동식 샤워 시설도 제공한다. 일부 단체나 의료 협회에서는 자금, 자원 그리고 의료, 치과 및 정신 치료를 위한 이동식 시설도 제공한다.

당장 필요한 것에 대처해야 하는 기간에 다른 문제도 발생한다. 허리케인 카트리나의 경우에 목격했듯이, 대피 과정에서 가족들이 헤어져 수천 킬로미터 떨어진 곳에서 서로를 발견하는 경우도 많다. 자원봉사 단체에서는 실종된 사람들을 위한 웹사이트를 운영하고, 실종된 가족을 다른 대피소에서 찾아주며, 가족이 재회하도록 도와주고, 길 잃은 아이들을 위해 안전한 장소를 제공한다. 미국 실종 및 학대 아동 센터National Center for Missing and Exploited Children (NCMEC)에서는 재난 기간 중에 추가 지원을 제공한다. 2010년 아이티 지진 발생 후 미국에서는 NCMEC와 함께 무연고 미성년자 등록소Unaccompanied Minors Registry를 설립했다. 여기에서는 실종된 어린이에 대한 신고를 받고 이들을 가족과 재회하게 해준다.

생존자는 일자리도 찾아야 한다. 재건축 기간은 생존자들이 일자리를 구할 수 있는 시기이며, 자원봉사 단체에서도 대피한 노동자들이 입은 피해를 평가해야 한다. 뿐만 아니라 자원봉사 단체에서는 사례 관리, 건축 현장 업무 또는 유입되는 자원봉사자의 업무 조정에 생존자를 고용할 수 있다. 간단히 말해, 당장 필요한 것에 부응하는 일은 인명을 구할 자원을 제공할 뿐 아니라, 복구로 가기 위한 토대를 구축하는 기회가 되어야 한다.

14.6.2 단기 복구

기본적인 대응 활동이 이루어지는, 재난 발생 직후의 며칠 또는 몇 주 동안 자원봉사 단체에서는 다양한 활동을 벌일 수 있다. 아미쉬Amish와 메노나이트Mennonite 자원봉사자들은 메노나이트 재난 봉사단과 협력해, 종종 재난 현장에 나무를 자르고 도로의 잔해를 치우기 위한 전기톱을 들고 나타난다. 자원봉사 단체에서 제공하는 이러한 초기 청소 작업에는 가정에서 손상된 물품을 꺼내고, 그릇을 닦고 옷을 세탁하며, 잃어버린 물건을 찾고, 궁극적으로는 재건할 집터를 준비하는 초기 작업에 착수하는 것 등이 포함된다. 가족들이 흙더미와 철거해야 할 잔해 속에서 집안 살림을 수거할 생각만 해도 버거움을 느낄 때, 자원봉사자들이 짐을 덜어주고 올바른 지침을 제공할 수 있다.

자원봉사자는 손실의 유형과 규모를 평가하는 피해 평가에도 참여한다. 피해 평가에는 잔해 추정과 가장 심한 피해지역을 규정하는 것이 포함된다. 이 정보를 통해 가장 심한 타격을 입은 지역, 피해 주택의 유형 그리고 지원이 가장 절실하게 필요한 곳이 어디인지 알 수 있다. 미국에서는 이 단계에서 주州, 지역 그리고 전국적인 자원봉사 단체가 유관 단체와 함께 회의를 개최한다. 주州나 전국 수준의 VOAD에서 개최하는 경우가 많은 이 회의에서 유관 단체는 여러 가지 의제를 제기하고, 피해 평가를 검토하며, 정보를 공유하고, 이들 단체에서 무엇을 제공할 수 있으며 이들이 제공할 일의 범위와 유형이 무엇인지 알린다. 국제적으로 비정부 단체는 지역의 협력 단체들과 협조할 때 최선의 역할을 하며, 재난 이전에 맺어진 관계를 기반으로 할 때 한결 더 효율적으로 일할 수 있다.

언론이 기부를 독려하는 시기이므로, 단기 복구 기간은 자금 모금 운동을 벌이기 최적의 시기이기도 하다. 전국적인 자원봉사 단체는 기부금으로 수백만 달러를 모금하며, 이들은 이 돈을 복원과 재건에 사용한다. 이 시점에서 경험 많은 단체들은 유관 기관과의 연결망을 통해 직접 대면이나 화면을 통한 회의를 개최해 정보를 공유하고, 일할 장소를 결정하며, 자신들의 노력이 겹치지 않게 조정한다.

14.6.3 장기 복구

단기 복구와 장기 복구 사이에 뚜렷한 경계선이 있는 건 아니지만, 재건 단계는 장기 복구가 시작되는 명확한 지표임이 분명하다. 피해 가정에서는 이 단계의 복구 기간을 긴 줄에 서고 전화나 온라인으로 지원서를 작성하는, 좌절스럽고 버거운 시기로 묘사하는 경우가 많다.

돌봐야 할 어린 아이가 둘 있고, 돈은 한 푼도 없고, 집은 폐허가 된 상황이라고 상상해보아라. 그렇다면 오늘 어떤 일을 먼저 해야 할까? 복구 지원을 받기 위해서는 어디로 가서 뭐라고 말해야 할지 알아야 하며, 따라서 관련 정보와 지원 업무를 하는 사람들이 여러분과 같은 언어를 사용할지 그리고 여러분이 지닌 장애가 복구 노력에 어떤 영향을 미칠지 궁금할 것이다. 이러한 상황에 도움을 줄 구체적인 단체들이 있다. 예를 들어, 형제 교회에서는 세심하게 운영되는 보육 서비스 센터를 제공한다(Peek et al., 2008). 형제 교회 어린이 재난 봉사단Brethren's Children's Disaster Services에서는 27시간의 교육 워크숍을 통해 자원봉사자들을 훈련시키며, 까다로운 신원 조회와 범죄 이력 조회를 거친다. 그러면 재난으로 인한 정신적 외상에 경험이 많은 보육 교사가 돌보는 환경에서 아이들이 안전하게 있다는 확신을 갖고 복구 지원에 필요한 업무를 볼 수 있을 것이다.

그다음에는 무엇을 해야 할까? 사례 관리자가 피해자의 복구를 함께 계획해주는 경우가 점차 많아지고 있다. 사례 관리란 사례 관리자와 개인 또는 가정(수요자라고 불리는) 간의 직접적인 일대일 관계에서 피해자의 복구를 계획하는 것이다(Bell, 2008; Stough et al., 2010). 사례 관리자는 필요 사항을 평가하고, 자산을 확인하며, 복구에 필요한 단계를 생존자와 함께해준다. 대부분의 재난에서 사례 관리자는 해당 재난을 처음 겪으며, 관료주의에 대처해야 한다. 또한 각종 약어로 이루어진 서류는 처리하기 힘겹다. 그럼에도 (사회 복지 등의) 교육과 자격증 취득 등으로 사례 관리자는 관공서의 서식을 작성하는 데 따르는 어려움을 효과적으로 극복하고, 생존자들이 필요한 자원을 확보할 수 있도록 돕는다.

자원봉사 단체에서는 누군가의 집을 재건하거나 수리하는 어려운 일을 완수하는 데 자신들의 단체에 소속된 사례 관리자를 활용한다. 이들의 기록은 기부금 사용 내역을 확인하는 데 중요한 역할을 한다. 게다가 이들이 생존자를 돌보는 과정에서 치유가 이루어지기도 한다. 예를 들어, 카트리나 발생 이후에 사례 관리자로 일한 자원봉사자들은 생존자의 복구 부담을 덜어주고 생존자의 말을 경청해줌으로써 이들의 여정을 더욱 쉽게 해주었다(Phillips, 2014).

자원봉사 단체는 재난의 피해를 가장 많이 입은 사람들, 다시 말해 취약 계층에도 중점을 둔다. 피해를 입은 집단은 지역에 따라 다를 수 있다. 어떤 집단에서는 최근의 이민자가 가장 취약한 계층이 될 수도 있다 — 어떤 봉사가 이루어지고 있는지, 어떤 도움을 받을 수 있는지 잘 모르고, 이민 온 나라의 언어를 잘 구사하지 못하므로. 노인, 특히 혼자 살거나 복구 과정에 참여할 수 없는 허약한 노인은 자원봉사 단체의 서비스로 큰 도움을 받을 것이다. 일부 지역에서는 법적 변호, 재건 그리고 육아 서비스에서 도움이 필요한, 아이를 둔 한 부모 가정의 부모일 수도 있다. 자원봉사 단체는 휠체어 경사로 같은 접근성이나 어린이에게 적절한 복구 방법, 장애를 지닌 사람들의 고충에 대해 잘 알고 있다(Peek and Stough, 2010; Stough et al., 2010). 자원봉사 단체는 장애를 지닌 자원봉사자의 참여를 권장할 다양한 방법도 마련해야 한다(National Council on Disability, 2009).

자원봉사자와 자원봉사 단체의 지원, 자원, 노력 그리고 연민이 없다면, 많은 가정, 그리고 심지어는 전체 지역사회가 다시 일어설 수 없을 것이다. 그럼에도 재건은 자원봉사 노력보다 더 많은 것을 필요로 한다. 예를 들면, 미해결 고충 처리 위원회의 회의 중에 사례 관리자는 특수한 가정의 상황을 설명한다. 이들의 고충은 집 전체에서부터 간단한 수리에 이르기까지 다양할 수 있다. 만일 한 단체에서 집 전체를 재건하는 일을 맡는다면, 지붕이나 페인트칠 같은 부분적인 복원도 가능할 것이다. 그러면 회의에 참석한 단체는 사례 전체를 담당하거나, 새 지붕을 얹은 것 같은 필요한 부분을 맡을 수 있을 것이다.

자원봉사 단체에서는 준비 작업으로 건축 자재를 모으거나 활용해야 한다. 피해지역의 재난 단체에서 지역 자원 관리자의 역할을 하거나, 그리스도 재림교 같은 단체에서 앞으로 사용할 건축 자재를 보관해둘 수도 있다. 자원봉사 단체에서는 건축 자재를 구입하기 위해 기부금을 활용할 수도 있고, 지역 건축 회사에서 나무와 석고판 그리고 기타 자재를 기부할 수도 있다. 자원봉사자 작업팀에서는 이러한 일을 해내기 위해 단체 상호 간의 노력을 조율해야 한다. 허리케인 카트리나가 발생한 후에 멕시코만의 주택 관련 단체에서는 자원봉사 단체가 필요로 하는 자재를 살 보조금을 확보해주었다. 그 결과 수십 채의 주택이 재건되었다(Phillips, 2014). 이 책의 전반에서 언급했듯이, 돈은 재난 발생 이후의 유일한 최선의 기부인데, 그것은 주택과 사람들의 생활을 재건하는 데 필요한 물건을 정확히 구입할 수 있기 때문이다.

경험 많은 재난 관련 단체에서는 여러 가지 기술을 지닌 숙련 노동자와 미숙련 노동자를 두루 갖춘 작업팀을 파견한다. 페인트칠은 상당히 단순한 작업이며, 미숙련 노동자도 석고판 설치 업무를 상당히 빨리 배울 수 있다. 그러나 배관과 전기 작업은 적절한 교육 과정과 자격증이 필요하다. 그러한 충분한 인력이 자원봉사 단체에서 자원봉사를 해주면 좋겠지만, 보통은 그런 일을 할 사람을 고용해야 하는데, 여기에도 기부금을 가치 있게 사용할 수 있다. 관련 직능 조합에서 전기 기사와 배관공으로 된 자원봉사팀을 구성해 피해지역으로 보내주는 경우도 있다. 아니면 자원봉사 단체에서 기부금으로 피해지역에서 그 일을 할 사람을 고용해야 한다. 일자리를 필요로 하는 생존자들을 밀어내지 않기 위해 지역의 조례에 이러한 내용을 포함해도 좋을 것이다.

이러한 작업팀을 어디서 재우고 어디서 어떻게 먹일 것인가? 일부 단체에서는 피해지역에 의존하지 않기 위해 자체 요리사를 데리고 와 필요한 시설을 스스로 설치한다 (Phillips, 2014). 다른 사람들은 지역의 종교 시설이나 CBO와 협력 관계를 맺고 자원봉사자를 보내기도 한다. 피해지역에 지나친 부담을 주지 않으려면 이러한 준비가 필요하다. 주택이 이미 파괴된 상황임을 잊어서는 안 된다. 생존자들은 어디선가 살아야 하고, 자원봉사자들도 그렇다. 도로와 다리가 파괴되어 피해지역에 접근하기 어려울 수도 있다. 전기와 안전한 식수를 비롯한 사회 기반 시설이 한동안 제 역할을 못할 수도 있다. 열의에 찬 자원봉사자들에게 기다리라고 하기는 어렵지만, 자원봉사자들을 효율적으로 활용하기 위해서는 기다리는 게 최선의 대응인 경우가 많다. 슈퍼 태풍 샌디나 필리핀을 강타한 태풍 같은 끔찍한 재난을 상상해보아라. 피해지역에 들어가, 생존자들을 안전하게 대피시키고 자원봉사자들을 안전한 곳에 수용하기까지는 시간이 걸릴 수밖에 없다. 경험 많은 자원봉사 단체와 함께하면, 피해지역 사람들에게 부담을 주지 않고 도움을 줄 수 있을 것이다.

집이 완공되어가면, 자원봉사 단체에서는 임시 거처에서 영구 주택으로 옮기는 일을 돕게 된다. 예를 들면, 구세군에서는 중고 냄비와 프라이팬, 침구, 그리고 생활에 필요한 기본적인 가구를 모은다. 다른 단체에서도 이러한 과도기에 피해 가정을 돕는다. 피해 가정은 축복의 기도와 함께, 퀼트, 아기용품, 기도용 어깨 숄, 학용품이 든 책가방, 재건 과정이 담긴 사진, 그 가족의 종교에 맞는 종교 물품 등으로 이루어진, 자원봉사자들이 마련한 선물을 받기도 한다. 캘리포니아의 왓슨빌에서는 로마 프리타 지진 발생 후에 새 집에 들어가는 가정을 축하하기 위해 기독교적 주택 축복식이 거행되었고, 이것은 해당 가정의 문화적 유산을 존중해 이루어지는 경우가 많다. 왓슨빌 지역 종파 초월 재난 구호Watsonville Area Interfaith Disaster Relief 단체에서 주관한 축복 의식에서 많은 FBO에서 온 대표자들은 추로스, 커피, 초콜릿, 그리고 패스트리로 된 라틴식 아침 식사를 즐겼다. 허리케인 카트리나 이후에 미시시피의 잭슨에 정착한 사람들은 종교 단체가 나서서 아파트 월세를 지불하고, 옷과 가구 및 식량을 제공하며, 대학 장학금과 일자리를 주선하는 것을 목격했다. 간단히 말해 자원봉사 단체에서는 이들이 가정생활을 다시 해나갈 수 있게 돕는다.

재난 피해의 유형에 따라 자원봉사 단체에서 정상적인 임무 이상을 행하는 경우도 많다. 예를 들면, 카트리나 발생 이후에 자원봉사자들은 학교를 청소하고, 도서관을 정리하며, 자원봉사 선생님을 제공하는 등 교육 분야에서 활약했다. 종교에 기반을 둔 다른 자원봉사 단체에서는 봉사 활동을 하는 차량에 필요한 자금을 제공하고, 종교 지도자들의 여행 비용을 지불했으며, 실종된 신자들을 다시 찾고, 설교에 필요한 물품을 제공하는 등, 피해를 입은 해당 지역의 교회를 도왔다. 종교에 기반을 둔 많은 단체에서 종교 시설 및 허리케인 이후에 몇 년 동안 자원봉사자를 수용한 시설을 재건하기도 했다. 재난으로 피해를 입은 농촌 지역에서는 어떤 것이 필요할지 상상해보아라. 한동안 가축들을 데려다 먹이고 돌봐주는 일이 필요할 것이다. 수의사의 도움도 필요할 것이다. 또는 집과 농지를 떠나 대피한 가족이 임시 시설에 머물러야 할 경우, 이들이 기르던 애완동물을 위탁 보호해줄 시설도 필요할 것이다. 모두가 다시 집으로 돌아갈 때의 행복한 재회의 광경을 상상해보아라!

14.7 자원봉사 단체 연결 고리

정부가 모든 사람들에게 필요한 모든 것을 제공할 수는 없으므로, 자원봉사 단체는 재난 복구에 반드시 필요하다. 교회와 정부 사이에 적절한 분리가 이루어져야 하지만, 연방 정부는 자원봉사 단체와 긴밀히 협조해야 한다. 미국에서는 자원봉사 단체 연락 담당관(VAL)이라 불리는 NVOAD와 FEMA의 대표자가 이러한 일을 담당한다. VAL은 생존자에게 직접 도움의 손길을 뻗치는 자원봉사 기관과 연방 정부의 노력을 연결한다.

VAL의 역할은 자원봉사 단체가 정보와 자원을 확보하도록 돕는 것이다. 예를 들어, 연방 정부에서 합동 현장 사무소를 열면, 자원봉사 단체에서는 회의 장소를 얻고, 휴대 전화, 컴퓨터, 화상 회의 장비 등을 사용할 수 있게 된다. FEMA의 VAL은 지역의 지도자를 찾고, 이들을 자원봉사 단체와 연결하며, 장기 복구 단체를 돕기 위해 열심히 일한다(사진 14.3과 상자 14.3 참고). 이들의 중요한 역할은 관료적인 정부 단체보다 융통성 있게 자원봉사 단체의 구호 및 복구 지원이 신속히 처리되도록 돕는 것이다.

사진 14.3 허리케인 아이린 발생 후에 세계 교회 봉사단의 재난 대응 전문가인 조앤 헤일Joann Hale이 FEMA의 VAL을 교육시키는 모습(사진 Jonah Norlander/FEMA).

상자 14.3 장기 복구를 위한 단체의 구성

재난 발생 후에 자원봉사 단체의 노력은 어떻게 조직화될까?

전국 재난 자원봉사 협의회(NVOAD)는 자원봉사 노력을 계획하고 이끌기 위해 지역적으로 활동할 수 있는 세 가지 주요 유형의 상부 구조로 이루어져 있다. 여기에는 장기 복구 위원회, 종파 초월 단체 그리고 VOAD가 있다. NVOAD는 각 단체가 현실에서 별개의 목적을 추구함을 암시하지만, 지역사회에서는 이러한 용어를 뚜렷한 구분 없이 사용하며, 각 단체의 기능이 중복될 수도 있다. 재난 자원봉사 단체(VOAD)는 지역이나 주 차원에서 설립될 수 있다. 이들의 목표는 대응 및 복구에 참여하는 데 있어 협력, 조정, 의사소통 그리고 협업하는 분위기를 조성하는 것이다. VOAD는 교육뿐 아니라, 전국적으로 그리고 많은 지역에서 서로 만나 연방 정부 기관과 협력 관계를 맺을 기회를 제공한다. VOAD는 구체적으로 장기 복구 위원회를 돕는다.

장기 복구 위원회(LTRC)는 가정에 조정 서비스를 제공하는 것을 목적으로, 다양한 재난 및 지역 단체의 대표들로 구성된다. LTRC는 피해지역 가정의 고충에 초점을 맞춰 이들 가정에 간소화한 서비스를 제공하는데, 이들 가족은 LTRC 과정의 수요자가 된다. 일부 지역에서는 LTRC를 미해결 고충 처리 위원회라 부른다.

종파 초월 단체는 본질적으로 종교에 기반한 단체들로 이루어진다. 종파 초월 단체는 LTRC에 가입해 고충을 지닌 사람들과 함께 일한다. 이 종파 초월 단체는 사례별 사회 복지 사업을 펴며, 스트레스 관리, 재건축, 자금 모금 또는 노인을 비롯해 특히 위험에 노출된 인구에 중점을 둬 봉사하는 일을 담당한다. 종파 초월 연합체는 재난 이후에 현장에서 새로 결성되거나 아니면 종교 단체들로 이루어진 종교 연합에서 만들어진다. 뉴욕 종파 초월 재난 봉사단New York Disaster Interfaith Services(NYDIS)은 9.11의 결과 만들어졌으며, 슈퍼 태풍 샌디로 대피한 사람들을 도우며 오늘날까지 활약하고 있다. NYDIS는 복구 자원, 자원봉사자 집단 거주지, 고충처리 원탁회의 등의 도움을 제공한다. NYC 자원봉사자 집단 거주지 프로그램NYC Volunteer Group Housing Program(VGHP)은 이 폭풍으로 피해를 입은 사람들을 돕는 자원봉사 단체와 신도들의 거주를 조정하는 일을 돕는다(http://www.nydia.org/volunteerhousing 참고). 이 고충처리 원탁회의는 생존자, 기부자, 사례 관리자, 자원 전문가 그리고 자문 위원회가 한 자리에 모인 것이다. 샌디 발생 이후에 이들은 가장 많은 고충처리 요청이 집세나 모기지, 기본적인 공과금 납부, 이주 및 교통 문제, 재난과 관련한 빚 관리, 법적인 자문 그리고 위탁인 것을 발견했다.

출처: National Voluntary Organizations Active in Disaster, "Long Term Recovery Committee Manual." http://www.nydis.org, http://www.nydis.org/nydis/downloads/recovery/NYC_Sandy_Unmet_Needs_Roundtable.pdf (2014년 8월 15일 접속).

14.8 자원봉사자 관리하기

재난이 발생하면, 수천 명의 무소속 자원봉사자들이 피해지역을 돕기 위해 예고도 없이 나타난다. 많은 사람들이 자원봉사를 할 수 있게 되긴 하지만, 현실적으로는 아무런 교육도 받지 못한 데다, 피해지역에서 이들을 받아들일 준비가 안 되어있기 때문에 그리고 안전에 대한 우려에서 수천 명의 SUV가 되돌아갈 수도 있다. 2011년 5월 22일, 미주리의 조플린에서 토네이도가 발생해, 161명이 사망하고, 1,500명 이상이 부상을 입었으며, 병원과 10개의 학교 그리고 7,500채의 주택이 산산조각 나고, 2만 명 가까운 사람들이 대피했으며, 500개 이상의 사업체가 사라졌다. 인구 5만 명의 이 도시에 자원봉사자가 모여들었는데, 이는 주민보다 거의 세 배나 많은 수치였다(Abramson, 2013). 이렇게 몰려드는 사람들을 관리하기 위해, 이 지역의 종교 단체, 지역 적십자, 그리고 미주리 남부 주립 대학교가 힘을 모아 자원봉사자를 관리했다. 미주리 남부 주립 대학교에서는 자원봉사자들이 모이고 거주하는 데 천 명을 수용하는 기숙사와 다른 시설을 활용했다. 아메리코 세인트루이스 재난 대응팀은 몇 달 동안 자원봉사자를 조직했고, 지역 주민들은 '자원봉사자들이 전문적인 대응팀과 조플린 시청 직원의 활동을 의도치 않게 지체시키거나 더 힘들게 하지 않아야 한다고 생각했다(Abramson 2013, p. 30). 종교 단체인 연합 감리교 구호 위원회(UMCOR)에서는 재난 대응에 쓰라며 50만 달러의 보조금을 내놓았다.

지역의 복구 지도자는 해당 지역에 기반을 둔 단체나 재난 단체에 무소속 자원봉사자들이 올 것에 대비하라는 요청을 해두는 것이 좋다. 이들 자원봉사자들을 오랜 복구 기간 동안 머물도록 하는 것이 가장 이상적이다. NVOAD는 지역에 상자 14.4에 나오는 것과 같은 자원봉사자 등록 센터Volunteer Reception Center와 '고 키트Go Kit'를 마련할 것을 권고한다. 이제 자원봉사자를 관리하는 다양한 전략에 대해 알아보겠다.

상자 14.4 자원봉사자 등록 센터의 고 키트

자원봉사자 등록 센터의 고 키트는 다음과 같은 준비를 해야 한다.

- 앞으로 2년 동안 사용 가능한 연락 정보(이름, 주소, 전화번호, 팩스 번호, 이메일 주소, 나이 그리고 부모나 보호자의 연락처)가 담긴 무소속 자원봉사자 등록 서류
- 자원봉사자의 능력을 평가하고 적절한 직종을 맡기기 위한 인터뷰/등록 양식(사용 가능한 언어, 구체적 능력, 이전에 받은 교육, 선호 직종, 그리고 선호 지역 등)
- 안전 교육과 가능한 곳으로의 배치[대응 시기에 자원봉사자를 활용하기 위한 추가 제안은 NVOAD (2003) 참고]
- 위험 관리 절차의 일부로, 법적 책임 포기 서류
- 나중에 해야 할 복구 활동을 비롯한 다양한 활동을 위한, 구체적 직종에 적합한 훈련. 자원봉사자가 가장 필요한 시기는 복구 기간임을 강조할 것
- 등록, 교육 그리고 휴식 시간을 위한 장비 및 자원의 배치와 공급 장소
- 예정된 복구 수요와 관련된 공공 정보와 자원봉사할 방법
- 복구에 참여하기 위한 훈련과 기회를 제공하는 지역 및 전국 단위 재난 관련 자원봉사 단체의 목록
- 자원봉사에 대한 공식적인 감사와 정부 및 지역사회가 제공하는 돌아갈 교통편
- 자원봉사자들이 돌아가기 전에 미래에 사용할 자원봉사자의 연락 정보 확보하기

대응 기간에 자원봉사자 등록 센터는 무소속 자원봉사자를 위한 등록 및 평가 양식을 마련해 두어야 하며, 시간이 나는 대로 이 정보를 데이터베이스에 입력해야 한다(NVOAD, 2003). 복구 기간에 무소속 자원봉사자를 적절한 단체의 작업과 연결해주려는 노력을 하면, 여러분의 지역사회에 도움을 주고 싶어 하는 선의를 지닌 이들을 최대한 활용할 수 있다. 일단 초기 대응 기간이 끝나면, 해당 지역의 자원봉사자로 하여금 무소속 자원봉사자에게 감사 편지를 보내도록 해서 이들이 적절한 재난 관련 단체에 가입해 교육을 받고 다시 도움을 베풀 수 있게 해야 한다.

출처: NVOAD 2003.

14.8.1 자원봉사자 센터

자원봉사자 센터는 제1차 세계대전에 대한 대응으로 1919년 미니애폴리스Minne-apolis에서 처음 시작되었다(Points of Light Foundation, 2007). 처음에는 자원봉사자 사무실로 불렸으며, 1950년대 자원봉사자 연합회Association of Volunteer Bureaus가 결성되면서 미국 전역으로 퍼졌다. 이후로 자원봉사자의 노력은 대다수 미국 대통령의 지지를 얻어 제도가 보완되고 추가 프로그램이 개발되었다. 1986년 무렵에는 380개의 자원봉사자 센터가 운영되었으며, 매년 약 10만개의 민간단체와 기관에 약 50만 명의 자원봉사자가 소속해 활동했다. 여러분이 사는 지역 또는 그 인근에도 지역 자원봉사자 센터가 있을 것이다. 무소속 자원봉사자들이 나타나게 마련이므로, 자원봉사자 센터나 이와 유사한 기관은 이러한 인력을 잘 조직해야 한다. 해당 지역사회에서 이들의 연락처와 배경 또는 관심 분야를 기록해두면, 적절한 배치가 가능할 것이다. 그다음 단계는 도움을 주려는 개인과 해당 지역사회의 필요를 잘 연결하는 것이다(Clizbe, 2004).

슈퍼 태풍 샌디가 발생한 후에 롱아일랜드 자원봉사자 센터는 웹사이트를 활용해 작업팀을 조직했다. 유대인 재난 구호 단체인 NECHAMA는 이러한 작업을 일원화했다. 2014년 봄, 자원봉사자들은 시트록 설치와 마무리, 단열재 설치, 건물 내부의 애벌칠과 페인트칠, 그리고 일반적인 수리를 완수할 수 있었다(http://www.longislandvolunteercenter.org/HOC_Volunteer_Opportunity_Calendar_Page를 참고).

14.8.2 자원봉사자 교육과 배치

자원봉사자들이 도와줄 준비가 되었는지 어떻게 알까? 이들과 함께 무엇을 할 것인가?

바람직한 출발점은 업무를 규정하고, 이를 관리 가능한 범주로 나누며, 그런 다음 각 업무팀장에게 일을 맡기는 것이다(청소, 철거, 건설, 나무 제거, 또는 비서 업무, 행정 업무, 심부름 등). 그리고 나서, 각 업무를 맡은 팀장은 그 일을 적절한 자원봉사자와 연결한다. 예를 들어, 가정주부는 육아에 경험이 많을 뿐 아니라 뛰어난 조직 능력을 발휘할 수 있다. 축구팀원들은 잔해를 인도 가장자리로 치우고, 건축 자재를 옮길 수 있을 것이다. 스카우트 단원은 물을 운반하고, 교육 재료를 나눠주고, 트레일러 공원에서 아이들을 위한 놀이 프로그램을 개발할 수 있을 것이다. 경험 많은 단체에서는 이때 필요한 지식을 갖춘 감독관, 접근 가능한 장소, 교육 교재, 연습하고 검사하며 심지어는 자격증을 딸 수 있는 기회를 제공하기도 한다(Clizbe, 2004). 지역사회에서 재난이 발생하기 전에 자원봉사자를 훈련시키고, 이들과 쉽게 접촉해 이러한 귀중한 인적 자원을 활용할 수 있도록 인적 사항을 잘 보관해두는 것이 이상적이다. 자원봉사자들이 어린이나 상당한 장애를 지닌 성인과 접촉해야 한다는 것을 감안하면, 관련 단체에서는 신원 조회도 해야 한다. 자원봉사자를 훈련시키는 데는 일관성 있는 기준을 적용해야 한다(Clizbe, 2004).

정신적 외상을 입은 가족을 상대하고, 처참한 환경에서 일하며, 육체적으로 힘든 일을 수행하려면, 교육 과정에 정신 교육도 포함되어야 한다(Paton, 1996; Phillips, 2014; 상자 14.5 참고). 여객기 추락 같은 사건이 갑자기 발생하면, 사건 발생 지역에서 도움을 주기도 어려울 뿐 아니라, 이들도 자신의 상처를 치유해야 한다(Mitchell et al., 2004). 1998년 스위스에어 111 여객기가 캐나다에서 추락했을 때, 자원봉사자들의 가장 흔한 반응은 침묵이었다. 대단히 충격적인 경험은 어떻게 다루는지가 중요한데, 그것은 현재의 대처 도구를 개발하기 위해서이기도 하고, 미래의 사건에 대비해 회복력을 기르기 위해서이기도 하다. 연구자들이 이 지역 자원봉사자의 외상 후 스트레스 장애 발병이 높은 비율로 나타났다는 것을 밝힌 것은 놀라운 일이 아니다. 말을 하고 마음을 열어야 상처가 치유될 수 있다(Pennebaker, 1997). 자원봉사자들은 매일 밤 또는 매주 토론을 벌이거나 임무 수행 보고 시간을 가질 수 있다. FBO는 기도회의 일부로 이런 시간을 정기적으로 가졌으며, 자원봉사자들은 자신이 목격한 고통스러운 현실에 대해 이야기를 나눌 수 있었다. 지역의 상담가, 성직자 또는 정신 건강 전문가들이 머리를 맞대고 자원봉사자들이 보고 겪은 것을 극복할 수 있도록 도와줘야 한다. 그렇게 하지 않으면, 부정적인 장면이 해롭게 내면화되어, 지속적인 슬픔이나 심지어는 우울증을 겪을 수도 있다.

다음으로, 관찰과 경험을 통해 많은 기술을 배울 수 있지만, 이러한 절차와 관련 교재를 잘 개발하고 교육에 앞서 시험을 거쳐야 한다(Clizbe, 2004). 자원봉사자들이 시험을 보고 자격증을 받게 해주는 것도 바람직한 일이다. 자원봉사자들이 지은 건물이 검사를 통과해야 하지 않겠는가? 이는 누군가 특정한 기술 시험을 통과하지 못하는 유쾌하지 않은 일이 생길 수도 있다는 것을 의미한다. 하지만 결국 모든 사람이 정신적 외상을 입은 생존자의 사례 관리를 수행할 수는 없는 일이다.

교육은 가능한 한 접근이 쉬운 방식으로 이루어져야 하며(Clizbe, 2004; National Council in Disability, 2009), 피해지역에 대한 문화적 배려를 하는 교육도 포함되어야 한다. 사람들은 서로 다른 시간대에 일하며, 다양한 가정환경에서 생활한다. 따라서 자원봉사 단체에서는 주말이나 저녁 시간 그리고 심지어 여건이 될 경우 인터넷(비디오 스트리밍, 팟 캐스트, 온라인 강좌)을 통해서도 교육 과정을 제공할 수 있어야 한다. 뿐만 아니라 장애를 지닌 사람도 교육 과정을 이수할 수 있어야 하며, 이는 장애인 안내견이 이용할 시설을 비롯해, 장애를 지닌 사람들이 교재와 교육 장소에 접근할 수 있어야 한다는 것을 의미한다. 수화를 비롯한 추가 언어도 제공되어야 한다. 시각 장애를 지닌 자원봉사자에게는 큰 활자나 점자가 필요할 것이다 – 많은 사람들이 기여할 수 있다는 것을 기억해야 한다. 시

사진 14.4 숙련된 헤스턴 대학교 학생들이 재난 현장에서 능력을 발휘하는 모습 (사진 헤스턴 대학교).

각 장애를 지닌 사람은 건설 일을 할 수 없을 것 같지만, 이들도 청각 능력에 도움을 받을 수는 있다. 귀가 잘 들리지 않는 자원봉사자는 청각으로 들어야 하는 지시를 전달해 줄 파트너가 있으면, 이들이 함께 목수 일을 할 수 있을 것이다.

개인 보호 장비를 사용하는 법도 자원봉사자 교육 과정에 포함되어야 한다(사진 14.4 참고). 홍수 피해지역에는 화학 물질과 다른 잠재적 독성 물질이 유출되었을 수 있다. 흙과 건축 자재에 남은 잔여물은 자원봉사자들에게 해로울 수 있다. 예를 들면, 허리케인 카트리나 이후에 많은 자원봉사 단체에서 해로울 수 있는 환경으로부터 자원봉사자들을 보호하기 위해 자원봉사자들에게 마스크, 장갑, 그리고 온몸을 감싸는 보호복을 착용하도록 했다.

캔자스에서 헤스턴 대학교 재난 관리 프로그램Hesston College's Disaster Management Program을 이수하는 학생들은 메노나이트 재난 봉사단에서 자원봉사를 하기 전에 먼저 기술을 익힌다. 학생들은 먼저 재난 생존자를 돕기 위해 익힌 건설 기술을 활용해 어린이들의 놀이방을 지었다(사진 14.5 참고). 한 현장에서는 자원봉사자들이 돌아가며 감독 역할을 하기도 했다. 이들의 노력은 또래 지원에 해당하는데, 이는 특히 재건처럼, 대규모의 힘겨

사진 14.5 노스다코타의 마이넛Minot. 건강상의 피해와 부상의 위험을 줄이기 위해서는 자원봉사자에게 보호 장비가 지급되어야 한다(사진 David Valdez/FEMA).

운 일을 해야 할 때 잘 조율되고 서로 돕는 팀은 늘 더 쉽게 일한다는 것을 뜻한다(Clizbe, 2004).

상자 14.5 9.11이 자원봉사자에게 미친 영향

9.11 사태의 자원봉사자들은 어떤 일을 했을까? 자원봉사자들은 봉사를 하며 어떤 점을 걱정했으며, 이들은 이러한 걱정에 어떻게 대응했을까? 자원봉사자들을 어떻게 준비시켜야 할지에 대해 배울 만한 교훈이 있을까? 대규모 재난 및 위기에 관한 국제 저널International Journal of Mass Emergencies and Disasters에 실린 한 연구에 의하면, 연구에 참여한 163명의 자원봉사자는 다음과 같은 일을 수행했다고 한다.

- 관련 서비스에 관한 정보 제공 및 소개 업무 94%
- 재정적 필요에 대한 평가 85%
- 기타 필요한 서비스에 대한 평가 85%
- 서비스 제공자에게 데려가기 77%
- 사람들에게 구체적 지원 제공 63%
- 상담 제공 34%
- 수표 쓰기와 보내기 29%
- 통역 26%

자원봉사자들이 걱정한 점

- 자신의 안전 56%
- 가족의 안전 55%
- 편견과 차별 45%
- 자신의 정서적 안정 39%
- 사랑하는 사람의 정서적 안정 39%
- 비행 37%
- 공기의 질 31%
- 일자리 얻기 29%

- 안전과 보안에 대한 우려 24%
- 일자리 유지 18%
- 전쟁과 국제적 안전 11%

다음과 같은 행동상의 변화가 나타남

- 자신들이 좋아하는 활동에 더 많은 시간 할애하기 57%
- 더 많이 먹거나 더 적게 먹기 33%
- 신체 운동을 시작하거나 시간을 늘림 30%
- 종교적·영적 활동을 시작하거나 시간을 늘림 29%
- 요가·긴장 완화 활동을 시작하거나 시간을 늘림 14%
- 음주를 시작했거나 음주량이 증가함 12%
- 흡연을 시작했거나 흡연량이 증가함 10%
- 처방 약 복용을 시작했거나 양이 늘어남 4%

출처: de Bocanegra, H. et al., *International Journal of Mass Emergencies and Disasters*, 22, 35, 2004.

14.8.3 자원봉사자에게 숙소와 식사 제공하기

여러분이 사는 지역을 둘러보며 외지인 수천 명을 수용할 만한 곳이 있는지 찾아보아라. 간이침대와 슬리핑백을 넣을 공간이 있는 마을 회관이나 대학 시설이 있는가? 조리 및 샤워 시설은 갖추고 있는가? 누가 자원봉사자에게 식사를 제공할 것인가? 세탁 서비스는 어떻게 제공할 것인가? 과거에 발생한 재난의 경우, 자원봉사자에게 숙소와 식사를 제공하기 위한 다양한 방법이 아래와 같이 성공적으로 실시되었다.

- *자체 시설을 갖추고 오기*: 메노나이트 재난 봉사단은 보통 자원봉사자들이 묵을 트레일러를 갖고 오거나 구입한다. 루이지애나의 다이아몬드Diamond에서 메

노나이트 단기 자원봉사자는 개조한 교회 건물에서 묵었고, 장기 자원봉사자는 여행용 트레일러를 사용했다. 이동식 주택은 회의장, 사례 관리 그리고 임시 부엌으로 제공되었다. 피해지역에서는 이처럼 경험 많은 단체에 무료로 공간을 제공하는 경우가 많다.

- *임시 시설 이용하기*: 일부 지역에서는 기존 시설을 이용해, 자원봉사자들이 묵을 야영장을 세우기도 한다. 이럴 경우, 굶은 날씨를 견딜 수 있는지가 중요하다. 텐트촌은 극한 기후 조건에서는 불편할 수 있다. 특히 비가 오면 텐트촌은 금방 습지가 되어버릴 수 있다.

- *시설의 용도 변경*: 장기 복구에는 임시 시설보다 튼튼하고 견고한 시설이 필요할 것이다. 이러한 시설을 찾고, 개조하고 준비하려면 시간이 걸릴 수 있다. 지역에서는 영구적인 건물을 지닌 교회의 수련 시설, 스카우트단의 야영지 그리고 폐쇄된 군부대 시설 등을 활용할 수 있다. 이러한 시설을 이용하는 데 비용이 들긴 해도, 이러한 시설이 이상적인 장소일 수 있다. 자원봉사자들이 매일 일정 금액을 기부해 자신들의 숙식비용을 댈 수도 있고, 기부금으로 충당할 수도 있다.

- *장기 시설*: 지역의 종교 단체가 신도들이 이용하는 강당이나 기타 시설에서 외부 자원봉사자들을 묵게 할 수도 있다. 외부 작업팀이 오면, 이들이 바닥 공간, 간이침대, 담요, 세탁 서비스, 티셔츠와 조리 시설을 제공할 수 있을 것이다. 뉴올리언스 인근의 파크웨이 장로교회Parkway Presbyterian에서는 외부 작업팀이 자신들이 먹을 음식을 직접 구입해 조리했다. 샤워 시설을 이용하려면 자원봉사자들이 한 블록을 걸어야 했지만, 이 지역 교회에서 깨끗한 수건 및 티셔츠와 함께 세탁 서비스를 매일 제공했다. 인근 가정집에서 자원봉사자들을 묵게 할 수도 있지만, 이것은 대개 한정된 시간 동안만 가능할 것이다.

자원봉사자들이 신체적으로 편안해야, 이들의 에너지가 좋아지고, 헌신하는 마음을 새롭게 다질 수 있으며, 다시 자원봉사 일을 하게 된다. 빈약한 시설에서 빈약한 음식을 먹으면, 도와주려는 열의가 떨어지고, 스트레스가 커지며, 봉사를 할 역량도 줄어들게 된다. 아마 숙소보다 더 중요한 것이 음식일 것이다. 자원봉사 기간 동안 좋은 음식을 먹으면, 그 자체로 보상이 된다. 잘 먹지 못하거나 영양 가치가 빈약한 음식을 먹으면 불만이 쌓일 뿐 아니라, 기분이 나빠지고, 에너지를 잃으며, 집중을 잘 못 하고, 심지어 부상을 당하거나 병이 날 수도 있다.

14.8.4 자원봉사 단체와 자원봉사자를 위한 위험 관리

공공 기관 위험 연구원Public Entity Risk Institute(PERI, 2007a)에서는 위험을 '임무를 완수할 단체의 역량을 위협하는 미래의 사건과 관련된 모든 불확실성'이라고 정의한다. 위험 관리는 자원봉사자들이 부상을 입거나, 다른 사람에게 피해를 주는 것 등 해당 단체에 대한 잠재적 위협을 밝히는 일이다. 재난 상황에서 자원봉사자들과 함께 일하는 단체에서 할 수 있는 위험 관리에는 자원봉사자들의 관리, 운전 경력 조회, 교육 교재 개발, 신원 조회, 보험 가입 등이 포함된다(PERI, 2007a). 미국의 거의 모든 주에는 자원봉사자들을 소송으로부터 보호할 목적의 자원봉사자법volunteer act이 제정되어있다. 이러한 법은 선한 사마리아인 법Good Samaritan Laws이라 불리며, 내용은 지역에 따라 다양하다.

1997년 제정된 자원봉사자 보호법Volunteer Protection Act(VPA 또는 공법 105-19)에서는 자원봉사자들이 이들의 책임 '범위 내에서 행동할 경우', '적절한 면허나 자격증을 소지했거나 또는 그렇게 행동할 허락을 받은 경우', 피해가 '의도적이지 않고, 범죄가 아니며, 경솔한 실수나 중대한 과실이 아닌 경우', 그리고 '그 피해가 차량, 선박 또는 비행기를 운행하는 사람에 의해 초래되지 않은 경우' 이들을 보호하게 되어있다(PERI, 2007c). 하지만 자원봉사 단체에서는 자원봉사자의 건강과 안전을 위해 보험에 가입할 수 있다. 특정 부상에 대한 적용을 제한하는 보험을 선택하는 것도 가능하다(PERI, 2007c). 자원봉사자의 부상에 대한 책임을 자원봉사 단체에서 지지 않는다는 포기 서류에 서명하게 하는 단체도 있다. 또는 자원봉사자에게 보험에 가입한 증서나 의사의 소견서를 가져오게 할 수도 있다. 특히 위험한 곳으로 가야 할 경우에는, 파상풍, 독감, 또는 기타 바이러스성 질환에 대비해 예방 주사를 접종하는 것도 바람직하다(Clizbe, 2004). 위급한 상황이 발생할 경우 봉사를 하는 장소에서 집까지 긴급 수송비용을 제공하는 보험 상품도 있다. 중요한 점은 못을 밟거나, 호흡기 감염이 발생하거나, 급성 맹장 수술을 해야 하거나, 심각한 정신적 외상을 겪는 등 자원봉사자에게 건강과 관련한 문제가 반드시 생긴다는 사실이다. 현명한 단체에서는 자원봉사자들을 돌볼 계획을 미리 세운다.

다른 나라의 건강상의 위험요인은 질병관리본부(CDC)에 문의하면 알 수 있다(http://wwwnc.cdc.gov/travel/). 때로는 자원봉사자들이 봉사를 하는 과정에서 목숨이 위태로운 상황에 직면하기도 한다. 2014년 사마리탄스 퍼스 소속 자원봉사자들이 에볼라에 감염되었는데, 에볼라는 치사율이 90%에 달하는 질병이다. 사마리탄스 퍼스에서는 의사, 간호사 등을 보내, 의학적 치료, 물, 위생 시설 및 위생 용품, 그리고 사례 관리를 제공했다. 유사한 단체에서도 지원을 제공했다. 라이베리아에서 봉사하던 2명의 자원봉사자는 생명을 위협하는 바이러스로 심각한 병에 걸렸다. 실험적인 치료를 위해 이들은 의료대피용 비행기 편으로 미국으로 송환되었다. 감염 방지복을 입고 도착해 격리소에서 선진적인 치료를 받고 두 사람 다 회복되었다.

자원봉사자들이 재난 시 하는 일은 신체적으로 그리고 정신적으로 힘겨울 수 있다. NVOAD(1999)는 자원봉사자들의 카페인, 술, 담배 그리고 설탕 복용을 관리해야 하며, 일하는 순번 및 시간을 제한하고, 감당할 만한 일을 시킬 것을 권장한다. 이러한 권고가 너무 뻔해 보일 수도 있지만, 재난 상황에서는 간과되기 쉽다. 또한 과일, 야채 그리고 건강 음료 같은, 건강에 유익한 식품보다 쉽게 위안을 주는 음식(청량음료, 과자, 햄버거 등)에 끌리기 쉽다. 또한 일을 끝내기 위해 사람들이 피로를 무릅쓸 수도 있다. 이러한 상황에서는 부상이 증가할 수밖에 없다. 매우 더운 기후 조건에서는 자원봉사자들이 땀을 많이 흘리면서 빼앗기는 효소와 미네랄을 보충할 물과 스포츠 음료를 마셔야 한다. 이러한 간단한 조치만으로도 무더위에 지치거나 열사병에 걸릴 가능성을 상당히 줄일 수 있다.

그래도 자원봉사를 하라! 자원봉사는 행복감, 전반적인 만족감, 그리고 우울증을 줄여주는 등 심신의 안녕을 증진시킨다(Lum and Lightfoot, 2005; Thoits and Hewitt, 2001). 허리케인 카트리나가 발생한 후에 미국 멕시코만에서 일한 자원봉사자들은 다른 이점에 대해서도 밝히고 있다(Phillips, 2014). 이들은 유사한 가치관과 신앙을 지닌 사람들과 팀을 이뤄 일하는 시간이 매우 좋았다고 한다. 새로운 친구를 만난 것도 좋아했다. 또한 다른 문화권에서 온 사람들과 만나 이들에게서 새로운 문화에 대해 배우는 것도 마음에 들어 했다. 최근의 이혼이나 우울증 때문에 온 사람도 있었다. 이들은 다른 이들에게 베풀면서 위안을 얻었으며, 자신의 문제를 객관적으로 바라볼 수 있게 되었다. 이들은 다른 사람들을 돕기 위해 일했지만, 자신에게도 치료 효과가 있었음을 발견했다.

14.8.5 자원봉사자에 대한 인정과 보상

자원봉사자들이 힘을 얻고, 치유되고, 자신에 대해 좋은 감정을 느끼게 되는 등의 보상을 저절로 받긴 하지만, 좋은 일을 한 데 대해 보상을 해줘야 하는 것도 사실이다. 공식적 보상에는 티셔츠, 자격증, 또는 힘겨운 노력에 대한 감사패 등이 있을 수 있다. 단체 사진도 잘 보낸 시간을 따뜻하게 기억할 수 있게 해준다.

마을 회관이나 자원봉사 센터에서 감사의 식사나 일주일을 마무리하는 파티 등을 주최할 수도 있다. 지역 문화에 음식과 축제를 결합하면, 보상을 더욱 의미 있고 흥미롭게 만들 수 있다! 외부에서 온 자원봉사자들을 지역의 종교 단체나 지역 또는 시민 단체에서 맞아들여 숙박, 급식, 문화 활동, 수영장 파티 또는 자원봉사자를 인정하고 보상해 줄 그 밖의 다른 재미있는 활동도 찾아볼 수 있다. 자원봉사자들에게 배출구를 제공하면 이들이 스트레스를 푸는 데 도움이 된다. 지역 레저 시설에서 수영, 각종 구기 종목, 또는 기타 야외 활동을 할 수도 있다. 마을 회관에서 춤을 추거나, 카드놀이를 할 수도 있고, 지역 밴드를 부를 수도 있다.

비공식적 보상에는 글로 쓰거나 말로 하는 감사 인사 같은 간단한 것에서부터, 재건하는 집의 주인이 될 사람이나 자원봉사 단체의 지도자 또는 지역 관리들이 작업장을 방문하는 것 등이 있다. 현지 자원봉사자가 외지에서 온 자원봉사자들의 노력을 사진으로 찍어 이 사진을 웹사이트나 소셜 미디어에 올려 지역 주민들의 감사한 마음을 알릴 수도 있다. 게시판을 세우는 것도 좋다.

또한 연락을 지속하는 것도 잊어서는 안 된다. 자원봉사의 혜택을 입은 사람들은 여러분의 소식을 듣고 싶어 할 것이다(Phillips, 2014). 저자가 텍사스에서 인터뷰한 사람은 허리케인 아이크가 발생하고 몇 년 후에 자원봉사자들이 다시 찾아온 일에 대해 이야기했다. 이 사람은 눈에 눈물을 글썽이며 경이로운 목소리로 이렇게 말했다. "이 분들이 단지 저를 보기 위해 캔자스에서부터 먼 길을 왔다구요!" 다른 사람들은 카드와 전화를 받고 이메일을 주고받은 이야기를 들려주었다. 한 사람은 이렇게 말했다. "저는 자원봉사자 분들의 소식을 듣는 게 너무 좋아요!" 루이지애나의 한 수혜자는 공책을 펼치고, 자신의 집을 다시 지어준 종교 단체에서 온 자원봉사자들의 이름, 이메일 주소 그리고 주소를 정성들여 쓴 것을 보여주었다. 그녀는 미소를 지으며 이렇게 말했다. "이게 저한테는 성경이나 다름없어요."

14.9 요약

자원봉사자는 재난 복구를 가능하게 해준다. 대개 두 가지 유형의 자원봉사자가 있다. 아무런 예고도 없이 선의에 가득 차서 나타나는 SUV는 훈련되어있지도 장비를 지니고 있지도 않은 경우가 많다. 잘 준비된 지역사회에서는 이러한 자원봉사자를 맞아 활용할 수 있다. 하지만 가능한 최선의 인적 자원은 경험 많은 재난 관련 단체에 소속된 자원봉사자들이다. 재난 단체에 소속된 자원봉사자는 보통 구체적 업무를 담당할 수 있는 숙련된 핵심 인력이다. 이들이 소속된 단체는 도움을 주기 위해 보통 지역의 복구 지도자 및 다른 단체와 함께 협력해서 일한다. 이들은 정말로 도움이 필요한 사람들(노인, 장애인, 한 부모 가정, 그리고 저소득 가정)의 고충에 중점을 둔다.

자원봉사를 하는 사람들은 봉사를 하면서 긍정적인 이점을 얻는 경우가 많다. 어떤 연구에서는 우울증이 개선되는 등 정신적ㆍ신체적인 건강상의 이점을 얻는다고 보고하고 있다. 새로운 기술을 익히고, 새로운 우정을 쌓으며, 개인의 가치관과 신앙에 따라 행동할 수 있는 등의 다른 이점도 있다. 많은 자원봉사자들이 집으로 돌아온 후에 자신들이 사는 지역에서 다른 봉사를 하는 등 파급 효과도 발생한다.

하지만 자원봉사 단체와 지역사회는 자원봉사자들의 신체적·정신적 안전을 확보하기 위한 책임을 져야 한다. 재난지역에 있거나 건설 현장에서 일하는 것은 위험할 수 있으며, 따라서 자원봉사자들은 교육과 관리를 잘 받아야 한다. 처참한 광경을 목격했다면, 그러한 경험을 처리할 줄 알아야 슬픔과 분노의 감정에 대처할 수 있다. 자원봉사 단체와 지역사회에서는 자원봉사자들의 노력을 알아주기 위해서도 노력해야 한다. 그렇게 해야 자원봉사자들의 만족감을 높일 수 있다.

자원봉사자의 준비에는 문화적으로 다양한 배경에서 일할 마음의 준비를 하는 것도 포함되어야 한다. 그렇게 해야 지역 주민들이 필요로 하고 원하는 게 무엇인지 이해할 수 있다. 자원봉사자들은 새로운 문화, 가치관 그리고 이점을 이해하기 위해 그리고 자신과 다른 견해를 존중하고 인정하기 위해 진심으로 노력해야 한다. 자원봉사는 차이를 넘어 다리를 놓는 것이며, 이는 특히 자원봉사자들이 재난이 발생한 후에 집으로 돌아가고 싶어 하는 이들의 관점에서 지역 상황을 이해하기 위해 진정으로 노력할 때 가능해진다.

14.10 마무리 문제

14.10.1 요약 문제

1. 사람들은 왜 자원봉사를 하는가? 어떤 사람들이 다른 사람들보다 더 또는 덜 자원봉사를 하는가?

2. 사람들이 자원봉사를 하는 동기는 무엇인가? 사회화의 동인socialization agents은 어떤 역할을 하는가? 특히 종교적 전통 같은 사회화의 동인은 어떠한가?

3. 무소속 자원봉사자와 단체에 소속된 자원봉사자의 차이는 무엇인가? 각 유형

의 자원봉사자의 장점과 단점은 무엇인가?

4. 재난이 발생했을 때, 재난 관련 단체에서부터 지역사회, 시민 단체 그리고 재난 관련 단체에 이르기까지, 자원봉사자를 구할 수 있는 다양한 곳을 나열해 보아라. 이 각각에 대해 이 책에 실리지 않은 곳을 예로 들어보아라.

5. 자원봉사자들은 봉사를 하면서 어떤 이점을 얻는가? 신체적, 정신적 그리고 개인적 이점은 무엇인가?

6. 국제적 자원봉사 활동을 할 때 어떤 행동이 부적절한지 토론해보아라. 보다 능력 있는 자원봉사자가 되기 위해 문화적으로 민감한 부분을 어떻게 이해해야 하는가?

7. 즉각적 복구, 단기 복구, 그리고 장기 복구 시기는 각각 다른 자원봉사 활동의 기회를 제공한다. 이러한 시기에 자원봉사자는 어떤 일을 해야 하는가?

8. 다양한 단체의 구성은 복구 노력을 함께하는 데 도움이 된다. 재난 기간에 자원봉사를 할 수 있는 단체에 대해 알아보고 예를 들어라.

9. 재난 피해를 입은 지역에서는 자원봉사자를 활용하고 또 보낼 준비를 해야 한다. 자원봉사자 센터의 고 키트는 지역사회가 이러한 준비를 하는 데 어떤 도움을 주는가?

10. 자원봉사자를 위한 교육 프로그램의 필수 요소에는 어떤 요인이 포함되어야 하는가?

11. 자원봉사자에게 숙소를 제공하는 것은 상당히 어려운 문제가 될 수 있다. 자원봉사 단체가 소속 자원봉사자들을 위한 숙소를 찾는 일을 지역사회가 어떻게 도울 수 있는가?

12. 자원봉사자들의 노고를 왜 알아줘야 하며, 어떻게 알아줄 것인가?

14.10.2 토론 문제

1. 여러분은 'SUV'로서 재난 현장에 간 일이 있는가? 재난으로 피해를 입은 지역

에 아무런 예고도 없이 나타나면 어떤 결과가 야기될지 이야기를 나눠보아라.

2. 재난 현장으로 가서 자원봉사를 하자고 사람들을 모으는 소셜 미디어 도구와 웹사이트를 찾아가 보아라(최근에 재난 피해를 입은 지역을 인터넷으로 검색해보면 이러한 내용을 찾을 수 있다). 어떤 일을 해줄 사람을 찾는가? 이들은 자원봉사자들을 어디 묵게 할 계획인가? 어떤 유형의 단체가 자원봉사에 참여하는가?

3. 심각한 피해를 입은 지역으로 가는 새로운 재난 관련 자원봉사자를 대상으로 하는 기본적인 교육 프로그램을 짜보아라. 이들이 건설 작업을 해야 할 수도 있다. 그렇다면 교육에 어떤 내용을 포함시켜야 할 것인가?

4. 여러분이 사는 지역에서는 재난 생존자를 상대할 자원봉사팀을 준비시키는 일을 누가 맡을 것인가? 최초의 필수적 단계로, 정신적 준비, 경청하는 기술, 그리고 문화적 이해 등에 대해 생각해 보아라.

5. 여러분이 사는 지역에서 어떤 기관이나 단체가 재난 발생 후 자원봉사를 조직하는 데 도움을 줄 자원 역할을 할 수 있는가?

6. 여러분이 사는 지역에서 그리고 인터넷 사이트를 통해, 재난 관련 자원봉사자를 교육시키는 곳을 찾아보아라.

7. 다양한 자원봉사자를 모집해야 한다고 생각해보자. 여러분이라면 어떻게 모집할 것이며, 이들을 위한 그리고 이들과 함께할 교육 과정을 어떻게 구성할 것인가?

참고자료

• National Center for Missing and Exploited Children, Unaccompanied Minors Registry, http://www.missingkids.com/DisasterResponse. Last accessed August 15, 2014.

• Volunteer Reception Center Video, http://www.fema.gov/media-library/assets/videos/77158. Last accessed August 15, 2014.

- National Voluntary Organizations Active in Disaster, http://www.nvoad.org. Links to most of theorganizations mentioned in this chapter can be found at this website. Additional materials, including long-term recovery manuals, are available via free download.

- Church of the Brethren Children's Disaster Services, http://www.brethren.org/cds/. Last accessed August 15, 2014.

- Lutheran Disaster Services Camp Noah, http://www.campnoah.org. Last accessed August 15, 2014.

- American Red Cross Disaster Services Training samples can be currently viewed at http://www.redcross.org/flash/course01_v01/. Last accessed August 15, 2014.

- American Red Cross, http://www.redcross.org/take-a-class. Last accessed August 15, 2014.

- FEMA Independent Study Courses on volunteers, http://training.fema.gov/IS/crslist.asp. IS244and IS288 are recommended. Last accessed August 15, 2014.

- The National Response Framework ESF6 can be viewed at http://www.fema.gov/emergency/nrf/. Last accessed August 15, 2014.

- The National Response Framework annex for volunteer and donations management can be viewed at http://www.redcross.org/flash/course01_v01/. Last accessed August 15, 2014.

- Volunteer Protection Act of 1997, http://www.gpo.gov/fdsys/pkg/PLAW-105publl9/pdf/PLAW-105publl9.pdf. Last accessed August 15, 2014.

용어 사전

Accessibility (접근성): 가족을 돌보고, 직장을 오가며, 개인 및 지역사회의 일을 보기 위해 이동할 수 있는 역량

Accountability (회계 책임): 기부된 자금을 기부자의 의도대로 사용하려는 약속

Adaptive Management (적응 관리): 이해 당사자를 환경 및 재난 복구에 관한 여러 정보를 고려한 제안으로 이끄는 과정

Affiliated volunteers (소속된 자원봉사자): 재난 구호 단체와 소속되어 교육을 받았거나 경험이 많은 사람

Air curtain incinerator (에어 커튼 소각로): 잔해를 줄이는 과정에서 연기와 작은 파편을 가두고, 불에 공기를 불어넣기 위해 땅에 구덩이를 파고 송풍 장치를 설치하는 절차

Altruism (이타주의): 자원봉사처럼 다른 사람들을 위해 기꺼이 좋은 일을 하려는 마음

Anxiety (불안): 공포증, 걱정, 두려움 또는 공황 발작을 비롯한 정신적 반응

Blaming (책임 전가): 재난 피해에 대한 책임을 미루는 행위

Bonding social capital (유대 사회 자본): 비슷한 사람들 사이의 가치 있는 접촉

Bridging social capital (가교 사회 자본): 직업 등 다른 배경을 가진 사람들 사이에서 이루어지는 접촉

Bureaucratic authority (관료적 권위): 기관이나 정부 부처에 속한 직위에 부여된 힘

Business continuity planning (사업 지속성 계획 수립): 재난 발생 이후에 사업의 필수적 운영

이 지속되게 하려는 노력

Capital campaign (자금 모금 운동): 복구와 같은 다양한 활동의 재원이 될 새로운 세금이나 채권에 동의를 얻기 위해 납세자를 설득하는 노력

Capital infusion model (자본 유입 모델): 복구에 필요한 자금을 외부 단체에서 대는 모델

Cascading event (연속적 사건): 지진으로 인해 발생하는 쓰나미나, 지진으로 인한 전력망 손상처럼, 이전에 벌어진 사건의 결과로 또 다른 재난이 벌어지는 것

Case management (사례 관리): 사회복지사가 복구를 위한 의사 결정 과정을 개인 및 가정과 함께 해나가는 것

Catalog of Federal Domestic Assistance (CFDA) (연방 정부의 국내 지원 일람): 보조금, 적격성, 지원 관련 정보를 명시한 연방 정부의 웹사이트

Charismatic authority (카리스마적 권위): 다른 사람들을 설득하거나 추종자를 끌어들이는 데 있어 개인의 인격과 능력에서 비롯되는 힘

Chipper (치퍼): 쓰러진 나뭇가지나 나무를 잘게 부수는 데 사용됨

Civic club [시민(주민) 클럽]: 시민을 위한 봉사에 헌신하는 단체

Civic involvement [시민(주민) 참여]: 자원봉사를 통해 공공의 선에 기여하는 과정

Cognitive social capital (인지적 사회 자본): 사람들이 복구 과정에 끌어오는 관점, 생각 그리고 태도

Collaboration (협업): 공동 목표를 위해 다른 사람들과 협력하며 일하는 행동과 행위

Collective altruism (집단적 이타주의): 공동체의 일원인 우리가 다른 사람들을 돌보는 보다 넓은 사회적 합의에서 발생함

Collective loss (집단 상실): 지역사회 전체에 영향을 미치는 중요한 일련의 관계를 잃는 경험

Communal ties (집단 유대감): 공동 관심사를 통해 서로 연결되어있다고 느끼는 사람들에게서 나오는 일종의 장소와 결부된 유대감

Community (지역사회 또는 공동체): 지리적 위치, 공동 경험 그리고 공동 관심사 등 소속감을 공유하는 사람들의 집단

Community-based collaboration (CBC) (지역사회 기반 협업): 전문 지식을 가진 기관과 사람들을 연결하는 새로운 움직임으로, 환경 문제를 해결하기 위해 어떻게 앞으로 나

아가야 할지에 대한 합의를 바탕으로 함

Community engagement (지역사회의 참여): 어떠한 결정에 영향을 받는 이해 당사자들을 의사 결정 과정에 포함시키려는 노력

Community Organization Active in Disaster (COAD) (재난지역사회 단체): 재난 관련 자원봉사 단체와 함께 활동하는 지역사회에 기반을 둔 단체로, VOAD와 유사함

Community organizing (지역사회 조직화): 사람들이 자신의 이익을 집단적으로 대변하고 옹호할 수 있도록 충분한 힘을 가질 수 있게 돕는 것

Community-based organization (CBO) (지역사회 기반 단체): 특정한 인구 또는 자원과 연결된, 주어진 지리적 장소 내에 위치하는 단체

Compassion fatigue (동정심 감퇴): 다른 사람들을 돕다 결과적으로 정신적 피로나 다른 정신적 외상을 겪는 것

Comprehensive emergency management (종합적 재난 관리): 대비, 대응, 완화, 복구의 네 단계가 포함되며, 재난 관리자의 활동을 조직하는 데 활용됨

Comprehensive planning (종합적 계획 수립): 재난 계획 수립의 요소를 포함해 지역사회를 성장하고 발전시킬 방법을 알아보려는 노력

Construction and demolition debris (C&D) (건축 및 철거 잔해): 버려진 목재와 건축 자재를 비롯해 재건의 결과로 생기는 물질

Consultation (협의): 시민들에게 반응을 묻는 행위

Content leader (내용 지도자): 회의의 주요 의제를 확실히 논의하도록 책임지는 사람

Continuity of operations (운영의 지속성): 사업체, 기관, 단체, 의료 시설, 공공 설비 등이 재난 이후에 제대로 기능하거나 정상적인 운영으로 되돌아오게 하기 위한 계획 수립

Convergence (쇄도): 대개 요청하지 않은 물품과 자원봉사자가 재난 현장에 나타나는 것

Coronal mass ejection (CME) (코로나 물질 방출): 태양의 코로나를 넘어 방출되는 태양풍과 자기 활동의 폭발로, 지상의 휴대 전화, 내비게이션 기기 그리고 전력을 교란시킬 수 있음

Cultural resource (문화 자원): 건물, 기념물 그리고 예술 작품을 비롯한, 유 · 무형의 자원

Cyberattack (사이버 공격): 테러, 경제적 피해, 범죄 또는 이와 유사한 결과를 위해 사업체나 정부의 기반을 약화시키려는 시도

Cybercommuting (사이버 커뮤팅): 근로자가 컴퓨터를 통해 일하거나, 사업체가 사이버 공간으로 임시 이주하는 것

Debriefing (디브리핑): 사람들이 재난에 대한 감정을 표현하고 이러한 감정을 처리할 수 있게 해주는 모임

Debris (잔해): 재난의 결과 발생하는 물질로, 재난을 통해 직접적으로 생기거나 대응과 복구 활동을 통해 간접적으로 생기는 것이 모두 포함됨

Debris estimation (잔해 추정): 재난에 의해 앞으로 발생할 또는 이미 발생한 잔해의 양을 결정하기 위해 수학 공식과 이전 재난의 경우를 활용하는 과정

Debris management (잔해 관리): 환경 규정에 따라 잔해를 올바르게 처리하기 위해 잔해를 줄이고 재활용하고 재사용하려는 노력

Debris management team (잔해 관리팀): 법적으로, 환경적으로 그리고 책임감 있게 잔해를 제거할 의무를 갖는 개인과 기관

Denial of service (서비스 마비): 사용자와 고객이 접속하지 못하도록 해커가 인터넷 상에서 사용하는 침투 기술

Depression (우울증): 슬픔, 수면 장애, 죄책감, 무기력, 집중하기 어려움 등이 수반되는 정서 장애

Direct damage/losses (직접 피해/손실): 홍수나 다른 재난의 발생으로 인해 사업체가 입는 피해

Disaster (재난): 일상 생활의 폐쇄나 변화를 유발하는 등 지역사회의 구조와 기능을 와해시키는 사건

Disaster Federal Register Notice (DFRN) (재난 연방 등록 고지): 재난 선포와 관련해 연방 정부가 제공하는 정보

Disaster Recovery Center (DRC) (재난 복구 센터): 연방 정부가 구호 신청과 지원을 위해 여는 원스톱 형태의 조직

Disaster resilience (재난 회복력): 더 적은 피해를 입고 더 짧은 복구 기간을 거쳐 재난 사건으

로부터 되돌아오는 역량

Disaster Resistant University (DRU) (재난에 강한 대학교): 다양한 재난에 대한 회복력을 기르기 위해 고등 교육 기관이 채택한 연방 정부의 프로그램

Displacement (대피): 재난이 발생한 동안 가정이나 사업체가 임시로 이주하는 것

Distribution center (분배 센터): 생존자들이 기부된 물품을 받아오는 곳

District overlay (구역 중첩): 환경의 질을 개선하고, 완화 방법을 통해 위험을 줄이며, 역사적 특성을 살리기 위한 특별한 일련의 설계를 고려하는 것이 포함됨

Dominant paradigm (지배적 패러다임): 사회적 시스템보다는 물리적 시스템이 재난을 일으킨다고 보는 견해

Donations (기부): 재난 피해자들에게 구호를 제공할 목적으로 내는 물품과 자금

Donation Coordination Center (기부 조정 센터): 기부 관리팀이 기부 물품의 목록을 만들고, 창고에 보관하며, 분배 센터로 보내기 위해 일하는 장소

Donations Management Coordinator (기부 관리 조정자): 요청했거나 요청하지 않은 기부를 관리할 책임을 지고 이를 주관하는 사람

Donation Management Team (기부 관리팀): 요청하지 않았거나 요청한 기부를 처리하는 개인, 기관 및 단체

Donor intent (기부자의 의도): 물품이나 돈을 낸 사람이 그러한 기여로 이루고 싶어 하는 것

Downtime (영업 정지 기간): 사업체를 운영할 수 없는 전체 시간

Ecological footprint (생태 발자국): 지구와 그 자원에 미치는 영향을 계산한 것

Economic Injury Disaster Loan (EIDL) (경제 피해 재난 대출): 사업체에 자금을 제공하기 위해 개발한 미국 연방 정부의 프로그램

Economic vitality (경제적 활력): 재난을 겪고 살아남고 재난으로부터 되돌아오는 역량으로, 경제적 이해관계를 통합한 재난 복구 과정은 사람들이 잃어버린 수입을 만회하고 복구에 착수할 수 있도록 도움

Emergency declaration (위기 선포): 대통령이 이를 선포하면, 도로 청소나 모래주머니 제작 같은 재난 대처에 연방 정부의 자금을 사용할 수 있음

Emergency Operation Center (EOC) (비상 운영 센터): 재난 관리자들이 대응 활동을 펼치고, 이

들이 복구에 영향을 미치는 의사 결정을 내리는 장소

Emergency shelter (비상 대피소): 자동차나 텐트처럼 대피한 피난민이 마련해서 잠시 머무는 곳

Emergency Support Function 6 (ESF 6) (재난 지원 기능 6): 집단 구호에 중점을 두는 자원봉사 단체의 활동을 지원하는 미국 국가 대응 체제 내의 기능적 분야

Emergent group (자생 집단): 재난 상황 시 미해결 고충으로부터 생겨남

Emergent Human Resources Model (EHRM) (인적 자원 발생 모형): 관료적 법과 규정보다 융통성과 문제 해결 능력을 강조하는 관리 모델

Emergent norm theory (규범 발생 이론): 재난 사건에 대응해 새롭게 나타나는 행위와 행동

End site (종결 지점): 기부가 끝나는 마지막 장소

Entry point (진입 지점): 기부가 재난지역으로 처음 들어오는 장소

Environmental conservation (환경 보존): 서식지, 초목, 유역 등을 보존하고 살리기 위해 취하는 조치

Environmental impact statement (환경 영향 평가 보고서): 주어진 물리적 장소에 어떤 행위가 미치는 잠재적 영향을 문서로 평가한 것

Environmental justice (환경 정의): 재난 상황에서 어떻게 일부 집단의 상황이 더 악화되고 더 높은 환경적 위험을 겪게 되는가를 강조하는 사회 운동

Environmental protection (환경 보호): 오염 물질의 유출 제한 그리고 법과 규정 등으로 주어진 물리적 장소에 더 이상 해가 가는 것을 막기 위한 조치

Environmental quality (환경의 질): 자연 자원을 보호하고 우리가 환경에 영향을 미치는 방식을 바꾸는 데 중점을 두는 복구의 한 요소

Environmental restoration (환경 복원): 대개 기술적 재난의 영향이나 인간의 침해 행위 등 인간이 가한 영향을 통해 이미 손상된 것을 되돌리려는 노력

Equity (형평성): 서로 다른 세대, 인종 및 민족 집단, 장애인 등 복구를 경험하는 다양한 집단과 인구 계층 사이의 공평함

Faith-Based Organization (FBO) (종교 단체): 재난 상황에서 도움과 자원봉사자를 제공하는, 종교적 전통을 지닌 단체

Federal Register (FR) (연방등기소): 재난 연방 등록 고지(DFRN)가 이루어지는 장소

Feminist theory (페미니스트 이론): 재난 상황에서 여성과 관련된 우려와 문제에 관해 여러 가지 다양한 생각의 방식을 제공하고 다양한 해결책을 제시하는 이론의 틀

Flexibility (유연성): 회복력, 견고함 그리고 적응력을 발휘하기 위해 상호 연결된 시스템의 여러 부분들의 역량

Funding Opportunity Number (FON) (자금 관리 번호): 연방 정부의 보조금에 부여되는 고유 번호

Geomagnetic storm (지자기 폭풍): 태양 표면의 폭발이나 이와 관련된 현상에 의해 초래되며, 지상에서 휴대 전화, 내비게이션 기기 그리고 전력 공급을 와해시키는 결과를 낳음

Grant (보조금): 사업 자금을 대기 위해 주는 돈

Grant writing (보조금 문서 작성): 보조금을 확보하기 위해 신청서를 작성하는 행위

Grantsmanship (보조금 기량): 성공적인 보조금 신청서를 작성하는 역량

Green infrastructure (녹색 사회 기반 시설): 도로, 고속도로, 다리, 댐, 그리고 다른 사회 기반 시설을 환경 친화적인 방법으로 개선되도록 재건하는 것

Green rebuilding (녹색 재건): 제한된 자연 자원을 사람들이 사용하는 것으로 인한 미래의 영향을 줄이기 위해 에너지 효율적인 그리고 그 밖의 방법을 선택하는 것

Grinder (분쇄기): 많은 양의 잔해를 처리하기 위해 사용되나, 그 결과로 나오는 뿌리 덮개를 저장할 넓은 공간이 필요함

Hazard mitigation planning (위험 완화 계획 수립): 위험 저감 노력을 위한 우선순위를 설정하는 데 있어 지역사회를 개입시키는 과정

Heliophysics (헬리오 물리학): 지자기 폭풍을 낳는 태양 표면의 폭발 같은 현상을 연구하는 학문

Heritage tourism (유적지 관광): 관광객이 문화적 · 역사적 의미를 주는 장소를 방문하는 것

High-hazard dam (고위험 댐): 붕괴 위험이 상당히 높은 댐

Historic district (사적지): 국가 사적지로 지정되어 특별히 인정을 받는 가치를 지닌 지역

Historic landmark/property (역사 기념물/유물): 국가 사적지로 등록될 만한 선사 또는 역사

시대의 구역, 집터, 건물, 구조물 또는 대상

Holistic recovery (전체론적 복구): 복구의 모든 요소가 상호 연결되어있는 방식을 고려하는 접근

Home-based business (재택 사업): 주거 장소에 기반한 사업체

Human capital/human resources (인적 자본/인적 자원): 비전, 에너지, 그리고 자원봉사자의 노력과 같은 자원을 복구 노력에 가져오는 사람들

Humanitarian Logistics (HL) (인도주의적 물류): 피해지역으로 들어오고 나가는 기부 물품의 움직임

incineration (소각): 통제된 상황에서 불에 태워 잔해를 줄이는 과정

Indirect damage/losses (간접 피해/손실): 사업체의 운영 중지를 초래하는 공공 설비의 와해와 같이, 재난의 부산물로 일어나는 것

Individual altruism (개인적 이타주의): 개인적으로 기부하는 행위

Individual assistance (개인 구제): 주택 지원과 기타 프로그램을 비롯해 개인과 가정이 재난으로부터 복구되도록 돕는 FEMA의 프로그램

Informational convergence (정보 쇄도): 사람들이 피해지역을 돕기 위해 다양한 물품과 서비스를 제공하려 할 때 발생함

Infrastructure (사회 기반 시설): 다리, 항구, 도로, 철로, 공항 등의 건설된 환경

Infrastructure Failure Interdependency (IFI) (사회 기반 시설 붕괴의 상호 의존성): 사회 기반 시설의 한 부분(전력 같은)이 와해되면, 이러한 시설의 상호 연관성 때문에 해당 시스템은 물론 다른 시스템까지 추가 실패가 초래되는 것

Interconnectedness/interdependence (상호 연관성/상호 의존성): 둘 또는 그 이상의 시스템 사이의 연결

Interfaith (종파 초월): 미해결 고충을 해결하기 위한 종교 단체의 노력

Internally Displaced Person (IDP) (국내 난민): 재난이나 전쟁으로 집을 떠나 대피하거나 이주한 개인

Joint field office (FEMA) (합동 현장 사무소): 국가 대응 체계(NRF)하에서 조정 활동을 하기 위해 FEMA가 세우는 임시 사무소

Land use planning (토지 이용 계획 수립): 토지를 상업용, 산업용, 또는 거주용 등 어떤 용도로 사용할 것인지와 관련해 주어진 행정 구역 내에서 내리는 결정

Landfill (매립지): 환경 규정에 따라 관리해야 할 재난 잔해, 쓰레기 또는 기타 폐기물을 위해 따로 마련한 장소

Leadership (리더십): 복구 과정 전반에 걸쳐 지역사회를 움직이는 지침과 지원을 제공하는 역량

Legal-rational authority (법적-합리적 권위): 공식 대표로 선출된 사람에게 부여하는 권한

Limited intervention model (제한 개입 모델): 일부 정부 지원과 함께 보험으로 구호 자금을 대는 복구의 접근 방식

Linking social capital (연결 사회 자본): 지역사회와 단체의 대표 사이에 형성됨

Long-term recovery (장기 복구): 사업체, 주택, 사회 기반 시설, 공공 설비, 환경 그리고 기타 지역사회의 요소를 복원하기 위한 다양한 활동으로 몇 달에서 몇 년이 걸리는 과정

Long-Term Recovery Committee (LTRC) (장기 복구 위원회): 재난 피해를 입은 일정한 지리적 장소 내에서 다양한 여러 단체를 오가며 복구를 위해 특별히 헌신하는 단체

Loss containment (손실 억제): 사업체 주변에 모래주머니를 쌓거나 문화적 자산을 이동시키는 등 재난 피해를 줄이기 위해 재난 대비 조치를 취하는 과정

Loss estimation (손실 추정): 재난으로 인한 잠재적 피해 비용을 결정하는 과정

Market model (시장 모델): 부동산 시장에서 주택으로 돌아갈 사람이 가려지는 것으로, 복구가 개인에 따라 크게 달라진다고 봄

Material convergence (물품 쇄도): 생필품과 장비의 이동

Microloans (소액 융자): 사업체를 시작하거나 사업체의 붕괴를 견디고 살아남도록 돕기 위해 대주는, 보통은 적은 금액의 돈

Mitigation (완화): 제방과 같은 구조물적 수단이나 보험과 같은 비구조물적 수단을 비롯해, 위험을 줄이기 위해 취하는 수단

Multiagency warehouse (다부처 창고): 구호 단체에서 사용하기 위해 기부 물품을 보관해두는 곳

National Disaster Housing Strategy (국가 재난 주택 전략): 미국에서 재난으로 주택을 잃은 피해자를 위해 원칙을 세우기 위한 노력

National Priority List (국가 우선순위 목록): 위험한 폐기물로 인해 연방 정부가 조치를 취하거나 지원을 해야 하는 곳을 미국 환경보호청(EPA)이 목록으로 만든 것

National Register of Historic Places (국가 사적지): 특정한 기준에 부합하는 문화적 · 역사적 자원의 목록

National Response Framework (국가 대응 체계): 대규모 재난 사건에 대응하기 위한 연방 정부의 현재의 계획을 지칭하는 용어로, 십여 가지 이상의 특정한 재난 지원 기능과 특정한 문제에 관한 여러 주요 부속 문서가 포함됨

National Voluntary Organizations Active in Disaster (NVOAD) (전국 재난 자원봉사 단체 협의회): 미해결 고충을 해결하고 다양한 구호 및 복구 자원을 제공하려는 여러 종교 단체와 기타 재난 관련 단체를 포함하는 전국적인 상부 단체

Natural disaster (자연 재난): 날씨나 땅의 움직임 등 자연의 힘으로 인해 발생하는 사건

Nonstructural mitigation (비구조물적 완화): 건축 법규, 토지 이용 계획 수립, 보험 그리고 위험을 줄이기 위해 취하는 이와 비슷한 조치

Notice of Intent (의향서): 연방 정부가 인간 및 환경 시스템에 영향을 미칠 조치를 취할 때 작성함

Ordinance (조례): 재난 발생 후의 도로 청소, 환경 보호 지역을 지키기 위한 조치 또는 홍수 범람원 개발 제한 등 재난 이후에 취해야 하는 특정한 조치를 의무화하기 위해 법으로 통과시키는 정책

Orientational ties (지향적 유대감): 지리적 장소를 중심으로 아는 것에 근거한, 장소와 결부된 유대감

Outreach (지원 활동): 재난 피해를 입은 주민과 지역사회에 서비스를 전달하기 위한 노력

Participatory action (참여 행동): 반성적 사고와 행동을 연결함으로써 의사 결정 과정에 지역사회를 개입시키기 위한 전략

Participatory process (참여 과정): 복구 노력에 사람들을 적극적으로 참여시키기 위한 방법과 단계

Participatory recovery (참여 복구): 이해 당사자의 참여를 극대화하기 위한 공동 접근법으로 시민과 지도자를 통합하는 복구의 한 접근법

Permanent housing (영구 주택): 최종적인 거주지가 마련되고 필요한 살림살이가 완비된 곳으로, 더 이상의 이사가 필요 없는 상태

Personal convergence (인적 쇄도): 재난 현장에 걸어서 또는 차를 타고 사람들이 몰려들 때 발생함

Physical disaster loan (물리적 재난 대출): 재난 이후에 미국 중소기업청(SBA)이 모든 규모의 사업체에 제공함

Place (장소): 그곳에 살고 있거나 살았던 사람들에게 의미 있는 연결을 제공하는 곳

Place and Place Ties (장소와 장소 유대감): 물리적 장소 또는 물리적 장소의 느낌이나 상징과 결부된 장소에 대한 애착

Planning (계획 수립): 복구가 어떻게 이루어져야 할지를 알아보고 결정하는 과정

Political efficacy (정치 효능감): 개인이 정치적 변화에 영향을 미칠 수 있다고 생각하는 느낌이나 믿음

Political will (정치적 의지): 선출된 관리와 권한을 가진 직위에 있는 다른 사람들이 복구가 이루어져야 하며 따라서 필요한 자금을 대줘야 한다고 확신하는 결의

Postdisaster planning (재난 사후 계획 수립): 재난 이후 복구해야 할 모든 요소에 대한 일련의 원칙, 목표, 목적이 포함됨

Posttraumatic stress disorder (외상 후 스트레스 장애): 회상, 악몽, 또는 다른 증상을 낳는 불안의 한 형태

Praxis (방식): 반성적 사고의 결과로서의 조치

Predisaster planning (재난 이전 계획 수립): 재난 피해를 줄일 일련의 방법과, 지역사회가 잃어버린 역량을 복구할 수단이 이에 포함됨

Preliminary damage assessment (예비 피해 평가): 재난 이후 입은 손실 목록으로, 대통령 재난 선포를 받기 위해 필요한 첫 단계

Preparedness (대비): 행정 구역이나 가정이 계획 수립, 교육, 훈련 등 재난 사건의 발생에 대비해 준비를 갖추는 활동

Presidential Disaster Declaration (대통령 재난 선포): 어떤 지역이 재난 사건으로 압도되어 연방 정부의 지원이 필요할 때 이루어짐. 피해지역의 주지사가 요청하며 미국 대통령이 선포함

Process leader (과정 지도자): 의사 결정이나 계획 수립 과정에 특정한 일련의 단계나 국면이 포함되도록 책임을 지는 사람

Proposal (제안): 보조금 지급 기관으로부터 자금을 받기 위한 일련의 생각

Public education campaigns (공공 교육 캠페인): 잔해, 기부, 자원봉사자, 계획 수립, 그리고 복구의 기타 요소들이 어떻게 운영되는지를 생존자에게 이해시키려는 노력

Quality of life (삶의 질): 사람들이 어떻게 사는 것을 선호하며 어떤 지역에서 살고 싶어 하는지에 중점을 두는 전체론적 복구의 주요 요소

Rainy day fund (비상 자금): 미래의 재난 사건에 대비해 마련해두는 돈

Reconstruction (재건축): 재건의 물리적 행위

Recovery (복구): 가정과 사업체가 정상적인 일상을 재건하기 위해 다양한 속도로 나아가며 겪는 일련의 단계와 국면에 지역사회와 관리들이 개입하는 과정

Recycling (재활용): 잔해를 다른 쓸모 있는 것으로 전환하려는 노력

Redevelopment model (재개발 모델): 국가 차원의 기관에서 복구를 이끌고 자금을 대는 것

Reduction (감소): 관리해야 할 잔해의 양을 줄이려는 노력

Rehabilitation (재활): 이전 상태처럼 좋아지기 위해 취하는 행동

Relocation/buyouts (이전/매입): 홍수 범람원 같은 위험지역에서 이주시키기 위해 주택의 시장 가격을 제공하는 연방 정부의 전략

Remedy (처리 방안): 국가 우선순위 목록에 오른 집터와 같은 곳에 선택된 조치를 취하는 것에 대한 환경보호청(EPA)의 용어

Residential care (재택 간호): 환자가 주민으로 거주하는 장소나 시설에서 이루어지는 정신적 치료

Resilience (회복력): 미래의 사건으로 인한 충격을 흡수하거나 이로부터 되돌아오기 위해 사람과 장소를 보호하는 조치

Response (대응): 인명을 구하기 위한 조치

Restitution (보상): 재난의 결과로 인한 법률 분쟁에서 원고에게 지불되는 돈이나 기타 다른 수단

Restoration (복원): 유적이 본래의 의미를 되찾고 공공 설비가 제 기능을 되찾는 것처럼, 이전 상태로 돌아가는 것

Reuse (재사용): 건물을 재건할 때, 예를 들면 건물의 역사적 특성이 담긴 자재 등을 회수하려는 노력

Role abandonment (역할 포기): 재난이 발생하면 사람들이 할 일을 놔두고 떠날 것이라는 예상. 하지만 이는 잘못된 믿음으로 사람들이 오히려 재난 피해지역으로 몰려듦

Role ties (역할 유대감): 애완동물 소유주가 재난 상황에서 애완동물을 보살피는 것처럼, 사회 내에서 어떤 사람의 위치에 따른 행동과 연결된, 일종의 장소와 결부된 유대감

Scoping (관찰): EPA가 연방 정부의 조치나 환경 문제 등 공공의 관심사와 우려를 파악하기 위해 조사하는 과정

Secondary trauma (2차 정신적 외상): 사회복지사나 유사한 직업을 가진 사람이 의뢰인의 감정과 증상을 경험하기 시작할 때 발생함

Short-term recovery (단기 복구): 계획 수립, 공공 설비의 복원, 잔해 관리 등 장기 복구를 위한 토대를 만드는 활동

Situational altruism (상황별 이타주의): 재난 상황으로 인해 필요할 것이라고 추측해서 사람들이 기부하는 행위

Small Business Administration (SBA) (중소기업청): 재난 상황에서 주택 소유주와 사업체의 복구를 돕는 미국의 기관

Social capital (사회 자본): 노동, 생각 또는 기타 자원을 통해 사람들이 복구 과정으로 가져오는 무형의 자산

Sociopolitical ecology theory (사회정치적 생태학): 사회 시스템, 특히 인간 사회를 구성하는 사회 시스템 중에서 상호작용에 중점을 두는 것

Solar flare (태양 표면의 폭발): 태양이 지상에서 휴대 전화, 내비게이션 기기 등의 교란을 일으킬 수 있는 자기 에너지를 방출하는 것

Solar maximum event (태양 극대 사상): 태양 활동의 최고점으로, 주기에 따라 발생함

Spontaneous Unplanned Volunteers (SUVs) (자발적 무계획 자원봉사자): 아무런 연락 없이 그리고 대개는 아무런 훈련도 되어있지 않은 상태로 나타나는 무소속 자원봉사자

Stakeholders (이해 당사자): 복구 계획 수립의 영향과 복구 사업의 실행으로 인해 가장 큰 이득을 얻거나 손해를 보는 사람들

State Historic Preservation Office (주 문화재보호국): 역사 유물에 대한 지원과 지침을 제공하는 주 정부 기관

Structural mitigation (구조물적 완화): 위험을 줄이기 위해 지진에 대비한 보강, 제방 건설 그리고 주요 시설의 강화 등 구조물적 환경에 영향을 주는 조치를 취하는 것

Structural social capital (구조적 사회 자본): 역할과 지위를 비롯한 사회 구조의 요소

Substitute convergence (대체물 쇄도): 메시지, 조사, 지원의 제안, 그리고 물품의 기부

Superfund (슈퍼펀드): 국가 우선순위 목록에 오른 곳을 위해 사용할 돈

Sustainability (지속 가능성): 일정한 장소에 존재하는 주요 요소의 지속적 생존을 보장하기 위한 복구의 접근 방식

Systems theory (시스템 이론): 세 가지 주요 시스템(구조, 인간적 그리고 물리적 환경)의 상호작용과, 이들 사이의 어긋남이 재난에 어떤 결과로 나타나는지에 중점을 두는 이론

Technological disaster (기술적 재난): 위험 물질, 핵사고, 원유 유출, 또는 자연의 작용 아닌 기타 사건으로 인해 발생하는 사건

Temporary debris site (임시 잔해 부지): 잔해를 단기간 동안 보관하거나 분류하는 임시 장소

Temporary housing (임시 주택): 임시 대피소와 영구 주택의 중간 단계로, 집 안에서의 일상 생활은 가능하지만 영구적이지는 않음

Temporary shelter (임시 대피소): 대피한 재난 피해자들이 기본적인 필요를 충족시키는 곳

Terrorism (테러): 두려움을 불러일으키고 파괴와 와해를 꾀하기 위해 인간이 고의로 저지르는 행위

The second disaster (2차 재난): 대응 역량에 방해가 되는, 요청하지 않은 기부 물품의 도래

Therapy (심리 치료): 재난에 대한 정신적 반응을 치료하는 것

Traditional Ecological Knowledge (TEK) (전통적 생태학 지식): 오랫동안 한 지역에서 생활하고

생존한 결과, 그 지역 사정에 대해 잘 아는 원주민이 갖고 있는 지식

Trauma (정신적 외상): 재난에 노출된 결과로 우울증이나 불안 등 다양한 증상이 나타남

Tribal Historic Preservation Office (부족 문화재보호국): 부족의 역사 유물에 대한 지원과 지침을 제공하는 기관

Triple loop learning (3회전 학습): 문제를 해결하고 해결 방법을 찾기 위해 깊은 성찰과 평가를 하는 과정

Unaffiliated volunteers (무소속 자원봉사자): 경험 많은 재난 단체에 소속되지 않은 자원봉사자

Universal design (보편적 설계): 돌려서 여는 문손잡이 대신 레버식 문손잡이를 설치하는 등, 장애인의 접근성을 높이면서 모두에게 도움이 되게 하는 접근 방식

Unmet needs (미해결 고충): 연방 정부 지원의 틈 사이로 필요 사항이 누락되거나 예기치 않은 문제가 발생했을 때 생김

Unmet needs committee (미해결 고충 처리 위원회): 연방 정부가 제공하는 프로그램의 지침에 부합하지 않거나, 복구할 충분한 방법이 없는 등의 문제 해결을 위한 방법을 찾기 위해 노력하는 집단

Unsolicited donations (요청하지 않은 기부): 요청하지 않았거나 필요하지 않을 수도 있는 물품

Utility (공공 설비): 물, 전화, 전기 등 반드시 필요한 자원을 제공하는 시설

Value ties (가치 유대감): 사람들이 바람직하거나 바람직하지 않다고 여기는 것에 의존하는, 장소와 결부된 유대감

Visioning process (비전화 과정): 복원된 지역사회에 대한 꿈과 생각에 대해 이야기하는 일종의 회의로, 복구 계획 수립의 토대가 됨

Voluntary Agency Liaison (VAL) (자원봉사 단체 연락 담당관): 연방 정부의 노력과 재난 단체를 연결하는 일을 담당하는 FEMA의 직원

Voluntary organization (자원봉사 단체): 자신들의 시간을 기부하고 싶어 하는 사람들을 조직하고 관리하는 단체

Volunteer Coordination Team (VCT) (자원봉사자 조정팀): 자원봉사자를 관리하고 이들의 역량을 복구 노력에 활용하고자 하는 집단

Vulnerability theory (취약성 이론): 인간의 생명, 특히 가장 높은 위험에 처해 있거나, 가장 취약하거나 또는 부상, 죽음, 경제적 붕괴 및 재산 손실에 취약한 사람들에게 특별히 중점을 두는 이론

Whole community (총체적 지역사회): 대비, 대응, 복구, 그리고 완화 노력을 위해 지역사회의 모든 부문을 중시하는 접근법

Worker safety (근로자의 안전): 자원봉사자를 비롯해 재난 상황에서 일하는 사람들이 작업, 위험 물질 또는 다른 위험 요소에 의해 해를 입지 않도록 하는 것

Xeriscaping (건식 조경): 물 사용을 줄이고 지역의 기후 변화에 살아남는, 토착 식물을 활용하는 것

Zoning (구역 설정): 시 위원회가 사업체는 어느 구역에 지어야 하며, 주거지는 다른 지역에 지어야 한다고 결정하는 것과 같은, 토지 이용 방법에 대해 내리는 결정

부록:
재정 복구

복구를 위한 자금은 개인 기부자, 정부, 관련 기관, 비영리 단체, 자원봉사자팀, 재단 등 여러 곳에서 온다. 유능한 복구 관리자는 많은 곳으로부터 다양한 목적에 맞는 자금을 모금하기 위해 열심히 일한다. 부록에서는 복구 자금을 어디서부터 찾아야 하며, 어떻게 신청해야 하는지에 대한 지침을 제공하려 한다(출발점으로 표 A.1을 보아라).

A.1 보조금이란 무엇인가?

보조금grant은 문서로 된 신청서를 제출해야 받을 수 있다. 복구를 위한 자금은 일반적으로 다음을 비롯한 다양한 곳으로부터 얻을 수 있다.

- 연방 정부: 대통령의 선포가 있으면 자동적으로 구체적인 보조금, 대출, 자금을 받을 수 있지만, 다른 많은 기관에서도 보조금을 지급한다. 자금 제공자와 프로그램에 따라 경쟁의 정도는 매우 다양하다. 대통령 재난 선포Presidential Disaster Declaration(PDD)가 이루어지면, 정부의 자금은 대체로 쉽게 받을 수 있으며, 재단 보조금은 받기가 좀 더 힘들다.
- 기업: 기업은 자선 활동 프로그램에 따라, 돈에서 현물 기부에 이르기까지 구체적인 구호를 제공한다. 일부 기업에서는 기부금 지급 일정에 미리 기재했다 검토할 수 있도록 상당한 사전 검토 시간을 요청하기도 한다.
- 재단: 재단은 국가 및 지역 차원에서 운영되며, 대개 자금을 대기를 원하는 특정한 사업을 운영한다. 온라인 회의, 자금 제공자의 링크 등 보조금 이용 과정 작성에 관한 무료 정보는 재단 센터Foundation Center(http://foundationcenter.org)에서 찾을 수 있다. 재난 자선 활동 센터Center for Disaster Philanthropy의 최근 보고서는 http://foundationcenter.org.gainknowledge/research/pdf/disasterphilanthropy_2014.pdf에서 무료로 다운로드 받을 수 있다(2015년 1월 2일 접속). 이 자료에

의하면, 2012년 234곳의 미국 재단에서 884건 1억 1,100만 달러에 이르는 보조금을 지급했다고 한다. 이 보고서에 의하면, 필수적 자금 제공으로 복구에 우선권이 있으며, 보조금의 절반 정도가 대응과 구호에 지출되었다는 것을 알 수 있다.

표 A.1 재정적 복구

방법	장점과 단점
비상 자금 (Rainy Day Fund)	비상 자금에는 재난을 위해 특별히 따로 마련해두는 돈이 포함된다. 다양한 일에 써야 한다는 압박이 있으므로, 예산 문제로 많은 지역에서 사용하기 어려울 수 있다.
보험 (Insurance)	즉각적 자금 제공이 가능할 수 있다. 모든 위험요인이 보장되지 않을 수 있으며, 추가 보험상품에 가입해야 할 수 있다(예를 들어, 강풍이나 지진 등).
FEMA의 개인 및 공공 구제(미국의 경우) (FEMA Individual and Public Assistance)	PDD하에서만 가능하다. 개인 구제에는 반드시 갚아야 하는 대출과 무료 보조금이 포함된다. 지원받을 자격이 돼야 신청할 수 있으며 서류를 제출해야 한다. 공공지원은 공공장소를 위해 해당 정부에 돈을 지급하는 것이다. 자금은 비용의 75%까지 제공되며, 지역 및 주 정부에서 25%를 내야 한다. 이 자금으로 공공시설을 수리한다.
특별 모금 활동 (Special fund-raising)	특정 개인이나 단체가 자금을 요청받거나 모금한다. 2010년 아이티 지진 이후에 고위 관리(전직 대통령을 비롯한)가 모금 운동을 이끌었다(아이티를 위한 클린턴 재단이나 부시-클린턴 카트리나 모금 운동 등).
비용과 특별세 (Fees and special taxes)	호텔, 자동차 임대, 휘발유, 담배, 술 그리고 이와 유사한 물품 등, 주기적으로 구입하거나 사용하는 물품에 부과할 수 있다.
시 채권 (Municipal bonds)	채권 금융 형태로 활용 가능하나, 대개 유권자의 동의가 필요하다.
판매세 (Sales tax)	현재의 판매세는 해당 사업 분야의 반등역량에 따라 달라진다. 납세자가 인상에 동의하면, 새롭거나 추가적인 판매세를 복구에 활용할 수 있다.
자금 모금 운동이나 특별 추가 부담금 (Capital Improvement Campaign or Special Levy)	계획하고 승인받고 실행하는 데 시간이 걸릴 수 있다. 기존 모금 운동과 계획 수립이 연결되면, 추진되는 사업에 자금을 제공할 수 있다. 추가 부담금은 보통 재산 가치나 다른 정보에 근거해 세금을 매기는 방식으로 이루어진다. 자금 모금 운동과 추가 부담금은 대개 유권자의 승인을 받아야 한다(특히 미국에서는).
보조금 (Grants)	보조금 신청은 문서로 해야 하며, 자금 계획이 기관, 기부자, 재단이 자금을 제공하려는 의도 및 역량과 일치해야 한다. 위험 완화 보조금Hazard Mitigation Grants과 지역개발 구역 보조금Community Development Block Grant은 미국에서 일반적인 재난 이후의 두 가지 복구 보조금이다. 일부 재단은 특정한 지리적 지역과 대의명분을 추구한다.
기부 (Donations)	현금이나 현물 기부가 포함된다. 기부자의 의도에 부합해야 하며, 세금 공제를 위한 증명서를 제출해야 한다. 복구에 활용할, 보다 융통성있는 자금에 해당된다.

A.2 미국에서 정부 보조금 찾기

대통령의 선포가 이루어지면, 연방재난관리청(FEMA)은 자금을 받을 기회에 대해 설명하기 위해 주 및 지역 정부와 함께 일한다. 연방 정부는 자금을 받기 위해 적절한 사업 제안을 하는 방법에 대한 지침을 제공한다. 신청 서류를 거부당하지 않기 위해서는 문서 작성자가 지침에 정확히 따르는 것이 매우 중요하다. 선포를 통해 이루어지는 직접 접촉 외에, 제안서 작성자는 FEMA의 지역 담당관과 접촉해 유망한 자금원을 알아낼 수 있다.

뿐만 아니라, 수많은 특정 웹사이트가 관련성 있는 재난 복구 보조금뿐 아니라, 복구와 무관한 보조금까지 링크되어있다(모든 웹사이트의 접속일은 2015년 1월 2일).

- 연방 정부의 국내 지원 일람Catalog of Federal Domestic Assistance(CFDA): CFDA의 웹사이트인 www.cfda.gov의 https://www.cfda.gov/downloads/CFDA.GOV_Public_User_Guide_v2.0pdf.에 사용자 가이드가 게시되어있다. '재난을 검색하면, 나무 심기, 농업, 가축, 농가 주택 등에 자금을 제공하는 프로그램을 볼 수 있다.

- FEMA: FEMA의 웹사이트인 http://www.fema.gov/grants에서는 대비, 위험 완화, 재난 지원 보조금 등에 관한 정보를 찾을 수 있다.

- 연방등기소Federal Register(FR): 재난 연방 등록 고지Disaster Federal Register Notice(DFRN)는 https://www.federalregister.gov/에서 찾을 수 있다. 연방등기소는 재난 보조금을 위한 선포, 지침, 설명, 요구 사항, 그리고 연락처 등의 소식을 게재한다.

- Grants.gov: 연방 정부에서는 수십 개 연방 정부 기관으로부터 보조금을 찾고 신청할 수 있는 일원화된 통로로 www.grants.gov를 제공한다. 이 검색 기능에서는 전국 재난 회복력 경진대회National Disaster Resilience Competition, 주택도시개발부(DHUD), 또는 국제적 협력을 지원하는 국제개발청(AID) 등 수많은 기관에서 제공하는 보조금 관련 링크를 제공한다.

- 국토안보부(DHS): DHS는 대부분 테러 공격과 기타 재난에 대한 대비와 대응

을 위해 웹사이트인 http://www.dhs.gov/how-do-i/find-and-apply-grants를 통해 주요 자금원을 제공한다.

- 주 정부 재난관리국(SEMA): 주 정부와 기관은 자금을 활용할 수 있게 해주는데, 대부분은 재난이 발생한 후에 활용 가능하다. 주 의회는 재난에 활용 가능한 자금을 마련할 수 있다.

A.3 보조금 신청서 작성하기

신청서 작성자는 자금 제공자에게 (1) 그 사업이 적절하며, (2) 사업팀이 과업을 완수할 것이고 (3) 그 사업에 자금을 제공해야 할 정당한 사유가 있으며, (4) 해당 신청서가 제한된 자금을 받으려고 제출한 다른 신청서들보다 낫다는 것을 납득시킬 수 있어야 한다. 잘 작성된 제안서에는 구체적인 자격, 명료한 개념, 인식 가능한 영향, 달성 가능한 사업, 합리적 시한, 주목할 만한 성과, 적절한 평가 과정, 유능한 팀 등의 요소가 담겨 있다. 제안서에 담긴 글은 평가위원들이 자금을 제공하도록 설득할 수 있어야 한다. 세부 사항에도 반드시 주목해야 한다. 대부분의 기관에는 반드시 지켜야 하는 마감 시한이 있다. 이러한 시한에 1초라도 늦으면 자동적으로 신청서가 거부되는 결과를 낳는다. 신청서 작성자는 또한 집요해야 한다. 첫 번째 제출 서류는 거부되는 경우가 많다. 자금 제공자에게 두 번, 세 번, 심지어 네 번 다가가는 경우도 드물지 않다. 보조금 신청서를 작성하는 데는 여러 단계가 있는데, 이제 이러한 단계에 대해 알아보겠다.

A.3.1 자금 찾기

유망한 자금 제공자에게 접근하는 절차는 자금 제공자에 따라 다르다. FEMA와 다른 정부의 관리들은 지역 당국과 접촉해 보조금에 대한 정보를 알리기도 한다. 정부 이외의 곳에서 제공하는 보조금에 대해서는 자금 제공자와 접촉해야 할 것이다. 이들의 웹사이트나 다른 자료를 보면, 이들이 온라인 양식, 이메일, 전화, 또는 직접 접촉 중 최초의 접촉으로 어떤 방식을 선호하는지 알 수 있을 것이다. 일부는 여러분의 계획이 자신들이 제공하는 자금의 성격과 맞는지 확인할 수 있는 개요나 개념서concept paper를 보내라고 요구할 것이다. 따라서 이메일을 보내거나 전화를 걸기 전에 계획을 면밀히 검토해 그것이 이들의 목적에 부합하는지 확인해야 한다. 그렇게 하면, 여러분이 좋은 계획을 갖고 있으며 그 사업을 전문적으로 완수할 수 있다고 자금 제공자를 설득하는 데 도움이 될 것이다.

A.3.2 신청서의 일반적인 부분

신청서에서 요구하는 항목은 자금 제공자에 따라 다르다. 이들의 지침에 정확히 따라야 한다. 대부분의 자금 제공자는 다음과 같이 신청서에 작성해야 하는 항목과 세부 항목을 명시한다.

- 도입부(introduction): 도입부에서는 신청서를 읽는 사람을 여러분이 구상하고 있는 계획에 몰입시키거나 '잡아끌어야' 한다. 첫 문장은 명료해야 하며, '이 신청서는 지역, 주, 그리고 전국의 자원봉사 기관과의 협력을 통해 노인을 위한 주택을 복원할 자금 마련을 위한 것이다'와 같이 여러분이 원하는 바를 정확히 명시해야 한다. 도입부는 대부분 상당히 짧으며, 1쪽 미만인 경우가 많다.
- 중요성(significance): 다음에는 이러한 계획과 사업이 중요한 이유를 설명하고 자금 제공 기관에 직접적으로 호소해야 한다. 예를 들면, '주택을 잃어버릴 위험이 크거나 집 없는 사람들의 지속적 독립과 재정적 안녕을 확보하기 위해'와 같이, 노인을 위한 주택 재건이 중요한 이유를 설명해야 한다. 이를 자금을 제공할 단체의 목적과 조심스럽게 연결 지어라.

- 사업의 목표와 목적(project goals and objectives): 목표는 '폭풍으로 피해를 입은 노인 주택 단지를 대치하기 위해'와 같이 일반적인 의도를 서술한다. 목적은 구체적이고, 주목할 만한 성과에 중점을 둔다. 목적 1은 '노인 주택 17채를 재건하는 것'이 될 수 있다. 목적 2는 '노인 주택을 A.D.A.(Americans with Disabilities Act - 옮긴이)의 기준에 맞게 건축하는 것'이 될 수 있다. 나머지 항목에는 이러한 모든 목적을 어떻게 달성할 것인지를 구체적으로 명시해야 한다. 그렇게 하기 위한 방법은 건전하고, 설득력 있으며, 실현 가능해야 한다. 기존 주택이 파괴된 이유와 그런 일의 재발을 방지할 방법 같은 우려에 대해서도 언급해야 한다. 예를 들어, 목표는 '노인 주택에 미칠 재난 위험을 완화하기 위해'가 될 수도 있다. 이와 관련된 목적은 '300년 동안 홍수 범람원이었던 지역 위에 0.9m로 고도를 높인 노인 주택을 짓는 것'이 될 수 있다. 또한 이러한 목적에서 주택의 고도를 높임으로써 유발되는 문제를 예측하고, '휠체어를 위한 경사로와 장애를 지닌 노인이 접근할 수 있는 리프트를 포함한다'와 같은 해결책을 제시해야 한다.
- 예산(budget): 모든 신청서에는 주의 깊게 계획한 예산이 담겨야 한다. 많은 기관에서 독자적 양식을 보유하고 있거나, 신청자가 자체적인 양식을 사용하는 것을 허용한다. 예산에는 두 가지 주요한 요소가 담겨야 한다. 첫 번째 요소는 구체적인 사항을 항목별로 기재하는 것이다. 두 번째 요소는 예산의 정당성을 설명하는 것이다. 특정 사업에 특정한 재료가 필요하다는 사실이 당연하게 여겨질지라도, 검토자나 검토 기관이 여러분이 원하는 것을 알고 있을 것이라고 짐작해서는 안 된다.
- 평가(evaluation): 기관에서 평가를 요구하지 않을지라도, 사업의 효율성을 평가하는 평가서를 포함시켜라. 재건 사업의 경우, 건축 협력업체에게 만족도를 평가해달라고 하고, 재건 과정에서 발생하는 문제를 알려달라고 해서 포함시킬 수 있다. 또 다른 전략은 노인층 같은 예상 수요자의 조언을 포함하는 것이다. 평가는 해당 사업에 대해 제대로 알리고, 적절한 감독을 받음으로써 자금을 책임감 있게 쓸 것임을 자금 제공자에게 설득할 수 있다. 끝으로, 이러한 평가를 통해 여러분이 훌륭한 일을 해냈으며, 따라서 또 보조금을 받을 자격이 있음을

미래의 자금 제공자에게 설득할 수 있다.

- 시한(timeline): 사업 시한을 지키되, 또 다른 재난 같은 예기치 않은 사건에 대비해 융통성을 발휘해야 한다.
- 인력 조직(staffing): 자격, 역량, 실적 등 사업에 참여하는 사람들에 대한 정보를 제공하라. 이 팀이 사업을 어떻게 완성할지 설명하는 조직도를 추가하라.
- 추가 양식(Additional Forms): 많은 기관, 특히 연방 정부의 자금 제공자들은, 많은 서류를 작성할 것을 요구한다. 요구하는 양식을 다 완성하지 못하면, 신청서를 거부당하게 된다.

A.3.3 검토 과정

신청서에 대한 검토 과정은 기관마다 다르다. 보통, 평가위원들은 신청서를 평가하는 일련의 지침을 갖고 있다. 연방 정부는 보통 10개의 신청서 중 4건에 자금을 제공한다. 어떤 기관에서는 더 낮은 비율로 자금을 제공한다. 많은 재단에서 이보다 높은 비율의 거부가 이루어진다. 행정부의 정치적 성격에 따라서도 우선순위가 바뀌므로, 이전 행정부에서 자금을 대던 사업이 이제 우선순위에서 밀려났을 수도 있다. 거부를 당하는 데 익숙해지고 이를 개인적인 것으로 받아들이지 말아야 한다. 검토서를 복사해두고 이들의 비판을 귀담아 들으면, 다음에 신청서를 제출할 때 이를 개선할 수 있다.

A.3.4 보조금 관리

여러 곳의 웹사이트에서 연방 정부의 보조금 관리에 사용되는 양식과 필요한 자료를 제공한다. 대부분의 연방 정부 기관에서는 www.grants.gov를 통해 보조금 신청을 받는다. 이 사이트에서 유용한 링크는 다음과 같다.

- 연방 정부의 양식: 예산관리처Office of Management and Budget가 개발한 양식은 http://www.whitehouse.gov/omb/grants_forms에서 볼 수 있다.
- 소프트웨어: Grants.gov와 함께 일하는 데 필요한 소프트웨어는 http://www.grants.gov/agencies/grantors_help_resou.jsp#animated를 방문하면 웹사이트에서 무료로 이용할 수 있다.
- 교재: 동영상 지침서, 다운로드할 서류, 공문서 보관 웹캐스트는 http://www.grants.gov/web/grants/s2s/grantor/grantor-system-to-system.html#animated 에서 이용 가능하다.

보조금 관리를 위해서는 사업에 대한 적절한 감독과 예산에 대한 감시가 필요하다. 사업 관리자는 경제적·행정적 지원과 함께 재정적 책임까지 져야 한다. 사업과 예산에 관해서는 매달 그리고 매주 내용을 갱신하고 점검해야 한다. 사업의 완료가 가까워지면 평가를 실행해야 하며, 최종 보고서를 작성해야 한다.

A.4 연방 정부의 전통적 연방 복구 자원

복구 과정을 통해 피해 입은 사람들을 돕는 다양한 프로그램이 존재한다. 다음에 열거한 것은 활용 가능한 프로그램을 선별한 것이다.

- 개인 구제(IA): 대통령 재난 선포(PDD)가 이루어지면, 개인과 가정에 대한 보조금 제공과 대출이 가능해진다. 지원자는 대출이나 보조금 중 하나를 신청해야 하며, 이는 다양한 필요를 충족할 수 있다. 개인 구제의 예는 상자 A.1.을 참고하라.
- 공공 구제(PA): 대통령 재난 선포(PDD)가 이루어지면, FEMA는 주 정부 기관, 지

역 정부, 부족 단체 및 정부 그리고 비영리 기관(제한이 있지만)이 공공 구제 사업에 참여할 수 있게 돕는다. 이러한 자격을 지닌 시설 또는 비영리 기관에는 교육 시설, 병원, 재활 시설, 공공 설비, 그리고 시민들이 이용하는 다른 주요 시설이 포함된다. 이러한 시설에는 박물관, 동물원, 도서관, 대피소, 장애인에게 일자리를 제공하는 곳, 음식이나 보육 그리고 성인 요양을 제공하는 센터, 그리고 시민에게 봉사하는 지역사회 센터가 포함된다. 공공 구제 프로그램은 대개 원활한 기능을 위한 시설 복원을 위해 계획되며, 개선을 해도 미래의 안전이 보장되지 않으면 대개는 개선을 진행하지 않는다. 적절한 개선의 예로는 홍수 범람원 관리 방법이 포함될 수 있다(더 자세한 내용은 상자 A.2 참고). FEMA는 사업비용의 75%를 제공하며, 피해지역 정부에서 나머지 25%를 부담해야 한다. 기부로 이루어지는 노동도 이 25%의 일부로 간주될 수 있다.

- 지역 개발 구역 보조금(CDBG): 지역 개발 구역 보조금은 저소득 개인 및 가정을 위해 '적절한 주택과 지속 가능한 생활환경' 제공을 돕는다. 이러한 사업은 빈곤 지역의 활성화와 지역사회 봉사의 확대를 비롯한 경제 기회를 확대시킨다.

- 위험 완화 보조금 프로그램(HMGP): FEMA의 HMGP에서는 공공 및 개인의 재산을 위한 자금을 제공한다. 완화는 홍수 발생 가능성이 있는 지역에 있는 집을 매입하거나 고도를 높이는 것과 같은 구체적 위험요인에 해당된다. 강풍에 대한 지원과 마찬가지로 지진에 대비한 보강도 가능하다. FEMA는 또한 지역 사회에서 복구 과정을 위한 견본 규정과 건축 지침을 개발하도록 돕는다. 추가 정보와 성공 사례는 https://www.fema.gov/hazard-mitigation-grant-program을 방문해 FEMA의 완화 부서 중 위험요인 완화 보조금 프로그램Hazard Mitigation Grant Program을 보아라.

- 코라 브라운 펀드(Cora Brown Fund): 이 펀드는 고충을 지닌 사람들을 지원하는 단체를 돕는다. 과거에 이 펀드는 사례 관리, 주택, 이주, 공공 설비 착수금 등을 돕는 용도로 지급되었다.

- 긴급 상담: 긴급 상담을 위한 자금은 스트레스, 복구 계획 수립, 대처 전략, 감

정적 지원, 그리고 다른 생존자 및 자원과의 연결을 돕는 데 사용된다.

- 재난 법률 서비스: 재난 법률 지원은 FEMA를 통해 무료로 제공되며, 법률 조언, 상담, 법적 대리 등이 이에 해당된다. 이 프로그램은 구체적으로 저소득층이며 법적인 조언을 필요로 하는 개인, 가정, 그리고 집단에 제공된다.
- 재난 실업 지원: 이 자금은 재난으로 인해 직업을 잃은, 일정 자격을 갖춘 개인에게 지급된다.
- 작물 재난 프로그램: 농무부Department of Agriculture에서 이 프로그램을 관리하며, 자연 재난, 곤충, 또는 질병으로 작물에 피해를 입은 농부들을 지원한다. 더 자세한 내용을 원한다면, www.usda.gov를 방문하라.

상자 A.1 FEMA의 개인 구제 프로그램

대통령 재난 선포(PDD)가 이루어지면, FEMA는 다음을 제공한다(원문 그대로).

주거 관련
- 임시 주거(한정된 기간 동안 살 곳): 거주할 다른 장소를 임대할 재정 지원을 활용할 수 있다. 또는 임대할 곳이 없을 경우 정부에서 거주할 곳을 제공한다.
- 수리: 주택 소유주는 주된 거주지에 재난으로 입은, 보험으로 처리되지 않는 피해를 수리하는 재정 지원을 활용할 수 있다. 목표는 파괴된 주택을 안전하고 위생적이며 기능적으로 만드는 것이다.
- 교체: 주택 소유주는 보험으로 처리되지 않는, 재난으로 피해를 입은 주택을 대치하기 위한 재정 지원을 활용할 수 있다. 목표는 주택 소유주의 파괴된 주택의 교체 비용 마련을 돕는 것이다.
- 영구 또는 반영구 주택의 건설: 주택을 건설할 직접 지원이나 비용. 이러한 유형의 도움은 배타적 지역이나 FEMA가 규정한 기타 지역에서만 가능하며, 이런 지역에서는 다른 유형의 주택 지원은 가능하지 않다.

주거 관련 이외의 경우
돈은 재난으로 인해 발생한 중대한 필요 사항을 해결하고 소요비용을 대는 데 활용할 수 있다. 여기에는 다음과 같은 경우가 포함된다.

- 재난 관련 의료 및 치과 비용

- 재난 관련 장례 및 매장 비용

- 의복, 가정 물품(가구 및 가전제품), 작업에 필요한 도구(특수 또는 보호용 의복과 장비), 필요한 교육 기자재(컴퓨터, 교과서, 학용품)

- 난방용 연료(난방용 기름과 가스)

- 청소 용구(건식/습식 진공청소기, 제습기)

- 차량에 입은 재난 관련 피해

- 재난과 관련된 이사 및 보관비용(피해 주택에 재난 관련 수리가 이루어지는 동안 재난으로 인한 추가 피해를 막기 위해 재산을 옮기거나 보관하는 데 드는 비용)

- FEMA가 규정한 기타 필요비용이나 중대한 필요

- 법이 허용하는 기타 비용

출처: Federal Emergency Management Agency, http://www.fema.gov/disaster-assistance-available-fema(2015년 1월 2일 접속).

상자 A.2 미국에서의 공공 구제

미국 연방 정부는 이전 재난 발생 시 시민들이 사용하는 피해 시설에 막대한 지원을 제공해왔다. 예를 들어, FEMA는 정수장 수리비용의 75%까지 지불 가능하며, 주와 지역 정부에서 나머지 25%를 대야 한다. 공공 구제의 질을 높이기 위해, 주에서는 주지사가 PDD를 요청하는 데 필요한 예비 피해 평가를 실시해야 한다. FEMA에 의하면,

지원을 받으려면, 해당 시설은

- 지원자의 자격에 책임을 져야 한다.
- 지정된 재난지역 내에 위치해야 한다.
- 다른 연방 정부 기관의 구체적인 권한하에 있지 않아야 한다.
- 재난시기에 적극적으로 사용되어야 한다.

지원 가능한 공공시설의 예는 다음과 같다.

- 도로(연방 정부의 지원을 받지 않은)

- 하수 처리 시설
- 공항
- 관개용 수로
- 학교
- 건물
- 다리와 지하 배수로
- 공공 설비

지원 가능한 개인 비영리 시설의 예는 다음과 같다.
- 교육 시설(교실, 학용품, 장비)
- 가스, 물, 전기 시스템
- 재난 시설(소방서와 구조대원)
- 의료 시설(병원과 외래 진료 센터)
- 양육 및 보호 시설
- 기타 정부의 주요 서비스 시설(자격을 갖춘 이러한 PNP 시설은 일반 시민에게 개방되어야 한다)

출처: Public Assistance Guide, https://www.fema.gov/public-assistance-eligiblity(2015년 1월 2일 접속).

A.5 재단 보조금

대부분의 큰 기업들은 자선 활동을 펴기 위한 재단을 설립한다. 부유한 후원자들은 개인 재단을 설립하기도 한다. 재단은 지리적 위치를 비롯해 자금을 대고자 하는 대상을 정확히 명시하기도 한다. 여러 웹사이트에 들어가면, 유망한 자금 제공자와 연결될 수 있다. 재단 센터Foundation Center(www.foundationcenter.org)에서는 막대한 자원과 보조금을 제공하는 600개에 이르는 기관에 대한 링크, 훈련 교재, 그리고 정보를 제공한다. 일부 교육과 자원에 대해서는 비용을 부담해야 할 수도 있다. 여러분이 사는 지역의 대학에 연락해보는 것도 좋다. 대부분의 고등 교육 기관에서는 적절한 보조금을 찾는 전문가들이 근무하는 보조금 신청서 작성 사무실을 운영하고 있다. 주립 대학교에서도 교수들을 연구 및 응용 사업 기회와 연결시켜주는 조사 전문 인력을 지닌, 높은 수준의 행정실을 운영한다.

재난 보조금을 제공하는 재단과 기관은 다음과 같다.

- 미국 치과 협회American Dental Association에서는 슈퍼 태풍 샌디로 재산을 잃은 치과 의사에게 돈을 지급했다.
- 뉴욕의 로빈 후드 재단Robin Hood Foundation에서는 대규모 구호 콘서트와 장시간의 텔레비전 방송을 비롯해, 슈퍼 태풍 샌디 발생 시 수백만 달러를 모금했다.
- 로버트 우드 존 스톤 재단Robert Wood Johnston Foundation에서는 수많은 재난 발생 시 푸드 뱅크와 구호 단체를 지원하고, 생존자의 정신 건강을 돕기 위한 자금을 대오고 있다.
- UN 재단United Nations Foundation에서는 아이티 지진 이후에 태양열 사업, 식량, 의료, 물, 잔해 재활용, 일자리, 교육 부문을 지원하기 위한 자금을 제공했다.
- 클린턴 부시 아이티 기금Clinton Bush Haiti Fund에서는 50개 이상의 단체에 자금을 제공해 아이티를 도왔다. 중점 분야는 소액 금융, 직업 훈련에 대한 지원, 고충 해소를 비롯한 지속 가능한 개발이다.
- 웨스턴 유니언 재단Western Union Company and Foundation에서는 파키스탄 지진 구호를 돕기 위해 세이브더칠드런Save the Children에 자금을 제공했다.
- 아이키아 재단Ikea Foundation에서는 태풍 하이엔 발생 시 구호 노력을 돕기 위해 UNICEF에 자금을 제공했다.

자금을 얻기 위해서는 창의적으로 연구하고 보조금 신청서를 효율적으로 작성해야 한다.

참고문헌

1장

Blake, E., T. Kimberlain, R. Berg, J. Cangialosi, J. Beven III. 2013. Tropical Cyclone Report Hurricane Sandy AL 182012. National Hurricane Center. Available at http://www.nhc. noaa.gov/data/tcr/AL182012_Sandy.pdf, last accessed March 4, 2014.

Bolin, R. C. 1982. *Household and Community Recovery from Disaster*. Boulder, CO: Institute for Behavioral Social Sciences.

Brookings Institution. 2006. *Special Edition of the Katrina Index*. Washington, DC: The Brookings Institution.

Brookings Institution. 2007a (June). Katrina Index. Available at www.gnocdc.org. Lastaccessed August 13, 2007.

Brookings Institution. 2007b (August). The New Orleans Index: Second anniversary special edition. Available at www.gnocdc.org. Last accessed August 27, 2007.

Brookings Institution. 2008. The New Orleans Index Anniversary Edition: Three years after Katrina. Available at Greater New Orleans Community Data Center, http://www. gnocdc.org. Last accessed August 8, 2008.

City of Austin. 2007. History of Flooding in Austin. Available at http://www.ci.austin.tx.us/ watershed/floodhistory.htm. Last accessed August 13, 2007.

Cuny, F. 1985. *Disasters and Development*. Dallas, TX: Intertech Press.

Cutter, S., (ed.). 2001. *American Hazardscapes*. Washington, DC: Joseph Henry Press.

Depuy, A. 2010. Commentary beyond the earthquake: A wake-up call for Haiti. *Latin American Perspectives* 37(3): 195–204.

Federal Emergency Management Agency (FEMA). No date. Independent Study 1: Emergency Program Manager. Available at http://training.fema.gov/IS/crslist.asp. Last accessed July 22, 2008.

Federal Emergency Management Agency (FEMA). No Date. Disaster Declarations. Available at http://www.fema.gov/media/fact_sheets/declarations.shtm. Last accessed July 21, 2008.

Federal Emergency Management Agency (FEMA). 2007. Hazardous Materials. Available at http://www.fema.gov/hazard/hazmat/index.shtm. Last accessed August 20, 2007.

Federal Emergency Management Agency (FEMA). 2013. Hurricane Sandy Recovery Efforts One Year Later. Available at http://www.fema.gov/media-library-data/1382967173777-7411aal-b6d729a8a97e84dbba62083d8/FEMA+Sandy+One+Year+ FactH-Sheet_508.pdf. Last accessed March 4, 2014.

Feinberg, K. 2005. *What Is Life Worth? The Unprecedented Effort to Compensate the Victims of 9/11.* New York: Public Affairs.

General Accountability Office (GAO).2007. *Hurricane Katrina.* GAO Report #-07-651. Washington, DC: General Accountability Office. Available at http://www.gao.gov. Last accessed August 13, 2007.

Greater New Orleans Community Data Center. 2007. Press Release. Available at www. gnocdc. org. Last accessed August 28, 2007.

Greater New Orleans Community Data Center. 2013. *The New Orleans Index at Eight.* Available at www.gnocdc.org. Last accessed July 25, 2014.

Hannigan, J. 2012. *Disasters without Borders.* Cambridge, UK: Policy Press.

Housing and Urban Development (HUD). 2006. Current Housing Unit Damage Estimates: Hurricanes Katrina, Rita and Wilma. Available at http://www.dhs.gov/xlibrary/assets/GulfCoast_HousingDamageEstimates_021206.pdf. Last accessed August 13, 2007.

Housing and Urban Development (HUD). 2013. *Hurricane Sandy Rebuilding Strategy: Stronger Communities, a Resilient Region.* Washington, DC: HUD.

Laska, S. 2004. What if Hurricane Ivan had not missed New Orleans? *Natural Hazards Observer,* 29: 5-6.

Mileti, D. 1999. *Disasters by Design.* Washington, DC: Joseph Henry Press.

National Academies. 2012. *Disaster Resilience: A National Imperative.* Washington DC: National Academies.

National Governor's Association. 1979. *Comprehensive Emergency Management.* Washington, DC: National Governor's Association.

National Hurricane Center. 2007a. Hurricane Basics. Available at http://www.nhc.noaa.gov/ HAW2/english/basics.shtml. Last accessed August 13, 2007.

National Hurricane Center. 2007b. Saffir-Simpson Hurricane Scale. Available at http://www. nhc.noaa.gov/HAW2/english/basics/saffir_simpson.shtml. Last accessed August 13, 2007.

National Institute of Justice. 2005. *Mass Fatality Incidents: A Guide for Human Forensic Identification.* NCJ Number 199758. Washington, DC: National Institute of Justice.

National Oceanic and Atmospheric Administration (NOAA). 2008. Global Hazards. Available at http://www.ncdc.noaa.gov/sotc/hazards/2008/5. Last accessed March 3, 2014.

National Park Service. 2013. *Statue of Liberty National Monument and Ellis Island Fact Sheet.* New York: National Park Service. Available at http://www.nps.gov/stli/upload/STLI-fact-sheet-July-4-2013.pdf. Last accessed March 4, 2014.

Natural Hazards Research and Applications Information Center (NHRAIC). 2005. *Holistic Disaster Recovery.* Boulder, CO: Public Entity Risk Institute.

Neal, D. 1997. Reconceptualizing the phases of disaster. *International Journal of Mass Emergenciesand Disasters* 15(2): 139-164.

Pan American Health Organization/World Health Organization (PAHO/WHO). 2005. Identifying Cadavers Following Disasters: Why? Available at http://www.who.int/disasters/repo/6077.html. Last accessed July 18, 2005.

Quarantelli, E. L. 1985. *Organizational Behavior in Disaster and Implications for Disaster Planning.* Newark, DE: Disaster Research Center, University of Delaware.

Quarantelli, E. L. 1987. Disaster studies: An analysis of the social historical factors affecting the development of research in the area. *International Journal of Mass Emergencies and Disasters* 5: 285-310.

Quarantelli, E. L. 1998a. The Disaster Recovery Process: What We Do and Do Not know from Research. Available at http://dspace.udel.edu:8080/dspace/handle/19716/309?-mode=simple. Last accessed July 21, 2008.

Quarantelli, E. L., (ed.) 1998b. *What Is a Disaster?* London, UK: Routledge.

Quarantellli, E. L. and R. Perry, (eds.) 2005. *What Is a Disaster?* Volume II. Philadelphia, PA: Xlibris, International Research Committee on Disaster.

Rose, A. et al. 2003. Benefit-cost analysis of FEMA Hazard Mitigation Grants. *Natural Hazards*

Review 4(1): 97-111.

Rubin, C. 2006. Terrorism timeline. Available at http://www.disaster-timeline.com/TTL2007A-Aprl5-secure.pdf. Last accessed August 30, 2007.

Shaler, R. 2005. *Who They Were: Inside the World TradeCenter DNA Story.* New York: Free Press.

Simpson, D. and S. Stehr. 2003. Victim management and identification after the World Trade Center Collapse. In B*eyond September 11th: An Account of Post-disaster Research*, J. Monday (ed.). Boulder, CO: University of Colorado, pp. 109-120.

The Canadian Press. 2013. Alberta Floods Costliest Natural Disaster in Canadian History. Available at http://www.cbc.ca/news/canada/calgary/alberta-floods-cost-liest-natural-disaster-in-canadian-history-1.1864599. Last accessed March 3, 2014.

The Lowlander Center. 2014. Homepage. Available at http://www.lowlandercenter.org/.Last accessed July 28, 2014.

Thompson, J. 1991. The management of body recovery after disasters. *Disaster Management* 3(4): 206-210.

Twigger-Ross, C., Coates, T., Orr, P., Stafford, J., Ramsden, M. and Deeming, H. 2011. Community Resilience Research: UK Case Studies, Lessons and Recommendations Report to the Cabinet Office and Defence Science and Technology Laboratory. Collingwood Environmental Planning Ltd, London, U.K.

USAID. 2013. Typhoon Haiyan (Yolanda). Fact Sheets. Available at http://www.usaid.gov/haiyan#fs. Last accessed June 8, 2015.

U.S. Geological Survey. 2007a. What Causes Earthquakes? Available at http://vulcan.wr.usgs.gov/Glossary/Seismicitywhat_causes_earthquakes.html. Last accessed August 28, 2007.

U.S. Geological Survey. 2007b. The Richter Scale. Available at http://earthquake.usgs.gov/learning/topics/richter.php. Last accessed August 28, 2007.

Wind Science and Engineering Center. 2006. *Recommendations for an Enhanced Fujita Scale.* Lubbock, TX: Texas Tech University.

2장

Australian Council for International Development. 2005. Tsunami and people with disabilities: Summary issues for consideration. Available at http://www.acfid.asn.au/.../docs_issues/

docs_disability-and-development/tsunami_disability_issues.pdf. Last accessed December 24, 2015.

Behr, J. and R. Diaz. 2013. Disparate health implications stemming from the propensity of elderly and medically fragile populations to shelter in place during severe storm events. *Journal of Public Health Management Practice* 19(5): S55-S62.

Bolin, R. and L. Stanford. 1999. Constructing vulnerability in the first world: The Northridge earthquake in Southern California, 1994. In *The Angry Earth: Disasters in Anthropological Perspective,* A. Oliver-Smith and S. Hoffman (eds.). New York: Routledge.

Carson, R. 1962. *Silent Spring.* Boston, MA: Houghton Mifflin.

Centers for Disease Control. 2012. Elimination of Cholera Transmission in Haiti and the Dominican Republic. Available at http://www.cdc.gov/globalhealth/features/cholera.htm. Last accessed June 8, 2015.

Childers, C. and B. Phillips. 2002. *Sustainable Development or Transformative Development: Arkadelphia, Arkansas after the Tornado.* Boulder, CO: Natural Hazards Research and Applications Information Center.

Cutter, S. 2005. The Geography of Social Vulnerability: Race, Class and Catastrophe. Available at http://understandingkatrina.ssrc.org/.Last accessed December 24, 2015.

Dynes, R. and E. L. Quarantelli. 1968. Group behavior under stress: A required convergence of organizational and collective behavior perspectives. *Sociology and Social Research* 52: 416-429.

Enarson, E. 2001. What women do: Gendered labor in the Red River Valley Flood. *Environmental Hazards* 3(1): 1-18.

Enarson, E. and B. Morrow. 1998. Women will rebuild Miami: A case study of feminist response to disaster. In *The Gendered Terrain of Disaster: Through Women's Eyes,* E. Enarson and B. H. Morrow (eds.). Miami, FL: Laboratory for Social and Behavioral Research, Florida International University.

Enarson, E. and B. Morrow., (eds.). 1998. *The Gendered Terrain of Disaster: Through Women's Eyes.* Miami, FL: International Hurricane Center.

Enarson, E. and B. Morrow. 2000. A gendered perspective: Voices of women. In *Hurricane Andrew,* W. Peacock, B. H. Morrow, and H. Gladwin (eds.). Miami, FL: International Hurricane Center.

Enarson, E. and B. Phillips. 2008. Invitation to a new feminist disaster sociology: Integrating feminist theory and methods. In *Women and Disasters: From Theory to Practice,* B. D.

Phillips and B. H. Morrow (eds.). Philadelphia, PA: Xlibris, International Research Committee on Disasters.

Farmer, P. 2012. *Haiti after the Earthquake.* Pittsburgh, PA: University of Pittsburgh Press.

Fisher, S. 2009. Sri Lankan women's organisations responding to post-tsunami violence. In Women, *Gender and Disaster: Global Issues and Initiatives,* E. Enarson and P. G. D. Chakrabarti (eds.). New Delhi, India: Sage, pp. 233-249.

Fordham, M., W. Lovekamp, D. Thomas, and B. Phillips. 2013. Understanding social vulnerability. In *Social Vulnerability to Disasters,* D. S. K. Thomas, B. Phillips, W. Lovekamp, and A. Fothergill (eds.). Boca Raton, FL: CRC Press, pp. 1-32.

Jensen, J. 2012. *Report of the Disciplinary Purview of Emergency Management Focus Group.* Emmitsburg, MD: FEMA.

Lund, F. and T. Vaux. 2009. Work-focused responses to disasters: India's Self Employed Women's Association. In *Women, Gender and Disaster: Global Issues and Initiatives,* E. Enarson and P. G. D. Chakrabarti (eds.). New Delhi, India: Sage, pp. 212-223.

McEntire, D. 2004. The status of emergency management theory: Issues, barriers, and recommendations for improved scholarship. Presented at the *FEMA Higher Education Conference,* Emmitsburg, MD.

McEntire, D. 2007. The importance of multi- and interdisciplinary research on disasters and for emergency management. In *Disciplines, Disasters and Emergency Management,* D. McEntire (ed.). Springfield, IL: Charles C Thomas Publisher, Ltd, pp. 3-14.

Mileti, D. 1999. *Disasters by Design.* Washington, DC: Joseph Henry Press.

MINUSTAH. 2014. MINUSTAH Resources. Available at http://www.un.org/en/peacekeeping/missions/minustah/resources.shtml. Last accessed March 10, 2014.

National Academies. 2012. *Disaster Resilience: A National Imperative.* Washington D.C.: National Academies.

National Organization on Disability. 2005. Report on Special Needs Assessment of Katrina Evacuees (SNAKE) Project. Available at http://www.nod.org. Last accessed December 24, 2015.

Natural Hazards Center. 2005. *Holistic Disaster Recovery: Ideas for Building Local Sustainability after a Natural Disaster,* 2nd edn. Boulder, CO: Natural Hazards Center.

Neal, D. and B. Phillips. 1995. Effective emergency management: Reconsidering the bureaucratic approach. *Disasters: The Journal of Disaster Studies and Management* 19(4): 327-337.

OCHA. 2011. Haiti Earthquake Response. Humanitarian Communication Group Publication.

Available at http://www.un.org/en/peacekeeping/missions/minustah/documents/ocha_haiti_one_year_factsheet.pdf. Last accessed July 30, 2014.

Oxfam. 2005. The Tsunami's Impact on Women. Available at http://www.oxfam.org.uk/what_we_do/issues/conflict_disasters/downloads/bn_tsunami_women.pdf. Last accessed December 24, 2015.

Oxfam. 2012. Two Years after the Haiti Earthquake_In Pictures. Available at http://www.oxfam.org/en/emergencies/haiti-earthquake/two-years-pictures. Last accessed March 10, 2014.

Passerini, E. 1998. Sustainability and sociology. *The American Sociologist* 29(3): 59-70.

Passerini, E. 2000. Disasters as agents of social change. *Natural Hazards Review* 1(2): 67-72.

Peacock, W. and A. K. Ragsdale. 1997. Social systems, ecological networks, and disasters: Toward a socio-political ecology of disasters. In *Hurricane Andrew: Ethnicity, Gender and the Sociology of Disasters*, W. G. Peacock, B. H. Morrow, and H. Gladwin (eds.). London, UK: Routledge.

Phillips, B., D. Neal, T. Wikle, A. Subanthore, and S. Hyrapiet. 2008. Mass fatality management after the Indian Ocean tsunami. *Disaster Prevention and Management* 17(5): 681-697.

Pike, L., B. Phillips, and P. Reeves. 2006. Shelter life after Katrina: A visual analysis of evacuee perspectives. *International Journal of Mass Emergencies and Disasters* 24(3): 303-330.

Quarantelli, E. L. 1985. What is disaster? The need for clarification in definition and conceptualization in research. In *Disasters and Mental Health Selected Contemporary Perspectives*, B. Sowder (ed.). Washington, DC: U.S. Government Printing Office.

Sayeed, A. T. 2009. Victims of earthquake and patriarchy: The 2005 Pakistan earthquake. In *Women, Gender and Disaster: Global Issues and Initiatives*, E. Enarson and P. G. D. Chakrabarti (eds.). New Delhi, India: Sage, pp. 142-152.

Scanlon, J. 1999. Emergent groups in established frameworks: Ottawa Carleton's response to the 1998 ice disaster. *journal of Contingencies and Crisis Management* 7(1): 30-37.

Sharkey, P. 2007. Survival and death in New Orleans: An empirical look at the human impact of Katrina. *Journal of Black Studies* 37(4): 482-501.

Smith, G. and T. Birkland. 2012. Building a theory of recovery: Institutional dimensions. *International Journal of Mass Emergencies and Disasters* 30(2): 147-170.

Smith, G. and D. Wenger. 2006. Sustainable disaster recovery: Operationalizing an existing agenda. In *Handbook of Disaster Research*, H. Rodriguez, E. L. Quarantelli, and R. Dynes (eds.). New York: Springer.

Thomas, D. S. K. et al., (eds.). 2013. *Social Vulnerability to Disasters*. Boca Raton, FL: CRC Press.

United Nations. 2011. Haiti Earthquake Response. Available at https://www.un.org/en/peace-keeping/missions/minustah/documents/ocha_haiti_one_year_factsheet.pdf. Last accessed March 10, 2014.

U.S. Geological Survey (USGS). 2010. Earthquake Information for 2010. Available at http://earthquake.usgs.gov/earthquakes/eqarchives/year/2010/.Last accessed March 10, 2014.

USAID. 2010. Country Fact Sheets: Haiti. Available at http://www.usaid.gov/haiti. Last accessed June 8, 2015.

Wisner, B. 2001. *Development of Vulnerability Analysis,* E. Enarson (ed.). Emmittsburg, MD: Federal Emergency Management Association Higher Education Project.

Wisner, B., P. Blaikie, T. Cannon, and I. Davis. 2004. *At Risk.* 2nd edn. London, UK: Routledge.

Yonder, A., S. Akcar, and P. Gopalan. 2009. Women's participation in disaster relief and recovery. In *Women, Gender and Disaster,* E. Enarson and P. G. D. Chakrabarti (eds.). New Delhi, India: Sage, pp. 175-188.

3장

American Society of Civil Engineers. 2013. Report Card for America's Infrastructure. Washington, DC: ASCE.

Beierle, T., J. Cayford. 2002. *Democracy in Practice: Public Participation in Environmental Decisions.* Washington, DC: Resources for the Future.

Bennett, C. 2010. *Effective Disaster Recovery: What Lessons Can We Learn from Australia's Black Saturday Bushfires?* Available at http://www.pwc.com.au/industry/government/assets/Effective-Disaster-Recovery-jull0.pdf. Last accessed April 1, 2014.

Burby, R. J., R. E. Deyle, D. R. Godschalk et al. 2000. Creating hazard resilient communities through land use planning. *Natural Hazards Review* 1(2): 99-106.

Caffey, R., R. Kazmierczak Jr.,H. Diop, W. Keithly Jr. 2007. Estimating the economic damage of hurricanes Katrina and Rita on commercial and recreational fishing industries. In *American Agricultural Economics Association Annual Meeting*, Portland, OR.

Chang, S., A. Falit-Baiamonte. 2002. Disaster vulnerability of businesses in the 2001 Nisqually earthquake. *Environmental Hazards* 4(2-3): 59-71.

Chrislip, D. 2002. *The Collaborative Leadership Fieldbook.* New York: John Wiley.

City of Los Angeles. 1994. *Recovery and Reconstruction Plan: City of Los Angeles.* Los Angeles, CA: Emergency Operations Organization.

Corbane, C., D. Carrion, G. Lemoine, M. Broglia. 2011. Comparison of damage assessment maps derived from very high spatial resolution satellite and aerial imagery produced for the Haiti 2010 earthquake. Earthquake Spectra 27(S1): S199-S218.

Eguchi, R., C. Huyck, B. Adams, B. Mansouri, B. Houshmand, M. Shinozuka. 2003. Resilient Disaster Response: Using Remote Sensing Technologies for Post-Earthquake Damage Detection. Buffalo, NY: Multidisciplinary Earthquake Engineering Research Center.

Federal Emergency Management Agency. 2005. *Long-Term Community Recovery Planning Process: A Self-Help Guide.* Washington, DC: FEMA.

FEMA. n. d. *FEMA Mitigation Planning Guide, #386* (Series). Washington, DC: FEMA.

Fleming, M. *An Exploratory Study of Preliminary Damage Assessments in Northern Illinois.* Master's thesis, Oklahoma State University, Stillwater, OK, 2014.

Hansen, M., P. Howd, A. Sallenger, C. Wright, J. Lillycrop. 2007. Estimation of post- Katrina debris volume: An example from coastal Mississippi. In *Science and the Storms: The USGS Response to the Hurricanes of 2005,* G. Farris, G. Smith, M. Crane, C. Demas, L. Robbins, D. Lavoie (eds.). Reston, VA: U.S. Geological Survey Circular 1306, pp. 43-48.

Krajeski, R., K. Peterson. 2008. But she is a woman and this is a man's job. In *Women and Disasters: From Theory to Practice,* B. D. Phillips, B. H. Morrow (eds.). Philadelphia, PA: International Research Committee on Disasters, Xlibris.

Montas-Dominique, M. 2011. Sim Pa Rele (If I don't shout). In *Haiti after the Earthquake,* P. Farmer (ed.). New York: Perseus Books, pp. 249-258.

Natural Hazards Center. 2001. *Holistic Disaster Recovery.* Boulder, CO: Public Entity Risk Institute.

Neal, D. M. 2004. Transition from response to recovery after the Lancaster, TX, tornado: An empirical description. *Journal of Emergency Management* 2(1): 47-51.

Norman, S. 2004. Focus on recovery: A holistic framework for recovery. Paper read at *New Zealand Recovery Symposium*, Napier, New Zealand.

Peek, L. 2010. *Behind the Backlash: Muslim Americans after 9/11.* Philadelphia, PA: Temple University Press.

Quarantelli, E. L. 1997. Ten criteria for evaluating the management of community disasters. *Disasters* 21(1): 39-56.

Schwab, A., D. J. Brower, K. Eschelbac. 2007. *Hazard Mitigation and Preparedness.* Hoboken, NJ: Wiley.

Schwab, J., K. C. Topping, C. C. Eadie, R. E. Deyle, R. A. Smith. 1998. *Planning for Post\-disaster Recovery and Reconstruction.* Washington, DC: FEMA/American Planning Association.

Smart Energy Design Assistance Center. 2006. *Disaster Recovery for Small Business Fact Sheet 1.* Urbana-Champaign, IL: University of Illinois at Urbana-Champaign.

Webb, G., K. Tierney, J. Dahlhamer. 2000. Businesses and disasters. *Natural Hazards Review* 1/2/83-90.

Weber, L., L. Peek (eds.). 2012. *Displaced: Life in the Katrina Diaspora.* Austin, TX: University of Texas Press.

Wilson, R. C. 1991. *The Loma Prieta Earthquake: What One City Learned.* Washington, DC: International City Management Association.

Yates, D., S. Paquette. 2011. Emergency knowledge management and social media technologies: A case study of the 2010 Haitian earthquake. *International Journal of Information Management* 31: 6-13.

4장

Boyle, G. 1982. Erosion from Burned Watersheds in San Bernardino National Forest. In *Proceedings of the Symposium on Dynamics and Management of Mediterranean-Type Ecosystems,* C. E. Conrad, W. C. Oechel (eds.). Berkeley, CA: U.S.D.A. Forest Service Report PSW-58, pp. 409-410.

Brickner, R. 1994. How to manage disaster debris. *C & D Debris Recycling,* pp. 8-13.

Brown, C., M. Milke, E. Seville.2011. Disaster waste management: A review article. *Waste Management* 31: 1085-1098.

Center for Disease Control, n.d. Suggested guidance for supervisors at disaster rescue sites: Safety checklist. Center for Disease Control, Atlanta, GA. Available at http:// www.cdc.gov/ niosh/emhaz2.html#checklist. Last accessed September 11, 2007.

Center for Disease Control and Prevention. 2002. Self-reported increase in asthma severity after the September 11 attacks on the World Trade Center-Manhattan, New York, 2001. *Mor-

bidity and Mortality Weekly Report 51: 781-784.

Dubey, B., H. Solo-Gabriele, T. Townsend. 2007. Quantities of arsenic-treated wood in demo-lition debris generated by hurricane Katrina. *Environmental Science & Technology* 41/5: 1533-1536.

Earthquake Reconstruction & Rehabilitation Authority, n.d. Moving mountains: The story of debris removal from the earthquake-hit city of Muzaffarabad, Pakistan. Available at http://www.recoveryplatform.org/assets/publication/Pakistan%20Earthquake% 20Re-covery/ERRA%20Environment%20debris%20removal.pdf. Last accessed July 28, 2014.

Environmental Protection Agency (EPA). 1995. *Planning for Disaster Debris.* Washington, DC: U.S. Environmental Protection Agency.

EPA. 2006. Municipal solid waste in the United States: 2005 facts and figure. Available at http://www.epa.gov. Last accessed September 21,2007.

EPA. 2007. Solid waste landfills. Available at www.epa.gov/epaoswer/non-hw/muncpl/landfill/sw_landfill.htm. Last accessed September 21, 2007.

Fagan, J. et al. 2003. Relationship of self-reported asthma severity and urgent health care utili-zation to psychological sequelae of the September 11, 2001 terrorist attacks on the World Trade Center among New York City area residents. *Psychosomatic Medicine* 65: 993-996.

FEMA. n.d. Independent study 632: Debris operations. Available at http://training.fema.gov/IS/crslist.asp. Last accessed July 28, 2008.

FEMA. 2001. *Fact Sheet: Debris Operations,* Washington DC: FEMA.

FEMA. 2007. FEMA 325. Availableat http://www.fema.gov/government/grant/pa/demagde.shtm. Last accessed July 28, 2008.

FEMA. 2009. *Understanding Your Risks: Identifying Hazards and Estimating Losses, #386-2.* Washington, DC: FEMA.

FEMA. 2010. *Debris Estimating Field Guide, FEMA 329.* Washington, DC: FEMA.

FEMA. 2013. Sandy debris removal passes 95 percent in 95 days. Available at http://www.fema.gov/news-release/2013/02/01/sandy-debris-removal-passes-95-percent-95-days. Last ac-cessed April 8, 2014.

Friesen, G., J. Harder, W. Rifer. 1994. Closing the loop after the storm. Resource Recycling 37-44.

General Accountability Office (GAO). 2007. *World Trade Center: EPAs Most Recent Test and Clean Program Raises Concerns That Need to Be Addressed to Better Prepare for Indoor Gontami-nation Following Disasters.* GAO-07-1091. Washington, DC: GAO.

General Accountability Office (GAO). 2008. *Hurricane Katrina: Continuing Debris Removal and Disposal Issues.* GAO-08-985R. Washington, DC: GAO.

Gordon, L. 2012. Injuries and illnesses among urban search-and-rescue dogs deployed to Haiti following the January 12, 2010, earthquake. *Journal of the American Veterinary Medical Association* 240(4): 396-403.

Hansen, M., P. Howd, A. Sallenger, C. Wright, J. Lillycrop. 2007. Estimation of post- Katrina debris volume: An example from coastal Mississippi. In *Science and the Storms: The USGS Response to the Hurricanes of 2005,* G. Farris, G. Smith, M. Crane, C. Demas, L. Robbins, D. Lavoie (eds.). Reston, VA: U.S. Geological Survey Circular 1306, pp. 43-48.

Hayashi, H., T. Katsumi. 1996. Generation and management of disaster waste. *Soils and Foundations* 349-358.

Karunasena, G., D. Amaratunga, R. Haigh, I. Lill. 2009. Post disaster waste management strategies in developing countries: Case of Sri Lanka. *International Journal of Strategic Property Management* 13: 171-190.

Landrigan, P. et al. 2004. Health and environmental consequences of the World Trade Center disaster. *Environmental Health Perspectives* 112(6): 731-739.

Lauter, L. 2006. *Disaster Debris Removal after Hurricane Katrina.* Washington, DC: Congressional Research Service.

Lin, S. et al. 2005. Respiratory symptoms and other health effects among residents living near the World Trade Center. *American Journal of Epidemiology* 162(16): 499-507.

Lozada, D. 2014. Rising from the rubble: How Palompon is recovering from Yoland (Haiyan). Available at http://www.rappler.com/move-ph/issues/disasters/recovery/62125-palompon-recovery-yolanda. Last accessed July 28, 2014.

Malievskaya, E. et al. 2002. Assessing the health of immigrant workers near ground zero. *American Journal of Industrial Medicine* 42(6): 548-549.

National Hurricane Center. Hurricane Hugo. Available at http://www.nhc.noaa.gov/HAW2/english/history.shtml#hugo. Last accessed September 6, 2007.

National Oceanic and Atmospheric Administration. 2013. Severe marine debris event report: Japan Tsunami Marine Debris. Available at http://marinedebris.noaa.gov/sites/default/files/Japan_Tsunami_Marine_Debris_Report.pdf. Last accessed July 30, 2014.

Natural Resources Conservation Service. 1999. EWP aids livestock disposal. USDA/ Natural Resources Conservation Service. Available at http://www.nrcs.usda.gov/news/thisweek/1999/991203.html. Last accessed September 13, 2007.

Nemery, B. 2003. Reactive fallout of world trade center dust. *American Journal of Respiratory and Critical Care Medicine* 168: 2-3.

North Carolina Department of Health and Human Services, n.d. Public health and flood waters. North Carolina Department of Health and Human Services. http://www.dhhs.state.nc.us/docs/floodfaqs.htm. Last accessed September 13, 2007.

Parker, D. 1991. Response to the Oakland-Berkeley Hills Conflagration. San Francisco Fire Department, http://www.sfmuseum.org/oakfire/contents.html. Last accessed September 13, 2007.

Rafee, N., A. Karbassi, J. Nouri, E. Safari, M. Mehrdadi. 2008. Strategic management of municipal debris aftermath of an earthquake. *International Journal of Environmental Research* 2(2): 205-214.

Siddik, E., D. McEntire, R. Afedzie. 2009. Transforming debris management: Considering new essentials. *Disaster Prevention and Management* 18(5): 511-522.

Simmons, P. 2006. The state of garbage in America. *BioCycle* 47(4): 26.

Simpson, D. and S. Stehr. 2003. Victim management and identification after the World Trade Center collapse. In *Beyond September 11th: An Account of Post-Disaster Research,* J. Monday (ed.). Boulder, CO: University of Colorado, pp. 109-120.

Solis, G. et al. 1995. *Disaster Debris Management.* The Disaster Preparedness Resources Centre, British Columbia, Canada.

Spittler, T. 2005. California fires, floods and landslides. Presented at the *Disaster Resistant California Conference,* Sacramento, CA. Available at ftp://ftp.consrv.ca.gov/pub/dmg/thp/documents/memorandas/Landslides%202005.pdf. Last accessed September 13, 2007.

Steuteville, R. 1992a. Hugo sets an example. *BioCycle* 33(10): 33.

Steuteville, R. 1992b. Recycling after the storm. *BioCycle* 33(10): 30-33.

Swan, R. 2002. Overview of thenations' worst debris-generating disaster (World Trade Center). *Environmental Practice* 4(2): 67-69.

Swan, R.C. 2000. Debris management planning for the 21st century. *Natural Hazards Review* 1: 222-225.

Szema, A. et al. 2004. Clinical deterioration in pediatric asthmatic patients after September 11, 2001. *Journal of Allergy and Clinical Immunology* 113: 420-426.

Trout, D. et al. 2002. Health effects and occupational exposure among office workers near the World Trade Center disaster. *Journal of Occupational and Environmental Medicine* 44(7): 601-605.

United Nations. 2011. Fast facts debris 2011: Time for recovery. Available at http://onu-haiti. org/wp-content/uploads/2011/07/UNdebrisfactsheet_September2011.pdf. Last accessed April 7, 2014.

U.S. Army Corps of Engineers, n.d. Disaster impact models. Available at http://www.usace. army.mil/Missions/EmergencyOperations/DisasterImpactModels.aspx. Last accessed April 15, 2014.

United States Department of State. 2013. Fast facts on the U.S. Government's work in Haiti: Rubble. Available at http://onu-haiti.org/wp-content/uploads/2011/07/UNdebrisfact-sheet_September2011.pdf. Last accessed April 7, 2014.

Wisnivesky, J. P. et al. 2011.Persistence of multiple illnesses in World Trade Center rescue and recovery workers: A cohort study. *The Lancet* 378: 888-897.

5장

Baldrica, Al. 1998. Flood case study: Stillwater, Nevada. In *Disaster Management Programs for Historic Sites,* D. Spennemann, D. Look (eds.). San Francisco, CA: Association for Preservation Technology, pp. 139-142.

Bowman, T. D., P. F. Schempf, J. Hodges. 1997. Bald eagle population in prince William sound after the Exxon Valdez oil spill. *Journal of Wildlife Management* 61(3): 962-967.

Brown, G. 1992. Replacement costs of birds and animals. Available at http://www.evostc.state. ak.us/Publications/economic.cfm. Last accessed August 28, 2007.

Bullard, R. D. 1990. *Dumping in Dixie: Race, Class, and Environmental Quality.* Boulder, CO: West view.

Burban, L. L., J. W. Andresen.1994. Storms over the urban forest. Available at www.na.fs.fed.us/ spfo/pubs/uf/sotuf/intro/intro.htm. Last accessed December 24, 2014.

Carson, R. T., W. Haneman. 1992. A preliminary economic analysis of recreational fishing losses related to the Exxon Valdez oil spill. Available at http://www.evostc.state.ak.us/Publications/Downloadables/Economic/Econ_Fishing.pdf. Last accessed August 28, 2007.

CBS. 2014. Long island drying out after 'historic' storm dumps record rainfall. Available at http://newyork.cbslocal.com/2014/08/14/long-island-drying-out-after-historic-storm-dumps-record-rainfall/. Last accessed December 24, 2014.

Civil Engineering News. 2000. Texas city relies on tree canopy to reduce runoff. *Civil Engineering* 70(10): 18.

Dansie, A. 1999. International Implications of the impact of repatriation in Nevada museums. *Society for American Archaeology Bulletin* 17(3). Available at http://www.saa.org/Publications/saabulletin/17-3/index.html. Last accessed December 24, 2014.

Delta Chapter. 2007. Katrina response: Update on MRGO. Available at http://louisiana. sierraclub.org/katrina.asp. Last accessed December 24, 2014.

Environmental Protection Agency (EPA). 2007a. *Reducing Stormwater Costs thoughLow Impact Development (LID) Strategies and Practices.* Washington, DC: EPA.

EPA. 2007b. Superfund. Available at http://www.epa.gov/superfund/index.htm. Last accessed August 7, 2008.

Evans, R., J. Gilliam, J. Lilly. 1996. Wetlands and water quality. Available at http://www.bae.ncsu.edu/programs/extension/evans/ag473-7.html. Last accessed August 15, 2014.

Exxon Valdez Oil Spill Trustee Council. 2007. Frequently asked questions about the spill. Available at http://www.evostc.state.ak.us/History/FAQ.cfm. Last accessed August 28, 2007.

FEMA. 2005. New treatment facility accommodates endangered species. Available at http://www.fema.gov/ehp/gila.shtm. Last accessed December 24, 2014.

FEMA. 2007. National Environmental Policy Act (NEPA). Available at http://www.fema.gov/plan/ehp/ehplaws/nepa.shtm. Last accessed December 24, 2014.

FEMA. 2013. Bayshore sewerage authority mitigation protects the environment. FEMA News Release 4086-NJ NR-244. Available at http://www.fema.gov. Last accessed August 15, 2014.

Freudenberg, W., R. Gramling, S. Laska, K. Erikson. 2011. *Catastrophe in the Making: The Engineering of Katrina and the Disasters of Tomorrow.* Washington, DC: Island Press.

Gavenus, K., J. Tobin-Gurley, L. Peek. 2013. Children of the spills-Phase II: The gulf coast and the BP/Deepwater Horizon oil spill. *Children, Youth and Environments* 23(1): 167-179.

Greensburg. 2007. Long term recovery plan, Greensburg and Kiowa County, Kansas, August 2007. Available at http://www.greensburgks.org.

Heinz Center. 2000. *The Hidden Costs of Coastal Hazards: Implications for Risk Assessment and Mitigation.* Washington, DC: Island Press.

Kiowa County Signal. 2007. Tornado death toll in Kansas town hits 10. Available at http://www.kiowacountysignal.com/homepage/x2127956704. Last accessed December 24, 2014.

Laska, S. 2004. What if Hurricane Ivan had not missed New Orleans? *Natural Hazards Observer*

29(2): 5-6. Available at http://www.colorado.edU/hazards/o/archives/2004/ nov04/ nov04.pdf.

Laska, S. 2007. Respect for natureas cornerstone to resiliency. View from Katrina "Ground Zero." *Natural Hazards Observer* 31(2): 14-15. Available at http://www.colorado.edu/hazards/o/archives/2006/nov06/nov06e.html.

Marton, J., M. Fennessy, C. Craft. 2013. USDA conservation practices increase car-bon storage and water quality improvement functions: An example from Ohio. *Restoration Ecology* 22(1): 117-124.

Mileti, D. 1999. *Disasters by Design.* Washington, DC: Joseph Henry Press.

NAHB Research Center, Inc. 2006. *The Potential Impact of Zero Energy Homes.* Available at http://www.toolbase.org/PDF/CaseStudies/ZEHPotentialImpact.pdf. Last accessed December 24, 2014.

National Oceanic and Atmospheric Administration (NOAA). 2005. Hurricane Katrina, A Climatological Perspective, Preliminary Report, Technical Report # 2005-01. Available at http://www.ncdc.noaa.gov/oa/reports/tech-report-200501z.pdf. Last accessed December 24, 2014.

National Park Service. 2007. National American Graves Protection and Repatriation Act. Available at http://www.nps.gov/history/nagpra/MANDATES/25USC3001etseq.htm. Last accessed December 24, 2014.

National Weather Service. 2001. Tropical Storm Allison Floods June 5-9, 2001. Available at http://www.srh.noaa.gov/hgx/projects/allisonO1.htm. Last accessed August 8, 2008.

National Weather Service. 2007. Tornadoes, rain, hammer central plains. Available at http://www.noaanews.noaa.gov/stories2007/s2855.htm. Last accessed December 24, 2014.

Natural Hazards Center. 2005. Holistic Disaster Recovery. Natural Hazards Center, Boulder, CO.

Nature Conservancy. 2007. Conversation easements: How we work. Available at http://www.nature.org/aboutus/howwework/conservationmethods/privatelands/conservationeasements/. Last accessed August 8, 2008.

NHRAIC. 2001. *Holistic Disaster Recovery.* Boulder, CO: Natural Hazards Center.

Peacock, W., A. K. Ragsdale. 1997. Social systems, ecological networks, and disasters: Toward a socio-political ecology of disasters. In *Hurricane Andrew: Ethnicity, Genderand the Sociology of Disasters,* W. G. Peacock, B. H. Morrow, H. Gladwin (eds.). London, UK: Routledge.

Phillips, K. 1995. *Tracking the Vanishing Species: An Ecological Mystery.* New York: Penguin Books.

Picou, J. S. 1992. Disruption and stress in an Alaskan Fishing Community: Initial and continued impacts of the Exxon Valdez spill. *Organization and Environment* 6(3): 235-257.

Pierson, D. 2007. Bio-diversity in North Central Texas. Available at http://www.nhnct.org/urban/biod.html. Last accessed October 15, 2007.

Platt, K. 2000. Going green. *Planning* 66(8): 18-21.

Rossman, E. 1994. Social organization of risk. *Industrial and Environmental Crisis Quarterly* 8(3). Available at http://oae.sagepub.eom/cgi/content/abstract/8/3/191. Last accessed August 8, 2008.

Short, J., S. Rice, M. Lindeberg. 2001. The Exxon Valdez oil spill: How much oil remains? Available at http://www.afsc.noaa.gov/Quarterly/jas2001/feature_jas01.htm. Last accessed August 28, 2007.

Tait, A. 2007. Zero Energy Homes. Appalachian State University Energy Center. Available at http://www.healthybuilthomes.org/docs/Zero_energy_homes_report%20ASU.pdf. Last accessed December 24, 2014.

United Nations Environment Programme. 2010. Environmental Degradation Plagues Haiti Earthquake Recovery. Available at http://www.unep.org. Last accessed August 15, 2014.

U.S. Census. 2006. Fact sheet. Greensburg, KS. Available at http://www.census.gov. Last accessed December 24, 2014.

U.S. Fish and Wildlife Service. 2013. Hurricane Sandy mitigation/resilience projects: Overview and specific project examples. Available at http://www.fws.gov/hurricane/sandy/pdf/FundedSandyResiliencyProjectSummaries032714.pdf. Last accessed August 15, 2014.

U.S. Forest Service. 2011. Urban tree canopy analysis helps urban planners with tree planting campaigns. *Research Review* 13: 1-6.

Wallace, S. D. 1998. Putting wetlands to work. *Civil Engineering* 68(7): 57-59.

White, K. D., A. L. Meyers. 1997. Above par storm-water management. *Civil Engineering* 67(7): 50-51.

White, S. 2010. Out of the rubble and towards a sustainable future: The "greening" of Greensburg, Kansas. *Sustainability* 2: 2302-2319.

World Health Organization (WHO). 2014. *Health Risk Assessment from the Nuclear Accident after the 2011 Great East Japan Earthquake and Tsunami: Based on a Preliminary Dose Estimation.* Geneva, Switzerland: WHO.

6장

Adams, C. 1999. Recovering froma devastating tornado at Andrew Jackson's Hermitage: A case study. *APT Bulletin* 30(1): 43-49.

Advisory Council on Historic Preservation. 2007. The Preserve America Summit: Charting a future course for the national historic preservation program. Washington, DC: Advisory Council on Historic Preservation. Available at: http://www.achp.gov. Last accessed December 24, 2014.

American Council on Historic Preservation. 2014. Economic reasons for investing in historic preservation. Available at: http://www.achp.gov/recovery/economic.html. Last accessed December 24, 2014.

American Institute of Architects, Central Oklahoma Chapter. 1989. Great buildings ahead. Oklahoma City, OK: American Institute of Architects, Central Oklahoma Chapter and the Metropolitan Library System. Available at: http://aiacoc.org/. Last accessed June 23, 2015.

Baldrica, A. M. 1998. Flood case study: Stillwater, Nevada. In *Disaster Management Programs forHistoric Sites,* D. H. R. Spennemann and D. W. Look (eds). San Francisco, CA/Albury, New South Wales, Australia: Association for Presentation Technology and The Johnstone Centre, Charles Sturt University, pp. 139-142. Available at: http://marshall.csu.edu.au/DigiBooks/DisManSFO/DisManSFO.html. Last accessed December 24, 2014. Digital Edition 2004.

Barksdale, D. 1998. Disaster recovery response to tropical storm Alberto. In *Disaster Management Programs for Historic Sites,* D. H. R. Spennemann and D. W. Look (eds.). San Francisco, CA/Albury, New South Wales, Australia: Association for Presentation Technology and The Johnstone Centre, Charles Sturt University, pp. 133-138. Available at: http://marshall.csu.edu.au/DigiBooks/DisManSFO/DisManSFO.html. Last accessed December 24, 2014. Digital Edition 2004.

Barthel-Bouchier, D. 2013. *Cultural Heritage and the Challenge of Sustainability*. Walnut Creek, CA: Left Coast Press, Inc.

Blackburn, B., A. Henderson, and M. Thurman. 1980. *The Physical Legacy: Buildings of Oklahoma County 1889 to 1931*. Oklahoma City, OK: Southwest Heritage Press, Oklahoma County Historical Society.

California Preservation Foundation. 1990. *History at Risk: Loma Prieta Seismic Safety and Historic Buildings.* Oakland, CA: California Preservation Foundation.

Donaldson, M. W. 1998. The first ten days: Emergency response and protection strategies for the preservation of historic structures. In *Disaster Management Programs for Historic Sites,* D.H.R. Spennemann and D. W. Look (eds.). San Francisco, CA/Albury, New South Wales, Australia: Association for Presentation Technology and The Johnstone Centre, Charles Sturt University, pp. 25-30. Available at: http://marshall.csu.edu.au/DigiBooks/ DisManSFO/DisManSFO.html. Last accessed December 24, 2014. Digital Edition 2004.

Eck, C. R. 2000. Earth, wind, fire and water: Historic preservation planning in Miami-Dade County, Florida. *Cultural Resources Management* 23(6): 11-13.

FEMA. 2002. *Looking to the Future.* Washington, DC: FEMA.

FEMA. 2005a. *Integrating Historic Property and Cultural Resource Considerations into Hazard Mitigation Planning.* FEMA 386-6. Washington, DC: FEMA Publication.

FEMA. 2005b. Before and after disaster: Federal funding for cultural institutions. FEMA guide #533. Available at: http://www.heritgepreservation.org/PDFS/Disaster.pdf. Last accessed December 24, 2014.

FEMA. 2007a. National Historic Preservation Act (NHPA), 1996 as amended (2000). Available at: http://www.fema.gov/plan/ehp/ehplaws/nhpa.shtm. Last accessed December 24, 2014.

FEMA. 2007b. 9524.6 Collections and individual objects, http://www.fema.gov/government/ grant/pa/9524_6.shtm. Last accessed December 24, 2014.

FEMA. 2007c. FEMA helps preserve historic treasures, http://www.fema.gov/news/release. fema?id=35990. Last accessed December 24, 2014.

Foard, M. No date. *After the Flood: Rehabilitating Historic Resources.* Atlanta, GA: Georgia Department of Historic Resources, Historic Preservation Division.

Fussell, E. 2012. Help from family, friends, and strangers during Hurricane Katrina: Finding the limits of social networks. In *Displaced: Life in the Katrina Diaspora,* L. Weber and L. Peek (eds.). Austin, TX: University of Texas Press, pp. 150-166.

Heritage Preservation. 2002. *Cataclysm and Challenge: Impact of September 11⊠2001, on our Nations Cultural Heritage.* Washington, DC: Heritage Preservation, Inc.

Hummon, D. M. 1986. Place identities: Localities of the self. In *Purposes in Built Form and Culture Research,* J. W. Carswell and D. Saile (eds.). Proceedings of the 1986 International Conference on Built Form and Culture Research. Lawrence, KS: University of Kansas

Press, pp. 34-37.

Hummon, D. M. 1990. *Commonplaces: Community Ideology and Identity in American Culture.* Albany, NY: SUNY Press.

Kariotis, J. 1998. The tendency to demolish repairable structures in the name of 'life safety.' In *Disaster Management Programs for Historic Sites,* D. H. R. Spennemann and D. W. Look (eds.). San Francisco, CA/Albury, New South Wales, Australia: Association for Presentation Technology and The Johnstone Centre, Charles Sturt University, pp. 55-60. Available at: http://marshall.csu.edu.au/DigiBooks/DisManSFO/DisManSF0.html. Last accessed December 24, 2014. Digital Edition 2004.

Kimmelman, A. 1998. Cultural heritage and disaster management in Tucson, Arizona. In *Disaster Management Programs for Historic Sites*, D. H. R. Spennemann and D. W.Look (eds.). San Francisco, CA/Albury, New South Wales, Australia: Association for Presentation Technology and the Johnstone Centre, Charles Sturt University, pp. 31-38. Available at: http://marshall.csu.edu.au/DigiBooks/DisManSFO/DisManSFO.html. Last accessed December 24, 2014. Digital Edition 2004.

Liu, H. 2012. Investigation of damaged old buildings of historic town in Sichuan earthquake. *Disaster Mitigation of Cultural Heritage and Historic Cities* 6: 305-312.

Look, D. W. and D. H. R. Spennemann. 2000. Disaster management for cultural properties. *Cultural Resources Management* 23(6): 3-5.

Martin, C. and L. King. 2000. A lesson well learned: New methods of disaster preparation for Atlanta's Fox Theatre. *Cultural Resource Management* 23(6): 17-19.

McGregor, R. 1998. *The Hawke's Bay Earthquake: New Zealand's Greatest Natural Disaster.* Napier, NZ: Art Deco Trust.

National Historic Preservation Act. 2009. The National Historic Preservation Act of 1966, as amended. Available at: http://www.achp.gov/nhpa.html. Last accessed September 17, 2014.

National Park Service. 2011. *Washington Monument: Post-earthquake Assessment.* Washington, DC: National Park Service.

Noble, B. J. 2001. Lord willing n' the creek don't rise: Flood sustainability at Harpers Ferry National Historical Park. *Cultural Resource Management* 24(8): 16-18.

North Carolina [State Historic Preservation Office]. 2007. Attention owners of historic or older properties affected by a natural disaster. Available at: http://www.hpo.dcr.state.nc.us/flyer.htm. Last accessed December 24, 2014.

Oklahoma Historical Society, State Historic Preservation Office. 1995. Historic Buildings Affected by the Bombing at the Alfred P. Murrah Federal Building; Damage Assessment Team Report. Unpublished Report.

Oklahoma Historical Society, State Historic Preservation Office. 1995. Historic buildings affected by the bombing at the Alfred P. Murrah Federal Building; Damage Assessment Team Report. Unpublished Report.

Oklahoma State Historic Preservation Office. 2002. *Fact Sheet #10: Frequently Asked Questions about Section 106 Review.* Oklahoma City, OK: Oklahoma Historic Society.

Oklahoma State Historic Preservation Office. 2004. *Review and Compliance Manual Section106 Process.* Oklahoma City, OK: Oklahoma Historic Society.

Osborne, E. 1998. Disaster response for the Oklahoma City bombing. In *Disaster Management Programs for Historic Sites,* D. H. R. Spennemann and D. W. Look (eds.). San Francisco, CA/Albury, New South Wales, Australia: Association for Presentation Technology and the Johnstone Centre, Charles Sturt University, pp. 145-148. Available at: http://marshall.csu.edu.au/DigiBooks/DisManSFO/DisManSFO.html. Last accessed December 24, 2014. Digital Edition 2004.

Osborne, E. 2000. Terrorist attack: Disaster response for the Oklahoma City bombing. *Cultural Resource Management* 23(6): 44-48.

Peek, L. 2012. They call it "KatrinaFatigue": Displaced families and discrimination in Colorado. In *Displaced: Life in the Katrina Diaspora,* L. Weber and L. Peek (eds.). Austin, TX: University of Texas Press, pp. 31-46.

Phillips, B. 1996. Homelessness and the social construction of places: The Loma Prieta Earthquake. *Humanity and Society* 19(4): 94-101.

Preservation Nation. No date. Destruction in Haiti Puts its heritage at risk. Available at: http://blog.preservationnation.org/2010/02/04/destruction-in-haiti-puts-its-heritage-at-risk/#.VBmB08tOUdU. Last accessed September 17, 2014.

Quarantelli, E. L. 2003. *The Protection of Cultural Properties: The Neglected Social Science Perspective and Other Questions and Issues That Ought to Be Considered, Preliminary Paper #325.* Newark, DE: University of Delaware, Disaster Research Center.

Roy, C. 2001. Disaster recovery: Developing a plan. *Cultural Resource Management* 24(8): 13-15.

Rypkema, D. 2005. *The Economics of Historic Preservation.* Washington, DC: The National Trust for Historic Preservation.

Sather-Wagstaff, J. 2011. *Heritage That Hurts: Tourists in the Memoryscapes of September 11.* Walnut Creek, CA: Left Coast Press, Inc.

Siekkinen G. 1998. Assessing the character and systems of historic buildings. In *Disaster Management Programs for Historic Sites,* D. Spennemann (ed.). San Francisco, CA: National Park Service.

Spennemann, D. and K. Graham. 2007. The importance of heritage preservation in natural disaster situations. *International Journal of Risk Assessment and Management* 7(6-7): 993-1001.

Weber, L. and L. Peek, eds. 2012. *Displaced: Life in the Katrina Diaspora.* Austin, TX: University of Texas Press.

Winter, T. A. 1998. Impact of the northridge earthquake on the Gamier Building, Los Encinos State Historic Park. In *Disaster Management Programs forHistoric Sites,* D. H. R. Spennemann and D. W. Look (eds.). San Francisco, CA/Albury,

New South Wales, Australia: Association for Presentation Technology and the Johnstone Centre, Charles Sturt University, pp. 99-110. Available at: http://marshall.csu.edu.au/DigiBooks/DisManSFO/DisManSFO.html. Last accessed December 24, 2014. Digital Edition 2004.

7장

Altman, I. and S. Low, eds. 1992. Place attachment. In *Human Behavior and Environment,* Vol. 12. New York: Plenum Press.

American Planning Association. 2004. National housing crisis: The silent killer. Available at http://www.planning.org/affordablereader/domesticpolicy/apr04.htm. Last accessed February 29, 2008.

Barenstein, J. and D. Pittet. 2007. *Post-disaster Housing Reconstruction: Current Trends and Sustainable Alternatives for Tsunami-Affected Communities in Coastal Tamil Nadu.* Manno, Switzerland: University of Applied Sciences of Southern Switzerland.

Bell, H. 2010. Case management with displaced survivors of Hurricane Katrina. *Journal of Social Service Research* 34(3): 15-27.

Bolin, R. C. and L. Stanford.1998. The Northridge earthquake: Community-based approaches to unmet recovery needs. *Disasters* 22(1): 21-38.

Brookings Institution. 2007. The Katrina index. Available at http://www.gnocdc.org. Last accessed August 6, 2008.

Brookings Institution. 2008. The New Orleans index, January 2008. Available at http:/// www.gnocdc.org. Last accessed January 31, 2008.

Brookings Institution and Greater New Orleans Community Data Center. 2008. Anniversary edition: Three years after Katrina. Available at http://www.gnocdc.org. Last accessed August 6, 2008.

Brown, B. and D. Perkins. 1992. Disruptions in place attachment. In *Place Attachment,* I. Altman and S. Low (eds.). New York: Plenum Press.

Brown, F. 2001. The destruction of Princeville. Earth Africa News Service. Retrieved from http://www.seeingblack.com/x040901/princeville.shtml. Last accessed March 1, 2013.

Cheng, A., L. Kruger, and S. Daniels. 2003. "Place" as an integrating concept in natural resource politics: Propositions for a social science research agenda. *Society and Natural Resources* 16: 87-104.

Childers, C. 2008. Elderly female headed households in the disaster loan process. In *Women and Disasters: From Theory to Practice,* B. Phillips and B. Morrow (eds.). Philadelphia, PA: Xlibris, International Research Committee on Disasters, pp. 182-193.

City of Grand Forks. 2007a. Flood timeline. Available at http://www.grandforksgov.com/Flood/ Timeline.pdf. Last accessed February 26, 2008.

City of Grand Forks. 2007b. Rebuilding. Available at http://grandforksgov.com/Flood/Rebuilding.pdf. Last accessed February 26, 2008.

Comerio, M. 1996. *The Impact of Housing Losses in the Northridge Earthquake: Recovery and Reconstruction Issues.* Berkeley, CA: Institute of Urban and Regional Development, University of California-Berkeley.

Comerio, M. 1997. Housing issues after disasters. *Journal of Contingencies and Crisis Management* 5: 166-178.

Comerio, M. 1998a. *Disaster Hits Home: New Policy for Urban Housing Recovery.* Berkeley, CA: University of California Press.

Comerio, M. 1998b. Hazards mitigation and housing recovery-Watsonville and San Francisco one year later. National Report to Congress on the Loma Prieta Earthquake. Washington, DC: U.S. Geological Survey, pp. D29-D34.

Comerio, M., J. Landis, and Y. Rofé. 1994. *Post-Disaster Residential Rebuilding.* Berkeley, CA: Institute of Urban and Regional Development, University of California-Berkeley.

Crowley, S. 2006. Where is home? Housing for low-income people after the 2005 hurricanes. In *There Is No Such Thing as a Natural Disaster,* C. Hartman and G. D. Squires (eds.). New York: Routledge.

Cuny, F. 1983. *Disasters and Development.* Dallas, TX: Oxford University Press.

Dash, N., B. H. Morrow, J. Mainster, and L. Cunningham. 2007. Lasting effects of hurricane Andrew on a working class community. *Natural Hazards Review* 8(1): 13-21.

Department of Homeland Security (DHS). 2011. Effectiveness and costs of FEMA's Disaster Housing Assistance Program. OIG-11-102. Washington, DC: DHS Office of Inspector General.

Earl, C. 2007. Case management. Available at http://www.katrinaaidtoday.org/casekey.cfm. Last accessed January 26, 2009.

Ellis, D. 2001a. First people of the Pass Black Heritage: Free persons of color. Available at http://history.passchristian.net/pass_time_line.htm. Last accessed July 1, 2010.

Ellis, D. 2001b. *Images of America: Pass Christian.* Charleston, SC: Arcadia Publishing.

Ellis, D. 2005. Historical Pass Christian, Mississippi: History 101-A glimpse of Pass Christian. Available at: http://pc.danellis.net/index.htm. Last accessed July 1, 2010.

Enarson, E. and B. H. Morrow. 1998. Women will rebuild Miami: A case study of feminist response to disaster. In *The Gendered Terrain of Disaster: Through Women's Eyes,* E. Enarson and B. H. Morrow (eds.). Miami, FL: Laboratory for Social and Behavioral Health, pp. 185-200.

Enarson, E. 2001. What women do: Gendered labor in the Red River Valley flood. *Environmental Hazards* 3: 1-18.

Erikson, E. H. 1978. *Everything in Its Path.* New York: Simon and Schuster.

Federal Emergency Management Agency (FEMA). 2002. Success stories from the Missouri Buyout Program. Available at http://www.fema.gov. Last accessed February 4, 2008.

Federal Emergency Management Agency (FEMA). 2007a. State Grant Program gives funds to California wildfire victims. Available at http://www.fema.gov/news/news-release.fema?id=41790. Last accessed February 4, 2008.

Federal Emergency Management Agency (FEMA). 2007b. Grand forks flood. Available at http://www.fema.gov/hazard/archive/grandforks/contents.shtm. Last accessed February 26, 2008.

Federal Emergency Management Agency (FEMA). 2007c. Building netter: New building code and power upgrade. U.S. Virgin Islands. Available at http://www.fema.gov/mit-igationbp/brief.do?mitssld=950. Last accessed February 28, 2008.

Federal Emergency Management Agency (FEMA). 2012. City, state, FEMA team up to offer post-Irene housing in Barre. Available at http://www.fema.gov/news-release/2012/04/25/city-state-fema-team-ofFer-post-irene-housing-barre. Last accessed November 4, 2014.

Federal Emergency Management Agency/Department of Homeland Security (FEMA/DHS). 2003. *The 1993 Great Midwest Flood: Voices 10 years later.* Washington, DC: FEMA/DHS.

Federal Emergency Management Agency/Department of Homeland Security (FEMA/DHS). 2008. Disaster assistance available from FEMA. Available at http://www.fema.gov/assistance/process/assistance.shtm. Last accessed February 4, 2008.

Federal Emergency Management Agency, Office of Inspector General Inspections Division. 2001. *Buyouts: Hurricane Floyd and Other Issues Relating to FEMA's Hazard Mitigation Grant Program.* Washington, DC: FEMA.

Firewise. 2008. Firewise practices. Available at http://www.firewise.org/usa/fw_practices.htm. Last accessed February 28, 2008.

Fitzmaurice, S. 2006. Katrina disability information, FEMA lawsuit. Available at http://www.katrinadisability.info. Last accessed March 3, 2008.

Fothergill, A. 2004. *Heads Above Water: Gender, Class and Family in the Grand Forks Flood.* Albany, NY: State University of New York Press.

Gajewski, S., H. Bell, L. Lein, and R. Angel. 2011. Complexity and instability: The response of nongovernmental organizations to the recovery of hurricane Katrina survivors in a host community. *Nonprofit and Voluntary Sector Quarterly* 40(2): 389-403.

General Accountability Office (GAO). 2007. *Disaster Assistance: Better Planning Needed for Housing Victims of Catastrophic Disasters.* Washington, DC: GAO.

Handmer, J. 1985. Local reaction to acquisition: An Australian study. Working Paper #53. Canberra, Australian Capital Territory, Australia: Centre for Resource and Environmental Studies, Australian National University.

Hicks, G. 2001. Princeville: Intimate grounds. *InSide.* Available at http://sai.cup.edu/caltimes/inside/marOl/lintimate.html. Last accessed March 6, 2003.

Hirayama, Y. 2000. Collapse and reconstruction: Housing recovery policy in Kobe after the Hanshin Great Earthquake. *Housing Studies* 15: 111-128.

Hummon, D. 1986. Place identities: Localities of the self. In *Purposes in Built Form and Culture Research,* D. Carswell and D. Saile (eds.). *Proceedings of the 1986 International Conference on Built Form and Culture Research.* Lawrence, KS: University of Kansas Press, pp. 34-37.

Hummon, D. 1990. *Commonplaces: Community Ideology and Identity in American Culture.* New York: SUNY Press.

Hummon, D. 1992. Community attachment: Local sentiment and sense of place. In *Place Attachment,* I. Altman and S. Low (eds.). New York: Plenum Press.

Housing and Urban Development (HUD). 2007. News release, October 30, 2007 HUD encourages California landlords to place listings in the National Housing Locator to help those in fire area. Available at http://www.hud.gov. Last accessed February 4, 2008.

Housing and Urban Development (HUD). 2008a. Disaster Housing Assistance Program (DHAP). Available at http://www.hud.gov. Last accessed February 4, 2008.

Housing and Urban Development (HUD). 2008b. Disaster Voucher Program (DVP). Available at http://www.hud.gov. Last accessed February 4, 2008.

Johnson, C., G. Lizarralde, and C. Davidson. 2006. A systems view of temporary housing projects in post-disaster reconstruction. *Construction Management and Economics* 24: 367-378.

Lavin, M. W. and F. Agatstein. 1984. Personal identity and the imagery of place: Psychological issues and literary themes. *Journal of Mental Imagery* 8: 51-66.

Levine, J., A. Esnard, and A. Sapat. 2007. Population displacement and housing dilemmas due to catastrophic disasters. *Journal of Planning Literature* 22(1): 3-15.

Mileti, D. 1999. *Disasters by Design.* Washington, D.C.: Joseph Henry Press.

Miller, K. and C. Simile. 1992. They could see stars from their beds: The plight of the rural poor in the aftermath of hurricane Hugo. Paper presented at the *Society for Applied Anthropology Annual Meetings,* Memphis, TN.

Mitchell, J. K. 2004. Reconceiving recovery. In *New Zealand Recovery Symposium Proceedings,* S. Norman (ed.). Wellington, New Zealand: Ministry of Civil Defence and Emergency Management, pp. 47-68.

Mobley, J. 1981. *Princeville: A Black Town in North Carolina, 1865-1981.* Raleigh, NC: State of North Carolina Department of Cultural Resources.

Montas-Dominique, M. 2011. SimPa Rele (If I don't shout). In *Haiti: After the Earthquake,* P. Farmer (ed.). New York: Public Affairs, pp. 259-272.

National Council on Disability (NCD). 2009. *Effective Emergency Management.* Washington, DC: National Council on Disability.

National Wildlife Federation. 1998. *Higher Ground: A Report on Voluntary Property Buyouts in the Nation's Floodplains.* Vienna, VA: National Wildlife Federation.

Natural Hazards Research and Applications Information Center (NHRAIC). 2005. *Holistic Disaster Recovery*. Boulder, CO: Natural Hazards Center.

North Dakota Emergency Services. 2007. North Dakota response to the 1997 disasters. Available at http://www.fema.gov/pdf/hazard/archive/grandforks/report.pdf. Last accessed February 28, 2008.

OCHA. 2014. Haiti: 2014 humanitarian funding overview. Available at http://www. humanitarianresponse.info/system/files/documents/files/HTI_HumFundingOverview_29092014_ENG_0.pdf. Last accessed October 14, 2014.

Oliver, P. 1978. Cultural context of shelter provision. *Disasters* 2: 125-128.

Parker, R. S. 2000. Single-family housing. In *Managing Disaster Risks in Emerging Economies,* A. Kreimer and M. Arnold (eds.). Washington, DC: World Bank, pp. 80-84.

Pellow, D. 1992. Spaces that teach: attachment to the African compound. In *Place Attachment,* I. Altman and S. Low (ed.). New York: Plenum Press.

Phillips, B. D. 1993. Cultural diversity in disaster. *International Journal of Mass Emergencies* 11:99-110.

Phillips, B. 1995. Creating, sustaining and losing place: Homelessness in the context of disaster. *Humanity and Society* 19: 94-101.

Phillips, B. D. 1996. Homelessness and the social construction of places: The Loma Prieta earthquake. *Humanity and Society* 19(4): 94-101.

Phillips, B. D. 1998. Housing low income and minority groups after Loma Prieta: Some policy considerations. National Report to Congress on the Loma Prieta Earthquake. Washington, DC: U.S. Geological Survey.

Phillips, B. 2014. *Mennonite Disaster Service: Building a Therapeutic Community After the Gulf Coast Storms*. Lanham, MD: Lexington Books.

Phillips, B., P. Stukes, and P. Jenkins. 2012. Freedom hill is not for sale and neither is the lower ninth ward. *Journal of Black Studies* 43(4): 405-426.

Phillips, B. and M. Thompson. 2013. Religion, faith, and faith-based organizations. In *Social Vulnerability to Disasters,* D. Thompson, B. Phillips, W. Lovekamp, and A. Fothergill (eds.). Boca Raton, FL: CRC Press, pp. 341-366.

Popkin, S., M. Turner, and M. Burt. 2006. *Rebuilding Affordable Housing in New Orleans: The Challenge of Creating Inclusive Communities*. Washington, DC: The Urban Institute.

Proshansky, H. M., A. K. Fabian, and R. Kaminoff. 1983. Place identity. *Journal of Mental Imagery* 8: 51-66.

Quarantelli, E. L. 1982. *Sheltering and Housing After Major Community Disasters: Case Studies and General Observations.* Newark, DE: Disaster Research Center, University of Delaware.

Ramachandran, V. and J. Walz. 2012. Haiti: Where has all the money gone? CGD Policy Paper 004. Washington, DC: Center for Global Development.

Rapoport, A. 1982a. Identity and environment. In *Housing and Identity,* J.S. Duncan (ed.). New York: Holmes and Meier, pp. 6-35.

Rapoport, A. 1982b. *The Meaning of the Built Environment.* Beverly Hills, CA: Sage.

Riad, J. K. and F. H. Norris. 1996. The influence of relocation on the environmental, social and psychological stress experienced by disaster victims. *Environment and Behavior* 28(2): 163-182.

Rivera, J. C. 1993. Moving off the floodplain. Presented at *the West Lakes Regional Meeting,* Association of American Geographers, Milwaukee, WI.

Rohe, W. M. and S. Mouw. 1991. The politics of the Crest Street Community. *Journal of the American Planning Association* 57(1): 57-68.

Rubenstein, R. and P. Parmelee.1992. Attachment to place and the representation of the life course by the elderly. In *Place Attachment,* I. Altman and S. Low (eds.). New York: Plenum Press.

Schreurs, M. 2011. Improving governance structures for natural disaster response: Lessons from the Indian Ocean tsunami. In *The Indian Ocean Tsunami: The Global Response to a Natural Disaster,* P. Karan and S. Subbiah (eds.). Lexington, KY: University of Kentucky Press, pp. 261-282.

Sherraden, M. S. and E. Fox.1997. The great flood of 1993: Response and recovery in five communities. *Journal of Community Practice* 4: 23-45.

State Emergency Management Agency (SEMA). 1994. The response, recovery and lessons learned from the Missouri floods of 1993 and 1994. Presented at *the Missouri Emergency Preparedness Assn/SEMA 1994 Spring Conference,* St. Louis, MO.

Stough, L., A. Sharp, C. Decker, and N. Wilker. 2010. Disaster case management and individuals with disabilities. *Rehabilitation Psychology* 55(3): 211-220.

Tibbetts, J. 1999. Raising up and moving out. *America's Hurricane Threat* 2(1): 1-12.

Tierney, K., M. Lindell, and R. Perry. 2001. *Facing the Unexpected.* Washington, DC: Joseph Henry Press.

Tipple, A. G. 1987. Housing policy and culture in Kumasi, Ghana: A study of constraints and resources. *Environment and Behavior* 19: 331-352.

Turner, M., B. Williams, G. Kates, S. Popkin, and C. Rabenhorst. 2007. *Affordable Rental Housing in Healthy Communities: Rebuilding after Hurricanes Katrina and Rita.* Washington, DC: The Urban Institute.

U.S. Department of State. 2003. Statement by the president on preservation of Princeville, North Carolina. Available at http://usinfo.state.gov/usa/blackhis/pville.htm. Last accessed February 20, 2003.

Vaske, J. and K. Kobrin. 2001.Place attachment and environmentally responsible behavior. *The Journal of Environmental Education* 32: 16-21.

Weiss, N. E. 2006. *Rebuilding Housing After hurricane Katrina.* Washington, DC: Congressional Research Service.

Wu, J. Y. and M. Lindell. 2004. Housing reconstruction after two major earthquakes: The 1994 Northridge earthquake in the United States and the 1999 Chi-Chi earthquake in Taiwan. *Disasters* 28: 63-81.

8장

Asgary, A., M. Anjum, N. Azimi. 2012. Disaster recovery and business continuity after the 2010 flood in Pakistan: Case of small businesses. *International Journal of Disaster Risk Reduction* 2: 46-56.

BBC. 2014. Iceland's volcano ash alert lifted. Available at http://www.bbc.com/news/world-europe-28977773. Last accessed October 6, 2014.

Bram, J., J. Orr, C. Rapaport. 2002. Measuring the effects of the September 11 attack on New York city. *Economic Policy Review* 8(2): 5-20.

Chang, S. E., A. Falit-Baiamonte. 2002. Disaster vulnerability of businesses in the 2001 Nisqually earthquake. *Environmental Hazards* 4: 59-71.

CNN. 2010. Volcanic ash causes travel chaos for second day. Available at http://www.cnn.com/2010/TRAVEL/04/15/iceland.flights/. Last accessed October 6, 2014.

Comerio, M. C. 2000. *The Economic Benefits of a Disaster-Resistant University.* Berkeley, CA: University of California Berkeley.

Comerio, M. C. 2006. Estimating downtime in loss modeling. *Earthquake Spectra* 22(2): 349-

365.

Comerio, M. C. 2008. Personal communication with author.

Dahlhamer, J. M., M. J. D'Souza. 1997. Determinants of business disaster preparedness. *International Journal of Mass Emergencies and Disasters* 15(2): 265-283.

Dahlamer, J. M., K. Tierney. 1998. Rebounding from disruptive events. *Sociological Spectrum* 18: 121-141.

Dynes, R. R. 1987. The concept of role in disaster research. In *Sociology of Disasters,* R. R. Dynes, B. de Marchi, C.Pelanda (eds.). Milano, Italy: Franco Angeli.

Enarson, E. 2001. What women do: Gendered labor in the Red River Valley flood. *Environmental Hazards* 3: 1-18.

Federal Emergency Management Agency. 2001. *Understanding Your Risks: Identifying Hazards and Estimating Losses.* Washington, DC: FEMA.

Fordham, M., W. Lovekamp, D. Thomas, B. Phillips. 2013. Understanding social vulnerability. In *Social Vulnerability to Disasters,* 2nd edn., D. Thomas, B. Phillips, W. Lovekamp, A. Fothergill (eds.). Boca Raton, FL: CRC Press, pp. 1-32.

Handmer, J., M. Hillman. 2004. Economic and financial recovery from disaster. *The Australian Journal of Emergency Management* 19(4): 44-50.

Johnson, N. 1988. Fire in a crowded theater: A descriptive investigation of the emergence of panic. *International Journal of Mass Emergencies and Disasters* 6(1): 7-26.

Karim, A. 2011. Business disaster preparedness: An empirical study for measuring the factors of business continuity to face disaster. *International Journal of Business and Social Science* 2(18): 183-192.

Kendra, J. M., T. Wachtendorf. 2002. Creativity in emergency response to the World Trade Center disaster. In *Beyond September 11,* J. Monday (ed.). Boulder, CO: Natural Hazards Applications and Information Research Center, pp. 121-146.

Landahl, M. 2013. Businesses and international security events: Case study of the 2012 G8 Summit in Frederick County, Maryland. *Journal of Homeland Security & Emergency Management* 10(2): 609-629.

Laye, J. 2002. *Avoiding Disaster: How to Keep your Business Going When Catastrophe Strikes.* Hoboken, NJ: John Wiley & Sons.

Lund, F., T. Vaux. 2009. Work-focused responses to disasters: India's self employed women's association. In *Women, Gender and Disaster: Global Issues and Initiatives,* E. Enarson, P. Chakrabarti (eds.). New Delhi, India: Sage, pp. 212-223.

McEntire, D., R. Robinson, R. Weber. 2003. Business responses to the World Trade Center disaster: A study of corporate roles, functions, and interaction with the public sector. In *Beyond September 11th,* J. Monday (ed.). Boulder, CO: Natural Hazards Center, pp. 431-458.

Monday, J. (ed.). 2005. *Holistic Disaster Recovery.* Boulder, CO: Natural Hazards Research and Applications Information Center.

National Trust for Historic Preservation. 2008. What is the main street approach to com\-mercial district revitalization. Available at http://www.mainstreet.org/content.aspx?page=3& section=2. Last accessed May 15, 2008.

Phillips, B. 2005. Gender and disasters: Workplace disaster preparedness. *Journal of Employee Assistance* 35(2): 25-27.

Pottorff, S., D. Neal. 1994. Marketing implications for post-disaster tourism destinations. *Journal of Travel & Tourism Marketing* 3(1): 115-122.

Rivera, J. 2013. Hurricane sandy update-six months later, a steady recovery. Available at http://www.sba.gov/blogs/hurricane-sandy-update-six-months-later-steady-recovery. Last accessed October 6, 2014.

SBA. 2014. Disaster loans. Available at http://www.sba.gov/category/navigation-structure/loans-grants/small-business-loans/disaster-loans. Last accessed October 6, 2014.

Schwab, J., K. C. Topping, C. D. Eadie et al. 1998. *Planning for Post-Disaster Recovery and Reconstruction.* Washington, DC: FEMA.

Spector, D. 2013. Wildfires rage through Australia. Available at http://www.business-insider.com/wildfires-rage-in-australia-2013-l. Last accessed October 6, 2014.

Tierney, K. 1996. *Business Impacts of the Northridge Earthquake.* Newark, DE: University of Delaware Disaster Research Center.

Tierney, K. 2006. Businesses and disasters: Vulnerability, impacts, and recovery. In *Handbook of Disaster Research,* H. Rodriguez, E. L. Quarantelli, R. R. Dynes (eds.). New York: Springer, pp. 275-296.

Tierney, K., J. Nigg, J. Dahlhamer. 1996. The impact of the 1993 Midwest floods: Business vulnerability and disruption in Des Moines. In *Cities and Disaster: North American Studies in Emergency Management,* R. T. Sylves, W. L. Waugh, Jr. (eds.). Springfield, MA: Charles C. Thomas.

SEDAC. Energy smart tips disaster recovery and rebuilding in Illinois. Champaign, IL: University of Illinois at Urbana-Champaign. Available at http://smartenergy.arch.uiuc.edu/pdf/Energy_Smart_Tips_Disaster_Recovery.pdf.

Van Belleghem, L. 2008. Bad weather strikes Midwestern main streets. National Main Street Center, http://www.preservationnation.org/main-street/main-street-news/2008/06/bad-weather-strikes.html#.VDLrOFfur40. Last accessed October 6, 2014.

Webb, G., K. Tierney, J. Dahlhamer. 2000. Businesses and disasters: Empirical patterns and unanswered questions. *Natural Hazards Review* 1(3): 83-90.

Wilkinson, S., S. Dunn, S. Ma. 2012. The vulnerability of the European air traffic network to spatial hazards. *Natural Hazards* 60: 1027-1036.

Wilson, R. 1991. *The Loma Prieta Earthquake: What One City Learned.* Washington, DC: International City Management Association.

Yonder, A., S. Akçar, P. Gopalan. 2009. Women's participation in disaster relief and recovery. In *Women, Gender and Disaster: Global Issues and Initiatives,* E. Enarson, P. Chakrabarti (eds.). New Delhi, India: Sage, pp. 189-211.

9장

American Society of Civil Engineers. 2005. Report card for America's infrastructure. Washington, DC: American Society of Civil Engineers.

ASCE. 2013. Report card for America's infrastructure. Washington, DC: American Society of Civil Engineers.

Brunsdon, D., H. Brounts, R. Crimp et al. 2004. Key considerations for lifeline utility recovery planning. *Australian Journal of Emergency Management* 19(4): 37-43.

Chang, S. 2000. Disasters and transport systems: Loss, recovery and competition at the Port of Kobe after the 1995 earthquake. *Journal of Transport Geography* 8: 53-65.

Chang, S., T. McDaniels, J. Mikawoz, K. Peterson. 2007. Infrastructure failure interdependencies in extreme events: Power outage consequences in the 1998 icestorm. *Natural Hazards* 41: 337-358.

Chang, S., H. Seligson, R. Eguchi. 1996. Multiple lifeline disruption: Memphis light, gas and water division case study. EQE International Inc., Houston, TX/National Center for Earthquake Engineering Research. Technical Report NCEER 96-0011.

Chang, S. E. 2001. Structural change in urban economies: Recovery and long-term impacts in the 1995 Kobe Earthquake. *The Kokumin Keizai Zasshi* 183(1): 47-66.

Chang, S. E. 2003. Transportation planning for disasters: An accessibility approach. *Environment and Planning A* 35: 1051-1072.

Comer, J. and T. A. Wikle. 2007. Worldwide diffusion of the cellular telephone, 1995-2005. *The Professional Geographer* 60(2): 1-18.

Condello, K. 2001. Wireless industry: Impact and recovery efforts summary report. In *Cellular Telecommunications and Internet Association Conference,* Washington, DC.

Eguchi, R. T., H. A. Seligson. 1994. Lifeline perspective. Practical lessons from the Loma Prieta Earthquake. Committee for the *Symposium on Practical Lessonsfrom the Loma Prieta Earthquake.* Washington, DC: The National Academy Press, pp. 135-164.

Enke, D. L., C. Tirasirichai, R. Luna. 2008. Estimation of earthquake loss due to bridge damage in the St. Louis Metropolitan Area. II: Indirect losses. *Natural Hazards Review* 9(1): 2-19.

Federal Emergency Management Agency. 2005. Gulf coast recovery office public works rebuilding. Retrieved from http://www.fema.gov/hazard/hurricane/2005katrina/works.shtm, October 10, 2007.

Hapgood, M. A. 2011. Towards a scientific understanding of the risk from extreme space weather. *Advances in Space Research* 47: 2059-2072.

Kappenman, J. 2006. Great geomagnetic storms and extreme impulsive geomagnetic field disturbance events-An analysis of observational evidence including the great storm of May 1921. *Advances in Space Research* 38: 188-199.

Kopp, J., L. K. Ball, A. Cohen et al. 2007. Kidney patient care in disasters: Lessons from the hurricanes and earthquake of 2005. *Clinical Journal of the American Society of Nephrology* 2: 814-824.

Lakhina, G. S., S. Alex, B. T. Tsurutani, W. D. Gonzalez. 2005. Research on historical records of geomagnetic storms. *Coronal and Stellar Mass Ejections Proceedings IAU Symposium* 226: 3-14.

Litman, T. 2006. Lessons from Katrina and Rita: What major disasters can teach transportation planners. *Journal of Transportation Engineering* 132(1): 11-18.

Luna, R., D. Hoffman, W. Lawrence. 2008. Estimation of earthquake loss due to bridge damage in the St. Louis Metropolitan Area. I: Direct losses. *Natural Hazards Review* 9(1): 1-11.

McDaniels, T., S. Chang, D. Cole, J. Mikawoz, H. Longstaff. 2008. Fostering resilience to extreme events within infrastructure systems: Characterizing decision contexts for mitigation and adaptation. *Global Environmental Change* 18: 310-318.

Mileti, D. 1999. *Disasters by Design.* Washington, DC: Joseph Henry Press.

Minnesota Department of Transportation. 2007. Interstate 35W Mississippi River Bridge, Minneapolis Fact Sheet, August 6, 2007. Minneapolis, MN: Minnesota Department of Transportation.

Multidisciplinary Center for Earthquake Engineering Research. 2002. *Proceedings from the MCEER Workshop on Lessons from the World Trade Center Terrorist Attack: Management of complex civil emergencies and terrorism-resistant civil engineering design.* MCEER Workshop on Lessons from the World Trade Center Terrorist Attack, New York.

National Academies. 2014. *Disaster Resilience: A National Imperative.* Washington, DC: The National Academies Press.

National Council on Disability. 2009. *Effective Emergency Management: Making Improvements for Communities and People with Disabilities.* Washington, DC: National Council on Disability.

National Research Council. 1994. *Practical Lessons from the Loma Prieta Earthquake.* Washington, DC: National Academy Press.

National Space Weather Program. 2013. *Space Weather Enterprise Forum Executive Summary.* Silver Springs, MD: Office of the Federal Coordinator of Meteorology.

National Transportation Safety Board. 2008. *Safety Recommendation.* Washington, DC: National Transportation Safety Board.

Nigg, J. M. 1995. Business disruption due to earthquake-induced lifeline interruption, Preliminary Paper #220. Newark, DE: Disaster Research Center.

Odenwalk, S., J. Green, W. Taylor. 2006. Forecasting the impact of an 1859-calibre superstorm on satellite resources. *Advances in Space Research* 38(2): 280-297.

Oklahoma Corporation Commission. 2008. *Oklahoma Corporation Commission's Inquiry into Under grounding Electrical Utilities in the State of Oklahoma.* Oklahoma City, OK: Oklahoma Corporation Commission.

Pinera, J.-F., R. A. Reed. 2007. Maximizing aid benefits after urban disasters through partnerships with local water sector utilities. *Disaster Prevention and Management* 16(3): 401-411.

Quarantelli, E. 1992. The environmental disasters of the future will be more and worse but the prospect is not hopeless. *Disaster Prevention and Management* 2(1): 11-25.

Scanlon, J. 1999. Emergent groups in established frameworks: Ottawa Carleton's response to the 1998 Ice Disaster. *Journal of Contingencies and Crisis Management* 7(1): 30-37.

Siminoff, J., C. Restrepo, R. Zimmerman. 2007. Risk-management and risk-analysis-based decision tools for attacks on electric power. *Risk Analysis* 27(3): 547-570.

Sokolowski, T. J. No date. Great Alaskan earthquake & tsunamis of 1964. Retrieved from http://wcatwc.arh.noaa.gov/64quake.htm, August 30, 2007.

The Brookings Institution. 2006. Special edition of the Katrina Index: A one year review of key indicators of recovery in post-storm New Orleans. Washington, DC: The Brookings Institution.

The Brookings Institution and the Greater New Orleans Community Data Center. 2008. The New Orleans Index. New Orleans, LA.

Thomson, A.W.P., C. T. Gaunt, P. Cilliers et al. 2010. Present day challenges in understanding the geomagnetic hazard to national power grids. *Advances in Space Research* 56: 1182-1190.

U.S. Geological Survey. 2007. Large earthquakes in the United States and the World. Retrieved from http://neic.usgs.gov/neis/eq_depot/usa/1964_03_28.html, August 27, 2007.

U.S. Government Accountability Office. 2003. *Electricity Restructuring: 2003 Blackout Identifies Crisis and Opportunity for the Electricity Sector.* Washington, DC: U.S. Government Accountability Office.

Zimmerman, R. 2003. Public infrastructure service flexibility for response and recovery in the attacks at the World Trade Center, September 11, 2001. In *Beyond September 11th,* J. Monday (ed.). Boulder, CO: Natural Hazards Center, pp. 241-267.

10장

Adams, L. M. 2007. Mental health needs of disaster volunteers: A plea for awareness. *Perspectives in Psychiatric Care* 43(1): 52-54.

Armstrong, K., W. O'Callahan, C. R. Marmar. 1991. Debriefing red cross disaster personnel: The multiple stressor debriefing model. *Journal of Traumatic Stress* 4(4): 581-593.

Blanchard, L. 2013. *The September 2013 Terrorist Attack in Kenya: In Brief.* Washington, DC: Congressional Research Service.

Blanshan, S., E. L. Quarantelli. 1981. From dead body to person: The handling of fatal mass casualties in disaster. *Victimology* 6(1-4): 275-287.

Blinn-Pike, L., B. D. Phillips, P. Reeves. 2006. Shelter life after Katrina: A visual analysis of evacuee perspectives. *International Journal of Mass Emergencies and Disasters* 24(3): 303-330.

Blocker, T. J., D. E. Sherkat. 1992. In the eyes of the beholder. *Organization and Environment* 6(2): 153-166.

Bocanegra, H. T. D., E. Brickman, C. O'Sullivan. 2004. Vicarious trauma in aid workers following the World Trade Center attack in 2001. *International Journal of Mass Emergencies and Disasters* 22(1): 35-55.

Bonanno, G. A. 2004. Loss, trauma, and human resilience. *American Psychologist* 59:20-28.

Bonanno, G. A., S. Galea, A. Bucciarelli, D. Vlahov. 2007. What predicts psychological resilience after disaster? The role of demographics, resources, and life stress. *Journal of Consulting and Clinical Psychology* 75(5): 671-682.

Boscarino, J. A., C. R. Figley, R. E. Adams. 2004. Compassion fatigue following the September 11 terrorist attack: A study of secondary trauma among New York City social workers. *International Journal of Emergency Mental Health* 6(2): 57-66. Available at http://mailer.fsu.edu/~cfigley/Tests/documents/IJEMH_6_2.pdf. Last accessed December 24, 2014.

Brewin, C. R., B. Andrews, J. D. Valentine. 2000. Meta-analysis of risk factors for posttraumatic stress disorder in trauma-exposed adults. *Journal of Consulting and Clinical Psychology* 68(5): 748-766.

Cleary, P. D., P. S. Houts. 1984. Psychological impacts of the Three Mile Island accident. *Journal of Human Stress* 10(1): 28-34.

Coker, A. L., J. S. Hanks, K.S. Eggleston, J. Risser, P. G. Tee, K. J. Chronister, C. L. Troisi, R. Arafat, L. Franzini. 2006. Social and mental health needs assessment of Katrina evacuees. *Disaster Management and Response* 4(3): 88-94.

Covell, N. H., S. A. Donahue, G. Allen, J. J. Foster, C. J. Felton, S. M. Essock. 2006. Use of project liberty counseling services over time by individuals in various risk categories. *Psychiatric Services* 57(9): 1268-1270.

Cutter, S. 2005. The geography of disaster: Race, Class and Katrina. Social Science Research Council 2005. Available from http://understandingkatrina.ssrc.org/. Last accessed September 30, 2006.

Davidson, A. D. 1989. Air disaster: Coping with stress. *Police Stress* 1(2): 20-22.

Davidson, L. M., A. Baum, D. L. Collins. 1982. Stress and control-related problems at Three Mile Island. *Journal of Applied Social Psychology* 12(5): 349-359.

Dyregrov A., J. KristofFersen, and R. Gjestad. 1996. Voluntary and professional disaster workers. *Journal of Traumatic Stress* 9(3): 541-555.

Elrod, C. L., J. L. Hamblen, F. H. Norris. 2006. Challenges in implementing disaster mental health programs: State program directors' perspectives. *The ANNALS of the American Academy of Political and Social Science* 604: 152-170.

Erikson, K. 1976. *Everything in Its Path*. New York: Simon and Schuster.

Everly, G. 1995. The role of the Critical Incident Stress Debriefing (CISD) process in disaster counseling. *Journal of Mental Health Counseling* 17(3): 278-290.

Eyre, A. 2004. Psychosocial aspects of recovery: Practical implications for disaster managers. *The Australian Journal of Emergency Management* 19(4): 23-27.

Eyre, A. 2006. Remembering: Community commemoration after disaster. In *Handbook of Disaster Research,* H. Rodriguez, E. L. Quarantelli, R. R. Dynes (eds.). New York: Springer, pp. 441-455.

Fairbrother, G., J. Stuber, S. Galea, B. Pfefferbaum, A. R. Fleischman. 2004. Unmet need for counseling services by children in New York City after the September 11th attacks on the World Trade Center: Implications for pediatricians. *Pediatrics* 113(5): 1367-1374.

Forrest, T. 1993. Disaster anniversary: A social reconstruction of time. *Sociological Inquiry* 63(4): 444-456.

Friedsam, H.J. 1961. Reactions of older persons to disaster-caused losses: An hypothesis of relative deprivation. *The Gerontologist* 1: 34-37.

Gill S., L. Gulsvig, L. Peek.2008. Children and disasters annotated resource list. *Children, Youth and Environments* 18(1): 485-510. Available at http://disaster.colostate.edu/data/sites/l/cdra-research/18_l_21_resourcelist.pdf. Last accessed August 5, 2014.

Gopp, A., B. Gilvin (eds.). 2014. *Help and Hope: Disaster Preparedness and Response Tools for Congregations*. St. Louis, MO: Chalice Press.

Hamida, T., D. Malone. 2004. Anxiety disorders. Available at http://www.clevelandclinic-med-ed.com/medicalpubs/diseasemanagement/psychiatry/anxiety/anxiety.htm. Last accessed September 10, 2008.

Jenkins, P., B. Phillips. 2008. Battered women, catastrophe and the context of safety. *NWSA Jourmil* 20(3): 49-68.

Jenkins, S. 1998. Emergency workers' mass shooting incident stress and psychological reactions. *International Journal of Mass Emergencies and Disasters* 16(2): 181-195.

Kenardy, J. A., R. A. Webster, T. J. Lewin, V. J. Carr, P. L. Hazell, G. L. Carter. 1996. Stress debriefing and patterns of recovery following a natural disaster. *Journal of Traumatic Stress* 9(1): 37-49.

Killiç, E., H. Ozguven, I. Sayil. 2003. The psychological effects of parental mental health on children experiencing disaster: The experience of Bolu earthquake in Turkey. *Family Process* 42(4): 485-495.

Livingston, H. M., M. G. Livingston, D. N. Brooks, W. W. McKinlay. 1992. Elderly survivors of the Lockerbie air disaster. *International Journal of Geriatric Psychiatry* 7: 725-729.

Mallonee, S., S. Shariat, G. Stennies, R. Waxweiler, D. Hogan, F. Jordan. 1996. Physical injuries and fatalities resulting from the Oklahoma City bombing. *Journal of the American Medical Association* 276(5): 382-387.

Norris, F. H., M. J. Friedman, P. J. Watson. 2002a. 60,000 Disaster victims speak: Part II. Summary and implications of the disaster mental health research. *Psychiatry* 65(3): 240-260.

Norris, F. H., M. J. Frieedman, P. J. Watson, C. M. Byrne, E. Diaz, K. Kaniasty. 2002b. 60,000 Disaster victims speak: Part I. An empirical review of the empirical literature, 1981-2001. *Psychiatry* 65(3): 207-239.

North, C. S., B. Pfeffer baum. 2002. Research on the mental health effects of terrorism. *Journal of the American Medical Association* 288(5): 633-636.

North, C. S., L. Tivis, J. C. McMillen, B. Pfefferbaum, J. Cox, E. L. Spitznagel, K. Bunch, J. Schorr, E. M. Smith. 2002. Coping, functioning, and adjustment of rescue workers after the Oklahoma City bombing. *Journal of Traumatic Stress* 15(3): 171-175.

NYPD (New York Police Department). 2013. Analysis of Al-Shabaab's attack at the Westgate Mall in Nairobi, Kenya. Available at http://www.scribd.com/doc/190795929/NYPD-Westgate-Report. Last accessed July 31, 2014.

Peek, L. 2003. Reactions and responses: Muslim students' experiences on New York City campuses Post 9/11. *Journal of Muslim Minority Affairs* 23(2): 271-283.

Perilla, J. L., F. H. Norris, E. A. Lavizzo. 2002. Ethnicity, culture and disaster: Identifying and explaining ethnic differences in PTSD 6 months after Hurricane Andrew. *Journal of Social and Cultural Psychology* 21(1): 20-45.

Pfefferbaum, B., J. A. Call, G. M. Sconzo. 1999. Mental health services for children in the first two years after the 1995 Oklahoma City terrorist bombing. *Psychiatric Services* 50(7): 956-958.

Phillips, B. 2014. *Mennonite Disaster Service: Building a Therapeutic Community after the Gulf Coast Storms.* Lanham, MD: Lexington Books.

Phillips, B. and M. Thompson. 2013. Religion and Disasters. In *Social Vulnerability to Disasters*, 2nd edn, D.S.K. Thomas et al. (eds.). Boca Raton, FL: CRC Press.

Phillips, B. D., M. Hutchins-Ephraim. 1992. Looking back: The Loma Prieta Earthquake one-year anniversary. In *Southwestern Sociological Association*, Austin, TX.

Phillips, B. D., D. M. Neal, T. Wikle, A. Subanthore, S. Hyrapiet. 2008. Mass fatality management after the Indian Ocean tsunami. *Disaster Prevention and Management* 17(5): 681-697.

Prince-Embury, S., J. F. Rooney. 1988. Psychological symptoms of residents in the after- math of the Three Mile Island accident and restart. *Journal of Social Psychology* 128(6): 779-790.

Prince-Embury, S., J. F. Rooney. 1990. Life stage differences in resident coping with the restart of the Three Mile Island nuclear generating facility. *Journal of Social Psychology* 130(6): 771-779.

Pulido, M. L. 2007. In their words: Secondary traumatic stress in social workers responding to the 9/11 terrorist attacks in New York City. *Social Work* 52(3): 279-281.

Salvation Army. 2013. Salvation army provides physical and emotional support after Nairobi terror attack. Available at http://www.salvationarmy.ca/2013/09/23/salva-tion-army-pro-vides-physical-and-emotional-support-after-nairobi-terror-attack/. Last accessed July 31, 2014.

Scanlon, J. 2006. Dealing with the tsunami dead: Unprecedented international cooperation. *The Australian Journal of Emergency Management* 21(2): 57-61.

Simpson, D., S. Stehr. 2003. Victim management and identification in the World Trade Center collapse. In *Beyond September 11th*, J. Monday (ed.). Boulder, CO: Natural Hazards Center, pp. 109-120.

Taylor, A. J., A. G. Frazer. 1981a. *Psychological Sequelae of Operation Overdue Following the DC 10 Air crash in Antarctica*. Wellington, New Zealand: Victoria University of Wellington.

Taylor, A. J. W. 1983. Dealing with death. *Australian Funeral Director* 31-33.

Taylor, A. J. W. 1989. Grief counseling from the Mortuary. *New Zealand Medical Journal* 102: 562-564.

Taylor, A. J. W., A. G. Frazer. 1981b. The stress of post-disaster body handling and victim identification work. *Journal of Human Stress* 8: 4-12.

Tesar, G. 2002. Depression and other mood disorders. Available at http://www.cleveland-clinic-meded.com/medicalpubs/diseasemanagement/psychiatry/depression/depres-sion.htm#-definition. Last accessed September 10, 2008.

Thoits, P. A., L. N. Hewitt. 2001. Volunteer work and well-being. *Journal of Health and Social Behavior* 41(2): 115-131.

Thompson, J. 1991. The management of body recovery after disasters. *Disaster Management* 3(4): 206-210.

Tierney, K. J., M. Lindell, R. Perry. 2001. *Facing the Unexpected. Washington,* DC: Joseph Henry Press, National Academies.

United States Nuclear Regulatory Commission. 2008. Fact sheet on the three mile island accident. Available at http://www.nrc.gov/reading-rm/doc-collections/fact-sheets/3mile-isle. html. Last accessed June 3, 2008.

Ursano, R., A. Norwood. 2003. *Trauma and Disaster: Responses and Management.* Arlington, VA: American Psychiatric Publishing, Inc.

Ursano, R. J., J. E. McCarroll. 1990. The nature of a traumatic stressor: Handling dead bodies. *The journal of Nervous and Mental Disease* 178(6): 396-398.

Watson, P. et al. 2003. Early intervention for trauma-related problems. In *Trauma & Disaster,* R. Ursano, A. Norwood (eds.). Washington, DC: American Psychiatric Publishing, Inc., pp. 97-124.

Weber, L., Peek, L. (eds.). 2012. *Displaced: Life in the Katrina Diaspora.* Austin, TX: University of Texas Press.

Zotti, M., J. Graham, A. Whitt, S. Anand, W. Replogle. 2006. Evaluation of a multistate faith-based program for children affected by natural disaster. *Public Health Nursing* 23(5): 400-409.

11장

Abir, M., F. Mostashari, P. Atwal, N. Lurie. 2012. Electronic health records critical in the aftermath of disasters. *Prehospital and Disaster Medicine* 27(6): 620-622.

Auf der Heide, E. 2006. The importance of evidence-based disaster planning. *Annals of Emergency Medicine* 47(1): 34-49.

Bataille, G., D. Cordova, eds. 2014. *Managing the Unthinkable: Crisis Preparation and Response for Campus Leaders.* Sterling, VA: Stylus.

Burby, R. J. 2006. Hurricane Katrina and the Paradoxes of Government Disaster Policy: Bringing about wise governmental decisions for hazardous areas. *The Annals of the American Academy of Political and Social Science* 604: 171-191.

Davis, E. A., Hansen, R., Kushma, J., Peek, L., Phillips, B. (alpha listing). 2013. Identifying and accommodating high-risk, high-vulnerability populations in disasters. In *Disaster Nursing and Emergency Preparedness for Chemical, Biological, and Radiological Terrorism and Other Hazards*, T. Veenema (ed.). New York: Springer Publishing Company, pp. 519-542.

Dethrage, S. 2014. The long view: 3 years after catastrophic tornado, Tuscaloosa mayor says recovery is just beginning. Available at http://blog.al.com/news_tuscaloosa_impact/. Last accessed December 19, 2014.

Dynes, R. R. 1993. Disaster reduction: The importance of adequate assumptions about social organization. *Sociological Spectrum* 6: 24-25.

Dynes, R. R., E. L. Quarantelli. 1968. Group behavior under stress: A required convergence of organizational and collective behavior perspectives. *Sociology and Social Research* 52: 416-429.

Edwards, F. L., D. C. Goodrich. 2007. Organizing for Emergency Management. In *Emergency Management: Principlesand Practice for Local Government*, W. L. Waugh and K. Tierney (eds.). Washington, DC: International City/County Management Association.

Federal Emergency Management Agency. 2003a. *Hardened First Responder Facility.* Washington, DC: FEMA.

Federal Emergency Management Agency. 2003b. *Building a Disaster-Resistant University. Washington*, DC: FEMA 443.

Federal Emergency Management Agency 2013. One year later: New Jersey private sec\-tor gets down to business with Sandy Recovery. Available at https://www.fema.gov/news-release/2013/10/28/one-year-later-new-jersey-private-sector-gets-down-busi-ness-sandy-recovery. Last accessed December 22, 2014.

Federal Emergency Management Agency. 2014. Powering New York's recovery while building resiliency. Available at http://www.fema.gov/disaster/4085/updates/power-ing-new-yorks-recovery-while-building-resiliency. Last accessed December 22, 2014.

Gillingham, D., J. Noizet. 2007. A response model for the public relations management of a critical incident. *Disaster Prevention and Management* 16(4): 545-550.

Grant, J. 1999. *Ella Baker: Freedom Bound.* New York: John Wiley & Sons, Inc.

Hargis, B., L. Bird, B. Phillips. 2014. Building resilience to natural disasters across the campus ecosystem. In *Managing the Unthinkable: Crisis Preparation and Response for Campus*

Leaders, G. Bataille and D. Cordova (eds.). Sterling, VA: Stylus, pp. 18-36.

Human, R., M. Palit, D. Simpson. 2006. Risk assessment and the disaster resistant university (DRU) program: The University of Louisville approach. *International Journal of Mass Emergencies and Disasters* 24(2): 191-202.

Kapucu, N., M. Van Wart. 2008. The evolving role of the public sector in managing catastrophic disasters: Lessons learned. *Administration and Society* 38: 279-308.

Kapucu, N., M-E. Augustin, V. Garayev. 2009. Interstate partnerships in emergency management: Emergency management assistance compact (EMAC) in response to catastrophic disasters. *Public Administration Review* 69(2): 297-313.

Kunreuther, H. C., J. Linnerooth-Bayer. 2003. The financial management of catastrophic flood risks in emerging-economy countries. *Risk Analysis* 23(3): 627-639.

Menzel, D. C. 2006. The Katrina Aftermath: A failure of federalism or leadership? *Public Administration Review* 66(6): 808-812.

National Academy of Public Administration. 1993. *Coping with Catastrophe: Building an Emergency Management System to Meet People's Needs in Natural and Manmade Disasters.* Washington, DC: National Academy of Public Administration.

National Weather Service. 2011a. *The Historic Tornadoes of April 2011.* Washington, DC: National Oceanic and Atmospheric Administration, National Weather Service.

National Weather Service. 2011b. Tuscaloosa-Birmingham EF-4 Tornado April 27, 2011. Available at http://www.srh.noaa.gov/bmx/?n=event_04272011tuscbirm. Last accessed December 19, 2004.

Natural Hazards Center. 2005. *Holistic Disaster Recovery.* Boulder, CO: Natural Hazards Center and Public Entity Risk Institute.

Neal, D. M. 2003. Design characteristics of emergency operating centers. *Journal of Emergency Management* 1(2): 35-38.

Neal, D. M. 2005. Four case studies of emergency operations centers. *Journal of Emergency Management* 3(1): 29-32.

Neal, D. M., B. D. Phillips. 1995. Effective emergency management: reconsidering the bureaucratic approach. *Disasters: the Journal of Disaster Studies and Management* 19(4): 327-337.

Neal, D. M., G. Webb. 2006. Structural barriers to implementing the national incident management system. In *Hurricane Katrina,* C. Bvec (ed.). Boulder, CO: University of Colorado Boulder.

Perrin, M. A., L. DiGrande, K. Wheeler, L. Thorpe, M. Farfel, R. Brackbill. 2007. Differences in PTSD prevalence and associated risk factors among World Trade Center disaster rescue and recovery workers. *The American Journal of Psychiatry* 164(9): 1385-1394.

Petak, W. 1985. Emergency management: A challenge for public administration. *Public Administration Review* 45: 3-7.

Phillips, B. 2009. Special needs populations. In *Disaster Medicine: Comprehensive Principles and Practices,* K. Koenig and C. Schutz (eds.). New York: Cambridge University Press, pp. 113-132.

Phillips, B., E. Harris, E. Davis, R. Hansen, K. Rouba, J. Love. 2012a. Delivery of behavioral health services in general shelters. In *Behavioral Health Response toDisasters,* T. Martin (ed.). Boca Raton, FL: CRC Press.

Phillips, B., P. Stukes, P. Jenkins.2012b. Freedom Hill is not for sale and neither is the Lower Ninth Ward. *Journal of Black Studies* 43(4): 405-426.

Schwab, J. et al. 1998. *Planning for Post-Disaster Recovery and Reconstruction.* Washington D.C.: American Planning Association.

Schwab, J., K. C. Topping, C. C. Eadie, R. E. Deyle, R. A. Smith. 1998. *Planning for Post-Disaster Recovery and Reconstruction.* Chicago, IL: American Planning Association.

Settle, A. K. 1985. Financing disaster mitigation, preparedness, response, and recovery. *Public Administration Review* 45: 101-106.

Stephens, K. U. 2007. Staying financially afloat in the wake of a public health crisis. *Journal of Public Health Management Practice* 13(2): 223-224.

Sylves, R. T. 2006. President Bush and Hurricane Katrina: A presidential leadership study. *The Annals of the American Academy of Political and Social Science* 604(26): 26-56.

Sylves, R., Z. Buzas. 2007. Presidential Disaster Declaration decisions, 1953-2003: What influences odds of approval? *State & Local Government Review* 39(1): 3-15.

Taylor, S. 2011. Emergency command hub relocates after storm. *Tuscaloosa News,* May 9, 2011.

Tierney, K. J., M. K. Lindell, R. W. Perry. 2001. *Facing the Unexpected.* Washington, DC: Joseph Henry Press.

Van Wart, M., N. Kapucu. 2011. Crisis management competencies: The case of emergency managers in the U.S. *The Public Management Review* 13(4): 489-511.

Waugh, W. L. 2000. *Living with Hazards Dealing with Disasters.* Armonk, NY: M.E. Sharpe.

Waugh, W. L. 2006. The political costs of failure in the Katrina and Rita disasters. *The Annals of the American Academy of Political and Social Science* 604(10): 10-25.

Wilson, R. C. 1991. *The Loma Prieta Quake: What One City Learned.* Washington, DC: International City Management Association.

Witt, J. L., J. Morgan. 2002. *Stronger in the Broken Places: Nine Lessons for Turning Crisis into Triumph*. New York: Times Books.

Wolensky, R. P., K. C. Wolensky.1990. Local government's problem with disaster management. *Policy Studies Review* 9(4): 703-725.

12장

American Red Cross. 2006. September 11 Recovery Program, http://www.redcross.org/general/0,1082,0_152_1392,00.html. Last accessed January 8, 2008.

Andreoni, J. 1990. Impure altruism and donations to public goods: A theory of warm-glow giving. *The Economic Journal* 100: 464-477.

Bennett, R., R. Kottasz. 2000. Emergency fund-raising for disaster relief. *Disaster Prevention and Management* 9: 352-359.

Brown, S., M. Harris, K. Taylor. 2012. Modelling charitable donations to an unexpected natural disaster: Evidence from the U.S. Panel Study of Income Dynamics. *Journal of Economic Behavior and Organization* 84: 97-110.

Comerio, M. C. 1997. Housing issues after disasters. *Journal of Contingencies and Crisis Management* 5: 166-178.

Dynes, R. R. 1994. Situational altruism: Toward an explanation of pathologies in disaster assistance. Preliminary paper #201 of the University of Delaware, Disaster Research Center, Newark, DE.

Federal Emergency Management Agency (FEMA). No date. Volunteer and donations manage\-ment (powerpoint). http://training.fema.gov/emiweb/edu/docs/Volunteer%20 and%20 Donations%20Mgmt%20Information%20Overview.ppt. Last accessed January 8, 2008.

Federal Emergency Management Agency (FEMA). 2007. Volunteer and donations management support annex (draft), http://www.fema.gov/pdf/emergency/nrf/nrf-support-vol.pdf. Last accessed January 8, 2008.

Federal Emergency Management Agency (FEMA) and National Voluntary Organizations Active in Disaster (NVOAD). 1999. When disaster strikes, http://www.nvoad.org/ disaster.php, accessed January 8, 2008.

Feinberg, K. No date. Final report of the Special Master for the September 11th Victim Compensation Fund of 2001, Vol. 1. Washington, DC: Department of Justice.

Feinberg, K. 2005. *What is Life Worth: The Unprecedented Effort to Compensate the Victims of 9/11.* New York: Public Affairs.

Fritz, C. E., J.H. Mathewson. 1956. Convergence behavior: A disaster control problem. Special report prepared for the Committee on Disaster Studies, National Academy of Sciences, National Research Council, Washington, DC.

Holguin-Veras, J., J. Jailer, L. Van Wassenhove, N. Perez, T. Wachtendorf. 2012. On the unique features of post-disaster humanitarian logistics. *Journal of Operations Management* 30(7-8): 494-506.

Holguin-Veras, J., J. Jailer, L. Van Wassenhove, N. Perez, T. Wachtendorf. 2014. Material convergence: Important and understudied disaster phenomenon. *Natural Hazards Review* 15: 1-12.

Kendra, J., T. Wachtendorf. 2001. Rebel food...renegade supplies: Convergence after the World Center attack. Paper presented at the *Annual Meeting of the American Sociological Association,* Chicago, IL.

McEntire, D. 2002. Coordinating multi-organisational responses to disaster. *Disaster Prevention and Management* 11(5): 369-379.

National Voluntary OrganizationsActive in Disaster (NVOAD). 2007. Donated goods in disaster response, http://www.nvoad.org/history5.php. Last accessed January 8, 2008.

Neal, D. M. 1993. Flooded with relief: Issues of effective donations distribution. In *Crosstraining: Light the Torch, Proceedings of the 17th Annual Conference of Floodplain Managers.*

Neal, D. M. 1994. The consequences of excessive unrequested donations: The case of Hurricane Andrew. *Disaster Management* 66(1): 23—28.

Phillips, B. 2014. *Mennonite Disaster Service: Building a Therapeutic Community after the Gulf Coast Storms.* Lanham, MD: Lexington Books.

Steinberg, K. S., P. M. Rooney. 2005. America gives. *Nonprofit and Voluntary Sector Quarterly* 34: 110-135.

Walker, P., B. Wisner, J. Leaning, L. Minear. Smoke and mirrors: Deficiencies in disaster funding. *BMJ* 330: 247-250.

Zagefka, H., M. Noor, R. Brown et al. 2011. Donating to disaster victims: Responses to natural and humanly caused events. *European Journal of Social Psychology* 41░353-363.

13장

Adams, F., M. Horton. 1975. *Unearthing Seeds of Fire: The Idea of Highlander.* Winston-Salem, NC: John F. Blair.

Andrews, J. H. 2001. Safe in the 'hood: Earthquake preparedness in midcity Los Angeles. *Natural Hazards Review* 2(1): 2-11.

Barenstein, J. 2006. Challenges and risks in post-tsunami housing reconstruction in Tamil Nadu. *Humanitarian Exchange Magazine,* Issue 33. Available at http://www.odi-hpn.org/humanitarian-exchange-magazine/issue-33/challenges-and-risks-in-post-tsunami-housing-reconstruction-in-tamil-nadu. Last accessed December 23, 2014.

Bajek, R., Y. Matsuda, N. Okada. 2008. Japan's Jishu-bosai-soshiki community activities: Analysis of its role in participatory community disaster risk management. *Natural Hazards* 44: 281-292.

Beierle, T. C., J. Cay ford. 2002. *Democracy in Practice: Public Participation in Environmental Decisions.* Washington, DC: Resources for the Future.

Betts, R. 2003. The missing links in community warning systems: Findings from two Victorian community warning system projects. *Australian Journal of Emergency Management* 18(3): 37-45.

Boughton, G. 1998. The community: Central to emergency risk management. *Australian Journal of Emergency Management* 13(2): 2-5.

Burby, R. J. 2001. Involving citizens in hazard mitigation planning: Making the right choices. *Australian Journal of Emergency Management* 16(3): 45-51.

Chen, L., Y. Liu, K. Chan. 2006. Integrated community-based disaster management program in Taiwan: A case study of Shang-An village. *Natural Hazards* 37: 209-223.

Chrislip, D. 2002. *The Collaborative Leadership Fieldbook.* San Francisco, CA: Jossey-Bass.

Coles, E., P. Buckle. 2004. Developing community resilience as a foundation for effective disaster recovery. *The Australian Journal of Emergency Management* 19(4): 6-15.

Curtin, C. 2011. Integrating and applying knowledge from community-based collab- oratives: Implications for natural resource management. In *Community-Based Collaboration: Bridging Socio-Ecological Research and Practice,* E. Dukes, K. Firehock, J. Birkhoff (eds.). Charlottesville, VA: University of Virginia Press, pp. 19-44.

Dukes, E., K. Firehock, J. Birkhoff, eds. 2011. *Community-Based Collaboration: Bridging So-*

cio-Ecological Research and Practice. Charlottesville, VA: University of Virginia Press.

Esnard, A., A. Sapat. 2014. *Displaced by Disaster: Recovery and Resilience in a Globalizing World.* New York: Routledge.

Fernandez-Gimenez, M., H. Ballard. 2011. How CBCs learn: Ecological monitoring and adaptive management. In *Community-Based Collaboration: Bridging Socio-Ecological Research and Practice,* E. Dukes, K. Firehock, J. Birkhoff (eds.). Charlottesville, VA: University of Virginia Press, pp. 48-80.

Firehock, K. 2011. The community-based collaboration movement in the United States. In *Community-Based Collaboration: Bridging Socio-Ecological Research and Practice,* E. Dukes, K. Firehock, J. Birkhoff (eds.). Charlottesville, VA: University of Virginia Press, pp. 1-18.

Fordham, M. 1998. Participatory planning for flood mitigation: Models and approaches. *Australian Journal of Emergency Management* 13(4): 27-34.

Greenwood, D., M. Levin. 1998. *Introduction to Action Research: Social Research for Social Change.* Thousand Oaks, CA: Sage.

Indian, J. 2007. The use of local knowledge in the Australian high country during the 2003 bushfires. *The Australian Journal of Emergency Management* 22(4): 27-33.

Indian, J. 2008. The concept of local knowledge in the rural Australian fire management. In *Community Bushfire Safety,* J. Handmer, K. Haynes (eds.). Collingwood, Victoria, Australia: CSIRO Publishing, pp. 35-46.

Jenkins, P., B. Phillips. 2008. Battered women, catastrophe and the context of safety. *NWSA Journal* 20(3): 49-68.

Kapucu, N. 2007. Building community capacity to respond. *Public Manager* 36(3): 21-25.

Kapucu, N. 2008. Collaborative emergency management: Better community organizing, better public preparedness and response. *Disasters* 32(2): 239-262.

Krajeski, R. L., K. J. Peterson. 2008. But she's a woman and this is a man's job: Lessons for participatory research and participatory recovery. In *Women and Disasters: From Theory to Practice,* B. D. Phillips, B. H. Morrow (eds.). Philadelphia, PA: Xlibris and International Research Committee on Disasters.

Marsh, G., P. Buckle. 2001. Community: The concept of community in the risk and emergency management context. *Australian Journal of Emergency Management* 16(1): 5-7.

McDermott, M., M. Moote, C. Danks. 2011. Effective collaboration: Overcoming external obstacles. In *Community-Based Collaboration: Bridging Socio-Ecological Research and*

Practice, E. Dukes, K. Firehock, J. Birkhoff (eds.). Charlottesville, VA: University of Virginia Press, pp. 81-110.

McNiff, J., P. Lomax, J. Whitehead. 1996. *You and Your Action Research Project.* London: Routledge.

Ministry of Civil Defence and Emergency Management. 2005a. Focus on recovery: A holistic framework for recovery in New Zealand. Wellington, New Zealand: Ministry of Civil Defence and Emergency Management.

Ministry of Civil Defence and Emergency Management. 2005b. Recovery management. Wellington, New Zealand: Ministry of Civil Defence and Emergency Management.

Mitchell, L. 2003. Guidelines for emergency managers working with culturally and linguistically diverse communities. *Australian Journal of Emergency Management* 18(1): 13-24.

Montas-Dominique, M. 2011. Simpa rele (if I don't shout). In *Haiti After the Earthquake,* P. Farmer (ed.). New York: Public Affairs, pp. 259-272.

Nakagawa, Y., R. Shaw. 2004. Social capital: A missing link to disaster recovery. *International Journal of Mass Emergencies and Disasters* 22(1): 5-34.

National Council on Disability. 2009. *Effective Emergency Management: Making Improvements for Communities and People with Disabilities.* Washington, DC: National Council on Disability.

Natural Hazards Center. 2005. *Holistic Disaster Recovery: Ideas for Building Local Sustainability After a Natural Disaster,* 2nd edn. Boulder, CO: Natural Hazards Center.

Pearce, L. 2003. Disaster management and community planning, and public participation: How to achieve sustainable hazard mitigation. *Natural Hazards* 28: 211-228.

Peek, L., J. Sutton, J. Gump. 2008. Caring for children in the aftermath of disaster: The Church of the Brethren Children's Disaster Services Program. Children. *Youth and Environments* 18(1): 408-421.

Picou, J. S. 2000. Talking circles as sociological practice: Cultural transformation of chronic disaster impacts. *Sociological Practice* 2(2): 77-97.

Picou, S. 1992. Disruption and stress in an Alaskan fishing community: Initial and continued impacts of the Exxon Valdez spill. *Organization and Environment* 6(3): 235-257.

Pisaniello, J. et al. 2002. Effectively involving an Australian rural community in a risk management process: A 'community partnerships' approach. *Australian Journal of Emergency Management* 17(2): 30-39.

Pyles, L. 2007. Community organizing for post-disaster social development: Locating social work. *International Social Work* 50(3): 321-333.

Quarantelli, E. L. 1998. *What Is a Disaster?* London, UK: Routledge.

Reason, P. 1994. Three approaches to participative inquiry. In *Handbook of Qualitative Research*, N. Denzin, Y. Lincoln (eds.). Newbury Park, CA: Sage.

Scillio, M. 2001-2. Working with the community in emergency risk management. *Australian Journal of Emergency Management* 16(4): 59-61.

Smith, S. E. 1997. *Nurtured by Knowledge: Learning to Do Participatory Action-Research.* Ottawa, Ontario, Canada: Apex Press.

Stoecker, R. 2005. *Research Methods for Community Change.* Thousand Oaks, CA: Sage.

Stringer, E. T. 1999. *Action Research,* 2nd edn. Newbury Park, CA: Sage Publications.

Phillips, B., P. Stukes, P. Jenkins. 2012. Freedom Hill is not for sale and neither is the Lower Ninth Ward. *Journal of Black Studies* 43(4): 405-426.

Uphoff, N. 2000. Understanding social capital: Learning from the analysis and experience of participation. In *Social Capital: A Multifaceted Perspective,* P. D. a. I. Serageldon (ed.). Washington, DC: The World Bank.

Walker, G., S. Senecah. 2011. Collaborative governance: Integrating institutions, communities, and people. In *Community-Based Collaboration: Bridging Socio-Ecological Research and Practice,* E. Dukes, K. Firehock, J. Birkhoff (eds.). Charlottesville, VA: University of Virginia Press, pp. 111-145.

Woolcock, M. 2002. Social capital in theory and practice 2000 [cited 2002]. Available at http://poverty.worldbank.org/library/view/12045/. Last accessed December 14, 2014.

14장

Abramson, D., D. Culp. 2013. At the crossroads of long-term recovery. Available at http://academiccommons.columbia.edu/catalog/ac%3A166312. Last accessed June 26, 2015.

Adams, D. 1990. *Freedom Summer.* New York: Oxford University Press.

Adventist Community Services. 2006. Adventists respond to Katrina and Rita, http://www.communityservices.org. Accessed September 15, 2008.

Airriess, C. et al. 2007. Church-based Social Capital, and Geographical Scale: Katrina evacuation, relocation and recovery in a New Orleans Vietnamese American community.

Geoforum 39: 1333-1346.

Amato, P., R. Ho, S. Partridge.1984. Responsibility attribution and helping behaviour in the Ash Wednesday bushfires. *Australian Journal of Psychology* 36(2): 191-203.

Barrenstein, D., D. Pittat. 2007. *Post-disaster Housing Reconstruction: Current Trends and Sustainable Alternatives for Tsunami-Affected Communities in Coastal Tamil Nadu.* In Point SUd. Lausanne, Switzerland: EPFL. http://www.worldhabitat.supsi.ch/documents/PointSud-27abstract.pdf. Last accessed February 27, 2014.

Barry, J. 1997. *Rising Tide: The Great Mississippi Flood of 1927 and How It Changed America.* New York: Simon and Schuster.

Becker, P., P. Dhingra. 2001. Religious involvement and volunteering: Implications for civil society. *Sociology of Religion* 62(3): 315-335.

Bell, H. 2008. Case management with displaced survivors of hurricane Katrina. *Journal of Social Service Research* 34(3): 15-27.

Beyerlein, K., D. Sikkink. 2008. Sorrow and solidarity: Why Americans volunteered for 9/11 relief efforts. *Social Problems* 55(2): 190-215.

Bindra, S. 2005. *Tsunami: 7 Hours that Shook the World.* Colombo, Sri Lanka: Vijitha Yapa.

Bird, D., M. Ling, K. Haynes.2012. Flooding Facebook: The use of social media during the Queensland and Victorian floods. *Australian Journal of Emergency Management* 27(1): 27-33.

Britton, N. 1991. Permanent disaster volunteers. *Nonprofit and Voluntary Sector Quarterly* 20(4): 395-415.

Caputo, R. 1997. Women as volunteers and activists. *Nonprofit and Voluntary Sector Quarterly* 26(2): 156-174.

Clizbe, J. 2004. Challenges in managing volunteers during bioterrorism response. *Biosecurity and Bioterrorism: Biodefense Strategy, Practice, and Science* 2(4): 294-300.

de Bocanegra, H. et al. 2004. Social capital: A missing link to disaster recovery. Vicarious trauma in aid workers following the World Trade Center attack in 2001. *International Journal of Mass Emergencies and Disasters* 22(1): 35-55.

Drabek, T. 1985. Managing the emergency response. *Public Administration Review* 45: 85-92.

Dynes, R. 1974. *Organized Behavior in Disaster.* Newark, DE: University of Delaware, Disaster Research Center.

Dyregrov, A., J. KristofFersen, R. Gjestad. 1996. Voluntary and professional disaster workers: Similarities and differences in reactions. *Journal of Traumatic Stress* 9(3): 541-555.

Earl, C. 2007. Case management: The key that opens the door to recovery. http://www.katrinaa-idtoday.org/casekey.cfm. Last accessed December 24, 2014.

Enarson, E., B. Morrow. 1998.Women will Rebuild Miami: A case study of feminist response to disaster. In *The Gendered Terrain of Disaster*, E. Enarson and B. Morrow (eds.). Miami, FL: International Hurricane Center, pp. 185-200.

Episcopal Relief and Development.2006. Hurricane Katrina Response: One year report. http://www.er-d.org. Accessed January 15, 2008.

Farmer, P. 2011. *Haiti After the Earthquake.* New York: Public Affairs.

Farris, A. 2006. *Katrina Anniversary Finds Faith-Based Groups Still on the Front Lines, Resilient but Fatigued,* http://www.religionandsocialpolicy.org. Accessed January 15, 2008.

FEMA. 1999. *The Role of Voluntary Agenciesin Emergency Management.* Independent Study 288. http://www.fema.gov. Last accessed December 24, 2014.

FEMA. No date. *Citizen Corps: A Guide for Local Officials,* http://www.citizencorps.gov. Last accessed December 24, 2014.

Isham, J. et al. 2006. The effects of volunteering for nonprofit organizations on social capital formation. *Nonprofit and Voluntary Sector Quarterly* 35(3): 367-383.

Jasparro, C., J. Taylor. 2011. Transnational geopolitical competition and natural disasters: Lessons from the Indian Ocean Tsunami. In *The Indian Ocean Tsunami,* P. Karan and S. Subbiah (eds.). Lexington, KY: University of Kentucky Press, pp. 283-299.

Kako, M., S. Ikeda. 2009. Volunteer experiences in community housing during the great Hanshin-Awaji earthquake, Japan. *Nursing and Health Sciences* 11: 357-359.

Lam, P. 2002. As the Flocks Gather: How religion affects voluntary association participation. *Journal for the Scientific Study of Religion* 41(3): 405-422.

Lowe, S., A. Fothergill. 2003. A need to help: Emergent volunteer behavior after September 11th. In *Beyond September 11th: An Account of Post-Disaster Research,* J. Monday (ed.). Boulder, CO: Natural Hazards Research and Applications Information Center, pp. 293-314.

Lum, T., E. Lightfoot. 2005. Effects of volunteering on the physical and mental health of older people. *Research on Aging* 27: 31-55.

Michel, L. et al. 2007. Personal responsibility and volunteering after a natural disaster. *Sociological Spectrum* 27(6): 633-652.

Mitchell, T., K. Griffin, S. Stewart, P. Loba. 2004. 'We will never ever forget…': Swissair flight 111 disaster and its impact on volunteers and communities. *Journal of Health Psychology*

9(2): 245-262.

Mulligan, M., J. Shaw. 2011. Achievements and weaknesses in post-tsunami reconstruction in Sri Lanka. In *The Indian Ocean Tsunami,* P. Karan and S. Subbiah (eds.). Lexington, KY: University of Kentucky Press, pp. 237-260.

Music, M. J. Wilson, W. Bynum. 2000. Race and formal volunteering. *Social Forces* 78(4): 1539-1571.

Musick, M., J. Wilson W. Bynum, Jr. 2000. Race and formal volunteering: The differential effects of class and religion. *Social Forces* 78(4): 1539—1571.

National Council on Disability. 2009. *Effective Emergency Management.* Washington, DC: National Council on Disability.

National Voluntary Organizations Active in Disaster. No date. *Managing Spontaneous Volunteers in Times of Disaster: The Synergy of Structure and Good Intentions,* http://PointsofLight. org/Disaster. Accessed January 15, 2008.

Neal, D. 1993. Flooded with relief: Issues of effective donations distribution. *Cross Training: Light the Torch.* Proceedings of the 1993 National Floodplain Conference. Boulder, Colorado: Natural Hazards Center, pp. 179-182.

Neal, D. 1994. Consequences ofexcessive donations in disaster: The case of Hurricane Andrew. *Disaster Management* 6(1): 23-28.

Nelson, L.D., Dynes, R. 1976.The impact of devotionalism and attendance on ordinary and emergency helping behavior. *Journal for the Scientific Study of Religion* 15:47-59.

Park, J., C. Smith. 2000. Towhom much has been given: Religious capital and community voluntarism among churchgoing protestants. *Journal for the Scientific Study of Religion* 39(3): 272-286.

Parr, A. 1970. Organizational response to community crises and group emergence. *American Behavioral Scientist* 13: 424-427.

Paton, D. 1994. Disaster relief work: An example of training effectiveness. *Journal of Traumatic Stress* 7(2): 275-288.

Paton, D. 1996. Training disaster workers: Promoting wellbeing and operational effectiveness. *Disaster Prevention and Management* 5(5): 11-18.

Peek, L., Stough L. 2010. Children with disabilities in the context of disaster. *Child Development* 81(4): 1260—1270.

Peek, L., Sutton, J., Gump, J. 2008. Caring for children in the aftermath of disaster: The Church of the Brethren Children's Disaster Services Program. Children, *Youth and Environments*

18: 408-421.

Pennebaker, J. 1997. *Opening Up.* New York: Guildford Press.

Phillips, B. 2014. *Mennonite Disaster Service: Building a Therapeutic Community after the Gulf Coast Storms.* Lanham, MD: Lexington Books.

Phillips, B., Jenkins, P. 2009. The roles of faith-based organizations after Hurricane Katrina. In *Meeting the Needs of Children, Families, and Communities Post-Disaster: Lessons Learned from Hurricane Katrina and Its Aftermath,* K. Kilmer, V. Gil-Rivas, R. Tedeschi, and L. Calhoun (eds.). Washington, DC: American Psychological Association.

Phillips, B., M. Thompson. 2013. Religion, faith and faith-based organizations. In *Social Vulnerability to Disasters,* D. Thomas, B. Phillips, W. Lovekamp, and A. Fothergill (eds.). Boca Raton, FL: CRC Press, pp. 341-366.

Public Entity Risk Institute. 2007b. Protecting your Nonprofit and the Board. http://www.riskinstitute.org/PERI/PTR/Protecting+Your_Nonprofit+and+the+Bord.htm. Last accessed December 24, 2014.

Public Entity Risk Institute. 2007c. Understanding the Volunteer Protection Act. http://www.riskinstitute.org/PERI/PTR/Understanding+the+Volunteer+Protection+Act.htm. Last accessed December 24, 2014.

Rodriguez, H., J. Trainor, E.L. Quarantelli. 2006. Rising to the challenges of a catastrophe: The emergent and prosocial behavior following Hurricane Katrina. *Annals of the American Academy of Political and Social Science* 604: 82-101.

Ross, A. 1980. The emergence of organizational sets in three ecumenical disaster recovery organizations. *Human Relations* 33: 23-29.

Ross, A., S. Smith. 1974. The emergence of an organizational and an organization set: A study of an inter faith disaster recovery group. Preliminary Paper #16, University of Delaware, Disaster Research Center.

Ruiter, S., N. De Graaf. 2006. National context, religiosity, and volunteering: Results from 53 countries. *American Sociological Review* 71(2): 191-210.

Sayeed, A. 2005. Victims of earthquakeand patriarchy: The 2005 Pakistan earthquake. In *Women, Genden and Disaster: Global Issues and Initiatives.* E. Enarson and P. Chakrabarti (eds.). New Delhi, India: Sage, pp. 142-151.

Sayeed, A. T. 2009. Victims of Earthquake and Patriarchy: The 2005 Pakistan earthquake. In *Women, Gender and Disaster: Global Issues and Initiatives,* E. Enarson, P. G. D. Chakrabarti (eds.). New Delhi, India: Sage, pp. 142-152.

Schreurs, M. 2011. Improving governance structures for natural disaster response: Lessons from the Indian Ocean Tsunami. In *The Indian Ocean Tsunami,* P. Karan and S. Subbiah (eds.). Lexington, KY: University of Kentucky Press, pp. 261-282.

Smith, M. H. 1978. American religious organizations in disaster: A study of congregational response to disaster. *Mass Emergencies* 3: 133-142.

Stallings, R., E.L. Quarantelli. 1985. Emergent citizen groups and emergency management. *Public Administration Review* 45: 93-100.

Starbird, K. 2013. Deliveringpatients to Sacre Coeur: Collective intelligence in digital volunteer communities. *Proceedings of the SIGCHI Conference on Human Factors in Computing Systems.* New York: ACM.

Stough, L., A. Sharp, C. Decker, N. Wilker. 2010. Disaster case management with individuals with disabilities. *Rehabilitation Psychology* 55(3): 211-220.

Sutton, J. 2003. A complex organizational adaptation to the world trade center disaster: An analysis of faith-based organizations. In *Beyond September 11th: An Account of Post-disaster Research,* J. Monday (ed.). Boulder, CO: Natural Hazards Applications and Information Research Center, pp. 405-428.

Szabo, L. 2007. Faith rebuilds house and soul. *USA Today,* July 18, 2007, pp. 1-2.

Thoits, P., L. Hewitt. 2001. Volunteer work and well-being. *Journal of Health and Social Behavior* 42(2): 115-131.

Weber, L., L. Peek. 2013. *Displaced.* Austin, TX: University of Texas Press.

Wilson, J. 2000. Volunteering. *Annual Review of Sociology* 26: 215-240.

Wilson, J., M. Musick. 1997. Who cares? Toward an integrated theory of volunteer work. *American Sociological Review* 62(5): 694-713.

찾아보기

저자_브렌다 필립스

브렌다 필립스Brenda D. Phillips 박사는 칠리코시에 있는 오하이오 대학교의 부학장이자 사회학 교수이다. 그는 《재난복구론Disaster Recovery》, 《재난 관리 입문Introduction to Emergency Management》, 《정성적 재난 연구Qualitative Disaster Research》 그리고 《메노나이트 재난 봉사단: 멕시코만 폭풍 이후에 치유적 지역사회 건설하기Mennonite Disaster Service: Building a Therapeutic Community after the Gulf Coast Storms》 등 재난 관리 분야에서 많은 책을 펴냈다. 또한 《재난의 사회적 취약성Social Vulnerability to Disaster》과 《여성과 재난: 이론에서 실무까지Women and Disaster: From Theory to Practice》를 공동 편집하기도 했다. 필립스 박사는 재난 관리 교육 분야에서의 탁월한 업적으로 블랜차드 상Blanchard Award을 수상했으며, 여성에 대한 재난의 영향에 대한 연구로 마이어스 상Myers Award을 받기도 했다. 또한 2013년 재난 관리와 국토 안보 분야에서 거둔 성과로 국제 여성 명예의 전당International Women's Hall of Fame에 이름을 올렸다. 그는 재난에 대한 연구, 특히 재난이 취약 계층에 미치는 영향에 대한 연구로 여러 차례 국립과학재단의 연구기금을 받았다. 또한 《대규모 재난과 위기에 관한 국제 저널International Journal of Mass Emergencies and Disasters》, 《재난 예방Disaster Prevention》, 《재난Disasters》, 《인간성과 사회Humanity and Society》, 《재난 관리 저널Journal of Emergency Management》, 《자연 재해 리뷰Natural Hazards Review》 그리고 《환경 재해Environmental Hazards》 등 수많은 저널에도 논문을 실었다. 필립스 박사는 뉴질랜드, 호주, 독일, 인도, 코스타리카, 멕시코, 캐나다 그리고 중국에 초청되어 교육하고 자문 활동을 하고 강의를 해왔다. 저자는 오하이오 블러프턴Bluffton에 있는 블러프턴 대학교Bluffton University 그리고 오하이오 콜럼버스Columbus에 있는 오하이오 주립 대학교Ohio State University를 졸업했다.

이 지역에서 필립스 박사는 로스 카운티 지역 재난 계획 수립 위원회Ross County Local Emergency Planning Committee, 로스 카운티 안전 위원회Ross County Safety Council, 사이오토 밸리 미국 적십자 이사회Scioto Valley American Red Cross 그리고 칠리코시 로터리 클럽Chillicothe Rotary의 회원이기도 하다. 최근에는 지역에서 폭넓고 적절하게 구조대원들이 활동할 수 있도록 오하이오 대학교 칠리코시 캠퍼스 재난 대응 교육 센터OU-C Emergency Response Training Center의 문을 다시 여는 데 앞장서기도 했다.

역자_안재현

1994년 고려대학교 토목공학과를 졸업하고, 2001년 고려대학교 대학원에서 '지구온난화에 따른 한반도 수문환경의 변화 분석' 논문으로 박사학위를 취득하였다. 2002년부터 서경대학교 토목건축공학과 교수로 재직 중이며, 기후변화와 관련된 수자원 관리 및 각종 재난관리 분야에 대한 연구를 수행하고 있다. 저서로는 《재난관리론》(공역), 《재해분석론》(공역), 《물위를 걸어온 과학자들》(공저), 《방재사전》(공저), 《풍수해비상대처계획 수립》(공저) 등이 있으며, 한국국민안전산업협회 부회장, 한국수자원학회 이사, 한국방재협회 이사 등의 대외활동을 하고 있다.

역자_김태웅

1997년 고려대학교 토목환경공학과를 졸업하고, 2003년 미국 애리조나대학교에서 가뭄특성 및 예측 연구로 박사학위를 취득하였다. 2005년부터 한양대학교 공학대학의 교수로 재직하고 있다. 기후변화에 따른 극한사상 영향 평가 및 수자원 관리 정책 등과 관련된 분야에서 연구를 수행하고 있다. 한양대학교 강의우수교원 및 우수연구자상, 과학기술우수논문상, 국토교통부와 환경부 장관 표창 등을 받은 바 있다. 저서로는 《물위를 걸어온 과학자들》(공저), 《내 일을 설계하고 미래를 건설한다》(공저), 《재해분석론》(공역), 《재난관리론》(공역) 등이 있으며, 대한토목학회, 한국수자원학회, 한국습지학회 등에서 전담이사로 활동하고 있다.

역자_홍현숙

1989년 연세대학교 불어불문학과를 졸업하고, 1994년까지 방송위원회에서 근무하였다. 이후로 번역에 전념하여, 《세계 서스펜스 걸작선》, 《애거서 크리스티 전집》 일부, 《비밀의 요리책》, 《라이프 보트》, 《갈릴레오의 딸》 등 다수의 책을 번역하였다.